indet

und West" — "
ropa muß seinen Una
hsetzen"

denszustand führen kann.
noch die Amerikaner sind
nd der Technik in der Lag
herrschen oder gar zu or
tpolitisch noch geistig. Zur
Gleichgewichtes fehlt die

r liegt die letzte Chance"

nabhängig sein wird, kan
er Sowjetunion nicht als B
nden werden, was ohne wei
re, we
lands
Brück

f Oste
cis mi
Unab
gegen C
damit
noch
ndigkei
tschlan
Ostbloc
Hier li
lich
d dami
."

## Die „Dritte Front"

Hamburg, 13. Nov. (Ei...

In Hamburg haben m... senschaftler, Wirtschaftle... nalisten einen vorbereit... schuß zur Bildung ei... Front" in Europa geg... durch eine dritte europä... einen Krieg zwischen ... union und den Vereinigt... zu verhindern.

Als Sprecher des Ausschusses erläuterte der Journalist Wolf Schenke einen Aufruf zur Bildung der „Dritten Front". Ausgehend von den Lasten und Gefahren, die uns von einer Remilitarisierung drohen, forderte er den Zusammenschluß aller derjenigen Völker, welche an dem Austrag des heute ideologisch zugespitzten Ost-

## Die „Dritte Front"

ker Europas und Asiens für
bhängige, neutrale Stellung
lem Kreml und dem Weißen
... Ziel der
...er Aus-
... Arbeit
...f" ent-
...5 Jour-
...danken
... Europa
...utschen
... von der
ierung oder dem Bundestag ent-
erden, sondern müsse Gegen-
r Volksbefragung sein. Ein
Kreis wohlwollender Zuhörer
Darlegungen und war sich
ig, daß die Bestrebungen dem
Noack propagierten Neu-
anken sehr ähneln. *nn*

# „Sammlungsbewegung Dritte Front"

## Antikommunistisch und vom Nauheimer Kreis distanziert

**Hamburg.** (Eig. Ber.) Eine neue politische Organisation, die sich „Dritte Front" nennt, trat am Sonntag in Hamburg zum ersten Male an die Öffentlichkeit. Sie will, wie Wolf Schenke, der Chefredakteur der politischen Korrespondenz „Realpilitik" vor etwa 120 geladenen Politikern, Industriellen und Großkaufleuten ihre Ziele interpretierte, die Rettung Deutschlands und Europas vor der Gefahr eines dritten Weltkrieges durch die Bildung einer gemeinsamen Interessenfront zwischen den beiden rivalisierenden Mächten des Ostens und Westens anstreben. In Ablehnung des Kommunismus und jeden Versuches, mit den Machthabern des Kremls von sich aus in ein Gespräch zu kommen, vertritt die „Dritte Front" die Auffassung, daß jede Remilitarisierung Deutschlands unter der gegenwärtigen politischen Konstellation abzulehnen sei.

allen größeren Städten der Bundesre-
ik sind bereits Ortsgruppen der „Drit-
Front" im Entstehen, die nicht eine neue
ei sein will, sondern eine „Sammlungs-
egung mit außenpolitischem Hauptak-
." Sie distanziert sich betont von dem
heimer Kreis des Professors Noack.

# n neutrales Europa

## für Volksabstimmung

**13. November
ler und Journa-
ritten Front" in
ht einen Krieg
verhindern. Die-
an die Öffent-**

Als Sprecher des Ausschusses erläuterte der (auch den Lesern der „Rundschau" als Mitarbeiter bekannte) Journalist Wolf Schenke einen Aufruf zur Bildung der „dritten Front". Danach soll zunächst versucht werden, eine Wiederaufrüstung in Westdeutschland zu verhindern. Die Bun-
ich dann mit den
n, die weder dem
dem sowjetischen
n, zu einer euro-
Macht zusammen-
inen Block bilden,
westlichen und der
t steht. Der Aus-
eine Volksabstim-
itschaft der Bundes-
em europäischen
Wiederaufrüstung
g an die westliche
indern. Die Grün-
s sind der Mei-
chluß Deutschlands
Weltmächte einen
heraufbeschwören
Ziel einer dritten
erreicht werden

rieges erhöhen und den Zeitpunkt sei-
sbruches näher heranrücken . . ."
Entschluß zum Kriege kann nicht,
sere Illusionisten meinen, nur in der
union, sondern ebensogut eines Tages
n den Vereinigten Staaten gefaßt wer-
ür den, der dies erkannt hat, verbietet
deshalb, auf die Seite eines der Kon-
ten um die Weltherrschaft zu treten
adurch dessen Kriegsbereitschaft zu
. . ."

**tschland kann den Anfang machen**

Illusionisten, die den Teufel mit
ub austreiben wollen, geben sich oft
ealpolitisch klingenden Argumenten
ie die Verfolgung eines dritten Weges
tschland ablehnen: Deutschland sei zu
eworden. Die Basis für eine unabhän-
itte Position zu schmal. Damit haben
t. Deutschland allein könnte in seiner
n Verfassung nicht die ausgleichende
ieg zwischen Ost und West verhin-

# e Front?

zeption liegt auf außenpolitischem
-an-

**dentenpfarrer eingeführt**

chenrat Dr. Herntrich führte am
Pastor Lic. Bolewski in sein Amt als
her Studentenpfarrer der Hanse-
Pastor Bolewski, der nach fast fünf-
ussischer Kriegsgefangenschaft erst
des Vorjahres zurückgekehrt ist und
Schottland für die deutschen Zivil-
ätig war, betonte in seiner Einfüh-
igt, daß die christliche Studenten-
heute das Gewissen der Universität
e. Pastor Bolewski war 1937-38 in

Wolf Schenke

# Siegerwille und Unterwerfung

Wolf Schenke

# Siegerwille und Unterwerfung

## Auf dem Irrweg zur Teilung

## Erinnerungen 1945-1955

45 Abbildungen und Dokumente

Herbig

*Für Gretchen,*

*die neben ihrer Anspannung*
*durch Familie und Beruf viel Zeit*
*bei der Herstellung und Korrektur*
*des Manuskripts und der*
*Anfertigung des Registers*
*geopfert hat.*

*Zur Schreibweise chinesischer Namen*

Der Charakter der chinesischen Sprache macht eine phonetisch getreue Wiedergabe chinesischer Wörter mit Hilfe einer alphabetischen Schrift wie in den europäischen Sprachen unmöglich. Eine lautliche Annäherung wurde durch die auf die englischen Sinologen Wade und Giles zurückgehende Transskription erreicht, die sich allgemein durchgesetzt hatte. In der Volksrepublik China wurde offiziell eine neue Transskription eingeführt, die für den des Chinesischen unkundigen Europäer m. E. nicht annähernd so brauchbar ist. Ich bin im allgemeinen bei der Wade-Giles-Transskription geblieben, mit Ausnahme einiger Namen, für die sich seit langem eine deutsche Schreibweise eingebürgert hat, wie z. B. Schanghai, statt Wade-Giles Shanghai.

*Bildnachweis*

Privataufnahmen: 1, 2, 3, 4, 5, 6, 11, 12, 13, 15, 17, 18, 19, 26, 33, 34, 35, 36, 37; Süddeutscher Bilderdienst: 7, 8, 24; Stadtarchiv Frankfurt: 9; Staatliche Landesbildstelle Hamburg: 10, 20, 21; Esso-Bild: 14; Keystone: 16, 22, 23, 38; Gesamtdeutsche Rundschau: 25; Landesbildstelle Berlin: 27, 28, 29, 30, 31, 32


Umschlaggestaltung: Christel Aumann, München
Reproduktion des Bildteils: Czech & Partner, München
Satz: Filmsatz Schröter GmbH, München
Gesetzt aus: 10/11.5 Century expanded auf Linotron 300
Druck und Binden: Wiener Verlag, Himberg
Printed in Austria 1988
ISBN 3-7766-1541-9

# Inhalt

# 1 Ins Gefängnis entführt

Die Uhr am Turm des Custom House – auch wir Schanghai-Deutschen benutzten immer den englischen Namen für das nun schon viele Jahre unter die chinesische Souveränität zurückgekehrte Zentralverwaltungsgebäude des chinesischen Seezolls – war im Licht der strahlenden Frühlingssonne gut zu erkennen, als ich, etwa 500 Meter entfernt, an der Grenze zwischen den ehemaligen fremden Verwaltungsgebieten »Französische Konzession« und »Internationale Niederlassung« in den »Bund«, Schanghais weltberühmte Hafen- und Prachtstraße am Whangpufluß, einbog. Sie zeigte eine Viertelstunde vor zehn an diesem Montag, dem 15. April 1946. Bis zu dem Treffen, zu dem ich für 10 Uhr in das nahe Geschäftshaus einer amerikanischen Firma in der Foochow Road gebeten worden war, hatte ich noch etwas Zeit, um gemütlich den »Bund« nach Norden, der Mündung des Soochow Creek zu, hinauszuschlendern. Drei Kaiserreiche, die tief in die Geschichte Chinas eingriffen, Rußland, das Deutsche Reich und Japan, hatten dort um die Wende vom 19. zum 20. Jahrhundert auf exterritorialem Grund ihre Konsulate angelegt.

Die von den Europäern am »Bund« selbst errichteten palastähnlichen Bauten beheimateten Banken, große Außenhandelshäuser und Schiffahrtslinien. In ihrer Mitte thronte, durch eine Kuppel gekrönt, das hier mächtigste Geldinstitut, die Hongkong & Shanghai Banking Corporation. Am Eingang der Nanking Road, der Einkaufsstraße, die vom »Bund« in die Innenstadt führt, standen zwei Hotels, »Palace« und »Cathay«, das letztere mit 17 Stockwerken ein Hochhaus, wie man sie damals wohl schon lange in New York, aber nicht einmal in einer europäischen Hauptstadt finden konnte. Vicki Baum hat das »Cathay« zum Schauplatz ihres Anfang der dreißiger Jahre erschienenen Romans »Menschen im Hotel« gemacht.

Wie schon so oft, wenn ich mich nach 1941, als ich nach Jahren im Inneren Chinas nach Schanghai zurückgekehrt war, wieder einmal am »Bund« an der Wasserfront aufhielt, mußte ich auch heute an meine allererste Landung hier zurückdenken. Welchen tiefen Wandel hatte in Jahren engster Berührung mit China meine Einstellung zu diesem Land und seinem Volk durchgemacht, seit ich als 21jähriger Student der Berliner Hochschule für Politik im Sommer 1935 hier von Bord des Motorschiffes »Neckar« des Norddeutschen Lloyd ging, auf dem ich als Supercargo angeheuert hatte, weil ich nur so die Mittel für die sechswöchige Seereise von Hamburg nach dem Fernen Osten aufbringen konnte.

Damals, als die britische Weltpolitik mir als etwas Bewundernswertes erschien, betrachtete ich noch fast ehrfürchtig die steinernen Zeugen des europäischen Imperialismus, und es war mir als ganz selbstverständlich eingegangen, wenn an der Bar des Shanghai Clubs, der längsten Theke der

Welt, wie man rühmte, geringschätzig von den Chinesen gesprochen wurde, die außer als bedienende »boys« zu den geheiligten Räumen des Clubs keinen Zutritt hatten. Forderungen, wie sie die chinesische Nationalbewegung seit der Revolution von 1911 immer wieder erhob, nach Rückgabe der mit Vorrechten für die Fremden ausgestatteten, der chinesischen Souveränität entzogenen »Niederlassungen«, begegnete man mit der Behauptung, daß die »Chinamänner« mit ihrer chronischen Mißwirtschaft doch niemals in der Lage sein würden, eine moderne Vielmillionenstadt wie Schanghai zu verwalten, und ich hatte mir solche und ähnliche, aus einem weißen Überlegenheitsgefühl kommende Auffassungen, ohne viel nachzudenken, auch zu eigen gemacht.
Nicht nur in Schanghai sah man auf die Chinesen herab, sondern ebenso in den anderen Hafenstädten wie Kanton oder Tientsin, wo kaum einer der Europäer oder Amerikaner, die hier im Handel mit den Einwohnern des Reiches der Mitte ihre Vermögen machten, es für notwendig hielt, deren Sprache zu lernen. Für die kaufmännischen Verhandlungen bediente man sich des Englischen, und ging es wegen des Partners ohne Chinesisch nicht ab, so schaltete man seinen »Komprador« ein, einen chinesischen Mittelsmann. Die wenigen Chinesen, mit denen die vielen tausend ansässigen Ausländer in Berührung kamen, waren fast ausschließlich die Angestellten der eigenen Firmen oder Dienstboten im Haus, mit denen man sich in einem besonderen Jargon – Pidgin Englisch – verständigte.
Über China, so groß wie Europa vom Atlantik bis zum Ural und von mehr Menschen bewohnt, das weite Land hinter den »Vertragshäfen«, deren Öffnung für den ausländischen Handel die Briten 1842 im auf den »Opiumkrieg« folgenden Diktat von Nanking erzwungen hatten, existierten bei vielen Ausländern nur sehr vage Vorstellungen. Was sich gar im Inneren des Landes politisch tat, war den meisten ein Buch mit sieben Siegeln, und sie meinten auch, sich darum gar nicht weiter kümmern zu müssen, war doch China bis in den Krieg mit Japan 1937 hinein kein handelndes Subjekt der Weltpolitik, sondern nur Objekt der Mächte.
Deren Kampf um China an Ort und Stelle zu beobachten war ich, angeregt durch das Studium einiger Literatur über Ostasien, einst ausgezogen. Zwar waren neben Japan, Amerika und Rußland hauptsächlich nur noch die alten Imperialisten Großbritannien und Frankreich an dem Ringen um Einfluß in diesem Land beteiligt, und Deutschland war machtpolitisch nach dem I. Weltkrieg ausgeschieden, aber es war auch für uns wichtig, ein fundiertes Urteil darüber zu gewinnen, wer sich schließlich im Fernen Osten durchsetzen würde. Ich *mußte* einfach nach China, um dort selbst zu sehen. Der Gedanke ließ mich nicht los, und um das Ziel zu erreichen, hatte ich im Frühjahr 1935 alles nur Mögliche in Bewegung gesetzt, bis ich schließlich mit der »Neckar« von Hamburg aus in See gehen konnte.
Mit einem selbstgewählten Forschungsvorhaben und der dazu gehörigen Distanz war ich aufgebrochen, und nichts ahnte ich noch bei diesem ersten

Aufenthalt in China davon, daß ich nur wenige Jahre später allmählich, aber unentrinnbar in einem Prozeß immer tieferer Anteilnahme an dem gewaltigen Existenzkampf des chinesischen Volkes und seiner säkularen Umwälzung hineingezogen werden sollte.
Dieser Wandel hatte sich seit dem Herbst 1937 vollzogen, als ich nach der japanischen Invasion als Kriegsberichterstatter auf der chinesischen Seite mit Armee und Regierung aus den küstennahen Regionen um Schanghai und die Hauptstadt Nanking immer weiter ins Landesinnere und über Hankau bis schließlich nach Chungking zurückgewichen war. Ohne Chinesisch zu sprechen, kam man im Landesinneren nicht weit. Also begann ich, die Umgangssprache zu lernen, und fand so den Zugang, mich mit den »lao pai hsing«, den »hundert alten Familiennamen« zu unterhalten, wie die Chinesen die breite Masse des Volkes, damals wie auch heute noch meist Bauern, bezeichneten. Und ich bemühte mich auch, in die Geheimnisse der Schrift einzudringen und so den Schlüssel zu gewinnen zu der reichen Kultur dieses alten Volkes mit ihren Schätzen von atemberaubender Schönheit und tiefen Einsichten in das Wesen von Mensch und Natur.
Meine Aufgabe führte mich auch in die entfernten Winkel des großen Reiches, in die südwestlichen, an Vietnam grenzenden Provinzen Kwangsi und Yünnan, in die Randgebiete Tibets mit ihren 6000-Meter-Gipfeln und in die Nordwestprovinz Kansu, ja bis in den alleräußersten, schon in Zentralasien liegenden Westen, die an die Sowjetunion angrenzende Provinz Sinkiang, und Jahre brachte ich am Oberlauf des Yangtse in Szechuan zu. Ich lernte mehr von China kennen, als die meisten der vielen hundert Millionen Chinesen jemals hoffen können, zu erblicken. Die wilde Schönheit der Hochgebirge nahm mich ebenso gefangen wie die Anmut der Kulturlandschaften in den Ebenen, das pulsierende, überschäumende Leben in den Städten nicht weniger als die Stille von Tempeln und Pagoden in Bambushainen und an lotusbedeckten Seen und Teichen. Und für die Menschen wuchsen erst Achtung und Sympathie, dann Liebe.
Chinas Leiden sollten auch nach dem achtjährigen, schwerste Opfer fordernden Kampf mit Japan, nicht zu Ende sein. Der Krieg, in dem beide Parteien in China gegen den äußeren Feind verbündet waren, hatte ja den schon 1927 begonnenen Bürgerkrieg nur vertagt. Beide Parteien drängten nun auf eine Entscheidung, wer denn im Reich der Mitte mindestens für das nächste Jahrhundert herrschen sollte; im Augenblick bestand noch ein vom Abgesandten Präsident Trumans, General Marshall, vermittelter, prekärer Waffenstillstand. Die ihn durchbrechenden gelegentlichen Gefechte fanden nur im nordchinesischen Raum um Peking und Tientsin statt, und in Schanghai herrschte eine Ruhe, die man beinahe für Frieden halten konnte.
Ich hatte im Mai 1945, befreit von dem Druck des Krieges in Europa, trotz seines furchtbaren Ergebnisses und der Ungewißheit über das Schicksal der Heimat, etwas aufgeatmet und zum ersten Mal das Leben eines Privatmannes

geführt, bis ein Brief, den mir ein Offizier der US-Armee vor zwei Tagen überbrachte, mich in Bewegung setzte. Ein mir unbekannter Oberstleutnant O'Connor wollte mich sprechen, und es sollte dabei um das »Büro Ehrhardt«, die KO (Kriegsorganisation) der deutschen Abwehr gehen, die im japanisch besetzten Teil Chinas gearbeitet hatte.

In wenigen Tagen würde es gerade ein Jahr her sein, daß meine Verbindung mit dem Oberkommando der Wehrmacht in Berlin abriß und ich den letzten in einer langen Reihe von Berichten abgesandt hatte, die 1937 – im Jahre des Kriegsausbruchs in Ostasien und zwei Jahre vor dem Beginn des Krieges in Europa – ihren Anfang nahmen und deren verschlüsselter Text jeweils mit den Worten eingeleitet wurde: »für berndt von borodin.« »Berndt« war der Deckname für einen Offizier in der Abteilung I des von Admiral Canaris geleiteten Amtes Abwehr des Oberkommandos der Wehrmacht (OKW), während »Borodin« mich selbst bezeichnete. Weniger Personen, als eine Hand Finger hat, kannten diese Verbindung, und sie war bis zum Kriegsende ein vor Freund und Feind absolut gewahrtes Geheimnis geblieben.

Meine Stellung war eine außergewöhnliche in dem riesigen hierarchischen Gefüge der Deutschen Wehrmacht. Ohne irgendeine Zwischeninstanz unterstand ich direkt dem OKW. Ich hatte über mir keinen Vertreter des Reiches wie etwa die Botschafter in China oder in Japan oder irgendeine Stelle der Partei. Befehle hätten nur von »Berndt« kommen können, aber es kamen keine von ihm, auch so gut wie nie Anweisungen und selten Anfragen, so daß ich vollkommen frei in meinen Bewegungen und in meiner Berichterstattung war. Allein von mir selbst hing es ab, wie ich arbeitete, worauf ich mein Hauptaugenmerk richtete, welche Schwerpunkte ich im Rahmen meiner Berichterstattung bildete, und ich selbst konnte bestimmen, welche Risiken ich einging und welchen Gefahren ich mich aussetzte.

Die Welt kannte nur die öffentliche Seite meiner Tätigkeit als Auslandskorrespondent der deutschen Tagespresse in den Jahren 1937 bis 39 und seitdem der Presseagentur DNB (Deutsches Nachrichtenbüro). Wenn nicht ein wichtigtuerisches Mitglied des Büros Ehrhardt, ein jüngerer Marineoffizier, der dienstlich allein von der Tatsache meiner Verbindung zum OKW Kenntnis bekommen hatte, ohne jedoch das Geringste über den Inhalt meiner Tätigkeit zu wissen, nach Kriegsende gegenüber Amerikanern geschwatzt hätte, wäre das Geheimnis auch dann noch so lange gewahrt geblieben, bis ich selbst es lüftete. Er hatte auch enthüllt, daß es während des Krieges zwischen seinem Chef, Oberstleutnant Eisenträger, – das war Ehrhardts richtiger Name – und mir schwere Differenzen gegeben hatte.

Die waren so entstanden: »Berndt« hatte mir 1941, nachdem ich nach Schanghai zurückkam, mitteilen lassen, daß wir den Verkehr zwischen uns in Zukunft per Funk über die inzwischen hier etablierte KO abwickeln könnten. Mein Eindruck von Eisenträger und seiner Dienststelle war jedoch nicht der beste. Anstatt vollkommen geheim zu arbeiten, war das »Büro Ehrhardt« unter den

Deutschen in der Stadt offen im Gerede; ich traute dieser Einrichtung nicht zu, dichtzuhalten, und wollte ihr auf keinen Fall etwas von mir im Klartext anvertrauen. Oberstleutnant Eisenträger wünschte zu wissen, was er da von mir nach Berlin übermittelte. Mit dem Wink, daß ich dann meine Tätigkeit gleich einstellen könnte, setzte ich beim Oberkommando der Wehrmacht durch, daß Ehrhardt von mir nur Texte zur Weitergabe bekam, die ich selbst schon so verschlüsselt hatte, daß nur »Berndt« in Berlin sie entziffern konnte. Es mag sehr wohl sein, daß ich sehr bald ein toter Mann gewesen wäre, hätten die Ehrhardt-Leute meine Texte lesen können und wäre von ihnen etwas daraus zu den Japanern durchgesickert. Denn in deren Interesse mußte es liegen, mich lahmzulegen.

An diese Begebenheiten, die für mich schon so weit zurücklagen wie der unselige Krieg, hatte mich nun der amerikanische Offizier erinnert, der mit mir über »Angelegenheiten des Büro Ehrhardt« sprechen wollte. Warum, fragte ich mich, als ich mich der Ecke der Foochow Road näherte, folgte ich der Einladung überhaupt, die doch nur alte Sachen aufrühren würde, an die ich jetzt gar nicht erinnert werden wollte? Einen Augenblick überlegte ich, ob ich nicht bis zur Nanking Road weitergehen sollte, um im Palace Hotel mit Hügi, dem Schweizer Koch, der einer meiner Tennispartner war, wie es oft seit dem Ende des Krieges geschah, am Vormittag einen Drink zu nehmen, O'Connor hin oder her. Was wollte der Mann überhaupt? Kriegsgeschichte schreiben? Dazu würde es wohl später noch ausreichend Zeit geben. Da ich aber nicht abgesagt hatte, lenkte ich als höflicher Mensch doch meine Schritte zum Hunt-Gebäude und fuhr mit dem Fahrstuhl in den 5. Stock.

Eine Sekretärin empfing mich freundlich: »Oberstleutnant O'Connor wird gleich kommen. Nehmen Sie doch bitte eine Weile in diesem Zimmer Platz!« Sie wies mich in einen Raum, in dem ich auf einige mir bekannte und zwei unbekannte Gesichter traf: Oberstleutnant Lothar Eisenträger, den Chef des ehemaligen Büro Ehrhardt, seine Mitarbeiter Rathje und Habenicht sowie den Japaner Taiji Takashima, der in Berlin studiert hatte und mir als Verbindungsmann zwischen den offiziellen japanischen und deutschen Stellen aus der Kriegszeit bekannt war. Die zwei Unbekannten waren Italiener. Sie hatten, wie mir Rathje auf meine Frage erklärte, als Funker für das Büro Ehrhardt gearbeitet. Alle waren auf die gleiche briefliche Einladung zu einem Gespräch »über die Angelegenheiten des Büros Ehrhardt« gekommen.

Ich versuchte von Ehrhardt zu erfahren, wo wohl der tiefe Sinn hinter dem Arrangement für diese kleine Versammlung liegen könnte, und erntete nur ein Achselzucken, als plötzlich draußen auf dem Flur ein Poltern von Stiefeln zu hören war und durch die Flügeltüren eine Rotte Männer hereinstürzte. Sie hielten Maschinenpistolen in den Händen und mit Rufen »hands up« und »back to the wall!« wurden wir mit dem Gesicht zur Wand auf eine Seite des Zimmers geschubst und nach Waffen abgetastet.

Solche Szenen kannte ich bisher nur aus dem Kino, wenn in amerikanischen

Filmen Gangsterbosse ihre Killer gegen rivalisierende Banden losschickten, und bis zu diesem Augenblick hätte ich jeden für verrückt gehalten, der mir vorausgesagt hätte, daß mich einmal, ein Jahr nach Kriegsende und in einem Lande, in dem die Amerikaner wie ich selbst auch nur Gäste waren und keinerlei Hoheitsrechte besaßen, amerikanische Soldaten auf diese Weise überfallen würden, nachdem ich der freundlichen Einladung eines amerikanischen Stabsoffiziers zu einem Gespräch gefolgt war.

Als man bei uns keine Waffen gefunden hatte – welche irre Idee, solche etwa zu vermuten! – und wir uns wieder umdrehen durften, betrat der Veranstalter selbst die Bühne: Oberstleutnant Jeremiah J. O'Connor. Er war etwa 45 Jahre alt, schlank und hatte ein hageres, fast asketisches Gesicht. Mit etwas erhobener Stimme und langsam, um seinen Worten besondere Bedeutung zu verleihen, las er von einem Papier, das er mit beiden Händen vor sich hielt:

»Ihr Männer« – die normale Anrede »gentlemen« brachte er nicht über die Lippen – »werdet beschuldigt, zwischen dem 8. Mai 1945 und dem 15. August 1945 weiter Krieg gegen die Vereinigten Staaten und ihre Verbündeten geführt, auf diese Weise die bedingungslose deutsche Kapitulation vom 8. Mai 1945 gebrochen und so ein Kriegsverbrechen begangen zu haben. Zur weiteren Untersuchung und bis zum bevorstehenden Prozeß werdet Ihr jetzt in das Ward Road Gefängnis gebracht werden.«

»Das ist doch Wahnsinn!«, durchfuhr es mich, aber der für diesen Akt Verantwortliche hatte nun für heute seinen Spruch aufgesagt und wandte sich schon wieder zum Gehen, bevor ich, sprachlos vor dem Unmöglichen, Worte des Protestes fand. Takashima war schneller: »Wollen Sie mir bitte erklären, wie es möglich ist, daß ich (als Japaner) die *deutsche* Kapitulation gebrochen haben könnte?« Sich vor seinem Abgang noch einmal zurückwendend, beschied ihn O'Connor unwirsch: (he snapped back, würde man es treffend auf Amerikanisch ausdrücken): »Das werden Sie schon sehen!«

Er überließ uns den Militärpolizisten, die uns jetzt durch den Flur in das enge Treppenhaus drängten und – die Benutzung des Fahrstuhls fanden sie entweder für uns zu gut oder, mit uns Unbewaffneten, für sich zu gefährlich – uns von da die fünf Stockwerke hinunter und unten dann einzeln, einen nach dem anderen, aus dem großen Hauptportal auf die Straße und auf einen kleinen Mannschaftswagen.

Die Regie hatte gut gearbeitet. Etwa zwei Dutzend Reporter erwarteten uns. Nicht, daß sie an uns Fragen stellen durften, aber Blitzlichter blitzten, Filmkameras surrten. Dahinter Neugierige, die auf den menschenwimmelnden Straßen einer chinesischen Stadt immer schnell zu einer beachtlichen Menge anschwellen, wenn sich etwas Außergewöhnliches ereignet. Ich fand alles entwürdigend, und Grimm erfaßte mich.

Der sollte sich bei der Einlieferung, nach kurzer Fahrt ins Gefängnis, noch steigern: Fingerabdrücke wurden von uns genommen, und, mit Namensschildern vor der Brust, wurden wir en face und im Profil für das Verbrecheralbum

fotografiert. Dann mußten wir uns splitternackt ausziehen; alles, was einer bei sich trug, einschließlich Taschentücher, wurde uns abgenommen und in eine Tüte getan, und dann kam die nächste Überraschung:
Man kleidete uns neu ein. Nicht in Sträflingskleidung, nein, wir erhielten amerikanische Armee-Uniformen, die gleichen, die unsere Bewacher trugen! Lediglich die Rangabzeichen fehlten.
Die förmliche Aufnahme, mit Personalien usw., geschah durch einen Offizier im Hauptmannsrang, Clarence R. Parsek, M. P. (Military Police). Er war der Kommandant des von den Chinesen gemieteten Gefängnisses und gleichzeitig der Henker, wie wir später erfahren sollten. Er hielt uns eine kleine Ansprache: Wir hätten als Gefangene seine Anordnungen zu befolgen, fürs erste würden wir »incommunicado« gehalten, ohne jede Verbindung zur Außenwelt. Jeder Versuch, diese Sperre zu durchbrechen, sei zwecklos und werde verhindert.
Die beiden Italiener wurden jetzt von uns getrennt, und Militärpolizisten brachten Ehrhardt, Rathje, Habenicht, Takashima und mich in den 5. Stock des Gefängnisturms, wo wir in einem abgelegenen und leeren Flügel in sich gegenüberliegenden Einzelzellen eingeschlossen wurden.
Die Einrichtung bestand aus einem eisernen Bettgestell, das fest mit einer der Zellenwände verbunden war, mit Matratze und zwei Wolldecken, einer in die gegenüberliegende Wand eingelassenen etwa 40 x 40 Zentimeter messenden Tischplatte, mit einem runden, mit fest im Fußboden verankerten Sitz davor, und aus einem Wasserklosett ohne Deckel. Tageslicht kam durch ein kleines, für die Zelleninsassen unerreichbares, außen vergittertes Fenster, direkt unter der Decke an der hinteren Zellenwand, und durch die Gittertür aus dem Zellenvorraum, wenn die vor dem Gitter außerdem noch angebrachten schweren Holzläden nicht zugeklappt waren.
Das Gespräch zwischen uns fünf Eingeschlossenen wurde naturgemäß von den Mutmaßungen darüber beherrscht, was die Amerikaner wohl mit uns im Schilde führten. Es drehte sich unablässig und ergebnislos im Kreise und erlahmte schließlich in den Abendstunden, als niemand mehr in der Lage war, einen neuen weiterführenden Gedanken beizusteuern. Der Abend brachte noch eine musikalische Überraschung. Von weitem, wie es schien, aus einem abgelegenen Flügel des Betonbaus hörten wir getragenen Chorgesang vieler Männerstimmen in einem mehrstrophigen, sehr melancholisch klingenden Lied. »Das sind meine Landsleute«, erklärte uns Takashima, »sie singen die Kaiser-Hymne. Sie tun das jeden Abend.« So erfuhren wir, daß noch etwa hundert japanische Gefangene mit uns das Gefängnis bevölkerten, die man nach der nur acht Monate zurückliegenden japanischen Kapitulation, als die japanische China-Armee nach und nach zurück nach Japan transportiert wurde, zurückgehalten hatte, um gegen sie Kriegsverbrecher-Prozesse zu führen.
Sie wurde keine schlaflose Nacht, meine erste, die ich in meinem Leben in

einem Gefängnis verbringen sollte – im Gegensatz zu vielen in den vorangegangenen letzten Jahren des Krieges, als sich Schritt für Schritt unabwendbar der deutsche Zusammenbruch näherte und ich fast jede Nacht um zwei, drei Uhr aufwachte und bis fünf oder sechs keinen Schlaf wieder fand. Diesmal beunruhigte mich vor dem Einschlafen nur sehr der Gedanke, welche Sorgen sich wohl Ni-ko, meine mir seit Jahren in aufopfernder Liebe zugetane chinesische Freundin, über mein plötzliches, unerklärtes Verschwinden an diesem Tage machen mußte.
Sonst war ich überzeugt, daß der ganze Vorgang auf nichts anderem als auf einem kolossalen Irrtum beruhte, so offensichtlich, daß er sich schon sehr bald als solcher herausstellen mußte. In wenigen Tagen würde ich aus diesem Bau wieder heraus sein.
Am nächsten Morgen nach der Einlieferung hörte ich, wie die Gittertür zum Zellenvorraum aufgeschlossen wurde. Ein großer, uniformierter, an seinem Bart und Turban als Sikh zu erkennender Inder trat ein, hinter ihm zwei japanische Gefangene, die kleine braune Päckchen an uns austeilten. Es waren amerikanische K-Rationen, unser Frühstück. Als der Sikh und sein Gefolge wieder verschwunden waren und wir uns ans Öffnen der kleinen Kartons machten, bat plötzlich Takashima, dessen Zelle dem Eingang am nächsten war, um Aufmerksamkeit: »Hören Sie einmal her! Ich habe hier einen Zeitungsausschnitt über unsere Verhaftung.« Einer der japanischen Gefangenen hatte ihm beim Austeilen der Rationen, von dem Sikh unbemerkt oder absichtlich übersehen, einen Zeitungsausschnitt aus der amerikanischen »Shanghai Evening Post« vom Vortag zugesteckt. Donnerwetter, klappt bei denen die Organisation! bezeugte ich in Gedanken den Japanern Respekt, als Takashima vorzulesen begann. Die Schlagzeile: Some of Germany's blackest war criminals caught by US forces in Shanghai.[1] Es folgte dann in den glühendsten Farben eine Schilderung dessen, was das Büro Ehrhardt während des Krieges alles geleistet haben sollte. Zu den hervorragendsten Taten gehörte die Brechung amerikanischer Geheimcodes. Mit Hilfe der so gewonnenen Erkenntnisse konnten erfolgreich – von Schanghai aus! – die »Wolfsrudel der deutschen U-Boote im Pazifik *und* Atlantik« gegen die alliierte Schiffahrt »dirigiert« werden.
Lachend mokierte sich Rathje, als er das hörte: »Da wundere ich mich nur, wo all die Ritterkreuze geblieben sind, die wir verdient haben!« Habenicht, dem es tatsächlich gelungen war, den Code der US-Coast Guard zu entschlüsseln, was aber für die Bekämpfung alliierter Geleitzüge nutzlos war, schüttelte nur den Kopf. Takashima las weiter vor, und nun war das Kopfschütteln an ihm, dem Japaner, denn jetzt kam, was angeblich *nach* der deutschen Kapitulation geschehen sein sollte: Die Männer des Büros Ehrhardt hätten durch die von ihnen aufgefangenen und den Japanern gegebenen Nachrichten es diesen ermöglicht, einen amerikanischen Flugzeugträger zu versenken. Und ein großer Teil der – allerdings tatsächlich außerordentlich hohen und schmerzli-

chen – Verluste der Amerikaner an Toten und Verwundeten in der Schlacht von Okinawa müßte ebenfalls dem Konto des Büros Ehrhardt zugerechnet werden.

Gespannt wartete ich darauf, ob auch von mir die Rede sein und was man wohl mir anhängen würde, von dessen wirklicher Aktivität niemand, auch kein Mitglied des Büro Ehrhardt, etwas wußte; dafür hatte ich ja, Gott sei Dank, gesorgt – und mich deshalb mit Ehrhardt verkracht. Dann kam es: Ich hätte das Vertrauen, das ich mir in Chungking, dem Sitz der Regierung und des Hauptquartiers, erworben hätte, dazu benutzt, um später im japanisch besetzten Gebiet tätige Männer Chungkings zu verraten und den Japanern auszuliefern.

»Diese Lügenbrut!« machte ich meiner Empörung erste Luft. Um mich überhaupt irgendwie anschwärzen zu können, hatten diese Halunken das Blaue vom Himmel heruntergelogen. Und in ihrer Unkenntnis das genaue Gegenteil von dem behauptet, was sich tatsächlich abgespielt hatte.

Der militärische Vertreter Marschall Chiang Kai-sheks, der sich ständig im Untergrund im besetzten Schanghai aufhielt, war General Chiang Pei-chen, und die politische Widerstandsarbeit der Kuomintang im japanisch besetzten Gebiet leitete Wu Shao-shu, der nicht dauernd hier anwesend war, sondern je nach Notwendigkeit aus dem unbesetzten China in die Stadt kam, um persönlich die Lage zu erkunden und seinen Vertrauensmännern Anweisungen zu geben. Ausgerechnet zwei Deutsche, von China aus gesehen Angehörige eines Feindstaates, mit dem man sich im Kriegszustand befand, mein Freund, Generalkonsul Dr. Hans Bidder, und ich, gehörten zu den ganz wenigen Ausländern, vielleicht waren wir überhaupt die einzigen, denen diese hochgefährdeten Führer des chinesischen Widerstandes so weit vertrauten, daß man sich gelegentlich zu einem Meinungsaustausch traf. Diese Treffen fanden immer bei einem Abendessen im Haus meines Freundes, des Rechtsanwaltes Yao Chao-ti, statt, hinter dessen geheime Chunking-Verbindungen die Japaner ebenfalls niemals kommen durften. Und sie spionierten Bidder und mir ganz intensiv nach!

Sowohl General Chiang als auch Wu Shao-shu befanden sich zur Zeit wie auch mein Freund Yao im befreiten Schanghai. Sowie ich mit ihnen wieder in Verbindung käme, schwor ich mir, würden wir die giftige Seifenblase aufstechen und die Verleumder vor ein chinesisches Gericht bringen!

Die Tage gingen dahin. Am Montag waren wir eingeliefert worden; es kam der Dienstag, der Mittwoch, der Donnerstag, ein Tag war wie der andere, ohne die geringste Neuigkeit oder auch nur eine Andeutung über unser weiteres Schicksal, ohne die Möglichkeit auch, mit der Welt draußen, jenseits der Kerkermauern, in Verbindung zu treten. Auch an die frische Luft kamen wir nicht. Das Verlangen, einen Anwalt zu sprechen, das wir Parsek, dem Gefängnischef, über einen Unteroffizier, der sich einmal vor unseren Zellen zeigte, übermittelten, blieb unbeantwortet.

Es war am Morgen des fünften Tages – nach meiner Erinnerung war es Karfreitag –, als auf einmal vor unseren Zellen Soldaten der Wachmannschaft erschienen und ohne ein Wort der Erklärung die schweren Holzläden, die sich vor den Gittern unserer Zellentüren befanden, zuschlugen. Wir konnten uns nur noch durch lautes Rufen verständigen, die gegenüberliegenden Zellen mit ihren Insassen aber nicht mehr sehen. Keiner fand eine Erklärung für diese Neuerung, als plötzlich unsere Betrachtungen – rrumms – durch ein lautes, dunkles Geräusch unterbrochen wurden, das aus den unteren Bezirken des Gefängnisturms kommen mußte. Nach etwa zehn Minuten hallte es zum zweiten Male – rrumms – durch den Bau. Immer noch blieb rätselhaft, worauf das Geräusch zurückzuführen sein könnte, nur brachte ich es jetzt in einen Zusammenhang mit dem Abschotten unserer Zellen, was die Sache erst recht unheimlich machte. Noch dreimal, in etwa dem gleichen Abstand rummste es ominös, dann trat für längere Zeit wieder die übliche Stille ein.

Etwa eine halbe Stunde später kamen die Soldaten zurück und klappten die Holzläden vor unseren Gittern wieder auf. Einer antwortete auf die Frage, was das alles zu bedeuten habe, kurz: »Wir haben mal eben fünf Japse aufgehängt.« Er sagte das so hin, ganz beiläufig, wie man von einer kleinen, alltäglichen Sache spricht: »We have just hanged five Japs.« Es fehlte nur, daß er mit Daumen und Zeigefinger geschnippt hätte: Just so! und das Wort »Japse« hatte er gebraucht, diesen verächtlichen angelsächsischen Slang-Ausdruck für die Japaner! Wohl eine Art Untermenschen oder Ungeziefer, das es zu vertilgen galt.

Ein Licht ging mir plötzlich auf. Entgegen allem bisherigen Anschein war das hier kein Kasperltheater, sondern tödlicher Ernst! Klar sah ich in blutiger Schrift an der Wand eine Warnung: Laß fahren alles Vertrauen auf Schuldlosigkeit, die sich erweisen, auf Irrtum, der sich aufklären muß!

Als »einer von Deutschlands schwärzesten Kriegsverbrechern« war ich in das Getriebe einer gnadenlosen Maschinerie geraten, zu deren Bestimmung es gehörte, Menschen vom Leben zum Tode zu befördern.

## 2 Ein Schauprozeß wird vorbereitet

Damit wir uns nur ja über unsere Lage im klaren sein sollten, erschien nach einigen Tagen Oberstleutnant O'Connor vor unseren Zellen und hielt uns eine aus ein paar Sätzen bestehende Ansprache. Er wiederholte, daß wir unter dem Verdacht festgehalten würden, »die deutschen Kapitulationsbestimmungen verletzt« zu haben. Einige würden vielleicht angeklagt, andere könnten wichtige Zeugen sein. Er schloß mit den Worten: »Sie haben keine Rechte, keine Regierung, die Sie schützt, und niemanden, an den Sie sich wenden können.

Was mit Ihnen geschieht, hängt ganz allein von Ihrer Kooperation ab.« Erstaunliche Worte aus dem Munde eines amerikanischen Juristen! dachte ich mir, denn O'Connor hatte sich als »Judge Advocate« (Staatsanwalt) vorgestellt. Wir sollten ihn auf Wochen nicht wiedersehen.
Nur Takashima, der zwei Tage später zu einer Vernehmung abgeholt wurde, bekam ihn zu Gesicht, und dieser berichtete uns danach, daß O'Connor ihm angedroht habe, wenn er nicht »kooperiere«, werde er nicht als Zeuge vor Gericht erscheinen, sondern als Angeklagter, und die Anklage gegen ihn werde auf Verschwörung (conspiracy) lauten.
Unsere Haftverhältnisse besserten sich ein wenig; wir durften nun – unter schärfster Beaufsichtigung durch die GIs – täglich eine Stunde auf den Gefängnishof. Gleichzeitig mit uns wurde auch eine Gruppe von etwa 15 japanischen Soldaten auf den Hof gebracht. Sie wurden getrennt von uns herumgeführt, und es war uns verboten, uns ihnen zu nähern und mit ihnen zu sprechen. Auch untereinander durften sich diese Japaner nicht unterhalten; sie wurden noch strenger isoliert als wir. Ich fand das unmenschlich, denn es handelte sich hier um Männer, die zum Tode verurteilt waren, wie uns ein etwas freundlicherer unter unseren Bewachern erklärte.
Nur auf die Urteilsbestätigung durch den »Gerichtsherrn«, einen US-General, wurde noch gewartet, dann würden auch sie der gleichen Prozedur unterworfen, deren Ohrenzeugen wir am Karfreitag geworden waren. Wenn man in den Gesichtern der stummen Todgeweihten lesen konnte, war da nichts Gedrücktes, sondern eher Stolz und eine in der Gewißheit des Todes von innen strahlende Würde.
Der gesprächige unter den GIs der Wachmannschaft erklärte uns auch das rätselhafte, dumpfe Poltern, das wir gehört hatten, es rührte vom Auf- und Zuklappen einer Falltür her, die sich in der sogenannten Hinrichtungszelle im unteren Teil unseres Gefängnisturms befand.
Der Todeskandidat wurde mit gefesselten Händen in die Zelle geführt und auf die geschlossene Falltür gestellt. An der Decke war ein längeres Seil befestigt, mit einer Schlinge am unteren Ende, die dem Delinquenten um den Hals gelegt wurde. Stand der Verurteilte in Positur, zog der Henker einen Hebel, wodurch sich unter den Füßen des Todeskandidaten die Falltür öffnete und er einige Meter im freien Fall fiel, bis sich die Schlinge zuzog. Er hing dann im Raum unter der Hinrichtungszelle, wo nach Feststellung des Todes sein Leichnam abgeschnitten wurde. Die Falltür konnte sich wieder schließen und der Henker alles für die nächste Prozedur vorbereiten. Es sei eine sehr humane Art, erklärte stolz der GI, wie bei den Amerikanern gehenkt würde, denn unmittelbar hinter der Schlinge habe das Seil einen dicken Knoten. Beim ruckartigen Anspannen des Seiles durch den fallenden Körper, schlage dieser Knoten gegen den Hinterkopf des Gehenkten, er breche dadurch das Genick und der Tod trete sofort ein. Wenn das stimmt, ist das vielleicht besser, als allmählich qualvoll erdrosselt zu werden. Tod ist jedoch Tod.

War auch mein Leben bedroht? Nachdem ich mit und nach meiner »Verhaftung« Dinge erleben mußte, die ich nicht für möglich gehalten hatte, war es wohl nicht nur die Isolierung, die zu düsteren Betrachtungen anregte. Zum ersten Mal in meinem Leben beschlich mich etwas wie Angst. Die Phantasie hält eine breite Skala von Möglichkeiten und Gefahren bereit. So konnte ich mir gut bestimmte »Lagen« vorstellen, die eintreten könnten. Zeit genug, um sie in Gedanken durchzuspielen, bestand ja.
Ironischerweise war es die während des ganzen Krieges bis zum Ende gelungene Wahrung des Geheimnisses meiner tatsächlichen Stellung und Aktivität, die sich als Gefahrenquelle erweisen konnte. Sie begünstigte Spekulationen, wenn ich nicht selbst redete. Der junge Marineoffizier Rudloff von der KO hatte so gesponnen und seine Vermutungen dem ihn vernehmenden Captain Farrell mitgeteilt, woraus wieder O'Connor die verleumderischen Behauptungen fabrizierte, welche die amerikanische »Shanghai Evening Post« am Tage unserer Festnahme abdruckte. Ich sah jetzt den möglichen Fall eintreten, vor die Wahl gestellt zu werden, entweder weiter zu schweigen und damit womöglich schweren Schaden für mich in Kauf zu nehmen, oder aber, um dieses zu vermeiden, meine Nachrichtenquellen zu offenbaren, wodurch andere hineingerissen werden könnten. Es waren da einige Leute, die über mich Deutschland Dienste geleistet hatten.
Einem von ihnen konnten Enthüllungen über seine Tätigkeit allerdings nicht mehr schaden, dem »dicken Liu«, wie er allgemein von seinen europäischen Bekannten genannt wurde. Der war kurz nach dem Ende der Feindseligkeiten mit Japan, als die Schiffsverbindung mit seiner Heimatstadt Ningpo wieder hergestellt war, auf dem Wege dorthin mit seiner ganzen neunköpfigen Familie auf tragische Weise noch ein Opfer des Krieges geworden, als der chinesische Küstendampfer auf eine noch nicht geräumte Mine lief. Außerdem hatte Liu, der Chinese, wohl *für* Deutschland gearbeitet aber nicht gegen China. Er war von mir als Gegenspionage-Agent gegen die »Donnerstagsgesellschaft« angesetzt worden. Dieser merkwürdige Verein war in gewisser Weise typisch für das zwielichtige Dreiecksverhältnis, das zwischen Chinadeutschen, Japanern und Chinesen während des Krieges bestand. Die Japaner wußten, daß die in China lebenden Deutschen auch unter japanischer Besatzung ihre Sympathien für die Chinesen bewahrt hatten und Japans Krieg gegen China mißbilligten, obwohl die Regierung in Berlin sich schließlich mit Japan verbündete und nach dem Dezember 1941 Deutschland und Japan in den USA den gleichen Kriegsgegner hatten. Die japanischen Militärbehörden waren von tiefem Mißtrauen gegenüber allen Chinadeutschen erfüllt, und besonders verdächtig waren ihnen darunter wieder die »Chungkingleute«, von denen behauptet wurde, daß sie eine geheime Gruppe bildeten, mit Leuten wie Bidder und Schenke an der Spitze. Aber auch die offiziellen deutschen Dienststellen wurden mißtrauisch beäugt. Die »Donnerstagsgesellschaft«, so genannt, weil sie regelmäßig jeden Donnerstag zusammenkam,

leitete ein Herr Yasui, der als Übersetzer beim Deutschen Generalkonsulat in Schanghai tätig war; ihr gehörten auch die wichtigsten der bei anderen Dienststellen, dem DNB und den großen deutschen Firmen angestellten Japaner an. Bei den Zusammenkünften wurden die Beobachtungen der vergangenen Woche ausgetauscht, und Yasui gab neue Erkundungsaufträge. Der »dicke Liu«, der das Vertrauen einiger Mitglieder der »Donnerstagsgesellschaft« besaß, berichtete mir regelmäßig über deren gegen uns, manchmal auch speziell gegen mich, gerichtete Aktivitäten.
Für Liu bestand also keine Gefahr mehr, aber da waren noch einige andere, und ganz besonders beunruhigte mich, daß ich vielleicht gezwungen sein könnte, etwas über »Victor« zu offenbaren, der erstaunliche Informationen aus der Sowjetunion brachte. Ich beschloß, hier weiter zu schweigen, koste es, was es wolle.
Doch das größte Geheimnis von allen, das bis heute absolut gewahrt worden war, der Fall Siefken? Mit dieser Sache hatte ich mir etwas sehr Außergewöhnliches, im Dritten Reich wohl Einzigartiges, geleistet.
Bei meiner Rückkehr aus Chungking nach Schanghai im Spätsommer 1941 hatte ich dort die KO China vorgefunden, die 1939, vor Kriegsausbruch in Europa, als ich Schanghai verließ, noch nicht existierte. Sie wurde von Louis Theodor Siefken geleitet, einem früher in Spanien tätigen Mann des Amtes Canaris. Wir kamen in guten Arbeitskontakt. Konfliktstoff gab es nicht; Siefken hatte von Berlin die Anweisung, lediglich meine Berichte auf dem Funkwege dorthin zu geben. Nach wenigen Wochen merkte ich schon, daß um Siefken Intrigen gesponnen wurden. Eine Koalition sonst gar nicht so sehr zusammenpassender Kräfte hatte sich verschworen, ihn »abzuschießen«, wie es in dem üblichen Jargon hieß: die Deutsche Botschaft in Nanking, der Generalkonsul in Schanghai, der die deutsche Gemeinde überwachende Gestapo-Mann namens Kahner und dessen Vorgesetzter in Tokio, der in gut unterrichteten Kreisen berüchtigte SS-Standartenführer Meisinger. Mit ihnen machte obendrein offenbar noch der Siefken bei der KO attachierte Oberstleutnant Eisenträger gemeinsame Sache.
Mich widerte dieses Kesseltreiben an. Waren Gestapo-Leute gegen jemanden, so hatte der automatisch erst einmal meine Sympathie. Das hätte vielleicht nicht ausgereicht, aber ich konnte auch sonst nirgendwo einen sachlichen Grund für die Angriffe auf Siefken erkennen, nur Kompetenzeifersüchteleien, Neid und Mißgunst und bei Eisenträger wohl die Hoffnung, als Leiter der KO an Siefkens Stelle zu kommen. Siefken wurde schließlich mit der bei Personenkämpfen im System, wenn man nichts anderes finden konnte, üblichen Giftwaffe zu Fall gebracht: der Behauptung, er sei homosexuell, 175er, wie man zu sagen pflegte. Am meisten aber wurmte mich bei dieser Infamie, daß das Oberkommando der Wehrmacht darauf hereinfiel.
Als sich zu allem Überfluß bald nach der Ablösung Siefkens gezeigt hatte, daß das »Büro Ehrhardt«, wie die KO nun hieß, im Widerspruch zu seiner

geheimen Aufgabe in der Schanghaier deutschen Gemeinde dauernd im Gerede der Leute war, und dies damit zusammentraf, daß sich mein eigenes Arbeitsfeld erheblich erweiterte, kam ich auf die Idee, die infolge der lächerlichen Intrigen brachliegende Kraft Siefken, Berlin zum Trotz, wieder einzusetzen.

Es war ein gewagtes Experiment. Ich teilte Berndt mit, daß ich plante, wegen des größeren Arbeitsanfalles einen Mitarbeiter einzustellen. Dieser würde in Zukunft gelegentlich auch eigene Meldungen unter dem Decknamen »Galen« absetzen, und ich beantragte gleichzeitig für diesen Mitarbeiter die nötigen Gelder. Das Ganze wäre allerdings nur unter dem äußersten Maß von Geheimhaltung durchzuführen. Bei etwaigen Anfragen würde ich die Identität »Galens« nicht mitteilen. Das könnte erst nach Kriegsende geschehen.

Der Coup gelang. Ich wurde nicht nach dem Namen gefragt. Die Mittel wurden bewilligt.

So hatte sich die einzigartige Situation ergeben, daß ein Mann, den das Oberkommando der Wehrmacht abgesetzt und arbeitslos in die Wüste geschickt hatte, von mir für die gleiche Institution ohne deren Wissen auf dem gleichen Arbeitsgebiet wieder eingestellt und in Dienst genommen wurde.

Ich hatte mit dieser Tat nicht nur der Gestapo und den anderen beamteten Intriganten ein Schnippchen geschlagen und deren Übeltat an einem Menschen wiedergutgemacht, sondern auch den Fehler des OKW mit dessen unwissentlicher Hilfe korrigiert. Was mir aber heimlich Vergnügen bereitete: Es war Ehrhardt selbst, der Siefken aus seiner Position verdrängt hatte, der nun nichtsahnend Siefkens Meldungen nach Berlin weiterleiten mußte.

Der Krieg war nun schon über ein Jahr zu Ende, und es gab kein Oberkommando der Wehrmacht mehr. Trotzdem hatte ich weiter geschwiegen. Doch bei den Gedanken, die ich mir bei den Spaziergängen in der Zelle – auf und ab, wie ein gefangenes Tier – machte, Überlegungen in jeder Richtung, beschlich mich die Ahnung, es könnte notwendig werden, in dieser Sache etwas zu enthüllen.

O'Connors Worte von der Rechtlosigkeit, in der wir uns befänden – »Sie haben keine Rechte und keine Regierung, die Sie schützen könnte« usw. – führten an den langen Abenden zu Betrachtungen, die weit über die Mauern des Gefängnisses hinausreichten. Das eigene Los war dabei hineingestellt in das Schicksal des ganzen Volkes in der fernen Heimat, und ich blickte zurück auf die Ereignisse in der Welt und in Deutschland in dem vergangenen Jahr, in dem ich zum ersten Mal nach acht Jahren Krieg seit 1937 als Privatmann in Schanghai lebte.

Was war seit dem 8. Mai 1945 geschehen?

Die Verbindung mit der Heimat durch den ohnehin dünnen Faden des Funks war schon kurz vorher abgerissen, und daran änderte sich auch nichts in der Zeit unmittelbar nach der Kapitulation, als der Krieg zwischen den West-Alliierten und Japan hier in Ostasien und im Pazifik fortgesetzt wurde. Ich

besaß einen Hochleistungs-Rundfunkempfänger, der alle stärkeren Kurzwellensender der Welt hereinholen konnte, aber deutsche gab es nicht mehr; da war vollkommenes Schweigen, und die Nachrichtengebung der amerikanischen und japanischen Radiosender war vom Krieg im Pazifik beherrscht. Da tobte noch die schwere Schlacht um Okinawa, nachdem die Amerikaner auf dieser vor Chinas Haustür zwischen Formosa und der südlichen japanischen Hauptinsel Kiuschu gelegenen Insel gelandet waren. Unter diesen Umständen war sehr spärlich, was man aus Europa hörte. Private und persönliche Nachrichten aus dem besetzten Deutschland gab es ohnehin nicht. Über die wichtigsten Vorgänge jedoch wurde in den Meldungen berichtet:
Am 8. Mai hatte die Wehrmacht bedingungslos den Kampf eingestellt. Unklar blieb zuerst, warum die Kapitulation gleich zweimal unterzeichnet wurde, erst in Reims und am Tage darauf noch einmal in Berlin-Karlshorst. Dem fünfeinhalb Jahre, über ein Jahr länger als der I. Weltkrieg, dauernden Kampf war mit der Waffenniederlegung ein Ende gesetzt. Damit war Waffenruhe eingekehrt, aber der Kriegszustand rechtlich nicht beendet, und auch der deutsche Staat hatte damit nicht aufgehört zu bestehen. Irgendwo in Schleswig-Holstein saß – welche Macht sie auch im besetzten Lande noch ausüben mochte – die Reichsregierung mit Admiral Dönitz an der Spitze. Dann meldete einige Wochen später der Rundfunk, die Briten hätten die Regierung Dönitz »verhaftet« und so ihre weitere Tätigkeit unterbunden.
Darauf wohl hatte O'Connor sich bezogen, als er sagte, wir hätten keine Regierung, die uns schützte. Das mochte ja sein, aber »keine« Rechte? Wer war *er* denn, der uns solche absprach? Für mich war er der Vertreter einer feindlichen Macht, die mich in ihrer physischen Gewalt hatte, mehr nicht. Er war es vielmehr, der ohne rechtliche Autorität mir gegenüberstand. Schlimmer noch, durch Hinterlist und mit einem Gewaltstreich in einem Land, in dem die USA keine Jurisdiktion besaßen, nicht einmal mehr über ihre eigenen Staatsbürger, hatte er mich in dieses Gefängnis gebracht. Das Wort »Recht«, meinte ich, hätte er, noch dazu als Jurist eines Landes, das sich auf die dort angeblich bestehende Herrschaft des Rechts etwas zugute tat, lieber unausgesprochen lassen sollen. Hier sprach allein die Gewalt, nicht anders als bei der Beseitigung einer Regierung durch »Verhaftung«, die eben noch im von ihr befohlenen und verantworteten Akt der Kampfeinstellung durch Unterzeichnung der Kapitulation der Vertragspartner der alliierten Sieger gewesen war.
Dieser Gewaltakt in der Heimat war dann am 5. Juni in Berlin durch eine Erklärung der vier Siegermächte gekrönt worden, in der sie ihre eigene Übernahme der obersten Regierungsgewalt in Deutschland quasi institutionalisierten, was zynischerweise u. a. damit begründet worden war, daß es keine zentrale Regierung mehr gäbe. Wiederum kurz darauf hatten sich die Führer der Siegermächte, Präsident Truman, der Nachfolger des kurz vor Kriegsende in Europa verstorbenen Franklin D. Roosevelt, Stalin und Churchill, in Potsdam getroffen, um über das weitere Schicksal Deutschlands und

eine Nachkriegsordnung in Europa sowie die noch notwendigen Kriegsmaßnahmen gegen Japan zu beraten. Mich hat es etwas gewurmt, daß dies ausgerechnet in Potsdam sein mußte und sie noch dazu im Cecilienhof tagten. Der Garten der Villa Leopold auf dem Pfingstberg, Domizil und zugleich Arbeitsstätte während meiner Potsdamer Zeit 1934, reichte hinunter bis zur Großen Weltmeister-Straße, an deren gegenüberliegenden Seite der Neue Garten mit Cecilienhof, Marmor-Palais und Heiligen See angrenzt. Doch ich bemühte mich, wehmütige Erinnerungen zu unterdrücken. Hier, in diesem Betonklotz in der Ward Road in Schanghai, bahnte sich eine neue Schlacht an, wenn nicht gar ein Schlachten wie unter den japanischen Mitgefangenen.

Was O'Connor unterstellen wollte, die »militärische Fortführung des Krieges gegen die USA und ihre Verbündeten unter Bruch der deutschen Kapitulation«, das traf für mich gewiß nicht zu; es wäre mir ein solches Unterfangen nicht einmal im Traum eingefallen. Aber wenn die Amerikaner jetzt ihrerseits den Krieg gegen mich fortsetzten – O'Connor sollte später im Gerichtssaal tatsächlich den Prozeß »eine militärische Operation« nennen –, so nahm ich die Herausforderung an. Nicht mit militärischen oder anderen gewaltsamen Mitteln würde ich streiten, sondern mit rechtlichen, politischen und moralischen in der Arena des Geistes. Und das nicht nur für meine Person, sondern ganz allgemein für Deutschland oder einzelne Deutsche, wo von den neuen Gewaltherrschern Unrecht drohte oder geschah. Ich dachte nicht daran, mich der in der Heimat vollzogenen Usurpation zu unterwerfen und in den Besatzungsmächten für mich bindende politische, rechtliche oder moralische Autoritäten zu sehen.

Immer noch und ganz und gar im ungewissen, wie es weitergehen würde, bekamen wir plötzlich »Zuzug«. Dem amerikanischen Drängen auf Repatriierung der Chinadeutschen wenigstens etwas nachgebend, hatten die Chinesen das Gelände einer Mittelschule im Vorort Kiangwan als »Internierungslager« eingerichtet, in dem zu wohnen etwa zweihundert Deutsche mit ihren Familien aufgefordert worden waren. Sie sollten dort bleiben, bis sie per Schiff nach Deutschland gebracht werden könnten. Eine so vornehme Internierung hat es wohl im und nach dem Zweiten Weltkrieg nirgendwo auf der Welt gegeben. Die Internierten konnten sich Betten und andere Möbel mitbringen und sich in den Räumen der vielen Gebäude auf dem großen Gelände einrichten, das sie aber im allgemeinen nicht verlassen durften, es sei denn, sie bekamen auf Antrag einmal einen Tag Urlaub in die Stadt. Besuch konnten sie an jedem Wochenende beliebig lange erhalten. Für das »Lager« war ein chinesischer Beamter zuständig, den man aber nie sah; im übrigen stand es vollkommen unter der Selbstverwaltung der Insassen. Die Landsleute, in deren Repatriierung die chinesische Regierung eingewilligt hatte, waren alle, die irgendein politisches Amt innegehabt hatten: Die Beamten der offiziellen Vertretungen des Reiches, also des diplomatischen und des Konsulardienstes, dazu die Funktionäre der Auslandsorganisation der NSDAP, und schließlich fielen darunter noch Angehörige der KO, des Büros Ehrhardt.

Aus dem Lager Kiangwan wurden nun zu uns ins Gefängnis gebracht: der letzte deutsche Botschafter in Nanking, Ernst Woermann, der 1943 mit einem U-Boot zusammen mit dem Führer der indischen nationalen Bewegung, Subhas Chandra Bose, aus Deutschland nach Ostasien gelangt war, von der Schanghaier Dienststelle der Deutschen Botschaft Generalkonsul Stoller und Legationsrat Elgar von Randow, weiter der Leiter der Deutschen Informationsstelle, einer Propaganda-Organisation des Berliner Auswärtigen Amtes, die unter anderem in Schanghai einen Rundfunksender betrieb und unter deren Leitung der Journalist Klaus Mehnert die englischsprachige Zeitschrift »The Twentieth Century« herausgab, Jesco v. Puttkamer und sein Mitarbeiter, Alfred Romain, schließlich von der KO, Hans Mosberg und die Verwaltungsangestellten Jaeger, Richter und Peerschke.

Mit den Ankömmlingen aus Kiangwan war das Schanghaier »Büro Ehrhardt« nun fast vollständig in Ward Road versammelt, es fehlten jedoch Rudloff und Dethlefs. Die beiden waren auch nicht in Kiangwan gewesen, denn sie hatten Schanghai schon vor Einrichtung des Lagers verlassen.

Doch nun erlebten wir alle eine Überraschung. Wie ein Zauberkünstler Kaninchen aus einem Zylinder zog Gefängniskommandant Parsek plötzlich die beiden Männer aus zwei entfernten Zellen des weitläufigen Gefängnisbaus hervor, wo sie, ohne daß wir eine Ahnung hatten, schon lange vor uns seit Ende Januar gesessen hatten. Und festgenommen hatte man sie sogar schon Anfang Dezember 1945 in Tsingtau. Sie berichteten über böse Erfahrungen. Fünf Wochen waren sie ohne jede Erklärung in Dunkelhaft gehalten worden und hatten in dieser Zeit nicht eine warme Mahlzeit; manchmal waren sie zehn Tage lang nicht zum Waschen aus ihren Zellen herausgekommen, ihre Wertsachen waren gestohlen worden. Im Gegensatz zu uns waren sie aber wenigstens ein paarmal von US-Offizieren – allerdings unter Drohungen und Einschüchterungen – zur Sache vernommen worden, wobei es immer wieder um die Behauptung ging, die Dienststelle der KO in der Ferry Road in Schanghai habe nach der Kapitulation der Wehrmacht am 8. Mai 1945 weitergearbeitet.

Wie um den Eindrücken der Erlebnisse von Rudloff und Dethlefs und den von O'Connor gesprochenen Worten von unserer totalen Rechtlosigkeit noch etwas Nachdruck zu verleihen, fühlte sich auch Gefängniskommandant Captain Parsek, als die Schanghaier alle unter seinen Fittichen versammelt waren, zu einer Ansprache veranlaßt: »I don't want it to happen again that an investigating officer is complaining to me that he does not get any cooperation from you. We want that you tell everything and even more. You are in our deck of cards, and we are dealing them as we like. If you think that is tough, we can make it tougher for you. We can put you on a restricted diet, solitary confinement, take away books and bedding. We can scatter you all over the

place that you cannot talk to each other. And there are even places in prison you have not seen yet, but which, I assure you, are worse. And that's not threat!«
Bücher, die er uns wegnehmen könnte, hatten wir nicht, das wußte er genau; die ganze Einschüchterungsrede klang wie wörtlich aus einem amerikanischen Krimifilm übernommen, einschließlich der als Selbstabsolvierung gemeinten Schlußbemerkung: »Und das ist keine Drohung.« Vorher hatte Parsek uns verkündet, daß wir weiter incommunicado gehalten würden, lediglich im Wortlaut ganz begrenzte schriftliche Bitten hinaussenden dürften: »Bitte schicke mir... dies oder das«, aber »ohne Gruß oder auch nur eine einzige persönliche Bemerkung!«
Weiterer Zuzug kam aus dem Norden und Süden Chinas. Aus Peking wurden Generalkonsul Dr. Felix Altenburg, Leiter der Dienststelle Peking der Deutschen Botschaft, sowie Siegfried Füllkrug, der Leiter der dortigen Außenstelle der KO, mit seinen Mitarbeitern Heissig, Stock und Maria Müller eingeliefert und – zu unserem höchsten Erstaunen – Dr. Herbert Mueller, in ganz China bekannt als »Mi Lao-ye« (chinesisch: der alte Herr Mi), der die Presseagentur DNB in Peking vertreten hatte.
In jeder der großen, mehrere tausend Personen zählenden Ausländergemeinden in China, zu denen neben Briten, Franzosen und Amerikanern auch wir Deutschen gehörten, gab es einige weithin allen, wenn nicht persönlich, so doch dem Ruf und Namen nach, bekannte Persönlichkeiten. Unter den Deutschen zählte Herbert Mueller dazu. 1885 in Gumbinnen in Ostpreußen geboren, studierte er Rechtswissenschaften, Völkerkunde und orientalische Sprachen und trat nach seiner Promotion zum Dr. jur. 1909 in die ostasiatische Abteilung des damaligen Königlich-Preußischen Museums für Völkerkunde in Berlin ein. Für dieses und die Preußische Staatsbibliothek reiste er 1912 ins Reich der Mitte. Der junge Wissenschaftler verhalf, indem er die ersten Ausgrabungen im Lande vornahm, der Archäologie in China zu ihrem Debüt. Sein zusammen mit dem großen Sinologen Professor Wilhelm verfolgter Plan, ein Richthofen-Institut für die deutsche China-Forschung zu gründen, wurde durch den Ersten Weltkrieg verhindert. Mueller wurde vom Auswärtigen Amt dienstverpflichtet. Hauptsächlich seinem Wirken dort verdankte die von 1915–1919 existierende Zeitschrift »Der neue Orient« ihre Existenz. Sie war einzigartig in der damaligen westlichen Welt und insofern eine Pioniertat, als hier zum erstenmal die zum politischen Selbstbewußtsein erwachenden Völker des Nahen und Mittleren Ostens angesprochen wurden.
Nach dem Kriege zog es Herbert Mueller nach China zurück, wo er von 1924 ab in Peking als Korrespondent für das deutsche Weltblatt, die »Frankfurter Zeitung«, wirkte und nach der Gründung des »Deutschen Nachrichtenbüros« (DNB) 1934 auch für dieses. Die Pressetätigkeit hatte ihm mehr dazu gedient, ein Einkommen als Grundlage für seine wissenschaftliche Arbeit zu beziehen. Seine besondere Vorliebe galt der Kartographie, und hier wandte er sein

Interesse der Mongolei zu. Eine von ihm erstellte Karte dieses noch wenig erforschten Gebietes war in vier Blättern in den letzten Kriegsjahren in Peking erschienen.
Noch einen anderen Wissenschaftler brachten die Amerikaner aus Peking zu uns ins Ward Road Gefängnis, Walther Heissig.
Wenn schon die Zahl der Sinologen gering war, so gab es noch weniger Forscher, die sich mit den Mongolen in Vergangenheit und Gegenwart beschäftigten. Lediglich die Skandinavier hatten im Verhältnis zu ihrer Bevölkerungszahl mehr Kenner der Mongolei und Innerasiens aufzuweisen, abgesehen natürlich von den Russen, an deren Grenzen die Mongolei ebenso liegt wie die von Turkvölkern bewohnte innerasiatische Provinz Chinas, Sinkiang. Walther Heissig war ein vielversprechender junger Mongolist. Geheimdienste pflegen, besonders in Krisen- oder Kriegszeiten, solche Spezialisten zu rekrutieren, darin waren wir nicht anders als Briten oder Franzosen, und so war es kein Wunder, daß das OKW Walther Heissig für die Abwehr eingezogen hatte und dieser nach Nordchina – an den Rand der Mongolei – geschickt wurde. Dort arbeitete er in der Pekinger Außenstelle des Büro Ehrhardt.
Die von den Amerikanern aus Kanton herangeschaffte Gruppe glich fast wie ein Spiegelbild der Pekinger: auch hier der am Ort höchste Beamte des diplomatischen Dienstes, Generalkonsul Siebert und einer seiner Mitarbeiter, Konsulatssekretär Glietsch, dazu der Leiter der KO-Außenstelle Kanton, Hauptmann a. D. Heise, und seine beiden Funker Ulbricht und Niemann. Nur in einem bemerkenswerten Punkt unterschieden sich die Kantoner von den Schanghaiern und Pekingern. Aus der südchinesischen Hafenstadt brachten die Amis auch einen Amtsträger der NSDAP, den einzigen aus dieser Kategorie, der hier im Gefängnis landete. Es war der Ortsgruppenleiter von Kanton, Dr. Johannes Otto.
Was wollte man ausgerechnet von dem? fragten wir uns. Otto war ein seit Jahrzehnten in Kanton praktizierender Mediziner mit einem großen Ruf als Arzt in ganz Südchina, der zuletzt das Rote Kreuz-Hospital in Kanton geleitet hatte.
Wie selten ein Ausländer hatte er sich unter den Chinesen vollkommen heimisch gemacht. Wenn er gesprächsweise die Worte »meine chinesische Familie« fallen ließ, so war das ebensowenig wie bei Dr. Mueller aus Peking eine nur so dahingeworfene Redensart. Muellers aus der Verbindung mit einer Chinesin hervorgegangener Sohn war ein bekannter Schauspieler der Peking-Oper, und der Junggeselle Dr. Otto hatte mehrere chinesische Waisenkinder adoptiert, denen er ein Heim und eine Ausbildung gab. Als die Amerikaner ihn nach Schanghai verschleppten, hatte er gerade einen seiner Adoptivsöhne zum weiteren Studium nach Deutschland geschickt. Zu beurteilen, welche Art »Nazi« – trotz seiner Funktion als Ortsgruppenleiter – bei diesem chinesischen Hintergrund Dr. Otto war, überlasse ich der Phantasie des geneigten Lesers. Doch davon abgesehen: Was konnten denn überhaupt die Partei nach

dem Zusammenbruch in der Heimat und ein ihr angehörender Arzt mit der Weiterführung des Krieges in Ostasien zu tun haben, um die es hier angeblich gehen sollte?

Von manchen unserer Landsleute in China wurden Männer wie Dr. Otto oder Herbert Mueller als »verchinisiert« angesehen. Ich habe weder den einen noch den anderen Freund jemals gefragt, ob er sich mehr als Deutscher oder mehr als Chinese fühlte. Meine eigene Erfahrung lehrte, daß man sehr wohl eine starke Liebe zu einer zweiten Heimat oder gar einem zweiten Vaterland entwickeln kann; ein Konflikt würde entstehen, wenn die zwei Länder oder Völker in Feindschaft zueinander gerieten. Doch diese Gefahr bestand zum Glück zwischen Chinesen und Deutschen nicht und würde wohl auch in Zukunft kaum auftauchen.

Die Absurdität der Idee, die der amerikanischen Anschuldigung zugrunde lag, daß so in China verwurzelte Menschen wie Herbert Mueller und Johannes Otto in dem von Japan vom Zaune gebrochenen Krieg dem japanischen Feind helfen würden, spottete jeder Beschreibung.

Zu meiner Verwunderung befand sich unter den aus Kiangwan Eingelieferten auch Hans Mosberg. Zuletzt hatte ich ihn vor vielen Monaten in einem Kreis von Gegnern des Hitler-Regimes getroffen, dessen Mittelpunkt er und der Pastor der deutschen evangelischen Gemeinde, Fritz Maaß, bildeten. Mosberg vorwerfen zu wollen, er habe nach der Kapitulation der Wehrmacht in der Heimat noch an der Seite der Japaner den Krieg gegen die USA fortgesetzt, war eine der weiteren Ungereimtheiten des Unternehmens, das hier in Gang gesetzt worden war und warf abermals die Frage auf, was hier eigentlich gespielt wurde.

Denn das Ende des Krieges in Europa mit der Kapitulation der Wehrmacht hatte für Mosberg eine echte Befreiung bedeutet; es nahm von ihm eine schwere Belastung, die mit Hitlers Machtantritt 1933, zwölf Jahre zuvor, begonnen hatte. Hans Mosberg war Jude. Er war gleichzeitig, was für viele der seit Generationen in Deutschland lebenden Juden galt, auch deutscher Patriot und dazu überzeugter Preuße. Als ganz junger Mensch war er Ende des I. Weltkrieges noch Offizier geworden. Im Zivilberuf wurde er später Journalist und arbeitete als Korrespondent längere Zeit in Osteuropa, vor allem in Polen. Mosberg gehörte zu der gar nicht so geringen Zahl von Juden oder Halbjuden, die – eine der breiten Öffentlichkeit unbekannte Tatsache – von der Wehrmacht vor Verfolgung durch Partei und Staat geschützt wurden. Bis in den Krieg hinein konnte sich ja die Wehrmacht auch im Staate Hitlers noch eine gewisse Sonderstellung bewahren, und innerhalb der Wehrmacht war es wiederum das Amt Canaris, die Abwehr, die dort mit einem hohen Grad von Selbständigkeit schalten und walten konnte. Als wegen seiner Abstammung Mosbergs Stellung prekär und seine bürgerliche Existenz gefährdet wurde, hatte ihn die Abwehr unter ihre Fittiche genommen, und als Ost-Spezialist war er 1940 dann in den Stab der KO in Schanghai abkommandiert worden.

Wie viele andere Deutsche auch, die für Hitler und sein Regime nicht viel übrig hatten oder gar Gegner waren oder zu solchen durch das Geschehen, vor allem während des Kriegs, wurden, sah Mosberg keine andere Wahl, als dem Vaterland in seiner Not weiter zu dienen, nachdem es, durch wessen Schuld auch immer, in eine lebensgefährliche Lage gekommen war.
Unabhängig von der Verantwortung für seinen Ausbruch wurde dieser entsetzliche Zweite Weltkrieg ja nicht nur gegen Hitler und »den Nationalsozialismus«, sondern auch gegen Deutschland und die Deutschen geführt, deren unbequeme Großmachtstellung in Europa zum zweiten Male und gründlicher zerstört werden sollte als durch das Diktat von Versailles am Ende des ersten Waffengangs. Mosbergs Familie stammte aus den Teilen des deutschen Ostens, die damals unter Bruch des vom amerikanischen Präsidenten Wilson gegebenen Versprechens des Selbstbestimmungsrechts vom Deutschen Reich abgetrennt worden waren, und er selbst hatte jahrelang in Warschau die chauvinistischen Aktivitäten des polnischen Westmarken-Vereins aus nächster Nähe beobachten können. So wußte er, daß keineswegs allein auf die deutsche Seite die Verantwortung dafür fiel, daß der alte Konflikt 1939 wieder einmal in den unglücklichen Versuch degenerierte, eine Lösung durch Krieg zu suchen.
Als Mosberg nach Schanghai abkommandiert worden war, hatten seine Frau und sein kleiner Sohn in der Heimat zurückbleiben müssen. Nachdem der Krieg schließlich zu Ende war, kannte Hans Mosberg keinen sehnlicheren Wunsch, als mit ihnen, nunmehr von dem Druck des Regimes, der so lange auf der Familie gelastet hatte, befreit, endlich wieder vereint zu sein. Und da sollte ausgerechnet er nach der Kapitulation der Wehrmacht den Krieg noch ein bißchen weiter fortsetzen?
Als die Schicksalsgenossen aus Peking und Kanton in Ward Road eintrafen, wurde Takashima von uns getrennt und in einem anderen Teil des weitläufigen Gefängnisses untergebracht, wie wir vermuteten, bei seinen Landsleuten, deren Zahl im übrigen durch Exekutionen oder Abtransport nach Japan immer kleiner wurde. Unsere Isolierung wurde etwas gelockert, nicht gegenüber der Außenwelt, aber wenigstens im Gefängnis. Wir konnten mit den Neuankömmlingen sprechen, denn nun wurden wir alle zusammen in gegenüberliegenden Zellen eines Flures im ersten Obergeschoß eines Flügels des Gefängnisturmes untergebracht. Es waren Einzelzellen, bis auf eine größere, die neben der Hinrichtungszelle lag und Schlafstellen für drei Gefangene enthielt. Die wurde Mosberg, von Puttkamer und Ulbricht zugewiesen. In den Berichten unserer neuen Mitgefangenen über ihre Vernehmungen durch amerikanische Offiziere begannen die Umrisse dessen hervorzutreten, was die Amerikaner im Schilde führten.
Der Ausgangspunkt lag in Kanton. Als in der südchinesischen Hafenstadt nach der japanischen Kapitulation vom 15. August 1945 mit den chinesischen Truppen auch die ersten Amerikaner auftauchten, waren darunter zwei als

Reserveoffiziere dienende junge Journalisten, Hauptmann Farrell und Leutnant Gray, die sich tatendurstig dafür interessierten, was wohl die in der Stadt lebenden Deutschen während des Krieges getan hätten. Ihnen diente sich sofort als beflissener Helfer ein Mann mit altem Adelsnamen an. Er hieß Ernst von Reichenau und tat sich groß als »der Bruder des Generalfeldmarschalls«. Das war er in der Tat, aber sonst hatten Bezugnahmen auf den Bruder den Vorteil, daß dieser nicht mehr befragt werden, nichts mehr bestätigen oder dementieren konnte, da er schon während des Krieges verblichen war. Bruder Generalfeldmarschall war jedoch, das war in Kanton bekannt, dafür verantwortlich gewesen, daß dieser Ernst überhaupt nach dort gekommen war. Das »schwarze Schaf« der Familie habe, wie es hieß, etwas »pexiert«, das es habe geraten sein lassen, Ernst möglichst in der adligen Gesellschaft in Deutschland etwas aus dem Verkehr zu ziehen, und so sei er ins ferne China abgeschoben worden. Im Sommer 1936 war der damalige General Walter von Reichenau nach Nanking geschickt worden, um den in Berlin ausgehandelten HAPRO-Vertrag zu ratifizieren, nach dem Deutschland gegen wichtige Rohstoffe aus China (z. B. Wolfram, Zinn, Molybdän usw.) Kriegsmaterial lieferte und unter anderem auch ganze Waffenfabriken in China baute. Eine solche war das Arsenal in Kanton, und dieses wurde als der geeignete Platz angesehen, um Ernst von Reichenau außer Sichtweite unterzubringen. Seine Tätigkeit dort war den anderen Deutschen in Kanton nie recht klar geworden. Er soll sich Chinesen gegenüber als Arzt bezeichnet haben, hatte aber, soweit man wußte, keine Approbation und wurde von den Landsleuten in Kanton nicht ganz für voll genommen und mehr als »Sanitätsgehilfe« angesehen. Für die ihm angediehene Behandlung wollte er sich offenbar rächen, und so lief er zu den Amerikanern, um sie mit Verdächtigungen zu füttern.

Die alliierte Kriegspropaganda hatte die Deutschen allgemein als Verbrechervolk hingestellt, und in der Vorstellung von Farrell und Gray mußte es logischerweise überall, wo eine größere Anzahl von Deutschen beisammen war wie in Kanton, auch Schwerverbrechen wie Morde und Ähnliches gegeben haben, die man aufdecken könnte. Damit hatten die beiden kein Glück, aber von Reichenau setzte sie auch auf die Fährte von Hauptmann a. D. Heise, der eine mit den Japanern zusammenarbeitende Funk-Abhörstation unterhalten hatte. Und Heise, dieser Unglücksrabe, hatte seine Funker ermutigt, ihre Arbeit für die Japaner fortzusetzen. Die beiden amerikanischen Reporter in Uniform witterten Morgenluft.

Ulbricht und Niemanns Abhören des amerikanischen Funkverkehrs sollte also ein Kriegsverbrechen sein. Ich mußte bei dem Wort etwas verweilen; Kriegsverbrechen? Wirklich, da konnten die Alliierten eine ganze Menge aufweisen. Natürlich fiel mir zuerst das schlimmste ein, das ganz in der Nähe sich abspielte, der Abwurf der Atombomben auf die offenen Städte Hiroshima und Nagasaki: Es war der bei weitem größte Massenmord an Zivilisten

im Zuge einer Kriegsführung, der in der Geschichte je begangen wurde. Das Ereignis lag ja noch gar nicht lange zurück, erst im August würde es ein Jahr sein. Und diese unglaubliche Untat wurde begangen, nachdem Japan schon seine Bereitschaft bekundet hatte, den Krieg zu beenden. In den 8 Monaten zwischen dem Kriegsende und meiner Verschleppung hierher, in denen mir wieder die Nachrichten aus aller Welt zugänglich waren, hatte ich von nirgendwoher ein Wort der Anklage gegen Präsident Truman wegen dieser unmenschlichen Tat vernommen. Und war nicht auch Winston Churchill ein Kriegsverbrecher, der die Durchführung des Planes von Luftmarschall Harris befahl, die Wohnviertel der deutschen Großstädte mit Bomben möglichst dem Erdboden gleichzumachen? Und noch manches andere, das man wohl zu den Kriegsverbrechen zählen mußte, kam auf Churchills Konto, etwa der heimtückische Überfall auf die Flotte seiner Verbündeten in Dakar, nachdem Frankreich den Waffenstillstand geschlossen hatte. Und was war mit den von Roosevelt befohlenen Angriffen der US-Marine auf deutsche U-Boote im Atlantik, lange bevor zwischen den Vereinigten Staaten und Deutschland der Krieg erklärt war?
Was für Maßstäbe wurden hier angelegt? Zwei Funker, die nach der Niederlage der eigenen Truppe und deren Ausscheiden aus dem Krieg auf der Seite des weiterkämpfenden Verbündeten ihre Tätigkeit fortsetzten, sollten »Kriegsverbrecher« sein. In welchem Verhältnis stand ihr Tun zu den wahren Kriegsverbrechen, den Verbrechen gegen den Frieden, der Kriegsführung gegen Zivilisten unter Bruch der Haager Landkriegsordnung und den Verbrechen gegen die Menschlichkeit?
Wenn Ulbricht und Niemann Kriegsverbrecher sein sollten, was war dann mit den vielen Tausenden französischen Soldaten, die nach dem Waffenstillstand den Krieg gegen Deutschland fortsetzten? Hätte die deutsche Wehrmacht nicht jeden Angehörigen dieser Einheiten, den sie gefangennahm, als Kriegsverbrecher behandeln und standrechtlich erschießen können? Ich hatte nie davon gehört, daß uns je etwas Derartiges auch nur in den Sinn gekommen wäre.
Was die beiden Funker in Kanton getan und übrigens auch von Anfang an nicht abgestritten hatten, stand in gar keinem Verhältnis zu dem gewaltigen Aufwand, den die Amerikaner hier trieben. Mußte dafür diese ganze Maschinerie in Gang gesetzt, mußten dafür auch die Angehörigen des Büro Ehrhardt in Schanghai und Peking, wo effektiv jede militärische Tätigkeit bei Ende des Krieges in Europa eingestellt worden war, mußten dafür die politischen Propagandisten, die zu diesem Zeitpunkt nichts mehr zu propagieren hatten, mußten vor allem die diplomatischen Vertreter des Reiches in China, der deutsche Botschafter und einige Generalkonsuln in dieses Gefängnis gebracht werden, alles in allem 27 Personen, und das zur angeblichen Vorbereitung eines Kriegsverbrecherprozesses? Am Ende aller Überlegungen blieb nur ein Schluß übrig: Hier sollte ein spektakulärer Schlag geführt werden. Und

dieser Schlag galt nichts anderem als der deutschen Stellung in China überhaupt. Bemerkenswert viel von ihr hatte den Zweiten Weltkrieg überlebt.
Die bei Ausbruch des Krieges in China lebenden Deutschen bildeten eine vom chinesischen Gastvolk wohlgelittene und geschätzte Gemeinde. Politisch hob sie sich in den Augen gebildeter, nationalgesinnter Chinesen noch dazu vorteilhaft von den meisten übrigen Ausländern ab, vor allem den Angehörigen der westeuropäischen Großmächte, Frankreich und Großbritannien, aber auch den Japanern und Amerikanern, die alle noch auf chinesischem Boden exterritoriale Vorrechte, wie z. B. die Konsulargerichtsbarkeit über die eigenen Staatsbürger und ähnliche, genossen. Von den »Weißen« lebten nur Deutsche und Russen seit Ende des Ersten Weltkrieges mit den Chinesen auf der Basis gleicher Rechte. Frankreich und Großbritannien hatten die Deutschen im Versailler Vertrag aus der Gemeinschaft der Bevorrechtigten ausgestoßen, sie sozusagen im Range zurückgestuft. Es war in der sich bald als Fehlschlag erweisenden Absicht geschehen, einen unliebsamen Konkurrenten dadurch zu behindern. Das Gegenteil war eingetreten. Das Verhältnis Deutschland-China war nicht mehr, wie bei den anderen, durch einen ungleichen Vertrag belastet, und dies kam nun dem Handel zugute. Schon Mitte der dreißiger Jahre hatte das Deutsche Reich nach Japan und den USA und vor England wieder den dritten Platz im chinesischen Außenhandel erreicht. Und welches politische Prestige die Weimarer Republik Ende der zwanziger Jahre im Fernen Osten besaß, konnte man an der Tatsache ermessen, daß sowohl China als auch die Sowjetunion in ihrem über die Mandschurei ausgebrochenen bewaffneten Konflikt 1929 die deutsche Diplomatie um Vermittlung baten.
Auch nach 1933 änderte sich zunächst nichts an den guten deutsch-chinesischen Beziehungen; während des die Weltwirtschaftskrise ablösenden neuen wirtschaftlichen Aufschwungs in Deutschland wurden sie auf dem Gebiet des Handels aktiviert; auch die Zahl der die Regierung Marschall Chiang Kai-sheks in Nanking beratenden deutschen Offiziere nahm noch zu. Als Japan nach dem Zwischenfall an der Marco-Polo-Brücke beim Ort Lukouchiao in der Nähe von Peking am 7. Juli 1937 seine Invasion Chinas begann, sah sich das noch ungenügend gerüstete China der überlegenen japanischen Kriegsmaschinerie ganz allein gegenüber. Bei den Westmächten wurden wohl Sympathie für die Chinesen und scharfe Verdammungsurteile über die japanischen Aggressoren laut, aber es blieb bei Worten, während die einzige effektive, materielle Unterstützung in den schweren ersten Kriegsjahren 1937/38 von den untereinander feindlichen Ländern Deutschland und Sowjetunion kam. Deutsche Militärberater hatten an den Kampfhandlungen bei Schanghai teilgenommen, was der Außenwelt gegenüber dementiert wurde, und während der Leiter der Beraterschaft, General Alexander von Falkenhausen, dem chinesischen General Pai Chung-hsi die strategische Planung für den einzigen wirklichen Sieg in offener Feldschlacht lieferte, den die Chinesen im Frühjahr 1938 bei

Taierhchuang über die japanischen Invasionstruppen errangen, verteidigten von der Sowjetunion entsandte Jagdflieger die damalige provisorische Hauptstadt Wuhan gegen die Angriffe der japanischen Luftwaffe. So gut war das Verhältnis China–Deutschland, daß es selbst die Abberufung der Militärberater auf Betreiben des pro-japanischen Außenministers von Ribbentrop im Sommer 1938 überstand. Erst drei Jahre später, als Hitler 1941 die von den Japanern im besetzten Teil Chinas gebildete Regierung Wang Ching-weis anerkannte, brach die Nationalregierung in Chungking die diplomatischen Beziehungen zu Berlin ab, und zur Kriegserklärung an Deutschland kam es erst, nachdem es durch den japanischen Angriff auf Pearl Harbour im Dezember 1941 auch zum Krieg zwischen Deutschland und den Vereinigten Staaten gekommen war. Aber die Kriegserklärung an Deutschland war mehr eine Formsache, zu der sich Chiang Kai-shek wegen seiner Beziehungen zu den USA verpflichtet fühlte; es kam in diesem »Krieg« zu keiner einzigen Kampfhandlung von Chinesen gegen Deutsche, noch umgekehrt von Deutschen gegen Chinesen.

Die zahlreichen in Deutschland lebenden Chinesen, darunter viele Studenten, wurden nicht als Angehörige eines Feindstaates interniert, viele wurden sogar weiter wie bisher von Einrichtungen wie der China-Studiengesellschaft und dem Verband für den Fernen Osten in ihrer Lebenshaltung unterstützt. Für die in China lebenden Deutschen hatte ein Kriegszustand, obwohl offiziell von der Nationalregierung in Chungking deklariert, nicht bestanden. Die meisten waren Kaufleute, und von den Einschränkungen abgesehen, die durch die Beeinträchtigung der Verkehrsbedingungen durch den großen Krieg in der Welt gegeben waren, setzten sie ihre Tätigkeit so gut es ging fort, das Schwergewicht, wo es ging, mehr auf den innerchinesischen Handel legend; im übrigen waren auch vom Überseeverkehr unabhängige Produktionsstätten gegründet und aufgebaut worden. Deutsche Aktivität an Schulen und Hochschulen, wie z. B. der Tungchi Universität in Schanghai, sowie die Unterhaltung von Krankenhäusern in Peking, Schanghai und Kanton und ähnliches waren ohnehin nicht an dieses oder jenes bestimmte Regime in China gebunden.

So hatten die China-Deutschen den Krieg mehr recht als schlecht überstanden, und wenn auch danach die Verbindung zur besetzten Heimat noch sehr schwierig blieb, war doch die Abschließung von der übrigen Welt vorüber; vor allem aber war im Gastland China selbst mit dem Ende des achtjährigen Krieges mit Japan das größte Hindernis für Handel und Wandel weggefallen. Den vor allem in den Küstenstädten Schanghai, Kanton, Tientsin und Tsingtau ansässigen Kaufleuten stand der so lange abgeschnittene Weg ins Landesinnere wieder offen, unterbrochene Geschäftsverbindungen wurden wieder angeknüpft, es gab Neugründungen von gemeinsamen deutsch-chinesischen Unternehmen im Handel und in der Produktion, überall regte sich neues Leben.

Sollten die Deutschen in China etwa von der allgemeinen Bestrafung ausgenommen bleiben, welche die Sieger allen Deutschen zugedacht hatten, und das ausgerechnet in einem Lande, das in amerikanischen Wunschträumen während des Kriegs zum »größten Markt der Welt« hochstilisiert worden war, den man ausschließlich als die eigene Domäne betrachtete?
Da besaßen doch die Chinesen die Kurzsichtigkeit, gegen ihr Heil, das nur von den USA kommen konnte, gleich wieder mit diesen goddamned Germans Geschäfte zu machen, als hätte es den ganzen Krieg nie gegeben! Unbegreiflich! Dem war ein Ende zu setzen. Deutsche raus aus China, hieß die Parole. Den Chinesen, die sich dagegen sträubten, mußte gezeigt werden, welch üble Gesellen diese Deutschen waren, die sie für harmlos oder gar für ihre Freunde und nützliche Partner hielten. Feinde waren sie, die in Wirklichkeit den japanischen Aggressoren gegen China geholfen hatten, ihre Führer sogar noch, als der Krieg in Europa für sie schon verloren war.
Das zu demonstrieren, war wohl das Ziel der Amerikaner; das schlossen wir aus der Zusammensetzung der Gruppe, welche von dem amerikanischen Militär hier im Gefängnis versammelt worden war. Die Mücke von Kanton, die Tatsache, daß die beiden Funker Ulbricht und Niemann nach der deutschen Kapitulation für die Japaner gearbeitet hatten, sollte zu einem das ganze China-Deutschtum repräsentierenden Elefanten aufgeblasen werden.
Während sich so für uns in unseren Zellen immer mehr herauszuschälen begann, was hinter dem Vorgehen der Amerikaner steckte, mußten Angehörige und Freunde draußen über unser Schicksal und auch darüber, was vielleicht auch ihnen noch bevorstand, im dunkeln tappen, außer, daß wohl auf alle Fälle »einige von Deutschlands schwärzesten Kriegsverbrechern« nichts Gutes zu erwarten hatten. Immer noch durften wir ja nicht die kleinste Nachricht nach draußen geben. Mein Grübeln, Tag und Nacht, wie ich die Schweigemauer durchbrechen könnte, wurde durch einen plötzlichen Einfall beendet.
Unsere Kerkermeister hatten Personalschwierigkeiten. Nachdem die Kampfhandlungen auch im Pazifik und in Ostasien im August 1945 eingestellt worden waren, drängte es mit aller Macht die GIs, die eingezogenen Soldaten, zu Muttern oder zur Frau nach Hause. Die meisten fanden, daß es mit der Demobilisierung nicht schnell genug ging, und in manchen Orten in Übersee war es schon zu lärmenden Demonstrationen der Soldaten gekommen. Die japanische Kapitulation lag nun schon ein halbes Jahr zurück, und da man auch aus China jeden nur irgendwie entbehrlichen Mann in die Heimat schicken wollte, hatte die US-Armee fremde Hilfskräfte angeheuert, so unter anderem Inder zur Gefangenenbewachung in Schanghai. Diese hatten früher in der von den Briten befehligten Polizei der Internationalen Niederlassung gedient, und mit deren Rückkehr unter die chinesische Souveränität wurden sie arbeitslos, weil die Chinesen endlich in der größten Stadt ihres Landes keine fremden Polizisten mehr sehen wollten.

Die meisten dieser von den Engländern nach Schanghai gebrachten Inder waren Sikhs, aber es gab auch einige Hindus und Muselmanen darunter.

Eines Abends hatte ein Wachmann auf dem Flur vor unseren Zellen Dienst, der keinen Turban trug, also kein Sikh war. Vielleicht ist er Moslem, dachte ich, dann ließe sich vielleicht etwas machen. Ich winkte ihn an die Gittertür meiner Zelle, gab ihm eine Zigarette aus meiner amerikanischen K-Ration und fragte ihn beiläufig, ob er Moslem sei, was er bejahte. »Allahu akbar«, sagte ich. »Besuchst Du denn auch freitags die Moschee?« Auch diese Frage wurde bejaht. Die Moschee in der Cheking-Straße, fast versteckt im dichten Häusergewirr jenes Teiles der ehemaligen Internationalen Niederlassung, in dem nahezu ausschließlich Chinesen wohnten, beherbergte einen Freund, Tewfik Pascha Es-Scherif, einen hochgestellten Araber aus Syrien, der noch zur Türkenzeit im Ersten Weltkrieg den Titel eines Pascha erhalten hatte. Er war einer der ersten Führer einer damals beginnenden panislamischen Bewegung. Bei Kriegsausbruch 1939 befand er sich in Indien, fühlte sich aber nun unter den Engländern nicht mehr sicher und ging nach Japan. Er hoffte, dort einen gewissen Rückhalt für seine auf Zentralasien gerichteten Bestrebungen zu finden, wurde den Japanern aber unbequem, weil er stets bemüht war, seine Unabhängigkeit zu bewahren. So waren sie schließlich froh und machten keine Schwierigkeiten, als er nach Schanghai gehen wollte. Ich lernte ihn kennen, als ich die Moschee einmal besuchte, um einen Lehrer für den uighurischen türkischen Dialekt zu finden, der in Sinkiang, dem chinesischen Ostturkestan, gesprochen wird, und es hatte sich eine herzliche Freundschaft zwischen ihm auf der einen und meinem Freund, Generalkonsul Dr. Hans Bidder, und mir auf der anderen Seite entwickelt.

Auf meine Frage, ob er denn auch den Pascha kenne, der in der Moschee wohnte, zeigte der Inder Begeisterung darüber, daß ich mit dem berühmten, von ihm verehrten Mann bekannt war, und fand sich sofort bereit, ihm eine mündliche Botschaft von mir zu überbringen.

Ich formulierte diese so, daß ich aus der Antwort, die er von Tewfik zurückbrächte, entnehmen könnte, ob ich nach Meinung des Freundes dem Mann trauen könnte oder nicht; erst dann wollte ich ihm eine schriftliche Nachricht mitgeben.

Der Inder hatte nicht jeden Tag Dienst bei uns; als der Freitag herum war, wartete ich gespannt auf ihn. Am dritten Abend erschien er, und als er unauffällig wieder ein paar Worte mit mir wechseln konnte, sprach er in einem völlig verwandelten Ton und in einer respektvollen Haltung wie vor einer hochgestellten Person.

»Der Pascha läßt Sie, Sahib, seiner Hilfsbereitschaft versichern und gibt Ihnen den Rat, mit dem fortzufahren, was Sie begonnen haben. Diesbezüglich erwarte ich Ihre Befehle«, sagte der von den Amerikanern zu meiner Bewachung gedungene Mann.

»Hast Du vor dem nächsten Djuma, dem Tag des Gebetes, hier noch einmal

Dienst?« »Ich weiß es nicht.« »Dann müssen wir heute handeln. Nach etwa einer Stunde, bevor du abgelöst wirst, werden wir hier am Gitter zusammen eine Zigarette rauchen. Nachdem wir sie angesteckt haben, behältst Du die kleine Schachtel, aus der die zwei Zigaretten genommen wurden, als ob sie Dir gehörte, bei Dir und steckst sie ein. Du bringst sie in die Moschee zum Pascha.« »Ich werde sie ihm sofort bringen, wenn mein Dienst zu Ende ist.« »Gut, tue das, Allah wird es Dir lohnen.«
Ein paar Tage vorher hatte man uns Papier und Bleistifte gegeben, damit wir »Statements« liefern könnten, und so war ich jetzt in der Lage, etwas Geschriebenes von mir zu geben.
In den Kartons der amerikanischen Feld-Verpflegung, die wir erhielten, waren kleine Schachteln mit 3 Zigaretten enthalten. Viel Papier hatte da nicht Platz, allenfalls eine zusammengefaltete halbe Seite Durchschlagpapier. Den Text für Tewfik schrieb ich darauf mit kleinsten Druckbuchstaben. Er hat die Botschaft richtig erhalten und an Ni-Ko und die engsten Freunde weitergegeben: Monate später, als wir Besuch erhalten durften, erfuhr ich von ihm, daß sein persönlicher Einsatz für mich bis zum Regierungschef einer der vier Siegermächte reichte – vergeblich. Jetzt hatte ich jedoch das Gefühl einer großen Erleichterung und Genugtuung darüber, daß es mir gelungen war, die Isolierung zu durchbrechen. Und auf welch unerwartete Weise! Allah hu akbar.
Das war der erste Schlag meines Gegenangriffs. Weitere in diesem Kampf, den ich nicht gesucht hatte und der mir aufgezwungen worden war, würden folgen. Das schwor ich mir.

Der Mai und der Juni gingen vorüber, ohne daß sich in unserem Leben im Ward Road-Gefängnis etwas änderte. Gelegentlich wurde der eine oder andere Angehörige der Ehrhardtschen Dienststelle in Schanghai zu einer Vernehmung, meistens durch Captain Farrell, abgeholt, wobei immer wieder das Büro in der Ferry Road im Mittelpunkt stand und die Behauptung, hier sei der Dienstbetrieb nach dem 8. Mai wie vorher weitergegangen. Dabei wurde auf angebliche Aussagen von zum Teil recht fragwürdigen »Zeugen« Bezug genommen, Personen, die darüber aus eigener Kenntnis kaum etwas sagen konnten. Von mir wollte man, wie es schien, nichts wissen.
In zweieinhalb Monaten fand keinerlei Vernehmung statt, bis ich eines Tages durch einen Sergeanten ins Gefängnisbüro hinuntergebracht wurde, wo Oberstleutnant O'Connor auf mich wartete. Er gab sich ganz freundlich, stellte keine konkreten Fragen zum Gegenstand der Untersuchung, sondern interessierte sich für meinen persönlichen Hintergrund. Auch Ereignisse während des Krieges waren ein Gesprächsthema. Plötzlich fragte er mich nach meiner Meinung über Hauptmann Stennes. Der war nun etwa der letzte Mensch, dessen Namen ich im Zusammenhang mit dieser Sache zu hören erwartet hätte.
Walther Stennes hatte in den politischen Auseinandersetzungen in der End-

zeit der Weimarer Republik und während des anscheinend unaufhaltsamen Aufstiegs Hitlers und der NS-Bewegung Aufsehen erregt. Im Alter von 10 Jahren ins königlich-preußische Kadettenkorps gekommen und im I. Weltkrieg von 1914–1918 aktiver Offizier, trat Stennes nach 1920 für einige Jahre in den preußischen Polizeidienst, wurde nach seinem Ausscheiden dort Nationalsozialist und später von Hitler zum Führer der SA in Deutschland östlich der Elbe, einschließlich Berlins, ernannt. Es war in der Zeit, als Hitler noch lange nicht mit der Uneingeschränktheit über die NSDAP und ihre Gliederungen regierte, wie es nach 1933 der Fall war, und es auch immer wieder zu inneren Auseinandersetzungen, Flügelkämpfen und Brüchen unter seiner Gefolgschaft und auch mit ihm selbst kam.

Nachdem sich 1930 Otto Strasser nach einem schweren Streit mit Hitler über die von der Partei einzuschlagende Wirtschafts- und Sozialpolitik unter der Parole »Die Sozialisten verlassen die NSDAP« von ihm losgesagt hatte, kam es 1931 zur »Stennes-Revolte«, wie das Ereignis von dem Hitler – wie im Falle Strasser nach anfänglichem Schwanken – treu gebliebenen Dr. Goebbels bezeichnet werden sollte. Der Hitler wegen seiner Selbständigkeit unbequem gewordene Stennes hatte sich seiner Abschiebung von Berlin auf einen Schreibtischposten in Hitlers »Braunem Haus«, der Parteizentrale in München, widersetzt und war dabei von seinen Berliner SA-Leuten gedeckt worden, doch Hitler hatte die stärkeren Bataillone. Nach Hitlers Machtübernahme am 30. Januar 1933 war Stennes vor dessen Rachsucht nicht sicher; er wurde verhaftet, doch Göring und dessen Adlatus Diehls, dem die Preußische Geheime Staatspolizei unterstand, retteten ihn vor einem »Rollkommando«, das von der Polizei in Neustrelitz seine Auslieferung verlangte und ihn wahrscheinlich dann »auf der Flucht erschossen« hätte, wie es damals neben politischen Gegnern auch manchem ehemaligen Nationalsozialisten erging, der sich von Hitler abgewandt hatte. Göring fühlte sich Stennes dadurch verbunden, daß beide zur gleichen Zeit und nur mit zwei Klassen Unterschied Kameraden im Königlich Preußischen Kadettenkorps gewesen waren. Stennes' Freilassung erreichte er jedoch von Hitler nur unter der Bedingung, daß Stennes aus Deutschland verschwände, und zwar möglichst weit weg.

So war Stennes nach China gekommen, wo er in den Jahren vor dem chinesisch-japanischen Krieg das sogenannte »Leibregiment« Marschall Chiang Kai-sheks aufgebaut und dann sicherheits- und nachrichtendienstliche Sonderaufgaben übernommen hatte. Ich hatte ihn 1938 in Hankau kennengelernt, als die chinesische Regierung dort vorübergehend Quartier genommen hatte, bevor sie dann endgültig vor den vorrückenden Japanern nach Chungking zurückwich. Dort hatten wir nicht weit voneinander gewohnt und uns oft getroffen. Die Sympathie zu dem hart bedrängten chinesischen Volk verband uns, wie überhaupt die in der chinesischen Kriegshauptstadt ausharrenden Deutschen über die verschiedensten politischen Ansichten hinweg sich in diesem Punkt völlig einig waren.

Aus seiner Ablehnung Hitlers machte Stennes auch weiterhin kein Hehl, und zu seinem engeren Freundeskreis gehörten andere deutsche Oppositionelle, wie Gerhard Flatow, der wegen seiner kommunistischen Neigungen Deutschland verlassen hatte, oder der ehemalige sozialdemokratische Polizeipräsident von Magdeburg, Dr. Horst Bärensprung, und andere. Seine Hitlerfeindschaft hinderte Stennes jedoch nicht daran, sich als alter Soldat über die glänzenden Siege der jungen Wehrmacht im Frankreichfeldzug zu freuen, wie er auf der anderen Seite, nachdem Hitler in Rußland eingefallen war, mit wachsender Verzweiflung das schlimme Ende näherkommen sah.

Stennes war ein Mann von großer Offenheit und er hatte ein ausgeprägtes Rechtsgefühl; was er für wahr oder recht hielt, sagte er geradeheraus. Diese Eigenschaft war es gewesen, die ihn für Hitler unerträglich gemacht hatte. Die Begriffe von Ehre und Anstand, die ihm als Jungen auf der Kadettenanstalt und später im preußischen Offizierskorps eingepflanzt worden waren, blieben für ihn, ohne daß dabei die Äußerlichkeiten eine Rolle spielten, auch später maßgebend, als er längst nicht mehr aktiver Offizier war.

Viele Vertreter der Siegermächte hielten es für selbstverständlich, daß Deutsche, die gegen das Hitlersystem waren, automatisch *für* sie, die siegreichen Feinde, seien und mit ihnen zusammenarbeiten müßten – auch gegen die eigenen Landsleute. »Ko-operieren« hatten O'Connor und Parsek das genannt. Über Stennes, den ich seit der japanischen Kapitulation noch nicht wiedergesehen hatte, bis die Amerikaner mich kidnappten, hatte ich durch einen Bekannten gehört, daß er einen erheblichen Zusammenstoß mit Offizieren des amerikanischen O. S. S. (Office of Strategic Services, ein geheimer Kriegsnachrichtendienst der USA) gehabt hätte, weil er sich sowohl geweigert habe, Anschuldigungen gegen in China lebende Deutsche vorzubringen, als auch die Einladung anzunehmen, als Zeuge im Kriegsverbrecherprozeß in Nürnberg aufzutreten. Ein hoher O. S. S.-Mann habe ihm darauf sogar angedeutet, als Anti-Nazi sei es immerhin seine Pflicht, ihnen zu helfen, doch da sei er bei Stennes schlecht angekommen. Der war nämlich mit 23 Jahren schon erwachsen und wach, als 1919 den Deutschen der Versailler Frieden diktiert wurde, nachdem sie im Vertrauen auf die 14 Punkte des amerikanischen Präsidenten Wilson um Waffenstillstand nachgesucht hatten. An das gebrochene Versprechen und den Betrug, der nicht wenig zur Entstehung des Zweiten Weltkrieges beitrug, habe Stennes den amerikanischen Offizier erinnert, der sich wunderte, daß er jetzt den Siegern nicht helfen wollte. Und mehr noch: Er habe ihm weiter gesagt, daß die Welt nun zum zweiten Male in einem noch schlimmeren Krieg mit der Atlantic Charta von Roosevelt und Churchill getäuscht worden sei. Die bedingungslose Kapitulation werde offenbar – dieser Charta zum Hohn – als Grundlage für die totale Entrechtung eines Volkes ausgelegt. Schließlich, zu allem Überfluß, habe Stennes in einer Denkschrift an Chiang Kai-shek auf das große Potential hingewiesen, das die Chinadeutschen darstellten, und konkrete Vorschläge gemacht, wie die noch mit wenig technischen Kenntnissen und Erfahrungen ausgestatteten Chinesen sich dieses zunutze machen könnten.

Anfang Mai hatte die nationale chinesische Wirtschaftskreise repräsentierende, englischsprachige »China Press« geschrieben:

»Wir sehen keinen Sinn darin, die Deutschen zu deportieren, die nach China als Ärzte, Professoren, Wissenschaftler, Techniker, Geschäftsleute und Ingenieure gekommen sind.« Großbritannien, die Vereinigten Staaten und die Sowjetunion sammelten deutsche Wissenschaftler ein, um sich ihrer zu bedienen, China dagegen spreche man dieses Recht ab, ja, von hier, wo sie offensichtlich viel nötiger gebraucht würden, wolle man solche Kräfte wegschaffen. »Es überrascht uns«, schloß der Zeitungsartikel, »zu sehen, daß die chinesische Regierung so knieweich ist, dem Druck einer anderen Regierung in einer Angelegenheit nachzugeben, die allein China angeht.«

In Taiyuan, der Hauptstadt der nordchinesischen Berg-Provinz Shansi, war vor 1939 von deutschen Firmen ein Stahlwerk errichtet worden. Kurz nach dem Ende des Krieges mit Japan hatte der Gouverneur der Provinz, Marschall Yen Hsi-shan, deutsche Techniker und Kaufleute, die dabei mitgewirkt hatten, als Berater zu sich gerufen. Die Amerikaner hatten sie natürlich auf die Repatriierungsliste gesetzt und wollten sie mit einem Flugzeug abholen. Yen Hsi-shan bedeutete ihnen, er allein bestimme in Taiyuanfu. Wenn die Amerikaner ein Flugzeug schicken wollten, so werde es ohne die Deutschen wieder abfliegen müssen. Immer öfter wurde bekannt, daß chinesische Beamte Deutschen in den Küstenstädten, auf deren Anwesenheit und Arbeit in China sie Wert legten, den Rat gaben, sich für einige Zeit ins Landesinnere zu begeben, und die halfen, sie außerhalb der Reichweite des amerikanischen Militärs zu bringen.

So wurde ich sehr mißtrauisch, als O'Connor jetzt das Gespräch auf Hauptmann Stennes brachte, denjenigen Deutschen, dem mit noch größerem Recht als mir enge Beziehungen zu führenden Männern in China nachgesagt wurden; er gehörte ja zum Vertrautenkreis des Mannes an höchster Stelle, Chiang Kaishek, und noch mehr von »Madame«, wie dessen Frau Sung Mei-ling von den Ausländern genannt wurde.

Ich ließ mich also über Stennes' Rolle in Deutschland und seinen Krach mit Hitler aus, doch O'Connor war sichtlich daran wenig interessiert. Er unterbrach mich bald und wollte mehr über Stennes' Stellung und Tätigkeit in China wissen. Dieses nun, meinte ich, ginge ihn ganz und gar nichts an, und so beschränkte ich mich auf einige Angaben von Dingen, die ohnehin jedem einigermaßen unterrichteten Menschen bekannt sein mußten.

Danach endlich kam der Militär-Staatsanwalt zu der Sache, um die es hier, in Ward Road, zwischen uns beiden ging: »Von allen, die wir festgenommen haben, stehen Sie am wenigsten unter Verdacht, und wir überlegen, ob wir Sie nicht freilassen sollen.« Ein Hoffnungsschimmer begann zu glimmen, aber er wurde gleich wieder durch die nächste Frage fast gelöscht: »Wer von den anderen Gefangenen könnte Sie wohl als Zeugen der Verteidigung benennen?« »Ich kann Ihnen da keinen Namen sagen«, war meine Antwort, »aber ich kann bezeugen, daß ich Ehrhardts Demobilisierungsbefehl gesehen habe.« Ich meinte, Enttäuschung in O'Connors Gesicht zu sehen, als er das Gespräch, das unter vier Augen stattfand und von dem keine Notizen gemacht wurden, mit der Aufforderung beendete: »Machen Sie doch einmal ein Statement über den ganzen Fall und schreiben Sie auch, was die anderen Gefangenen so reden!«

Eine Nacht überschlief ich diese Aufforderung, dann setzte ich mich hin und schrieb eine unmißverständliche Antwort:

Was die anderen redeten? Aus ihren Unterhaltungen ginge hervor, daß sich alle ihrer Unschuld bewußt und empört darüber seien, daß sie überhaupt beschuldigt würden, nach der Kapitulation für die Japaner weitergearbeitet zu haben. Bei einem Besuch bei Ehrhardt in der Ferry Road ein paar Tage nach dem 8. Mai habe ich dessen Demobilmachungsbefehl gesehen. Privat war ich näher mit Mosberg bekannt und hätte diesen auch in der Zeit zwischen der deutschen und der japanischen Kapitulation öfter getroffen. Für Mosberg war das Ende des Krieges in Europa noch mehr eine Erlösung als für manche andere; ich wollte meine Hand dafür ins Feuer legen, daß ihm auch nicht einmal der Gedanke kam, seine nachrichtendienstliche Tätigkeit, in die er ja nur unter ganz besonderen Umständen in Deutschland geraten war, in einem auch für Japan verlorenen Krieg fortzusetzen. Auch Richter, Jäger und Dethlefs traf ich öfter, da wir einer Skat-Runde angehörten. Wenn sie weitergemacht hätten, wäre mir sicher das aufgefallen. Davon konnte aber keine Rede sein.

Da ich aus den Berichten der anderen Mitgefangenen über ihre mehrfachen Vernehmungen wußte, was für abstruse Behauptungen ihnen als Aussagen von sogenannten Zeugen vorgehalten worden waren, beendete ich meine Erklärung für Oberstleutnant O'Connor – gewiß etwas pathetisch, aber ich war wirklich empört – mit den Worten: »Das Lügengebäude, das Ihre Informanten für Sie aufgebaut haben, wird zusammenstürzen wie der Turmbau zu Babel.«

Wenn ich ein bißchen die naive Hoffnung hatte, ich könnte, wo doch so offensichtlich klar war, daß nicht einmal der Schatten eines Verdachtes auf mich fallen konnte, entlassen werden, so wurde ich enttäuscht. Tag für Tag verging, und ich sah und hörte nichts von O'Connor. Ich wurde auch nicht noch einmal vernommen. Erst volle fünf Wochen später, am 1. August 1946, sah ich den Mann wieder, als er vor unseren Zellen erschien und jedem eine Anklageschrift überreichte – auch mir. Da konnte ich lesen als allgemeine Anklage, die für alle 27 gleich lautete:

»Daß zwischen dem 8. Mai und dem 15. August 1945 Lothar Eisenträger alias Ludwig Ehrhardt« und – es folgten die Namen der 26 weiteren Angeklagten – »als einzelne und als Beamte, Staatsangehörige, Bürger, Agenten oder Angestellte Deutschlands, ansässig in China und zu einer Zeit, als sich die Vereinigten Staaten mit Japan im Kriege befanden, in einem militärischen Operationsgebiet wissentlich, willentlich und ungesetzlich die bedingungslose deutsche Kapitulation verletzt haben, indem sie militärische Aktivität gegen die Vereinigten Staaten und ihre Alliierten entfalteten und fortsetzten, zu wissen: sie haben die Leistung von Hilfe, Unterstützung, Information, Rat, Nachrichten, Propaganda und Material an die japanischen Streitkräfte und an Agenturen derselben unternommen, befohlen, autorisiert, erlaubt und nicht gestoppt, und durch solche hinterhältigen Akte in Verletzung der Gesetze und Gebräuche des Krieges Japan geholfen, gegen die Vereinigten Staaten von Amerika Krieg zu führen.« Dem folgte die sogenannte »Bill of Particulars«, eine Aufzählung der Taten, die jedem einzelnen vorgeworfen wurden.

Der Ankläger war genau über meine Position außerhalb des »Büro Ehrhardt« informiert. Am 25. Juli hatte Ehrhardt selbst in einem Statement noch einmal festgehalten:

»Im Jahre 1944 zeigte mir Herr Takashima ein langes Dossier, das die Kempetai (die gefürchtete japanische Militärpolizei) zusammengestellt hatte und das Herrn Schenke betraf. Es beklagte sich über Schenkes chinesische Verbindungen und seine pro-Chungking-Einstellung. Seine ganze Haltung stelle eine Gefahr für die japanische Armee dar.

In diesem Zusammenhang wurde ich zu General Kawamoto gerufen, der mir ernste Vorhaltungen machte und erklärte, daß jetzt, wo Schanghai zu einem militärischen Operationsgebiet für die japanische Armee werde, Schenkes Anwesenheit hier unvereinbar mit deren Sicherheit werde, und sie ernstlich seine Verhaftung erwäge. Ich versuchte daraufhin, Schenke unter meine disziplinarische Kontrolle zu bringen, indem ich telegrafisch das Oberkommando bat, Schenke meiner Befehlsgewalt zu unterstellen. Dieser Antrag wurde negativ beschieden, und Schenke arbeitete unabhängig weiter wie vorher.«

Trotzdem wurde ich mitangeklagt, und die »Bill of Particulars« gegen mich lautete vollkommen im Widerspruch zu den Tatsachen: »daß zwischen dem 8. Mai und dem 15. August 1945 Wolf Schenke, ein Mitglied, Agent und Angestellter des Büro Ehrhardt, einer nachrichtendienstlichen Agentur des deutschen Oberkommandos, in Schanghai willentlich und ungesetzlich sich in militärischer Aktivität gegen die Vereinigten Staaten und ihre Verbündeten betätigt hat, nämlich die Sammlung, Zusammenstellung und Übermittlung militärischer Erkenntnisse, betreffend inter alia Bewegungen der Vereinigten Staaten und ihrer Verbündeten zu Lande, zur See und in der Luft, und die Gewährung anderer Hilfe, Unterstützung und Rat an das Büro Ehrhardt, des Wissens, es war für den Gebrauch und zum Nutzen der japanischen bewaffneten Streitkräfte bestimmt und wurde an diese geliefert.«

Wenn irgend etwas falsch war und für O'Connor, der das formuliert hatte, wissentlich falsch, so war es diese Beschuldigung gegen mich. Aber jetzt ging

mir ein Licht auf: Ich hatte mich durch das Statement, das ich auf seinen Wunsch geschrieben hatte, selbst ans Messer geliefert. Natürlich! Er mußte mich mit anklagen, denn er war jetzt in einer Zwangslage. Seine Frage, wer mich wohl als Zeugen für die Verteidigung rufen würde, hatte ihn verraten.
Der ganze Prozeß war für die Amerikaner gefährdet. Sie wußten nun: Einmal in Freiheit gesetzt, würde ich die Dinge nicht einfach so laufen lassen, froh darüber, nicht selbst betroffen zu sein. Mein Rechtsgefühl war involviert. O'Connor hatte es schriftlich von mir, daß ich die Beschuldigungen, mindestens gegen Ehrhardt und seine Schanghaier Mitarbeiter, für ungerechtfertigt hielt. Seinen »Beweisaufbau« hatte ich als Lügengebäude bezeichnet, das zusammenbrechen würde.
Wer als ohnmächtiger Gefangener eine solche Sprache gegenüber denen sprach, die ihn in der Gewalt hatten, was konnte der wohl als freier Mann anrichten in einer chinesischen Umgebung, in der er, wie man sehen konnte, schon verwurzelt und die ihnen selbst, den Amerikanern, unheimlich war? Sie wußten, daß ich Beziehungen bis in höchste Kreise der chinesischen Regierung hatte, während das chinesisch-amerikanische Verhältnis trotz aller Angewiesenheit Chinas auf amerikanische materielle Hilfe immer wieder schwersten Spannungen ausgesetzt war, denen u. a. ein Oberkommandierender auf dem chinesischen Kriegsschauplatz, General Stilwell, und zwei höchste Diplomaten, die Botschafter Gauss und Hurley, schon zum Opfer gefallen waren. Mit freiem Zugang zur chinesischen und internationalen Öffentlichkeit, so mußten die für den Prozeß Verantwortlichen befürchten, könnte Schenke vielleicht alles zerschlagen und den ganzen mühsam zusammengebastelten Bau der Anklage zum Einsturz bringen.
Was meine Entschlossenheit betraf, genau das zu versuchen, so mußte ich mir selbst sagen, waren solche Überlegungen zweifellos berechtigt. Deshalb durfte ich nicht auf freien Fuß gesetzt werden. Andererseits war schwerlich ein Grund dafür zu finden, mich weiter in Haft zu halten. Um dies zu schaffen, mußte man auch mich, der ich nicht zum Büro Ehrhardt gehörte, mitanklagen. Und diese Anklage brachte noch einen weiteren Vorteil, war vom Gesichtspunkt der Veranstalter des Klein-Nürnberg in China sogar notwendig: Als freier Mann würde Schenke, der Unbeteiligte, der mit Ehrhardt nur Differenzen gehabt hatte, dessen prochinesische Einstellung und ablehnende Haltung gegenüber dem japanischen Krieg in China bekannt waren, als Zeuge für Ehrhardt und seine Leute aussagen. Klagte man ihn dagegen mit an, so könnte er zwar immer noch von der Verteidigung als Entlastungszeuge aufgerufen werden. Doch er säße dann nicht als freier Mann, sondern als Mitangeklagter im Zeugenstuhl. Der Wert seiner Aussage und seine Glaubwürdigkeit wären in den Augen der Richter dadurch herabgesetzt, daß er durch sie ja sich selbst mit verteidigte und reinzuwaschen versuchte.

Am 31. Juli 1946 hatte das Nanking Hauptquartier (Nanking Headquarters

Command) der US-Armee durch Special Order Nr. 120 zur Durchführung des Verfahrens ein Militärgericht (Military Commission) ins Leben gerufen. Als Richter fungierten Oberst Daniel H. Mallan, Vorsitzender, und als Beisitzer die Oberstleutnants James F. Leer und C. Radford Berry sowie der Hauptmann George Plotkin. Dieser war in dem Gremium der einzige Jurist. Hauptvertreter der Anklage (Chief Prosecutor) wurde Oberstleutnant Jeremiah J. O'Connor, sein Stellvertreter Major Dwyer. Beide waren Juristen und im Zivilberuf Anwälte, wie auch die beiden Offizialverteidiger, Oberstleutnant Charles E. Royer und Flieger-Oberstleutnant Edmund J. Bodine.

Es wurde jetzt also Ernst. Bis zuletzt hatte keiner der Inhaftierten so recht daran glauben wollen, daß bei dem allen bekannten Stand der Dinge die US-Militärs es soweit treiben würden, bis zu einer Anklage und dann auch noch wegen »Kriegsverbrechen«. Darauf konnte die Todesstrafe erkannt werden.

Unsere vollkommene Absperrung von der Außenwelt wurde jetzt aufgehoben, endlich konnten wir mit Anwälten und über diese auch mit Dritten in Verbindung treten; es wurde uns jetzt auch erlaubt, Zeitungen und Bücher zu erhalten. Unsere Hauptsorge war nun aber erst einmal eine gute Verteidigung. In Schanghai gab es eine renommierte deutsche Anwalts-Sozietät unter Leitung von Rechtsanwalt Dr. H. A. Lorentz. Unter den Mitgefangenen war es Elgar von Randow, der ihn am besten kannte. Und so wurde er jetzt beauftragt, mit dem Anwalt in Verbindung zu treten. Lorentz antwortete, daß er als Deutscher vom Gericht nicht als Verteidiger zugelassen würde, es sei aber möglich, daß er als Assistent eines amerikanischen Verteidigers auftrete, und er schlug seinen amerikanischen Kollegen N. F. Allman vor. Das fanden wir nicht schlecht, denn Allman war nicht nur ein bekannter Anwalt, sondern hatte sich auch darüber hinaus einen guten Ruf als zeitweiliger Vorsitzender des Stadtrates der Schanghaier Internationalen Niederlassung erworben. Also sollte sich Randow bei Lorentz über die finanziellen Bedingungen der Übernahme der Verteidigung durch Mr. Allman erkundigen. Doch da wurden wir gleich enttäuscht.

Lorentz schrieb, N. F. Allman verlange die runde Summe von 70 000 US-Dollar für die Verteidigung, allerdings nur für den Fall, daß der Prozeß nicht mehr als vier Wochen dauere, für jeden weiteren Tag würden noch einmal 1 200 Dollar fällig. Die Forderung wurde von uns als horrend abgelehnt.

Einige Tage später ereignete sich etwas sehr Merkwürdiges. Allman besuchte im Gefängnis den Angeklagten Hauptmann a. D. Erich Heise, der Leiter der Ehrhardtschen Dienststelle in Kanton gewesen war und von wo der Anstoß zu der ganzen Affäre ausgegangen war, in seiner Zelle und hatte mit ihm ein sehr langes Gespräch. Worüber sie sprachen, erfuhren wir von Heise nicht, und es sollten noch Jahre vergehen, bis Licht auf dieses geheimnisvolle Treffen fiel.

Für Ehrhardt und einige Angehörige seines Schanghaier Büros wurde der chinesische Anwalt L. C. Yang gewonnen. Der Franzose Maître Paul Premet

sollte Heissig und Füllkrug verteidigen. Die amerikanischen Offizialverteidiger schließlich waren für alle Angeklagten da.
Hans Mosberg gewann seinen Freund, Dr. Alfred Jacoby, als Verteidiger, was diesem nicht wenige Anfeindungen von kurzsichtigen Mitgliedern der Schanghaier jüdischen Emigrantengemeinde einbrachte. Er ertrug sie tapfer, wußte er doch aus eigener Erfahrung, daß Mosberg, wie auch eine ganze Anzahl nichtjüdischer Schanghai-Deutscher, so gut es ging geholfen hatte, das Los mancher Emigranten zu erleichtern. Die große, einige Zehntausende zählende Schar von Juden aus Deutschland und Österreich war noch in den beiden Vorkriegsjahren 1938 und 39 nach Schanghai gekommen. Kein Land der Welt hatte diese Unglücklichen damals aufnehmen wollen, am wenigsten diejenigen, wie z. B. die Vereinigten Staaten, deren Politiker und Presse in der Welt über ihr Los am meisten lamentierten. Überall wurden sie zurückgewiesen, und nur in der Internationalen Niederlassung von Schanghai konnten sie landen und versuchen, sich eine neue Existenz aufzubauen.
Seit die Amerikaner mich ins Ward Road Gefängnis verschleppten, waren meine Gedanken oft bei meinem Freunde, dem Rechtsanwalt Yao Chao-ti, gewesen und ich dachte gern an manchen Abend in seinem Hause bei vorzüglichem chinesischen Essen und Reiswein zurück. Neben meiner Freundin Ni-ko war er einer der Adressaten der Nachricht, die ich über den indischen Moslem der Wachmannschaft und Tewfik Pascha Es-Scherif aus dem Gefängnis schmuggeln konnte. Mein Zorn über die infame Verleumdung, die unter dem Motto, man habe »einige von Deutschlands schwärzesten Kriegsverbrechern« gefangen, speziell über mich verbreitet wurde, war nicht verraucht. Es hatte da geheißen, ich hätte, dank meiner vorherigen Verbindungen in Chungking dazu in der Lage, im japanisch besetzten Gebiet im Untergrund arbeitende Widerstandsorganisationen aufgedeckt und, was implizite darin lag, ihre Zerschlagung durch die Japaner ermöglicht. Ich hatte nicht die Absicht, diese Lüge im Raum stehen und die Verantwortlichen dafür ungeschoren zu lassen.
Die Infamie war wirklich auf die Spitze getrieben, waren doch Dr. Bidder und ich die einzigen unter den paar tausend im japanisch besetzten Gebiet lebenden Deutschen, zu denen die Regierung in Chungking trotz des Abbruchs der diplomatischen Beziehungen und später des Kriegszustandes zwischen unseren beiden Ländern, so großes Vertrauen hatte, daß sie die höchsten Vertreter des militärischen und des politischen Widerstandes, die diesen im besetzten Gebiet leiteten, mit uns zusammenkommen ließen: General Chiang Pei-chen, der die ganze Zeit über geheim in Schanghai seinen Sitz hatte, und Wu Shao-shu, der von Zeit zu Zeit aus dem unbesetzten China in dienstlichem Geheimauftrag nach Schanghai kam. Wir trafen uns alle paar Monate im Hause von Yao Chao-ti, dem nach außen hin völlig unpolitisch erscheinenden Rechtsanwalt, der auch als Patriot sein Leben aufs Spiel setzte.
Als ich ihn nun bat, meine Verteidigung in dem amerikanischen Prozeß zu

übernehmen, war er bei seinem ersten Besuch im Gefängnis tief darüber beschämt, daß wir uns unter solchen Umständen wiedersahen. Einen Freund, von dem er wußte, daß er selbst bei Gefahr für Leib und Leben in der größten Not für sein Land eingetreten war, mußte er in China vor einem fremden Gericht, das bei Achtung der chinesischen Souveränität gar nicht existieren durfte, gegen eine haltlose Verdächtigung als »Kriegsverbrecher« verteidigen. Wie in den Zeiten der ungleichen Verträge zeigte sich eine chinesische Regierung machtlos, im eigenen Lande den Freund zu schützen. Als ich ihm jedoch meinen auf den ersten Blick etwas verwegen aussehenden Plan offenbarte, mit seiner Hilfe einen Schlag gegen die Amerikaner und das ganze von ihnen gestartete Unternehmen zu führen, besserte sich seine Stimmung. Als ahnte er etwas, hatte Yao mir alle Pressemeldungen mitgebracht, die seit dem Kidnapping erschienen waren. Die Meldung, die am Morgen danach ein japanischer Gefangener Takashima zugesteckt hatte, befand sich darunter, und so sah ich, daß Walter P. Rundle, Chef des China-Büros der großen amerikanischen Nachrichtenagentur United Press, dafür mit Namen zeichnete. »Den verklage ich wegen Verleumdung«, sagte ich, »vor einem chinesischen Gericht natürlich.« Nun war Yao begeistert und versprach, sich umgehend an das Schanghaier Distriktgericht zu wenden. Es würde übrigens ein historischer Präzedenzfall werden, der erste Prozeß gegen einen Amerikaner in Schanghai vor einem chinesischen Gericht seit Aufhebung der Konsulargerichtsbarkeit.

Als Yao einige Tage darauf die Klage einreichte, hatte die Schanghaier Presse ihre Sensation. Mein Bild erschien – es war eine Aufnahme, die im Gerichtssaal am Eröffnungstag des Prozesses gegen uns gemacht worden war – mit der Unterschrift: »Klagt aus dem Gefängnis«, und die Begleit-Story konnte sich nicht genug darüber wundern, daß ein »angeklagter deutscher Kriegsverbrecher« die Stirn hatte, einen Staatsangehörigen der amerikanischen Siegermacht vor Gericht belangen zu wollen. Was hatte uns O'Connor nach unserer Einlieferung erklärt? »Sie haben keine Rechte, keine Regierung, die sie schützt, und niemanden, an den Sie sich wenden können...«

Vielleicht, dachte ich, haben chinesische Richter mehr Mut als die chinesische Regierung!

Auch Walter P. Rundle baute auf die allgemeine Rechtlosigkeit, welche in der öffentlichen Meinung der Welt und fast überall auch tatsächlich für alle Deutschen bestand, als er auf die Vorladung hin vor dem Distriktsgericht allein, ohne Anwalt, erschien. Dieses Verfahren ist doch wohl eine Unmöglichkeit, erklärte er. Wie kann ein deutscher Kriegsverbrecher einen Amerikaner, den Angehörigen eines alliierten Staates, in China vor Gericht ziehen? Vorher schon hatte die amerikanische Presse gelärmt und den Leiter der Schanghaier Dienststelle des Chinesischen Auswärtigen Amtes, Chen Kuo-lien, mit Fragen bestürmt, wieso man dem im Gefängnis sitzenden »obnoxious Nazi« Schenke diese Gelegenheit biete, und die Warnung des chinesischen Beamten überhört: »Für *uns* ist Herr Schenke kein ›unerwünschter Nazi‹.« Jetzt erklärte der Amtsrichter dem Kollegen Rundle, daß ich kein Kriegsverbrecher, sondern allenfalls ein Kriegs-*gefangener* sei. Und Kriegsgefangene könnten in China sehr wohl in Zivilprozessen ihr Recht suchen. »Sie sind hierher ohne Anwalt gekommen«, sagte er abschließend zu dem verblüfften Amerikaner, »es wäre für Sie besser, Sie besorgten sich einen.« Und um ihm dazu Gelegenheit zu geben, vertagte er die Verhandlung auf die nächste Woche.

Unser Offizialverteidiger, Oberstleutnant Bodine, der mit Rundle im gleichen Gebäude, den Broadway Mansions, wohnte, berichtete mir ein paar Tage später, daß Rundle, zutiefst erschrocken, daß das für unmöglich Gehaltene nunmehr auf ihn zukam, sich einen der teuersten chinesischen Anwälte genommen habe, der gleich von ihm 7 Goldbarren verlangte. Gemeint waren 10-Unzen-Barren, bei der galoppierenden Inflation der chinesischen Währung, welche die Formen der deutschen von 1922/23 anzunehmen begann, waren viele Dienste nur gegen Gold oder US-Dollar zu haben. Also mußte Rundle erst einmal den Gegenwert von etlichen tausend Dollar auf den Tisch legen, und der Kollege tat mir fast leid. Yao hatte es abgelehnt, für alles, was er als Anwalt für mich tat – die Verteidigung in dem Hauptprozeß und die Sache gegen Rundle –, auch nur einen Cent zu nehmen. Ich sagte mir aber, daß Rundle wohl kaum persönlich für die Kosten in dieser Sache aufzukommen habe; sicher würde seine Firma, United Press, zahlen. Im übrigen hatte ich ja nichts gegen Rundle persönlich, die Hintermänner, die Ausstreuer der Verleumdungen, sollten getroffen werden. Die Quelle konnte nur das US-Militär sein und da wiederum nur die Verantwortlichen für unseren Prozeß. Das wollte ich öffentlich und vor einem Gericht festgestellt wissen.

Die deutschen Landsleute draußen in der Stadt schüttelten, wie ich erfuhr, beim Lesen der Zeitungsberichte über die durch den Fall Rundle bei den Amerikanern verursachte Aufregung über mein Vorgehen den Kopf. Außer denen im Lager Kiangwan, die den über sie bereits beschlossenen Abtransport nach Deutschland zu erwarten hatten, und denen, die sich im Landesinnern in Sicherheit gebracht hatten, lebten die meisten noch in Ungewißheit über ihr Schicksal. Es war verständlich, daß bei den Berichten über die Zustände in der besetzten Heimat die Aussicht auf Repatriierung nicht gerade Begeisterung weckte, von Ausnahmen, die absolut nach Hause wollten, abgesehen. Wer weiß, wann man, erst einmal nach Deutschland verbracht, jemals wieder nach China zurückkommen könnte. Viele fürchteten, daß ihre mühsam wiederangeknüpften Geschäfte dann doch wieder verlorengingen. Eine starke Niedergeschlagenheit herrschte, und man sah sich auf Gnade oder Ungnade der Siegermacht ausgeliefert. Schenke muß verrückt sein, sagten manche, in seiner Situation die Amerikaner noch extra herauszufordern, und man prophezeite, daß mir als Folge meiner Tat »mindestens zehn Jahre mehr aufgebrummt« werden würden.

Unvermeidlich fiel mir in dieser Situation das gute alte Wort von Conrad

Ferdinand Meyer ein: »Der eine fragt, was kommt daraus? Der andere: was ist recht? Und also unterscheidet sich der Herre von dem Knecht.« Es war für mich ganz selbstverständlich, daß es hier keine Nützlichkeitsabwägungen geben konnte; ich hielt mir andererseits aber auch nichts darauf zugute, daß ich so handelte.

»Und wenn so viele Teufel in Worms wären wie Ziegeln auf den Dächern, so wollte ich doch hineingehen.« Das war eins der Luther-Worte, die mir besonders gefallen hatten. Ich denke an den Tag zurück, als ich als Junge im Zimmer Martin Luthers in der Wartburg stand und den berühmten, längst von Andenkenjägern abgekratzten Tintenfleck an der Wand betrachtete. Damals hatte ich vom Teufel keine Vorstellung, an das Gebilde mit Horn und Schweif glaubte ich nicht. Aber wieviele Male habe ich inzwischen meine Tintenfässer an die Wand geworfen, nach dem Teufel, der mir dort erschien?

Nun sehe ich ihn richtig vor mir, den Martin Luther, wie er an seinem Schreibpult steht, in seiner selbstgewählten Gefangenschaft, und wie ihn die Versuchung ankommt, den Kampf einzustellen und seinen Frieden zu machen mit den Herren dieser Welt, wie ihn dann plötzlich die Wut packt darüber, daß sich ein solcher Gedanke einschleichen konnte in sein Herz, und wie er dann in seinem Zorn das Tintenfaß ergreift und es mit aller Kraft an die Wand schmettert, laut und befreit auflacht und danach schließlich still und sachte den Kopf schüttelt und über sich selbst lächelt: Wie konnte ihn eine solche Idee überhaupt ankommen?

Im Gegensatz zu den Monaten vorher setzte jetzt, in der Zeit zwischen der Anklageerhebung am 1. August und der auf den 26. August anberaumten Eröffnung der Hauptverhandlung, in dem Teil des Gefängnisses, wo sich unsere Zellen befanden, ein reges Leben ein. Die Verteidiger mußten sich mit der Sache vertraut machen und ihre Mandanten besuchen, diejenigen von uns, die es wollten, durften sich ihre Schreibmaschinen kommen lassen, um Schriftstücke für die Verteidigung fertigzustellen. Kataloge von Fragen wurden zusammengestellt, die an etwaige Zeugen der Anklage zu richten waren. Zuvor hatten wir uns entschieden, in welcher Sprache der Prozeß geführt werden und welcher Text authentisch sein sollte. Nur bei dem Hauptangeklagten Ehrhardt und bei Hauptmann Heise aus Kanton reichten die Englischkenntnisse eigentlich nicht ganz aus, um einer Verhandlung in englischer Sprache vollkommen zu folgen. Sie schlossen sich aber der Wahl der anderen für Englisch als Verhandlungssprache an. Unsere Unterstützung als Dolmetscher, bei allem was sie persönlich betraf, war ihnen gewiß. Wir hatten uns für Englisch entschlossen, weil dadurch viel Zeit gespart werden würde, glaubten wir doch alle, daß die Sache mit einem Freispruch enden mußte und je eher, desto besser.

Als einen wahren Lichtblick im Vergleich zu dem, was die US-Armee uns bisher als Personal vorgesetzt hatte, empfanden wir den stellvertretenden Offizialverteidiger. Edmund J. Bodine, Oberstleutnant der Reserve der Flieger, etwa 35 Jahre alt, war ein Mann, wie man ihn sich nur wünschen konnte. Schon einige Tage, nachdem er das Aktenmaterial der Anklagebehörde eingesehen und mit jedem einzelnen Angeklagten länger gesprochen hatte, war ihm klar, daß er Unschuldige verteidigen mußte. Das betraf sowohl die Rechtslage als auch den behaupteten Tatbestand. Die schillernde Seifenblase, die O'Connors Helfer Farrell und Gray aufgeblasen hatten, wurde von ihm als solche erkannt, und von diesem Augenblick an setzte er sich mit aller Kraft für die Angeklagten ein. Bei seinem ersten Besuch im Gefängnis brachte er Eva Tonn mit, eine durch den Krieg nach Schanghai verschlagene deutsche Journalistin, die sich der Verteidigung als freiwillige und unbezahlte Gehilfin zur Verfügung gestellt hatte. Sie hatte lange in England und in Amerika gelebt und war deshalb von Sprachkenntnissen, aber besonders auch von ihren Erfahrungen im öffentlichen Leben der USA her für die übernommene Aufgabe besonders geeignet.

Ungeduldig schauten wir nun der Hauptverhandlung entgegen, aber das Gericht ließ sich Zeit. Am 26. August wurden wir in den Gerichtssaal geführt, wo wir zum ersten Mal die vier Offiziere der Military Commission sahen, die über den Fall entscheiden sollten; auch den Vertreter O'Connors in der Anklage, einen etwas dicklichen Major namens Dwyer, der aussah, als ob er unter zu hohem Blutdruck litt, lernten wir nun kennen. Die uns schon bekannte Anklage wurde verlesen, und danach vertagte sich das Gericht ohne weiteres auf den 16. September.

Gründe für dieses langsame Vorgehen, das im absoluten Widerspruch zu der Tendenz stand, US-Militäreinrichtungen, die während des Krieges entstanden waren, weltweit abzubauen, waren nicht ersichtlich. War man sich seiner Sache vielleicht nicht recht sicher und fischte noch irgendwo nach Belastungsmaterial herum? Der Vermutung der Unsicherheit widersprach jedoch das sonstige Gebaren, denn nun machten die Amerikaner groß in Publicity über den Prozeß. Da wir jetzt ja auch Zeitungen empfangen durften – um zu erfahren, was sich in der weiten Welt abspielte, las ich z. B. wieder regelmäßig wöchentlich das Nachrichtenmagazin »Time« – blieb uns das nicht verborgen. Es wurde uns aber auch noch auf andere Weise nahegebracht. Unser Gefängnis verwandelte sich nämlich in einen Zirkus, in dem jetzt auch Raubtierschauen veranstaltet wurden. Diese Bezeichnung war tatsächlich naheliegend, denn wir wurden in vergitterten Zellen für die Besucher ausgestellt.

Um diese Zeit reisten viele amerikanische Politiker nach China. Es reizte sie, dieses Land einmal zu besuchen, das sie sich als eine Art politische Dependance und als einen Markt der unbegrenzten Möglichkeiten für den Absatz der amerikanischen Industrie vorstellten. Es kamen Minister, Senatoren, Abgeordnete des Repräsentantenhauses. Wie schön, wenn man nach Rückkehr in die USA nach ein, zwei Wochen in Nanking und Schanghai sich als »Kenner« und besonders wohlinformiert ausgeben konnte.

Zu den Sehenswürdigkeiten, die von den im Lande tätigen Amerikanern den

Besuchern aus der Heimat geboten wurden, hatte Oberst Young, der Vorgesetzte O'Connors und der Hauptverantwortliche für unseren Prozeß, jetzt auch einen Besuch im Ward Road Gefängnis gefügt. Als Beleg für die eigene Tätigkeit konnte man über das sonst in China Aufzuweisende hinaus noch als besondere Trophäe gefangene »deutsche Kriegsverbrecher« vorzeigen. Es beehrten uns in diesen Tagen unter anderen Verteidigungsminister James Forrestal, Postmaster General Hanegan, der führende Partei-Boss der mit Truman in Washington regierenden Demokraten, und der einflußreiche Senator Tydings.
O'Connor war bei diesen Raubtierschauen nie dabei; möglicherweise hatte er sich trotz eifriger Verfolgung seiner kriminellen Aufgabe noch einen Rest von Anstand bewahrt, während es Oberst Young sich nicht nehmen ließ, bei diesen Gelegenheiten die Besucher zu führen. Ganz groß fühlte sich bei diesen Anlässen jedoch Gefängniskommandant Captain Parsek, der angeordnet hatte, daß wir bei den Besichtigungen in einer Art Hab-Acht-Haltung nahe an unseren Gittertüren stehen und antworten sollten, wenn der Besucher etwas fragte.
Für Parsek war ein Minister oder ein Senator ein höheres Wesen, und er war glücklich, diesen »seine« Gefangenen zeigen zu dürfen. Wie ein Hahn bewegte er sich mit von Stolz geschwellter Brust an der Seite der prominenten Gäste und bemühte sich redlich, ihnen zu erklären, welche bedeutenden Persönlichkeiten er hier in Verwahrung hatte. Es gab einige, in die er selbst bei größter Anstrengung seiner Phantasie nicht viel hineinstecken konnte, etwa Niemann oder Ulbricht, die im Zivilberuf Funker bei der Lufthansa und der Handelsmarine waren. Bei anderen in höheren Stellungen, über die er aber nichts Spezielles wußte, das man ihnen vielleicht vorwerfen könnte, ging er auf die Position aus: »Das ist Botschafter Woermann« oder »das ist Generalkonsul Stoller.« Bei zweien kam sein eigener und der allgemeine amerikanische Komplex gegenüber dem alten Europa heraus: »Das ist von Randow, einer der zwei Barone, die wir hier haben« und wenn er dann mit den Besuchern vor die Zelle von Jesco von Puttkamer kam, »und das ist der andere der beiden Barone.«
Meine Zelle lag neben der Rathjes. Man konnte durch die Gitter nur auf den Flur hinaussehen, auch zu den zwei oder drei gegenüberliegenden Zellen, aber nicht sehr weit nach beiden Seiten, selbst wenn man der Zellentür sehr nahe kam. Dagegen war es leicht, eine Gruppe von Menschen, die vor der Tür des Nachbargefangenen standen, zu erblicken.
Über Johannes Rathje hatte jemand die Mär in Umlauf gesetzt, er habe eine enge Beziehung zu Hermann Göring gehabt. Parsek stellte ihn jedesmal so vor: »This is Räßdschie« (so klang seine Aussprache des deutschen Namens Rathje – ähnliche Schwierigkeiten hatte er bei mir–); »er war Hermann Görings – Sie wissen: Göring, der jetzt in Nürnberg als Hauptkriegsverbrecher bei uns auf der Anklagebank sitzt – Görings persönlicher Pilot und ist

mindestens eine Million Flugkilometer mit Hermann Göring geflogen.« Tatsache davon war, daß bei Görings Hochzeit, bei der die Hochzeitsgesellschaft in zwei Lufthansa-Maschinen zur Hochzeitsreise nach Jugoslawien flog, Rathje eine der beiden Maschinen geführt hatte, und nicht einmal die, in der Göring und seine neu angetraute Frau, die Schauspielerin Emmy Sonnemann, saßen. Als beim Besuch von Senator Tydings Parsek seine Litanei vor der Nachbarzelle aufgesagt hatte, bemerkte daraufhin der Senator: »Ich werde wahrscheinlich in kurzer Zeit in Nürnberg sein und da vielleicht Gelegenheit haben, mit Ihrem Freund Hermann Göring zu sprechen. Sie haben wohl nichts dagegen, wenn ich ihm Ihre Grüße ausrichtete?« Trotz der gewissen Menschlichkeit in den freundlichen Worten bewirkte der schlagende Widerspruch zwischen der von Parsek aufgebauten Wahnvorstellung enger persönlicher Beziehungen zwischen Rathje und Göring und der dem ahnungslosen Senator unbekannten Nichtexistenz eines solchen Verhältnisses, daß ich in schallendes Gelächter ausbrach.

Nach einiger Zeit, als Senator Tydings das Gebäude wieder verlassen hatte, ließ mich Parsek durch den Sergeanten in sein Büro rufen:

»Sie haben sich wieder einmal unmöglich benommen. Während der Senator mit Rathje sprach, haben Sie laut gelacht, so laut, daß kaum jemand noch sein eigenes Wort verstehen konnte.«

»Ich habe nur über den Witz gelacht, den der Senator gemacht hat.«

»Witze sind nur für die Inspection-Party da und nicht für die Gefangenen. Außerdem haben Sie sich auch sonst wieder unmöglich benommen. Sie standen nicht, wie ich es angeordnet hatte, still an der Tür, sondern liefen, Zigaretten rauchend, in Ihrer Zelle herum! Ich werde dafür sorgen, daß solche Dinge nicht wieder passieren.«

»Dann, Mister Parsek«, ich sagte absichtlich nicht Captain, »müssen Sie wissen, daß ich meine Rechte wie bisher wahrnehme, und dann müssen Sie die völkerrechtlichen Bestimmungen, die auch Ihre Regierung unterschrieben hat, über die Behandlung von Gefangenen noch mehr brechen, als Sie es bisher schon getan haben.«

Mit einer Geste der Ohnmacht entließ mich der Gefängniskommandant und befahl dem Sergeanten, mich in meine Zelle zurückzubringen. Bis dahin hatte er gelegentlich versucht, auch mich zum Ausstellungsobjekt zu machen und Besuchern, mit denen er kurz vor meiner Zellentür anhielt, gesagt: »Das ist Sgängie! Sie haben von ihm gelesen. Er ist der, der den Verleumdungsprozeß angestrengt hat.« Dann hatte er sie, ohne daß ein Wortwechsel stattfinden konnte, schnell weitergeführt. Auch das sollte er in Zukunft tunlichst vermeiden. Er verlieh mir einen Spitznamen; gegenüber Dritten sprach er von mir als »the sharp element«. »Das scharfe Element«? Ich sah keinen Grund, mich *darüber* zu beklagen, im Gegenteil. Endlich kam auch der von uns sehnlichst erwartete 16. September heran, und der Prozeß, von dem wir eine baldige Klärung der ganzen Angelegenheit erwarteten, konnte beginnen. Die Verteidi-

gung brachte unmittelbar nach der Eröffnung der Hauptverhandlung zwei Anträge zu grundsätzlichen Rechtsfragen ein. Dr. L. C. Yang erklärte in seinem Antrag, dem sich die Offizialverteidiger anschlossen, daß nach dem Völkerrecht und den Gesetzen und Verträgen der Vereinigten Staaten und Chinas das Gericht keine Jurisdiktion über die Angeklagten habe, welche während der ganzen in Frage stehenden Zeit in China wohnende Staatsbürger Deutschlands gewesen seien. Er führte den deutsch-chinesischen Vertrag vom 18. Mai 1921 an, nachdem die in China wohnenden Deutschen nur den Gesetzen Chinas und allein der Rechtsprechung chinesischer Gerichte unterworfen seien.
Weiter zitierte er den Vertrag zwischen den Vereinigten Staaten und China vom 4. Februar 1943, in dem alle exterritorialen Rechte der USA in China abgeschafft worden waren. China sei nicht von der amerikanischen Armee militärisch besetzt. »Es existiert«, so schloß der angesehene chinesische Anwalt seine Ausführungen, »keine gültige, gesetzliche und bindende Übereinkunft zwischen China und den USA, die diesem Gericht erlaubt, tätig zu werden, noch ist ein Abkommen dieses Inhalts jemals vom Gesetzgebenden Yuan der Republik China verkündet, genehmigt oder ratifiziert worden; und ohne eine solche Verkündung, Genehmigung und Ratifizierung ist jedes angebliche Abkommen null und nichtig.«
Das war klar und objektiv richtig. Völkerrechtlich hatte das amerikanische Gericht, vor dem wir uns verantworten sollten, keine rechtliche Grundlage. Es verdankte seine Existenz lediglich einem Akt willkürlicher, militärischer Gewalt.
Einen anderen Aspekt kehrte der von den amerikanischen Offizialverteidigern eingebrachte Antrag, das Verfahren niederzuschlagen, hervor. Er wies darauf hin, daß das Kapitulationsinstrument auf der alliierten Seite von den Oberkommandierenden des europäischen Kriegsschauplatzes unterzeichnet worden und daß darin spezifisch vorgesehen war, daß das deutsche Oberkommando alle deutschen Streitkräfte übergeben werde, die sich *zu diesem Zeitpunkt unter deutscher Kontrolle befanden*. Die Angeklagten hätten sich in einem japanischen Operationsgebiet und nicht unter deutscher Kontrolle befunden. Es wurde besonders auf die Tatsache hingewiesen, daß ein Kommandeur nur dann für den Bruch einer Kapitulation oder eines Waffenstillstandes für verantwortlich gehalten werden könne, wenn er von deren Existenz offiziell benachrichtigt worden sei. Rechtlich würde das bedeuten, daß die Angeklagten, selbst wenn sie getan hätten, was man ihnen zur Last legte, nicht – und schon gar nicht als »Kriegsverbrecher« – zur Verantwortung gezogen werden konnten.
In der Tat hatte es die letzte Verbindung zwischen dem Oberkommando der Wehrmacht und der KO in China *vor* der Kapitulation, in den letzten Apriltagen 1945, gegeben. Von der Tatsache der Kapitulation hatte sie nur aus Nachrichten aus feindlicher Quelle gehört und war niemals von deutscher

Seite offiziell in Kenntnis gesetzt worden, auch nach dem 8. Mai nicht von der Reichsregierung Dönitz, so lange diese noch existierte.
Als am folgenden Tag die Anklage die Rechtsargumente der Verteidigung zu widerlegen suchte, erlebten wir, daß O'Connor offen zugeben mußte, daß er »eine Abmachung zwischen China und den Vereinigten Staaten, welche die amerikanische Military Commission ermächtigt, tätig zu werden, nicht hierher in den Gerichtssaal bringen« könne. Er gab weiter zu, daß kein schriftlicher Vertrag bestand, es gebe nur eine mündliche Übereinkunft zwischen den jeweiligen Stabschefs. Die amerikanische Armee sei nach China gebeten worden, um Krieg gegen die Achsenmächte zu führen, und das schließe das Recht ein, Verletzungen des Kriegsrechts und der Kriegsbräuche zu bestrafen. Zu dem Antrag auf Niederschlagung und der bestrittenen Anwendbarkeit der deutschen Kapitulation auf die Angeklagten, erklärte O'Connor, eine bedingungslose Kapitulation sei etwas ganz Neues. Die bisher notwendige offizielle Benachrichtung sei überflüssig geworden, denn die Tatsache der bedingungslosen Kapitulation sei »allgemein bekannt« gewesen.
Die vier Militärrichter brauchten wieder einmal Zeit, um zu entscheiden, welchen der vorgetragenen Argumente sie sich anschließen wollten; erst neun Tage später, am 26. September, wurde die Verhandlung fortgesetzt. Ich war besonders gespannt, was sie zur Frage der ihnen von Dr. Yang abgesprochenen rechtlichen Zuständigkeit zu sagen hätten. Es war nicht verwunderlich, daß sie auf das Fehlen eines chinesisch-amerikanischen Abkommens überhaupt nicht eingingen, aber nun brachten sie, um ihr Recht, über uns zu Gericht zu sitzen, zu begründen, einen über O'Connors Ausführungen noch weit hinausgehenden neuen Dreh. Rabulistisch hieß es in der von ihnen verkündeten – wohl schwerlich selbst verfaßten – Entscheidung: »Während es wohl zutrifft, daß die Angeklagten in China wohnhaft waren und sind, so erscheint es doch nicht, daß sie hier unter Anklage wegen Verletzung chinesischer oder aber von Gesetzen stehen, die allein für China spezifisch sind. Sie sind vielmehr angeklagt, die Gesetze und Gebräuche der Familie der Völker in bezug auf die Kriegführung verletzt zu haben.«
Sind sich diese Leute, fragte ich mich, denn tatsächlich nicht bewußt, welche doppelte Anmaßung sie mit diesem Spruch bezeugten? Es war einmal die schon seit Präsident Wilson aus dem I. Weltkrieg bekannte amerikanische Mission, überall auf der Welt für Recht und Gerechtigkeit zu sorgen, und zum anderen die verächtliche Bescheinigung gegenüber den Chinesen, daß diese dazu im eigenen Lande offenbar nicht in der Lage seien und erst ein amerikanisches Militärgericht kommen müßte, um sich der heiligen Güter Justitias in China anzunehmen, gefragt oder nicht.
Daß es sich auch politisch einmal rächen würde, wenn man als Verbündeter die chinesische Souveränität so mit Füßen trat, war offenbar ein Gedanke, der sich in siegesberauschte amerikanische Köpfe noch nicht eingeschlichen hatte.

# 3 Erzwungener Freispruch und befohlener Justizmord

Erst am 3. Oktober sollte das Gericht wieder tagen und, nachdem die Rechtsfragen unter Mißachtung des Völkerrechts erst einmal im Sinne der Veranstalter und gegen uns entschieden waren, in die eigentliche Verhandlung zur Sache eintreten. Zur Vorbereitung kamen die Verteidiger jetzt täglich ins Gefängnis. Sie brachten auch die Tagespresse mit, so daß wir wieder erfuhren, was draußen in der Welt vorging. Betroffen machten uns in diesen Tagen die Nachrichten über den Urteilsspruch des sogenannten Internationalen Militärgerichtshofes in Nürnberg.
Obwohl die Sachverhalte, über die dort verhandelt und geurteilt wurde, sich weit von denen unterschieden, über die man hier stritt, drängten sich gewisse Ähnlichkeiten auf, die für uns nichts Gutes verhießen. Unübersehbar standen dort wie hier Haß und Rachsucht Pate, gepaart mit einer selbstgerechten Überheblichkeit, die sich willkürlich über bis dahin unter zivilisierten Staaten geltende elementare Rechtsgrundsätze hinwegsetzte.
Als fast genau vor einem Jahr, im Oktober 1945, das Tribunal in Nürnberg zusammentrat, war die japanische Besetzung Schanghais schon einige Wochen beendet und die Isolierung der Stadt von amerikanischen und britischen Presseerzeugnissen gehörte der Vergangenheit an. In diesen ersten Monaten nach der japanischen Kapitulation herrschte nach vierjähriger Austrocknung ein großer Nachrichtendurst, und eine Flut von Presseerzeugnissen ergoß sich über die Stadt. Aus der amerikanischen und britischen Tagespresse und aus Zeitschriften wie »Time« und »Life«, für die Nürnberg monatelang ein Hauptthema war, hatte ich das Geschehen dort gut verfolgen können. Dabei war sehr schmerzlich gewesen, was ich da zu sehen bekommen hatte, denn es raubte mir die einige Zeit gehegte Illusion, die Sieger in diesem nunmehr schon zweiten entsetzlichen Weltkrieg innerhalb weniger Jahrzehnte könnten aus den Fehlern, die sie am Ende des ersten begangen hatten, gelernt haben. Diese Fehler, das wußte ich aus meinem langen, intensiven Studium der Geschichte, waren die eigentliche Quelle des Unheils, das danach über die Welt kommen und zum Zweiten Weltkrieg führen sollte.
Der Vorwurf gegen die auf der Nürnberger Anklagebank lautete, »Verbrechen gegen den Frieden« begangen zu haben, »nämlich Planung, Vorbereitung, Einleitung oder Führung eines Angriffkrieges oder eines Krieges unter Verletzung internationaler Verträge, Vereinbarungen oder Zusicherungen, oder Teilnahme an einem gemeinsamen Plan oder einer gemeinsamen Verschwörung zur Ausführung einer der vorgenannten Handlungen«, und bei der Schilderung des angeblich planmäßigen Weges Deutschlands in den Krieg mußte ich nun lesen, daß »die Beseitigung des Versailler Vertrages sich

bei den Versuchen, die Politik der deutschen Regierung zu rechtfertigen, als entscheidender Beweggrund herausstellen sollte«.
Verräterisch und in einer Art Freudscher Fehlleistung eigenes Schuldbewußtsein enthüllend, gingen die Ankläger bei der Einleitung des »Ursprung und Ziele der Nazipartei« betitelten Abschnitts bis 1919/1920 und zur tatsächlichen Quelle des Übels zurück. Aus dem Parteiprogramm der NSDAP zitierend, hoben sie hervor, daß dieses in Punkt 1 »den Zusammenschluß aller Deutschen auf Grund des Selbstbestimmungsrechtes« forderte, und Punkt 2 lautete: »Wir fordern die Gleichberechtigung des deutschen Volkes gegenüber den anderen Nationen, Aufhebung der Friedensverträge von Versailles und St. Germain.«[2]
Jawohl, mit der Anführung von Versailles hatten die Ankläger von Nürnberg nun wirklich – ungewollt und auf unerwartete Weise – gar nicht in ihrem Sinne ins Schwarze getroffen. Gerade auch bei mir; nichts anderes als das mit diesem Namen bezeichnete Diktat und die dadurch begründeten Zustände und Folgen hatten in meinem Leben die Hinwendung zur Politik bewirkt. Die erste innere Anteilnahme und Erregung durch politische Ereignisse, die ich erinnere, geht ins Jahr 1923 zurück, als die französische Armee in das Ruhrgebiet einmarschierte, um die in Versailles diktierten, unerfüllbaren Reparationsleistungen mit Gewalt von der wehrlos gemachten Weimarer Republik zu erpressen. Ich war nicht der einzige Junge in Deutschland, bei dem dieses Ereignis einen unauslöschlichen Eindruck hinterließ. Jahre später, in der Wirtschaftskrise mit vielen Millionen Arbeitslosen, wollte ich wissen, wie wir in diese Lage gekommen waren, und da mir die etwas einfachen Erklärungen der Eltern und ihrer Generation nicht genügten, begann ich mich mit der neueren Geschichte zu beschäftigen. Es wurde ein ernsthaftes Studium daraus, schon zur Zeit, als ich die letzten Klassen des Kirchenpauer-Realgymnasiums in Hamburg besuchte.
Ich brauchte nur wenig Anstrengung, um das normale Schulpensum zu erledigen, und hatte entsprechend viel Zeit, um mich an den Nachmittagen und Abenden dem sorgfältigen Lesen von Geschichtsquellen zu widmen. Zum Teil ging ich dieser Beschäftigung sogar während des Unterrichts nach, wo ich unter dem Tisch in den Büchern las, die ich in der Staats- und Universitätsbibliothek entliehen hatte. Oft saß ich auch nachmittags dort im Lesesaal, in Werke vertieft, die nicht nach außen verliehen wurden. Schon damals bestand mein Studienstoff nur etwa zur Hälfte aus deutschen Werken, zur anderen aus solchen in englischer oder französischer Sprache. In die Schule nahm ich fast ausschließlich diese französische oder englische Lektüre mit, und wenn gelegentlich die Lehrer in den entsprechenden Fächern fragten, was Schenke denn da schon wieder heimlich für ein interessantes Buch lese, statt dem Unterricht zu folgen, und ich dieses dann vorzeigte, ließen sie mich respektvoll und tolerant zugleich weitermachen, denn schon allein sprachlich lag das Niveau meiner Lektüre noch ein ganzes Stück über dem, das ihr Unterricht bis

dahin erreicht hatte. Zur Zeit meines Abiturs im Jahre 1933 wußte ich schon so viel über die Vorgeschichte des I. Weltkrieges, wie man vielleicht nach mehreren Semestern Hochschulstudium dieses Spezialthemas von einem Studenten erwarten konnte.

Während meiner späteren hauptsächlichen außenpolitischen Arbeit als Journalist war das Interesse an dem eng verwandten Gebiet natürlich wach geblieben und hatten sich meine Kenntnisse noch vertieft. Was die Ursachen des I. Weltkrieges betraf, konnte mir niemand vormachen, daß die Schuld, Haupt- oder gar Alleinschuld, bei nur einer der beteiligten Großmächte, auf der Seite der Mittelmächte, Deutschland und Österreich, oder der Alliierten, Frankreich und Großbritannien und ihrem Verbündeten, dem zaristischen Rußland, gelegen hatte. Das Verhängnis lag in dem Charakter der imperialistischen Politik, die ausnahmslos alle trieben, und die Bündnissysteme beider Seiten hatten dafür gesorgt, daß ein Konflikt wie der zwischen Österreich und Serbien nicht lokalisiert blieb.

Wenn als parlamentarische Demokratie verfaßte Staaten Kriege führen, die länger dauern und vom Volk große Opfer fordern, versuchen sie in der Regel, den Durchhaltewillen durch die Verteufelung des Gegners zu stärken. In einem europäischen Krieg war ein Beispiel 1914–1918 die Hetzkampagne, die von den Angelsachsen gegen die »Huns«, die Hunnen, und mit Parolen wie »Hang the Kaiser!«, hängt den Kaiser, geführt worden war. Als folgerichtiger Abschluß des Opfer und Verluste von einem bisher nicht gekannten Ausmaß kostenden Ringens stand dann das von Rache und Vergeltung inspirierte Friedensdiktat von Versailles. Es wurde von der Regierung eines Volkes, das unter einer auch nach dem Waffenstillstand weiter aufrechterhaltenen Blockade hungerte – etwa eine Million Menschen kamen dabei um – die Unterschrift unter ein Bekenntnis der »Alleinschuld« erpreßt.

Zum Hängen des Kaisers war es nur nicht gekommen, weil man ihn nicht hatte; das neutrale Holland, wohin er beim Abschluß des Waffenstillstandes und nach seiner Abdankung geflüchtet war, hatte ihn geschützt.

Natürlich hatten die Deutschen, sobald sie wieder etwas Luft schöpfen konnten, die ihnen abgezwungene Anerkennung einer »Alleinschuld« am Weltkrieg wieder zurückgenommen, und es gab keine einzige politische Partei in der Weimarer Republik, die den Versailler Vertrag für auch nur halbwegs gerecht hielt und nicht seine Revision forderte. Das galt für die ganze Skala von der äußersten Rechten bis zur äußersten Linken. Aber es dauerte auch nicht lange, bis namhafte Persönlichkeiten aus dem alliierten Lager die unhaltbare These von der deutschen Alleinschuld fallen ließen, und sogar 1919 in Paris als »Friedensmacher« Beteiligte erkannten und bekannten, daß es ein Fehler war, Deutschland einen Rachefrieden aufzuzwingen.

Im Gegensatz zum haßerfüllten Politiker Clemenceau, dem Hauptarchitekten des Vertrages, hatte der französische Marschall Foch, als die Bedingungen feststanden, erklärt: »Das ist kein Friede, sondern nur ein Waffenstillstand für 20 Jahre«, eine Voraussage, die sich, aufs Jahr genau, 1939 erfüllen sollte.

John Maynard (später Lord) Keynes, der weltberühmte Wirtschaftstheoretiker, war als Vertreter des Schatzamtes Mitglied der britischen Delegation auf der Pariser Friedenskonferenz und erlebte dort die Krisis, die seinem Leben eine andere Richtung geben sollte. Leidenschaftlich bekämpfte er die nach seiner Meinung von kurzsichtiger Habgier diktierten, unmäßigen Reparationsforderungen an Deutschland. Der Versuch, diese unerfüllbaren Bedingungen doch durchzusetzen, würde scheitern und zum wirtschaftlichen Ruin Europas führen. Verzweifelt, daß im Siegesrausch niemand auf die Stimme der Vernunft hören wollte, warf er schließlich Ministerpräsident Lloyd George in einem Brief, der an Deutlichkeit nichts zu wünschen übrigließ, seine Beamtenkarriere vor die Füße.

Was die Amerikaner betraf, so erinnerte ich mich, daß Herbert Hoover, berühmt geworden durch die Hilfe gegen den Hunger und für den Wiederaufbau in Europa nach 1918 und von 1928 bis 1932 Präsident der Vereinigten Staaten, sich gegen den vor 1917 durch die alliierte Kriegspropaganda in den USA geschürten Massenwahn gewendet hatte, der jede Überlegung der Vernunft verdrängte. Auf der Pariser Friedenskonferenz sah er »zerstörerische Kräfte« am Werk. Haß und Rachegefühle hätten dort wie im Fieber getobt, und staatsmännisches Denken sei gegen den Wahn, den die Politiker selbst geweckt hatten, nicht mehr angekommen. So sei schließlich das Versprechen für einen Frieden nach Präsident Wilsons 14 Punkten, unter deren Zusicherung das Deutsche Reich den Waffenstillstand geschlossen habe, schmählich gebrochen worden.

Da ja gerade Amerikaner in Nürnberg wie auch hier die treibende Kraft hinter den Prozessen waren, mußte mir natürlich auch das Verdammungsurteil einfallen, das einer ihrer Staatsmänner, Robert Lansing, als Außenminister unter Präsident Wilson Chef der amerikanischen Delegation in Paris, über die Vorgänge dort gefällt hatte: Es wurde bald »klar, daß es ein diktierter Friede und nicht ein verhandelter Friede werden sollte, ein Friede, den die Großmächte nicht nur dem Feind, sondern auch ihren Kriegsgenossen diktierten«. Als die Bedingungen den deutschen Bevollmächtigten im Mai 1919 übergeben wurden, war er niedergeschlagen, weil diese ihm »unsagbar hart und demütigend« und viele von ihnen »unerfüllbar« erschienen. In vielen Paragraphen war »die Kriegssaat ausgesät«, die »unter normalen Bedingungen bald Früchte tragen würde«. Den im Vertrag vorgesehenen Völkerbund sah er als ein Instrument der Sieger, das nur dazu bestimmt sei, das Keimen dieser Saat zu ersticken, aber: »Der Bund könnte ebensogut das Wachstum der Pflanzenwelt in einem tropischen Dschungel verhindern wollen; Kriege werden früher oder später entstehen.«[3]

Ja, so war es in der Tat gekommen, wie in lichten Momenten vorausgesagt, aber der gleiche alte Ungeist war nun wieder am Werke.
In diesen Tagen der Vorbereitung auf die unmittelbar bevorstehende Prozeß-Schlacht wurde durch die Nachrichten aus Nürnberg bei mir alles wieder lebendig, was ich vor mehr als 10 Jahren mit großer Anteilnahme über den verhängnisvollen Abschluß des Ersten Weltkrieges in Versailles gelesen hatte. Waren die katastrophalen Mißgriffe der damals Verantwortlichen nun auf einmal vergessen? Sollte sich denn alles wiederholen?
Als einer der ersten, denen aufging, was geschehen war, hatte der ehemalige italienische Ministerpräsident Francesco Nitti in seinem wenige Jahre später veröffentlichten und alsbald auch ins Deutsche übersetzten Buch »Das friedlose Europa« bekannt: »Um zu siegen, muß man vor allem hassen, und um hassen zu können, muß man dem Feind alles Hassenswerte andichten.« Man habe die Deutschen als Barbaren hingestellt, er selbst sei diesem Haßwahn zum Opfer gefallen, und er bedauerte nun, daß er die Ratifikationsurkunde des Versailler Vertrages unterzeichnet hatte. Dieses fluchwürdige Instrument sei aus dem Geist der Gewalt, der Lüge und des Raubes entstanden, wobei das Attribut »Lüge« sich wohl auf den Paragraphen 231 (die Alleinkriegsschuld Deutschlands) bezog, der die Rechtfertigung für alle den Lebensatem Deutschlands abwürgenden Bestimmungen abgeben sollte.
Natürlich hatten die Bücher Harold Nicolsons »Die Verschwörung der Diplomaten« und »Friedensmacher 1919« zu meiner Lektüre gehört. Manche Sätze hatten sich mir so eingeprägt, daß ich sie noch jetzt auswendig kannte. Im ersten Buch wird der Blick auf die Vorgeschichte des Krieges gelenkt, aus der Sicht des Vaters, Sir Arthur Nicolson, in den entscheidenden Jahren als Staatssekretär im Foreign Office Chef der britischen Diplomatie. Alles andere als »deutschfreundlich«, war er an der Bildung der Vorkriegs-Allianzen maßgeblich beteiligt, und doch trat er nach dem Ende seiner Karriere 1916 in einem Aufsatz, den die englische Presse zu drucken ablehnte, für einen Versöhnungsfrieden ein. Dann war er »entsetzt über den Vertrag von Versailles«, schrieb sein Sohn.[4]
Durch die Wachmannschaft erfuhren wir, daß die sich noch in einem anderen Flügel des Gefängnisses befindlichen etwa hundert japanischen Gefangenen in aller Kürze in ihre Heimat abtransportiert würden. Vorher jedoch hatten die Amerikaner noch etwas zu erledigen. An einem Morgen wurden wieder einmal die äußeren, hölzernen Türflügel vor den stählernen Gittertüren unserer Zellen zugeklappt, so daß wir nicht in den Vorraum blicken konnten. Das waren, wie wir wußten, die Vorbereitungen für eine Hinrichtung. Gedämpft vernahm ich durch die Holzverschläge Schritte hin und her laufender Menschen, ein metallisches Klirren aus der Richtung der Betonstufen, die aus dem Erdgeschoß heraufführten, das Öffnen und Schließen der großen Gittertüren, die unseren Flügel vom zentralen Rundgang im Turm abschlossen, dann ein schleifendes Geräusch auf dem Flur vor unserer Zelle. Die brachten doch

wohl nicht etwa einen Gefangenen, der auf mittelalterliche Weise an den Füßen gefesselt seine Kette nachschleift? Ich verwarf den Gedanken als Phantasieprodukt, aber fand sonst keine Erklärung für das Geräusch.

Alles bewegte sich auf die meiner Zelle schräg gegenüber etwa sieben Meter entfernte Hinrichtungszelle zu, bis deren wieder ins Schloß fallende Tür alles weitere verschluckte. Stille. Nach ein paar Minuten das laute Rummsen der Falltür. Wieder etwa eine Minute verging, bis drüben die Tür zum Flur wieder geöffnet wurde und Menschen herauskamen. Ich hörte Parsek: »Quick work!« (zu deutsch: schnelle Arbeit!). Rieb er sich dabei die Hände?

Als die Verschläge unserer Zellen geöffnet wurden und wir wieder miteinander sprechen konnten, erfuhr ich, daß auch die anderen diese Worte Parseks gehört hatten. Dieser Hauptmann der Militärpolizei (MP) war also, so schlossen wir, nicht nur der Gefängniskommandant, sondern auch gleichzeitig der Henker.

Diese letzte Hinrichtung eines Japaners im Ward Road Gaol nutzte Parsek auch dazu aus, um sich wieder einmal durch etwas Psychoterror als Gehilfe der Staatsanwaltschaft nützlich zu machen. Vielleicht hatte er aber einen Wink von oben, von Farrell oder Gray, oder sogar von O'Connor bekommen, denn er suchte sich als Objekt für sein Experiment den Sensibelsten unter den Gefangenen in wichtigerer Stellung aus: Jesco von Puttkamer, den ehemaligen Leiter der Deutschen Informationsstelle. Es war unwahrscheinlich, daß der etwas primitive Captain selbst diesen Charakterzug von Puttkamers herausgefunden hatte. Parsek und ein paar GIs führten Puttkamer in die Hinrichtungszelle, deren Inneres bisher keiner von uns zu sehen bekommen hatte. Parsek erklärte ihm, wie die Sache mit der Falltür funktionierte, zeigte ihm die an Haken in der Wand hängenden dicken Stricke und bedeutete ihm, daß er ganz gewiß demnächst an einer solchen Schlinge baumeln werde, es sei denn, er zeige sich in seinen Aussagen kooperativ, dann käme er wohl mit einem milderen Urteil und mit dem Leben davon.

Um ihn weiter weichzuklopfen, wurde Puttkamer nach dieser Demonstration nicht in die gewohnte Zelle zurückgebracht, die er mit Mosberg und Jaeger teilte, sondern in eine andere weit oben im sonst vollkommen leeren 5. Stock. Alle paar Stunden abgelöste Posten wurden vor das Gitter gesetzt, die ihn Tag und Nacht im Auge behielten. Total verängstigt und einem Nervenzusammenbruch nahe fand ich nach einigen Tagen dort »Putti«, wie wir ihn nannten, als auch ich in diese Sonderabteilung verlegt wurde.

Während der letzten Kriegsjahre hatte ich mit Puttkamer weder dienstlich zu tun, noch hatten wir gesellschaftlich miteinander verkehrt. Was ich über seine Deutsche Informationsstelle hörte, gefiel mir gar nicht, denn hier wurde im Sinne der offiziellen Berliner Propaganda-Linie gearbeitet und vor allem auch enge Verbindung mit den Japanern gehalten. Mit Puttkamer war auch sein Mitarbeiter Alfred Romain ins Gefängnis gebracht worden, und erst hier hatte ich von beiden erfahren, daß Romain, mit Puttkamers Billigung,

noch kurze Zeit nach der Kapitulation der Wehrmacht am 8. Mai vergangenen Jahres eine vorher in Angriff genommene Auftragsarbeit für die Japaner zu Ende geführt hatte. Romain war ehemaliger Austauschstudent in den USA, und die Japaner fanden, daß er sich besser auf die amerikanische Psyche verstand als sie selbst, wenn es darum ging, amerikanische Soldaten durch Anti-Kriegspropaganda anzusprechen. So hatten sie diesem Zweck dienende, von Romain verfaßte Flugblätter bestellt. Eins davon befand sich noch in Arbeit, es war gerade gesetzt worden, und an der Fertigstellung fehlte nur noch, daß Romain Korrektur las und den Druck beaufsichtigte. Als Puttkamer in den Tagen unmittelbar nach dem 8. Mai seine Deutsche Informationsstelle auflöste, fanden er und Romain, daß diese angefangene Arbeit für die Japaner noch zu Ende geführt werden sollte. Diesen Tatbestand hatte Romain den amerikanischen, die Voruntersuchung führenden Offizieren, auch mitgeteilt.
Um Romain und Puttkamer in diesen Prozeß hineinziehen zu können, bezeichnete die Anklageschrift die Deutsche Informationsstelle als »eine militärische Propaganda-Agentur der Deutschen Botschaft« und nannte ihre Tätigkeit »militärische Aktivität«. Außerdem trat auch hier wieder die unzulässige extensive Auslegung der Kapitulation der Wehrmacht zutage, die zur »bedingungslosen Kapitulation« des deutschen Staates, des ganzen Volkes und jedes einzelnen deutschen Staatsbürgers verfälscht wurde. Puttkamer und Romain waren keine Soldaten, auch keine Zivilangehörigen der Wehrmacht. Deren Führung hatte am 8. Mai für alle *Streitkräfte*, die sich zu diesem Zeitpunkt unter ihrer Befehlsgewalt befanden, die Kampfhandlungen eingestellt. Die beiden waren Angestellte einer dem Auswärtigen Amt nachgeordneten Einrichtung – daher auch ihre Angliederung an die Deutsche Botschaft – gewesen.
So sehr ich aus meiner politischen Einstellung heraus die Tätigkeit von Puttkamer und Romain, ob nun vor oder noch ein paar Tage nach dem 8. Mai, mißbilligte, konnte ich doch den Amerikanern keinerlei Berechtigung einräumen, über sie als »Kriegsverbrecher« richten zu wollen. Ironischerweise sollte Romain ein solcher sein, weil er Anti-Kriegs-Propagandaschriften verfaßte! Und die ganze Military Commission, die über sie urteilen wollte, durfte ja nach dem Völkerrecht in China gar nicht existieren! Es war selbstverständlich, daß ich versuchte, den durch Psychoterror eingeschüchterten Puttkamer, der sich mir als ein ziemliches Häufchen Unglück darbot, wieder etwas aufzurichten, was mir auch halbwegs gelang. Bei O'Connor hatte er sich über die Sonderbehandlung durch Einzelhaft beschwert, und dieser hatte dann zugestanden, daß noch ein anderer Gefangener die Zelle mit ihm teilen könnte. Parsek, zwischen dem und mir eine auf Gegenseitigkeit beruhende herzliche persönliche Abneigung bestand, dachte wohl dem »sharp element« bei dieser Gelegenheit eins auszuwischen, indem er mich von der größeren Gemeinschaft trennte und zu Puttkamer verlegte. Die Herrlichkeit dauerte nur zwei Nächte und einen Tag. Denn als O'Connor erfuhr, *wen* ausgerechnet Parsek ausgesucht

hatte, um Puttkamer Gesellschaft zu leisten, ordnete er, in richtiger Einschätzung meines Einflusses auf »Putti« an, daß das ganze Manöver abgebrochen wurde. Puttkamer kam zu Mosberg und Jaeger, und ich kam in meine bisher innegehabte Zelle zurück.

Nach so vielen Verzögerungen wurden wir am 3. Oktober nun endlich zur Hauptverhandlung über die Sache in den »Gerichtssaal« geführt. Als solcher diente ein Raum, der das ganze obere Stockwerk unseres Gefängnisturms einnahm. Er war nicht sehr groß, mochte vielleicht 12 x 20 Meter messen. Auf einem Podium saßen, mit dem Rücken zur Hinterwand, an einem Tisch die Richter, davor an der Seitenwand in drei Reihen die 27 Angeklagten, in ihrer Nähe, mit dem Gesicht zur Richterbank, die Verteidiger, auf der anderen Seite die Vertreter der Anklage und die Stenografen. Vor den Richtern stand der Zeugenstuhl, in dem die Zeugen mit dem Rücken zu den Richtern Platz zu nehmen hatten, das Gesicht demjenigen zugewandt, der – entweder ein Vertreter der Anklage oder der Verteidigung – sie befragte. Hinter den Staats- und Rechtsanwälten waren beiderseits eines vom Eingang bis zur Richterbank führenden freibleibenden Ganges Stühle für Besucher aufgebaut, denn die Verhandlung sollte ja öffentlich sein. Es hatten dort etwa 70–80 Personen Platz. Bis auf die Vertreter der Presse und wenige Angehörige und Freunde der Angeklagten, bildeten das Publikum fast ausschließlich 1938 und im Frühjahr 1939 aus Österreich und dem »Altreich«, wie sie es nannten, emigrierte und in Schanghai gelandete Juden. Angesichts ihres Schicksals konnte man bis zu einem gewissen Grade Verständnis dafür aufbringen, daß viele in jedem Deutschen, der nicht in einem Konzentrationslager saß oder emigriert war, einen verhaßten »Nazi« sahen, aber aus manchem der Gesichter, in die wir Tag für Tag wieder blicken sollten, sprach eine Art Mischung von Sensationsgier und Haß. Sie gehörten Menschen, die sich daran weiden wollten, wie nunmehr »Nazi-Kriegsverbrecher« ihrer Strafe zugeführt wurden. Hatte man doch unter den Juden in Schanghai die schlimme Lüge verbreitet, das »Büro Ehrhardt«, dessen Mitglieder hier auf der Anklagebank saßen, habe geplant, vor den Toren der Stadt ein Vernichtungslager für die Juden einzurichten, und nur das dazwischengekommene Kriegsende habe die Durchführung dieser Absicht verhindert und die Schanghaier Juden vor dem Tode gerettet. Die Atmosphäre in diesem Gerichtssaal hatte nichts von der kühlen Objektivität, die der Justiz zum Finden der Wahrheit und zum gerechten Urteilen dienlich ist.

Verhandelt wurde nach der amerikanischen Strafprozeßordnung. Danach spielt sich vor der Richterbank der Kampf zweier (im Ideal) gleichberechtigter Parteien ab, der Anklage und der Verteidigung, und die Richter sollen als unparteiische Schiedsrichter am Schluß einer Seite den Sieg zusprechen, was dann als Rechtsfindung gilt. Damit wird schon deutlich, daß für den Ausgang sehr viel vom Geschick und Können der Vertreter der beiden Parteien abhängt, die hier Beweise für Schuld oder Nichtschuld zu präsentieren versuchen. Die Richter greifen nur selten und dann, weil ihnen die Beweisführung nicht obliegt, nur mit klärenden Fragen ein. Ihr Urteil sollen sie nur »on the record« (aufgrund des Protokolls) fällen; deshalb wird jedes Wort, das im Gerichtssaal fällt, von den Stenografen aufgenommen, alsbald niedergeschrieben, vervielfältigt und den Richtern und den Parteien ausgehändigt. Was nicht im Record steht, existiert nicht.

Zuerst erhält die Anklage Gelegenheit, ihre Sache zu vertreten. Sie bringt entweder schriftliche Beweismittel (eidesstattliche Erklärungen, Dokumente usw.) oder Zeugen, die im Zeugenstuhl befragt werden, wobei sie zuerst die Fragen stellt und danach die Verteidigung den Zeugen der Anklage ins Kreuzverhör nehmen kann. Die Vertreter beider Parteien können, unmittelbar nachdem der Vertreter der anderen Seite eine Frage gestellt hat und bevor der Zeuge überhaupt antworten kann, aufspringen und das Wort »Objection!« (Einspruch!) rufen, worauf erst einmal eine kurze Unterbrechung eintritt, bis das Gericht entscheidet, ob es dem Einspruch stattgeben will oder der Zeuge die Frage beantworten muß. Einsprüche werden erhoben, wenn ein Anwalt glaubt, daß der Prozeßgegner sich mit der Frage einen unberechtigten Vorteil verschaffen will oder daß sie nicht zur Sache gehört, hauptsächlich aber bei einer »leading question«, was wörtlich übersetzt »führende Frage« heißt, eine Frage, die zu einer bestimmten, vom Frager gewünschten Antwort geradezu hinführt, im Deutschen fachlich mit »Suggestivfrage« übersetzt. Als typisches Beispiel einer »leading question« wird im Englischen gern angeführt: »When did you stop beating your wife?« (Wann haben Sie aufgehört, Ihre Frau zu schlagen?) Hier wird stillschweigend als Tatsache suggeriert, daß der Befragte überhaupt die Gewohnheit hatte, seine Frau zu schlagen. Manchmal kann man aus längerer Beobachtung, wie das Gericht die Einsprüche von Verteidigung oder Anklage behandelt, etwas auf dessen Einstellung schließen, ob es mehr der einen oder der anderen Seite zuneigt.

Da, was im Record steht, entscheidend für die Beurteilung der Beweislage und damit für das Urteil ist – die Richter müssen ihn immer wieder studieren –, verfolgen manche Anwälte die Taktik, was der Durchsetzung ihrer Sache dient, möglichst oft durch Wiederholungen in den Record zu bringen. Unter Umständen arbeiten sie auch mit Verdrehungen, in der Hoffnung, die Richter fallen darauf herein. Antwortet zum Beispiel ein Zeuge auf eine Frage, so wiederholen sie, bevor sie zur nächsten übergehen, seine Antwort, dann steht sie da zweimal im Record, manchmal genau, oft aber auch geben sie bei der Wiederholung durch den eigenen Mund der Antwort eine kleine Wendung, welche die Aussage des Zeugen ein klein wenig in dem von ihnen gewünschten Sinne »verbessert«.

Hat die Anklage die Präsentierung ihrer Sache beendet, bringt die Verteidigung ihre Zeugen, die danach von den Vertretern der Anklage ins Kreuzverhör genommen werden.

Während der Beweisaufnahme ist den Anwälten von Anklage und Verteidigung nicht erlaubt, zu plädieren, das heißt, sie dürfen die Zeugenaussagen

nicht durch eigene Kommentare erweitern, auslegen und bewerten und dadurch versuchen, die Richter zu beeinflussen. Erst nachdem die Beweisaufnahme voll abgeschlossen ist, folgen die Plädoyers.
Immer wieder hatten wir Angeklagten Betrachtungen darüber angestellt, wen die Anklage wohl als Zeugen produzieren würde, um den Versuch zu machen ihre Behauptung zu stützen, die das Kernstück des ganzen Verfahrens war, Oberstleutnant Eisenträger habe das Büro Ehrhardt in Schanghai nach der deutschen Kapitulation am 8. Mai in den Dienst der japanischen Armee gestellt und für diese weiter arbeiten lassen. Er selbst und alle seine Mitarbeiter wußten ja, daß sie nichts dergleichen getan hatten. In der Schanghaier Dienststelle war es keinem auch nur in den Sinn gekommen, nachdem der Krieg für uns Deutsche Gott sei Dank zu Ende war, ihn für die Japaner fortzusetzen, deren endgültige Niederlage im Frühjahr 1945 überdies ebenfalls feststand. Bei einer Vernehmung durch Captain Farrell im Lager Kiangwan hatte einer der Verdächtigen gegengefragt, welches Motiv sie wohl gehabt haben könnten, mit den Japanern weiterzumachen, worauf der bei der Vernehmung assistierende Kollaborateur Reichenau, den Farrell und Gray zu weiterer Bespitzelung seiner Landsleute aus Kanton mit nach Schanghai gebracht hatten, gemeint hatte, sie glaubten an einen japanischen Sieg und hofften, dann eines Tages zusammen mit den Japanern Deutschland von den Alliierten wieder zu befreien.
Ob auch die Amerikaner sich diese absurde Vorstellung zu eigen gemacht hatten, wußten wir nicht; allmählich lernte man, rein nichts, auch die ausgefallensten und abenteuerlichsten Dinge nicht mehr für unmöglich zu halten.
*Einen* Menschen gab es, der genau und bis in die kleinste Einzelheit wissen mußte, was sich in Schanghai nach dem 8. Mai zwischen Japanern und Deutschen, vor allem, was das Büro Ehrhardt betraf, abgespielt hatte. Es war Taiji Takashima, der Verbindungsmann der japanischen Armee zu allen deutschen Dienststellen. Mit Ehrhardt, Rathje, Habenicht und mir sowie den beiden italienischen Funkern Rossi und Montovani, gehörte auch er am ersten Tage der ganzen Affäre zu den Opfern des Kidnapping im Hunt Building und war mit uns hier eingeliefert worden. Der Gedanke, ihn als Zeuge zu haben, war an sich richtig, doch dann war für die Amerikaner alles schief gelaufen. Takashima sagte ihnen, daß die Japaner das Haus in der Ferry Road samt der gesamten technischen und Büroeinrichtung beschlagnahmt und sie lediglich Ehrhardt erlaubt hätten, weiter in dem Haus zu wohnen, sowie denjenigen seiner deutschen Mitarbeiter, die es wünschten, die dort schon vorher eingerichtete Messe für Mahlzeiten weiter zu benutzen. Das Betreten des zweiten Obergeschosses, wo sich die Radiogeräte befanden, war ihnen jedoch verboten worden. Dort saßen die beiden Italiener an den einst dem Deutschen Reich gehörenden Empfängern, und die Ergebnisse ihrer Arbeit holte sich der japanische Hauptmann Iwano selbst oder ließ sie durch Boten abholen. Schon in den ersten paar Tagen nach unserer Verhaftung waren die Amerikaner

durch Takashima voll über diesen Sachverhalt unterrichtet worden, und Rossi und Montovani hatten ihn, was ihre eigene Rolle anging, nur bestätigen können.
Mit der Widerlegung der Anschuldigungen gegen das Schanghaier Büro, für dessen angebliche Weiterarbeit ja auch die Diplomaten, der Botschafter, drei Generalkonsuln und ein Legationsrat, verantwortlich gemacht werden sollten und verhaftet worden waren, mußte aber einem großen Schauprozeß, mit dem in seinen politischen und militärischen Repräsentanten das ganze Deutschtum in China getroffen werden sollte, der ganze Boden entzogen werden, und das durfte nicht sein. Nachdem Takashima für die Anklage als Kronzeuge ausgefallen war, mußte um jeden Preis Ersatz gesucht werden. Sie glaubte, ihn in Takashimas Vorgesetzten, Oberstleutnant Akira Mori, zu finden. Da dieser schon nach Japan repatriiert war, wurden Farrell und Gray nach dort geschickt, um ihn zu den gewünschten Aussagen zu bewegen. Mit einer eidesstattlichen Erklärung von Mori kehrten sie zurück, aus der man etwa entnehmen konnte, das Büro Ehrhardt habe nach der deutschen Kapitulation seine, Moris, japanische Armeedienststelle, weiter mit Nachrichten versorgt.
Die Anklage mußte diese Erklärung auch den Offizialverteidigern zur Kenntnis geben, und diese zeigten sie wiederum Takashima, der bei jeder Begegnung Moris mit Ehrhardt oder Angehörigen seines Büros zugegen gewesen war und für ihn dolmetschte. Er erklärte die Darstellung Moris für grundfalsch und blieb bei dieser Behauptung auch gegenüber den Anklagevertretern. Ursprünglich wollten sie nur Moris schriftliche Erklärung im Prozeß einbringen, nun erkannten sie die Gefahr, diese im Gerichtssaal von dem lebenden Zeugen Takashima widerlegt zu sehen. In ihrer Bedrängnis brachten sie nun Mori doch nach Schanghai. Die Anklage sah keine andere Möglichkeit mehr, als ihn lebend zu präsentieren, in der vagen Hoffnung, so vielleicht doch noch etwas für ihre Sache zu retten, und rief ihn als Zeugen auf den Stuhl.
Dort machte er einen zerfahrenen, teilweise verwirrten Eindruck, blieb aber im ganzen bei seiner allgemeinen Aussage, das Büro Ehrhardt habe weitergearbeitet. Unter dem schweren Druck, bei einem Rückzieher wegen eidlicher Falschaussage zur Rechenschaft gezogen zu werden, wand er sich hin und her. Mehrere Male brachen wir unter giftigen Blicken der Ankläger und Geraune des Publikums bei Moris Aussagen in helles Gelächter aus.
Von allen Angeklagten des Büro Ehrhardt kannte er nur diesen selbst und Mosberg persönlich, die er vor dem 8. Mai – immer im Beisein Takashimas – ein paarmal gesprochen hatte. Die Anklage wollte von ihm jedoch möglichst die Namen aller Angeklagten ausdrücklich genannt haben oder wenigstens diejenigen, an deren Verurteilung ihr am meisten gelegen war. So hatte man ihm bei seiner Vernehmung in Japan einen Zettel vorgelegt, der die Namen Ehrhardt, Habenicht, Mosberg, Jaeger und Schenke enthielt, an die er sich dann auch erinnern wollte. Ich hatte Oberstleutnant Mori nie zu Gesicht bekommen, kannte ihn nicht einmal dem Namen nach, und er wollte mich im

Büro Ehrhardt in der Ferry Road gesehen haben, als er dieses, nachdem Ehrhardt seinen Demobilmachungsbefehl herausgegeben hatte, ein paar Tage nach dem 8. Mai besuchte und beschlagnahmte. Mehr noch, außer den anderen eben erwähnten Namen wollte er meine Unterschrift auch auf einem Papier gesehen haben, in dem angeblich alle Angehörigen des Büros Ehrhardt versprachen, ihre Arbeit für die Japaner fortzusetzen, und dieses mit ihrer Unterschrift bekräftigten. Was Mori tatsächlich gesehen hatte, war eine Kopie von Ehrhardts Demobilmachungsbefehl, auf der er sich von allen seinen Untergebenen quittieren ließ, daß sie ihn gelesen hatten.

Als Zeuge im Gerichtssaal dazu aufgefordert, einige der von den Verteidigern mit Namen genannten Untergebenen von Ehrhardt unter den Angeklagten zu identifizieren, zeigte sich Mori dazu nicht in der Lage. Als er nach Jaeger gefragt wurde, hielt er mich für diesen, und als er aufgefordert wurde, auf Schenke zu zeigen, erklärte er, sich an mich nicht zu erinnern.

Wir lachten, weil dieses Verfahren, bei dem es in Wirklichkeit um Leben oder Tod, mindestens um Freiheit oder lange Gefangenschaft ging, manchmal Charakterzüge einer Schmierenkomödie annahm. Bei dem Tatbestand, den ja jeder selbst am besten kannte – keiner der Angehörigen des Büros Ehrhardt in Schanghai hatte nach dem 8. Mai für die Japaner auch nur einen Finger gerührt –, wollte niemand an eine Verurteilung glauben. Die Wahrheit würde schon an den Tag kommen, glaubten alle.

Der Auftritt ihres Zeugen Mori hatte O'Connor und Dwyer erheblich erschüttert und verhieß nichts Gutes, wenn erst die Verteidigung ihre Zeugen brachte, an der Spitze den Mann, der alles weit besser als Mori wissen mußte, Taiji Takashima. So griffen sie zu einer höchst ungewöhnlichen Maßnahme. Nach Moris Auftritt und bevor es zu Takashimas Erscheinen im Zeugenstuhl kommen konnte, schickten sie Mori zum Besuch in Takashimas Zelle. Drei Stunden rangen die beiden miteinander.

Anders als Mori ließ sich der japanische Offizier, der in Peking der Verbindungsmann zu den deutschen Stellen gewesen war, Oberst Hidaka, nicht von der Wahrheit abbringen. Er machte ganz klar, daß der Leiter des Ehrhardt-Zweigbüros dort, Siegfried Füllkrug, nach dem 8. Mai das Büro aufgelöst hatte und daß Füllkrug und sein Stellvertreter Heissig, als sie gefragt wurden, es abgelehnt hatten, für die japanische Armee weiterzuarbeiten. Treffend gab die britische »North China Daily News« am 18. Oktober 1946 ihrem Bericht über den Gerichtstag, an dem Oberst Hidaka seine Aussage machte, die Überschrift: »Prosecution Witnes stars for Defense.« (deutsch: Zeuge der Anklage gibt Starvorstellung für die Verteidigung.)

Vorübergehend mußte ich in diesen Tagen meine Aufmerksamkeit noch einmal dem Fall Rundle zuwenden, dem Verfahren, das ich selbst vor den chinesischen Gerichten wegen Verleumdung gegen den Chef des United Press-Büros in Schanghai angestrengt hatte. Durch den Vertreter Marschall Chiang Kai-sheks im ehemals besetzten Gebiet, General Chiang Pei-chen, und

1 Der Verfasser vor seiner Entführung ins Gefängnis

Hier, am »Bund« in Schanghai, beginnt die Handlung dieses Berichtes

3 Dr. Herbert Mueller, Sinologe und Journalist

4 Gefängnisausw

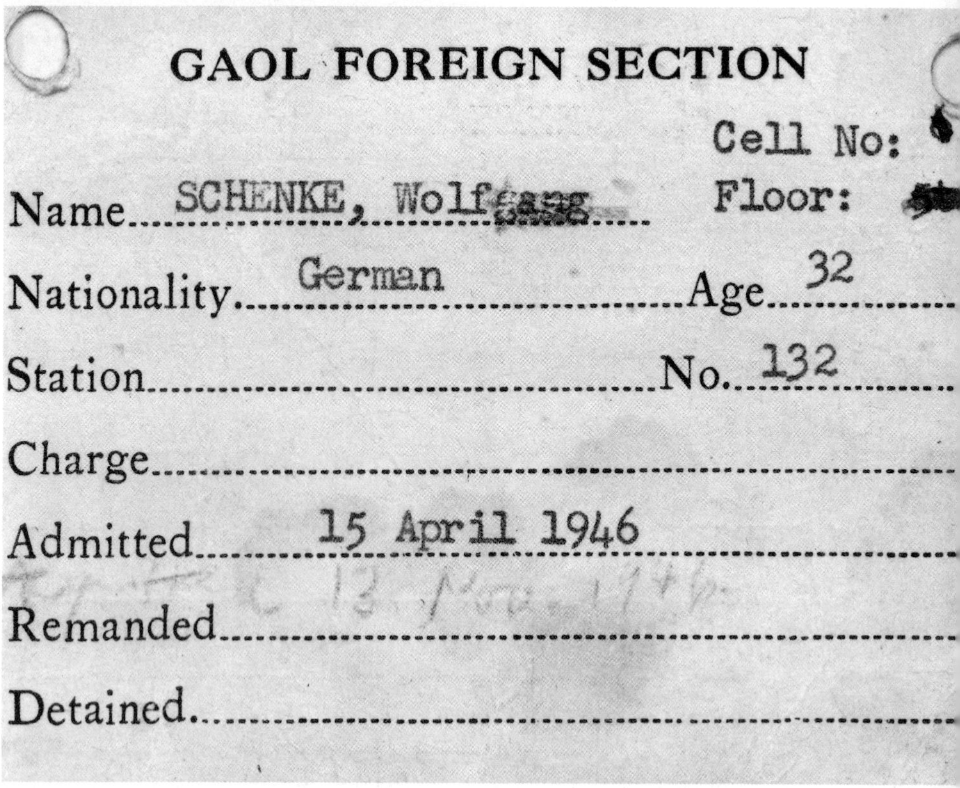

GAOL FOREIGN SECTION

Cell No:
Name SCHENKE, Wolfgang Floor:
Nationality German Age 32
Station No. 132
Charge
Admitted 15 April 1946
Remanded
Detained

中國國民黨上海特別市執行委員會

克始終信任不疑而時與往還蓋沈克為人忠實且其
平時抱負反對日本軍閥力決不協助敵人破壞我方工作
且能予我以有益之援護余與沈克相識及以後發生
之關係均曾呈報組織部有案特此證明是實

中華民國三十五年九月二十一日

主任委員 吳紹澍

Witnessed by T.T.
T.T.Yao, Attorny at law

BEFORE THE
MILITARY COMMISSION
CONVENED BY THE -
COMMANDING GENERAL
NANKING HEADQUARTERS COMMAND
CHINA

UNITED STATES OF AMERICA

vs

| | | |
|---|---|---|
| LOTHAR EISENTRAEGER, alias LUDWIG EHRHARDT | JOHANNES RATHJE ) | |
| | SIEGFRIED FUELLKRUG) | |
| FRANZ SIEBERT | WALTHER HEISSIG ) | |
| HERBERT GLIETSCH | JESCO von PUTTKAMER) | |
| JOHANNES OTTO | ALFRED ROMAIN ) | |
| ERICH HEISE | ERNST WOERMANN ) | |
| OSWALD ULBRICHT | WILHELM STOLLER ) | |
| HANS NIEMANN | ELGAR von RANDOW ) | |
| INGWARD RUDLOFF | WALTER RICHTER ) | PUBLIC TRIAL |
| BODO HABENICHT | HERMANN JAEGER ) | |
| HANS DETHLEFFS | FELIX ALTENBURG ) | |
| WOLF SCHENKE | HERBERT MUELLER ) | |
| HEINZ PEERSCHKE | AUGUST STOCK ) | |
| HANS MOSBERG | MARIA MULLER ) | |

"*** The Commission concludes that the motions of the defense for findings of Not Guilty, in the main, must be denied, but on the other hand, that in some respects they must be sustained. The Commission is unable to find that the record supports the guilt of

Herbert GLIETSCH
Johannes OTTO
Ernst WOERMANN
Wilhelm STOLLER
Elgar von RANDOW
Wolf SCHENKE

of the charges against them and to this extent sustains the motions. In all other respects the motions are denied.

Accordingly the Commission finds Herbert GLIETSCH, Johannes OTTO, Ernst WOERMANN, Wilhelm STOLLER, Elgar von RANDOW, Wolf SCHENKE, NOT GUILTY. These persons stand acquitted before this Commission and at this time will be conducted from the courtroom.***"

I certify that the above is a true and correct extract from page 1096 of the Record in the above case, dated 13 November 1946.

Daniel H. Mallan

DANIEL H. MALLAN
Colonel INF
President of the
Commission

durch Wu Shao-shu waren die von Rundle verbreiteten Behauptungen als Unwahrheiten erwiesen worden. Zu seiner Verteidigung hatte Rundle dann dem Distrikt-Gericht ein Kommuniqué des amerikanischen Militärs vorgezeigt; wörtlich waren die in seiner Meldung verbreiteten Behauptungen daraus entnommen. Daraufhin gestand das Gericht ihm guten Glauben zu – wie konnte er annehmen, daß die Militärbehörden seines Landes die Presse mit Lügen bedienen? – und sprach ihn vom Vorwurf der Verleumdung frei. Ich hatte nichts gegen den Freispruch des amerikanischen Pressemannes, aber ich hatte mein Ziel nicht erreicht. Die Bezeichnung »amerikanische Militärbehörden« als Quelle der Lügen war mir zu anonym. Ich wollte, daß Personen genannt würden, denn diese konnten, wie ich vermutete, nur Farrell und/oder O'Connor sein. Namentlich sollten sie als Verbreiter lügenhafter Nachrichten vor Gericht bloßgestellt werden, die Hauptverantwortlichen für den Ehrhardt-Prozeß.

So half es nichts: Der gute Rundle mußte leider noch einmal dran glauben. Freund Yao war mit mir einer Meinung, daß wir gegen das Urteil des Distrikt-Gerichtes Berufung einlegen sollten.

Die Berufungsinstanz war das Oberlandesgericht der Provinz Kiangsu. Selten hat wohl die chinesische Justiz über mehrere Instanzen schneller gearbeitet. Ich weiß nicht genau, was sich hinter den Kulissen abspielte, aber Yao fragte mich in diesen Oktobertagen, als in unserem Prozeß die Anklage noch bei ihrer Zeugenvorführung war, ob ich damit einverstanden wäre, daß er meine Verteidigung niederlege. Er sei in dem Prozeß gegen Rundle vor dem Oberlandesgericht als Ankläger vorgesehen, und beide Aufgaben »bissen« sich. Was mir lieber sei, daß er hier weitermachte oder dort auftrete? Meine Sache hier stände ohnehin gut, und er habe alles Vertrauen, daß ich bei Oberstleutnant Bodine, wenn der mich als Offizialverteidiger mit betreue, in besten Händen sei.

Dieses Vertrauen hatte ich auch, und ich fand es richtiger, daß Yao zum anderen »Frontabschnitt« überwechselte. Längst führte ich die Sache mit aller Energie als einen Kampf, den man mir aufgezwungen hatte und den zu gewinnen ich fest entschlossen war. Im weiteren Sinne konnte man vielleicht sagen, standen hier Deutsche und Chinesen als Verbündete gegen Amerikaner zusammen.

Als Yao dem Gericht erklärte, daß er meine Verteidigung niederlege, gab es bei der Anklage verdutzte Gesichter, und die Verwunderung hielt auch noch an, als er fortfuhr, es geschehe im Einvernehmen mit mir, und Bodine erklärte, meine Verteidigung mit zu übernehmen. Draußen in der Stadt wurde daraufhin gemunkelt, daß der Eindruck wohl doch falsch sei, es stände im Prozeß um mich nicht schlecht. Um so überraschter war man, als einige Tage später plötzlich die Schanghaier Presse meldete, daß UP-Bürochef Walter P. Rundle erneut vor Gericht erscheinen müsse, diesmal vor dem Oberlandesgericht von Kiangsu, und der Vertreter der Anklage gegen ihn heiße Yao Chao-ti.

Die Wirkung dieser Ankündigung war außerordentlich. Hoch schlugen unter den Amerikanern in China die Wogen der Empörung über diesen »unmöglichen« Vorgang. Alles schien auf einmal auf den Kopf gestellt, die Verhältnisse vollkommen umgekehrt. Ich, der als deutscher »Kriegsverbrecher« Verfolgte – O'Connor: »Sie haben keinerlei Rechte, keine Regierung, die Sie schützt, und niemanden, an den Sie sich wenden können« – war nun auf einmal der Verfolger und ein unschuldiger Amerikaner das bemitleidenswerte Opfer. Rundle, so hieß es in einer amerikanischen Zeitung, müsse in Schutz genommen werden gegen einen »unnachgiebigen und rachsüchtigen Feind« (relentless and vindictive foe). Es fehlte nur, daß auch offiziell »Rundle-Hilfskomitees« gegründet wurden; ohne diesen oder einen ähnlichen Namen gab es tatsächlich so etwas, denn es wurden Unterschriften für Eingaben gesammelt. Eine wurde telegraphisch an den amerikanischen Außenminister Byrnes gerichtet, mit der Aufforderung, diplomatische Schritte zu unternehmen, um diesen Prozeß zu verhindern. Das Telegramm erreichte ihn fern von Washington, wo ihn nichtsdestoweniger Reporter belagerten, um von ihm eine Stellungnahme zu erhalten. Er zog sich so aus der Affäre, daß er ihnen sagte, er habe die Sache dem State Department zur Bearbeitung übergeben. Hilfesuchend wandten sich die amerikanischen Korrespondenten in China auch an das chinesische Oberhaupt, den »Generalissimo«, wie die Amerikaner ihn nannten, Marschall Chiang Kai-shek. Sie riefen die Pressefreiheit an (als ob diese die Freiheit zur Verleumdung einschließe) und wiesen auf die Unmöglichkeit hin, daß ein »Nazi-Kriegsverbrecher« im alliierten Land China einen Amerikaner vor Gericht ziehe; er möchte das doch tunlichst verhindern. Seine Antwort war klassisch; ich rieb mir, als ich sie las, vergnügt die Hände. Er gab den Amerikanern etwas von ihrer Heuchel-Medizin zurück. Die ganze Welt wußte, daß Chiang Kai-sheks Regierungssystem in China alles andere als demokratisch war, aber seine Antwort auf das wenig Demokratieverständnis zeigende Ansinnen der amerikanischen Bittsteller war eine rechtstaatliche Belehrung: »China ist ein demokratisches Land. In einem solchen kann die Staatsführung nicht in den ordentlichen Gang der Justiz eingreifen.«

Abgelehnt, und nun wurde es ernst. Yao sorgte als Ankläger dafür, daß das Obergericht sich zur Entlastung Rundles nicht wie die erste Instanz mit dem Vorzeigen des anonymen Papierchens von der US-Armee zufriedengab. Rundle mußte Namen nennen, und auch dabei blieb es nicht. Unser Ankläger, Oberstleutnant O'Connor, und Captain Farrell mußten persönlich vor dem chinesischen Gericht erscheinen und beschwören, daß sie es waren, die die von hohen chinesischen Zeugen bereits als Lügen entlarvten Behauptungen aufgestellt und verbreitet hatten.

Genau das war es, was ich in der Öffentlichkeit vorführen wollte, und dieses von Anfang an mit dem Prozeß gegen Rundle verfolgte Ziel war damit erreicht. Der Kollege von United Press wurde zum zweitenmal freigesprochen, und dagegen hatte ich nichts.

Es befriedigte mich, daß in diesem Falle wenigstens chinesische Gebietshoheit und Souveränität gegenüber amerikanische Anmaßung durchgesetzt wurden; könnte es ein hoffnungsvoller Präzedenzfall sein? Und noch eine kleine Hoffnung hatte ich insgeheim: Der große Wirbel, den der Fall Rundle bis hin nach Washington erzeugt hatte, könnte vielleicht die Neugier von jemandem in der Administration, etwa im Außenministerium, so dachte ich mir, wecken und das Bedürfnis, einmal nachzuschauen, welch merkwürdige Dinge die eigenen Militärs denn da im fernen China so trieben.
Das Gefecht an der zweiten Front, an der ich meinen Gegenangriff begonnen hatte, war damit erfolgreich beendet, und ich konnte wieder meine ungeteilte Aufmerksamkeit dem Hauptkriegsschauplatz zuwenden, wo dem Gegner zwar schon etliche, aber noch nicht alle Waffen aus der Hand geschlagen worden waren, zumal man von jemandem, der nach dem Grundsatz handelt, daß der Zweck die Mittel heiligt, weiter »dirty tricks« (schmutzige Tricks) erwarten durfte. Kurz vor der Hauptverhandlung hatte ich durch unseren Verteidiger Bodine erfahren, daß O'Connor als seinen Zeugen Ehrhardts Vorgänger, Louis Siefken, bringen wollte. Obwohl Ehrhardt nicht ganz unbeteiligt gewesen war, als Botschaft und Gestapo Siefken von seinem Posten wegintrigierten, was mich damals so empörte, hatte ich kein Verständnis dafür, daß Siefken sich in seiner Animosität und Nachträglichkeit so weit treiben ließ, als Zeuge für die Anklage aufzutreten. Er konnte dann auch nichts dazu sagen, ob Ehrhardt oder einzelne seiner Leute nach dem 8. Mai für die Japaner weitergearbeitet hatten. Die Anklage benutzte so Siefken nur, um einen allgemeinen Hintergrund für die Arbeit der KO während des Krieges, also vor der deutschen Kapitulation, zu geben.
In einem Punkt jedoch mußte Siefkens Aussage von Wert sein, nämlich, ob ich, wie die Anklage behauptete, ein Mitglied des Büro Ehrhardt gewesen sei, woran sie mich – quasi in Kollektivhaft – aufhängen wollten. Siefken konnte sogar in seiner Person den Beweis dafür liefern, daß dem nicht so war. So lüftete ich nun das bis zu diesem Zeitpunkt absolut gehütete Geheimnis daß ich Siefken, nachdem er von Ehrhardt verdrängt worden war, ohne dessen Wissen wieder in den Dienst des OKW genommen hatte, was wohl schwerlich möglich gewesen wäre, hätte ich zu Ehrhardts Büro gehört und diesem unterstanden. O'Connors und Dwyers Verblüffung war groß, als Oberstleutnant Bodine ihren Zeugen Siefken fragte, ob er nach seiner Ablösung durch Ehrhardt für den Angeklagten Schenke gearbeitet habe. Siefken konnte nur bei der Wahrheit bleiben, auch in einigen Fragen zu Einzelheiten, darunter solche zu meinem gespannten Verhältnis zu den Japanern und wann seine Arbeit für mich beendet worden war. Ich hatte ihn schon einige Tage vor dem 8. Mai entlassen, als ich meine letzten Unterlagen vernichtete, damit sie nicht etwa in japanische Hände fielen.
Für die Anklage stand es, nachdem sie ihre Beweisaufnahme für beendet erklärte, nach unserer und der Verteidiger Meinung sehr schlecht. Die ameri-

kanische Strafprozeßordnung bot in diesem Stadium der Verteidigung die Möglichkeit, in einem »Antrag auf Nichtschuldigspruch« die Niederschlagung des ganzen Prozesses zu erreichen. Sie beantragte dies mit der Begründung, die Anklagevertreter hätten nicht einmal genug Belastungsmaterial vorgebracht, um die Anklage auch nur zu stützen. Darüber entstand eine erbitterte Redeschlacht zwischen Anklägern und Verteidigern. Auf der Anklageseite lief Major Dwyer zu großer forensischer Form auf und zog alle Register, um die Richter zu beeindrucken. Es stand ja nun für die Anklage auch wirklich viel auf dem Spiel; ging der Antrag durch, war sie bis auf die Knochen blamiert, denn in der Tat bedeutete ja ein solches Verdikt, daß sie mit ihren schwachen Verdachtsgründen es überhaupt gar nicht bis zur Anklageerhebung hätte treiben dürfen. Dwyer baute vor den Militärrichtern förmlich einen Buhmann auf: »Sie haben, als Deutschland in Europa geschlagen war, nicht aufgegeben, sondern hier weitergekämpft, und nicht einmal hier im Gerichtssaal bekennen sie sich geschlagen.« »Wenn Sie« – zu den Richtern gewandt – »diese Leute gehen lassen, dann gehen die nur über die Straße und machen dort sofort eine neue Radiostation auf.« Und auf mich deutend: »Und dieser hier, Schenke, ist der gefährlichste von allen.«
Der Chefverteidiger, Oberstleutnant Royer, antwortete bestimmt aber gemäßigt. Ich hatte, bevor es zu diesem Plädoyer kam, noch einmal den ganzen Record durchgesehen und dabei meinen aus den Sitzungen seit Beginn der Beweisaufnahme gewonnenen Eindruck bestätigt gefunden, daß über mich zwar einiges über angebliche Tätigkeit während des Krieges behauptet worden war, aber kein Wort hinsichtlich der Zeit vom 8. Mai bis zum 15. August 1945, die ja allein hier zur Debatte stand, zwischen der deutschen und der japanischen Kapitulation. Darüber hatte ich Royer ein kurzes Memo gegeben, damit er dies in seiner Begründung des Antrages vorbrächte. Es besagte, daß sich im Record keine einzige Stelle finde, die irgend etwas über irgendeine Tätigkeit von mir in der in Frage stehenden Zeit aussage, die Anklage habe nicht einmal bewiesen, daß ich mich in dieser Zeit in Schanghai befunden hätte, wie es im Anklagetext heiße. Genaugenommen hätte sie noch nicht einmal bewiesen, daß ich in jener Zeit überhaupt lebte; ich hätte ja längst tot sein können, sähe man mich nicht jetzt hier im Gerichtssaal. Selbst wenn man den bösesten Willen unterstellte, so dachte ich mir, kann niemand die Stirn haben, gegen diese Feststellung zu meiner Verurteilung zu kommen.
Als Oberstleutnant Royer dieses Argument nicht vorbrachte, schickte ich beiden Verteidigern einen Zettel: »Wenn Sie meine Argumente nicht bringen, lassen Sie mich bitte die Gründe dafür wissen.« Er kam mit den Worten zurück: »Weil wir es nicht für notwendig halten. Royer.« Äußerst aufgebracht, schrieb ich nun: »Bitte stehen Sie auf, und teilen Sie dem Gericht mit, daß ich Ihnen meine Verteidigung entziehe und mich von diesem Augenblick an selbst verteidige.«
Bestürzt erhob sich Royer, sagte aber nicht diese Worte, sondern bat das

Gericht um eine kurze Pause. Draußen im Vorraum redete der sonst so ruhige Mann aufgeregt auf mich ein; er und auch Oberstleutnant Bodine versuchten mich von meinem Vorhaben abzubringen, ihnen meine Verteidigung in diesem Augenblick, wo alles auf des Messers Schneide stand, zu entziehen. Es würde eine peinliche Sensation geben. Royers Erklärung, warum er es nicht für notwendig hielt, mein Argument vorzubringen, war die Versicherung, ich würde ohnehin freigesprochen.

Ich hegte kein Mißtrauen gegenüber Royer und schon gar nicht gegen Bodine, aber nach all den Tricks und Rechtsbrüchen, die ich in den sechs Monaten seit meinem Kidnapping als friedlich in China lebender Bürger selbst erfahren hatte oder beobachten konnte, und vor allem nach dem eben erlebten Toben gegen mich von Major Dwyer, war ich nicht mehr gewillt, auch nur das geringste Risiko einzugehen. Ich durfte keine Chance ungenutzt lassen, um ein Justizverbrechen gegen mich abzuwehren. Mein Eindruck war, daß Dwyer psychologisch genau die richtige Taktik eingeschlagen hatte, indem er den Richtern die Angst vor den Folgen einzubleuen versuchte, wenn sie diese gefährlichen Leute freiließen, so irreal alles das auch tatsächlich war.

So blieb ich hart und ließ keine Einwände gelten. Mein Argument, das die äußerste Absurdität eines Schuldspruches gegen mich deutlich herausstellte, *mußte* in offener Verhandlung fallen! Entweder die Verteidiger würden es aussprechen oder ich selbst, und das hätte ich nur gekonnt, wenn ich den Anwälten meine Vertretung entzog und meine Verteidigung selbst übernahm. Dann hätte mir in diesem Stadium des Verfahrens das Wort zum Plädieren zugestanden.

Die Zeit drängte, denn das Gericht hatte nur eine kurze Pause von 10 Minuten eingeräumt. Die beiden Verteidiger mußten sich entscheiden. Da löste Bodine die Hochspannung mit dem Entschluß: »Ich werde Ihre Argumente vorbringen.« Er tat es nach der Pause, und nun stand es im Raum und im Record, bevor das Gericht sich auf den 13. November vertagte. Dann würde es seine Entscheidung über die von den Verteidigern gestellten Anträge verkünden.

Wie stark mein Argument war, daß die Anklage, die mich bestimmter fortgesetzter Handlungen in einem bestimmten Zeitraum, begangen in Schanghai, bezichtigte, nicht einmal meine Anwesenheit am Tatort zur Tatzeit bewiesen habe, zeigte sich nach der Sitzung, als Bodine zu mir kam und mich neugierig, aber ganz ernsthaft fragte: »Na, Schenke, vielleicht sagen Sie mir, wo Sie während der Zeit wirklich waren?« Er hatte sichtlich eine interessantere Antwort erwartet, denn er schien etwas enttäuscht, als ich sagte: »In Schanghai, natürlich.«

Am Ende dieses Gerichtstages war ich sicher, die Schlacht um meine Freiheit gewonnen zu haben. Sechseinhalb Monate lang war mein ganzes Sinnen und Trachten tagein, tagaus darauf gerichtet, den niedrigen Anschlag gegen mich zunichte zu machen. Meine Ankläger waren ja nicht etwa einem Irrtum, der noch verzeihlich gewesen wäre, zum Opfer gefallen, sondern hatten die bodenlose Gemeinheit begangen, einen Menschen in voller Kenntnis seiner Unschuld unter schwerer, falscher Anklage vor Gericht zu zerren, als »Kriegsverbrecher« noch dazu. Ich dankte dem Himmel, daß mein Zorn über dieses Verbrechen mich nicht übermannt, sondern ich einen kühlen Kopf behalten hatte, mit dem ich ganz planmäßig, Zug um Zug die gegnerische Strategie zunichte machte.

Vom Erfolg überzeugt, konnte ich mich etwas entspannt in der nun eintretenden zehntägigen Pause mit anderen Dingen beschäftigen. Was würde ich mit meiner wiedererlangten Freiheit anfangen?

Um mir diese Frage beantworten zu können, mußte ich meinen Blick erst einmal etwas rückwärts wenden:

In den Jahren 1942 und 43 hatte ich in freien Stunden an einem Buch mit dem Titel »Zehn Kapitel der deutschen Tragödie« gearbeitet. Das Ende 1943 abgeschlossene Manuskript schildert am Beispiel eines Kreises von Freunden, die alle in den Jahren zwischen 1905 und 1915 geboren waren, wie es kam, daß politisch interessierte junge Deutsche Anfang der dreißiger Jahre Nationalsozialisten wurden, manche aber sich von Adolf Hitler wegen seiner Politik nach der Machtübernahme 1933 wieder abzuwenden begannen, was schließlich zu einer Art »innerer Emigration« und bis zum Widerstand führte. Da es sich um kleine Minderheiten handelte und die Beteiligten wegen ihres jugendlichen Alters noch nicht in wirklich führende Positionen gelangen konnten, mußte ihnen entscheidendes Eingreifen zur Wendung des deutschen Schicksals versagt bleiben.

Der hauptsächliche Sinn meiner Niederschrift lag darin, daß ich versuchen wollte, noch vor dem von mir als sicher vorausgesehenen, unglücklichen Ausgang des Krieges sie über Chungking ins neutrale Ausland und dort zur Veröffentlichung zu bringen. Ich hoffte, damit vielleicht etwas zum Verständnis der Entwicklung in Deutschland beitragen und einen drohenden Rachefrieden abwenden oder mildern zu können. Es kam nach meiner Überzeugung alles darauf an, die am Ende des I. Weltkrieges in Versailles begangenen furchtbaren Fehler zu vermeiden, denn sie hatten den Hauptnährboden dafür abgegeben, daß Hitler in Deutschland überhaupt groß werden und die Unterstützung der Mehrheit des deutschen Volkes gewinnen konnte.

Noch während des Krieges hatte 1944 der Reichspropagandaminister Goebbels dafür gesorgt, daß die Vorstellungen von Roosevelts Finanzminister Morgenthau über die Behandlung Deutschlands nach einer bedingungslosen Kapitulation veröffentlicht wurden. Dem lag die richtige Berechnung zugrunde, daß das Bekanntwerden dieses Super-Versailles, mit der Zurückverwandlung Deutschlands in den Agrarstaat von vor hundert Jahren, den Durchhaltewillen selbst bei denjenigen im Volke wieder stärken würde, die nach über vierjährigem Schlachten kriegsmüde waren oder sich innerlich längst von Hitler abgewandt hatten. Und viel mehr noch nach allem, was ich nach dem 8. Mai über die verschiedensten neutralen Kanäle, vornehmlich aber auch aus den Veröffentlichungen der Alliierten selbst über ihre Aufführung in der Heimat erfuhr, war es mir als Illusion klar geworden, ich hätte mit einem Schritt, wie ich ihn geplant hatte, wirklich etwas erreicht. Ich mußte eigentlich nachträglich froh sein, daß mein abenteuerliches Unternehmen, das Manuskript selbst durch die japanisch-chinesischen Linien nach Chungking zu bringen, im September 1944, kurz vor meinem Aufbruch von Nanking aus, von wo aus ich glaubte, am leichtesten durch die japanischen Linien hindurch ins unbesetzte China zu gelangen, abgebrochen worden war.

Freund Bidder hatte Ni-ko zu mir nach Nanking geschickt, um mir seinen dringenden Rat zu übermitteln, noch einmal nach Schanghai zurückzukehren; er habe Anhaltspunkte für eine bedeutende neue Entwicklung, vielleicht eine Wende zum Besseren in letzter Minute. Da ich uneingeschränktes Vertrauen in Dr. Bidders Urteil hatte, mußte ich auf einen sehr triftigen Grund dafür schließen, daß er so in meine Disposition eingriff. In der Tat handelte es sich um das Auftauchen zweier geheimer Emissäre des Kreml in Tokio und Schanghai zur Erkundung der Möglichkeit, zu einem separaten Frieden zwischen Deutschland und der Sowjetunion zu kommen. Doch auch dafür war es zu spät.

Mit großer Selbstverständlichkeit war ich von einigen chinesischen Familien aus Ni-kos Freundeskreis aufgenommen worden, als seien auch wir schon von Jugend auf verbunden gewesen. Das Bewußtsein, es mit Ausländern zu tun zu haben, war auf beiden Seiten verschwunden. Als der unglückliche Ausgang des Krieges für Deutschland immer offensichtlicher wurde, hatte mich einmal einer dieser Freunde, der gute Beziehungen hatte, gefragt, ob ich nicht die chinesische Staatsbürgerschaft erwerben wollte, er könne mir dabei helfen. Über meine Antwort war er zuerst erstaunt: »Vielleicht, wenn wir den Krieg gewinnen. Auf keinen Fall aber, wenn wir ihn verlieren.« Er hatte den Vorschlag doch gerade als Hilfe für den auch von ihm als sicher erwarteten schlechten Ausgang gedacht. So bemerkte er nur respektvoll: »Ni schi tsai schi ai kuo ti!« (Du bist wirklich ein Patriot! wörtlich: einer der sein Land liebt.)

Über das Buchprojekt war die Entwicklung erst einmal hinweggegangen; dem Zweck, den ich ursprünglich damit verfolgte, konnte es nicht mehr dienen. Trotzdem war die Arbeit nicht vergebens gewesen, und sei es nur, um die Gedanken zu ordnen und sich über den eigenen Standort in den gewaltigen Umbrüchen dieser Jahre klarzuwerden. Wenn ich aber mit der Feder einen Beitrag liefern wollte, so war das unter den gegenwärtigen Verhältnissen in der Heimat ganz und gar unmöglich. Das erste Wort, das ich zu sagen hätte, würde von den Besatzungsmächten verboten werden. Dabei würde es wohl kaum einen Unterschied machen, ob es sich um die Westmächte oder die Russen handelte.

Auf jeden Fall schien es ratsam, nicht sofort nach Deutschland zurückzukehren, sondern noch einige Zeit in China zu verweilen. Vielleicht konnte ich hier für eine spätere Zusammenarbeit zwischen beiden Ländern etwas Nützliches tun. Auf der anderen Seite war auch die politische Zukunft des Reiches der Mitte noch ungewiß. Eine große Umwälzung war hier im Gange; es mußte noch eine große historische Entscheidung fallen, ehe das von Krieg und Revolution geschüttelte Land endlich einmal in die ruhigen Bahnen einer friedlichen Aufwärtsentwicklung gelangen konnte.

Bei dieser Betrachtung der allgemeinen und der persönlichen Situation war es wohl das beste, aus der Not eine Tugend zu machen und das Rezept Lao Tses, des Weisesten aller weisen chinesischen Philosophen anzuwenden: Wu weh! Nicht handeln! Nicht eingreifen! Durch Nichtstun oder durch bloßes da sein wirken! Das war es zweifellos, was die Situation erforderte, um jetzt sich in Übereinstimmung mit dem großen Tao, dem Urgrund allen Wesens und Seins zu befinden.

Ich würde den Dingen einmal für einige Zeit ihren Lauf lassen. Mich mit Ni-kos Hilfe der Lyrik der Tang-Zeit widmen, zum sagenhaften Tai Hu fahren, mit Freunden im Sun Ya essen und abends in eins der chinesischen Theater gehen. Trotz der Ungewißheit über die Zukunft fiel ich beim Ausmalen der großen und kleinen Freuden in eine fast euphorische Stimmung. Bei ihrem 15-Minuten-Besuch im Sprechraum des Gefängnisses bat ich Ni-ko, zum nächsten Verhandlungstag ins Gericht zu kommen. Sie sollte sich mit mir an meinem Triumph freuen.

Kurz vor acht Uhr am Morgen des 13. November marschierten dann, wie so oft in den vergangenen drei Monaten, wir 27 Angeklagten in den Gerichtssaal. Draußen war es noch dunkel, aber bald mußte in schnellem Übergang, wie in diesen südlicheren Breiten üblich, mit der heraufsteigenden Sonne die Nacht dem Tag weichen. Schanghai hat einen langen »indian summer«, der bis in den Dezember reicht, mit fast ununterbrochen heiterem Himmel und nach der feuchten Sommerhitze angenehmen Temperaturen, wie sie in Deutschland vielleicht im Juni herrschen. Der November ist hier einer der angenehmsten Monate. Und heute war ein besonderer Tag.

Es hatte sich herumgesprochen, und auch die Presse hatte darauf hingewiesen, daß nach den Anträgen der Verteidiger vor elf Tagen heute eine Entscheidung fallen mußte. So setzte sich das Publikum etwas anders als sonst zusammen; es waren mehr Pressevertreter anwesend und auch ein paar mehr von unseren Freunden oder Angehörigen. Von Bodine erfuhren wir, daß sich vor dem Ausgang des Turms unten im Gefängnisvorhof auch wieder eine Gruppe von Pressefotografen und Kameraleuten der Wochenschauen postiert hatte.

Auch Ni-ko war unter den Zuschauern, sie hatte sich unmittelbar an den Rand des Ganges gesetzt, so daß ich sie beim Hereinkommen fast berühren konnte. Der Vorsitzende, Oberst Mallan, kam nach der Eröffnung der Sitzung gleich zur Sache:

»Das Gericht kommt zu dem Schluß, daß die Anträge der Verteidigung auf einen Nichtschuldig-Spruch zum größten Teil abgelehnt, daß aber anderer-

seits einige davon angenommen werden müssen. Das Gericht ist nicht imstande zu finden, daß im Falle der Angeklagten Herbert Glietsch, Johannes Otto, Ernst Woermann, Wilhelm Stoller, Elgar von Randow und Wolf Schenke der Record die gegen sie erhobenen Beschuldigungen stützt.
Dementsprechend findet das Gericht Herbert Glietsch, Johannes Otto, Ernst Woermann, Wilhelm Stoller, Elgar von Randow und Wolf Schenke *nicht schuldig*. Diese Personen stehen freigesprochen vor diesem Gericht und werden aus dem Gerichtssaal geführt.«
Durch die Milchglasscheiben an den Seitenwänden fiel jetzt das helle Licht des Tages. Wir Sechs erhoben uns sofort und bewegten uns auf den Mittelgang zu, wo uns der Sergeant erwartete. Er setzte sich an unsere Spitze und ging auf dem Weg aus dem Saal voran. Das sonst stille Publikum hatte sich in eine raunende Menge verwandelt, wie man mir später erzählte. Ich hörte es nicht, und beim Hinausgehen sah ich auch niemanden und nichts, allein die glückstrahlenden Augen der geliebten Freundin.

Als sehr kurz erwies sich mein Traum von Freiheit und ein bißchen Glück. Frei waren wir nur gesprochen worden, erhalten sollten wir die Freiheit nicht. Am eigenen Leibe erfuhren wir einen Widerspruch von Worten und Taten, von Schein und Sein, von dem wir noch nicht ahnten, daß er für die kommenden Jahrzehnte in der Welt eine der typischsten Symptome der politischen Wirklichkeit bleiben sollte.
Über uns saßen die Diener einer Macht zu Gericht, deren Führer vorgegeben hatten, nur deshalb in den Krieg gezogen zu sein, um Willkürherrschaft ein Ende zu bereiten und eine bessere, gerechtere Welt heraufzuführen. Vereinzelt und offenbar auch wirkungslos waren Stimmen der Menschlichkeit und Vernunft wie die des US-Kriegsministers Henry L. Stimson geblieben. Auf der Konferenz von Teheran hatten Stalin, Churchill und Roosevelt über die Behandlung der Deutschen nach dem erwarteten Sieg der Alliierten gesprochen. Stalin hatte die summarische Erschießung von 50 000 deutschen Offizieren vorgeschlagen, und als Roosevelt dem nicht entschieden widersprach, hatte Stimson gemahnt, ordentliche Gerichtsverfahren müßten sein: »Auf die Nachwelt wird es mehr Eindruck machen, wenn wir diese Menschen so strafen, wie es unserem fortgeschrittenen Zivilisationsstand entspricht!« Lag ich vielleicht mit meinen Erwartungen ganz falsch, und was in Nürnberg und hier geschah, war eben der Ausfluß dieses fortgeschrittenen Standes der Zivilisation?
Nachdem wir sechs Freigesprochenen aus dem Gerichtssaal wieder in unsere Zellen geführt worden waren, erwarteten wir, daß Parsek uns die bei unserer Verhaftung abgenommen Sachen aushändigen werde und die Tore des Gefängnisses sich für uns öffneten. Es vergingen jedoch Stunden, und nichts geschah, bis uns am Abend Parsek erklärte, er habe noch nicht alle Papiere, und wir müßten bis zum nächsten Morgen warten. Zähneknirschend fügten

wir uns in den vermeintlichen Aufschub, denn nichts anderes konnte es sein. Man konnte doch nicht Freigesprochene weiter festhalten! Trotz aller bisherigen Erfahrungen hielten wir die Amerikaner *dieser* Untat nicht für fähig.
Sie waren es. Am nächsten Vormittag machte Parsek keine Ausflüchte mehr, sondern erklärte, er habe keinen Befehl, uns zu entlassen. Gefragt, mit welcher Begründung wir denn nun weiter festgehalten würden, murmelte er eine kryptische Andeutung, es habe wahrscheinlich »mit der Lage draußen« zu tun. Als wir uns nicht zufrieden gaben, wollte er sich bei Oberst Young erkundigen, und dann kam er mit der Auskunft zurück, wir seien Kriegsgefangene.
Ich fragte ihn, ob er einmal etwas von den Genfer Konventionen gehört habe, und protestierte schriftlich bei Oberst Young: Seit wann würden denn Kriegsgefangene in Gefängniszellen gehalten? Und ich schrieb an den Schanghaier Vertreter des Roten Kreuzes, einen Schweizer, und bat um einen Besuch, doch der Mann reagierte gar nicht; vielleicht haben aber auch unsere Kerkermeister den Brief unterschlagen.
Als nach den Freisprüchen von uns Sechs die Verhandlung gegen die übrigen 21 Angeklagten wiederaufgenommen wurde, konnte man in der Haltung des Gerichts eine deutliche Veränderung bemerken. Waren vorher Einsprüche und Wünsche der Anklage und der Verteidigung zum Verhandlungsgang im großen und ganzen gleich behandelt worden, so neigten jetzt deutlich die Richter dazu, die Anklage zu begünstigen. Die sechs Freisprüche waren den Hintermännern des Prozesses überraschend gekommen. Der Vorsitzende, Oberst Mallan, war sofort nach Nanking zu General Lucas gerufen und dort offensichtlich zusammengestaucht worden.
Die daraus resultierende neue Einstellung der wie die meisten Soldaten in allen Armeen der Welt an Gehorsam und Willfährigkeit gegenüber dem Vorgesetzten gewöhnten Militärrichter ermutigte O'Connor und Dwyer, die ihre Felle schon hatten wegschwimmen sehen, zu einem Vorgehen, das sich immer unverhüllter über normale Rechtsprozeduren hinwegsetzte. Als der japanische Leutnant Nakagawa für die Angeklagten von Puttkamer und Romain entlastende Aussagen gemacht hatte, ließen sie ihn beim Verlassen des Gerichtssaales verhaften. Sofort stand der führende chinesische Verteidiger, Dr. L. C. Yang, auf und erklärte mit knappen Worten, seine Geduld sei nunmehr erschöpft. Das Vertrauen, daß hier Recht gesprochen werden könne, habe er endgültig verloren, und er ziehe sich hiermit zurück. Unter Tränen schloß sich der Franzose Maître Paul Premet ihm an. Das um sein Ansehen bangende Gericht bat die beiden, doch ihren Schritt noch einmal zu überlegen. Am folgenden Tag mußte O'Connor öffentlich zugeben, er sei zu weit gegangen und Leutnant Nakagawa sei wieder freigelassen worden. Premet war danach bereit, weiterzumachen, doch Rechtsanwalt Yang blieb bei seinem Entschluß. Der angerichtete Schaden war auch durch O'Connors Erklärung nicht mehr gutzumachen. Denn ein weiterer japanischer Zeuge, der nach Nakagawa von

der Verteidigung gerufen werden sollte und im Vorraum wartete, hatte bei Nakagawas Verhaftung sofort das Weite gesucht. Bis zum Ende des Prozesses sollte er nicht wieder auftauchen.

In dieser Phase des Prozesses wurde nun auch Taiji Takashima, der Hauptzeuge der Verteidigung, der als Verbindungsmann der japanischen Armee zu den deutschen Dienststellen in Schanghai alle relevanten Vorgänge kannte, auf den Zeugenstuhl gerufen. Er berichtete über den dramatischen Zusammenstoß, den er in seiner Zelle mit seinem früheren Vorgesetzten, Oberstleutnant Mori, gehabt hatte. Als die Anklage nach dem schlechten Eindruck ihres Zeugen Mori im Gerichtssaal diesen zu Takashima gebracht hatte, um dessen Zeugnis zu beeinflussen, hatte Takashima ihm seine falsche Aussage vorgehalten. Das Ehrhardtsche Büro in Schanghai hatte *nicht* weitergearbeitet, kein Deutscher hatte sich verpflichtet, in japanische Dienste zu treten, Ehrhardt hatte *nichts* mit der Tätigkeit der italienischen Funker zu tun, die weiter tätig waren. Mori gab daraufhin zu, daß er sich geirrt habe; sein Gedächtnis habe ihn getäuscht, aber was sollte nun geschehen? Wäre es nicht ein Ausweg, wenn Takashima gar nicht als Zeuge im Gerichtssaal erscheine? Sollte er diesen Vorschlag annehmen, könnte er gleich zusammen mit ihm, Mori, als freier Mann nach Japan zurückkehren. Takashima hielt ihm daraufhin weitere Irrtümer und Falschaussagen vor. Die sich fast drei Stunden hinziehende Auseinandersetzung wurde immer heftiger, bis Takashima seinem früheren Vorgesetzten glatt ins Gesicht sagte: »Wenn jemand eine Lüge gesagt hat und es ablehnt, seine Lüge zu korrigieren, dann ist dieser Mann für die Zukunft Japans nichts wert!«

Mori flehte ihn nun noch einmal an, nicht als Zeuge zu erscheinen und auch über ihr gegenwärtiges Gespräch kein Wort zu sagen. Takashima erklärte sich dazu unter *einer* Bedingung bereit: Mori sollte ihm vom Hauptankläger O'Connor ein vom Gericht abgezeichnetes Papier bringen, in dem O'Connor die schriftliche Aussage Takashimas, die er für die Verteidigung gemacht hatte, als korrekt und gültig anerkenne. Mori, so erklärte Takashima weiter, habe eine solche Bestätigung von O'Connor nicht gebracht, und damit sei auch er nicht an die Zusage gebunden, nichts über das Gespräch im Gefängnis zu sagen.

Als die Kameraden aus dem Gerichtssaal herunterkamen und über den Verlauf der Vormittagssitzung mit Takashima berichteten, bedauerte ich ungemein, daß ich an diesem Tage nicht im Gerichtssaal dabei sein und das Gesicht von O'Connor sehen konnte, als der von Major Dwyer immer wieder mit zweifelnden Fragen bedrängte Japaner plötzlich ganz ruhig eine kleine Bibel aus der Tasche zog und mit erhobener Stimme vorlas: »Du sollst nicht falsch Zeugnis reden wider deinen Nächsten!« Der katholische O'Connor, den sein Kollege und Konfessionsbruder Royer einmal mit den Worten charakterisiert hatte: »He would have made a fine priest during the inquisition« (er hätte einen feinen Priester zur Zeit der Inquisition abgegeben), wurde puterrot im

Gesicht, wohl kaum vor ehrlicher Scham, sondern eher aus Wut über die »Impertinenz« dieses besiegten Japaners, der ohne Rücksicht auf Folgen zur Wahrheit stand.

Die britische »North China Daily News« hatte wieder einmal Stoff zur Kritik an dem amerikanischen Vorgehen. In dem Bericht ihres Gerichts-Reporters hieß es am 19. November: »Vierzehn Stunden unerbittliches Kreuzverhör mit dem Ziel, die Aussagen des Hauptzeugen der Verteidigung in dem Büro-Ehrhardt-Prozeß, Taiji Takashima, zu diskreditieren, gingen gestern im Gerichtssaal des Ward Road Gefängnisses zu Ende, als der feurige Anklage-Stellvertreter, Major Robert T. Dwyer, den Zeugen an die Verteidigung zurückgab, nachdem er vergeblich versucht hatte, das Zeugnis zu erschüttern, das der 34jährige Japaner in früheren Aussagen für das Gericht gegeben hatte.« In einem Kommentar dazu urteilte das Blatt vernichtend: »Wenn es sich um ein britisches Gericht handelte, so wäre das Verfahren schon niedergeschlagen worden, bevor die Anklage mit ihrem Vortrag auch nur bis zur Hälfte gelangt wäre.«

O'Connor mußte jetzt auch noch erleben, daß gerade das geschah, was er dadurch zu verhindern gesucht hatte, daß er wider besseres Wissen auch mich noch mit auf die Anklagebank gebracht hatte. Ich trat nun doch als Zeuge für die Verteidigung auf und bekundete Ehrhardts Demobilmachungsbefehl und meine Eindrücke aus den Begegnungen mit einzelnen der Schanghaier Angeklagten, die dahin gingen, daß sie nach dem 8. Mai 1945 nicht weiter tätig gewesen waren.

Wenn, was ein Zeuge zur Sache ausgesagt hat, einer Prozeßpartei nicht paßt, versucht sie gewöhnlich, seine Glaubwürdigkeit zu erschüttern. Meine Aussagen zugunsten von Ehrhardt waren der Anklage unangenehm; sie mußten um so schwerer wiegen, als der bisherige Prozeßverlauf deutlich gemacht hatte, daß ich kein Freund Ehrhardts war, der ihn deshalb etwa hätte in Schutz nehmen wollen, im Gegenteil waren die schweren Differenzen zwischen uns klar hervorgetreten. Um mich in den Augen der Richter unglaubwürdig erscheinen zu lassen, versuchte Major Dwyer deshalb, mich quasi als »großen Nazi« hinzustellen. Mit einer solchen Abstempelung gehörte man in der von den Siegermächten gemachten öffentlichen Meinung der Zeit zum letzten Abschaum der Menschheit.

Während meiner Vernehmung zur Person am 5. Dezember auch über meine journalistische Laufbahn befragt, hatte ich angegeben, daß ich eine Zeitlang auch als Kriegsberichterstatter von der chinesisch-japanischen Front dem »Völkischen Beobachter« berichtet hatte. Der VB, wie er abgekürzt genannt wurde, firmierte in seinem Untertitel als »Zentralorgan der NSDAP«. Dwyer kam bei der Fortsetzung meiner Zeugenvernehmung am nächsten Tag darauf zurück, und es entspann sich das folgende Frage- und Antwortspiel:

F. Sie haben gestern, sowohl in der direkten Befragung als auch im Kreuzverhör, den Namen einer deutschen Zeitung erwähnt, »Völkischer Beobachter«, und ich halte Ihnen jetzt vor, daß ich mit sehr großem Interesse gestern abend die Titelseite der »Shanghai Evening Post« gesehen habe, wo dieses Blatt sagt, wo die »Shanghai Evening Post« sagt, daß jene Zeitung von Hermann Göring kontrolliert wurde. Was haben Sie dazu zu sagen?

A. Die müssen da falsch informiert sein.

F. Ich halte Ihnen auch vor, daß die Informationsquelle der »Shanghai Evening Post« ziemlich zuverlässig war. Wie denken Sie darüber?

A. Soweit ich weiß, wurde diese Zeitung niemals von Hermann Göring kontrolliert.

F. Würden Sie nicht einräumen, daß es etwas gegen Ihr Interesse wäre, zuzugeben – wenn dem so ist –, daß die Zeitung von Hermann Göring kontrolliert wurde?

A. Wenn Sie die Frage so stellen, so will ich Ihnen sagen, daß es Hitler persönlich war, der sie kontrolliert hat.

Wieder einmal ging ein Raunen durch den Gerichtssaal. Major Dwyer zögerte einen Augenblick, offensichtlich aus dem Konzept gebracht, bis er die Befragung fortsetzte:

F. Hm, das ist interessant. Sind Sie nicht gefragt worden, ob jene Zeitung von Hitler kontrolliert wurde, und Sie verneinten das?

A. Nein, es wurde nach Göring und Goebbels gefragt.

F. Ich glaube, Sie haben recht. Nun, sehen Sie, manchmal stoße ich ganz unerwartet auf etwas, das ich gesucht habe, ohne aber zu wissen, wie ich danach fragen sollte.

Offensichtlich glaubte er, seinen Faden wiedergefunden zu haben, mich in den innersten Zirkeln der NS-Führung anzusiedeln, denn es ging weiter:

F. Sie sagten, jene Zeitung wurde von Hitler kontrolliert?

A. Ich glaube schon.

F. Ich halte Ihnen vor, daß Sie das *wissen*.

Jetzt wurde es mir zu bunt, und ich antwortete:

Nun, ich habe nicht gesehen, wieviele von den Aktien der Zeitung Hitler hatte. Die Zeitung war in den Händen eines Verlages, aber ich habe gehört, daß Hitler diesen Verlag kontrollierte. Ich kann Ihnen tatsächlich nicht sagen, wieviele Aktien er besaß und ob er wirklich die Mehrheit hatte, aber das war, was ich gehört habe.

Meine souveränen Antworten verschlugen Dwyer nun endgültig die Sprache, und er ließ das Thema fallen.

Was der Amerikaner Dwyer nicht wissen konnte und wofür ich aber auch keinen Anlaß sah, es ihm lang und breit zu erklären, war, daß meine Berichterstattung für den »Völkischen Beobachter« nur eine Episode in dem nach Hitlers Machtübernahme in Berlin bis ins Jahr 1940 hartnäckig geführten Kampf um die Orientierung der deutschen Ostasienpolitik war, eine Auseinandersetzung, an der ich mich seit der Rückkehr von meiner ersten China-

Studienreise im Frühjahr 1936 als einer der jüngsten Beteiligten engagiert hatte.

Mit den Niederlagen der Anklage wurde, trotz der sichtlich veränderten Haltung des Gerichts und obwohl sich das Verfahren weiter in die Länge zog und das Protokoll (Record) inzwischen auf über 3 000 Seiten angewachsen war, die Stimmung unter den Gefangenen immer zuversichtlicher. Bei den meisten der 21, gegen die noch verhandelt wurde, war sie sogar besser als bei uns Freigesprochenen, die wir noch die Wut über unsere weitere Festhaltung verdauen mußten.

Am späten Nachmittag, bevor wir wieder einzeln in unseren Zellen eingeschlossen wurden, fanden wir uns gewöhnlich singend auf dem Flur zusammen. Dr. Otto, der auf eine Zeit als Wandervogel in der Bündischen Jugend zurückblickte, wirkte als »Generalmusikdirektor«, er schrieb Texte und Noten von Liedern für diejenigen auf, die sie nicht kannten oder vergessen hatten, aber mitsingen wollten, er übte mit uns Kanons ein, wie »Ich armes welsches Teuflin« und andere, und wir sangen Heimatlieder, die manchem seit der Schulzeit nicht wieder über die Lippen gekommen waren. Den abendlichen Abschluß bildete gewöhnlich: Kein schöner Land in dieser Zeit...

Mächtig hallte der Gesang von den Wänden des hohen Gefängnisturms wider, in dem wir nach dem Abtransport der letzten Japaner noch die einzigen Insassen waren.

Jeder dachte an sein besonderes »stilles Tal« in der fernen Heimat, an dem sein Herz hing. Wann würden wir sie wiederfinden und wie? Doch Wehmut, die aufkommen mochte, durfte nicht lange verweilen. Trotzig, fast übermütig sangen wir, eingeteilt in drei Gruppen, immer wieder den schönen Kanon:

Himmel und Erde müssen vergehn,
Aber die Musici, aber die Musici,
Aber die Musici bleiben bestehn!

Ein paar Tage vor Weihnachten wurde die Beweisaufnahme abgeschlossen, es kamen die Plädoyers. Die Ankläger, O'Connor und Dwyer, plädierten für einen Schuldspruch für alle Einundzwanzig, ohne ein bestimmtes Strafmaß zu beantragen, Bodine und Royer verlangten für alle Freispruch, für die paar, die tatsächlich nach dem 8. Mai 1945 noch eine Tätigkeit ausgeübt hatten, Heise, Niemann, Ulbricht und Romain aus rechtlichen Gründen, für die anderen Siebzehn, weil die von der Anklage behaupteten Beschuldigungen tatsächlich nicht zutrafen und von dieser nichts dergleichen bewiesen worden war. Im Januar wollte das Militärgericht das Urteil verkünden. Die Verteidiger sahen einen guten Ausgang voraus; Oberstleutnant Royer sagte, er müßte seine 25 Jahre Erfahrung als Anwalt für wertlos erklären, käme es zu einer Verurteilung. Mi Lao-Ye, der alte Herr Mi, Dr. Herbert Mueller, der unverzagt Gleichmut, Humor und Güte bewahrt hatte, wollte der unparteiischen Stenografin und den zwei Stenografen, welche die nunmehr 3600

Seiten Protokoll geschrieben hatten, eine kleine Anerkennung aussprechen, und er verfaßte für sie in englischer Sprache ein Gedicht, das ihre Arbeit würdigte.
Zur Hoffnung auf ein offenbar nun kurz bevorstehendes Ende »des ganzen Theaters« – wir bezeichneten unter uns den Record nur als »das Drehbuch« – trug noch etwas anderes bei. In einer Anwandlung von Menschlichkeit hatten unsere Bewacher der Anregung von Mitgliedern der Schanghaier deutschen Gemeinde stattgegeben, für uns eine Weihnachtsfeier zu gestalten. Die mußte zwar im Gefängnis stattfinden, doch jeder Gefangene konnte dazu ein oder zwei Personen von draußen einladen. In einem großen Raum des Gefängniskomplexes saßen wir nach der Verteilung kleiner Geschenke zusammen, hörten eine Ansprache von Pastor Fritz Maaß und sangen Weihnachtslieder. Sogar einen Tannenbaum hatten die Freunde mitgebracht und mit Kerzen geschmückt. Ni-ko, die ich auch nach meinem Freispruch nur einmal in der Woche, durch Gitter getrennt und von einem Posten bewacht, für einige Minuten sehen konnte, saß neben mir; meine rechte lag auf ihrer linken Hand, und ich drückte diese immer wieder, ich weiß nicht, woher ich die Zuversicht nahm, die ich ihr so vermitteln wollte. Überrascht und dankbar vermerkte ich, daß sich unerwartet auch Generalkonsul Martin Fischer, der ehemalige Vorgesetzte von Elgar von Randow, und seine Frau eingefunden hatten. Sie war Norwegerin, und nur wegen der Tatsache, daß er mit einer Ausländerin verheiratet war, hatte der unmögliche Ribbentrop ihn nach dreißigjähriger tadelloser Pflichterfüllung im Auswärtigen Dienst, die meiste Zeit davon in China, noch im letzten Kriegsjahr aus dem Amt entfernt.
Als ich, nach der ergreifenden Andacht wieder in der Abgeschiedenheit meiner Zelle, das kleine Päckchen öffnete, das mir Pastor Maaß gegeben hatte, fand ich darin außer dem üblichen Weihnachtsgebäck einen schmalen Streifen Papier. Handschriftlich hatte Maaß, ein Mann der Bekennenden Kirche, die sich auch vor Hitler nicht beugen wollte, darauf die Aufforderung vermerkt: »Verteidigt die Wahrheit bis zum Tode!« Das war in der Tat nichts anderes als meine eigene Devise, unter die ich mein Leben gestellt hatte, aber natürlich freute ich mich über Zeichen, die mich in meiner Haltung bestärkten und ermutigten.
Der 17. Januar 1947 begann in einer merklich veränderten Atmosphäre. Schon am frühen Morgen hörten wir aus von unseren Zellen weiter entfernten Teilen des Gebäudes Geräusche, die auf eine außergewöhnliche Aktivität deuteten. Kurz bevor die noch immer angeklagten Einundzwanzig hinauf in den Gerichtssaal geführt wurden, berichtete uns Oberstleutnant Bodine, von einem größeren Militäraufgebot, einschließlich Krankenwagen, vor dem Gebäude. Das alles schien nichts Gutes zu verheißen.
Die schlimmen Ahnungen bestätigten sich, als wir schon ganz kurze Zeit, nachdem oben die Verhandlung begonnen hatte und Ruhe eingetreten war, mir kam es wie etwa eine Viertelstunde vor, Stimmengewirr aus dem Vorraum

vor dem Verhandlungssaal und dann auch unsere Kameraden aus dem 5. Stock herunterkommen hörten. Wir freigesprochenen sechs saßen an einem Tisch im Zellenvorraum und sahen ihnen gespannt entgegen. Als erster kam Hermann Jaeger in Sicht- und Hörweite. »Zehn Jahre!« brachte er gepreßt und zutiefst erschüttert hervor, und mit einem Kopfschütteln, als könnte er immer noch nicht recht glauben, was sich da ereignet hatte, setzte er hinzu: »Onkel Ludwig« – so wurde Ehrhardt von seinen Untergebenen genannt – »hat lebenslänglich.«

Das ist ja heller Wahnsinn! wollte ich rufen, aber die Worte blieben mir tatsächlich im Halse stecken, als sich nun Schlag auf Schlag weiter die ganze Tragödie enthüllte, als nach Jaeger einer nach dem anderen herankam und sein Strafmaß sagte. Sie waren ausnahmslos alle als Kriegsverbrecher verurteilt, in einem Verfahren, in dem es keine Berufung gab; »Mosi« (Mosberg) zu zwanzig Jahren, von Puttkamer zu dreißig, Hannes Rathje hatte »gnädige« 15 Jahre aufgebrummt bekommen und »Pop« Mueller zehn, am besten, mit je fünf Jahren, waren die beiden weggekommen, die als einzige tatsächlich nach dem 8. Mai noch an ihren Radios für die Japaner in den militärischen Funkverkehr der Amerikaner hineingehorcht hatten, Ulbricht und Niemann. Zwanzig Verurteilte kamen zusammen auf 253 Jahre, was im Durchschnitt pro Person 11 Jahre und neun und einen Viertelmonat bedeutete, dazu einer, der bis an sein Lebensende hinter Zuchthausmauern verschwinden sollte.

Es ist mir ganz und gar unmöglich, das Gefühl der vollkommenen Niedergeschlagenheit zu beschreiben, das uns an diesem Vormittag des 17. Januar 1947 wie ein Keulenschlag traf, nicht nur die direkt getroffenen Verurteilten, auch uns längst Freigesprochene, aber immer noch Gefangene.

Es war ein Akt des Terrors, hier wurde wirklich Schrecken verbreitet. Hatte sich nun nicht doch bewahrheitet, was O'Connor ganz am Anfang gesagt hatte: »Sie haben keinerlei Rechte, keine Regierung, die Sie schützt und niemanden, an den Sie sich wenden können«?

Die ganze Macht der stärksten Militärmaschine, welche die Welt je gesehen hatte, stand hinter diesem brutalen Akt. Mich selbst hatte er nicht einmal getroffen. Aber ich war nicht gewillt, ihn zu dulden und beschloß, ihn niemals hinzunehmen. Dieses Urteil durfte nicht bestehen bleiben! Ich würde es rückgängig machen.

Von Bodine erfuhr ich Einzelheiten über den Ablauf der Sitzung.

Zuerst geschah etwas Unerhörtes, das die schon beachtliche Reihe von Unglaublichkeiten dieses »Justiz«-Dramas um eine weitere Leistung bereicherte. Der Vorsitzende, Oberst Mallan, eröffnete die Verhandlung mit der Mitteilung, das Gericht habe die Anklage geändert. In ihrem Text, nach dem in diesem Prozeß fünfeinhalb Monate lang verhandelt worden war, wurde nun in der Aufzählung der einzelnen Straftatbestände bei allen Angeklagten das Wort »und« durch das Wort »oder« ersetzt. Sprachlos vernah-

men es die Verteidiger. Aber sie hätten nicht einmal Zeit gehabt, aufzuspringen und zu protestieren, denn der Vorsitzende fuhr ohne die kleinste Unterbrechung gleich fort, um das Urteil zu verlesen. Nach dem Text der neuen Anklage seien alle Einundzwanzig schuldig. Er gab keine Urteilsbegründung, kündigte auch keine schriftliche an. (Es sollte auch später nie eine geben.) Wie Tieren Brocken zum Fraß, warf er jedem die Zahl zu, die sein Strafmaß ausdrückte:
Lebenslänglich, 30 Jahre, 30 Jahre, 20 Jahre, 20 Jahre, 15 Jahre, 10 Jahre! Und so weiter und so weiter. In ganzen 17 Minuten war die Sitzung vorüber. Und Bodine war noch etwas aufgefallen, was später auch andere bestätigen sollten: Während der fünf Monate Verhandlungsdauer bisher die Ruhe selbst, zeigte Oberst Mallan bei der Urteilsverkündigung große Aufregung. Seine Hände zitterten, und es fehlte nicht viel, daß ihnen das Papier, von dem er die Strafen ablas, entglitten wäre.
»Die Boys« dagegen, wie Offizialverteidiger Oberstleutnant Bodine fast liebevoll seine Mandanten nannte, wenn er von der ganzen Gruppe sprach, hatten bei der Urteilsverkündung keine Miene verzogen. Auch für ihre im Gerichtssaal anwesenden Angehörigen wurde der bereitgestellte Krankenwagen nicht gebraucht.
Das änderte jedoch nichts an der tiefen Niedergeschlagenheit, die, als das für unmöglich Gehaltene als tatsächlich geschehen begriffen wurde, wie eine schwere Lähmung alle ergriff.
Es war eins jener unerklärlichen Zusammentreffen, die wir »Zufall« nennen, daß am Tage des Urteils im »Roxy«-Kino in dem Schanghaier Stadtteil, der früher die Französische Konzession gewesen war, ein amerikanischer Film über das Schicksal des Hauptmanns Dreyfus lief.
Dieser französische Offizier jüdischer Abstammung war im Zuge antisemitischer Hetze 1894 mit Hilfe gefälschten Beweismaterials in einem Landesverratsprozeß verurteilt und auf die Teufelsinsel in Guyana geschickt und erst 1906 voll rehabilitiert worden. Der Kampf gegen diesen Justizmord, in dem sich vor allem der Schriftsteller Emile Zola mit seinem Buch »J'accuse« hervortat, hatte die Öffentlichkeit Frankreichs über ein Jahrzehnt lang in zwei Lager gespalten und darüber hinaus ganz Europa erregt.
Hier war nun in einem Schauprozeß an einem Tage an 21 Menschen das Recht gleich einundzwanzigmal gemordet worden. Welches Aufsehen würde der Fall Ehrhardt erregen, welche Kräfte für eine Rehabilitierung mobilisieren, in einer Situation, in der die besiegten Deutschen zum letzten Dreck der Welt gemacht worden waren?

Vorerst aber einmal war ich selbst noch Gefangener dieser Rechtsbeuger, zwar von dem Anwurf des Kriegsverbrechens, weil es partout nicht anders ging, freigesprochen, aber noch in völliger Ungewißheit, wann ich je meine eigene Freiheit wieder erlangen würde. Es hieß nach dem Ende des Prozesses,

daß noch kurze Zeit auf die Urteilsbestätigung durch den »Gerichtsherrn« gewartet werden müßte und daß dann, zusammen mit den Verurteilten auch wir Sechs nach Deutschland gebracht werden würden.
Moral und Recht waren aber offenbar noch nicht genügend mit Füßen getreten worden, denn jetzt wurde uns ein neuer eklatanter Bruch des Völkerrechts bekannt: Schon die Einsetzung der Military Commission durch den Kommandierenden General des Nanking Headquarters Command, war, wie die chinesischen Juristen bei Prozeßeröffnung festgestellt hatten, ohne rechtliche Basis und ein die Gerichtshoheit des souveränen China verletzender Willkürakt gewesen, aber inzwischen war dieses ganze Hauptquartier überdies aufgelöst worden; es gab keinen Kommandierenden US-General und mithin auch keinen »Gerichtsherrn« über dem Gericht mehr, das jetzt diese Serie von Urteilen gefällt hatte. Es schwebte einfach in der Luft. Wer sollte nun die Urteile bestätigen und rechtskräftig machen, wenn das Wort »Recht« in diesem Zusammenhang überhaupt noch erlaubt ist?
Wenn aber jemand annahm, diese Frage wäre für die Spitze des amerikanischen Militärs ein Problem gewesen, dann hatte er nicht mit der Unbekümmertheit gerechnet, mit der diese Herren im Siegesrausch wie allmächtige Götter in der Welt schalteten und walteten, Bedenken hin, Völkerrecht her.
Nach der Auflösung des Armee-Oberkommandos hatte man in Nanking eine kleine Gruppe von Offizieren zurückgelassen, die Army Advisory Group China, wie der Name sagt, lediglich Berater der chinesischen Regierung, deren Chef General Lucas war. Ein geheimer Funkspruch des Kriegsministeriums in Washington an den Chef der Beratergruppe in Nanking genügte nun, um diesen zu ermächtigen »to review, approve and execute sentences, including the death sentence, adjudged by Military Commissions appointed by the Commanding General Nanking Headquarters Command« (zu deutsch: Urteile, die von Militärgerichten ergingen, die vom Kommandierenden General des Nanking Hauptquartier-Kommandos eingesetzt worden sind, einschließlich der Todesstrafe, zu überprüfen, bestätigen und zu vollstrecken.) Eine Monstrosität, in der Geschichte des Völkerrechts sicher ohne Beispiel!
Einer der schlimmsten Auswüchse des Verfahrens war das Urteil gegen Dr. Herbert Mueller. Auch hier fehlte wie bei allen anderen eine Urteilsbegründung. Die Anklage hatte ihm »militärische Aktivität gegen die Vereinigten Staaten« vorgeworfen, die in der Lieferung von militärischen Nachrichten an die japanischen Streitkräfte bestanden haben sollte, »einschließlich derer, die er täglich Radiosendungen der Vereinigten Staaten und ihrer Alliierten entnommen« habe.
Was war wirklich geschehen? Während des Krieges und bis zum 8. Mai hatte das DNB-Büro in Peking, dessen Leiter Dr. Mueller war, für die Deutsche Gemeinde als Zeitungsersatz einen hektografierten Nachrichtendienst herausgegeben, der sich aus aufgezeichneten Nachrichten der deutschen und auch der britischen und amerikanischen Rundfunksender speiste. Als die

deutschen Sendungen nach dem Zusammenbruch ausblieben, wären unsere Landsleute in Peking in ihrem natürlich weiterbestehenden Bedürfnis, zu erfahren, was sich in der Heimat und in der Welt ereignete, lediglich auf die sehr stark propagandistisch gefärbten japanischen Quellen angewiesen gewesen. So kam man überein, den von Herbert Mueller herausgegebenen Dienst nach dem Ausfall der deutschen Nachrichten wenigstens mit einer Auswahl dessen weiterzuführen, was man in den alliierten Medien hörte, ein vollkommen harmloses, höchst lobenswertes Unterfangen. Dr. Mueller verbreitete also nichts anderes weiter als das, was die alliierten Medien der Weltöffentlichkeit vermitteln wollten. Bei dem chronischen Mißtrauen der japanischen Besatzungstruppen, die ja alle Macht in Peking in den Händen hatten, wäre eine solche Tätigkeit aber ohne deren Wissen und Erlaubnis lebensgefährlich gewesen. Eine deutsche Behörde, die vielleicht ihren Schutz hätte leihen können, funktionierte nicht mehr. Der Dienst konnte nur fortgeführt werden, wenn das japanische Militär einverstanden war, und die Erlaubnis wurde von Oberst Hidaka dafür gegeben, daß sein Büro jeweils ein Exemplar des Nachrichtenresümees geliefert bekam. Wir wissen nicht, ob es so war, aber wahrscheinlich war Hidaka ganz froh, auf diese Weise selbst zu erfahren, was sich in der Welt zutrug, was aus den zensierten Nachrichten der eigenen, von der Regierung kontrollierten Agentur Domei nicht möglich war.
Die Weiterverbreitung alliierter, für die Weltöffentlichkeit bestimmter Nachrichten, das war also die »militärische Aktivität gegen die Vereinigten Staaten«, für die Dr. Herbert Mueller zu 10 Jahren Zuchthaus verurteilt wurde.
Mi Lao-ye war jetzt 62 Jahre, als Forscher und Journalist hatte er den größten Teil seines Lebens in China verbracht, mit dessen Volk und Kultur er so tief verbunden war. Da wurde er brutal herausgerissen und sollte nun, statt eines ruhigen Lebensabends in diesem Land, in dem gewiß noch manche wertvolle schöpferische Arbeit von ihm zu erwarten war, den wahrscheinlichen Rest der ihm noch verbleibenden Jahre, als »Kriegsverbrecher« im Zuchthaus verbringen. Mehr noch als bei den anderen schienen hinter seinem Fall die dunklen Triebkräfte auf, welche die ganze Maschinerie in Bewegung gesetzt hatten: infernalischer, sich in hybrider Selbstgerechtigkeit eines angemaßten Weltrichtertums kollektiv gegen alles, was deutsch war und deutsches Antlitz trug, austobender Haß. Ich wußte, Deutsche hatten sich in diesem Kriege Unglaubliches zuschulden kommen lassen, aber waren deshalb nun auf einmal *alle* Deutschen zu strafende Verbrecher?
Ein erfreuliches, in anderer Beziehung aber traurig stimmendes Erlebnis in diesen Tagen der Ungewißheit bleibt noch zu berichten. In der Hauptstadt Nanking hatten sich einige hohe Persönlichkeiten zusammengetan, die über das Vorgehen der Amerikaner gegen die Deutschen in China empört waren; acht von ihnen, darunter zwei Minister, unterschrieben eine Eingabe an Chiang Kai-shek mit der Forderung, daß mindestens dafür gesorgt werden müßte, daß die Freigesprochenen von dem US-Militär auch freigelassen

würden. Ministerpräsident T. V. Soong, der von den USA Geld wollte, kämpfte leidenschaftlich dagegen, daß der Marschall diese Forderung annahm, und setzte sich schließlich durch. Als ein Bote dieser Gruppe besuchte mich im Gefängnis Robert Tschi (Chi Tsun), ein Vorkämpfer der deutsch-chinesischen Freundschaft, der selbst einige Jahre als einer der Sekretäre in der näheren Umgebung Chiangs gearbeitet hatte. Im Hinblick auf die amerikanische Absicht, mich mit Gewalt nach Deutschland zu schaffen, meinte er tröstend, nachdem er die in der Hauptstadt obwaltenden Umstände geschildert hatte: »Gehen Sie mal ruhig erst, Sie werden ja ohnehin bald wieder hier sein!« Trotz meiner Dankbarkeit für seine und seiner Freunde vergebliche Bemühungen und unserer alten Freundschaft konnte ich mich nicht enthalten, auf seine beschwichtigenden Worte mit der Feststellung zu antworten: »Nein, nein, so lange dieses Regime an der Macht ist, werde ich keinen Fuß wieder auf den Boden Chinas setzen.« Vielleicht klang das im Augenblick etwas pathetisch, aber es sollte Tatsache werden.

## 4 Ins besetzte Deutschland verbracht

Der Rest des Januar und die erste Februarhälfte zogen sich hin, ohne daß sich am täglichen Einerlei des Gefängnisdaseins etwas änderte. Noch standen sowohl die langen Jahren einer trostlosen Zukunft entgegensehenden Verurteilten als auch wir Freigesprochenen unter dem Schock der ungeheuerlichen Urteile, und es dauerte einige Zeit, bis die tiefe Niedergeschlagenheit etwas zu weichen begann. Bei mir festigte sich von Tag zu Tag mehr der unmittelbar nach der Urteilsverkündung gefaßte Entschluß, das schreiende Unrecht nicht zu dulden. Aber stand ich hier nicht vor einer unüberwindbaren Mauer? Welche unerhörte Diskrepanz im Verhältnis der Kräfte! Auf der einen Seite ich, ein einzelner, Sohn eines besiegten Volkes, dessen Land von den Siegern besetzt war, waffen- und hilflos – und auf der gegnerischen Seite die ganze Macht der Vereinigten Staaten, des stärksten Staates der Welt, der ich noch dazu als Gefangener ausgeliefert war. Gegen diese Übermacht wollte ich angehen, mit nichts auf meiner Seite als Wahrheit und Recht? Die hatten sich manchmal, wie die geschichtliche Erfahrung bewies und wie sich doch gerade eben wieder gezeigt hatte, als schwache Verbündete erwiesen.

Seltsam! Trotz dieser ganz klaren Lageeinschätzung, kam ich nie in die Versuchung, die Dinge auf sich beruhen zu lassen, froh, daß ich selbst noch einigermaßen glimpflich davongekommen war. Ja, im Gedanken an den bevorstehenden Kampf lebte ich richtig auf.

Ein neuer Akt des abenteuerlichen Dramas wurde eingeleitet durch die Verlegung der Bühne von China nach Deutschland. Aus Yokohama kommend, machte am 19. Februar 1947 die »Marine Jumper« am Kai im Schanghaier Hafenbezirk Yangtsepu fest. Das Schiff hatte im Kriege als Truppen- und Nachschubtransporter gedient; jetzt waren unter US-Armeeoberst Charles F. Arny 1 157 Deutsche aus Japan, die Hälfte davon Frauen und Kinder, als zum größten Teil unfreiwillige Passagiere an Bord. Die meisten der bei Kriegsende in Japan ansässigen Deutschen lebten dort schon vor dem Ausbruch des Krieges, und viele davon waren, nicht anders als die Deutschen in China, schon vor Hitlers Machtübernahme 1933 ihrer friedlichen Tätigkeit als Kaufleute nachgegangen. Wie überall auf der Welt, wohin der Arm der amerikanischen Militärmaschine reichte, sollte aber auch in Japan die deutsche Stellung dadurch mit der Wurzel ausgerottet werden, daß man alle Deutschen entfernte und in die besetzte Heimat repatriierte. Für viele bedeutete das die Vernichtung ihrer wirtschaftlichen Existenz, mindestens die Verhinderung eines Neuanfangs nach der durch den Krieg bedingten Unterbrechung ihrer normalen Erwerbstätigkeit.

Seit sich das moderne Völkerrecht unter zivilisierten Staaten im Abendlande durchgesetzt hatte, war in Kriegen die strikte Trennung zwischen Kombattanten und Nichtkombattanten zwingendes Gebot in einer am Recht orientierten Völkergemeinschaft, und es war durchaus unüblich, daß Kriegführende unter Mißachtung der Menschenrechte derart in das Leben von Zivilisten eines feindlichen Staates eingriffen, daß sie für diese sozusagen an die Stelle des lieben Gottes oder des Schicksals traten. In der Losreißung der Überseedeutschen von den Wurzeln ihrer Existenz, wie sie von den Amerikanern nach 1945 praktiziert wurde, offenbarte sich ein totalitärer Ungeist, der sich im Grunde wenig von dem unterschied, der unter Hitlers Regime geherrscht hatte. Aus der »Bedingungslosen Kapitulation« der Wehrmacht, die doch nichts anderes besagte, als daß die Kampfhandlungen bedingungslos eingestellt und die Streitkräfte bedingungslos übergeben wurden, leitete man das Recht ab, unbeschränkt über das nun wehrlose deutsche Volk als Ganzes und mit jedem einzelnen Deutschen, wo immer auf der Welt er sich auch befand, rein nach Willkür verfahren zu können.

Ich erinnerte mich daran, daß es die Angelsachsen waren, die als erste in der jüngsten Zeit den totalen Krieg gegen Zivilbevölkerungen, den man mit Aufklärung und Völkerrecht überwunden glaubte, wieder eingeführt hatten: die Yankees in der zugegebenermaßen den militärischen Operationen dienenden Mordbrennerei im amerikanischen Sezessionskrieg 1861–1865, die Briten im Burenkrieg und in der noch weit über den Waffenstillstand hinaus ausgedehnten Hungerblockade gegen Deutschland 1918/19. Selbstverständlich rechtfertigten diese Vorläufer in keiner Weise die Verbrechen, die dann von unserer Seite unter Hitler begangen wurden. Doch ein kleiner Unterschied sollte, dachte ich, nicht übersehen werden: Im Gegensatz zu den amerikanischen Präsidenten in den beiden Weltkriegen hat Hitler niemals behauptet, Krieg für die Durchsetzung der Menschenrechte zu führen.

Die »Marine Jumper« sollte in Schanghai noch eine Anzahl von Chinadeutschen aufnehmen, die von der ersten Repatriierungswelle mit dem »Marine Robin« einige Monate vorher nicht erfaßt worden waren, und schließlich wurden, unter größten Sicherheitsvorkehrungen, die letzten Insassen des Ward Road Gefängnisses, die 21 Verurteilten und wir 6 Freigesprochenen, an Bord gebracht. Über zehn Monate waren seit jenem Montag im April des Vorjahres vergangen, an den ich der Einladung O'Connors zu einer Besprechung gefolgt und im Besprechungszimmer gekidnappt worden war.
Parsek und zwölf seiner Militärpolizisten sollten uns auch auf der Schiffsreise nach Deutschland bewachen; auf die Frage, was dort unser Bestimmungsort wäre, behauptete er, es nicht zu wissen.
Wir wurden unter Deck ganz vorne im Bug in einem Raum unter einer Ladeluke untergebracht, der während des Krieges als Schlafraum der Bedienungsmannschaft für die Flak-Geschütze gedient hatte. An Stahlrahmen hingen dort hängemattenartige Feldbetten. Für den Aufenthalt außerhalb der Betten war wenig Platz. Hier sollten wir die ganze Reise über eingesperrt bleiben, bis auf kurze Unterbrechungen zur Einnahme der Mahlzeiten, zu denen wir in eine Messe geführt wurden, immer streng abgeschirmt von allen anderen Personen an Bord, die wir während der ganzen Reise nicht einmal zu Gesicht bekommen sollten.
Unsere Bewacher ließen uns auch nicht an Deck, als kurze Zeit, nachdem wir unser neues »Quartier« bezogen hatten, das Schiff losmachte und die lange Fahrt nach Europa antrat.
Es war nicht verwunderlich, daß in den ersten Tagen der Seereise gen Westen meine Gedanken weniger vorwärtsgerichtet waren, sondern, wenn ich abends, nachdem Ruhe eingekehrt war, in meinem Hängebett lag, zogen die vergangenen zehn Jahre vor meinem geistigen Auge vorüber, angefangen mit jenem Tag im Herbst 1937, als ich wieder in Schanghai gelandet war. Als ein in Schanghai ansässiger Pressekollege mich dem Sprecher der japanischen Armee, »Bob« Horiguchi, mit den Worten vorgestellt hatte, ich sei aus Deutschland gekommen, um über den Krieg zu berichten, hatte dieser einige Worte gesagt, an die ich mich in den folgenden Jahren immer wieder erinnern sollte: »Da kommt er aber ein bißchen spät!« Volle acht Jahre sollte der Krieg dann für die Japaner noch dauern, die ihn im Gefühl ihrer Überlegenheit begonnen hatten und mit dem Fall Schanghais schon gewonnen glaubten. Und nicht zuletzt als Folge dieses zuerst und offiziell noch jahrelang euphemistisch als »der China-Zwischenfall« bezeichneten Krieges gerieten sie dann in seiner Mitte, Ende 1941, noch in den gewaltigen militärischen Zweikampf mit den Vereinigten Staaten. Der »China-Zwischenfall« von 1937 hatte sich zu einem Teil des Zweiten Weltkrieges ausgewachsen, und dieser sollte in Ostasien für Japan noch später enden als für Deutschland in Europa. Ich sah mich wieder unterwegs mit den elenden Trecks der zu Millionen vor den japanischen Truppen ins Landesinnere flüchtenden Bewohner der küstennahen Provin-

zen, besuchte noch einmal die Front im Norden, bei Hsüchow und am Gelben Fluß, dessen Deiche dann, um den japanischen Vormarsch zu stoppen, durchbrochen wurden, so daß der ganze gewaltige Strom seinen Lauf und seine Mündung ins Meer um hunderte von Kilometern veränderte. Szenen von Chaos und Neubeginn bei der Verlegung der Regierung von Nanking nach Hankau und schließlich wieder tausend Kilometer weiter nach Westen an den Oberlauf des Yangtsekiang nach Chungking, standen mir wieder vor Augen und die Feuersbrünste nach den bis dahin in der Kriegsgeschichte größten Luftangriffen gegen zivile Ziele, die schon 1939 und 1940, lange bevor es in Deutschland zu solchen Angriffen kam, die ganze Innenstadt vernichteten. Unvergessen auch die grenzenlose Leidensfähigkeit der einfachen Menschen in China, mit denen gemeinsam ich das alles erlebte, und ihr durch nichts zu brechender Lebenswille.

Unbeeinflußt davon, was ich nun persönlich mit den Amerikanern auszutragen hatte, versuchte ich das Verhältnis der Vereinigten Staaten zu China so objektiv wie möglich zu beurteilen. Wie es sich entwickelte, würde sicher einen großen Einfluß auf die Gestaltung der Nachkriegswelt ausüben. War die Mißachtung, die man im Falle des Ehrhardt-Prozesses für die chinesische Souveränität gezeigt hatte, symptomatisch für die amerikanisch-chinesischen Beziehungen überhaupt?

Präsident Roosevelt hatte dem verbündeten China schon auf der Konferenz von Jalta (4. – 11. Februar 1945) übel mitgespielt, indem er in einem Geheimabkommen, dem auch Churchill zustimmte, mit Stalin chinesische Territorien und Interessen an die Sowjetunion verschacherte. Die Westalliierten konnten damals voraussehen, daß der Krieg mit Deutschland nur noch einige Monate dauern würde, für die Niederwerfung Japans hatten die amerikanischen Militärs, wenn diese Aufgabe allein ihnen und den Briten zufiele, noch weitere 18 Monate gerechnet. Die Eroberung der japanischen Inseln würde große Opfer kosten und selbst wenn sie schließlich gelänge: Auf dem Festland stand der größte und in seiner Kampfkraft am höchsten eingeschätzte Teil des japanischen Landheeres, die Kwantung-Armee in der Mandschurei und die China-Armee im eigentlichen China, von denen man annahm, daß sie selbst dann noch weiterkämpfen würden, wenn das Mutterland, die japanischen Inseln, schon besetzt wäre. Die Last, dann noch diese zwei starken Armeen niederzukämpfen, wollte man gern mit auf die Schultern der Sowjetunion legen und betrieb deshalb deren Beteiligung auch am Kriege mit Japan. Sie mußte in diesem Falle ihren erst 1940 mit Japan geschlossenen Neutralitätsvertrag verräterisch brechen, den die Japaner auch in den schlimmsten Nöten der Sowjetunion im Kampf mit der deutschen Wehrmacht peinlich genau eingehalten hatten, aber darüber machte man sich weder in Moskau noch in Washington oder London Gedanken.

Nur wollte Stalin jetzt einen Preis. Roosevelt gestand zu, und Churchill segnete es ab: zuerst einmal von Japan die südliche Hälfte von Sachalin und

die Inselgruppe der Kurilen. Aber auch China sollte bluten. Stalin beabsichtigte, in aller Form in die Fußstapfen der Zaren zu treten, und verlangte für die Sowjetunion zurück, was um die Jahrhundertwende das imperialistische Rußland in einer Schwächeperiode der Mandschu-Dynastie China entrissen hatte und ihm dann später von der japanischen Konkurrenz wieder abgenommen worden war: am Südausgang der mandschurischen Provinz Liaoning einen Flottenstützpunkt, Port Arthur, und einen Freihafen in Dalienwan (Dairen) sowie die Hälfte der Besitz- und Verwaltungsrechte an der durch die Mandschurei führenden, Sibirien mit Wladiwostok verbindenden Chinesischen Ostbahn. Noch bevor die zum Vertragsbruch angestifteten Russen aber die Japaner überfallen konnten – ihre Nichtangriffsversicherung hielt immerhin fünf Jahre –, brachen Roosevelt und Churchill ihr Wort gegenüber Chiang Kai-sheck. Es waren nur vierzehn Monate vergangen, seit sie auf der Konferenz von Kairo Ende November 1943 die volle Restitution der Mandschurei an China nach der japanischen Niederlage versprochen hatten. So wurde die geheime Absprache von Jalta vor der chinesischen Regierung verborgen, was bis zum Juni 1945 auch gelang. Und im August, wenige Tage vor der japanischen Kapitulation, wurde Chiangs Schwager, T. V. Sung, der wegen seiner dauernden Finanzwünsche an Washington leicht unter Druck zu setzen war, gezwungen, nach Moskau zu reisen und die chinesische Zustimmung zu diesem Ausverkauf in einem Vertrag mit der Sowjetunion zu unterschreiben.
Als Stalin dieses Papier in der Tasche hatte, ließ er sich auch zu einer Gegenleistung an Chiang Kai-shek herbei. Er erkannte dessen Nationalregierung als die einzige, für ganz China zuständige an. Sie allein könne auf Unterstützung durch die Sowjetunion zählen. Das geschah zu einem Zeitpunkt, als das weitere Schicksal Chinas in der nunmehr fast zwei Jahrzehnte alten Auseinandersetzung zwischen Chiangs Kuomintang und Mao Tse-tungs Kommunisten noch unentschieden, der Wiederausbruch der Kämpfe jedoch nach der Ausschaltung des gemeinsamen Feindes Japan so gut wie sicher war. Stalins Anerkennung der Kuomintangregierung als einzig legaler konnte von Mao und seinen Genossen nur als unfreundlicher Akt angesehen werden, vor allem aber mußte sie als chinesische Patrioten die Restaurierung russischer imperialer Vorrechte auf dem Boden Chinas empören. Über diesen Roosevelt-Stalin-Handel, davon war ich überzeugt, war sicher noch lange nicht das letzte Wort gesprochen.
Während ich im Gefängnis saß, waren das ganze Jahr über noch einmal Versuche gemacht worden, das Ringen um Chinas Zukunft in friedliche Bahnen zu lenken. Der Zwang, miteinander auszukommen, der seit 1937 durch den äußeren Feind Japan auf Kuomintang und Kungchantang ausgeübt wurde, war durch Japans Niederlage gewichen, aber weite Teile des Landes hatten unter dem langen Krieg so schwer gelitten, daß nichts allgemeiner im chinesischen Volk war, als die Sehnsucht nach Frieden. Oberflächlich betrachtet, schien dieses Interesse sich zu treffen mit dem der USA, am

Wiederaufbau des großen Reiches der Mitte zu verdienen und noch mehr am Handel mit China, wenn dessen Wirtschaft einmal blühen würde, zumal man dann hoffen durfte, dort eine Vorrangstellung vor alten und möglichen neuen Konkurrenten errungen zu haben. Ein vom Bürgerkrieg zerrissenes China würde alle diese Blütenträume zerrinnen lassen. Auch herrschte in amerikanischen und auch in den Köpfen anderer Ausländer eine sachlich zwar unbegründete, nichtsdestoweniger aber um so fester sitzende Furcht, die Sowjetunion könnte aus einer chaotischen Entwicklung in China irgendeinen Nutzen ziehen, um ihre Machtstellung in Ostasien und in der Welt bedeutend zu verbessern. Was Realisten voraussahen, daß das Kriegsbündnis zwischen den Westmächten und der Sowjetunion den Fall der gemeinsamen Gegner, Deutschland und Japan, nicht lange überleben würde, hatte sich inzwischen als richtig herausgestellt; auch ein Geschäft auf dem Rücken Chinas wie im Techtelmechtel von Stalin und Roosevelt, war seit dem Tode des Letzteren kaum mehr denkbar.

Sein Nachfolger, Präsident Harry S. Truman, hatte nun, in dem Versuch, das Wiederaufleben des Bürgerkrieges zu verhindern, den ranghöchsten amerikanischen Militär und bisherigen Chef der Vereinigten Generalstäbe von Armee, Marine und Luftwaffe, General George C. Marshall, als seinen persönlichen Beauftragten nach China geschickt.

Er sollte zwischen Chiang Kai-shek und den Kommunisten vermitteln, und damit hatte man ihm eine der schwersten nur denkbaren Aufgaben aufgehalst, wie sich bald herausstellen sollte. Obwohl Marshall bemerkenswerte Geduld zeigte und redlich versuchte, ein unparteiischer Schiedsrichter zu sein, und es ihm deshalb auch zuerst gelang, das Vertrauen der Chiang und gewissen Führern der Kuomintang gegenüber äußerst mißtrauischen Kommunisten zu gewinnen, wurde seine Stellung durch die Politik der eigenen Regierung in Washington nach und nach unterhöhlt und schließlich unhaltbar gemacht. Während er sich bemühen mußte, zuerst einmal die wieder aufflammenden Kämpfe zwischen den beiden Parteien durch eine Waffenruhe zu beenden, und dann auf dieser Basis auf die Ablösung der Kuomintang-Alleinherrschaft durch Beteiligung der Kommunisten und dritter Kräfte in einem einer Demokratie ähnlicheren, gelockerten Regierungssystem hinzuarbeiten, setzten Chiangs Generäle in der Mandschurei und in Nordchina zu immer neuen Operationen an, um die Kommunisten aus den Gebieten zu vertreiben, die sie teils während des Krieges, teils nach der japanischen Kapitulation unter ihre Kontrolle gebracht hatten. Eine nach der anderen dieser Operationen im Laufe des Jahres war erfolgreich, und Mao Tse-tungs Truppen verloren immer mehr Terrain und wichtige Städte.

General Marshall war nicht in der Lage, die Kuomintang-Militärbefehlshaber zurückzuhalten, und erfolgreich waren deren Feldzüge in erster Linie deshalb, weil sie von den Amerikanern mit überlegenen Waffen und Kriegsmaterial ausgestattet und von der US-Armee in gute Ausgangspositionen gebracht worden waren. Als trotz der Verschärfung der Kampfhandlungen diese Hilfe, unbeschadet der wiederholten Proteste der Kommunisten, demokratischer dritter Kräfte und weiter Kreise der Intellektuellen Chinas, nicht eingestellt wurde, verlor schließlich General Marshalls Vermittlerrolle jede Glaubwürdigkeit. Nicht ihm, aber der amerikanischen Regierung in Washington wurde eine doppelzüngige Politik vorgeworfen, und Marshalls kommunistische Gesprächspartner, an deren Spitze Chou En-lai stand, brachen, nachdem sie es schon mehrere Male angedroht hatten, die immer wieder von der Kuomintang sabotierten Verhandlungen ab.

Auch zu diesen für die weitere Entwicklung in China entscheidenden Vorgängen gab es für mich eine persönliche Beziehung. Eine wichtige Rolle in Chou En-lais Verhandlungsdelegation spielte Wang Bin-nan; mit ihm und seiner deutschen Frau, Dr. Anna Wang, hatte ich während der Jahre in Chungking Freundschaft geschlossen und durch beide auch Chou En-lai und andere seiner jüngeren Gehilfen, die zum größten Teil in Deutschland studiert hatten, kennengelernt. Direkt hatte ich von ihnen, während ich im Ward Road Gefängnis saß, nichts gehört, was mich bei ihren verzweifelten Verhandlungen in Nanking nicht verwundern konnte; sie hatten da gewiß ganz andere Sorgen. Aber ich hatte mit innerer Anteilnahme deren Verlauf teils in der Presse verfolgen können, teils erfuhr ich etwas von Ni-ko bei ihren Besuchen.

Es war kurz vor dem Ende unseres Prozesses, als am 6. Januar 1947 Präsident Truman General Marshall nach gescheiterter Mission aus China abrief, um ihn einen Tag darauf zum Außenminister der Vereinigten Staaten zu ernennen.

Für die zukünftige Position der amerikanischen Supermacht in China, nicht zuletzt um derentwillen auch das Justizverbrechen des Ehrhardt-Prozesses in Szene gesetzt worden war, konnte ich keine gute Prognose stellen. Das befriedigte mich und tröstete mich ein wenig über den Schmerz des Abschiedes von China hinweg, als die »Marine Jumper«, nun schon einige tausend Seemeilen entfernt, durch die lange Dünung des Indischen Ozeans beharrlich weiter nach Westen stampfte, mit Kurs auf Bab El-Mandeb und das Rote Meer.

In Colombo hatte es einige Stunden Aufenthalt gegeben, aber ich bekam die Stadt nicht einmal von weitem zu Gesicht. Parsek und seine Garde hatten furchtbare Angst, daß einer über Bord springen würde, wenn sie uns – eine Stunde am Tag – an die frische Luft ließen. Wir durften uns der Bordwand nur bis auf einen Meter nähern, und zwei Mann mit schußbereiten Maschinenpistolen wachten darüber, daß dies auch eingehalten wurde. Als ob wir etwa im Südchinesischen Meer oder dann im Indischen Ozean Opfer der Haifische werden wollten!

In Port Said, wo es zum zweiten und gleichzeitig letzten kurzen Stop auf dieser Reise kam, oder auch im Kanal kurz davor, hätte es schon eher reale

Fluchtmöglichkeiten gegeben, wenn sie einer hätte wahrnehmen wollen. Da war das Ufer nicht weit, und die Araber hätten entflohenen deutschen Gefangenen sicher weitergeholfen. Insofern hatte unsere Einsperrung unter Deck hier wenigstens einen Sinn.
Zufällig hatten wir gerade oben eine Freistunde, als wir die schöne Insel Pantelleria passierten, aber von Gibraltar, diesem Schicksalsfelsen, bekamen wir wieder nichts zu sehen. In der Biskaya war, wie dort so oft, schlechtes Wetter; die »Marine Jumper« schlingerte, stampfte und rollte und machte ihrem Namen als »Springer« oder »Hüpfer« alle Ehre, so daß viele von der Seekrankheit gepackt wurden. Im Kanal und in der Nordsee wurde es dann etwas ruhiger, bis wir am 22. März, einen Tag nach Frühlingsanfang und am 31. Tag nach der Abreise von Schanghai, in der Wesermündung anlangten.
Ich folge den Notizen in meinem Tagebuch:
Nach dem Mittagessen kurze Freizeit an Deck. Der erste Blick fällt auf zerstörte Häuser am Ufer. Flußaufwärts an Backbord erkenne ich die Lloyd Pier im Kolumbushafen, wo einige größere Frachtschiffe liegen. Sonst ist der Fluß ganz leer. Weitere zerbombte Gebäude; ich suche angestrengt nach Zeichen des Lebens. Keine Menschen, nur in der Ferne bewegen sich einige Autos, anscheinend US-Militärlastwagen. Zwei kleine Fischkutter ohne Flaggen passieren uns jetzt; das besetzte Deutschland hat keine Fahne mehr. Dicht hinter uns kommt ein Frachtdampfer »Titan« unter amerikanischer Flagge herein. Eisschollen treiben mit ablaufendem Wasser vorbei, auch am Ufer ist hier und da noch Packeis zu sehen. Trotzdem ist die Luft mild. Auf der anderen Seite der Weser, die hier noch sehr breit ist, in der Ferne eine Anzahl Fabrikschornsteine. Aus keinem kommt Rauch. Die Werft in Geestemünde steht noch und scheint den Krieg gut überstanden zu haben.
Das Bootsdeck füllt sich jetzt mit Repatriierten, die wie wir zum Ufer hinüberschauen, als wir uns der Hafeneinfahrt nähern. Zwei MPs mit Karabinern bewachen uns. Dann müssen wir wieder unter Deck. Parsek erscheint. Große Überraschung, als er verkündet, daß die ganze Ladung, Repatriierte und wir, morgen mit der Bahn nach Ludwigsburg gebracht werden sollen. Am Abend singen wir wieder, wie zuletzt vor dem Urteil in Schanghai. Wie weit liegt das zurück?

23. III. 47

Nach dem Mittagessen Verladung in einen am Kai stehenden Zug. Die D-Zug-Wagen machen einen sauberen Eindruck; wir haben den ganzen letzten Waggon für uns und unsere Bewacher. Was wir auf der Fahrt nach Bremen von Bremerhaven, Geestemünde und Lehe sehen, sind zum größten Teil zerstörte oder schwer beschädigte Wohnhäuser, dazwischen ab und zu eine Insel von fast völlig unversehrten Gebäuden. Zwischen den Dörfern überschwemmte Wiesen und Reste von dicken Schneewehen. Bremen ist rechts und links der Bahn vollkommen zerstört. Vom Bahnhof stehen noch die

Außenmauern und das Eisengerüst der Halle. Alles macht einen trostlosen, toten Eindruck. Als unser Zug hält, entdecken wir auf dem Bahnsteig eine Anzahl wartender Menschen. Wer wußte von unserer Ankunft? Plötzlich entsteht Aufregung vor unserem Wagen.

Wohl aus Bremerhaven von der Ankunft des Schiffes und der Abfahrt unseres Zuges benachrichtigt, hatten sich Verwandte und Bekannte von Repatriierten auf dem Bahnhof eingefunden, darunter die Eltern von Ingward Rudloff, der im Ehrhardt-Prozeß zu 10 Jahren verurteilt worden war. Sie hatten den damals jungen Marineoffizier seit dem zweiten Kriegsjahr, 1940, also seit sieben Jahren, nicht mehr gesehen, und wollten nun ihrem Sohn, der für 10 Jahre im Kerker verschwinden sollte, wenigstens die Hand drücken und ein paar Worte sagen. Als die alte Dame und der alte Herr sich unserem Wagen näherten und Rudloff Parsek verständigte, daß das seine Eltern seien, schickte dieser ein paar Mann der Wache hinaus auf den Bahnsteig und ließ die alten Herrschaften zurückdrängen. Niemand durfte näher als 3 Meter an den Wagen herankommen, und dann wiederholte er noch einmal die strikte Anweisung, daß alle Wagenfenster vollkommen geschlossen bleiben müßten. Rudloff und seine in Abstand und außer Hörweite gehaltenen Eltern konnten so während des etwa zehnminütigen Aufenthaltes auf dem Bremer Bahnhof nur versuchen, sich mit ein paar Gesten etwas mitzuteilen, ein trauriges Wiedersehen nach so langer und vor neuer langer Trennung. Mich ergrimmte diese neue Unmenschlichkeit.

Aber das sollte nach Schanghai nun auf deutschem Boden nur der Anfang sein! Wir wurden gleich weiter bedient.

Als der Zug sich wieder in Bewegung gesetzt hatte, war Parsek für einige Minuten im vorderen Teil des Zuges verschwunden, von wo er zu unserer großen Überraschung plötzlich mit Eva Tonn zurückkam. »Ich bin wohl jetzt auch ein Kriegsverbrecher«, sagte sie sarkastisch und über die Schulter hinweg mit dem Daumen auf Parsek zurückdeutend: »Er hat mich eben verhaftet.« Sie schien nicht im geringsten niedergeschlagen, und ihre dunklen Augen blitzten angriffslustig. Natürlich freuten wir uns, die so tüchtige Helferin der Verteidigung zu sehen, die monatelang bis in die Nächte unermüdlich gearbeitet hatte. Aber obwohl wir längst über den Punkt hinaus waren, an dem uns etwas von dieser Seite noch wunderte, machten wir jetzt doch laut unserer Empörung Luft über dieses neue Bubenstück der »Gangster«. So weit war es gekommen, daß bei uns dieses Wort ein Sammelbegriff für alle Amerikaner geworden war, die mit unserer Behandlung etwas zu tun hatten. Frau Tonn war in Schanghai zusammen mit anderen als normale, für die Repatriierung vorgesehene deutsche Staatsbürgerin an Bord gekommen und hatte sich wie die anderen China- und Japandeutschen dort frei bewegen können. Jetzt war sie plötzlich eine Gefangene. Parsek hatte ihr keinen Grund nennen können, alles was er vorbrachte war: »You are under arrest« und »I'm just carrying out an order.« »Ich führe nur einen Befehl aus.«

Mir begann ein Licht aufzugehen. Die Bezeichnung »Gangster« war vielleicht gar nicht ungerecht oder übertrieben. Ein Zusammenhang wurde plötzlich deutlich zwischen der Festnahme von Eva Tonn und der weiteren Festhaltung, bisher ohne jede Erklärung, von uns sechs nun schon vor Monaten im Prozeß Freigesprochenen. Außer den Verurteilten, die ja auf lange Zeit hinter Gefängnismauern verschwinden würden, waren wir Sechs und Eva Tonn die einzigen Menschen mit »inside knowledge«, mit intimen Kenntnissen von allen Vorgängen in und um das ungeheuerliche Verfahren in Schanghai. Offenbar war da eine »Gang« am Werk, eine verschworene Bande, die innerhalb der amerikanischen Armee zu suchen war und die zu verhindern suchte, daß einer von uns spräche und so die Öffentlichkeit in Deutschland und in Europa erführe, was sich tatsächlich in Schanghai abgespielt hatte.
Mit diesem Verdacht, der nichts Gutes für unser zukünftiges Los verhieß, fuhren wir weiter in die besetzte Heimat hinein. Nicht einmal die nächste Etappe kannten wir. Auf Fragen murmelte Parsek einen Ortsnamen, den wir nicht verstehen konnten, und als er sagte, es sei irgendwo in der amerikanischen Zone, in »Bavaria«, tippte einer auf Kaufbeuren und wiederholte das Wort in der richtigen deutschen Aussprache, worauf Parsek nickte: »That's it!« Wir Welterfahrenen in mehreren Kontinenten müssen uns ziemlich dumm angesehen haben. Was, in aller Welt, sollten wir in Kaufbeuren? Keiner wußte eine Antwort. Doch zuerst einmal fuhren wir noch durch die britische Zone – die Einteilung der Besatzungsgebiete hatte ich schon in Schanghai amerikanischen Zeitschriften entnommen – auf dem Wege von Bremen nach Hannover. Ich schaute dauernd aus dem Fenster, verschlang jedes Detail der draußen vorüberziehenden Landschaft, als entdeckte ich Neuland, nein, nicht Neuland, ich suchte etwas wiederzufinden, Heimat, und hielt Ausschau nach Bekanntem, nach Beziehungspunkten und nach Menschen. Selbst den entferntesten fühlte ich mich irgendwie nahe, verwandt und spekulierte, auf welchen Wegen sie sich gerade befanden, was sie zu tun im Begriffe waren. Ich hatte das Gefühl, daß mich das ganz nahe anging. Es schmerzte mich nur, daß ich mit keinem sprechen konnte. Elf Monate lang waren wir tagein, tagaus immer nur untereinander in der kleinen Gruppe zusammen gewesen.
Zwischen Bremen und Hannover fielen mir in Dörfern, vor allem aber auch an Einzelgehöften die geflickten Dächer auf, bei denen neu eingesetzte hellrote Ziegel sich von den dunkler gefärbten alten abhoben. Diese Dächer waren offenbar von alliierten Jagdfliegern kaputtgeschossen worden, auch in Gegenden, wo es keine länger umkämpfte Fronten gegeben hatte. In Hannover finden wir ganze Stadtteile auf beiden Seiten der Geleise tot. Der Bahnhof ist noch schlimmer zerstört als der bremische; hier sehen wir – es ist zwei Jahre nach den letzten Kriegshandlungen – teilweise noch Schutt und Trümmerberge, die nicht weggeräumt sind.
Es geht weiter nach Süden. In der Dämmerung rechts der dunkle Hügel mit der Marienburg, dem alten Sitz des welfischen Königshauses von Hannover. Es

sieht aus, als ob alle Fenster hell erleuchtet sind. Wer mag dort wohl jetzt wohnen? Als wir Göttingen durchfahren, ist es schon dunkel. Wir sehen nur spärliche Lichter. In unserem Wagen funktioniert die Beleuchtung nicht.
Spät am Abend halten wir kurz in Bebra. Als ich den Stationsnamen lese, fällt mir eine Nacht ein – ich muß damals zehn Jahre gewesen sein – als Mutter und ich auf der Heimreise von Hannover hier todmüde stundenlang auf einen Anschlußzug nach Thüringen warten mußten. Hier ist die geliebte Wartburg fast zum Greifen nah, und über Eisenach und Gotha sind es nur 90 Kilometer – ein »Katzensprung« im Maßstab der Entfernungen, in denen ich inzwischen zu denken gelernt habe – bis nach Arnstadt, »wo meine Wiege stand«. Die ganze Strophe des alten Heimatliedes kam zurück. Es beginnt mit den Worten: »Oh, wie ist's möglich dann, daß ich Dich lassen kann, wo meine Wiege stand, Thüringer Land?« Das »grüne Herz Deutschlands« hieß es in der Fremdenverkehrswerbung in den dreißiger Jahren. Es verdiente den Namen, ich wußte es von vielen Wanderungen mit den Eltern. »Gelassen« hatte ich es nie, wo auch immer später und wieviel tausend Meilen entfernt ich auch war, sondern es immer bewahrt, und auch künftig würde ich es nicht lassen. Jetzt wohnten seit kurz vor Kriegsende die Eltern wieder in Arnstadt, wie ich noch im Gefängnis in Schanghai durch einen Brief von Mutter erfahren hatte, den ich über das Internationale Rote Kreuz erhielt. Hätte ich doch nur hier aussteigen können! Ich hätte nicht auf einen Anschlußzug gewartet, sondern wäre zu Fuß hinübergelaufen.

Gedanken und Erinnerungen!
Gar nicht weit von hier, in der Nähe der Wartburg, begann der Rennsteig, der auf dem Kamm die ganze Länge des Thüringer Waldes vom nordwestlichen Zipfel nahe der Werra hinunter bis zur Saale und zum Frankenwald verlaufende Pfad. Ich war immer stolz darauf, daß die Römer auf ihren vielen Zügen nach Germanien niemals nach Thüringen gelangten. Später, als ich nach dem Umzug der Eltern von der Quarta ab in Hamburg zur Schule ging, erklärte ich, als einmal im Unterricht der Rennsteig erwähnt wurde, meinen Klassenkameraden, der Name komme daher, daß auf diesem Weg, als die Römer südlich des Gebirges in Franken standen, meine Vorfahren, die alten Thüringer, ständig hin und her gerannt seien, um darüber zu wachen, daß die Legionen der Cäsaren ja nicht weiter nach Norden vordrängen. Die spaßige Geschichte wird nicht weit von der geschichtlichen Wahrheit entfernt gewesen sein. Thüringen blieb ein Land der Freien, und auch später ging manche freiheitliche Regung von hier aus; ich dachte an einen anderen Kampf gegen Rom, Luthers Reformation, und an das Wartburgfest der Burschenschaften 1817, und nicht zuletzt stand Weimar vor mir, jahrzehntelang die kulturelle Hauptstadt Deutschlands, als die ganze Nation keine politische hatte.
Nun freilich war auch Thüringen besetzt, von den Russen! Die waren hier vor über 130 Jahren als Verbündete und Befreier von Napoleon auf dem Wege

nach Frankreich durchgezogen. Als Sieger und Besatzer waren sie jetzt hier, nachdem trotz des warnenden Anschauungsunterrichts, den der Korse geliefert hatte, ein größenwahnsinniger Hitler gen Osten gezogen war und in den Weiten Rußlands ganze Armeen geopfert hatte, die sonst – wäre es etwa notwendig geworden – für das Reich einen Schutzwall hätten bilden können. Ich mußte mich losreißen von der Beschäftigung mit diesem Verhängnis! Es hatte mir seit 1941 manche schlaflose Nacht bereitet.
Unser Zug kam nur langsam voran. In Frankfurt überquerten wir den Main und zwischen Heidelberg und Mannheim den Neckar. Bei Hellwerden am 24. März sind wir in Bruchsal. Hier scheint nur das Schloß einigermaßen unversehrt stehengeblieben zu sein, alles andere ist kaputt, aber wir sehen zum ersten Mal Baugerüste, Anzeichen von Wiederaufbau. Man fragt sich, woher aus diesem Trümmerfeld die Menschen kommen, die, fast alle Aktentaschen tragend, hier in einen Nahverkehrszug steigen. Nachdem wir Bruchsal verlassen, biegen wir nach links ins Enztal ab. Es ist ein schöner, sonniger Frühlingstag. In den Dörfern hier so gut wie keine Zerstörung; es gibt hübsche alte Fachwerkbauten. Alles erfreut den Blick, die Felder sind bestellt, die Obstgärten in Ordnung gehalten. Nicht weit von der Bahn sehe ich auf einem Berggipfel die Mauern einer Burg. Es ist, wie ich aus dem Namen der nahegelegenen Station schließe, die Festung Hohenasperg, wo zur Zeit des Absolutismus die württembergischen Herzöge manchen aufsässigen Geist durch Einsperrung zur Räson zu bringen versuchten. Jetzt unterhalten dort die Amerikaner – wir hatten das schon in Schanghai gehört – ein Internierungslager, das die erste Anlaufstelle für die mit dem »Marine Robbin« aus China heimgeschafften Deutschen gewesen war. Kurz darauf hielt der Zug in Ludwigsburg. Hier wurden jetzt die neuen Repatriierten ausgeladen, die Lokomotive und unser Wagen wurden abgetrennt, und wir nahmen die Fahrt wieder auf durch die Schwäbische Alb und bei Ulm, wo zu unserer Freude das Münster noch stand, über die Donau dann nach Augsburg. In der Abenddämmerung standen wir dort lange auf den Rangiergleisen nahe am Bahnhof. Parsek wollte auf keinen Fall mit uns noch eine Nacht im dunklen Waggon verbringen und hatte sich in die Stadt begeben, um zu versuchen, Glühbirnen aufzutreiben. Er mußte seinen Mannen wer weiß welche Furcht eingeblasen haben, denn als er bei Einbruch der Dunkelheit noch nicht zurück war, veranlaßten sie uns, an einem Ende des Wagens eng zusammenzurücken, und warnten, wir sollten uns ja nicht aus dieser Ecke rühren. Sie selbst zogen sich ans andere Ende zurück und igelten sich mit schußbereiten Waffen dort regelrecht ein. Wir trauten unseren Augen nicht, und wieder einmal mußten wir uns fragen, was wohl in den Köpfen unserer Bewacher vorging. Glaubten sie vielleicht, daß irgend jemand in der deutschen Bevölkerung draußen – »Werwölfe« etwa – einen Versuch zu unserer Befreiung unternehmen könnte? Sie atmeten auf, als ihr Captain mit einigen Glühbirnen zurückkehrte und der Wagen wieder beleuchtet werden konnte.

In keiner der wenigen Ortschaften, die wir jetzt durchfuhren, konnten wir den Stationsnamen erkennen. Der dunkle Himmel war bewölkt, und so war nicht einmal die Himmelsrichtung auszumachen, in der wir fuhren. Erst als wir bei einem Halt aufgefordert wurden, unsere Siebensachen zusammenzunehmen und auszusteigen, erfuhren wir, wo wir uns befanden – aber eigentlich wußten wir es doch auch wieder nicht. Denn »Kaufering«, der Name auf dem Stationsschild, sagte uns gar nichts. Keiner hatte jemals von der Existenz eines Ortes dieses Namens gehört.

Wir wurden gleich wieder verladen, diesmal auf einen mit einer Plane verdeckten Lastwagen, und weiter ging es in die Nacht. Da wir nicht ahnten, wo Kaufering lag, in welche Himmelsrichtung wir von Augsburg aus gefahren waren, und wegen der Plane auch nicht hinausblicken konnten, war es unmöglich, eine Orientierung zu gewinnen. Ich gab es auf, mir darüber Gedanken zu machen, bis nach etwa halbstündiger Fahrt und kurz aufeinanderfolgendem mehrmaligen Richtungswechsel – offenbar in einer Ortschaft – der Wagen hielt. Als wir, aufs äußerste gespannt, heruntersprangen, vor uns gewaltige Mauern. Ich wurde sofort an Ward Road in Schanghai erinnert. Und es *war* auch ein Gefängnis: die alte Festung, das spätere bayerische Zuchthaus und jetztige US-»Kriegsverbrechergefängnis« in Landsberg am Lech.

Es gab hier keine Aufnahmeformalitäten. Ich sah mich bald in einer Einzelzelle und schlief sehr schnell ein, denn in den über achtundvierzig Stunden, seit wir in Bremerhaven von Bord gegangen waren, hatte ich kaum ein Auge geschlossen. Ich hatte versucht, so viel wie nur möglich zu sehen, und die Spannung, wohin wir kämen und was mit uns geschehen würde, hatte ein übriges getan, um mich wachzuhalten. Durch eine Klappe in der Zellentür wurde am Morgen ein Blechteller mit einem Brei und eine Tasse mit einem Getränk, das wohl Malzkaffee war, hereingereicht, nach kurzer Zeit das Geschirr wieder abgeholt, das gleiche geschah gegen Mittag mit einem Eintopf.

Niemand erschien, um zu erklären, warum und wieso ich hier gelandet war. Ich blieb meinen eigenen Spekulationen überlassen. Doch alles Grübeln brachte nicht das geringste Resultat. So blieb es nicht aus, daß meine Gedanken sich in anderer Richtung entfernten und sich auch mit einem berühmten Häftling beschäftigten, der vor mir einmal in diesem Bau gesessen hatte. Ein Bild tauchte plötzlich wieder auf, das ich vor fünfzehn Jahren gesehen hatte. Es zeigte Adolf Hitler, Rudolf Heß und noch einen Dritten, dessen Name mir jetzt nicht gegenwärtig war, in Landsberg. Es war die reine Idylle: Sie trugen weiße Hemden mit offenen Schillerkragen und kurze, lederne Sepplhosen an Trägern, machten einen munteren Eindruck und schienen in lockerem Gespräch; nichts außer der Bildunterschrift deutete darauf hin, daß sie sich in einem Gefängnis befanden. Wie es hieß, hatte Hitler hier mit Unterstützung von Rudolf Heß an seinem Buche »Mein Kampf« gearbeitet.

Ich mußte, als mir die Erinnerung kam, unwillkürlich lächeln. Ja, die Verhältnisse damals waren im Vergleich zu heute wirklich idyllisch. Nach seinem mißglückten Putsch vom 9. November 1923 wegen Hochverrats in München vor Gericht gestellt, wurde am 1. April (!) 1924 über Hitler das Urteil gesprochen. Er bekam 5 Jahre Festungshaft[5], aber schon nach acht Monaten, noch vor Weihnachten 1924, wurde er aus Landsberg vorzeitig entlassen.
Das Thema beschäftigte mich weiter, und ich dachte als nächstes an meine gründliche Abrechnung mit diesem Manne, der so verhängnisvoll in unser deutsches Schicksal eingegriffen und die ich in Schanghai in den Jahren 1942 und 43 geschrieben hatte. Das Buchmanuskript mit dem Titel »Zehn Kapitel der deutschen Tragödie« mußte sich in einem großen Schrankkoffer befinden, den Ni-ko für mich gepackt hatte, und der mit dem Repatriiertengepäck an Bord der »Marine Jumper« gelangt und in Ludwigsburg mit ausgeladen worden sein mußte. Ich konnte nur hoffen, daß sich von den aus Schanghai repatriierten Freunden jemand dieses Gepäckstückes annahm, das zwar deutlich als mein Eigentum gekennzeichnet, aber im Augenblick herrenlos war.
Am Nachmittag wurden wir sechs Freigesprochenen und Eva Tonn aus den Zellen geholt und in einem Vorraum der Gefängnisverwaltung, wo unsere paar Habseligkeiten standen, versammelt. Wir sollten abtransportiert werden; wieder sagte man uns nicht wohin. Ich begann zu begreifen, das es zum System gehörte, Menschen, die man in der Gewalt hatte, im Ungewissen über ihr Schicksal zu lassen und so psychisch zu terrorisieren. Diese Folter stand in keinem Buch und wurde von keinem Paragraphen erfaßt. Und unmittelbar vor unserer Wegschaffung aus Landsberg durften wir ein weiteres Zeugnis von Unmenschlichkeit erfahren.
Alle, die wir aus Schanghai gekommen waren, hatten bis jetzt normale Zivilanzüge getragen; nach dem Ende des Prozesses wurde das wieder erlaubt. Wir sechs, die wir am Vortage von den Verurteilten getrennt worden waren, trugen unsere jetzt noch, doch nun begegneten uns, von einem Wachmann geführt und gerade »neu eingekleidet«, einige von diesen als eine Schar schauriger Jammergestalten. So tief wurde ich von dem Anblick getroffen, daß ich im Augenblick wußte, diese Szene würde ich nie vergessen. Einmal abgesehen von der Unschuld der Beteiligten, von der die Gefängnisverwaltung hier noch nichts wissen konnte, wäre es verständlich gewesen, daß man ihnen im Strafvollzug die Zivilsachen abgenommen und sie in Sträflingsuniformen gesteckt hätte, doch nicht das, Lumpen hatte man ihnen angezogen, alte, abgetragene Uniformstücke, die weder nach Größe noch Herkunft zusammenpaßten, von Heer, Luftwaffe, Arbeitsdienst und Partei. Nicht eine Hose und eine Jacke, die einer trug, gehörten zusammen, und die Stücke aus dieser Altkleidersammlung waren teils zu weit, teils zu eng; Ehrhardt trug einen Rock ganz undefinierbarer Herkunft mit viel zu kurzen Ärmeln, und dem alten Dr. Mueller schlotterte eine viel zu weite Hose um die Beine.

Voller Scham, so gesehen zu werden, und mit Blicken, die an geprügelte Hunde erinnerten, schlichen die Erniedrigten vorüber. Ein aufmunternder Zuruf zum Abschied blieb mir im Halse stecken, so erschüttert mich diese Szene, und auch ich schäme mich tief, daß es Menschen gibt, die Mitmenschen so erniedrigen. Wieder wird der grimmige Schwur erneuert, diesem Spuk ein Ende zu machen.

Als Voraussetzung aber mußte ich selbst erst einmal dieser Maschinerie entkommen, wofür die Chancen eher schlecht zu stehen schienen, als wir wieder auf einem LKW durch die Nacht fuhren, wieder unter einer Plane, wieder mit unbekanntem Ziel. Die Fahrt währte viel länger als die gestern von Kaufering nach Landsberg. Als wir endlich hielten und das Fahrzeug verlassen durften, standen wir auf einem weiten Hof und sahen ein hohes schmiedeeisernes Tor, durch das wir eben gekommen waren, rechts und links schloß sich ein hoher Stacheldrahtzaun an, in einigem Abstand war er durch Wachtürme unterbrochen. Vor uns lag, von starken Scheinwerfern angestrahlt, ein langer, einstöckiger Bau mit weiß gekalkten Wänden, die dicht unterm Dach eine Reihe von waagerechten kleinen Fensterschlitzen zeigten, einem Stallgebäude ähnlich, und auf das schräge Dach selbst war in übergroßen weißen Lettern die Inschrift gemalt: »SS-Compound«.[6]

War diese schreckliche, unheildrohende Szenerie denn Wirklichkeit oder wirkten wir in einem Horror-Film mit? Da wir von den Soldaten direkt auf den Eingang dieses Gebäudes zugeführt wurden, fragte ich mich wieder einmal, was das alles bedeutete. Keiner von uns hatte je der SS angehört. »Wo sind wir hier?« fragte ich den Posten. Und die Antwort: »In Dachau.«

In dem bayerischen Kreisstädtchen nördlich von München lag das erste KZ, das 1933 nach Hitlers Machtantritt eingerichtet worden war, und das Wort war ein Synonym für die Willkürherrschaft und die unmenschliche Behandlung politisch Andersdenkender geworden. Das Regime war mit der Kapitulation der Wehrmacht am 8. Mai 1945 zusammengebrochen, in wenigen Wochen würde das zwei Jahre her sein, und hier sahen wir, daß das Konzentrationslager Dachau überlebt hatte! Nur die Betreiber waren andere, statt Himmlers SS-Totenkopfverbänden war es jetzt die US-Army. Und wir Sechs, die ein amerikanisches Militärgericht schon vor vier Monaten freigesprochen hatte, und dazu eine unbescholtene Frau, die nur zwei Fehler hatte, nämlich Deutsche und politisch unbequem zu sein, wurden hier in einer Nacht- und Nebelaktion eingeliefert, von der niemand auf der Welt etwas wußte, außer der kleinen Gang, die sie befohlen hatte.

Das Gebäude, in das man uns brachte, nannte sich »Bunker« und war die verschärfte Abteilung, das Gefängnis des KZ. Dr. Otto, Glietsch und ich wurden in eine Zelle gesteckt, die zwei mal zwei Meter maß.

# 5 Dachau II

Der dritte Nachkriegssommer im Jahre 1947 brachte Deutschland viele sonnige Tage. Hinter dem Stacheldraht des Lagers hatte ich kaum etwas davon genießen können, und ich hoffte etwas nachzuholen, als ich, endlich wieder ein freier Mann, an einem der letzten Julitage durch die noch immer von den Trümmern des Krieges gesäumten Straßen von München wanderte, hier und da nach etwas Bekanntem aus der Zeit vor 1937 spähend. Gelegentlich blickte ich mich noch um, ob nicht Männer in amerikanischer Uniform hinter mir her seien, um mich wieder einzufangen, so unglaublich schien mir nach den vergangenen anderthalb Jahren die Freiheit. Während aber Schanghai schon sehr weit zurückzuliegen schien, wollte es mir nicht gelingen, so gern ich sie jetzt zum uneingeschränkten Genuß der Freiheit abgeschüttelt hätte, die Gedanken an Dachau zu verscheuchen. Nicht wie vier Monate kam mir die Zeit vor, die ich dort verbracht hatte, sondern eher wie die gleiche Zahl von Jahren, so vielfältig, so aufwühlend und so überwältigend waren die Eindrücke und Erfahrungen.

Gleich am Morgen nach unserer nächtlichen Einlieferung in den Bunker waren an meine Ohren aus dem Zellengang verwunderliche Worte geklungen, und ich sollte aus dem Staunen während der ganzen ersten Wochen in Dachau nicht mehr herauskommen. »Fertigmachen zur Bühnenschau Mauthausen!« rief da eine laute Stimme, und kurze Zeit darauf hörte man das Aufschließen von Zellentüren und das Heraustreten der Insassen, die weggeführt wurden. Mauthausen, das war wohl ein Ortsname, aber wo lag es? In der Freizeitpause auf dem Hof erfuhr ich dann, daß es in Mauthausen ein Konzentrationslager gegeben hatte. Bevor ich Deutschland verließ, hatte ich, wie die meisten Deutschen damals, nur von der Existenz von zwei KZ gehört, von Dachau und von Oranienburg, nicht weit von Berlin, in denen man Regimegegner in Haft hielt. Oranienburg hieß später Sachsenhausen, wie ich jetzt hörte, und ich erfuhr gleichzeitig noch von mehreren Dutzend anderen Lagern, neben Mauthausen von Flossenbürg und Papenburg und schließlich von Buchenwald, um nur einige im Reich zu nennen. Buchenwald lag auf dem Ettersberg bei Weimar, ganz in der Nähe der Wirkungsstätte unserer großen Dichter; es schmerzte mich, zu erfahren, daß auch meine thüringische Heimat nun das Mal einer solchen Schinderstätte trug.

Doch was hieß »Bühnenschau«? Verwundert erfuhr ich, daß es im Konzentrationslager Dachau ein Theater gegeben hatte, wie übrigens auch ein Bordell. Doch während zu Zeiten der Nazi-Verwaltung des KZ das Theater zur Unterhaltung bestimmt war, wußten erfinderische Amerikaner damit Besseres anzufangen. Es wurde ein Bestandteil der Kriegsverbrecher-Justiz. Die »Gage« für die dort zum Auftritt gezwungenen Schauspieler konnte Tod oder viele Jahre Zuchthaus in Landsberg bedeuten.

Doch bevor ich weiter auf die Bühnenschauen eingehe, einige allgemeine, erläuternde Bemerkungen über das System, das ich in Dachau unter den Amerikanern kennenlernen sollte.

Nach amerikanischer Meinung gab es neben den führenden Männern in Reichsregierung, Partei, Wirtschaft und Wehrmacht noch vierzigtausend weitere deutsche Kriegsverbrecher. Entweder sollten sie Verstöße gegen die Genfer Konventionen während der Kampfhandlungen gegen Soldaten feindlicher Streitkräfte oder während der Besetzung gegen die Zivilbevölkerung begangen haben oder aber Verbrechen gegen die Menschlichkeit in der Verfolgung von Menschen anderer Rasse, Glaubens oder politischer Überzeugung, vor allem in den Konzentrationslagern.

Es gab da den CROWCASS, ein dickes Buch, das die Namen der rund 40 000 Personen enthielt, gegen die Verdacht in dieser Hinsicht gehegt wurde. CROWCASS sind die aneinandergefügten Anfangsbuchstaben der Worte: Central Roster of War Criminals and Security Suspects, zu deutsch: Zentrale Liste der Kriegsverbrecher und aus Sicherheitsgründen Verdächtigen. Das Sammelsurium von Namen war während des Krieges von den verschiedensten Seiten zusammengetragen worden. Nur gegen einen kleinen Teil der aufgeführten Personen lagen individuelle Schuldbeweise oder auch nur fundierte Anschuldigungen vor, viele standen in diesem Fahndungsbuch nur wegen ihrer Dienststellung, ohne daß sie auch nur mit einer einzigen verbrecherischen Tat in Verbindung gebracht wurden.

Kriegsverbrechen sollten grundsätzlich mit dem Tode, mindestens aber mit langjährigem Zuchthaus bestraft werden. Nach dem CROWCASS und dem Wortlaut eines Befehls von General Eisenhower, der mir in Dachau in die Hände fiel, schien etwas wie eine Ausmerzungstendenz bestanden zu haben gegenüber allen Personen, die im Reich irgendeine führende Position der höheren und mittleren Ebene bekleidet hatten; so waren zum Beispiel alle Personen vom Regierungsrat an aufwärts verdächtig. Mir drängte sich die Erinnerung an eine Ausgeburt des Hasses auf, von der ich während des Krieges in Schanghai gehört hatte. Weil die Meldung darüber auch von der Goebbelsschen Propagandamaschinerie verbreitet wurde und wegen ihres ungeheuerlichen Inhalts wollte ich sie damals nicht glauben: Ein Buch sollte 1941 in den USA erschienen sein, das den Titel trug: »Germany must perish«, zu deutsch: »Deutschland muß zugrunde gehen!« Der Verfasser, ein gewisser Theodore Kaufman, schlug darin vor, das deutsche Volk dadurch zum Aussterben zu bringen, daß man die gesamte männliche Bevölkerung im zeugungsfähigen Alter zwangsweise sterilisierte, und gab praktische Anweisungen dafür, wie man das nach dem Sieg durchführen könnte.

Die Absicht, etwa 40 000 Deutsche mit Hilfe von Militärgerichtsverfahren als Kriegsverbrecher zu hängen oder möglichst viele Jahre hinter Kerkermauern zu bringen, war zwar nur ein blasser Abklatsch des Kaufmanschen Ausrottungsplanes, aber die Geistesverwandtschaft offensichtlich.

Wer im CROWCASS stand, unterlag dem »automatic arrest«, der automatischen Festhaltung; nach ihm wurde gefahndet, und er war, wo er auch immer angetroffen wurde, zu verhaften und in das Kriegsverbrecherlager Dachau zu schaffen. Wurde ein Kriegsgefangenenlager im Ausland, die man völkerrechtswidrig z. T. noch Jahre nach dem Ende der Feindseligkeiten weiter unterhielt, endlich aufgelöst, so verbrachte man die Gefangenen, bevor sie in der Heimat in die Freiheit entlassen wurden, erst einmal in den als POW-Camp (Kriegsgefangenenlager) abgetrennten Teil des Dachauer Lagerkomplexes, um diejenigen herauszusieben, die noch »War Crime Suspects« waren, oder – man war da sehr großzügig in der Zahl – möglicherweise einmal als Zeugen in einem KV-Prozeß gebraucht werden sollten. Mancher wurde so jahrelang festgehalten, ohne jemals als Zeuge aufzutreten oder auch nur vernommen zu werden. Die Herausgesiebten kamen zur Aufnahme erst in den Bunker und von hier dann in einen der »Cages« (Käfige) des Kriegsverbrecherlagers. Nach einem für die Gefangenen rätselhaften Auswahlprinzip blieben manche auch gleich für lange Zeit im Bunker. Die Gefangenen so weit wie nur möglich in Ungewißheit über ihr Schicksal zu lassen, gehörte zum System des Einschüchterungsterrors.
Wie viele Namen der CROWCASS auch ohne Berechtigung enthielt, unsere waren nicht darunter. In unserem »Detention Report« stand nichts als der »Laufzettel«, den Oberst Young in Schanghai unserem Bewacher Parsek mit auf die Reise gegeben hatte und der mit uns den Bunker erreichte, wo wir endlich Kenntnis von seinem Inhalt bekamen. Es war der Beweis für die Richtigkeit der Vermutung, die uns bei der Verhaftung von Eva Tonn gekommen war: Wir sollten möglichst von der Öffentlichkeit isoliert gehalten werden. Denn es war keinerlei Anschuldigung oder sonst etwas angegeben, das unsere Festhaltung begründen konnte. Lakonisch hieß es da nur: »Im Zusammenhang mit dem Schanghai-Fall. Unter keinen Umständen zu entlassen, außer auf Befehl von Oberst Straight oder Oberstleutnant Ellis.«
Der erste war der Chef, der zweite der stellvertretende Leiter der 7708 War Crimes Group der US-Armee in der amerikanischen Besatzungszone. Zu ihr gehörte der ganze Dachauer Apparat. Ellis war gleichzeitig das Pendant zu O'Connor in Schanghai. Er trat als Hauptankläger in verschiedenen Prozessen auf.
Mit unserer Verbringung nach Dachau hatte Oberst Young jedoch einen Schuß abgefeuert, der nach hinten ging. Schon auf dem »Marine Jumper«, aber stärker noch nach einigen Tagen im Bunker, kam ich mir wie ein trojanisches Pferd vor, das die Amerikaner in die eigene Festung geholt hatten. Als Zeugen des Unrechts von Schanghai sollten wir erst einmal mundtot gemacht werden. Was dort geschehen war, hatte ich bisher für eine Ausnahmeerscheinung gehalten. Hier nun wurde ich Zeuge von Akten einer pervertierten Justiz, die Schanghai noch weit in den Schatten stellte. Ich hielt, was ich sah und hörte, in meinem Tagebuch fest.

Als wir eingeliefert wurden, waren die schlimmsten Zeiten dieses Lagers nach der Übernahme durch die US-Armee längst vorüber, aber es saßen noch genug Gefangene im Bunker, die davon berichten konnten. Zu sieben Mann lagen sie zeitweise in 2.90 hohen Zellen mit vier Quadratmetern Bodenfläche oder zu 25 in Barackenstuben, die normalerweise für sieben Insassen bestimmt waren. Die meisten waren schon halb verhungert aus anderen Lagern gekommen, wo die Tagesration etwa aus einem Becher Kaffee und einem Fünfzehntel Laib Brot morgens, mittags nichts und in einem Teller Wassersuppe abends bestand. Selbst in den besseren Zeiten, in die mein Aufenthalt fiel, wachte ich schon nach vierzehn Tagen regelmäßig gegen vier Uhr von einem drückenden Hungergefühl auf, und nach drei Wochen hatte ich von einem Gewicht von 125 Pfund 30 Pfund verloren. Als Frühstück gab es ein Wehrmacht-Kochgeschirr (1 Liter) voll Wassersuppe, in der ein paar Haferflocken schwammen, als Mittagsmahl bekamen wir ein volles Kochgeschirr »Drahtverhau«, eine Suppe aus Trockenkartoffeln, in die etwas Grünzeug, meist Brennessel- oder Löwenzahnblätter, gemischt war, und abends gab es einen Knust trockenes Brot mit einem kleinen Wiener Würstchen, das kalt, so wie es aus der Dose kam, genossen werden mußte. Die US-Behörden teilten bessere Verpflegung zu, unternahmen aber nichts dagegen, daß das von ihnen eingesetzte Wachpersonal das meiste davon draußen auf dem schwarzen Markt verscherbelte.
Lange Zeit durfte Post weder empfangen noch geschrieben werden. Ihrer letzten, noch über vorherige Stationen der Gefangenschaft hinüber geretteten Habe wurden noch 1946 die nach Dachau verlegten Gefangenen durch die von den Amerikanern als »Trusties« eingesetzten Berufsverbrecher beraubt. Beim »Filzen«, d. h. der Durchsuchung der Mitbringsel – von Gepäck konnte man bei den meisten nicht mehr reden – bei der Einlieferung wurde das »abgestaubt«.
»Berufsverbrecher«! Das zweifellos im Hitlersystem geprägte, aber dennoch in den meisten Fällen seiner Anwendung nicht unzutreffende Wort, das ich hier zum ersten Mal hörte, bringt mich zur »Bühnenschau« zurück; ich werde sie im weiteren ohne Anführungsstriche schreiben.
Die Stimme, die am Morgen nach meiner Einlieferung auf dem Zellengang zum Fertigmachen zu einer Bühnenschau aufgerufen hatte, gehörte Albert, und Albert gehörte zu jener Gruppe, die Berufsverbrecher genannt wurden. Albert schloß auch die Zellentüren auf, um die Gefangenen, denen die Aufforderung galt, herauszulassen und sperrte sie nach der Bühnenschau wieder ein. Albert war der Schließer des Bunkers. Seine Vorstrafen wegen gemeiner Verbrechen waren zahlreich. Aber die für Dachau II verantwortlichen Amerikaner hatten ihm die Schlüsselgewalt über die schärfste und sicherste Abteilung des ganzen Lagers gegeben. Taten sie das, obwohl sie seine Verbrecherlaufbahn kannten, oder vielleicht gerade, weil der »nur« ein gewöhnlicher Krimineller war und nicht ein *politischer* Gefangener? Machten sie ihn deshalb zum »Trusty«?[7]

Wie sich doch in manchen Punkten die Systeme ähnelten, von Dachau I unter Himmlers SS-Totenkopfverbänden und Dachau II unter der Armee des demokratischen Amerika!
Albert befand sich als ehemaliger KZ-Insasse noch hier, weil schon die SS-Vorgänger der jetzigen Lagerhäuptlinge ihm als Blockältestem oder Capo eine Vertrauensstellung und Macht über seine Mithäftlinge gegeben hatten, die er zu Grausamkeiten mißbrauchte, deren er dann bei Auflösung des NS-KZs beschuldigt wurde. Aus vielen einzelnen Gesprächen sowohl mit ehemaligen Häftlingen als auch Angehörigen der Wachmannschaften aus verschiedenen Lagern konnte ich mir einigermaßen ein Mosaikbild der furchtbaren KZ-Wirklichkeit zusammensetzen. War es schon schlimm, daß man Menschen wegen ihrer politischen Gesinnung oder rassischen Zugehörigkeit unter entwürdigenden Bedingungen einsperrte, so empfand ich es als eine abgrundtiefe Gemeinheit, die nur kranke Gehirne ersinnen konnten, zu ihnen Massen von Kriminellen, d. h. immer wieder straffälligen Gewohnheitsverbrechern, zu tun und bevorzugt diesen einflußreiche Funktionen in der unter der SS arbeitenden Häftlings-Selbstverwaltung einzuräumen. Manche Lager wurden von ihnen beherrscht, und es fand ein ständiger unterirdischer Kampf zwischen ihnen und den Politischen statt, was der SS-Wachmannschaft nur recht war. Für einen sehr großen Teil der Morde und Quälereien, die in den Lagern vorkamen, waren neben entmenschten Sadisten der SS-Lagerverwaltung diese Elemente verantwortlich. Auch unter den Amerikanern haben mit Komplizen aus deren Reihen die aus ähnlichen Gründen wie Albert weiter festgehaltenen Berufsverbrecher eine Mafia-ähnliche Substruktur aufgezogen. Sie waren es, die mit »abgestaubten« Lebensmittel- und Tabakrationen und von Kunsthandwerkern unter den Häftlingen hergestellten Gegenständen innerhalb des Lagers und auch nach außen einen blühenden Schwarzmarkt betrieben. In den Arrestzellen des Bunkers feierten manchmal diese Kumpane, unter Alkohol lärmend, nächtliche Feste. Sie pokerten dort um Tausende von Mark aus den Erlösen ihrer Durchstechereien.
Einer der ganz wenigen positiven Aspekte im Bunker-Leben war, daß es eine ganze Auswahl von guter Lektüre gab. Ich finde in meinem Tagebuch:

Freitag, 25. April 1947

Aus Ernst Wiechert: »Der Totenwald«: »Es war eine Eigenschaft vergangener, schwächlicher Zeit, daß der Gefangene wußte, was mit ihm würde. Nun brauchen sie es nicht mehr zu wissen. Ungewißheit ist ein Machtmittel bestimmter Staatsformen.« Und: »Die ganze Menschheit war geschändet worden, und wer sagte ihm, daß dies hier nur bei seinem eigenen Volke möglich war und bei den andern ›Diktaturen‹? Die Zeit hatte den Grund der Völker aufgegraben, und aus der Tiefe waren stinkende Quellen aufgebrochen. Aber man wußte nicht, wie weit sie sich unter der Erde verzweigten und was mit anderen Völkern sein würde, wenn man ihren Grund aufgrübe.«

Habe heute nach dem Mittagessen das ganze Buch von Ernst Wiechert in einem Sitz durchgelesen. Die gleichen Erfahrungen im Gefängnis vor seiner Einlieferung ins Lager, die auch wir machten. Er kam dorthin, weil er gegen Niemöllers Festhaltung nach dessen Freispruch protestierte. Zuerst glaubte er noch, so etwas sei nur unter dem Naziregime möglich. Ich mußte an Mosberg denken, der in Schanghai äußerte – auch im Hinblick auf den Niemöller-Fall –, in Amerika könne das niemals passieren. Wir sind schon beinah ein halbes Jahr freigesprochen und noch immer bei den Amerikanern im Gefängnis ohne die geringste Erklärung. Und Mosberg hat völlig unschuldig 20 Jahre bekommen!

Kein Toter konnte dadurch wieder zum Leben erweckt und kein Krüppel wieder gesund gemacht werden, und dennoch war man es dem Andenken der Opfer und deren Hinterbliebenen, den Beteiligten wie den unbeteiligten Ahnungslosen, der Geschichte und damit kommenden Generationen schuldig, den Versuch einer Sühne der in den Konzentrationslagern vorgekommenen Greuel zu unternehmen. Doch bei den unendlich differenzierten und komplizierten Umständen und Hintergründen der zu inkriminierenden Tatbestände gerecht Verantwortlichkeit und Schuld zuzumessen, mußte eine fast unlösbare Aufgabe sein. Wollte man dem Problem mit Hilfe von Gerichtsverfahren zu Leibe rücken, dann mußte der Nachweis individueller Täterschaft für jeden Beschuldigten erbracht werden.

Wenn man sich, wie die Amerikaner in Dachau, für den Weg der Rechtsprechung entschieden hatte, so waren auch deren in allen Rechtsstaaten geltende Regeln einzuhalten, und das bedeutete die Gebundenheit an das – übrigens zu Recht der Welt als Vorbild hingestellte – Fifth Amendment der amerikanischen Verfassung, das mit dem »due process of law« jedem Beschuldigten ein faires Verfahren garantiert. Dieses Gebot wurde in Dachau fortgesetzt massenhaft gebrochen. Und das begann schon mit der Voruntersuchung, die bei den meisten KZ-Fällen durch eine Bühnenschau eingeleitet wurde.

Zu Tausenden hatte man in Dachau Tatverdächtige versammelt, aus dem ehemaligen Wachpersonal, das der »automatischen Festhaltung« unterlag, und ehemaligen Capos, oder aus den Kriegsgefangenen- und Zivilinternierten-Lagern herausgesiebt, aber wo waren ein Jahr nach Kriegsende die Zeugen, die etwas über die Vorkommnisse in Himmlers Lagern aussagen konnten oder wollten?

Als sich im April und Mai 1945 die Tore der Konzentrationslager öffneten, hatten die meisten Häftlinge nichts anderes im Sinn, als sofort zu ihren Familien heimzukehren, von denen sie lange getrennt gewesen, und das vordringliche Anliegen war die Wiederaufnahme des Berufes, aus dem sie herausgerissen worden waren. Viel hatte sich inzwischen verändert, und trotz Aufbauhilfen für die Verfolgten, war bei dem Neubeginn die ganze Person gefordert. Zu der eben durchlebten schrecklichen Vergangenheit suchten sie möglichst schnell Distanz zu gewinnen, und selbst von denen, die gequält und

geschunden worden waren, dachte kaum jemand an Rache oder Vergeltung. Dafür war auch keine Zeit. Das traf für das Gros der deutschen und der aus den westeuropäischen Ländern stammenden ehemaligen Häftlinge zu.
Ganz anders war die Situation für einen großen Teil der zu Hunderttausenden aus ost- und südosteuropäischen Ländern in deutsche KZ Verschleppten. Viele von ihnen wollten nicht zurück. Juden erinnerten sich, daß sie unter Polen, Ukrainern und Russen auch schon vor Hitler rabiate Judenfeindlichkeit erlebt hatten, nicht von ungefähr gab es schon seit dem Ende des 19. Jahrhunderts eine große Auswanderung von Juden aus Osteuropa. Manche, die jetzt in Deutschland gestrandet waren, wären gern nach Palästina gegangen, aber dort war die Einwanderung noch durch die britischen Mandatsherren sehr beschränkt. Von den Verschleppten nichtjüdischer Herkunft kam ein ganzer Teil aus dem Bürgertum und verspürte keine Lust, sich unter die inzwischen in ihrer Heimat etablierte kommunistische Herrschaft zu begeben. Diese Masse nicht durch eigene Schuld entwurzelter, in Unsicherheit über ihr künftiges Schicksal lebender Menschen bevölkerte die sogenannten DP-Lager (DP ist die Abkürzung für displaced person[8]), die besonders über Bayern und Österreich verstreut waren. Hauptsächlich in diesen großen Anhäufungen Unglücklicher fanden die US-War Crimes Ermittler das Reservoir geneigter Helfer für ihre mehreren hundert Prozesse.
In normalen Strafverfahren unterscheidet man Zeugen der Anklage von Zeugen der Verteidigung. Hier hießen sie – diese Bezeichnungen wurden ganz offiziell angewandt – »freundliche Zeugen« und »unfreundliche Zeugen«, und entsprechend der in dieser Namengebung enthüllten Tendenz wurden beide Kategorien grundverschieden behandelt. Während die »unfreundlichen« Zeugen für die Verteidigung meistens im Bunker saßen, führten die »freundlichen« Zeugen, die man aus den DP-Lagern herangekarrt hatte, außerhalb des War Crimes Lagers ein Leben in Freiheit und Saus und Braus. Ihr Lebensstandard lag, so lange sie Zeugen-Status hatten, nicht nur weit über dem ihres bisherigen DP-Lagerdaseins, sondern erhob sich auch turmhoch über den der überwiegenden Masse der deutschen Bevölkerung. Diese hungerte sich noch durch die ersten Nachkriegsjahre mit Lebensmittelzuteilungen, die zeitweise noch unter denen während des Krieges lagen. Die »freundlichen Zeugen« bekamen mehr, als selbst ein Vielfraß aufessen konnte. Neben Zeugen-Tagegeldern und reichlichen Tabakrationen – Zigaretten waren zur Zeit in Deutschland *die* Währung – erhielten sie billigsten Zugang zu wichtigen Mangelwaren wie etwa Seife, Textilien usw., die es für die deutsche Bevölkerung praktisch nicht gab und die sie deshalb auf dem Schwarzmarkt leicht tauschen oder zu hohen Profit bringenden Preisen losschlagen konnten.
Die Haupt»arbeit«, für die sie so entlohnt wurden, bestand für diese Zeugen zuerst einmal in der Anwesenheit im Parkett des Theaters während der Bühnenschauen, die fast zwei Jahre lang liefen. Angestrahlt von Scheinwerfern wurde ein früherer Angehöriger des KZ-Verwaltungs- oder Wachperso-

nals von Mr. Kirschbaum, der die meisten Bühnenschauen leitete, oder einem seiner Kollegen auf die Bühne gestellt. »Wer hat etwas zu diesem Mann zu sagen?« lautete dann die Frage an die Zuschauer. Es war nützlich, ihn zu kennen und irgend etwas gegen ihn vorzubringen, ob es nun stimmte oder nicht oder nur ganz vager und allgemeiner Natur war, wie etwa, daß der Betreffende ein »großer Schläger« gewesen sei. Schon war der Anfang zu einem Prozeß gemacht. Der Faden konnte weitergesponnen und mit wahren oder erfundenen sogenannten Indizien zu einem Gewebe verarbeitet werden. Weitere Tage eines Zeugendaseins waren gesichert, und wenn man bei späteren Bühnenschauen und Vernehmungen bei der Sache blieb, eventuell Wochen und Monate bis zum Prozeß. Nur abspringen durfte man nicht mehr, etwa etwas Entlastendes für einen Angeklagten sagen, dann verwandelte man sich im Nu in einen »unfreundlichen Zeugen«. Wer aber bis zur Hauptverhandlung durchhielt, notfalls mit Falschaussage und Meineid, der konnte vielleicht auch noch bei weiteren Prozessen zu Diensten sein. So wurden Berufszeugen geboren.

Während der Bühnenschauen war das Lagertheater gleichzeitig Markt. Das einzige, was von den amerikanischen Rationen reichlich bis zu den Gefangenen im Lager gelangte, war Tabak; es war selbst für starke Raucher genug, und viele hatten ihren Konsum eingeschränkt oder waren gar Nichtraucher. So entstand ein Tabaküberschuß, während draußen Tabak Mangelware war. Die zur Bühnenschau Vorgeführten konnten beliebige Mengen Tabak mitbringen, und da an manchen Tagen Hunderte über die Bühne gingen, blühte der Handel. Das Bühnenschaupublikum kaufte von den Gefangenen das Päckchen Tabak oder Zigaretten für rund zwanzig Mark und konnte sie draußen für 80 bis 100 Mark verkaufen. Die Bühnenschauregisseure duldeten diesen Handel, ließen den Berufszeugen überhaupt jede Freiheit. Nur gelegentlich mahnte Mr. Kirschbaum, wenn die Stimmung zu übermütig wurde, sie sollten zu den Aufführungen nicht zu viel Schnaps mitbringen. So war es kein Wunder, daß auf dem schwarzen Markt in München-Bogenhausen für 800 und mehr Mark Zeugenpässe gehandelt wurden, mit denen dann an den Prozessen ganz und gar unbeteiligte Schwarzmarkthändler sich Zugang zu dem geschäftsträchtigen Dachauer Lagerbezirk verschafften.

Über den Gefangenen stand ständig die Drohung der Prozesse, die am laufenden Band vor US-Militärgerichten abrollten. In Gruppen zu fünfzig wurden die Gefangenen morgens oder nachmittags zu Bühnenschauen oder anderen Vernehmungen geführt, bei denen oft nur wenige drankamen, die anderen Stunden und Tage in zermürbender Ungewißheit warten mußten. Bei den Vernehmungen hatte es in der ersten Zeit Schläge und Folterungen gegeben, später beschränkte man sich auf psychischen Terror. Manche hielten die Nervenbelastung nicht aus und fanden trotz schärfsten Kontrollen Wege, sich umzubringen. Die Abschiedsbriefe der Selbstmörder – es gelang mir, einen in Abschrift aus Dachau herauszubringen, waren erschütternde Dokumente. Der Freitod war oft *kein* Schuldeingeständnis.

Kein Rechtsbeistand war während der ganzen Dauer der Prozeßvorbereitung, die manchmal über viele Monate ging, zugelassen. Nur wenn dem Beschuldigten die Anklage zugestellt war, konnte er einen Verteidiger erhalten, und dieser Termin wurde bis ganz dicht an den Beginn der Hauptverhandlung herangeschoben. Erst dann konnte die Vorbereitung einer Verteidigung einsetzen und auch das nur mangelhaft, weil die Anklage meistens allgemein gehalten war und der Beschuldigte erst in der Verhandlung erfuhr, was man ihm spezifisch zur Last legte. Treffend hieß es in einem Rechtsgutachten, das von Juristen unter den Internierten im Mai 1947 über die Art der Verfahren angefertigt wurde: »Der Angeklagte geht tatsächlich in die Verhandlung mit dem Empfinden, als leidtragender Teil an einem Spiel voller Überraschungen teilnehmen zu müssen, in dem um seinen Kopf gewürfelt wird.«

Bei dem Massenbetrieb von Verfahren waren die amerikanischen Offizialverteidiger so überlastet, daß sie oft nur ein paar Minuten Zeit für den einzelnen Angeklagten hatten. In vielen Prozessen bediente sich die Anklage der von den Bühnenschauen bekannten Berufszeugen. Viele von ihnen hatten jede Zahl bis zu zehn oder mehr Vorstrafen. Nannte dagegen die Verteidigung einen Zeugen, der sich draußen in Freiheit befand, so wurde auf ihn Jagd gemacht, er wurde verhaftet, in den Bunker geworfen, und die gleiche Behandlung wurde ihm zuteil wie den verdächtigten Kriegsverbrechern. Viele Zeugen saßen noch monatelang, nachdem der Prozeß, für den sie gebraucht wurden, beendet war, um schließlich mit dem Odium ins bürgerliche Leben zurückzukehren, aus dem Kriegsverbrecher-Lager Dachau zu kommen.

Bei vielen der Dachauer Prozesse handelte es sich um sogenannte Fliegerfälle, und auch hier kam es zu manchen sehr fragwürdigen Urteilen. Daß die Terrorangriffe der alliierten Luftstreitkräfte bei der betroffenen Zivilbevölkerung zu spontanen Wutausbrüchen führten, wenn sich plötzlich in ihrer Mitte einer der mit dem Fallschirm abgesprungenen Täter befand, ist verständlich. Lynchjustiz jedoch ist in keinem Falle zu rechtfertigen und noch weniger offizielle Aufforderungen, solche zu üben, wie sie Goebbels gegeben haben sollte. Aber hier überschlug sich die Vergeltungssucht amerikanischer Militärrichter, und es kam zu maßlosen Ungerechtigkeiten.

Während dem einzelnen Luftterroristen in einem Bombengeschwader, der seine tödliche Fracht auf ein Wohnviertel ausschüttet, vielleicht noch zugute gehalten werden kann, daß er, als Angehöriger seiner Einheit ein Rädchen in einer größeren Maschine, auf Befehl handelte – deutschen Soldaten wurde allerdings ein »Befehlsnotstand« in den Kriegsverbrecherprozessen grundsätzlich *nicht* zuerkannt –, so gab es unter den alliierten Fliegern auch Mordgesellen, die ohne Befehl und zum privaten Vergnügen Menschenjagden veranstalteten. So etwa, wenn bei Angriffen auf Personenzüge versucht wurde, möglichst viele der in die umliegenden Felder flüchtenden Passagiere

durch Maschinengewehrgarben zu erlegen. Nicht wenige alliierte Flieger huldigten diesem völkerrechtswidrigen und darum ein Kriegsverbrechen darstellenden Jagdsport, vor allem in den letzten Kriegsmonaten, als es kaum noch eine deutsche fliegende Abwehr gab und sie fast gefahrlos nach Belieben überall herumkurven konnten.
Solche Taten sind nie gesühnt worden, aber Pfarrer Werner Hess aus Frankfurt wurde in Dachau auf folgende Weise zum »Kriegsverbrecher«:
Gegen Ende des Krieges war er als Reserveleutnant bei einer Flakabteilung, der es gelang, einen amerikanischen Tiefflieger abzuschießen, der gerade einen Personenzug in Brand gesetzt hatte, um danach die aus der Nachbarschaft zu Hilfe eilenden Zivilisten zu beschießen; es hatte dabei an die zwanzig Tote gegeben. Nach seinem Absprung nahm die Bevölkerung, wie der Flakabteilung gemeldet wurde, gegen den Flieger eine drohende Haltung ein. Hess wurde daraufhin von seinem Kommandeur mit einem Fahrzeug an den nahen Ort des Geschehens beordert, um den Flieger abzuholen und ordnungsgemäß als Kriegsgefangenen an einer Sammelstelle abzuliefern. Diesen Befehl führte er auch aus, ohne aber verhindern zu können, daß der Mann aus der aufgebrachten Menge einige Schläge erhielt. Vielleicht hat ihm der schnelle Abtransport durch Hess das Leben gerettet. Gesund und munter erschien der amerikanische Fliegeroffizier, von der Anklage als Zeuge gerufen, im Gericht und blieb bei der Wahrheit. Er konnte Hess' Schilderung des Vorfalls nur bestätigen. Trotzdem sprachen die Richter Hess eines Kriegsverbrechens schuldig und schickten ihn zur Strafverbüßung nach Landsberg. Das Unrecht war hier allerdings so offensichtlich, daß sie es nicht wagten, die sonst üblichen drakonischen Strafen zu verhängen. Werner Hess bekam – eine ganz große Seltenheit in Dachau – nur sechs Monate, und in Landsberg amtierte er dann als der evangelische Gefängnisgeistliche.
Viel Schlimmeres ereignete sich in anderen Fliegerfällen, hier sei als Beispiel der des Karl Heinz Scherer aus Bad Homburg erwähnt, der sich während meiner Zeit im Bunker ereignete. Er wurde am 7. Juni 1947 in Frankfurt verhaftet und in den Bunker verbracht. Vom 21. – 24. 7. fand die Verhandlung gegen ihn statt. Er sollte persönlich einen amerikanischen Flieger erschossen haben. Die dahingehende falsche Aussage eines angeblichen Tatzeugen widerrief dieser, vom Verteidiger sachlich in die Enge getrieben und unter Eid gestellt, vor dem Militärgericht. Er sei dazu von dem Vernehmer genötigt worden. Schnell wurde aus Wiesbaden ein neuer »Augenzeuge der Mordtat« namens Hermann Ludwig per Flugzeug herbeigebracht. Doch auch dieser nahm im Kreuzverhör die kurz vorher gemachten belastenden Aussagen zurück. Trotzdem beantragte der Ankläger gegen Scherer die Todesstrafe. Er wurde wegen Mordes zu 25 Jahren verurteilt und nach Landsberg gebracht.[9]
Ein tragisches Ende nahm der Fall des Leutnants Erich Wentzel, dem ein ganz ähnliches Vorkommnis wie bei Pfarrer Werner Hess zugrunde lag.[10]
Außer zwei schriftlichen Beschwerden, in denen ich eine Erklärung für meine

Festhaltung und ein Gespräch darüber mit einem Offizier verlangte, in der Anfangszeit meines Dachauer Aufenthaltes, auf die keinerlei Reaktion erfolgte, unternahm ich erst einmal nichts mehr in eigener Sache, und so verhielten sich auch die anderen freigesprochenen Kameraden aus dem Ehrhardt-Prozeß. Einmal setzte sich bei mir die Einsicht durch, daß im Augenblick durch eigene Anstrengung nichts Aussichtsreiches für die eigene Befreiung getan werden könnte. Sie führte jedoch nicht zu einem verzagten Sichergeben in etwas Unabänderliches, denn es herrschte die stille Gewißheit, daß sich irgendwann doch das Tor in die Freiheit öffnen würde. Zum anderen begegneten mir täglich viel schwerere Schicksale – es liefen Tausende von Leidenswegen in diesem einen Brennpunkt Dachau zusammen –, vor denen das eigene als verhältnismäßig leicht immer mehr in den Hintergrund trat. Auch das Schandurteil von Schanghai verblaßte gegenüber dem hier Miterlebten.

Und doch wurden wir gerade daran, zur Abwechslung einmal auf angenehme Weise, erinnert. Meinem Tagebuch entnehme ich:

Pfingstsonntag, 22. 5.

Zum Pfingstsonntag nach langem Regen und veränderlichem Wetter wieder herrlicher Sonnenschein. Nach dem Gottesdienst heute früh kamen wir heraus auf den Hof, wo der ganze Bunker samt Baracke spazierenging. Randow verkündete die Nachricht, daß Dwyer kurz nach unserer Abreise von Schanghai im Broadway Mansions einem Herzschlag erlegen ist. Wie wunderbar sind doch Gottes Wege! Ich höre Dwyer noch im Gerichtssaal mit der Todesstrafe drohen. Ich sehe ihn noch, wie er gegen mich tobte kurz vor unserem Freispruch. Dann ging er auf den Zeugenstuhl und log das Blaue vom Himmel herunter. Er hat es schließlich erreicht, daß eine Anzahl Unschuldiger mit hohen Freiheitsstrafen belegt wurden. Dann war er noch einmal im Gefängnis, als der japanische Arzt gehenkt wurde. Kurz darauf lasen wir in der Zeitung, daß er vor dem amerikanischen Frauenclub in Schanghai einen Vortrag über seine Erlebnisse als War Crimes Prosecutor hielt. Mit dem Hintergrund dieser Tätigkeit in der Verfolgung von »Kriegsverbrechern« sah er wohl eine glänzende Karriere vor sich. Statt dessen öffnete sich wenige Tage später der dunkle Rachen des Todes. Wie mag O'Connor wohl dabei zumute gewesen sein? Es ist ein schönes Gefühl, nachdem man solange immer nur das Unrecht triumphieren sah, wieder einmal einen handgreiflichen Beweis dafür zu sehen, daß da noch einer im Himmel wacht, dem auch die Mächtigsten dieser Erde nicht entgehen. So wird Gott sie alle zerbrechen, die Überheblichen, so wie er auch Hitler zerbrochen hat.

Da fällt mir eben noch eine Szene aus dem Gerichtssaal wieder ein. Es war auch am Tage unseres Freispruchs, als die Anträge der Verteidigung gestellt waren und Rechtsanwalt Dr. Yang in seinem Plädoyer die Vertreter der

Anklage daran erinnerte, daß doch auch die Angeklagten »images of God« seien. Dwyer erwiderte darauf: »If Mr. Yang says they are the images of God, well, so am I – unfortunately for God.« (Übersetzung: »Wenn Mr. Yang sagt, daß sie Ebenbilder Gottes seien, nun, das bin auch ich – unglücklicherweise für Gott.«) Nun hat ihn dieser Gott, den er damals verhöhnte, wieder zu Staub zermalmt – unfortunately for Mr. Dwyer! »Gottes Mühlen mahlen langsam, mahlen aber trefflich klein.« Und wirklich, manchmal müssen die Menschen, die unter einem Unrecht leiden, lange, lange warten, oft erleben sie es selbst gar nicht mehr, wie er den Übeltäter ins Gericht nimmt. Nun, diesmal haben sie unheimlich schnell gemahlen, und ich bin dankbar für diesen gnädigen Fingerzeig.

Soweit meine Tagebucheintragung. Es war nicht Schadenfreude, die mich erfüllte – wie konnte es auch gegenüber einem Toten Schadenfreude geben? –, sondern das Gefühl einer tiefen Genugtuung. Die Dinge stimmten wieder. Die von Dwyer ausgesprochene Gotteslästerung, die ja nichts anderes besagte, als daß Gott Pech habe, daß auch er, Dwyer, existiere, war gesühnt.

Und daß wir diese Nachricht gerade am Pfingsttag erhielten! Wenn ich in meinem Tagebuch noch ein paar Seiten zurückblätterte, so fand ich dort, übernommen aus einem kleinen Band »Überall ist Wunderland« von Joachim Ringelnatz aus der Bunkerbücherei, den mir Dr. Otto gab, das folgende Gedicht:

*Nach einer Zeit*

*Der Du unserer so gedachtest,*
*als uns alles sonst vergaß,*
*so viel Glück wie Du uns brachtest,*
*keine Wiese hat's an Gras.*

*Wenn zwei Augen im Erblinden,*
*wenn zwei Herzen ganz verzagt*
*plötzlich Licht und Hoffnung finden,*
*dann hat Gott etwas gefragt.*

*Lächelt jetzt ein Regenwürmchen,*
*weil die Amsel vor mir flieht?*
*Hohe Türme sind nur Türmchen,*
*wenn ein Adlerauge sieht.*

Es ist wahr: überall sind Wunder, und überall kann das Leben groß sein, wenn man es zu leben versteht, auch im Gefängnis. »Hohe Türme sind nur Türmchen, wenn ein Adlerauge sieht«; der Maßstab, mit dem wir messen, ist es, worauf es ankommt. So muß ich die Zeit hier im Gefängnis messen an der Spanne meines Lebens, und wenn die genauen Konturen der Zukunft auch noch verborgen sind, so glaube ich doch, daß sich sub specie aeternitatis auch diese Zeit sinnvoll einordnet in einen großen Plan. – Ich bin schon soweit gekommen, daß ich sehen kann, wie die Gefangenschaft für mich nützlich ist zur Besinnung und Läuterung, und ich glaube, daß jene, die mir übel wollten, mir in Wirklichkeit einen Dienst erwiesen haben. Darum kann ich ihnen auch persönlich nicht gram sein und trage ihnen nichts nach.

Doch den Rechtsbrüchen im Namen des Rechts, der erbärmlichen Heuchelei wird weiter mein Kampf gelten.

Soweit mein Tagebuch.

Nach kurzer Zeit waren wir, die aus dem fernen China hierher gebracht worden waren, im ganzen Bunker und WC-Lager als die Schanghaier bekannt. Unter den Tausenden von Gefangenen beherrschten nur wenige das Englische wie wir, und so baten uns viele um Hilfe, wenn es bei Eingaben oder Statements darauf ankam, übrigens auch manche amerikanische Soldaten, deren orthografische Kenntnisse mangelhaft waren. Für den Sergeanten, der über Albert der eigentliche Schließer des Bunkers war, habe ich einmal eine Seite Text von etwa 30 Zeilen durchgesehen und verbessert, der die gleiche Anzahl von Rechtschreibfehlern enthielt.

Kurz nach Pfingsten fragte uns Hauptmann Hans Thörner, der mit drei weiteren, kurz vor der Entlassung stehenden Kameraden im Bunkerbüro arbeitete, ob nicht Randow, Glietsch und ich an deren Stelle treten wollten. Es war eine Gewissensfrage, die Tätigkeit bedeutete doch eine Form von Zusammenarbeit mit den Amerikanern. Erst nachdem uns Thörner im einzelnen beschrieben hatte, was dort zu tun sei und wir die Chance erkannten, auf diesen Posten anderen Gefangenen zu helfen, stimmten wir zu. Dr. Mieczyslaw Dortheimer, der Kommandant des Bunkers, hatte nichts einzuwenden, als unsere Vorgänger uns drei, besonders unsere englischen Sprachkenntnisse hervorhebend, vorschlugen.

Über das Bunkerbüro liefen alle Personalvorgänge der verschiedenen Lagerkomplexe, Kriegsverbrecherlager mit Bunker, Freilager und Kriegsgefangenenlager, und zwischen diesen und der Außenwelt. Wurde jemand als KV-verdächtig draußen verhaftet, so wurde er im Bunker-Büro »aufgenommen«, wurde jemand vom KV-Verdacht befreit, so wurde er vom KV-Lager in das sogenannte Freilager überstellt. Von dort wurde er später, gehörte er zu dem automatischem Arrest unterliegenden Personenkreis, in ein deutsches Zivilinterniertenlager, anderenfalls in die Freiheit entlassen. Alle diese Vorgänge wurden im Bunkerbüro erfaßt und karteimäßig festgehalten. Das geschah auch mit den Gefangenen, denen ein Prozeß gemacht wurde. Wenn am letzten Verhandlungstag ein Urteil gesprochen war, erschienen hinterher im Büro die Karteikarten der Angeklagten mit dem Vermerk, welche Strafe ihnen zudiktiert war oder ob sie freigesprochen wurden.

Den Vermerk »Freispruch« habe ich in der Zeit, in der diese Karten mit den darauf vermerkten Schicksalen durch meine Hände liefen, kaum zu Gesicht bekommen, meistens sprang mir aus einem Pack von etwa einem Dutzend Karten beim Durchblättern auf der Mehrzahl der Vermerk »death« entgegen. Alle Verurteilten waren als »Abgänge« festzuhalten in dem von uns an jedem Abend zu erstellenden »morning report«, in dem genau, nach Kategorien unterteilt, die Zahl der Insassen der einzelnen Lagerbezirke aufgeführt war. Die Verurteilten waren darin nicht mehr enthalten, da sie nach Landsberg zur Strafverbüßung oder zum Hängen abtransportiert wurden.

Bei dem Kenntnisstand der amerikanischen War Crimes-Justiz, den ich inzwischen erreicht hatte, kann man sich meine Gefühle beim Hantieren mit diesen Karteikarten vorstellen.

Doch die positive Seite unserer Bürotätigkeit im Bunker überwog bei weitem, wegen des noch besseren Einblicks in den ganzen Betrieb und gewisser Schutz- und Abwehrfunktionen, die wir dadurch insgeheim wahrnehmen konnten.

Ich erfuhr z. B. als erster, wenn die Untersuchungsbehörden bei einem Gefangenen den KV-Verdacht fallen ließen und ihn mit dem Vermerk »cleared by war crimes« ins Freilager überstellten. Jeweils an einem feststehenden Wochentag erfolgten dann dort die Entlassungen in die Freiheit. Doch die Freistellung wurde oft schon nach zwei oder drei Tagen widerrufen. In den Monaten Januar bis einschließlich Mai 1947 hatte es z. B. 834 solcher Rückversetzungen gegeben, monatlich im Durchschnitt über 166. Dieses Hin und Her erklärte sich meistens aus organisatorischen Mängeln in der ganzen War Crimes-Bürokratie, manchmal aber auch, weil der Betreffende zum Opfer eines dort ganz üblichen Menschenhandels werden sollte.

Irgend jemand bei den Amerikanern konnte es offenbar nicht verwinden, daß der eine oder der andere durch die Maschen der WC-Justiz in die Freiheit entkommen sollte, und fragte bei den in Dachau anwesenden Missionen der früher von Deutschland besetzten Länder herum, ob sie den Betreffenden nicht gebrauchen könnten. In der Zeit, als wir Schanghaier im Bunkerbüro saßen, wurde von uns, wenn eine Rückstellung kam, sofort festgestellt, ob der Betreffende aus dem Freilager schon entlassen war. Befand er sich noch dort, so wurde er von seiner drohenden Rückversetzung benachrichtigt, seine Karteikarte von uns bis zum Entlassungswochentag nicht weitergegeben. So gelangte der Mann jedenfalls erst einmal in die Freiheit und konnte versuchen, wenn er wollte, sich seiner Wiederverhaftung zu entziehen.

Die Auslieferungspraxis war eins der dunkelsten Kapitel von Dachau II. Frankreich hielt mit 1 249 vor Polen mit 1 196 den Rekord, am Ende der Skala standen Norwegen mit 4, Dänemark mit 3 und Griechenland mit einer

Person. Viele Gefangene wurden ausgeliefert, ohne auch nur einmal zur Sache vernommen worden zu sein, andere hatten das Land, in dem sie Kriegsverbrechen begangen haben sollten, während des Krieges nicht, manche auch vorher niemals betreten.

Der Nachweis einer Schuld, der im Völkerrecht Voraussetzung für die Auslieferung ist, wurde in keinem Fall vorher erbracht. Es gab auch keine Möglichkeit für den von einer Auslieferung Bedrohten, von den ausliefernden US-War Crimes-Behörden etwas über Gründe für seine Auslieferung, etwaige Beschuldigungen usw. zu erfahren. Manche verschwanden, ohne daß man jahrelang etwas von ihnen hörte, in Polen oder in Jugoslawien. Andere sollten niemals zurückkehren.

Nach Polen wurden vom August 1946 bis November 1947 1 196 Gefangene ausgeliefert. Von den 805, die allein im Februar 1947 – kurz bevor wir in den Bunker verbracht wurden – nach Polen abtransportiert wurden, hatten sechs noch die Möglichkeit gefunden, einem ungewissen und vielleicht qualvollen Schicksal durch den Freitod zu entgehen. Zur Vermeidung solcher Selbstmorde fiel den Menschenhändlern ein, die Termine für Auslieferungstransporte bis zuletzt streng geheimzuhalten. Die Betroffenen wurden dann überraschend nackt aus ihren Zellen geholt und erst nachdem man sicher war, daß sie keinerlei Selbstmordwerkzeug bei sich hatten, wieder bekleidet und in die Transportfahrzeuge verladen.

Der mangelnden Sorgfalt, mit der die 7708 War Crimes Group der US-Army skrupellos arbeitete, fielen Menschen nur wegen Namensverwechslungen zum Opfer, und manche dieser Fälle grenzten ans Absurde. So wurde zum Beispiel nach den Listen nach elf Leuten namens Fischer gefahndet, darunter vier mit dem Vornamen Willy. Im Lager machte bald die Runde, was einem von diesen passierte, aber nur ein besonders krasses Beispiel für viele ähnliche Fälle war. Nach seiner Verhaftung, weil er im CROWCASS stand, wurde er einmal als »General Fischer«, ein anderes Mal als »Bürgermeister Fischer eines Eifeldorfes« verhört und bei der dritten Vernehmung schließlich als »Gestapo-Mann« schwer zusammengeschlagen, weil er nicht zugeben wollte, bei der Gestapo gewesen zu sein. Doch hatte dieser Willy Fischer Glück, denn er wurde nicht in einen der Prozesse hineingezogen und unschuldig verurteilt. Schlechter fuhren andere, die wegen Namensverwechslungen nach anderswo ausgeliefert wurden, wie z. B. der Obersturmführer der Waffen-SS Michael Schmidt, den man aus dem Kriegsgefangenenlager Nürnberg-Langwasser, wo seine gesamte Einheit interniert war, nach Dachau holte, unter der Anschuldigung, in Frankreich Verbrechen begangen zu haben, zu einer Zeit, in der er mit seiner Truppe in Rußland war. Alle Anträge, doch Angehörige seiner Einheit im nahen Langwasser zu diesem klaren Alibi zu befragen, wurden mißachtet, und er wurde nach Frankreich ausgeliefert.

Viele Gefangene, die in französische Hände kamen, wurden unter unmenschli-

chen Bedingungen zu schwerer Zwangsarbeit gepreßt und kamen erst nach Jahren mit dauernden Gesundheitsschäden zurück.
Immer wieder hielt ich mir, mit solchen Fällen konfrontiert, selbst vor, daß zum Beispiel die Behandlung russischer Kriegsgefangener bei uns in ihrer alle Genfer Konventionen brechenden Barbarei jeder Beschreibung gespottet hatte. Ich konnte mir nicht vorstellen, daß ich jemals im Leben aufhören würde, mich der Schandtaten zu schämen, die im deutschen Namen begangen worden waren, aber sollte ich nun deshalb über die Verbrechen der anderen Seite mit duldendem Schweigen hinweggehen? Natürlich rechtfertigte keine fremde Untat die vorher begangenen der eigenen Seite. Aber ich brachte es nicht über mich, die Willkür der Sieger auf irgendeine Weise zu entschuldigen. Eine solche Haltung wäre mir als Verrat an der Idee des Rechtes selbst vorgekommen. Dieses hohe Gut fand ja seinen Wert gerade in seiner Unteilbarkeit. Der Rechtsbrecher B konnte sich nicht dadurch absolvieren, daß vor ihm A auf die gleiche Weise das Recht gebrochen hatte. Zweierlei Recht, je nach Täter, für die gleiche Tat, das rührte an die Fundamente. Es zerstörte das Vertrauen in Recht und Rechtsprechung überhaupt und bestätigte statt dessen das machiavellistische Opportunitätsprinzip, daß Recht ist, was dem Machthaber nützt.
»Recht oder Unrecht, mein Vaterland!« nach dieser Devise hatten Hitler und viele seiner Unterführer gehandelt, und nach allen hehren Schwüren und Versprechungen Roosevelts und seiner Unterführer, waren die Vereinigten Staaten zu einem heiligen Kreuzzug ausgezogen, um mit solchem Mißbrauch staatlicher Macht aufzuräumen und eine bessere Welt zu schaffen.
Ich mußte mich jedoch fragen, ob man die ernsthafte Absicht dazu von einer Nation erwarten durfte, aus deren Mitte schon kurz nach ihrer Geburt die Devise vom Vorrang des Nutzens für die eigene Nation vor dem Recht überhaupt erst hervorgegangen ist.[11]
Allerdings, wenn Amerika, wie man sagt, das Land der unbegrenzten Möglichkeiten ist, so ist darin offenbar auch die Unbegrenztheit der Widersprüche eingeschlossen. Noch in Schanghai hatte ich während unseres Prozesses die wunderbaren Worte notiert, die der Richter am Obersten Bundesgericht der USA, Frank Murphy, in seiner abweichenden Meinung in der Revisionsverhandlung des Urteils über den japanischen General Yamashita zu Protokoll gegeben hatte und die das absolute Gegenteil von O'Connors »Sie haben keinerlei Rechte« usw. zu unserer Begrüßung im Gefängnis waren:
»Die unveränderbaren Rechte des einzelnen einschließlich der durch die ›ordentliche Verfahren-Klausel‹ des Fifth Amendment zugesicherten, gehörten nicht allein den Nationen, die auf dem Schlachtfelde hervorragen oder sich der demokratischen Ideologie verschrieben haben. Sie gehören jeder Person in der Welt, ob Sieger oder Besiegte, wie auch immer ihre Rasse, Farbe oder Glauben sein mögen. Sie erheben sich über jeden Status der Kriegführung und Ächtung. Sie überleben jede volkstümliche Leidenschaft oder Raserei des

Augenblicks. Weder ein Gericht noch die gesetzgebende, noch die ausführende Gewalt, ja, nicht die mächtigste Armee dieser Welt kann sie jemals zerstören. Dergestalt ist die universale und unzerstörbare Natur der Grundrechte.«

Einer unserer ersten Eingriffe nach unserer »Besetzung« des Bunker-Büros war eine Änderung in der Aufnahmepraxis. Von jedem neu Eingelieferten waren auf einer großen Karteikarte ausgedruckte Fragen zu beantworten. Die ersten, die Personendaten betrafen, waren harmlos, auch noch die dann folgenden nach Einheiten, in denen der Betreffende gedient hatte, und den Kriegsschauplätzen, auf denen er eingesetzt war. Doch zum Schluß kam die verwunderliche Frage: »Warum bin ich hier?« Sammelte hier ein wilder Statistiker Daten für eine psychologische Diplomarbeit? Fast keiner der Verhafteten wußte, warum er sich plötzlich im Kriegsverbrecher-Lager Dachau wiederfand, aber die meisten, die im Gegensatz zu uns noch keine Erfahrungen mit der amerikanischen KV-Justiz gemacht hatten und sich eine unbegründete Verhaftung durch die Streiter für die Menschenrechte schwer vorstellen konnten, wollten irgendwie entgegenkommen und äußerten Vermutungen: »Vielleicht wegen ...«, und dann kam irgendein Ereignis, von dem der Befragte nur gehört oder das sich bei einer benachbarten Truppeneinheit abgespielt haben sollte. Wir sahen in dieser Frage eine Falle, und da wir inzwischen Gefangene kannten, die schon anderthalb Jahre hier als »Zeugen« saßen, ohne jemals in irgendeiner Sache vernommen worden zu sein, beschlossen wir, daß in diese Rubrik hinfort nur noch Floskeln wie »Ich weiß nicht«, »Habe keine Ahnung« oder »Kann es mir nicht erklären« u. ä. eingetragen wurden; manchmal ließen wir sie auch ganz leer. Es dauerte immerhin einige Wochen, bis Dortheimer bei Randow monierte, daß die letzte Frage auf der Aufnahmekartei »gar nicht mehr so richtig beantwortet« werde. Wir machten daraufhin eine kleine Konzession, die kaum schädliche Folgen haben konnte. In den meisten Fällen ließen wir es bei den genannten Redewendungen, war der Eingelieferte jedoch Angehöriger der Waffen-SS oder allgemeinen SS gewesen, so lautete die Eintragung nun: »Wohl wegen meiner Zugehörigkeit zur SS«. Dortheimer mußte zu diesem Zeitpunkt schon vorwiegend andere Interessen gehabt haben, denn es kamen keine Beanstandungen mehr, und wir konnten es bis zu unserer Entlassung aus dem Bunker weiter so halten.

Natürlich war es möglich, daß unsere Hilfe auch dem einen oder anderen zugute kam, der wirklich etwas auf dem Kerbholz hatte. Wir konnten das nicht wissen, hatten auch gar nicht die Mittel, Schafe von den Böcken zu trennen. Wir konnten nur eine Wahrscheinlichkeitsrechnung anstellen. Und die ergab, wenn wir die Erfahrungen am eigenen Leibe im Schanghaier Prozeß und dazu die hier gesammelten in das Kalkül einsetzten, eindeutig, daß die weitaus überwiegende Mehrheit der 40 000 Gefangenen, die man durch die Dachauer War Crimes-Mühle drehte, zu Unrecht als Kriegsverbrecher verdächtigt wur-

den. Unschuldige vor Unrecht zu bewahren, auch auf die Gefahr hin, daß dabei vielleicht auch etwas unverdient dem einen oder anderen Schuldigen zugute käme, war auf alle Fälle das menschlichere Verhalten.
Außerdem – ich hielt mir das immer wieder vor Augen – waren es die USA, die nach der Kapitulation der Wehrmacht vom 8. Mai 1945 weiter Krieg gegen uns führten, und eine Waffe dabei waren die Prozesse. Mit Pathos geradezu hatte Oberstleutnant O'Connor in Schanghai verkündet: »Dieser Prozeß ist eine militärische Operation!« Ich für meine Person hatte diese Kriegsfortsetzungserklärung angenommen.
Sollte aber noch irgend etwas gefehlt haben, um uns von der Berechtigung und der Notwendigkeit des härtesten Widerstandskampfes gegen die US-War Crimes-Maschinerie zu überzeugen und in diesem zu bestärken, so mußte es der Malmedy-Prozeß sein. Es waren noch einige Gefangene da, die über die dabei begangenen Unmenschlichkeiten berichteten, die wohl den bisherigen Gipfel aller Leistungen der 7708 War Crimes Group darstellten. Die Sache war auch noch nicht zu Ende. Noch sahen in Landsberg in absoluter Einzelhaft und in den roten Jacken, in welche die Amerikaner die für den Henker Bestimmten zu kleiden beliebten, die 43 in diesem Prozeß zum Tode Verurteilten ihrer Hinrichtung entgegen.
Einige wenige Gefechtsminuten in der letzten großen Schlacht des Krieges an der Westfront kurz vor Weihnachten 1944 lieferten den Anlaß für den Prozeß, bei dem bald die damit verfolgte politische Absicht erkennbar wurde, an einem Beispiel den Beweis zu führen, die Kampfführung der 1. SS-Panzerdivision und der Waffen-SS ganz allgemein sei kriegsrechtswidrig und unmenschlich gewesen.
Nachdem am frühen Morgen des 17. Dezember die ersten amerikanischen Stellungen überrannt waren, bewegte sich die in westlicher Richtung vorstoßende, aus fünf Panzern bestehende Spitze der Panzergruppe Peiper auf eine Kreuzung der Straße Malmedy-St. Vith zu, als, von Malmedy kommend, eine amerikanische Artillerieabteilung diese Straßenkreuzung erreichte, die sofort von den Panzern unter Feuer genommen wurde. Die überraschte Kolonne geriet in totale Verwirrung, Fahrzeuge fuhren aufeinander, andere gerieten in Brand. Als die Panzer herankamen, hatten die überlebenden Amerikaner die Fahrzeuge verlassen, einige ergaben sich, andere flohen oder suchten im Gelände Deckung und wurden beschossen. Die Panzer hatten den Auftrag, schnell so weit wie möglich nach Westen in Richtung der Maasübergänge vorzustoßen, bevor die Brücken von den Amerikanern gesprengt werden konnten, jede Minute zählte. Der Kommandeur der Spitze konnte auch keine Männer zurücklassen, um die paar Amerikaner, die sich ergeben hatten, in die Gefangenschaft abzuführen, so verwies er sie einfach auf die Straße nach Osten, bevor er mit seinen Panzern weiter nach Westen vorstieß. Einige Tage darauf, als sich die Amerikaner von der Verwirrung erholt hatten, in die sie die ersten Schläge der deutschen Ardennen-Offensive versetzt hatten, und als sie

nach dem Heranführen starker Reserven verlorenes Gelände zurückgewannen, fanden sie an der Straßenkreuzung und in ihrer Umgebung die Gefallenen der 200 Mann zählenden Artillerieabteilung, die bis dahin als vermißt galten. Bevor überhaupt ein medizinisches Gutachten der 1. US-Armee über die Todesursachen der gefundenen 71 Gefallenen fertiggestellt sein konnte, hatte der alliierte Propagandasender Calais schon gemeldet, ungefähr 60 Soldaten seien von den Deutschen erschossen worden, »als sie sich bereits ergeben hatten oder gerade ergeben wollten«. In der Folgezeit sollte noch vor dem Prozeß die Zahl der »ermordeten Kriegsgefangenen« auf 400 und mehr steigen.

Meine Erfahrungen hatten mich schon lange dazu gebracht, so leicht nichts, was mir erzählt wurde oder was die Presse oder Rundfunk berichteten, auf Anhieb für bare Münze zu nehmen. So gut wie sicher mußte ein großer Teil der amerikanischen Gefallenen an der Straßenkreuzung dem Beschuß durch die Kanonen der fünf Panzer zum Opfer gefallen sein, wahrscheinlich die meisten der einundsiebzig, und die übrigen wurden vielleicht getroffen, als sie in die Felder zu flüchten versuchten. Nur von einem Soldaten, der nach dem Wegwerfen seiner Waffen mit erhobenen Händen auf einen zukommt, darf man vermuten, daß er sich ergeben will, und es darf nicht auf ihn geschossen werden. Wer dagegen sich der Gefangennahme durch die Flucht entziehen will, oder, nachdem er sich ergeben hat, sich anders besinnt und wieder davonläuft, ist ein Kombattant, und es ist für alle Soldaten der Welt nicht nur Recht sondern Pflicht, auf diesen Gegner zu schießen. Von einer nüchternen Betrachtung der Umstände und vom Gefühl her neigte ich der deutschen Darstellung des Vorfalles zu. Doch selbst einmal unterstellt, es wäre tatsächlich zur Tötung von Gefangenen gekommen, so konnte das in keiner Weise rechtfertigen, was nunmehr nach der deutschen Kapitulation am 8. Mai 1945 in dieser Sache von amerikanischer Seite geschah.

Aus den Gefangenenlagern wurden über eintausend Soldaten und Offiziere der ehemaligen Kampfgruppe Peiper und einige der Befehlshaber, denen diese unterstanden hatte, als Verdächtige ausgewählt. Als Vernehmungszentrum diente das Landesgefängnis in Schwäbisch-Hall, das für die Vorbereitung des Prozesses von der US-Army beschlagnahmt und von seinen bisherigen Insassen geräumt wurde. Hier begannen dann im November 1945 die Folterungen, um Geständnisse und falsche Zeugenaussagen zu erpressen. Mitte April 1946 verlegte man dreihundert Opfer der Behandlung zur weiteren Vorbereitung des Prozesses nach Dachau. Man hatte sie vier Monate lang physisch und psychisch gequält. Ausgeschlagene Zähne und Kieferbrüche waren noch die geringsten Resultate der Prügeleien – selbst eine US-Ärzte-Kommission mußte später weit über hundert Fälle unheilbar zertretener Hoden feststellen. Den Gefangenen wurde systematisch der Schlaf geraubt, und bei Nacht wurden mit manchen Scheinprozesse veranstaltet, in denen sie von einem vorgetäuschten Militärgericht zum Tode verurteilt wurden. Unter der Drohung, daß sie schon am nächsten Tag aufgehängt würden und dem Versprechen, sie könnten noch mit dem Leben davonkommen, wenn sie »kooperierten« – wir kannten den Ausdruck aus Schanghai, wurden viele der meist nur um die 20 Jahre alten Soldaten der Waffen-SS dazu gebracht, falsche Geständnisse und Zeugenaussagen zu unterschreiben. In einigen Fällen gingen die Farcen sogar so weit, daß die Opfer tatsächlich an einem Strick hochgezogen und dann wieder zur Ablegung des »Geständnisses« heruntergelassen wurden. Auch als Geistliche verkleideten sich die Vernehmer. Manche Gefangene wurden neben dem physischen Terror durch Lügen und Tricks zu Falschaussagen bewogen. Man legte ihnen gefälschte Aussagen von Vorgesetzten vor, nach denen sie die Ausführenden von Mordtaten gewesen seien, um damit von ihnen zu erreichen, daß sie sich durch Belastung des angeblichen Befehlsgebers zu entlasten versuchten. Viele wurden in einen Zustand versetzt, in dem sie bereit waren, jede eidesstattliche Versicherung zu unterschreiben, die man ihnen vorlegte, wenn sie nur die Hoffnung haben konnten, daß ihre Qualen dadurch ein Ende nähmen.

Auch vor Blasphemie scheuten die Folterknechte nicht zurück. Bei den vorgetäuschten nächtlichen Kriegsgerichtsverhandlungen stand auf dem mit schwarzem Tuch bedeckten »Richtertisch« ein Kruzifix, neben dem eine aufgeschlagene Bibel lag, auf die geschworen wurde. Hier wurden tatsächlich noch die Verhörmethoden in den Schatten gestellt, die man der Gestapo und der sowjetischen GPU nachsagte.

Die Verantwortung für die Prozeßvorbereitung trug Oberstleutnant Burton F. Ellis, der dann später auch die Anklage im Prozeß vertrat, und an den Verhören in Schwäbisch Hall waren hauptsächlich beteiligt Hauptmann Raphael Shoemaker, Oberleutnant Robert E. Byrne, Mr. Morris Ellowitz, Oberleutnant William R. Perl, Mr. Harry Thon und Mr. Kirschbaum, wobei sich die letzten drei besonders bei den Folterungen hervorgetan haben; Kirschbaum war übrigens jetzt noch der Leiter der Bühnenschauen.

Die Hauptverhandlung des Malmedy-Prozesses hatte dann der Voruntersuchung alle Ehre gemacht. Nachdem mit den geschilderten Methoden ein Jahr lang die Anklage vorbereitet worden war, wurde dem Offizialverteidiger, Oberstleutnant Everett, bis zur Prozeßeröffnung im April 1946 die Einsicht in das Belastungsmaterial verweigert. Während der Hauptverhandlung widerriefen die Angeklagten ihre Geständnisse und andere belastende Aussagen. Wenn aber von der Verteidigung danach gefragt wurde, wie diese zustandegekommen waren, erhob die Anklage jedesmal Einspruch gegen die Frage, und der Richter, Oberst Rosenfeld, gab diesem immer statt, so daß die Greuel von Schwäbisch Hall nicht zur Sprache kommen konnten. Am 16. Juli 1946 wurden alle 73 Angeklagten verurteilt. Wie in Schanghai gab es weder eine mündliche noch eine schriftliche Urteilsbegründung. Die Urteile lauteten dreiundvierzigmal Tod, zweiundzwanzigmal lebenslänglich, zweimal 20, einmal 15 und fünfmal 10 Jahre.

Was von den Vorgängen im Lager einmal über die Stacheldrahtumzäunung hinausdrang, etwa aus Erzählungen von Entlassenen, wurde nur einem begrenzten Kreis von Angehörigen und Freunden bekannt, in die Öffentlichkeit gelangte so gut wie nichts. Es war eine ganz große Ausnahme, wenn einmal eine Redaktion der von den Besatzungsmächten lizenzierten Zeitungen so viel Mut aufbrachte wie das Wochenblatt der SPD von Württemberg-Baden, »Der Volkswille«, Stuttgart, der am 28. Juni 1947 u. a. schrieb:

»In Dachau seien an den dort Inhaftierten jetzt – 1947 – Mißhandlungen vorgenommen worden, wird von Geistlichen behauptet. Es werde geprügelt und gefoltert. Wer immer unter Anklage oder Verhör steht, und sei er der größte Mörder, wir wollen nicht zulassen, daß er geschlagen oder gefoltert wird.

Wer Gefangene schlägt, wer Geständnisse erpreßt, ist ein Verbrecher und gehört vor ein Gericht. Wer ist verantwortlich für Dachau? Wer foltert? Die Behauptung ist erhoben! Sie muß geprüft werden!«

Noch sehr lange sollte die Forderung des mutigen Blättchens – von den großen Zeitungen hörte man nichts – als frommer Wunsch unerfüllt bleiben.

Gegen die unter solchen Umständen zustande gekommenen Urteile der Dachauer Militärgerichte gab es keine Berufung, sondern – wie bei dem Schanghaier Urteil – nur eine Durchsicht des Gerichtsprotokolls durch den Gerichtsherrn. Das war General Clay, der amerikanische Militärgouverneur. Er konnte die Urteile bestätigen oder mildern. Konnte aber eine solche Durchsicht der Falschaussagen und Meineide enthaltenden Protokolle genügen, zumal darunter in den Dachauer Fällen 287 Todesurteile waren? Ohne jeden Zweifel stand fest, daß eine ganze Anzahl der in Dachau zum Tode Verurteilten und in Landsberg Hingerichteten Opfer von Fehlurteilen oder glatten Justizmorden waren.

Zur Ehre des anständigen Durchschnittsamerikaners muß ich erwähnen: Es gab auch Lichtblicke in der infernalischen Maschinerie der 7708 War Crimes Group. Unter den Offizialverteidigern, meist Rechtsanwälte in Uniform, waren einige, für die – wie für Oberstleutnant Bodine in Schanghai – die Worte des Bundesrichters Murphy über die »universale und unzerstörbare Natur der Grundrechte«, keine bloße Heuchelei darstellten, sondern die sie ernst nahmen und dagegen ankämpften, daß sie hier täglich mit Füßen getreten wurden. Sie setzten sich trotz der gewaltigen Behinderungen und der Begünstigung der Anklage, nach Kräften für ihre Mandanten ein. Ohne sie hätte die Blut- und Rachejustiz zweifellos noch größere Opfer gefordert. Freilich waren ihre Anstrengungen auch in vielen Fällen ganz und gar vergeblich. Als leuchtendes Beispiel möchte ich mit Namen hier den hervorragendsten dieser Streiter für das Recht nennen: Oberst Willis M. Everett, den Hauptverteidiger im Malmedy-Prozeß, der die Urteile nicht hinnahm und jahrelang in den Vereinigten Staaten einen dramatischen Kampf führte, um sie aufzuheben, worauf mein Bericht später zurückkommen wird.

Im Bunker-Büro konnte ich vieles einsehen. Manches wertvolle Papier, das mir in die Hände fiel, konnte ich abschreiben und, wie mein Tagebuch, später ungesehen aus dem Lager schaffen. Das Tagebuch nahm der katholische Pfarrer Roth, der selbst in der NS-Zeit in Dachau eingesperrt gewesen war, nach ein paar Worten der Erklärung von mir ohne weiteres mit, obwohl ich seiner Kirche gar nicht angehörte. Der evangelische Pfarrer, der zu dieser Zeit zur Abhaltung von Gottesdiensten ins Lager kam, hatte meine Bitte darum abgelehnt.

Eines Tages fand ich den Text eines Vortrags, den Bunkerchef Dr. Dortheimer vor einer Besucherinnengruppe von Angehörigen amerikanischer Soldaten gehalten hatte. Nach der Anrede »Meine Damen«, begann er:

»Ich sehe es als eine große Ehre an, heute nachmittag zu Ihnen zu sprechen, aber ich bin auch betrübt, daß ich damit die Aufgabe übernehmen muß, Ihnen von einem der traurigsten Kapitel der Geschichte der Menschheit zu erzählen. Doch ich bin auch der Meinung, daß es richtig ist, Ihnen ein Bild von dem zu geben, was sich in dem Land abgespielt hat, in dem Sie für einige Zeit zu leben haben. Deutschland ist nicht nur Garmisch und Berchtesgaden, Chiemsee und Salzburg, Deutschland ist auch Dachau und Buchenwald, Auschwitz und Mauthausen. Lassen Sie mich in dem folgenden Resümee an die unglaublichen Taten erinnern, die begangen wurden, und möge das Ihnen helfen, ein größeres Verständnis für die Probleme der Menschheit zu gewinnen.«

So weit, so gut, nickte ich zustimmend bei der Lektüre, doch schon bei den nächsten Sätzen begannen sich Zweifel einzustellen: »Darf ich Sie daran erinnern, warum Ihre Väter und Söhne, Ihre Männer und Verlobten kämpfen und leiden und fern von Ihnen und Ihrer Heimat sterben mußten? Das Ziel der amerikanischen Demokratie und ihres Humanitätsverständnisses ist es, eine Periode dauernden Friedens zu schaffen und die von Franklin Delano Roosevelt verkündete Politik der Vier Freiheiten zu verwirklichen, besonders der Freiheit von Furcht... Das kurze Bild, das ich gebe, möge Ihnen zeigen, daß jeder von uns, Mann und Frau, moralisch verpflichtet ist, beim Bau der Grundlagen von Frieden und Freiheit mitzuhelfen, ohne die eine wirklich humane Gesellschaft auf diesem Globus nicht existieren kann.«

Wie richtig! Aber muß nicht zuallererst die Wahrheit kommen, als unerläßliches Fundament aller Fundamente? Da mußte ich nun weiter lesen, daß der Verkünder der hohen Prinzipien mit ihr sehr robust umging. Was sich in Dachau zu Himmlers Zeiten an Scheußlichkeiten ereignete, war schlimm genug, warum mußte Dortheimer in seiner Rede die Zahl der in Dachau Umgekommenen gleich verachtfachen? Es konnte sich schwerlich um einen Irrtum handeln, denn Dortheimers amerikanische War Crimes-Behörde mußte die richtige Zahl kennen.[12]

Erstaunt las ich in seinem Redetext weiter:

»Werfen Sie einen Blick auf die Krematorien und Gaskammern! Ihre Kapazität waren 400 zu Tode Vergaste alle 15 Minuten. Und hier Tausende von kleinen

Babyschuhen, von stolzen Müttern für ihre geliebten Babies gestrickt, andere mit einer winzigen kleinen Sohle, so richtig für Kleine, die ihren ersten Schritt machen. Und da ein bißchen größere Spielschuhe und hier ein paar aus Lackleder, wahrscheinlich benutzt bei der ersten Heiligen Kommunion oder für den ersten Schultag. Können Schuhe reden? Können Schuhe mehr sein als nur Fußbekleidung?«

Diese sicher die Gefühle der Zuhörerinnen in Wallung bringenden Worte müssen wohl der Begleittext zu einem Film oder zu Lichtbildern gewesen sein, denn in Dachau hat, als es NS-KZ war, niemals eine Gaskammer existiert! Auch sind da keine Mengen von Kleinkindern umgekommen. Gleich anschließend daran aber bezog sich der Text wieder auf Dachau... »Und da es eins der ›guten‹ Lager war, mußten von Januar 1945 bis April 1945 hier nur 14000 Insassen sterben...« Pfarrer Roth hatte selbst in Dachau gesessen und kannte die Verhältnisse. Eine Gaskammer hatte er nie gesehen. War es ein Wunder, daß ein so informierter, wahrheitsliebender Geistlicher bereit war, denen zu helfen, die festzuhalten versuchten, mit welchen Mitteln jetzt die Saat des Hasses und der Rache gesät wurde?

Meine letzten Tage in Dachau waren etwas freundlicher. Da die 7708 War Crimes Group uns Schanghaier Mitte Juli – wiederum ohne ein Wort der Erklärung – aus ihren Fängen entließ, verbrachte ich sie nicht mehr im Bunker, sondern im sogenannten Freilager, in der Gewißheit, in spätestens acht bis zehn Tagen endlich die Freiheit zurückzugewinnen. Es zog mich dort zu einem Platz hinter den Baracken, von dem aus man jenseits von Mauer und Stacheldraht in der Ferne dunkelblauen Hochwald sehen konnte. Ein Stückchen Rasen gab es hier auch, auf den ich mich in der so lange entbehrten Sonne betten konnte. Da lag ich an meinem letzten Sonntag als Gefangener, sah über mir im blauen Himmel die weißen Wolken ziehen; es war einer der selten gewordenen Augenblicke, in denen ich mich einmal mehr mit mir selbst beschäftigen konnte. Meinen dreiunddreißigsten Geburtstag hatte ich vor kurzem im Bunker erlebt, Dr. Otto hatte mir eine von ihm in chinesischen Schriftzeichen geschriebene Glückwunschadresse gebracht, was mich in süßem Schmerz an ein verlorenes Paradies zurückdenken ließ. Da fielen mir die Verse des englischen Dichters William Morris aus seinem Gedicht, »Die Hälfte des Lebens vorbei«, ein, die ich damals im April in meinem Tagebuch notiert hatte und die in ihrer Melancholie auf meine eigene Situation so gut paßten:

The days have slain the days
and the seasons have gone by
and brought me the summer again.
And here on the grass I lie,
as erst I lay and was glad,
re I meddled with right and with wrong.

Ja, ich konnte der Schönheiten des Himmels und der Erde nicht mehr recht froh werden, »seit ich mich einmischte in Unrecht und Recht«! Und gleich wanderten meine Gedanken zu der neuen Sorge, die mich seit kurzem beschäftigte.

In den Bunker war der bei Kriegsende höchste Richter des Heeres, Generalstabsrichter Bockelberg, eingeliefert worden. Die Gespräche mit ihm hatten meine Gedanken in eine ganz andere, von der dauernden Beschäftigung mit Gefangenschaft, Prozessen und Recht und Unrecht ferne Richtung gelenkt, zurück nämlich zu dem eigentlichen Mittelpunkt all meines Denkens und Trachtens seit den letzten Schuljahren: dem politischen Schicksal des deutschen Volkes.

General Bockelberg kam aus einem der beiden »vornehmen« Lager, Garmisch und Allendorf, die auch »Generallager« oder »Schreibelager« genannt wurden. Im wesentlichen hatten die Amerikaner dort Generalstabsoffiziere versammelt, die im Auftrag einer Einrichtung der US-Army, die den vertrauenerweckenden, fast anheimelnden Namen »Historical Divison« führte, gewisse Arbeiten anfertigen. Der Lohn für die Schreibenden bestand in Vergünstigungen wie bessere Unterbringung und Verpflegung, Empfang von Angehörigen- oder Verwandten-Besuch oder gar Urlaub auf Ehrenwort. Nur wer die Zustände in den »gewöhnlichen« Gefangenenlagern kannte, konnte ermessen, was dieser Unterschied zum sonstigen Lagerdasein ausmachte. Es war eine feine Art von Bestechung.

Längst nicht bei allen dort behandelten Themata ging es tatsächlich um Kriegsgeschichte. Im Lager Garmisch, wo der Rußlandfeldzug im Mittelpunkt stand, interessierten sich die Amerikaner für operative, taktische und logistische Probleme der Kampfhandlungen unter den gerade für diesen Kriegsschauplatz spezifischen Bedingungen, also für die praktischen Erfahrungen, die dort niemand anderes als die deutsche Wehrmacht in vierjährigem Kampf gemacht hatte. Dabei war auch vor allem die Kampfweise und Moral des Gegners von Wichtigkeit. Kurzum, es handelte sich um Kenntnisse, die mit dem Blut von Millionen von Gefallenen und Verwundeten auf deutscher und russischer Seite teuer bezahlt worden waren. Kaum jemals ist wohl ein unter solchen Opfern erworbener Wissensschatz so billig für ein paar Gramm Brot und ein paar zusätzliche Päckchen Zigaretten verschleudert worden. Wie tief hatten Hitlerismus, Krieg und Niederlage manche Angehörige einer Kaste korrumpiert, die einst auf ihre preußischen Ehrbegriffe stolz war!

»Nicht alle schreiben«, hatte mich General Bockelberg getröstet, als er meine Empörung bemerkte. Einige Offiziere hatten das Ansinnen von sich gewiesen und sich grundsätzlich geweigert. Bockelberg, der Heeresjurist, hatte den Kameraden in Garmisch die Rechtslage klar gemacht. Sie waren Kriegsgefangene; der Krieg war rechtlich noch nicht durch einen Friedensschluß beendet, wie hätte es sonst auch noch Kriegsgefangene geben können? Nur ein Waffenstillstand herrschte de jure. Und was ein Kriegsgefangener der Gewahrsamsmacht mitteilen darf, ist auf ein paar Angaben zur Person beschränkt.

Strikt verboten sind Informationen, die dem Feind nützlich sein können, und sie dürfen von diesem nach Kriegsrecht auch gar nicht verlangt werden. Bockelberg erzählte mir, daß er den Schreibern gesagt habe, ihr Tun erfülle den Straftatbestand des Landesverrats. Das hatte zu scharfen Auseinandersetzungen unter den gefangenen Offizieren geführt; zwei Lager hatten sich im Lager gebildet. Die Amerikaner sahen sich in ihrem Vorhaben behindert, und so wurde der Hauptstörenfried einfach entfernt: Aus dem verhältnismäßig komfortablen Garmisch kam er zu uns in den Bunker von Dachau.

In meinen Augen war das Verhalten der beflissenen Schreiber nicht nur rechtlich unzulässig und moralisch bedenklich, sondern auch politisch dumm und gefährlich. Denn das Erpichtsein der Amerikaner auf die deutschen Kriegserfahrungen in Rußland konnte ja doch in nichts anderem begründet sein als in der Vorbereitung auf einen Krieg mit dem gleichen Gegner. Hatten Deutsche nach dem katastrophalen Ausgang des eigenen Abenteuers dazu ihre Hand zu leihen? War uns nicht vielmehr nach allem, was geschehen war, als dringendste Aufgabe erwachsen, wahren Frieden zwischen dem deutschen und dem russischen Volk wiederherzustellen, wie er früher einmal bestanden hatte?

Das Schlimmste an einem Krieg zwischen den Vereinigten Staaten und der Sowjetunion jedoch, sollte er sich ereignen, war die an Sicherheit grenzende Aussicht, daß unser Land dafür den Hauptkriegsschauplatz abgeben und daß, was nach dem eben beendeten Krieg in Deutschland noch stand und vom deutschen Volke noch übriggeblieben war, endgültig vernichtet würde. Deutsche hatten in einem solchen Krieg nichts, in keinem überhaupt noch etwas zu suchen.

Nachdem ich von den schreibenden Offizieren von Garmisch gehört hatte, schlich sich bei mir der schreckliche Verdacht ein, daß für manche meiner Landsleute all das Furchtbare, das die Nation mit diesem Krieg getroffen hatte, nicht ausgereicht haben könnte, um sie zur Besinnung zu bringen. Man lebte ja noch, man hatte es überstanden, aber mit der leiblichen Existenz hatte man offenbar noch etwas mehr in die Zukunft hinübergerettet: Dummheit, Arroganz und die Anfälligkeit für eitle Hoffnungen. Sollte es noch zu einer dritten deutschen Daseinsverfehlung kommen?

Ich wußte am Ende der »Nachkur«, die ich nach der Behandlung durch die Amerikaner in Schanghai noch in Dachau genossen hatte, daß neben dem Kampf gegen das Unrecht und für die Befreiung der unschuldig Verurteilten, den ich mir im Ward Road Gefängnis geschworen hatte, noch eine viel umfassendere und wichtigere Aufgabe vor mir lag.

# 6 Rumpelstilzchen

Nirgendwo hatte ich in den Wochen, nachdem ich Dachau verließ, den Eindruck, in ein Land gekommen zu sein, das den großen Krieg schon zweieinviertel Jahre hinter sich hatte. Das lag einmal an den Zerstörungen, die einem überall ins Auge sprangen. Beim Gang zur Stadtmitte in München hatte ich das Schiff der Frauenkirche arg zerstört gefunden, während wenigstens das Wahrzeichen der Stadt, der Doppelturm mit den Kuppeln noch stand. Beim kurzen Zwischenaufenthalt in Frankfurt auf dem Wege nach Hamburg und Lübeck, wo ich bei meinem Bruder erst einmal eine Bleibe finden sollte, zog es mich zum Römerberg. Hier fand ich von den herrlichen alten Bauten nur noch einen Kranz von Trümmerhügeln. Einzig das Standbild der Justitia mit Schwert und Waage war noch erhalten und hob sich als einsame Silhouette gegen den Himmel ab. Widersprüchliche Gefühle weckte bei mir dieses Symbol. Gerechtigkeit! wo war sie in diesem Kriege und seinen Nachwehen geblieben? Oder wollte es sagen, daß allein sie auf die Dauer Bestand hätte? Wie sehr hoffte ich das, als ich, traurig über die Zerstörung der Zeugnisse des großen deutschen Mittelalters, meine Schritte wieder zum Bahnhof lenkte. Dort herrschte im Gegensatz zum menschenleeren Zentrum das regste Leben, nicht nur von Reisenden, die mit Sack und Pack umherzogen oder auf den Bahnsteigen lagerten, sondern auch von Gesindel, berufsmäßigen Schwarzhändlern und Dieben, die man in Scharen an allen Verkehrsbrennpunkten antraf.

In Hamburg, wo ich bei meinem Schulfreund Max Hinzpeter, der mir schon nach Dachau geschrieben hatte, zwei Tage Station machte, waren die Hafenanlagen weitgehend zerstört, die Werften zum Teil von den Briten demontiert, und den übrigen drohte dieses Schicksal noch. Die früheren volkreichsten Wohnviertel der Stadt waren quadratkilometerweit Trümmerfelder, aus denen hier und da noch kleine Inseln von stehengebliebenen Etagenhäusern herausragten. Der britische Luftmarschall »Bomber«-Harris hatte sich für seine Flächenbombardements mit Brand- und Sprengbomben vor allem die Wohnviertel vorgenommen, weil er sich ausgerechnet hatte, daß durch deren Vernichtung und auch schon durch das Hineintreiben der Menschen Nacht für Nacht in die Luftschutzkeller, durch Aufräumungsarbeiten und Umzüge der obdachlos gemachten Menschen Abermillionen Arbeitsstunden ausfielen und dadurch die Industrieproduktion schwer beeinträchtigt würde. Indessen war, wie ich erfuhr, die Rüstungsproduktion bis zum Sommer des letzten vollen Kriegsjahres noch ständig gestiegen.

Dem Erdboden gleich gemacht waren auch die beiden Wohnhäuser in der Anger- und Richardstraße, in denen wir nach dem Umzug von Thüringen nach Hamburg von 1927 bis 1933 gelebt hatten. Das alte Gebäude meiner Schule, am unteren Ende der Angerstraße, gegenüber dem Landwehrbahnhof, hatte den

Krieg jedoch überstanden, während ironischerweise die unmittelbar daneben liegende Feuerwache ausgebrannt war. Als leere Hülle standen noch Umrisse der Mauern. Hundert Meter weiter in der Hasselbrookstraße sah ich auch das Geburtshaus des Schulkameraden Wilhelm Asche zerstört, einer der wenigen unseres Jahrgangs, die den Krieg überlebt hatten und der jetzt als Journalist beim Nordwestdeutschen Rundfunk arbeitete. Ich ging nun noch die paar Schritte eines Weges, den ich im letzten Schuljahr oft gemacht hatte, durch die Reste der Convent- zur Papenstraße. Auch das große Etagenhaus, das ich hier suchte, fand ich nicht mehr. Hier hatte Inge mit ihren Eltern gelebt, meine Jugendliebe und spätere Frau. Von den 10 Jahren seit unserer Hochzeit 1937 hatten wir in den ersten drei in Berlin, Schanghai und Tsingtau mit Unterbrechungen, alles zusammengerechnet, gerade zwölf Monate zusammengelebt. Seit sieben Jahren hatten wir uns, durch Kontinente und Weltmeere und – was noch schlimmer war – einen Weltkrieg getrennt, nicht mehr gesehen.
Meine kurzfristige Unterkunft bei Hinzpeters lag in ganz entgegengesetzter Himmelsrichtung weit weg von hier, in einem verhältnismäßig wenig mitgenommenen westlichen Vorort, aber ich hätte nicht bei diesem ersten Wiedersehen mit Hamburg nach Lübeck weiterfahren können, ohne die alten Stätten zu besuchen, die wehmütige Erinnerungen an eine glückliche und erfüllte Jugendzeit aufsteigen ließen. Während ich sinnend vor den Ruinen dessen stand, was mir einmal viel bedeutet hatte, prüfte ich meine Gefühle und war zufrieden, keinen Haß auf die Zerstörer zu finden, sondern nur Schmerz über die Sinnlosigkeit des Krieges und den politischen Wahnsinn, der zu ihm geführt hatte. Diese Ruinen fügten sich ein in ein weites Geflecht von Zusammenhängen, Ursachen und Wirkungen, das ich als dynamisches Erscheinungsbild immer deutlicher vor Augen sah, von einem welthistorischen Prozeß, in den wir alle, die ganze abendländische Menschheit, mehr oder weniger schuldhaft verstrickt waren.
Doch die Erkenntnis half nicht viel: Ich sah noch kein Ende.
Nicht nur die Zeugen der Kriegszerstörungen, bei bis auf wenige Ansätze fehlenden Anzeichen von Wiederaufbau, verdunkelten die Tatsache und ließen einen vergessen, daß das Ende des Krieges nicht erst gestern eingetreten war, sondern schon zweieinviertel Jahre zurücklag. Im Vergleich zur Zeit nach dem I. Weltkrieg befanden wir uns in einer beispiellosen Ausnahmesituation. Damals war schon zwei Monate nach dem Waffenstillstand und einer gleichzeitigen Revolution in Deutschland, welche die Monarchie beseitigt hatte, im Januar 1919 die Nationalversammlung in Weimar zusammengetreten und schuf eine Verfassung für die Republik, die noch im selben Jahr in Kraft trat. Schon sieben Monate nach dem Waffenstillstand gab es am 28. Juni 1919 in Versailles einen – wenn auch mit bösen, einseitig von den Siegern diktierten Bedingungen belasteten – *Friedensvertrag*. Nur verhältnismäßig kleine Teile des Reiches waren von fremden Truppen besetzt, und auch in diesen blieben deutsche Souveränität und Staatsgewalt gültig.

Diesmal war die Reichsregierung, in deren Auftrag die *Wehrmacht* kapituliert hatte, nach deren Waffenniederlegung mit Gewalt von alliierten Truppen beseitigt und das so geschaffene Vakuum durch eine reine Militärherrschaft ersetzt worden. An diesem Zustand hatte sich bis 1947 nichts geändert, wenn auch die vier Militärgouverneure, jeder in seiner Besatzungszone, mit beschränkten Zuständigkeiten abhängige Länderverwaltungen, die sich »Regierungen« nannten, und Parlamente zugelassen hatten.
In diesem Jahr hatte es jedoch eine Reihe von Ereignissen gegeben, die man als Anzeichen einer Wende in der anglo-amerikanischen Politik gegenüber Deutschland ansehen konnte. Wurden bisher die Entmachtung – unter dem Stichwort »Entmilitarisierung« –, die Bestrafung – unter den Stichworten »Verfolgung der Kriegsverbrecher und Denazifizierung« – und die Ausplünderung durch Industriedemontage und den Raub sämtlicher deutscher Patente – unter dem Stichwort »Reparationen« – als vordringliche Ziele der Besatzungspolitik verfolgt, so klangen jetzt zunehmend freundliche Worte wie »Wiederaufbau«, »Wirtschaftshilfe« und gar »Versöhnung« aus amerikanischem und britischem Munde an in dem herrschenden Elend für solche Töne nur zu aufnahmebereite deutsche Ohren.
Ein gebranntes Kind wie ich war mißtrauisch und hörte unter den neuen Melodien ein anderes Grundmotiv heraus.
Als der amerikanische Außenminister George Marshall am 5. Juni 1947 in der Harvard Universität sein European Recovery Program, nach ihm später kurz Marshall-Plan genannt, für den Wiederaufbau Europas verkündete, war eine erhebliche Verschlechterung des Verhältnisses zwischen den USA und der Sowjetunion vorausgegangen. Der Interessenskonflikt war zuerst im Nahen Osten in der kritischen Übergangsregion von Europa nach Asien deutlich geworden, als die Briten sich dort ihre Machtlosigkeit eingestehen und um amerikanische Unterstützung bitten mußten. Sie fürchteten ein Übergreifen des sowjetischen Einflusses auf Griechenland und die Türkei und hatten schon Ende Februar durch zwei diplomatische Noten Washington alarmiert. Zu gleicher Zeit war ein Artikel des amerikanischen Rußlandfachmanns und Diplomaten George F. Kennan in der Zeitschrift »Foreign Affairs« erschienen, in der oft die Gedanken des State Department vorausgedacht waren. Er forderte das Containment, die Eindämmung sowjetischer Machtexpansion, ein Gedanke, den Präsident Harry S. Truman aufgriff und zu einer Richtlinie der US-Außenpolitik machte, die nach ihrer Verkündung in einer Rede am 12. März den Namen »Truman-Doktrin« trug. Die veränderte Einstellung der USA gegenüber der Sowjetunion war der eigentliche Hintergrund und die Motivation für den Marshall-Plan, in den dann auch die westlichen Besatzungszonen in Deutschland einbezogen werden sollten.
Konsequent mußte nun auch eine Änderung der Besatzungspolitik folgen, die kurz vor meiner Entlassung aus Dachau die »New York Herald Tribune« mit sensationellen Schlagzeilen annoncierte: »U. S. revidieren ihre Politik in

Deutschland – Eine historische Anordnung öffnet den Weg zur Wiederbelebung der Industrie der Nation – Offizielle Haltung vollzieht Kehrtwendung – der Bruch zwischen Ost und West initiiert Milderung der Beschränkungen«.
So erfreulich die Aussichten – vorerst allerdings noch Zukunftsmusik – auf eine Besserung der Lage in Deutschland waren, ich konnte unmöglich die Motive einfach außer acht lassen, und ganz von selbst stellte sich eine Gedankenassoziation her zu dem Bericht General Bockelbergs von den Arbeiten über den Rußlandfeldzug im Schreibelager Garmisch. Auch andere erkannten früh den Pferdefuß.[13]
Welche materiellen Besserungen die angekündigte Wende der westalliierten Politik im Laufe der Zeit aber auch bringen mochte, eine grundlegende Änderung in dem Verhältnis von Besatzern und Besetzten war in naher Zukunft nicht zu erwarten. Und ich wollte das Schandurteil von Schanghai zunichte machen und die 21 Verurteilten befreien! Kein Tag verging, an dem nicht auch nach meiner Entlassung aus Dachau die Wirklichkeit des besetzten Landes und die Ohnmacht der Deutschen mir die Tollkühnheit des geplanten Unternehmens vor Augen führte. Aber ich hatte keine andere Wahl, als es zu versuchen. Bevor ich mich jedoch an die gewaltige Aufgabe machen konnte, mußte noch eine höchst wichtige, persönliche Angelegenheit in Ordnung gebracht werden. Ich mußte mich mit Inge aussprechen, meiner Frau, von der ich so viele Jahre getrennt war.
Auf die Erfahrungen von zehn Jahren zurückblickend, war es großer Leichtsinn, daß wir im Sommer 1937, als schon feststand, daß ich zur Beobachtung des japanisch-chinesischen Krieges wieder nach China gehen würde, heirateten und dann zusammen hinausgingen. Doch uns beiden schien es damals selbstverständlich. Bei allen Auseinandersetzungen in Ostasien in den vergangenen fünfzig Jahren waren die ausländischen Niederlassungen an der Küste, wie in Schanghai oder Tientsin, von fast allen kriegerischen Wirren verschont geblieben. Ausländer konnten dort ungefährdet ein im großen und ganzen normales, friedliches Dasein weiter fristen, bis die Zeiten, meist früher als später, wieder ruhiger wurden.
Wie es sich jedoch ergab, zog sich die chinesische Armee gerade in den Tagen, als wir in Schanghai landeten, aus der Umgebung der Stadt ins Landesinnere zurück. Da ich mich im chinesischen Hauptquartier befinden sollte, mußte ich ihr, Inge in Schanghais sicherer Internationaler Niederlassung zurücklassend, über Nanking nach Hankau folgen. Bis zur Einnahme der Stadt durch die Japaner Ende Oktober 1938 mußte ich dort ausharren. Während dieser Zeit hatte Inge Ende März in Schanghai unsere Tochter Barbara geboren.
Nur einige Monate des Zusammenlebens waren uns dann in Schanghai vergönnt, bevor mich die Pflicht in Chinas Kriegshauptstadt Chungking rief, tief im Inneren des Landes in der an Tibet grenzenden Provinz Setschuan, 1 400 Kilometer Luftlinie von Schanghai entfernt. Die Stadt war schon durch Luftangriffe schwer verheert und diesen noch weiter ausgesetzt; es war ganz

ausgeschlossen, eine Frau mit einem einjährigen Kind mit dorthin zu nehmen, zumal Inge noch ein zweites erwartete. So kehrte sie mit der sibirischen Eisenbahn in die Heimat zurück. Wenig später war im September 1939 nun auch Deutschland im Krieg. Im Oktober wurde Ruth in Hamburg geboren, als ich mich im tiefsten Südwesten Chinas, in der Provinz Yünnan, befand. Nach dem Beginn von Hitlers Rußlandfeldzug im Juni 1941 war schließlich auch die postalische Verbindung mit Inge unmöglich geworden.

Noch bevor wir richtig in einer Ehe zusammenleben konnten, wurden wir immer wieder und immer weiter und endlich auf viele Jahre total getrennt. Inge lebte glücklicherweise mit den Kindern, mit ihren Geschwistern und ihren Eltern in einer vertrauten Umgebung und in der Heimat. Ich führte ein sehr gefährliches Leben, in einem fremden Land allein, unter der ständigen Anspannung, meine eigentliche geheime Tätigkeit vor den Menschen in meiner Umgebung zu verbergen, und in den letzten vier Kriegsjahren mit der immer größer werdenden Belastung der Erwartung eines fatalen Ausgangs. Ohne den Ausgleich und den Rückhalt, den die Nähe einer liebenden Frau gab, hätte ich schwerlich das alles heil überstanden. Es war Ni-ko, die mir Kraft und Sicherheit gab und mich, den Fremden, in ihrem Volk zum Verwandten machte.

Auch unter den Schanghai-Deutschen gab es noch welche, die den von den Briten übernommenen Rassedünkel weiter pflegten, der sie auf die Chinesen herabsehen ließ. Einer der Heimkehrer, den Inge in einer gehobenen Position in Schanghai kennengelernt und über mein Schicksal befragt hatte, als ich in Dachau saß, hatte sich über mein »chinesisches Verhältnis« abfällig geäußert und ihr erklärt: »Ihr Mann ist es nicht wert, daß Sie sich Sorgen um ihn machen!« Empört über diese Haltung schrieb sie mir nach Dachau; es war der erste Brief seit über sieben Jahren. Sie schrieb auch, daß sie nicht das Recht habe, mich zu verurteilen. Aber sie erwarte, daß ich einen Schlußstrich unter die letzten Jahre ziehe und neu mit ihr und den Kindern anfange. Eine Scheidung müsse sie aus ihrem Glauben heraus ablehnen.

Nach allem, was ich in den letzten Jahren erlebt hatte, fühlte ich mich nicht imstande, Inges Wunsch zu entsprechen, und ich meinte, es auch deshalb nicht verantworten zu dürfen, weil ich mir wieder eine Aufgabe aufgeladen hatte, bei der es kein Entrinnen geben konnte.

Wir trafen uns in Hamburg und sprachen uns lange und herzlich aus. Ich hätte die Klarheit einer Scheidung vorgezogen, aber Inge blieb bei ihrer Ablehnung, und ich mußte die aus ihrem Glauben begründete Entscheidung respektieren. Sie willigte hingegen ein, daß wir weiter getrennt leben würden. Nicht ohne Angst hatte ich unserem Treffen entgegengesehen. Dank Inges verständnisvoller, großartiger Haltung kehrte ich sehr erleichtert nach Lübeck zurück.

Von allen bei Kriegsende in China und Japan stationierten Beamten des deutschen Auswärtigen Dienstes war einzig mein Freund, Generalkonsul Dr. Hans Bidder, der Repatriierung entgangen. Die Amerikaner hatten seine

7 Die Münchener Frauenkirche 1947

Dachau II:
Auch unter den Amerikanern bis 1948 Konzentrationslager

9 Der Römerberg in Frankfurt 1947

10 Solchen Anblick boten 1947 noch viele Straßen in Hamburgs Wohnvierteln

11 Eva Tonn und der Verfasser 1950

2 Gotthart Ammerlahn:

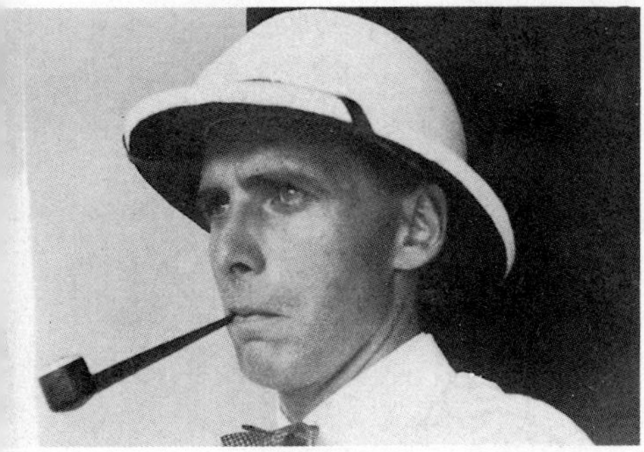

auf Welterkundungsfahrt 1935/36

3 beim Eintritt in die Redaktion der »Realpolitik« 1950

14 Der Verfasser bei einem seiner vielen Vorträge zum Thema China

Abschiebung bei den Chinesen nicht durchsetzen können, und er lebte nach wie vor in seinem Haus in Peking. Einige Wochen nach meiner Ankunft in Lübeck hatte ich seit unserem Abtransport aus Schanghai das erste Lebenszeichen von ihm, und er hatte mich nach meinen Eindrücken in der Heimat gefragt. In einem längeren Brief versuchte ich, diese zusammenzufassen:

»Lübeck, den 16. August 1947

Wenn ich Ihnen ein annäherndes Bild der deutschen Zustände geben soll, so weiß ich nicht, wo zu beginnen und wo zu enden. Ich bitte zu verzeihen, wenn vielleicht manches etwas zusammenhanglos aneinandergereiht erscheint. Der herrschende Zustand ist eben auch etwas chaotisch.

Die deutsche Wirtschaft, bei Kriegsende trotz erheblicher Zerstörungen, die allerdings nicht von dem nach den Meldungen aus der Kriegszeit zu erwartenden Ausmaß sind, noch in vollem Gange, steht seit zwei Jahren so gut wie still. Das gilt nicht nur für die Industrie, die auf ausländische Rohstoffzufuhr angewiesen ist, sondern auch für den Teil, der mit deutschen Rohstoffen arbeiten könnte. Einer der Gründe dafür ist die bisher noch immer nicht festgesetzte Höhe der Stahlproduktion, über die sich zur Zeit die Siegermächte klarwerden wollen. Sie soll von etwa 5 auf 11 Millionen Tonnen heraufgesetzt werden, dabei beträgt die augenblickliche Produktion gerade die Hälfte der auf dem Papier stehenden 5 Millionen. Sie konnte deshalb nicht höher sein, weil es an Kohle mangelt. Und Kohle ist nicht ausreichend vorhanden, obwohl der größte Teil der Gruben voll betriebsfähig ist, weil einerseits die Bergarbeiter infolge der schlechten Ernährung nicht mehr die nötige Leistungskraft besitzen und andererseits von der kleinen tatsächlich geförderten Menge ein großer Teil ins Ausland, besonders nach Frankreich, geliefert werden muß.

Von Kohle und Stahl hängt aber die ganze andere Industrie ab. – So sollte man z. B. annehmen, daß überall fieberhaft gebaut würde. Aber auch hier fehlt es an Stahl und Holz. Unsere Waldbestände sind bereits während des Krieges bis zur Grenze des Tragbaren ausgebeutet worden. Jetzt wird noch Holz ausgeführt – Grubenholz für England z. B. – und außerdem Holz verfeuert. In Bayern verheizten die Amerikaner noch im Juli, wenn einmal ein regnerischer Tag war, den deutschen Wald. Der Mangel an den Grundstoffen lähmt alle Industriezweige. Es gibt tatsächlich fast nichts zu kaufen. Man bekommt keine Glühbirne, kein Messer und keine Schere, kein Porzellan und kein Glas, keine Möbel und kein Papier, nicht einmal Briefumschläge, von Textilien etwa gar nicht zu reden. Wenn Sie in einer vergleichsweise wenig zerstörten Stadt wie Lübeck durch die Straßen gehen, finden Sie die Hälfte der Läden überhaupt geschlossen, andere mit leeren Schaufenstern. Manche enthalten zu Schauzwecken noch Artikel, die ohne Bezugschein unkäuflich sind. Die aber kennt der gewöhnliche Sterbliche nur vom Hörensagen.

Erschreckend ist das Bild der Reichsbahn. Man fährt heute durchgehend in

Wagen, deren Zustand bisher ohne Beispiel ist. Selbst in China habe ich nicht solche verwahrlosten Waggons gesehen. Kein Zug verkehrt pünktlich, alle sind überfüllt, da nicht entfernt genug Züge eingesetzt sind, und zwar überfüllt in einem durchaus östlichen Ausmaß. Es gibt nur 3. Klasse, 1. und 2. Klasse nur in einigen durchgehenden FD-Zügen, in denen Deutsche nicht reisen dürfen. Das gilt auch für Schlafwagen. Um einen Sitzplatz zu bekommen, muß man zwei Stunden vor Abfahrt des Zuges sich auf dem Bahnhof aufbauen und selbst dann noch um einen Platz kämpfen. Außerdem sitzen und stehen dann die später hereinquellenden Leute einem auf den Gliedmaßen. Selbst die Flüchtlingszüge, die ich 1937 zwischen Schanghai und Nanking gesehen habe, waren in den Kriegswirren nicht voller. Wie in China reisen jetzt in Deutschland die Leute auf Trittbrettern, Puffern und auf den Wagendächern.
Unter diesen Umständen fahren die Leute bei Gott nicht zum Vergnügen. Ein ganz geringer Teil ist geschäftlich unterwegs, ein großer Teil besteht immer noch aus Unglücklichen, die durch Krieg und Zusammenbruch von ihren Angehörigen getrennt wurden oder ihre Heimat verloren und eine neue suchen. Der Rest sind Leute auf Hamsterfahrten oder gewerbsmäßige Schwarzhändler. Das halbe Volk lebt vom schwarzen Markt, ja, man kann sagen, wer überhaupt einigermaßen leben will, kann es nur mit Hilfe des schwarzen Marktes. Man bekommt ja sonst nichts.
Allein für die Ernährung schon wirkt sich die Abtrennung der Ostgebiete als Katastrophe aus: 1939 konnte bei einem Tagessatz von 2 500 Kalorien der Osten seine eigenen 9 Millionen Einwohner und darüber hinaus noch 7 Millionen im anderen Teil des Reiches ernähren. Diese Ernährungsgrundlage für 16 Millionen Menschen ist heute verlorengegangen. Selbst wenn es einmal möglich sein wird, die deutsche Industrie so wieder aufzubauen, daß wir den nötigen Import von Lebensmitteln bezahlen können, was geschieht denn, wenn im Falle einer Wirtschaftskrise der Export ins Stoppen kommt?
Groß ist das Elend der Flüchtlinge aus dem Osten, von denen hier in Schleswig-Holstein, wozu Lübeck jetzt gehört, fast einer auf einen Ureinwohner kommt. Oft haben sie nur das nackte Leben gerettet, nicht nur Haus und Hof, sondern auch nächste Angehörige verloren. Sie machen sich kein Bild, welche furchtbaren Schicksale Millionen von Menschen erlebt haben. Daß man vor den eigenen Augen die nächsten Angehörigen vergewaltigt oder ermordet sehen mußte, ist heute für viele zur persönlichen Erfahrung geworden. Nun leben sie zusammengedrängt auf engstem Raum, hineingestopft in das Restdeutschland, in dem ohnehin schon Millionen durch den Luftkrieg ohne Wohnung waren. Familien bewohnen mit drei bis fünf Personen einen einzigen Raum, müssen sich mit mehreren Parteien eine Küche teilen. Wer das Glück hatte, seine Wohnung zu behalten, kann nicht mehr über sie verfügen, sondern bekommt vom Quartieramt fremde Leute hineingesetzt. Selbst wenn er Willens ist, anderen durch Aufnahme zu helfen, kann er sich nicht seine Untermieter aussuchen, sondern muß nehmen, wer ihm zugewiesen wird.

Ähnlich wie wir es in China bei den russischen Emigranten gesehen haben, leben die Flüchtlinge oft davon, daß sie die paar geretteten Wertgegenstände nach und nach verkaufen, um sich dafür etwas zu Essen kaufen zu können, und zu Wertgegenständen zählen heute schon ein Anzug, ein Hut, ein paar Schuhe. Möbelstücke, Teppiche und Flügel, die beste Kleidung und Schmuck wanderten im Tausch gegen Lebensmittel zu den Bauern, dem einzigen Teil der deutschen Bevölkerung, der heute noch ein normales Auskommen hat.
Erschreckende Ausmaße haben Korruption und Kriminalität angenommen. Mit Bestechung ist alles zu erreichen. Wir haben uns manchmal über das unter der japanischen Besatzung in China übliche System der Permits aufgehalten und gewundert, für was alles man einen Erlaubnisschein brauchte. Es wird weit in den Schatten gestellt von dem, was man augenblicklich in Deutschland erlebt; nur das Sterben ist noch ohne behördliche Genehmigung erlaubt. Und da das natürliche Leben sich eben durchzusetzen bestrebt ist, werden alle Bestimmungen auf dem Wege der Bestechung, meist mit Hilfe des neuen Zahlungsmittels, der Zigarette, oder anderer Tauschwaren umgangen. Die Polizei erhebt ihren Tribut von Schmugglern und Schwarzhändlern und läßt sie ziehen. Die Beamtenschaft ist durch das sogenannte Entnazifizierungsgesetz vorerst völlig desorganisiert. Höhere Beamte wurden, ganz gleichgültig, ob sie in der Partei waren oder nicht, aus ihren Stellungen geworfen, einzig wegen der Tatsache, daß sie in leitenden Funktionen waren. Bei Bahn und Post, auf die man sich früher unbedingt verlassen konnte, wird gestohlen. Nirgendwo kann man sein Eigentum auch nur einen Augenblick aus den Augen lassen. In den Restaurants muß man sich Bestecke mitbringen oder gegen Hinterlegung von 10,– bis 20,– RM Pfand pro Stück entleihen, weil so viele einfach mitgenommen wurden.
Das NS-Regime hatte während des Krieges auch die aus den Gefängnissen entlassenen Gewohnheitsverbrecher zu den politischen Häftlingen in die Konzentrationslager gesteckt. Bei der Auflösung der KZs wurden nun nicht nur die Politischen befreit, sondern auch die Kriminellen mischten sich wieder unter die Bevölkerung, sogar mit besonderen Privilegien als ›politisch Verfolgte‹. Viele nutzten die ihnen damit gebotene Gelegenheit, in alte Gewohnheiten zurückzufallen, und noch durch eine andere Hitlersche Erbschaft wurde die Ausbreitung von Gesetzlosigkeit und Verbrechen begünstigt: die große Menge der Entwurzelten, Polen, Jugoslawen und anderer Ausländer, die nicht in ihre Heimat zurückkehren wollen. Sie bilden heute ein großes Reservoir für Banden von Schwerverbrechern, die bewaffnet sind, so daß die deutsche Polizei machtlos ist. Die Lager, in denen sie wohnen, sind oft keine Lager im üblichen Sinne, sondern die besten Kasernen oder moderne Wohnblocks. Bisher dem Zugriff der deutschen Polizei entzogen, bildeten sie die Schlupfwinkel, von denen aus ungestört Raubzüge und Überfälle vorbereitet werden konnten, und gleichzeitig das Versteck für das gestohlene Gut. Die Besatzungsmächte sahen diesem Treiben bisher mit Gleichgültigkeit zu. Hier

in Lübeck haben erst vor einigen Tagen die Briten zum erstenmal zur Unterstützung der deutschen Polizei eingegriffen, nachdem im Laufe des Jahres 21 Polizeibeamte von polnischen Banditen ermordet worden waren. Wohin man auch immer sieht, unser schönes Deutschland, früher ein Muster für Ordnung und Sauberkeit, ist zu einem entsetzlichen Tollhaus geworden. Wenn dafür auch in erster Linie der Wahnsinn Hitlers verantwortlich ist, so könnte doch manches von den Folgen des Krieges längst beseitigt sein, wenn man nicht die Deutschen bisher zwei Jahre lang mit Gewalt daran gehindert hätte, das zum Wiederaufbau zu tun, was sie bereits aus eigenen Kräften hätten tun können, wie kürzlich endlich einmal eine vernünftige Stimme aus Amerika sagte.

Für die große Masse der Bevölkerung ist die leibliche Not der einzige Motor des Lebens, mit den Begleiterscheinungen, die ein solcher Zustand bei der menschlichen Natur mit sich bringt. Zeitlich ist man den größten Teil des Tages mit Dingen beschäftigt, um die man sich früher überhaupt nicht zu kümmern brauchte. Von den drei Wochen, die ich mich jetzt in Freiheit befinde, ging wohl die Hälfte der Zeit drauf mit stundenlangem Warten auf überfüllten Bahnhöfen, Schlangestehen beim Quartieramt, Arbeitsamt, Ernährungsamt, mit dem Ausfüllen von Fragebogen usw. Dabei brauche ich mich, da ich bei meinem Bruder wohne, noch nicht einmal um die Beschaffung und Zubereitung von Essen und Trinken zu kümmern, wie es die meisten anderen Menschen tun müssen. Dann bliebe überhaupt keine Zeit mehr...

Sie machen sich kein Bild, wieviele Familien noch auseinandergerissen sind, weil die Männer entweder noch im Ausland in Kriegsgefangenschaft oder in Lagern in Deutschland interniert sind. Viele zum Teil seit Jahren vermißt Gemeldete werden wohl niemals zurückkehren. Von den Zwölf, die mit mir zusammen Abitur machten, sind sieben gefallen. Von zwei meiner alten Freunde, von denen ich Ihnen viel erzählt habe, habe ich die Gewißheit, daß sie gefallen sind. Über die anderen etwas zu erfahren, habe ich mich bisher vergeblich bemüht.«

Soweit mein Brief; ich hoffte, damit dem Freund in Peking ein einigermaßen treffendes Bild der gegenwärtigen Lebensumstände gegeben zu haben.

Der Verschnaufpause in Lübeck wurde durch einen Brief von Eva Tonn ein Ende gesetzt. Sie war in Dachau einige Tage vor uns entlassen worden und zuerst einmal nach Berlin gegangen, von wo sie nun schrieb und fragte, was wir für die Landsberger unternehmen könnten. Sie sei bereit, sich ganz dieser Aufgabe zu widmen und fragte, ob sie auf meine Hilfe rechnen könne. Ich regte eine Besprechung in Hamburg an, und bei dieser wurde uns sowohl die ganze Größe des Vorhabens als auch die Notwendigkeit klar, uns erst einmal eine Übersicht über Mittel und Wege zu verschaffen, um zu einer Strategie zu kommen. Das erforderte persönliche Kontakte mit den Verurteilten und ihren Angehörigen und auch mit Dr. Otto, Randow und Glietsch, die schon während unserer gemeinsamen Gefangenschaft ihre grundsätzliche Bereitschaft erklärt hatten, mitzuwirken. Alle mußten erst einmal wieder beruflich Fuß fassen. Für Dr. Otto als Arzt war das noch am leichtesten; Randow und Glietsch mußten als Angehörige des Auswärtigen Dienstes, der ja mit der Auflösung der letzten Reichsregierung durch die Siegermächte und der Beseitigung jeder staatlichen Zentralgewalt seine Basis verloren hatte, berufsfremde Beschäftigungen suchen, um die Mittel für ihre Existenz zu gewinnen. Mir bereitete diese Frage vorerst noch am wenigsten Sorge. Ich hatte im Frühjahr 1939 von Schanghai aus, bevor ich nach Chungking ging, ein Buchmanuskript an den Verlag Georg Stalling geschickt, der das Buch dann im Frühjahr 1940 herausgebracht hatte. Bei meiner Entlassung aus Dachau erfuhr ich von Stalling, daß es während des Krieges mehrere Auflagen und eine Übersetzung ins Ungarische erlebt hatte und ich noch über die Honorare daraus verfügen könnte. Das waren zwar Reichsmark, und wenn man für die auch nicht mehr viel kaufen konnte, für die Lebensmittel auf Karten, die im Preis niedrig gehalten wurden, wie auch für die ebenfalls noch billigen Reisen mit der Bahn und die Leistungen der Post und der öffentlichen Verkehrsbetriebe würde es einige Zeit reichen.

Eva Tonn und ich beschlossen, sogleich eine erste Erkundungsfahrt anzutreten.

Das Reisen war nicht nur wegen des eingeschränkten Zugverkehrs und der damit verbundenen chronischen Überfüllung der Züge beschwerlich. Für D-Züge brauchte man eine besondere Zulassung und für das Überschreiten der Zonengrenzen einen nur von einer Besatzungsmacht ausgebenen Permit. Was sollten wir wohl als Reisezweck angeben? Belustigt stellte ich mir das Gesicht eines amerikanischen Offiziers vor, hätten wir einmal in einen Antrag die Wahrheit geschrieben: Befreiung von 21 verurteilten Kriegsverbrechern aus dem Gefängnis in Landsberg! Die Besatzer zu überlisten, hatten wir nicht den geringsten Skrupel. Eva Tonn hatte bei ihren jahrelangen Aufenthalten in England und den USA, bevor sie 1941 nach Japan und China kam, viele internationale Beziehungen geknüpft, und natürlich saß eine ihrer Londoner Freundinnen in einer wichtigen Dienststelle des britischen Hauptquartiers in Bad Salzuflen. Sie besorgte die ersten Reisedokumente für uns, bevor wir als ersten Ort in der US-Zone Hofgeismar anliefen und dort Karl Wilhelm Romain trafen, einen Bruder des in Landsberg sitzenden Alfred Romain. Der ehemalige Oberleutnant der Luftwaffe war bei der Entlassung aus der Gefangenschaft bei der den hessischen Landkreis Hofgeismar regierenden Besatzungsdienststelle als Dolmetscher hängengeblieben und brauchte, nachdem wir ihm den Schanghai-Fall geschildert hatten, keine Minute Bedenkzeit mehr, um uns von da ab, wie er nur konnte, zu helfen, zuerst einmal mit solchen Reisepapieren, die von einer amerikanischen Dienststelle ausgestellt sein mußten. Die Begegnung lehrte mich, daß die alte Spruchweisheit, nach der keine Regel ohne Ausnahme ist, auch für meine gefühlsmäßige, pauschale

Verurteilung aller in Dienststellen der Besatzungsmächte Tätigen zu gelten hatte. Auch hier durfte wohl nur nach Prüfung der Umstände des einzelnen Falles und der Abwägung von Nutzen und Schaden für die Bevölkerung geurteilt werden. Trotzdem war die Zahl der Knechte nicht klein, die nur auf eigenen Vorteil bedacht, es immer mit den jeweiligen Herren halten und die eigenen Landsleute denunzierten und drangsalierten und mit üblen Elementen der Besatzung schoben, stahlen, sich auf Kosten des elenden Volkes mästeten, soffen und Orgien feierten. Oft waren es in persona die gleichen Elemente, die sich auch vor dem 8. Mai einschlägig betätigt hatten. Parteibonze oder Gestapo-Scherge, wenn einer für sie zu brauchen war, scherten sich die Amerikaner wenig um seine Vergangenheit.

In Pforzheim konnten wir einen regelrechten Stützpunkt für Operationen in der US-Besatzungszone, die das für uns in erster Linie wichtige Terrain bildete, gewinnen. Gerade dort aber mußten wir von den Behörden, amerikanischen wie z. T. auch von diesen abhängigen deutschen Landes- und Polizeibehörden, am meisten Mißtrauen und Behinderung unseres Vorhabens erwarten, bis zu dem Versuch, uns lahmzulegen. Für diese Obrigkeiten war es sehr leicht, die Bewegungen von Menschen zu verfolgen oder sogar vorauszusehen, wenn diese beim Reisen auf Übernachten in Hotels angewiesen waren, und es war bei der durch den Krieg zurückgegangenen Zahl von Hotelbetten und dem im Nachkrieg stark gestiegenen Reiseverkehr ganz unmöglich, in einem Hotel unterzukommen, wenn man sich nicht tagelang vorher anmeldete. Die Übernachtungen in den Hotels standen jedoch unter schärfster Meldepflicht.

Eva Tonn kannte aus New York den aus Pforzheim stammenden Kaufmann Willy Schlittenhardt. Er war nach Amerika ausgewandert und hatte sich dort ein Geschäft aufgebaut, bis die USA ihn 1940, noch bevor er die US-Staatsbürgerschaft erlangen konnte, aus dem Lande warfen, weil er sich öffentlich gegen die seit dem Ausbruch des Krieges in Europa immer heftiger geschürte antideutsche Propagandawelle wandte. Er war in seine Heimatstadt Pforzheim zurückgekehrt, wo er dann eines Morgens, von einer Dienstfahrt aus Berlin zurückkehrend, vor den noch schwelenden Brandresten des elterlichen Hauses stand, unter denen seine Mutter, seine Frau und seine Kinder begraben lagen; nur sein alter Vater hatte den amerikanischen Bombenangriff überlebt. Schlittenhardt hatte dann später wieder geheiratet, und bei ihm, seiner jungen Frau Emily und der kleinen Tochter Sonja, genannt »Sonnele«, in dem gemieteten Wohnhaus am Stadtrand des zerstörten Pforzheim, konnten sich Eva Tonn und ich stets wie zur Familie gehörend fühlen, wenn wir einzeln oder zu zweit, angemeldet oder nicht, für einige Tage einkehrten.

In München, dem für unseren Plan wichtigsten Ort, lernten wir Kurt Sendtner kennen, einen Kameraden Eisenträgers, und – obwohl durch keinerlei NS-Tätigkeit belastet – zur Zeit arbeitsloser Journalist. Er und seine Frau waren sehr hilfsbereit und wirkten als Stützpunkt und Verbindungsglied zwischen

uns und dem Gefängnis in Landsberg. Sie waren in ihren Wohnverhältnissen, wie die meisten Menschen zur Zeit, beengt, aber konnten uns immer, wenn es notwendig war, bei Bekannten privat unterbringen.
So konnten wir uns schon auf der ersten Erkundungsfahrt eine gewisse Infrastruktur schaffen.
Was wir für unsere Arbeit vor allem brauchten, war der Record, das Protokoll des ganzen Prozesses. Dr. Jacoby, den man in Schanghai durch Terror-Drohungen daran hindern wollte, Hans Mosberg zu verteidigen, sollte ein Exemplar davon aus Schanghai mitgebracht haben, und wir suchten ihn deshalb in München auf. Dabei erfuhren wir von ihm interessante und unerfreuliche Dinge.
Bei seiner Ankunft trat auf dem Münchener Hauptbahnhof der Staatssekretär Philipp Auerbach, Staatskommissar für die politisch und rassisch Verfolgten und Generalanwalt für die Wiedergutmachung in Bayern, mit drei deutschen Polizisten auf ihn zu und sagte ihm, er habe einen Haftbefehl gegen ihn von der Militärregierung in der Tasche wegen Verdachts des Kriegsverbrechens. Gewitzigt durch seine Erfahrungen in Schanghai ließ sich Dr. Jacoby nicht ins Bockshorn jagen. Während Auerbach den – wahrscheinlich gar nicht existierenden – Haftbefehl der Militärregierung in der Tasche behielt, zog Dr. Jacoby dagegen aus seiner Brieftasche einen Zeitungsausschnitt und las dem verblüfften Auerbach eine Bekanntmachung der US-Militärregierung vor, daß deutschen Rechtsanwälten, die die Verteidigung von des Kriegsverbrechens Angeklagten übernehmen, von den deutschen Behörden deshalb keine Schwierigkeiten gemacht werden dürften. Als Auerbach sah, daß sein Bluff danebengegangen war, zog er mit seinen drei Polizisten wieder ab.
Jacoby berichtete weiter, daß er sich nach diesem Vorfall schriftlich beim Staatskommissariat für die politisch Verfolgten beschwerte und daß er aus dem sich daraus entwickelnden Schriftwechsel entnahm, daß er von einem Ko-Emigranten aus Schanghai, dem Rechtsanwalt Aschner, der jetzt bei den US-War Crimes Behörden in Nürnberg tätig sei, angeschwärzt worden war. Auch in Schanghai hatte man ihm noch seit Ende des Prozesses Schwierigkeiten gemacht, indem man bei den amerikanischen Vertretern der UNRRA, welche die in Schanghai gestrandeten jüdischen Emigranten betreute, gegen ihn gehetzt hatte, so daß er beinahe von dem – kostenlosen – Heimtransport nach Deutschland ausgenommen worden wäre. Deshalb hatte er auch nicht gewagt, den Record mit auf das Schiff zu nehmen, aus Angst, er könnte ihm weggenommen werden und auf Nimmerwiedersehen verschwinden. Er gab mir die Korrespondenz mit der Auerbach-Behörde zu lesen, so daß sich unser Besuch bei ihm auf drei Stunden ausdehnte. Auf über 10 Seiten legte er dar, warum er die Verteidigung Mosbergs übernommen hatte und wie er zum Rücktritt gezwungen worden war. Vor allem aber begründete er in unmißverständlicher Klarheit seine feste Überzeugung, daß im Ehrhardt-Prozeß Fehlurteile ergangen waren. Jacobys Gesundheitszustand war schlecht, ihm war

eine dreimonatige Kur verordnet, und für diese Zeit würde er ausfallen. Aber für später sagte er seine Mitwirkung bei allen Bemühungen für die Unschuldigen in Landsberg zu.
Nach dem, was wir von Dr. Jacoby hörten, gratulierten wir uns gegenseitig zu der Vorsicht, die wir von Anfang an bei unserem Unternehmen walten ließen und die uns dazu gebracht hatte, uns verdeckt und fast wie in Feindesland zu bewegen; schließlich waren wir ja auch noch ohne Friedensvertrag und als Nation keineswegs befreit, sondern besetzt. Mir fiel der Spruch aus dem Märchen ein: »Oh, wie gut, daß niemand weiß, daß ich Rumpelstilzchen heiß!« Eva lachte, als ich ihn vorbrachte, und meinte, sie würde mich fortan Rumpelstilzchen nennen. Ich antwortete, was für mich in dieser Sache gelte, treffe doch auch auf sie zu, worauf sie zurückgab, daß der Rumpelstilzchen im Märchen doch ein Mann gewesen sei. »Meinst du nicht, daß Rumpelstilzchen eine Frau hatte?« fragte ich. »Sie wird uns nur im Märchen unterschlagen.« »Nun gut«, sagte sie lachend, »wenn du Rumpelstilzchen bist, dann will ich gern Frau Rumpelstilzchen sein.«
In Landsberg teilten wir uns die Genehmigungen zu einem Verwandten- oder Bekanntenbesuch, die uns unsere Schützlinge geschickt hatten, an zwei Tagen auf, so daß wir fünf von ihnen, Mosberg, Ehrhardt, Dethlefs, Puttkamer und Richter besuchen konnten. Dabei erfuhren wir, daß der amerikanische Strafvollzug, mit Ausnahme der zum Tode Verurteilten, sich vorteilhaft von der Untersuchung und Anklagevorbereitung durch die War Crimes Behörden unterschied. Die Sträflinge waren alle mit Arbeiten beschäftigt, für die sie vom Zivilberuf her oder sonstwie geeignet waren, und in der »Freizeit« wurde vom Gefängniskommandanten, Captain Wilson, ihrer Phantasie, sich zu betätigen, viel Raum gegeben. So gab es zum Beispiel eine »Volkshochschule«, die Alfred Romain leitete und wo Richter, der sich sonst als Tischler betätigte, Französisch und Spanisch sowie bürgerliches und Strafrecht belegt hatte. »Wir werden wohl Landsberg alle einmal als Professoren verlassen«, bemerkte er. Um die Sache voranzubringen, war vor allem das Gespräch mit Mosberg wichtig, der neben Herbert Mueller der Aktivste und Einfallsreichste war. Er nannte uns eine ganze Reihe von Freunden aus der Vorkriegszeit, mit denen wir Kontakt aufnehmen könnten und von denen eventuell Hilfe erwartet werden konnte. Wir erfuhren auch, daß einige der Verurteilten deutsche Anwälte genommen hatten, so Generalkonsul Dr. Siebert mit einigen anderen zusammen einen Dr. Rothe in Oberammergau. Mosberg gab noch eine Empfehlung, die eventuell wertvoll werden konnte; sein alter Freund, Hans-Achim von Dewitz war jetzt Redakteur bei der neuen Hamburger Wochenzeitung »Die Zeit«. Und noch eine nützliche Information nahmen wir aus Landsberg mit, die, wie ich glaubte, für uns wichtig werden könnte: die Adresse des in einem Dachauer Fliegerfall verurteilten Frankfurter Pfarrers Werner Hess, der in Landsberg seine »Strafe« abgesessen hatte, dabei als evangelischer Anstaltsgeistlicher gewirkt hatte und inzwischen entlassen war.

Unser nächstes Ziel war Oberammergau; ich fand es zum mindesten merkwürdig, daß ich die Stätte der berühmten Passionsspiele aus dem Anlaß der Wiederaufrollung eines Kriegsverbrecherprozesses zum erstenmal besuchen sollte. Der Abstecher brachte uns in der Sache kaum weiter, und meine Überzeugung begann sich zu festigen, daß es zwar nicht schaden könne, wenn sich der eine oder andere einen deutschen Anwalt nähme, diese aber letzten Endes nichts Entscheidendes ausrichten könnten, weil eine Wiederaufnahme durch irgendeine Instanz der US-Armee in Deutschland von der Sachlage her als aussichtslos angesehen werden mußte. Nur Begnadigungen wären da in Frage gekommen, und in diesem Stadium war keiner der Landsberger zu einem solchen Gesuch bereit, obwohl die Angehörigen von einigen, auch durch deutsche Anwälte beraten, mit dieser Idee spielten.
Bei dem Wort Gnadengesuch tauchte sofort ein kleines Ereignis aus dem Bunkerbüro in Dachau wieder vor meinen Augen auf mit einem Manne, der zur Zeit ebenfalls in Landsberg sitzen mußte. Ein biederer schwäbischer Landjägermeister, in einem Fliegerfall mit ganz ähnlichem Sachverhalt wie Werner Hess angeklagt, kam nach dem Urteilsspruch, zu mehreren Jahren Zuchthaus verurteilt, in den Bunker zurück und schilderte mit Tränen in den Augen die Sitzung, unfähig, die Ungerechtigkeit zu begreifen, deren Opfer er seiner Auffassung und wahrscheinlich auch dem Tatbestand nach geworden war. Nach dem Urteilsspruch habe sein Verteidiger, den er gefragt hatte, ob es nicht die Möglichkeit einer Berufung gebe, das verneint und ihm gesagt, daß er nur um »Mörsie« bitten könnte, so sprach er das englische Wort für Gnade, mercy, aus. Er habe dann gefragt, was Mörsie sei. »Und als man mir das übersetzt hatte, da sagte ich: ›Nein, meine Herren, um Mörsie bitte ich nicht.‹ Wie könnte ich denn dann jemals wieder meinen Kindern vor die Augen treten?« Trotz der Tränen über sein Unglück sah man dem braven Mann noch die Empörung darüber an, daß man ihm zutraute, er könnte vor dem Siegertribunal um Gnade flehen.
Wir waren nach Oberammergau von Oberau, an der Bahnlinie München-Garmisch, über Ettal und auch wieder auf demselben Wege nach Oberau zurück zu Fuß gewandert und dann mit einem Lokalzug nach Eschenlohe gefahren. Professor Erwin Rousselle, der frühere Leiter des China-Instituts in Frankfurt am Main, und seine Frau hatten uns angeboten, in ihrem Haus dort ein paar Tage ihre Gäste zu sein. Beide meinten wir, keine Zeit für Urlaub zu haben, jede Stunde, die wir nicht an der Befreiung der Landsberger arbeiteten, sei verloren. Die überwältigende Schönheit der Voralpenlandschaft in sonnigem Herbstwetter, die wir an diesem Tag in vollen Zügen in uns eingesogen hatten, ließ uns dann doch den Entschluß fassen, wenigstens zwei Tage zu bleiben.
Rousselle begrüßte mein Auftauchen als Brückenschlag nach China, wo wir uns in Chungking im Mai 1941 getrennt hatten, als er eben noch rechtzeitig vor Ausbruch des Krieges mit der Sowjetunion über Rußland in die Heimat

zurückfliegen konnte. Manche Nächte hatten wir zusammengesessen und uns in Gespräche, meist philosophischen Inhalts, vertieft, die manchmal aus Stimmungen heraus auch ins Skurrile reichten. So etwa, wenn wir argumentierten, ob ein vor uns auf dem Tisch stehender Gegenstand tatsächlich in der Materie oder nur in unserer Vorstellung existierte.

Wegen Differenzen mit der Partei hatte Rousselle 1940 seinen Lehrauftrag an der Universität Frankfurt verloren und war dann von der chinesischen Regierung nach Chungking eingeladen worden. Nach seiner Rückkehr nach Deutschland wurde er auch von der Leitung des China-Instituts enthoben und erhielt schließlich vom NS-Gauleiter Redeverbot.

Eva Tonn, die Erwin Rousselle erst jetzt kennenlernte, war schnell von ihm begeistert. Ein überlegenes, aber auch gleichzeitig sehr gütiges und sein Gegenüber ermunterndes Lächeln stand ständig auf seinem Gesicht; ein Uneingeweihter mochte dabei an ein Buddha-Bild denken, aber Rousselles Verklärtheit kam aus seiner Beschäftigung mit einer der beiden größten Gestalten der Kulturgeschichte Chinas, nämlich Lao Tse.[14]

Ich weiß zwar nicht, ob es Absicht war oder sich einfach so ergab, am zweiten Abend erhielten wir von meinem Freund eine kleine Lektion. Wir waren wieder einmal beim Thema; die Chancen wurden gewogen, ob und wann es gelingen könnte, die Befreiung der Landsberger zu erreichen, da schlug unser Gastgeber vor, doch einmal das Orakel des »I Djing«, des chinesischen »Buches der Wandlungen« zu befragen.

Richard Wilhelm, der große deutsche Sinologe und Übersetzer des »I Djing«, schrieb am Ende seiner zehnjährigen Übersetzungs- und philosophischen Interpretierungsarbeit im Jahre 1923, daß das »I Djing«, »den reichsten Schatz chinesischer Lebensweisheit darstellt. Es gibt eine umfassende Übersicht über die Gestaltungen des Lebens und setzt ihn (den Leser) in den Stand, an Hand dieser Übersicht sein Leben organisch und souverän zu gestalten, so daß es in Einklang kommt mit dem letzten SINN, der allem, was ist, zugrunde liegt.«

Um das Orakel zu befragen, wurden ursprünglich 50 Schafgarbenstengel – die Schafgarbe ist eine alte Heil – und darum heilige Pflanze – benötigt. Da solche aber nicht immer zur Hand sind, haben die praktischen Chinesen später auch Münzen, die geworfen werden, dazu benutzt. Erwin Rousselle hatte solche Münzen aus der Kaiserzeit und warf sie, prüfte ihre Lage zueinander und schlug im »I Djing« nach. Schließlich verkündete er uns, wir müßten uns mit größter Geduld wappnen. Wir hätten es mit einer langfristigen Entwicklung zu tun, und in diesem und dem nächsten Jahr sei nicht mit einer grundlegenden Änderung zu rechnen. Eva, die nicht wußte, daß das Orakel nach dem »I Djing« nicht aussagt, was sein wird, sondern welche Tendenz zur Zeit der Befragung herrscht und wie sich der Fragende in ihr verhalten sollte, war bestürzt, und Tränen schimmerten in ihren Augen.

Als wir am nächsten Morgen wieder im Zug nach München saßen, hatte sie

sich von dem Schock erholt und war wieder in besserer Stimmung. Ich fand es gut, daß wir daran erinnert worden waren, daß wir noch ganz am Anfang standen und ein langer Kampf vor uns lag.
Auf dem Rückweg nach Hamburg machten wir noch einen Stop in Frankfurt, um dort Pfarrer Hess zu besuchen. Die Begegnung mit ihm und seiner Frau ergaben eine sofortige große Übereinstimmung in den Ansichten und persönliche Sympathie zwischen uns Vieren. Werner Hess hatte in Dachau und Landsberg genug Anschauungsunterricht genossen, um von der Notwendigkeit des Kampfes gegen das von der US-War Crimes-Justiz verübte Unrecht überzeugt zu sein. Mit der beruhigenden Gewißheit, in Frankfurt verläßliche Freunde und einen neuen Stützpunkt gewonnen zu haben, verließen wir die Stadt am Main, um uns wieder nach Norden zu wenden.
Wir waren sechs Wochen unterwegs gewesen, und als wir in Hamburg eine Bilanz unserer Erkundungsreise zogen und daraus eine Vorstellung von dem Ausmaß der zu bewältigenden Arbeit gewannen, wurde uns klar, daß es nicht möglich sein würde, gedeihlich an zwei räumlich weit voneinander entfernten Orten zu arbeiten – Eva Tonn in Berlin und ich in Lübeck. Die schriftlichen Arbeiten allein würden ein kleines Büro mit wenigstens einer Sekretärin mit ausgezeichneten englischen Sprachkenntnissen erfordern. Ein Büroraum war nicht vorhanden, auch kein Mobiliar, Mittel dafür fehlten ebenso wie für die Anstellung einer geeigneten Schreibkraft. So beschlossen wir, alles selbst zu machen, von der geistigen Konzeption bis zum Aufkleben der letzten Briefmarke. Danach war nur noch ein Platz zu suchen, wo wir in Ruhe arbeiten könnten, zurückgezogen, von unliebsamen oder auch lieben, aber zeitraubenden Besuchern verschont, möglichst nicht in einer Großstadt, aber auch nicht allzuweit entfernt, weil wir ja öfters mit der Bahn reisen müßten. Und eine gute Telefonverbindung war eine notwendige Voraussetzung.
Eva begab sich erst wieder nach Berlin, während mir die Aufgabe zufiel, eine geeignete Unterkunft zu finden. Ich vermutete, daß wenigstens den Winter über ein kleiner Badeort in der Lübecker Bucht noch die besten Aussichten böte. Hier gab es im Winter in den Hotels und Pensionen Platz, aber die Abwesenheit von Kurgästen bewirkte auch, daß die meisten Etablissements geschlossen waren und die Betreiber bei dem allgemeinen Brennstoffmangel nur die Teile ihrer Häuser heizten, die sie selbst benutzten. Nach einigem Suchen in Travemünde, Niendorf und Timmendorfer Strand fand ich am letzten Ort etwas Passendes. Der Besitzer der Hotel-Pension »Villa Frieda« konnte uns in seinem Anbau Zimmer vermieten, die mit Gas geheizt werden konnten. Und da Grammerstorf von seinem Personal wenigstens die Köchin auch den Winter über hielt, konnte er uns die Unterkunft sogar mit Halbpension bieten, so daß wir nur selbst für das Abendbrot sorgen mußten. Wir hatten es ideal getroffen. Schon im November zogen wir ein. Jeder brachte eine Schreibmaschine mit; die Unterbringung in dem Anbau, in dem außer unserem Arbeitszimmer und zwei Schlafräumen nichts weiter belegt war,

hatte noch den Vorteil, daß wir bis tief in die Nacht auf unseren Schreibmaschinen hämmern konnten, ohne jemanden zu stören.
Nur wenige Tage nach unserem Einzug setzte dann auch schon eine Flut von in deutscher und englischer Sprache beschriebenem Papier aus der stillen Villa Frieda am einsamen, winterlichen Ostseestrand in alle Himmelsrichtungen ein, in die USA, nach China, England, Italien und die Schweiz und natürlich auch in alle vier Besatzungszonen in Deutschland. Sehr bald sollten sich Leitzordner mit Korrespondenz und Akten füllen, und ich begann auch, meine mit der Entlassung aus Dachau unterbrochene Tagebuchführung wieder aufzunehmen.
Ja, wir waren gewillt, Himmel und Hölle in Bewegung zu setzen, um unser Ziel zu erreichen. Unser Wirt wußte natürlich nicht, daß die Aktivität, welche die beiden Rumpelstilzchen entfalteten, der Befreiung von »Kriegsverbrechern« galt. Für ihn arbeiteten wir an einem Buch, und das war nicht einmal nur Tarnung, denn wir stellten ja tatsächlich auch Material für »Dreyfus in China« zusammen, ein geplantes Buch über den Schanghaier Prozeß, das wir gegebenenfalls als Teil einer Publizitätskampagne für die Aufhebung des Schandurteils vorsahen.
Dr. Otto, dem wir – um in den Märchen zu bleiben – den Decknamen »Rübezahl« gegeben hatten, kündigte aus Kiel, wo er sich um eine Anstellung an einem Krankenhaus in Schleswig-Holstein bemühte, seinen Besuch an und schrieb dabei: »Ich bin doch sehr erschüttert über die Zerstörungen hier. Man kann von einem Ende zum anderen sehen wie auf völlig leerem Land« – und er schloß mit den Worten von Andreas Gryphius, des Dichters aus der Zeit des Dreißigjährigen Krieges:
»Wo itzund Städte stehn, wird eine Wiese sein,
auf der ein Schäferkind wird spielen mit den Herden.«
Das Gedicht, aus dem diese Zeilen entnommen waren, hatte mich schon im deutschen Literaturunterricht in der Oberstufe unseres Gymnasiums sehr beeindruckt, und ich hatte deshalb den vollen Text im Gedächtnis:

Du siehst, wohin du siehst, nur Eitelkeit auf Erden.
Was dieser heute baut, reißt jener morgen ein;
Wo itzund Städte stehn, wird eine Wiese sein,
Auf der ein Schäferskind wird spielen mit den Herden;

Was itzund prächtig blüht, soll bald zertreten werden;
Was itzt so pocht und trotzt, ist morgen Asch und Bein;
Nichts ist, das ewig sei, kein Erz, kein Marmorstein.
Jetzt lacht das Glück uns an, bald donnern die Beschwerden.

Der hohen Taten Ruhm muß wie ein Traum vergehn.
Soll denn das Spiel der Zeit, der leichte Mensch, bestehn?
Ach, was ist alles dies, was wir für köstlich achten,

Als schlechte Nichtigkeit, als Schatten, Staub und Wind,
Als eine Wiesenblum, die man nicht wieder findt!
Noch will, was ewig ist, kein einig Mensch betrachten.

Hatte jemand besser als die derzeit lebende Generation von Deutschen die ewige Wahrheit dieser Worte erfahren? Wo war das Reich, das tausend Jahre dauern sollte, die Herrschaft, die so mächtig, so total, als so gar nicht zu stürzen erschienen war? Und in China, von wo Dr. Otto eine Menge Neues zu berichten wußte – einer seiner adoptierten chinesischen Söhne, Heng Yü, war am wiedereröffneten chinesischen Konsulat in Hamburg tätig –, ging eben auch ein einmal so festgefügt erscheinendes Regiment, das Marschall Chiang Kai-sheks, offenbar seinem Ende entgegen. Dr. Otto hatte einige sehr interessante Zeitungsausschnitte dabei, die ihm von Freunden zugeschickt worden waren und alle das deutsch-chinesische Verhältnis betrafen.
Die Juliausgabe 1947 einer im 2. Jahrgang erscheinenden Zeitschrift »Geist und Tat« bewies ihren Geist durch die Tat, ein Machwerk aus der »New York Post« unter der Überschrift »Hitler-Filiale im Fernen Osten« nachzudrucken. Hier wurde gegen die nach den ersten beiden Repatriierungen noch in China verbliebenen Deutschen gehetzt, vor allem solche, die bei chinesischen Stellen oder in chinesischen Firmen angestellt waren. Zum Teil wurden politisch völlig abstinenten, teils sogar gegen die NSDAP eingestellten Personen »Nazi-Aktivitäten« unterstellt, so zum Beispiel dem Tientsiner Kaufmann Werner Jannings, einem Bruder des berühmten Schauspielers Emil Jannings, der in dauerndem Streit mit der Partei gelegen hatte. Das deutsch-chinesische Paulun-Hospital, bei Chinesen wie Europäern im Fernen Osten hochgeschätzt und berühmt, wird als »Nazi-Spital Paulun« apostrophiert. Unter der Zwischenüberschrift »Alle Deutschen stehen unter seinem Kommando« wird schließlich Märchenhaftes über den Kaufmann Fred Siemssen berichtet: »Siemssen ist der Leiter der ›Deutschen Gemeinde‹, der alle Deutschen angehören müssen. Siemssen hat nicht nur verhindert, daß eine Reihe von Deutschen nach Hause geschickt wurden, sondern sie auch in seinem Haus versteckt, und hat eine solche Macht erlangt, daß wenige Deutsche in China ohne seine Erlaubnis ihren Wohnort und ihre Arbeit wechseln.«
Eine Meldung in der »Welt« vom 7. 8. 1947 und ein darauf bezogener Leserbrief war erfreulich:
»Berlin. – Unbekannter Lebensretter gesucht. Der Bürgermeister von Nanking sucht einen Deutschen, der in den ›blutigen Tagen von Nanking‹ unbewaffnete Chinesen vor der Niedermetzelung durch die Japaner gerettet haben soll, um ihn für seine Tat zu belohnen. Der Deutsche gehörte einer internationalen Hilfsorganisation an und gewährte den Chinesen auf seinem Grundstück Unterkunft, während zur selben Zeit die Japaner etwa hunderttausend Menschen aus Nanking und der näheren Umgebung hinmordeten.«
Und der Leserbrief:

... In Nr. 92 bringen Sie eine Notiz, zu der ich Ihnen als ehemaliger China-Deutscher Auskunft geben kann.
Der »gesuchte Deutsche« ist der jetzt in Berlin-Siemensstadt, Harriesstraße 3, lebende Herr John Rabe, der seit vielen Jahren Leiter der Nankinger Niederlassung der Firma Siemens war.
Als von den schutzlosen Einwohnern Nankings viele Tausende 1938 dem blutigen Gemetzel durch japanische Soldaten zum Opfer fielen, gelang es Rabe, Abertausende von Chinesen vor dem gleichen Schicksal zu bewahren. An der Spitze eines internationalen Hilfskomitees erreichte dieser sprachkundige Deutsche nach schwierigen und unter Lebensgefahr geführten Verhandlungen bei den Japanern die Anerkennung eines Stadtteils von Nanking als »Rote-Kreuz-Stadt«. In diesen Stadtteil schleuste er, unterstützt von einigen englischen und amerikanischen Freunden und den beiden deutschen Landsleuten Sperling und Kröger, Tausende von Chinesen, die dadurch dem sicheren und qualvollen Tode entgingen. Die Versorgung dieser Menschen mit Nahrung und Wasser und die sonstige Betreuung war ein schwierig zu lösendes Problem, da ein eigentlicher chinesischer Verwaltungsapparat nicht mehr bestand. Rabe hatte seine Aufgabe hervorragend gelöst. Eine ausführliche Schilderung der damaligen Ereignisse und eine die Leistungen Rabes voll würdigende und hoch anerkennende Darstellung findet sich in dem Buch des seinerzeitigen Chinakorrespondenten des »Manchester Guardian«, Timperley.
In ähnlicher Weise zeichneten sich kurz nach Ausbruch des China-Japan-Krieges 1937 verschiedene junge Deutsche in Peking aus. Die chinesischen Verwundeten lagen hilflos auf dem Schlachtfeld bei Peking. Ärzte und Sanitäter gab es zu diesem Zeitpunkt noch nicht. Die Japaner hatten Peking besetzt und ließen niemanden die verschlossen gehaltenen Stadttore passieren. Einigen entschlossenen jungen Deutschen gelang es schließlich, sich die Bewilligung zum Ausgang aus der Stadt zu verschaffen. Sie brachten zahlreichen Verwundeten die erste Hilfe und transportierten auf Lastwagen Schwerverwundete in ein Nothospital, das schnell in der Stadt hergerichtet wurde.

Theo Slickers, Geldern/Rhl., Harttor 17

Welcher Gegensatz: die amerikanische Hetze, von einer deutschen Zeitschrift geistlos nachgeplappert, und diese nüchternen Feststellungen von einer historischen Tat!
Ich konnte meinerseits Dr. Otto mitteilen, daß auch ich einige Nachrichten aus China erhalten hatte, neben Berichten von Ni-ko und Dr. Bidder über die um sich greifende Inflation und den politischen Verfall im Bereich der Kuomintangregierung war da auch ein erfreulicher Brief des Informationsministers in Nanking, Hollington Tong. Ich hatte ihn, seit ich Chungking im Sommer 1941 verließ, nicht mehr gesehen. Unser Verhältnis war immer angenehm gewesen, doch blieb eine gewisse Distanz; bis zur richtigen Freundschaft war es nicht gediehen. Jetzt redete er mich mit »Lieber Wolf« an, schrieb, daß er versucht

hätte, etwas für mich zu tun, wobei er aber auf »gewisse Hindernisse« gestoßen sei, womit er wohl die Abhängigkeit seines Chefs von den Amerikanern meinte. Sein Brief endete: »Ich sehe mit großem Vergnügen dem Tag entgegen, an dem wir unsere Freundschaft über einigen Gläsern Wein erneuern können.« Das letzte war eine Anspielung auf die Finger-Ratespiele, die manche Chinesen bei Gelegenheit eines festlichen Mahles treiben und bei denen jeweils der Verlierer einer Runde dazu verurteilt ist, ein Schälchen Reiswein »gan beh«, das heißt »trockenes Glas«, also mit einem Schluck ganz zu leeren. Hollington Tong liebte das sehr.
Bedachte man, daß der Informationsminister einer der prominentesten »American Return Students« in China war, so durfte man aus seinem Brief schließen, daß der ganze Rummel, den die Amerikaner mit Prozeß und Repatriierung veranstalteten, sich als ein Schlag ins Wasser erwiesen hatte. Durch unseren Kampf in Schanghai hatten wir eher bei den Chinesen noch an Gesicht gewonnen. Und für die Aufführung der USA konnte man den Buchtitel von Dale Carnegie umkehren: How to loose friends and alienate people.
Obwohl ich mit dem Schanghai-Prozeß übergenug zu tun hatte, wurde jetzt nach China ein weiteres asiatisches Land in die von Villa Frieda ausgehende Korrespondenz einbezogen. Es gab keine deutsche Regierung, auswärtige Beziehungen außer zu den Besatzern hatten die Deutschen nicht zu haben, es war ja noch nicht einmal der direkte Luftpostverkehr aus Deutschland erlaubt, aber das alles konnte mich natürlich in keiner Weise hindern, meine Erfahrungen und Beziehungen als Sachwalter seiner Interessen weiter in den Dienst meines Volkes zu stellen.
Kurz vor Kriegsausbruch hatte 1939 Jawaharlal Nehru, neben Gandhi und Subhas Chandra Bose der bedeutendste Politiker Indiens, Chungking besucht, wo er auch von Anna Wang betreut worden war und ich seine Bekanntschaft gemacht hatte. Zwischen Deutschland und den um ihre Freiheit und Unabhängigkeit kämpfenden Indern bestanden alte Bande schon seit der Zeit des I. Weltkrieges 1914–1918. Von Burma, das einen Teil von Britisch Indien bildete, wußten wir nichts. Das hatte sich geändert, als kurz nach Nehru in Chungking ein junger Burmese namens Thakin Nu auftauchte, der als Führer einer bis dahin unbekannten Freiheitsbewegung den Kampf gegen die britische Kolonialherrschaft aufnahm. Wir hatten uns mehrere Male heimlich getroffen, um die Möglichkeit einer Zusammenarbeit zu besprechen, bevor er nach Rangun zurückkehrte.
Nach Indien hatte jetzt auch Burma seine Unabhängigkeit zurückerlangt, und Thakin Nu wurde der erste Ministerpräsident.
An unsere Gespräche in Chungking 1939 anknüpfend und in der Überzeugung, daß die sich aus der Kolonialherrschaft befreienden Völker naturgegebene Verbündete in unserem deutschen Daseinskampf nach dem Zweiten Weltkrieg sein würden, gratulierte ich ihm zum bevorstehenden offiziellen Unabhängigkeitstag am 6. Januar 1948.

Als ein erfülltes Jahr sich dem Ende zuneigte, waren wir damit beschäftigt, Weihnachtsbriefe zu schreiben, vor allem aber Pakete für die Landsberger zu packen, angefüllt mit Dingen, die zur Zeit in Deutschland so gut wie gar nicht zu haben waren. Daß wir dazu in der Lage waren, verdankten wir auch der Gabe Evas, Sympathie zu erwecken und Freundschaften anzuknüpfen und zu erhalten. Eine Amerikanerin indianischer Herkunft, Miss Marjoria Tittle, war eine der Gerichtsstenographen, denen vor einem Jahr Herbert Mueller sein Weihnachtsgedicht gewidmet hatte. Sie war empört über das Falschspiel, an dem mitzuwirken sie gezwungen war, hatte aber noch gehofft, es würde schließlich doch zu Freisprüchen kommen. Von dem Urteilsspruch erschüttert, hatte sie Eva, der seinerzeitigen Sekretärin der Verteidigung, ihre Anteilnahme ausgesprochen, ihr mitgeteilt, daß sie in Kürze aus den Diensten der US-Army scheide und in die Staaten zurückkehre. Was sie tun könnte, um wenigstens etwas dazu beizutragen, daß das Unrecht wieder gutgemacht werden könnte? Für den Anfang schickte sie nun erst einmal Pakete.
Diese Vertreterin des anständigen Amerika, wohl der großen Mehrheit der Bevölkerung der Vereinigten Staaten, gehörte zu denen, die mich vor der Gefahr bewahrten, in den US-Amerikanern ganz allgemein nur Gangster zu sehen, etwa so, wie die Kriegspropaganda von drüben die Deutschen kollektiv als Verbrecher abgestempelt hatte.
Bis zum Ende des Jahres geschah nichts, das Eva Tonn und mich hätte von der Meinung abbringen können, die sich auf unserer Erkundungsreise gebildet hatte, daß nämlich nur durch Schritte in den USA selbst Entscheidendes zur Befreiung der Unglücklichen in Landsberg getan werden konnte. Wie aber die Dinge dort in Bewegung bringen? Gegen die stärkste Macht der Welt? Wir waren zwei machtlose einzelne, eine Frau und ein Mann in der »Villa Frieda«, in einem abgelegenen kleinen Nest an der Ostsee, im militärisch besetzten und der Willkür der Sieger-Übermacht ausgelieferten Deutschland. Von den Menschen, denen wir bisher unsere Absicht offenbart hatten, bewunderten einige unseren Mut, ohne an eine Erfolgsaussicht zu glauben, ganz wenige sagten offen, was sie von uns dachten und die meisten, der gleichen Meinung, verschwiegen sie, konnten sie aber oft nur schlecht verbergen: Wir waren offensichtlich verrückt, größenwahnsinnig oder hoffnungslos wirklichkeitsfremd und jagten einer Illusion nach.

# 7 Zwischen Nürnberg und Washington

Ein Versuch, noch während des Prozesses in Schanghai höchste Stellen in den USA auf den Vorgang aufmerksam zu machen, war gescheitert. Ich erfuhr davon durch Pastor Maass, der inzwischen auch nach Deutschland zurückge-

kehrt war. Er hatte an John Foster Dulles in dessen Eigenschaft als Vorsitzendem des »Bundesrates der Christlichen Kirche in Amerika für einen gerechten und dauerhaften Frieden« geschrieben. Dulles hatte sich an das State Department gewandt:
»Als Vorsitzender unserer Kommission habe ich zwei Briefe von Pastor Maass in Schanghai erhalten, die sich mit einem Prozeß dort gegen Deutsche als Kriegsverbrecher befassen. Ich habe keine Grundlage, um mir, was die Tatsachen betrifft, ein unabhängiges Urteil zu bilden. Aber es ist meine tiefe Sorge, die sicher vom Außenministerium geteilt werden wird, daß in diesen Dingen eher Gerechtigkeit als Rache obwaltet.« Auf diesen Brief vom 11. Oktober 1946 hatte der amtierende Außenminister Dean Acheson am 7. November 1946 geantwortet: »Ich teile Ihre Sorge, daß in dem Prozeß gegen deutsche Kriegsverbrecher, der zur Zeit vor einer Militärkommission in Schanghai stattfindet, Gerechtigkeit geschieht. Diese Sache fällt jedoch unter die direkte Zuständigkeit des Kriegsministers, an den ich Ihren Brief mit den Anlagen weitergeleitet habe.«
Hier war der Beweis, daß auch höchste zivile Stellen in den Vereinigten Staaten rechtzeitig auf das völkerrechtlich fragwürdige Geschehen in Schanghai aufmerksam gemacht worden waren. Die Weitergabe des Materials von Maass durch Dean Acheson an die höchsten Militärs hatte jedoch, wie wir ja erfahren hatten, nicht das geringste gefruchtet.
Aus Landsberg erhielten wir jetzt jedoch einen Hinweis, daß sich in den Vereinigten Staaten Kritik am Vorgehen der eigenen Armee bei den Prozessen in Dachau und Nürnberg zu regen begann. Walter Richter, der für uns im Gefängnis die Zeitung der US-Armee, »Stars and Stripes«, verfolgte, berichtete von einer Meldung über Äußerungen des demokratischen Abgeordneten aus Missouri, John E. Rankin, der im Repräsentantenhaus die Art, wie die US-Army in Deutschland Kriegsverbrecher verfolge, eine »Schande für die USA« genannt und erklärt hatte:
»Wenn die Vereinigten Staaten beabsichtigen, Europa zu helfen, dann laßt uns um Gottes willen den Krieg für beendet erklären und zur Sache kommen.« (wörtlich: get down to business)!
Wenn mir der letzte Halbsatz auch nicht ganz geheuer war, die Chance, in diesem Abgeordneten aus dem Heimatstaat Präsident Trumans einen Fürsprecher zu gewinnen, durfte nicht ausgelassen werden. Als erstes im neuen Jahr faßte ich ein Schreiben an Rankin ab, in dem ich rücksichtslos schilderte, was sich in Dachau unter der Verantwortung der 7708 War Crimes Group abspielte. Unter anderem hieß es darin:
»Glauben Sie bitte nicht, daß die Männer und Frauen, die so behandelt wurden, alle Nazis waren. Die Tausenden, die durch die Mühle von Dachau gingen, reichten von Nazis über vollkommen unpolitische Bürger bis zu erwiesenen Kämpfern gegen den Faschismus. Um hier nur ein Beispiel zu geben: Es gab da in Dachau einen katholischen Bruder, der zum Franziskaner-

orden gehörte, aus dem die Untersuchungsoffiziere unbedingt einen SS-Führer machen wollten. Er wurde brutal geschlagen, um von ihm die Unterschrift unter eine falsche Erklärung zu erreichen, er wurde beinahe zwei Jahre lang von einem Lager ins andere geschleppt, und als schließlich in Dachau der Verdacht gegen ihn fallengelassen werden mußte, wurde er trotzdem nicht entlassen, aus Furcht, es könnte bekannt werden, was ihm widerfuhr.«

Da diese Handlungen im Namen Amerikas geschehen sind, müßten sie von Amerika wiedergutgemacht werden. Ich empfahl dafür eine gründliche Untersuchung durch ein höheres amerikanisches Gremium, am besten einen Kongreß-Ausschuß.

Der Brief wuchs sich zu einer Länge von 15 Maschinenseiten englischen Textes aus. Erst am Schluß kam ich zum Schanghai-Prozeß und meinem eigenen Fall, eigentlich mehr, um den Abgeordneten eine persönliche Legitimation für die erhobenen massiven Vorwürfe zu geben. Die ganze fragwürdige Praxis von Dachau und Nürnberg mußte in der amerikanischen Öffentlichkeit, die ja nichts davon ahnte, zur Diskussion gestellt werden. Damit würde überhaupt erst der Boden auch für eine Aufrollung der Schanghai-Sache bereitet. Von den Hauptverantwortlichen in den Rechtsabteilungen der US-Armee war nichts zu erwarten, sie mußten von höheren Instanzen, dem Kongreß oder der US-Bundesjustiz, gezwungen werden.

Ihre Verstocktheit war uns gerade eben wieder einmal vor Augen geführt worden. Unsere Freunde in Landsberg hatten die 100 Seiten umfassende »Legal Review« des Prozesses abgeschrieben, durch welche die Urteile bestätigt worden waren, und sie uns zugänglich gemacht. Ich fand bei der Durchsicht die Meinung von Mosberg bestätigt, daß es sich um ein schlimmes Machwerk handelte, absolut tendenziös und voller falscher Zitierungen aus dem Record. Was darin stand, war stellenweise in das direkte Gegenteil verkehrt worden, um die Verurteilungen zu rechtfertigen. Colonel Edward H. Young, der das Schriftstück unterzeichnet hatte, fand die Urteile noch zu milde und die sechs Freisprüche ungerechtfertigt, »mit der möglichen Ausnahme von Schenke«. Wie berechtigt war meine gegen den Widerstand von Anwalt Royer durchgesetzte Intervention gewesen, als ich dem Gericht nachwies, daß es nicht eine einzige Erwähnung meiner Person am »Tatort« und zur »Tatzeit« während des ganzen Beweisvortrags durch die Anklage gegeben hatte und daß ich, was das in diesem Prozeß vorgebrachte Material betraf, ebensogut hätte schon nicht mehr am Leben oder auf dem Mond sein können! Darum war auch Oberst Young in seiner »Revision« nicht herumgekommen. Bei mir konnte sein spätes Eingeständnis jedoch weder freudige noch freundliche Gefühle hervorrufen, dazu war seine sonstige Bekräftigung des Justizverbrechens zu kraß.

Eva mußte den ganzen langen Brief an den Abgeordneten Rankin mit einer neuen Anrede und Einleitung noch einmal schreiben. Sie knirschte nicht mit den Zähnen, sondern hämmerte mit freudiger Entschlossenheit drauflos.

Denn noch ein weiteres Mitglied des US-Kongresses, Senator William Jenner, hatte sich als Empfänger unserer Beschwerde empfohlen, wie wir der »New York Herald Tribune« entnehmen konnten.
In diesen Tagen erregte ein Mann aus Kalifornien Aufsehen, der Anwalt Earl J. Carroll, der während des Krieges als Offizier gedient hatte und nach seinem Abschied von der Armee in einer Anzahl von Kriegsgerichtsverfahren aufgetreten war, was ihm bei den US-Truppen in England und Deutschland den Namen »der Soldaten-Verteidiger« eingetragen hatte. Über die Einzelfälle hinaus übte er auch grundsätzliche Kritik an der ganzen Praxis der Kriegsgerichtsbarkeit. Der Militärbürokratie war Carroll verständlicherweise höchst unangenehm, und sie trachtete ihn aus dem Wege zu räumen. General Clay, der als Militärgouverneur über seine Zone wie ein absoluter König herrschte, verweigerte ihm im Dezember 1947 die Verlängerung der Aufenthaltserlaubnis über die Dauer des Verfahrens hinaus, in dem er gerade tätig war.
Wie eine Bombe hatte es deshalb eingeschlagen, als bei der Eröffnung des Nürnberger Prozesses gegen die Firmenleitung von Krupp am 8. Dezember 1947 der Verteidiger, Kapitän zur See und Rechtsanwalt Otto Kranzbühler, aufgestanden war und beantragt hatte, Earl J. Carroll, als Verteidiger für Alfried Krupp zuzulassen. Das Gericht versprach, diesen Antrag zu prüfen, verkündete aber 10 Tage später die Ablehnung. Diese wurde vom Vorsitzenden, Richter Anderson, damit begründet, daß Mr. Carrolls Aufenthaltsgenehmigung in der US-Besatzungszone in kürzester Zeit auslaufe und er deshalb während der sicher längeren Dauer des Prozesses gar nicht anwesend sein könne.
Der Militärgouverneur und die Richter ahnten nicht, daß sie mit dieser Ablehnung Carroll die Gelegenheit verschafften, den Spieß umzudrehen. Sie lieferten ihm damit überhaupt die Munition, um die Rechtmäßigkeit des ganzen Verfahrens und des Tribunals selbst in einer Klage zu bestreiten und diese zur Entscheidung vor ein hohes Gericht in den Vereinigten Staaten zu bringen.
»Nicht um meine Aufenthaltsbewilligung geht es hier«, hatte Carroll gleich nach der Entscheidung von Richter Anderson erklärt, »der Kern der Sache ist, daß diesen Angeklagten ein Verteidiger ihrer eigenen Wahl verwehrt wird.« Das ist nach der amerikanischen Verfassung offensichtlich unzulässig. Auf die Frage, was er dagegen unternehmen wolle, hatte er drei Möglichkeiten des Vorgehens angedeutet:
Eine mandamus-Anordnung gegen Verteidigungsminister Forrestal zu beantragen, »to show cause«, eine einstweilige Verfügung mit der Begründung, daß der Nürnberger Gerichtshof keine Zuständigkeit besitzt, und schließlich ein habeas corpus-Verfahren, bis über die Rechtmäßigkeit des Nürnberger Gerichtes entschieden worden ist.
Als wir durch die Pariser Ausgabe der »New York Herald Tribune«, die darüber ausführlicher als die deutschen Lizenz-Zeitungen berichtete, von diesen Vorgängen erfuhren, waren Eva und ich einer Meinung: Carroll ist

unser Mann. Wir müssen ihn für den Ehrhardt-Prozeß interessieren. Nach einigen Schwierigkeiten erreichte ich telefonisch Kranzbühler, der im Nürnberger Hauptprozeß Admiral Dönitz verteidigt hatte, und erfuhr von ihm, daß Carrolls Rückreise in die USA unmittelbar bevorstand. Nur kurz konnte ich ihm mein Anliegen schildern, aber er war sofort so weit interessiert, daß er noch einen Termin für ein Gespräch mit Carroll zustande brachte. Es sollte in Höchst stattfinden.

Auf dem Wege dorthin kehrten wir zuerst bei Werner Hess in Frankfurt-Ginnheim ein, wo der verurteilte »Kriegsverbrecher« eine Pfarrstelle erhalten hatte. Zu unserer Freude erfuhren wir, daß er sich nicht aufs Predigen und die Seelsorge in seiner Gemeinde beschränkte. Seine Erfahrungen in Dachau und Landsberg hatten ihm keine Ruhe gelassen, und in christlicher Verantwortung hatte er von sich aus den Kampf gegen die Dachauer US-War Crimes-Justiz aufgenommen und kümmerte sich dabei erst einmal um den größten Skandal, den Malmedy-Prozeß. Er gab uns die Revisionsschrift der beiden Offizialverteidiger Everett und Dwinell zu lesen, und mir sträubten sich noch einmal die Haare über die Foltermethoden von Perl, Thon und Komplizen bei der sogenannten Voruntersuchung in Schwäbisch Hall. Adressat dieser Eingabe war General Clay, aber als Werner Hess von unseren Absichten mit Mr. Carroll hörte, meinte er, wir sollten diesen doch auch auf den Fall Malmedy aufmerksam machen.

Unsere kurze Darstellung des Ehrhardt-Prozesses, von dem Carroll noch nichts gehört hatte und die wir noch durch eine vorbereitete schriftliche Darstellung ergänzten, fesselte ihn sofort als interessanter Fall, so daß er uns noch zu einer zweiten Unterredung am nächsten Tag bat, an dem er in die Staaten zurückfliegen wollte. Um uns herum wurden Koffer und Kisten von einem deutschen Assistenten mit Aktenstücken vollgepackt. Wir gaben ihm nun auch noch kurz einen Abriß von Malmedy und die Papiere von Werner Hess. Außerdem bat ich ihn, für den Fall, daß mein Brief an Rankin nicht ankommen sollte, einen Durchschlag mitzunehmen und dem Abgeordneten persönlich zu geben oder in den USA sicher zuzustellen. Er könnte ihn auch vorher lesen und daraus über Dachau noch mehr erfahren. Im übrigen hätten wir und Pfarrer Hess, wenn es zu einer Untersuchung durch den Kongreß käme, für alle darin getroffenen Feststellungen und angeführten Fehlhandlungen lebende Zeugen an der Hand.

Was den Schanghaier Prozeß betraf, so wollte Carroll ihn grundsätzlich gern übernehmen und die Sache in den USA notfalls bis zu einer Verhandlung vor dem Bundesgerichtshof bringen. Voraussetzung sei, daß er Vollmachten von den Betroffenen und ein vollständiges Exemplar des Record bekäme. Bezüglich der Kosten würde er sich erst einmal mit einem Vorschuß für die gesetzlich notwendigen Auslagen begnügen, die etwa 10 000 Dollar ausmachten. Über sein Honorar könne man später sprechen. Er fragte uns, ob er auch den Malmedy-Fall übernehmen sollte. Damit konnten wir ihn allerdings nicht

beauftragen, versprachen aber, ihn mit den zuständigen Personen in Verbindung zu bringen.
Als wir das Haus am Imchenweg in Höchst verließen, in dem die Verhandlungen stattgefunden hatten, um zur Straßenbahn nach Frankfurt zu gehen, hätten wir am liebsten laut gejubelt. Endlich geht es vorwärts, war unser Gefühl, aber auch ein bitterer Wermutstropfen war mit in den Freudenbecher gekommen. »Nochmal zehntausend Dollar!« sagte Eva betroffen, und als ich sie fragte: Wieso nochmal? erinnerte sie mich daran, daß sie ja nach dem Urteil in Schanghai dort schon einmal von Mitgliedern der deutschen Gemeinde diesen Betrag gesammelt und Oberstleutnant Bodine für den Zweck einer Wiederaufnahme in den USA mitgegeben hatte. 10 000 Dollar, das waren 100 000 Reichsmark! Und selbst wenn die zusammenzukratzen wären, woher sollte die Dollar-Valuta kommen? Auf alle Fälle mußten wir in den nächsten Wochen und Monaten unheimlich arbeiten! Und etwas mußte sofort getan werden: Zwei Briefe nach Schanghai waren zu schreiben, die am nächsten Tag in Hamburg zur Post mußten, um nicht eine wochenlange Verzögerung in Kauf zu nehmen, einer an meinen Freund, Anwalt Yao Chao-ti, damit er den Record nach San Francisco zu Carroll auf den Weg bringe, der andere wegen Geld an einen befreundeten chinesischen Minister. Warum, fragte ich mich, sollten nicht einige von den Millionen Dollar, mit denen die US-Regierung Chiang Kaischek unterstützte, auf diesem etwas ungewöhnlichen Wege wieder zurück in die Vereinigten Staaten fließen? Besser als daß sie die schon reichlich angeschwollenen Privatkonten gewisser hoher Kuomintangfunktionäre bei amerikanischen Banken noch zusätzlich mehrten, ohnehin die Endstation für einen großen Teil dieser Hilfsgelder!
Eine Reiseschreibmaschine trugen wir auf Expeditionen wie dieser stets bei uns. Wir wollten die Briefe im Haus von Pfarrer Hess schreiben, warteten dort aber vergeblich eine Stunde vor verschlossenen Türen auf der Straße. Als Eva dann in unserer ungeheizten Unterkunft schrieb, mußte sie manches doppelt schreiben, so viele Tippfehler unterliefen ihr zuerst wegen ihrer klammen Finger.
In dem Brief an den Minister Chu Chia-hua in Nanking, einen alten Freund Deutschlands und langjährigen Vorsitzenden des Deutsch-Chinesischen Kulturverbandes, teilte ich mit, wie der Fall durch Carroll in den USA wiederaufgenommen werden könnte, und kam dann auf die Devisenfrage: »Freunde der unglücklichen Betroffenen wären wohl in der Lage, gewisse Beträge in Reichsmark aufzubringen, aber nicht in fremder Währung. Eine Überweisung von Geldern aus Deutschland ins Ausland zur offiziellen Rate von 10 Reichsmark für den amerikanischen Dollar ist ganz ausgeschlossen. Den erforderlichen Dollarbetrag schwarz zu kaufen, würde an die 2 Millionen Reichsmark ausmachen und wäre, selbst wenn das möglich wäre, völlig ungesetzlich. Es gibt also keine andere Möglichkeit, als daß der Dollarbetrag im Ausland aufgebracht wird. Damit komme ich zu meiner Bitte. Könnte man nicht die

Mitglieder des Deutsch-Chinesischen Kulturverbandes oder andere vermögende Chinesen dafür gewinnen, sich an der Aufbringung dieser Summe zu beteiligen? Es wäre eine schöne Tat der Menschlichkeit und gleichzeitig auch ein selbstloses Eintreten für Chinas Souveränitätsrechte von privater Seite, wo die seinerzeitige Chinesische Regierung aus Gründen der politischen Opportunität darauf verzichtet hat, das Recht zu wahren... Wie mir General von Falkenhausen schrieb, hat Marschall Chiiang Kai-schek ihn zur Wiederherstellung seiner Gesundheit nach China eingeladen. Das ist eine sehr schöne Geste, die hier mit großer Freude und Dankbarkeit vermerkt wurde. Wie schön wäre es, wenn auch in der Sache, die ich Ihnen im Vorhergehenden vorgetragen habe, derselbe gute Geist wirken würde.«

Während meiner Abwesenheit war bei meinem Bruder Walter in Lübeck, bei dem ich ja offiziell immer noch wohnte, ein deutscher Polizeibeamter im Auftrage der Engländer erschienen, die wiederum im Auftrage der Amerikaner mich aufforderten, nach Nürnberg zu kommen. Dahinter konnte eigentlich nur Mr. Kempner stecken, der Stellvertretende Ankläger beim amerikanischen Militärtribunal und die Seele hinter den ganzen Nürnberger Kriegsverbrecherprozessen. Trotz angestrengtem Nachdenken konnte ich mir aber nicht den geringsten sachlichen Grund vorstellen, weshalb man mich in Nürnberg brauchen könnte und hatte deshalb den Verdacht, daß unsere Verhandlungen mit dem unbequemen Carroll nicht unbemerkt geblieben waren und man versuchte, mich nach der schon einmal angewandten Methode aus dem Wege zu schaffen.

Robert Kempner war in den letzten Jahren der Weimarer Republik Oberregierungsrat und Justitiar der Preußischen Politischen Polizei gewesen. Er blieb im Amt, als Reichskanzler v. Papen im Juli 1932 die sozialdemokratische Regierung in Preußen absetzte. Kurz nach Hitlers Machtübernahme am 30. Januar 1933 wurde er jedoch wegen seiner jüdischen Herkunft entlassen, doch hielt Rudolf Diels, der erste Chef der inzwischen in »Geheime Staatspolizei« umbenannten Politischen Polizei unter Ministerpräsident Hermann Göring seine schützende Hand über ihn, bis man auch Diels hinauswarf, als die Gestapo von Himmlers SS übernommen und gleichgeschaltet wurde. Kempner hatte in den Jahren bis 1935 in Berlin ein Beratungsbüro für jüdische Auswanderer unterhalten, war dann aber selbst in die USA ausgewandert und später auch US-Staatsbürger geworden. In amerikanischer Uniform war er 1945 als Rächer zurückgekehrt und jetzt die treibende Kraft der Anklagebehörde. In der amerikanischen Besatzungszone konnte er ziemlich unbeschränkt schalten und walten, und es war ihm ohne weiteres möglich, Menschen verhaften und ohne Nachprüfung längere Zeit hinter Gittern verschwinden zu lassen, und sei es als »Zeugen«, die tatsächlich oder auch nur angeblich für eins der Verfahren gebraucht wurden, deren Veranstalter er war. Dementsprechend war er weithin gefürchtet und nicht etwa nur von Leuten, die ein schlechtes Gewissen hatten.

Ich schrieb an den »Menschenjäger«, wie er schon 1946 von einem neutralen ausländischen Blatt, der »Basler Zeitung«, genannt worden war: »In meiner Abwesenheit wurde mir in meiner Wohnung in Lübeck durch die deutsche Polizei eine Aufforderung zugestellt, als Zeuge nach Nürnberg zu kommen. Für Verpflegung und Unterkunft sei gesorgt.
Eine ähnliche Aufforderung erhielt ich am 13.4. 1946 in Schanghai von dem dortigen amerikanischen Anklagevertreter, Lt. Col. Jeremiah J. O'Connor. Sie brachte mir 14 Monate freie Verpflegung und Unterkunft in einem Gefängnis in Schanghai und anschließend im Bunker von Dachau ein. Da meine Zeugenaussage der Anklagebehörde nicht genügte, wurde ich einfach mit angeklagt, völlig ohne Grund, wie mein Freispruch am Ende der Beweisaufnahme der Anklage bewies. Auch nach meinem Freispruch wurde ich ohne jede Erklärung noch weitere sieben Monate im Gefängnis festgehalten. Sie werden deshalb verstehen, daß ich bei diesen Erfahrungen die jetzt an mich ergangene Einladung leider ablehnen muß.«
Kempner antwortete : »Ich mache Sie darauf aufmerksam, daß Sie als Zeuge hierher gebeten worden sind, nicht als Angeklagter, so daß die von Ihnen angegebenen Gründe für Ihr Nicht-Kommen nicht stichhaltig erscheinen. Ich empfehle Ihnen dringend, freiwillig hierherzukommen. Ihr Aufenthalt wird kaum länger als zwei Tage dauern. Bitte lassen Sie mich postwendend wissen, wann Sie hier sein werden.«
Die verhüllte Drohung war nicht zu übersehen. In meinem Antwortbrief konnte ich mich trotzdem nicht enthalten, ihm die Praktiken der US War Crimes Maschinerie, von der er ein hervorragender Teil war, noch einmal unter die Nase zu reiben:
»Es ist mir bekannt, daß Leute jahrelang als Zeugen inhaftiert waren, ohne jemals als Zeugen vernommen worden zu sein. In Dachau saßen solche ›Zeugen‹ manchmal noch lange, nachdem der Prozeß, für den sie angeblich gebraucht wurden, vorüber war. Es ist also vielleicht nicht verwunderlich, daß man als gebranntes Kind das Feuer scheut. Ich bin mir bewußt, daß Sie die Macht haben, mich verhaften und nach Nürnberg bringen zu lassen. Um zu vermeiden, daß ich mich bei jedem Besuch der amerikanischen Besatzungszone dieser Gefahr aussetze, habe ich mich entschlossen, Ihrer dringenden Empfehlung nachzukommen und mich in Nürnberg einzufinden. Ich vertraue dabei Ihrer Versicherung, daß mein Aufenthalt dort kaum länger als zwei Tage dauert.«
Für mein Eintreffen gab ich ihm ein Datum in der folgenden Woche an, plante aber in Wirklichkeit schon einen Tag früher in Nürnberg zu sein, um ohne Kempners Wissen erst einmal aufzuklären, was er wohl im Schilde führte. Außerdem wollte ich unbedingt vorher noch nach Landsberg, um mir dort die benötigten Vollmachten für Carroll zu holen. Mit eigenen Vollmachten, für mich zu handeln, stattete ich Eva aus, für den Fall, daß ich trotz Kempners Versicherung nicht so schnell aus Nürnberg zurückkehren sollte.

In der Einleitung zu seinem 1946 erschienenen Buch[15] hatte Kempner geschrieben:

»Das Nürnberger Urteil, das hiermit der Öffentlichkeit in deutscher Übersetzung präsentiert wird, ist von welthistorischer Bedeutung. Sein *rechtshistorisches* Kernstück sind die klassischen Ausführungen über den verbrecherischen Charakter von *Angriffskriegen*. Der wichtigste und fundamentalste Rechtssatz des Urteils lautet: Einen Angriffskrieg zu beginnen ist nicht nur ein internationales Verbrechen; es ist vielmehr das schwerste internationale Verbrechen.

Das Gericht zeigt in seinen Urteilsgründen, wie sich diese Auffassung allmählich entwickelt hat und schließlich allgemein anerkanntes internationales Recht wurde.

Eine weitere Rechtsnorm, von größter Bedeutung für alle Kriegshetzer, ist die Feststellung, daß *individuelle* Personen für das Verbrechen des Angriffskrieges verantwortlich sind. ›Verbrechen gegen das geltende internationale Recht‹, so sagt das Gericht, ›können überhaupt nur verfolgt werden, wenn man die einzelnen Verbrecher verfolgt, die sie begangen haben.‹ In diesem Zusammenhang stellt das Gericht den Rechtssatz auf: ›Jede Einzelperson hat internationale Pflichten, die ihren Gehorsamspflichten gegenüber dem eigenen Staat vorangehen.‹

Die dritte wichtige Rechtsfeststellung ist, daß niemand den Vorwurf eines Verbrechens damit entkräften kann, daß er auf *Befehl* gehandelt habe. Diese drei Rechtsnormen, die schon vorher im internationalen Recht Geltung hatten, wurden vom Nürnberger Urteil zum ersten Male in einer internationalen strafrechtlichen Entscheidung stabilisiert, so daß niemand sich mehr in Zukunft darauf berufen kann, er brauche ›ungeschriebene‹ Rechtssätze nicht zu beachten. Die *weltpolitische* Bedeutung des Urteils liegt in den gerichtlichen Feststellungen über die planmäßigen Verbrechen Nazi-Deutschlands, die fast ausschließlich durch deutsche amtliche Dokumente bewiesen sind. Sie sind für die gegenwärtige und künftige politische Beurteilung Deutschlands von weitreichender Bedeutung.«

Reichlich Vorschußlorbeer hatte der gute Mann da ausgeteilt, war mein erster Eindruck, und ich fragte mich unwillkürlich, wie diejenigen, die behaupteten, nach jenen hehren Grundsätzen und mit dem großen Ziel einer besseren Welt gehandelt zu haben, im Lichte ihrer eigenen Taten wohl in, sagen wir, zehn Jahren dastehen werden. Meine Skepsis, daß aus diesem Prozeß und den ihm folgenden, jetzt im Gang befindlichen jemals etwas Gutes und für die Menschheit Nützliches, herauskommen könnte, war abgrundtief. Alles revoltierte vor allem in mir gegen den Bruch des fundamentalen, jahrtausendealten Rechtsgrundsatzes der abendländischen, ja, jeder menschlichen Kultur überhaupt, daß niemand Richter in eigener Sache sein kann. Das war ja nichts anderes als die Rückkehr zum Faustrecht und der Rückfall in die Barbarei.

Zweifellos hatte ein Teil der Männer, die von dem Nürnberger Tribunal zum

Tode verurteilt worden waren, Taten begangen, die nach ganz normalem geltenden deutschen Recht schwere Verbrechen waren. Wenn es nicht möglich war, ein wirklich internationales, von Juristen aus an dem Krieg unbeteiligten Staaten gebildetes Gericht zu schaffen, dann hätte man den Deutschen ihre Aburteilung überlassen müssen. Die Internationalität des Nürnberger Gerichtshofes war eine Farce. International war er nur insoweit, als die Richter aus vier Staaten stammten, den USA, der Sowjetunion, Großbritannien und Frankreich, aber alle gehörten zu einer Seite der Kriegführenden und saßen über Angehörige der anderen Seite zu Gericht. Sie waren Partei, Ankläger und Richter, alles in einem; die siegreiche Partei verurteilte die besiegte.

Sprachlos ließ mich die Illusion, daß durch dieses Beispiel künftig Kriege verhindert würden. Die einzige Schlußfolgerung, die in Zukunft Kriegführende aus diesem Präzedenzfall ziehen werden, wird in der Überzeugung bestehen, daß man Kriege auf keinen Fall *verlieren* darf. Man wird sie also, sollte man diese Gefahr kommen sehen, unter Einsatz auch der letzten Mittel führen. Mit anderen Worten, sie werden eher noch grausamer werden als bisher.

Ein zweiter überlieferter Eckpfeiler des Rechtsdenkens wurde in Nürnberg ebenfalls beseitigt: nulla poena sine lege, keine Bestrafung ohne Gesetz. Wenn eine Tat zur Zeit ihrer Begehung nicht unter Strafandrohung durch ein Gesetz stand, durfte sie, sollte sich die Gesetzgebung ändern, später nicht verfolgt werden. Das Nürnberger Tribunal hat für sich beansprucht, auf einigen Gebieten neue Rechtssätze überhaupt zum ersten Male aufzustellen. Es gab sich dabei den Anschein, für die ganze Menschheit zu handeln. Tatsächlich vertrat es nur die kriegführenden Siegerstaaten. Eine wirklich unabhängige Instanz zur Aburteilung von Kriegsverbrechen hätte bei Kriegsende noch nicht einmal von den Vereinten Nationen eingesetzt werden können. Denn diese selbst wurden von den Siegerstaaten nur zusammen mit denjenigen anderen Staaten gegründet, die gegen Deutschland, Italien und Japan Krieg führten oder ihn wenigstens erklärt hatten. Sie waren, was man sich auch für ihre spätere Entwicklung zur weltumspannenden Organisation dachte, 1945 nichts als die Gruppierung einer Weltkriegspartei.

Mit allergrößten Zweifeln begegnete ich schließlich den vom Nürnberger Tribunal erhobenen und abgeurteilten Vorwürfen der »Vorbereitung und Führung eines Angriffskrieges«. Ich bestritt dabei gar nicht, daß Hitler mit dem Angriffsbefehl an die Wehrmacht am Morgen des 1. September 1939 den Krieg ausgelöst hatte. Er war es, der zuerst schießen ließ.

In den zwei Jahren, die jenem unheilvollen Tag vorausgingen, hatte ich mich im Ausland befunden und war bei der mich mehr als irgend etwas anderes fesselnden Beobachtung der internationalen Entwicklung nicht nur auf eigene, deutsche Nachrichten angewiesen gewesen. Was die Menge

betraf, überwog sogar das aus englischen, französischen und amerikanischen Quellen stammende Material das deutsche im Verhältnis von etwa 3:1.
Natürlich versuchten bald, nachdem sie ihre Völker in einen neuen großen Krieg hineingeführt hatten, dessen Ende nicht abzusehen war, die Staatsmänner sich zu rechtfertigen, und beide Seiten gaben Aktenpublikationen heraus, die den ahnungslosen und fragenden Bürgern etwas erklären sollten. Selbstverständlich lag damals nur eine sorgfältige Auswahl vor, mit der jede Seite ihre eigenen Friedensbemühungen bis zuletzt beweisen und der anderen die Schuld am Kriege geben wollte. Es war alles höchst einseitig. Aber der Vergleich der Standpunkte beider Seiten vermittelte jedoch ein annähernd objektives Bild, und da war mir klar, daß Hitler den Startschuß gab. Er trug die Verantwortung für den Kriegs*ausbruch*. Aber ist derjenige, der das Feuer eröffnet, auch unbedingt schuldig oder allein schuldig an dem so ausgelösten Krieg? Oder gar ein ganzes Volk?
Mit der Vorgeschichte des I. Weltkrieges hatte ich mich intensiv befaßt und daraus die Lehre gezogen, daß man, um zu einer gerechten Beurteilung zu kommen, sehr tief schürfen und sehr weit zurückgehen muß. Vor allem ist es notwendig, zwischen Kriegs*anlaß* und Kriegs*ursachen* zu unterscheiden. Anlaß 1939 waren Danzig und der »Polnische Korridor«, über die Hitler zur Gewalt griff, was falsch war und den Untergang des ganzen Reiches einleitete. Und die Gewalt war nicht etwa nur, wie das manche tun, wegen des schlechten Ausgangs für uns zu verurteilen. Aber wo lagen die Ursachen?
Wer hatte die »Freie Stadt« Danzig und den Polnischen Korridor gegen alle Versprechen vom Selbstbestimmungsrecht der Völker, ohne die Einwohner der Gebiete zu fragen, 1919 qua Siegergewalt dem Deutschen Reich entrissen? Wer hatte den Deutschen mit der falschen Begründung ihrer alleinigen Kriegsschuld Bedingungen eines unmöglichen Unterjochungsfriedens auferlegt? Gehörte zu den Ursachen des Zweiten Weltkrieges nicht die ständige Verweigerung der Gleichberechtigung für das – außer den Russen – größte Volk in Europa? War die Weimarer Republik, die man abgerüstet hatte, um angeblich »eine allgemeine Abrüstung herbeizuführen«, nicht von waffenstarrenden Siegern umgeben, allen voran Frankreich mit seinen Verbündeten Polen und der »Kleinen Entente«? Waren ihr nicht Kontributionen auferlegt, die bis in die achtziger Jahre dieses Jahrhunderts gezahlt werden, die ihr den wirtschaftlichen Wiederaufstieg unmöglich machen sollten und auch machten, so daß ihre Regierungen vor den unermeßlichen Aufgaben versagten, ja versagen mußten, mit über sechs Millionen Arbeitslosen, einem Drittel aller berufstätigen Familienvorstände, 1932 fertig zu werden, im Jahre, bevor Hitler an die Macht kam? Der maßlose Chauvinismus und Imperialismus der Sieger von 1918 war die wirkliche, tiefere Ursache dafür, daß ein Mensch wie Hitler auf einer aus einem gedemütigten und verzweifelten Volk aufsteigenden Grundwelle nationaler Empörung, die er nur weiter aufzupeitschen brauchte, nach oben schwimmen konnte. Die selbstgerechten Richter und Ankläger von

Nürnberg, außer den Russen, die für den Versailler »Frieden« keine Verantwortung trugen – hätten sich an die eigene Brust schlagen müssen.
Etwas anderes noch hätte man ihnen vorhalten können: Wer hatte denn zwischen 1919 und 1939 Kriege geführt und kriegerische Expeditionen unternommen? Deutschland etwa, das im übrigen selbst in dieser Zeit, wie auch Rußland, Opfer von aggressiven Interventionen von seiten der Sieger des I. Weltkrieges war? Und die militärische Niederschlagung von nach Befreiung strebenden Kolonialvölkern mochte zwar im »terminus technicus« kein Angriffskrieg sein, die Ausrottung von ganzen Dorfbevölkerungen kein Verbrechen gegen die Menschlichkeit, sondern eine »pacification« (Befriedungsaktion), wie sie es – gleichbedeutend in englischer und französischer Sprache – nannten. Deutsche Strafaktionen gegen Partisanen und die sie begleitenden, oft nicht zu rechtfertigenden Übergriffe gegen die Zivilbevölkerung in besetzten Ländern im Zweiten Weltkrieg hatten Vorbilder unter den Alliierten gehabt, die jetzt darüber zu Gericht saßen.
Bei der Eröffnung des großen Nürnberger Prozesses hatte der amerikanische Hauptankläger Jackson erklärt:
»Dieses Gesetz wird zwar zunächst auf deutsche Angreifer angewandt, es schließt aber ein und muß, wenn es von Nutzen sein soll, den Angriff jeder anderen Nation verdammen, nicht ausgenommen derjenigen, die hier jetzt zu Gericht sitzen.«
Sehr löblich! Aber war das ehrlich gemeint? Es bleibt abzuwarten, ob danach gehandelt werden wird.
Wegen Verletzungen des Kriegsrechts und der Kriegsbräuche und Verbrechen gegen die Menschlichkeit müßten allerdings der Präsident und Minister der gegenwärtigen amerikanischen Regierung spätestens jetzt, zweieinhalb Jahre nach den Atombombenwürfen auf Hiroschima und Nagasaki, angeklagt werden, wenn ein anderer Spruch Jacksons kein leeres Versprechen bleiben soll: »Nach dem Maß, nach dem wir heute messen, werden morgen wir gemessen werden.« Ich hatte nicht gehört, daß Harry Truman demnächst angeklagt werden soll.
Der deutsche Assistent Earl Carrolls hatte mir den Text eines Vortrages mitgebracht, den einer der deutschen Nürnberger Verteidiger, Professor Dr. Eduard Wahl, im Dezember in Heidelberg über Rechtsfragen der Nürnberger Nachfolgeprozesse, die zur Zeit im Gange waren, gehalten hatte und in dem er auch auf die prozessualen Mängel und Mißbräuche hingewiesen hatte. Von »fair trial«, einem fairen Verfahren, konnte da in keiner Weise die Rede sein. Die Bedingungen waren da nicht anders als in Dachau. Und wir waren unmittelbar im Gebiet von Robert Kempners Zuständigkeit, wenn Prof. Wahl bemerkte:
»Die Anklagebehörde hat zugleich alle Rechte der Militärregierung in einem besetzten Lande und dadurch in allen entscheidenden Prozeßfragen, besonders bei der Beweiserhebung, durch die Verfügung über ein riesiges Reservoir

politisch inhaftierter Personen als Zeugen, sowie durch die bisher umfassendste Postzensur, durch die Beschlagnahme des Vermögens der Angeklagten, ihrer Ehefrauen und Kinder, durch ihre Überlegenheit bei der Information der Öffentlichkeit ein völlig anomales Übergewicht über die Verteidigung, die noch dazu in einem ihr nicht vertrautem Prozeßrecht, nämlich dem amerikanischen, tätig ist und wie alle Deutschen unter ungewöhnlich schwierigen äußeren Lebens- und Arbeitsbedingungen steht. Diese Ungleichheit der Waffen ist gerade im amerikanischen Strafverfahren, das die Rolle des Richters in der Verhandlung auf die Entgegennahme des Beweisvortrages beider Parteien beschränkt, auch bei objektivster Verhandlungsführung durch die Gerichte nicht zu beseitigen.« Und selbst an dieser fehlte es oft genug.

Es machte keine Schwierigkeiten, in Kempners innersten Machtbereich, den an der großen Verbindungsstraße zwischen Nürnberg und Fürth gelegenen Justizpalast, zu gelangen. Da die Prozesse der Erziehung des deutschen Volkes dienen sollten, konnte man sich einen Tagespaß als Zuschauer für eine Hauptverhandlung besorgen, und ich tat das, anstatt mich als von Herrn Kempner geladener Zeuge anzumelden, denn ich wollte vermeiden, in dessen »Geschäftsgang« zu geraten. Nachdem ich so schon am frühen Morgen Zutritt zu dem Gebäude erlangt hatte, begab ich mich nicht in den Saal, in dem das Gericht tagte, sondern hinauf ins oberste Stockwerk, wo die Anwälte der Verteidigung ihre Büros hatten.

Wir befanden uns im Stadium der Vorbereitung eines Prozesses gegen hohe Beamte der Reichsministerien, darunter des Auswärtigen Amtes; er sollte später den Namen »Wilhelmstraßen-Prozeß« erhalten. Kempner wollte, nachdem im Nürnberger Hauptprozeß schon die beiden Reichsaußenminister Konstantin von Neurath zu 15 Jahren und Joachim von Ribbentrop zum Tode verurteilt worden waren, auch die Beamten der Behördenspitze dem Henker ausliefern oder ins Gefängnis bringen, voran den Staatssekretär Ernst von Weizsäcker, dessen Nachfolger von Steengracht und den Unterstaatssekretär und zeitweisen Leiter der Politischen Abteilung, Ernst Woermann. Nicht die Vorbereitung eines Angriffskrieges wie bei den beiden verurteilten Ministern war die Beschuldigung, die Kempner gegen sie erhob, sondern die Beteiligung an den in der Judenverfolgung liegenden Verbrechen gegen die Menschlichkeit. Sie sollten an der Deportation der Juden aus den von Deutschland im Kriege besetzten Ländern beteiligt gewesen sein, beziehungsweise diese gebilligt oder nicht verhindert zu haben. In den Akten des Auswärtigen Amtes waren solche Abtransporte betreffende Schriftstücke gefunden worden, welche die Paraphen von Weizsäcker und Woermann trugen, d. h. den abgekürzten Namenszug, mithin über deren Schreibtische gegangen und von ihnen abgezeichnet worden waren.

Insoweit handelte es sich wohl um unbestreitbare Tatsachen. Die Anklage unterstellte nun den beiden, gewußt zu haben, daß die Deportationen der Juden in Lager im Osten mit der Absicht erfolgten, sie allesamt zu ermorden.

Von den Beschuldigten kannte ich nur Ernst Woermann und ihn auch erst nach seiner Versetzung aus dem Auswärtigen Amt als Botschafter in Nanking, als der er ja auch im Ehrhardt-Prozeß angeklagt gewesen und zusammen mit mir freigesprochen worden war. Da ich zu der fraglichen Zeit, um die es in diesem neuen Prozeß ging, nicht in Deutschland war, konnte ich nicht das geringste darüber aussagen, was Woermann gewußt oder nicht gewußt oder sich gedacht hatte, wenn er ein Papier über eine solche Deportation zu Gesicht bekam. Diese als solche, ganz unabhängig davon, was vielleicht später sein würde, fand ich allerdings schon schlimm genug und eine Haltung moralisch fragwürdig, die derartige Akte ohne Proteste hinnahm – immer vorausgesetzt, es wäre so gewesen. Ich hielt Woermann auch nicht für ein politisches Licht und hatte in China keinen Wert auf eine nähere Bekanntschaft mit ihm gelegt, nachdem er noch nach der Schlacht von Stalingrad 1943 den skeptischen deutschen Journalisten in Schanghai im Brustton der Überzeugung verkündete, daß wir den Krieg sicher gewinnen würden.
Aber in einer Sache, die ihm der Eiferer Kempner jetzt anhängen wollte, mußte ich Ernst Woermann doch in Schutz nehmen. Von seiner langjährigen Freundin – und späteren Frau – Dr. Martha Unger, die als juristische Assistentin in seiner Verteidigung half, erfuhr ich, daß man ihn auch noch der Judenverfolgung in China bezichtigte, und das war nun blühender Unsinn. Das wußte ich nicht nur, sondern konnte es sogar auch beweisen.
Er sollte dafür verantwortlich gewesen sein, daß »die Juden in Schanghai eingesperrt worden waren«. Die jüdischen Emigranten, die 1938 und 39 nach Schanghai gekommen waren, wurden von der japanischen Armee gezwungen, in zwei Stadtviertel der ehemaligen Internationalen Niederlassung zusammenzuziehen. Die Betroffenen nannten es ein Getto, aber der Name war falsch gewählt, gelinde gesagt eine Übertreibung, denn die Juden lebten dort nicht etwa allein, sondern mit der schon in diesen Stadtteilen ansässigen Bevölkerung, die zur Mehrzahl aus Chinesen, zum geringeren Teil aus Weißrussen bestand. Die meisten der in Schanghai gelandeten deutschen und österreichischen Juden waren ohnehin schon seit ihrer Landung dort angesiedelt. Natürlich bedeutete die japanische Maßnahme für die bis dahin in feineren Bezirken der Internationalen Niederlassung Wohnenden eine erhebliche Verschlechterung ihrer Lebensumstände. Im allgemeinen war das Verlassen der beiden Stadtteile den Juden nun verboten; es gab aber Ausnahmegenehmigungen für diejenigen, die anderswo in der Stadt eine Beschäftigung hatten. Diese bekamen Ausweise, die ihnen erlaubten, ihr tagsüber nachzugehen. Das war alles hart, aber auch nicht einmal annähernd zu vergleichen mit dem Schicksal der Juden in den Gettos in Polen und Rußland und den Konzentrationslagern in den besetzten Ostgebieten in der Gewalt von Himmlers Schergen. Aber wer kannte im heutigen Deutschland die Verhältnisse in Schanghai und konnte solche Vergleiche ziehen? Schon aus Gründen der Entschädigungsforderungen waren die Schanghaier Emigranten daran interessiert, daß zwischen dem

Schanghaier »Getto« und denen in Osteuropa oder gar in Konzentrationslagern in der Vorstellung der Öffentlichkeit kein Unterschied gemacht und daß vor allem *deutsche* Verantwortung dafür festgestellt würde. Von den Japanern, so schlossen schlaue Leute, war nichts zu holen.
Erst gegen 17 Uhr meldete ich mich bei Mr. Kempner an, und es entspann sich in einem seiner beiden Vorzimmer der folgende Dialog (aus meiner unmittelbar danach angefertigen Niederschrift):

Kempner: Was wünschen Sie?
Ich: Sie haben mich doch herbestellt.
Kempner: Woher kommen Sie?
Ich: Aus Lübeck.
Kempner: Ach, Sie sind der Mann, der nicht kommen wollte. Sie hatten wohl Angst, daß ich Sie dabehalte? Sie brauchen keine Angst zu haben.
Ich: Nun, Angst gerade nicht, aber ich habe schlechte Erfahrungen gemacht. Ich bin schon einmal zu einer Besprechung als Zeuge gebeten worden und wurde dann gleich mitangeklagt. Die ganze Sache hat mich 14 Monate gekostet!
Kempner: Sie wurden freigesprochen?
Ich: Jawohl.
Kempner: Das war in dem Spionageprozeß...
Ich: Es handelte sich nicht um einen Spionageprozeß; die Anklage lautete auf Weiterarbeit nach dem deutschen Zusammenbruch.
Kempner: Sie waren in der Partei?
Ich: Jawohl, bis 1937.
Kempner: Da waren Sie in der Auslandsorganisation?
Ich: Nein.
Kempner: Wenn Sie im Ausland waren, müssen Sie doch in der Auslandsorganisation gewesen sein.
Ich: Ich war seit 1937 beim OKW.
Kempner: Wo waren Sie da?
Ich: Bei der Abwehr.
Kempner: Haben Sie Sabotage betrieben?
Ich: Nein.
Kempner: Warum nicht?
Ich: Ich war bei der Abteilung I.
Kempner: Nicht bei II?
Ich: Nein.
Kempner: Dann schreiben Sie mal alles auf, was Sie über amerikanische Sachen im Fernen Osten wissen.

(Hier war ich versucht zu antworten: Das Buch können Sie in einigen Jahren lesen).

Ich: Meine Aufgabe war hauptsächlich die Beobachtung des chinesisch-japanischen Krieges.
Kempner: Dann schreiben Sie mal alles darüber auf, wie die Deutschen die Japaner in den Krieg getrieben haben.
Ich: Darüber kann ich Ihnen nichts sagen. Wir waren dort draußen viel zu weit weg, um etwas über die politischen Entschlüsse in Berlin zu wissen.
Kempner: Wo waren Sie in China?
Ich: In Chungking und später in Schanghai.
Kempner: Wann waren Sie in Schanghai?
Ich: Von 1941 bis 1945.
Kempner: Dann waren Sie also in der Zeit dort, als die Juden auf Befehl von Berlin eingesperrt wurden. Schreiben Sie mal darüber alles auf.
Ich: Ich war in Schanghai während der Zeit, in der die Juden eingesperrt wurden. Ob das aber auf Befehl von Berlin geschah, kann ich Ihnen nicht sagen.
Kempner: Ja, warum sollen sie denn sonst eingesperrt worden sein?
Ich: Ich glaube, daß Konkurrenzgründe bei den Chinesen dahinter steckten, die sich dann hinter die Japaner gesteckt haben.
Kempner: Es ist aber doch von der Deutschen Botschaft gemacht worden.
Ich: Das ist mir nicht bekannt.
Kempner: Schreiben Sie mal auf, wie die Juden auf Befehl von Berlin eingesperrt wurden.
Ich: Ich sagte Ihnen schon, daß mir davon nichts bekannt ist.
Kempner: Schreiben Sie alles auf, was Sie wissen; ich möchte Sie jemandem gegenüberstellen, der auch von Schanghai zurückgekehrt ist.
Ich: Wann soll ich dann wiederkommen?
Kempner: Morgen früh um zehn, wenn Sie alles aufgeschrieben haben. Fügen Sie auch einen kurzen Lebenslauf bei, eine halbe Seite!

Der Mann war unermüdlich! Mehrere Male hatte er mich aufgefordert, über Dinge zu schreiben, die hier überhaupt nicht zur Sache gehörten oder über die ich, wie ich ihm ausdrücklich gesagt hatte, nichts wußte. Bei den Verteidigern hatte ich schon gehört, daß Kempner ein emsiger Sammler war. Nicht Zentner, sondern viele Tonnen von schriftlichen Zeugnissen mußte er zusammengetragen haben seit dem ersten Nürnberger Prozeß, über Gott und die Welt und von wer weiß nicht wem, der irgendwie – und sei es nur am Rande – an einem ihn interessierenden politischen oder militärischen Vorgang des hinter uns liegenden Krieges beteiligt gewesen war. Das ließ er dann von Scharen von Leuten, die unter ihm arbeiteten, sichten, um irgend etwas herauszufischen, das ihm in den Kram passen könnte, irgendein Fädchen zu finden, und sei es noch so dünn, das er weiterspinnen könnte mit anderen, bis daraus ein Strick für eine Schlinge würde, die er einem von ihm ausgesuchten Menschen um den Hals legen könnte.

Auf ihn, der doch immerhin einmal preußischer Beamter und Jurist war, hatte auch der bei den amerikanischen War Crimes-Anklägern gängige Mißbrauch abgefärbt, den ich schon in unserem Schanghaier Prozeß kennengelernt und dann in Dachau wiedergefunden hatte: Der Beschuldigte, den man zur Strecke bringen will, wird neben vielleicht tatsächlich begangenen, beweisbaren oder unbeweisbaren Taten mit noch möglichst vielen anderen, zum Teil nur auf Gerüchten fußenden, zum Teil ganz und gar aus der Luft gegriffenen und falschen Anschuldigungen überhäuft, die schließlich auch in die Anklageschrift aufgenommen werden, um ihn als möglichst schwer belasteten, vielseitig aktiven Verbrecher erscheinen zu lassen. Semper aliquid haeret, es bleibt immer etwas hängen. Vor allem machte sich die Aufzählung eines umfangreichen Tatenkataloges bei der Prozeßeröffnung gut für die Presse; das half dann dazu, den Angeklagten in der öffentlichen Meinung schon zu verurteilen, lange bevor die Richter zu einem Spruch kamen. Und diese konnten dadurch sogar unter Druck geraten, das Scheusal unter keinen Umständen milde oder gar ungestraft davonkommen zu lassen.

Der Name Woermann, um den es ja eigentlich nur gehen konnte, war in dem ganzen Gespräch nicht gefallen.

Irgend etwas mußte in Mr. Kempners Mannschaft nicht stimmen, denn wenn sie schon den Schriftverkehr über Deportationen gefunden hatten, warum denn dann nicht die Anweisungen an die Botschaft in Nanking, um bei den Japanern auf die Internierung der jüdischen Emigranten zu dringen? Meine Vermutung, daß so etwas überhaupt nicht existierte, war offensichtlich richtig. Natürlich mußten die Akten des Auswärtigen Amtes auch Beweise meiner entschiedenen Opposition gegen Ribbentrops Ostasienpolitik enthalten, u. a. auch Botschafter Otts Berichte aus Tokio über die japanischen Beschwerden über mich und die wiederholten und ebenso wiederholt von mir nicht beachteten Ermahnungen des DNB an mich, meine Berichterstattung der Berliner Linie anzupassen, bis es ihnen zuviel wurde und das DNB meinen Vertrag kündigte. Merkwürdig auch, daß Kempner nicht ein Mitglied der Botschaft zu dieser Sache als Zeugen gerufen hatte, etwa Elgar von Randow, der die Dienststelle der Botschaft in Schanghai geleitet hatte. Randow hätte als erstes nach Eintreffen einer Aufforderung von Kempner mich davon unterrichtet, ehe er irgend etwas anderes getan hätte. Wer hatte nur Kempner den Floh ins Ohr gesetzt, daß ausgerechnet ich ihm in dieser Sache behilflich sein könnte? War es vielleicht der namentlich nicht Genannte, dem er mich am nächsten Tag gegenüberstellen wollte?

Statt weiter zu rätseln, zeichnete ich erst einmal das stattgefundene espräch auf und schrieb dann zum Thema der Juden in Schanghai die verlangte schriftliche Aussage. Ich machte es kurz:

»Soweit ich mich erinnere, war es im Februar 1943, als die japanischen

Behörden in Schanghai eine Proklamation erließen, wonach die jüdischen Emigranten in Schanghai in einen besonderen, engumgrenzten Stadtteil zu ziehen hatten. Ausgenommen waren eine Anzahl von Ärzten und, soviel ich weiß, andere Emigranten, die vor 1939 nach Schanghai gekommen waren. Diese Maßnahme wurde nur in Schanghai und nicht in anderen Städten Chinas, in denen auch eine große Anzahl Emigranten wohnten, wie z. B. Tientsin und Peking, durchgeführt.
Über die Gründe, die zu dieser Maßnahme führten, war in der deutschen Kolonie in Schanghai nichts bekannt. Gemutmaßt wurde, daß die Japaner und die mit den Japanern verbündeten Nanking-Chinesen auf billige Art in den Besitz der vielen seit 1939 entstandenen jüdischen Geschäfte kommen wollten, die sie dann auch tatsächlich übernahmen. Über die genauen Hintergründe dieser Aktion dürften am besten die Sachbearbeiter für jüdische Fragen bei den japanischen Behörden in Schanghai, die Herren Kubota und Goya Auskunft geben können.
Über Verfolgungen der jüdischen Emigranten durch die Deutschen in Schanghai ist mir nichts bekannt geworden. Es bestand lediglich ein Verbot der Partei in jüdischen Geschäften zu kaufen, und eine Liste der jüdischen Restaurants, die nicht besucht werden durften. Diese Verbote sind von der Mehrzahl der Deutschen in Schanghai, darunter selbst Pg's, niemals eingehalten worden. Ein großer Teil der Deutschen, darunter hohe Beamte der Deutschen Botschaft und des Generalkonsulats, kaufte weiter in jüdischen Geschäften und bei jüdischen Lieferanten und besuchte jüdische Lokale und sogar das jüdische Theater.«
Ich hätte hier noch eine kleine Episode anfügen können, die damals ganz Schanghai amüsierte und mich jetzt noch schmunzeln ließ, wenn ich daran dachte: Es gab in der Yu Yuen Road in der Internationalen Niederlassung das beliebte Nachtlokal »Hungaria«. Hauptattraktion war die Besitzerin, eine virtuos Geige spielende, schlanke Schönheit namens Stella. Sie war eine ungarische Jüdin, sehr klug und temperamentvoll. Das letztere bewies sie, als sie von dem Ukas der Partei bezüglich der jüdischen Lokale hörte. Sie kannte den Landesgruppenleiter der NSDAP-Auslandsorganisation, Siegfried Lahrmann, der auch manchmal in Gesellschaft die »Hungaria« besucht hatte. Er war ganz und gar kein Scharfmacher, sondern ein ganz ruhiger und ziemlich toleranter älterer Junggeselle, aber in diesem Falle lag wohl wirklich ein Befehl aus Berlin vor. Und sie hatte erfahren, daß er gewöhnlich sein Mittagessen im Restaurant des »Palace Hotel« einnahm. Stella ging dorthin, steuerte direkt auf seinen Tisch zu, an dem er allein saß, und versetzte ihm wortlos rechts und links eine Ohrfeige. Von den Blicken der zahlreichen verdutzten Gäste begleitet, rauschte sie erhobenen Hauptes aus dem Saal. ahrmann machte gute Miene zum bösen Spiel und unternahm nichts gegen sie. Ihr Lokal blieb bis über das Kriegsende hinaus geöffnet, und ich und andere deutsche Landsleute

ließen es uns nicht nehmen, dort weiter gelegentlich hereinzuschauen. Der ganze Vorfall war in gewisser Weise typisch für Schanghaier Verhältnisse.

Als ich mich beim Abfassen des »Statements« in die Schanghaier Atmosphäre vor einigen Jahren zurückversetzte, sagte mir auf einmal ein Geistesblitz, wen ich bei Kempner als Schanghai-Rückkehrer vorfinden würde, den er mir gegenüberstellen wollte. Natürlich, ich war jetzt ganz sicher, es würde kein anderer sein als jener Dr. Aschner, der seinen jüdischen Schicksalsgenossen, Rechtsanwalt Dr. Jacoby, beim Staatskommissar für die politisch Verfolgten in München wegen dessen Versuch angeschwärzt hatte, die Verteidigung von Hans Mosberg zu übernehmen, und der, wie uns Jacoby bei unserem Besuch in München mitgeteilt hatte, inzwischen bei Kempner tätig sein sollte. Den unglaublichsten Satz aus Aschners Denunziation hatte ich mir abgeschrieben und trug ihn sogar in einer Handmappe mit mir herum, in der sich Notizen zu Sachen befanden, denen ich noch weiter nachgehen wollte. Er lautete: »Diese Nazis haben mit Hilfe eines weit verzweigten Spionagenetzes den amerikanischen Küstencode gebrochen und nach der Kapitulation Deutschlands die Japaner mit Nachrichten versorgt. Dadurch wurde die Schlacht von Okinawa verlängert und der Schluß des Krieges und dadurch die Befreiung der Emigranten verzögert.« Bis auf die letzte Wendung, die wohl von Aschner als geeignet für den Zweck, den er verfolgte, hinzugefügt war, handelte es sich wörtlich um April 1946 der Presse erzählt hatten.

Jetzt freute ich mich richtig auf die bevorstehende Begegnung mit Kempner und Aschner, die beide völlig ahnungslos waren, welchen Trumpf ich in der Hinterhand hatte. Es war tatsächlich Dr. Aschner, den er mir vorstellte, bevor er uns in seinem Vorzimmer allein ließ. Wir unterhielten uns zunächst im Plauderton über gemeinsame Bekannte aus der jüdischen Emigrantengemeinde in Schanghai, bis Aschner zur Sache, nämlich der Internierung, kam. Da hätte doch der deutsche Botschafter in Nanking bei den Japanern interveniert und sie auf Anweisung von Berlin zu dieser Maßnahme gedrängt. »Mir ist nicht bekannt geworden, daß Botschafter Stahmer einen solchen Schritt unternommen hätte«, entgegnete ich. »Wieso Stahmer?« fragte Aschner, sichtlich alarmiert, »es war doch Woermann!« Nun fragte ich ihn nach dem Datum des japanischen Dekretes, das den Sonderwohnbezirk im Stadtteil Hongkew geschaffen hatte, und als er es mir nannte, mußte ich ihm sagen, daß dies in die Amtszeit von Botschafter Stahmer fiel und Woermann Monate später überhaupt erst in China eingetroffen war.

Entsetzt rannte Aschner in Kempners Zimmer. Kurze Zeit darauf kamen beide zurück, Kempner sichtlich verärgert, wohl weniger über mich als über seinen Adlatus Aschner. »Stimmt das, was Sie Herrn Aschner gesagt haben?« fragte er mich, um von mir zu hören: »Die Daten können Sie doch sehr leicht nachprüfen!« »Nun gut«, sagte er, »Sie können gehen. Sie werden hier nicht mehr benötigt.«

Ein typisches Hornberger Schießen war hier unblutig zu Ende gegangen. Dieser Anklagepunkt gegen Woermann war jedenfalls erledigt; er wurde schon gar nicht mehr in die Anklageschrift aufgenommen. Eigentlich mußte Kempner mir dankbar sein, denn ich hatte ihn vor einer Blamage bewahrt.[16]
Jetzt hatte ich nur noch im Souterrain des Justizpalastes etwas zu erledigen, wo sich die Verwaltungsbüros befanden. Dort ließ ich mir die übliche Bescheinigung ausstellen, daß ich Zeuge des US-Hauptanklägers in Nürnberg und berechtigt war, »am Schalter 13 der Fahrkartenausgabe Nürnberg Hauptbahnhof zur Lösung von Fahrkarten zum Wohnort mit Vorrang abgefertigt zu werden«. Dann konnte ich nämlich mit dem Ami-Militärexpress bequem nach Frankfurt fahren, statt wartend herumzusitzen, um mich dann mit einem der überfüllten normalen Züge durchzuquälen. Als ich den Schein hatte und mich schon zum Gehen wandte, sagte der hier arbeitende deutsche Angestellte:
»Vergessen Sie nicht Ihr Zeugengeld! Sie haben Anspruch auf die Erstattung von An- und Rückreise und zwei Tagegelder.« »Behalten Sie es!« antwortete ich und ließ einen höchst erstaunt blickenden Mann zurück. So etwas war man hier offensichtlich nicht gewohnt. Eben als ich den Raum betreten hatte, hatte ich noch die Auszahlung solchen mir stinkenden Soldes an einen ehemaligen Beamten des Auswärtigen Amtes im Ministerialdirektor-Rang miterlebt, der aus Berlin als Zeuge nach Nürnberg bestellt worden war.

Eine unserer vordringlichen Sorgen war jetzt die Beschaffung von Geld, um den Kampf weiterzuführen. Dabei ging es nicht nur um den für Carroll benötigten Betrag. Von einigen der Landsberger war die Beschaffung von völkerrechtlichen Gutachten angeregt worden. Die im Prozeß selbst vorgebrachten Argumente, welche die Military Commission einfach beiseite gefegt hatte, waren sicher richtig, aber es konnte für die Wiederaufrollung des Falles nützlich sein, sie von anerkannten Autoritäten erhärtet zu haben. Der Leiter der Forschungsstelle für Völkerrecht und ausländisches öffentliches Recht an der Universität Hamburg, Dr. Barandon, stand unentgeltlich mit Rat zur Verfügung, aber Mosberg und Herbert Mueller versprachen sich viel von einem Gutachten, das Professor Erich Kaufmann anfertigen und das 5000 Mark kosten sollte. Doch manchmal war uns auch das Glück hold.
Ungerufen meldete sich aus Bremen Herr Joachim Clausen, derzeitiger Chef der alteingesessenen Chinafirma Melchers Co., und bot nicht nur seine persönliche finanzielle Hilfe an, sondern wollte auch, als er gehört hatte, um welche Summen es ging, bei Freunden sammeln. Hilfe auf anderem Gebiet sagte Dr. Wilhelm Haas zu, den ich bei Gelegenheit eines Besuches bei Clausen in Bremen sprach. Er saß dort mit dem Titel Staatsrat als persönlicher Referent bei dem sozialdemokratischen Landeschef, dem Regierenden Bürgermeister Wilhelm Kaisen. Bei Dr. Haas brauchte ich nicht so viel zu erklären wie bei den meisten anderen, die ich um Hilfestellung bat, denn er hatte den

Krieg über und auch noch die erste Zeit, als der Prozeß anlief, in China gelebt und kannte auch einige der Betroffenen persönlich. Wegen seiner jüdischen Frau war er nach 1933 aus dem diplomatischen Dienst entlassen worden und in Peking geblieben, wo ihn dann während des Krieges die DEFAG finanziell über Wasser hielt, wie die China-Niederlassung der IG-Farben firmierte. Wir kannten uns, denn er hatte, jedesmal, wenn er nach Schanghai kam, auch Dr. Bidder in unserem gemeinsamen Haus in der Amherst Avenue besucht. Von den journalistischen Kollegen »Pop« Muellers setzte sich Karl Heinz Abshagen für ihn ein, und auch von H. P. Melchers, dem früheren Chef der Presseagentur »Transocean« in China, jetzt Direktor des DPD (Deutscher Pressedienst) in Hamburg und später der erste Chef der Deutschen Presse-Agentur (dpa), kam hilfreiche Unterstützung. Alfred Lükkenhaus, DNB-Kollege in Peking, der vorher jahrelang Korrespondent in Washington war, schrieb eine sehr ausführliche Darstellung des speziellen Falles Herbert Mueller an den Vorsitzenden des Obersten Bundesgerichtes in den USA, wobei er als persönliche Referenzen den Chef der großen Presseagentur Associated Press, Kent Cooper, und einen hohen Beamten im State Department, Michael McDermott, angab. Sehr eindringlich und überzeugend schilderte er in seinem Schreiben den Widersinn, der darin lag, einen Journalisten, der nichts anderes tat, als amerikanische Pressenachrichten in die von ihm herausgegebene Korrespondenz zu übernehmen, Material also, das die USA selbst ja weiterverbreitet haben wollten, als »Kriegsverbrecher« zu verurteilen.
Manche lebten aber auch auf dem Mond, so Dr. Horst Ley, der letzte Chefredakteur der in Schanghai erscheinenden deutschen Zeitung »Ostasiatischer Lloyd«, der in einem Brief an mich bemerkte: »Die amerikanische Haltung im Schanghai-Prozeß ist mir um so unverständlicher, als die Verfahren vor dem amerikanischen Militärgericht in Deutschland ein sehr viel günstigeres Bild ergeben.« Diese Auffassung war allerdings ein Symptom, aber leider kein Wunder, wenn die Berichterstatter der deutschen Lizenz-Zeitungen fast ausnahmslos ungeprüft die Darstellungen der Anklage-Vertreter wiedergaben. Ich kannte überhaupt nur eine Ausnahme, Hans-Georg von Studnitz, der sehr sachlich in der Hamburger Wochenzeitung »Die Zeit« berichtete. Da aber bevorstand, daß Horst Ley demnächst wieder in einer deutschen Tageszeitung auf das Leserpublikum losgelassen werden würde, fühlte ich mich doch veranlaßt, ihm meine Meinung zu sagen: »Ich kann nur immer wieder über die Unschuld staunen, mit der manche Deutsche so ganz selbstverständlich der Propaganda der anderen Seite zum Opfer fallen. Ich habe schon in Dachau immer gesagt, die ganze deutsche Intelligenz müßte dort einmal ein paar Monate im Bunker eingesperrt werden, damit sie lernt, was los ist ... Ich kann Ihnen nur aus eigener Erfahrung sagen, daß das was in Schanghai geschah, ein Kinderspiel gegenüber dem ist, was sich hier in Deutschland abgespielt hat. Von Nürnberg hört man ja jetzt ab und zu etwas

läuten, aber von Dachau, wo fast 500 Prozesse stattfanden, spricht noch keiner.«

Auch ein berühmter amerikanischer Kollege setzte sich, obwohl er ihn nicht persönlich kannte, für Herbert Mueller ein. Das Vorgehen gegen ihn war ja auch so unmöglich, daß eigentlich jeder Journalist und ganz besonders jeder amerikanische sich betroffen fühlen mußte. Louis P. Lochner, der über zwanzig Jahre amerikanischer Pressekorrespondent in Deutschland gewesen war, zuletzt bis zum Kriegsausbruch zwischen den USA und Deutschland Bürochef von Associated Press in Berlin, dem ich brieflich den Fall Mueller geschildert hatte, richtete an den amerikanischen Militärgouverneur von Bayern, Van Wagener, die Bitte, sich einmal persönlich um diesen Fall zu kümmern, und er wies den indirekt durch das Urteil erhobenen Vorwurf zurück: »In meiner langen Erfahrung eines Vierteljahrhunderts als Korrespondent habe ich keinen Fall kennengelernt, in dem die Associated Press oder eine andere größere amerikanische Presseagentur jemals militärische Geheimnisse enthüllt hat, die für einen Feind unseres Landes von potentiellem Wert sein könnten. Wenn amerikanische oder britische Presseagenturberichte wirklich Tatsachen von militärischem Wert für den Feind enthielten, wäre es dann nicht anzunehmen, daß die allerersten, die dadurch in Schwierigkeiten gerieten, die Chefredakteure dieser Nachrichtendienste sein müssen... Wenn ich über die Vorgänge richtig informiert bin, so hat meiner Meinung nach das Gericht dem amerikanischen (und auch dem britischen) Journalismus Unrecht getan, wenn es behauptete, daß Meldungen von AP, UP, Reuters und anderen militärische Geheimnisse enthielten. Es war der Stolz des amerikanischen Journalismus, daß er sich während der ganzen Dauer des Krieges vollständige Selbstdisziplin auferlegt hatte.«

Herbert Mueller war jetzt schon über 60 Jahre, der Älteste unter den in Schanghai Verurteilten. Die WC-Leute mit ihrem übertriebenen Sicherheitskomplex leisteten sich mit ihm noch etwas Besonderes, das allerdings in das sonstige Bild dieser Gesellschaft paßte. Als der Gefängnisarzt bei ihm eine Star-Operation für notwendig hielt, die im Gefängnis nicht vorgenommen werden konnte, wurde er vorübergehend in die Münchner Universitätsklinik gebracht. Während der Wochen, in denen er dort lag, saß Tag und Nacht in seinem Zimmer ein Militärpolizist.

In engstem Kontakt blieben wir mit Werner Hess, der trotz der großen Inanspruchnahme durch seine Gemeinde den Kampf gegen die Praktiken der WC-Gang von Dachau, die zu so viel unschuldigem Leiden führte, systematisch aufgenommen hatte. Er begann zuerst einmal mit der Anlage einer Materialsammlung als Grundlage für eine geplante umfassende Unterrichtung der Öffentlichkeit hier und in den USA, um zur Beseitigung der größten Ungerechtigkeiten und möglichst auch Wiedergutmachung zu kommen. In unserem Schriftverkehr, der ja immer noch unter der Gefahr stand, von der Zensur der Besatzungsbehörden mitgelesen zu werden, erhielt dieses Unter-

nehmen den Tarnnamen »Karlchen«. Karlchen war offenbar ein etwas kränkliches Kind, nach dessen Gesundheit bzw. Genesung usw. wir uns öfter erkundigten und über die Werner Hess uns berichtete. Die Originaldokumente sollten vor einer Veröffentlichung vorerst einmal in Abständen in der Schweiz untergebracht werden. Die größte Sorge von Werner Hess war zur Zeit die Verhinderung der Vollstreckung der 43 Todesurteile aus dem Malmedy-Prozeß. Er unternahm im Zuge seiner Bemühungen Fahrten nach Landsberg und München und war dabei einmal auch nach Dachau gekommen. Es waren Reisen, auf denen er immer auch Dinge für uns mit erledigte, wie wir bei unseren auch für ihn. In einem seiner Berichte aus dem Januar hieß es:
»Sehr eindrucksvoll war mein Aufenthalt im Lager D., wo ich just an dem Tage eindringen konnte, als offiziell der Bunker ausgeleert wurde. Die gesamte Kartei wurde sehr sorgfältig vernichtet; warum denn wohl?! Der Abschluß der Aktion war dem Gesamtverlauf durchaus entsprechend: 11. I., 51 Personen nach Frankreich, 12. I., 8 Ps. nach Jugoslawien (1. Transport), 14. I., 16 Ps. nach Polen (3. Transport seit Oktober).« Er schrieb dann weiter über das Schicksal einiger gemeinsamer Bekannter und beschloß diesen Teil seines Briefes:
»Außerdem erheiterte es, zu wissen, daß der berühmte Franke (Bunker!!) in München Jugendführer bei der FDJ geworden sei.« Das war einer der Capos, die vom NS-KZ Dachau in gleicher Funktion ins US-KZ Dachau II übernommen worden waren. Noch von anderer Seite wurde mir über die Beseitigung der Spuren in Dachau berichtet: Von Kriminalrat Dr. Ernst Teichmann aus Augsburg, einem Gehilfen des ehemaligen, wegen seiner Beteiligung an der Verschwörung gegen Hitler hingerichteten Chefs des Reichskriminalpolizeiamtes, Arthur Nebe, der fast drei Jahre als »Zeuge« eingebunkert war. Seine haarsträubenden Berichte hatten mich dazu gebracht, wie Werner Hess auch meinerseits eine Materialsammlung über Verbrechen der amerikanischen Besatzungsmacht zu beginnen.
Einen kleinen Lichtblick bot die Nachricht von Werner Hess nach vielen vergeblichen Versuchen, daß es ihm bei einem Besuch in Stuttgart endlich gelungen war, eine Bresche in die Mauer der Feigheit und Gleichgültigkeit zu schlagen, so daß sich demnächst die evangelische Kirchenführerkonferenz mit den Mißständen und schreienden Ungerechtigkeiten bei den Kriegsverbrecherprozessen beschäftigen werde. Man dürfe jetzt auf eine offizielle Demarche von evangelischer Seite hoffen.
In Landsberg hatte Werner Hess »ein merkwürdiges Dokument« gesehen, über dessen Inhalt er uns nur mündlich berichten wollte. Wir waren äußerst gespannt, aber noch bevor es zum nächsten Treffen mit ihm kam, erhielten wir auf anderem Wege sogar eine Abschrift von diesem Papier. Dieses war nun in der Tat mehr als merkwürdig und ließ uns zuerst vollkommen sprachlos. Es handelte sich um ein an Seiner Britischen Majestät Auswärtiges Amt gerichtetes Schreiben von Erich Heise, zuletzt Leiter der Zweigstelle des Büros

Ehrhardt in Kanton, in dem dieser erklärte, Agent des britischen Geheimdienstes gewesen zu sein. Als er wegen weiterer Zusammenarbeit mit den Japanern nach dem 8. Mai 1945 im Sommer 1946 in Schanghai von den Amerikanern vor Gericht gestellt werden sollte, habe er die Tatsache, daß er in Wirklichkeit für die Briten tätig gewesen sei, seinem Anwalt, dem Amerikaner N. F. Allman, offenbart.
Hier kam auf einmal Licht in das Dunkel, in das bisher die geheimnisvollen Besuche Allmans bei Heise im Ward Road Gefängnis gehüllt waren, nachdem wir anderen Gefangenen die Übernahme der Verteidigung durch ihn aus Gründen seiner exorbitanten Honorarforderung abgelehnt hatten. Es war darüber herumgerätselt worden, welches Motiv wohl hinter den Begegnungen steckte. Heise enthüllte weiter, daß Allman und die amerikanischen Offizialverteidiger davon abgeraten hätten, dieses »Staatsgeheimnis« in öffentlicher Gerichtsverhandlung zu offenbaren. Nach dem Prozeß würde schon allein die Tatsache, daß er für die Alliierten gearbeitet habe, ihm Rehabilitierung und Freiheit bringen. Er zählte dann einige der nach seiner Verurteilung über die amerikanischen Behörden bei den Briten unternommenen vergeblichen Versuche auf, dieses zu erreichen. Die Briten gaben keine Antwort. Das Wort – ich weiß nicht, von wem es stammt, vielleicht von Napoleon Bonaparte? – wurde hier wieder einmal bestätigt: »Man liebt den Verrat, aber nicht den Verräter.«
Noch einige Einzelheiten aus Heises Brief, der zur unfreiwilligen Enthüllung wurde, denn der Verfasser hatte ihn ja nicht für deutsche Augen geschrieben und bei den allgemein unter der Besatzung herrschenden Bedingungen auch nicht annehmen können, daß er aus dem x-fach gesicherten US-Militärgefängnis heraus in die Hände deutscher Patrioten gelangen würde:
»Seit 1940 habe ich direkt mit Mr. John Cook, 564 Avenue Haig in Schanghai gearbeitet. Er war Mitarbeiter von Mr. Steptoe. Wie ich erfahren habe, ist Mr. Steptoe jetzt britischer Generalkonsul in Leopoldsville, Belgisch-Congo... Bevor Mr. Cook von den Japanern interniert wurde, gab er mir den Befehl, zu versuchen, mit Südchina in Kontakt zu kommen. Dieser Versuch mißlang, weil die Japaner Mißtrauen gegen meine Person hatten und sich weigerten, mir einen Reisepaß für Südchina auszustellen. Ich wählte dann den von Mr. Cook vorgeschlagenen Ausweg, zu versuchen, über eine deutsche Stelle nach Kanton zu kommen. Das gelang mir im Dezember 1943, und ich nahm etwa im März 1944 meine Arbeit für das Büro Ehrhardt in Kanton auf. Nach der Kapitulation wurde ich vor die Wahl gestellt, für die Japaner zu arbeiten. Da in dieser Zeit die Lage äußerst kritisch war, hing mein weiterer Wert für die britischen Interessen von meiner vorgetäuschten ›Zusammenarbeit‹ mit den Japanern ab. Das zur Erklärung meines Motivs. Da das Gericht den wahren Beweggrund für mein Handeln jedoch nicht kannte, wurde es als ein Kriegsverbrechen angesehen. Da bei früherer Gelegenheit der britische Generalkonsul in Schanghai, der, wie er sagte, auf Instruktion von London handelte, meine Erklärungen bestätigt hat, habe ich die sichere Hoffnung, daß das Auswärtige

Amt Seiner Majestät meinem Ersuchen entspricht, mir aus dem Gefängnis heraushilft und mich von der Entwürdigung befreit, als Kriegsverbrecher betrachtet zu werden.« Das Dokument war vom Landsberger Gefängnisdirektor, Captain Lloyd A. Wilson, beglaubigt.

Von Entwürdigung sprach dieser Verräter! Wir wußten, als wir den Brief zu Ende gelesen hatten, nicht, was wir sagen sollten. Welcher Abgrund tat sich hier auf! In Kanton hatte alles seinen Ausgang genommen, ein Monster-Schauprozeß mit 27 Angeklagten als Kriegsverbrechern, mit 21 zu vielen Jahrzehnten Zuchthaus Verurteilten; selbst für die dem Tollhaus Entkommenen wie für mich hatte das ganze Leben eine neue, unerwartete Wende genommen, und alles, weil ein deutscher Verräter und englischer Agent, den zwei junge Funker für einen getreuen Vorgesetzten hielten, diese dazu verführt hatte, nach der Kapitulation vom 8. Mai weiter für die Japaner zu arbeiten, dieselben Japaner, *gegen* die zu spionieren die Briten ihn gedungen hatten! Was auch immer Heises Motiv, sein Tun war zum schlimmen Verbrechen geworden, als er schweigend zuließ, daß die Amerikaner die Fiktion aufbauten, er, Heise, habe auf Anordnung von Ehrhardt mit seinen Leuten weitergearbeitet.

Betroffen mußten Eva und ich die schmerzliche Wahrheit erkennen: Auch für die Befreiung dieses Erich Heise hatten wir gearbeitet, des Mannes, der die zwanzig anderen ins Gefängnis gebracht hatte! Und wir mußten es sogar weiter tun. Denn der Versuch, den ganzen Prozeß von dieser Seite her wiederaufzurollen und alles auseinanderzudividieren, würde in diesem Stadium alles komplizieren und mit Sicherheit die Erreichung des Endziels unendlich hinausschieben. Man konnte geradezu ein altes Sprichwort umkehren: War der Verräter Heise mit den von ihm Verratenen mitgefangen – und beinahe gehangen – worden, würde es nun heißen: mitgefangen – mitbefreit! Eine seltsame Welt!

Über Langeweile konnte ich wirklich nicht klagen: Ich mußte in diesem Kriminalstück auch noch in die Rolle des Detektivs schlüpfen. Der »Reichsgraf«, so nannten seine Kameraden vom Ehrhardt-Büro wohl wegen des Vornamens den zu zehn Jahren verurteilten Bodo Habenicht, fragte an, ob ich nicht etwas in der Sache seiner abhanden gekommenen Briefmarken unternehmen könnte; mir fiele doch immer etwas ein! »Donald Duck« habe sie offenbar geklaut. Das war der Spitzname, unter dem wegen seiner Sprechweise bei uns Clarence Parsek lief. Einige Tage, bevor die »Marine Jumper« uns nach Deutschland bringen sollte, hatte Habenicht Parsek anvertraut, daß er bei einem Briefmarkenhändler unter den deutschen Emigranten, namens Bergtraum, noch eine Markensammlung liegen habe, die er angesichts seiner langen Strafe und der ungewissen Zukunft vielleicht lieber mit nach Deutschland nähme. Parsek war so freundlich, den Reichsgrafen aus der Zelle zu lassen, um mit ihm unter seiner und der weiteren Bewachung durch einen Sergeanten zu Bergtraum zu fahren und die Sammlung ins Gefängnis zu bringen, wo er sie im Beisein des Gefängnisschreibers, eines Zivilangestellten der US-Armee namens Solander, in den Safe einschloß und erklärte, er werde die Sammlung mit aufs Schiff nehmen und zusammen mit Habenicht am Bestimmungsort in Deutschland abliefern.

Ein paar Tage nach der Ankunft in Landsberg hatte sich Habenicht dann bei dem seinerzeitigen Gefängnisdirektor, Major Boyd, nach den Marken erkundigt, um von diesem zu erfahren, daß Parsek nichts dergleichen abgeliefert habe. Er werde festzustellen versuchen, wo sich Parsek aufhalte. Nach einiger Zeit wurde Habenicht mitgeteilt, daß Parsek nach seiner Rückkehr in die Vereinigten Staaten angegeben habe, die Ausfuhr der Briefmarkensammlung aus China sei verboten gewesen, und sie sei deshalb in Schanghai geblieben. Auf dem Schiff hatte er jedoch Habenicht beruhigt, er habe die Kollektion in seinem Gepäck, und das auf nochmaliges Nachfragen des Eigentümers auch im Zuge noch einmal wiederholt.

Über Freund Yao ließ ich bei der chinesischen Zollbehörde in Schanghai nachfragen, und diese teilte mir mit, daß bei der Gepäckkontrolle beim Anbordgehen der Repatriierten nur einige goldene Schmuckstücke und US-Dollarnoten mit Quittungen Nr. 68531, 69532 und 68534 beschlagnahmt worden seien, jedoch darüber hinaus weder eine Briefmarkensammlung noch irgendein anderer Gegenstand. Erfreut und überrascht über die klare Auskunft, die der Direktor des chinesischen Seezolls unterzeichnet hatte, war ich doch nicht zufrieden und schrieb an die Kommission für deutsche Angelegenheiten der Schanghaier Stadtregierung, zitierte die Auskunft der Zollbehörde, und fragte, ob sie als für die Repatriierung verantwortliche Behörde die Briefmarkensammlung von Captain Clarence R. Parsek oder einer anderen amtlichen amerikanischen Stelle erhalten hätte.

Nur zwölf Tage nach meiner Anfrage datiert, erhielt ich einen Luftpostbrief von der höchsten, der Kommission für deutsche Angelegenheiten vorgesetzten Stelle, nämlich der Stadtregierung von Schanghai, und zwar vom Regierenden Bürgermeister K. C. Wu selbst, einem der Spitzenmänner in der Hierarchie der Kuomintang, der zeitweilig auch chinesischer Ministerpräsident war. Während meiner 10 Jahre in China hatte er nicht zu meinen persönlichen Bekannten gehört. Normalerweise hätte sich eine Person seines Ranges überhaupt nicht mit einer solchen für China verhältnismäßig kleinen und unbedeutenden Sache beschäftigt. Ich mußte in seinem Schreiben deshalb ein Zeichen besonderer Aufmerksamkeit sehen.

Da Wu Kuo-chen schrieb, daß keine chinesische Behörde weder von Captain Parsek noch von irgendeiner amerikanischen Stelle die Briefmarkensammlung erhalten hatte, waren jetzt genügend Indizien beisammen, um »Donald Duck« der räuberischen Unterschlagung zu bezichtigen. Ich teilte Habenicht das Ergebnis meiner Nachforschungen mit, bewahrte die Beweisstücke jedoch erst einmal für eventuelles späteres Handeln auf.

Merkwürdigerweise fiel mir erst jetzt wieder ein, was mir meine Mutter nach

meiner Entlassung aus Dachau geschrieben hatte: Auch meine eigene, von meinem Großvater geerbte, sehr wertvolle Briefmarkensammlung war der Plünderung durch »christliche Soldaten«[17] aus den USA zum Opfer gefallen. Während ich in China war, wurde sie von meiner Mutter aufbewahrt. Sie überstand die Ausbombung in Frankfurt am Main und wurde als vermeintlich dort sicherer mit anderen geretteten Sachen in ein Haus in Bensheim an der Bergstraße gebracht. Dieses Haus war 1945 kurze Zeit von amerikanischen Soldaten besetzt. Als sie es wieder räumten, fehlten einige Gegenstände von Wert, darunter auch Großvaters Briefmarkensammlung.
Sollte ich dem verlorenen Schatz, einem Vermögen nachtrauern, das jede Geldentwertung überdauerte, gefeit auch gegen weitere Inflation oder Enteignung bei einem allfälligen Währungsschnitt? Eher dachte ich an die Worte von Andreas Gryphius über alles Irdische: Nichts ist, das ewig ist, kein Erz, kein Marmorstein…
Ende März erhielt ich endlich das erste Lebenszeichen von Oberstleutnant Bodine, der sich immer noch in Nanking bei der amerikanischen Armee-Beratergruppe befand. Vielleicht war diese Tatsache auch der Grund, warum mein Brief an ihn vom 13. Oktober 1947 erst nach fünf Monaten, am 20. März 1948, in seine Hände gelangte. Fast ein Jahr hatten sowohl Eva und ich, als auch die Landsberger vergeblich auf Nachrichten von ihm gewartet. Tatsächlich war schon aufgrund von aus Schanghai kolportierten Gerüchten, die auch bei einigen in Landsberg auf fruchtbaren Boden gefallen waren, der Verdacht aufgekommen, er habe seine Schützlinge im Stich gelassen. Über Mosberg hatte ich deshalb allen Vorhaltungen gemacht und gemahnt, nicht aus einer Haftpsychose auf Latrinenparolen hereinzufallen, sondern, so schwer es auch fiel, weiter Geduld zu haben. Auf der anderen Seite hatte ich in Ermangelung einer Antwort von Bodine auf meinen Oktoberbrief es für meine Pflicht gehalten, auf jeden Fall die durch Carroll etwa gebotene Chance wahrzunehmen.
Nun war ich jedoch froh, mich in Bodine, der im Gerichtssaal so tapfer gegen das heraufziehende Unrecht gekämpft hatte, nicht getäuscht zu haben. Bis in die Einzelheiten erfuhr ich nun, was er in der Zwischenzeit in der Sache unternommen hatte und zu welchem Resultat er gekommen war. Nach monatelanger Diskussion über den einzuschlagenden Weg – alles im Schriftverkehr zwischen China und den USA – hatte er den Anwalt A. Frank Reel von der Bostoner Anwaltssocietät Roewer, Reel und Donovan, der schon den Fall des japanischen Generals Yamashita vor den Obersten Bundesgerichtshof in den USA gebracht hatte, für die Sache gewonnen, und als zweckmäßigstes Vorgehen hatten auch sie – ähnlich wie Carroll es vorhatte – den Weg über eine habeas corpus Klage beim District Court in Washington gewählt. Bodine hatte Reel auch zur Bestreitung der Kosten die 10 000 Dollar übergeben, die Eva in Schanghai gesammelt hatte.
Vor die Wahl zwischen Carroll und Reel gestellt, entschieden wir uns für den

letzteren und berieten so auch die Landsberger. Ausschlaggebend war vor allem der große Vorteil, daß Reel von dem durch und durch von Anfang an mit der ganzen Sache vertrauten Bodine mit Informationen und Rat unterstützt werden konnte, wie es ja in der Tat zwischen den beiden schon eingeleitet worden war. Da Carroll auch formell noch nicht durch Vollmachten der Verurteilten beauftragt war, schrieb ich ihm unter Erklärung der inzwischen ohne mein Wissen eingetretenen Entwicklung ab. Mit Befriedigung konnte ich einige Tage später aus einem ausführlichen Schreiben, in dem Reel selbst mir sein geplantes Vorgehen erläuterte, entnehmen, daß er ohnehin auch mit Carroll in einem Erfahrungsaustausch stand.
Nun würde, wenn wir Erfolg hätten, die Regierung der Vereinigten Staaten vor ein amerikanisches Gericht zitiert werden und dort die Gründe dafür aufzeigen (to show cause), warum sie berechtigt sei, die Antragsteller festzuhalten! Und solche im Recht wurzelnden Gründe gab es nicht.
Die im Namen der 21 Verurteilten beim Distriktsgericht des District of Columbia (in dem Washington liegt) von Anwalt Reel eingereichte Petition, eine Habeas-Corpus-Anordnung zu erlassen, richtete sich gegen US-Verteidigungsminister James A. Forrestal, Armeeminister Kenneth C. Royall und den Stabschef der US-Armee, General Omar Bradley. Inhaltlich wurden die Rechtsgründe angeführt, warum
A. der Prozeß vor einem als Military Commission konstituierten Gericht nicht hätte stattfinden dürfen,
B. das Gericht keine Zuständigkeit gehabt hätte,
C. die in der Anklage behaupteten Handlungen keine Verletzungen des Kriegsrechts darstellten, und schließlich
D. daß der Prozeß so unkorrekt und ungesetzlich geführt worden sei, daß allein schon dadurch jede Zuständigkeit, welche die Military Commission etwa gehabt haben könnte, zunichte gemacht wurde.
Aus den Darlegungen wurde der Schluß gezogen: »Aus den angeführten Gründen ist die Festhaltung der Antragsteller ungesetzlich und das Gerichtsverfahren und die Urteile sind ungültig. Die Anordnung nicht zu erlassen, würde nicht nur eine große Ungerechtigkeit gegenüber den Antragstellern fortsetzen, sondern auch die Vereinigten Staaten in schwerwiegende Verstöße gegen das Völkerrecht involvieren und in einen Akt schändlicher Heuchelei in der Behandlung geschlagener Feinde.«
Eva und ich atmeten erleichtert auf. Wir hatten das sichere Gefühl, daß jetzt in den Vereinigten Staaten der erste Schritt in einer Entwicklung getan war, die schließlich zur Befreiung unserer Schutzbefohlenen in Landsberg führen würde.

# 8 Weichen werden gestellt

Der Zeitpunkt war abzusehen, wann meine finanziellen Mittel erschöpft sein würden, wenn immer nur Ausgaben zu bestreiten wären, denen keine Einnahmen gegenüberstanden. Bei meinen Überlegungen, wie dem abgeholfen werden könnte, lag es nahe, an die Auswertung meines in China gesammelten Erfahrungsschatzes zu denken. Irgendwann mußte das Besatzungsregime in Deutschland zu Ende gehen und es zu einem Friedensvertrag und der Wiederaufnahme auswärtiger Beziehungen kommen, darunter natürlich auch mit China, die ich gerade auch wegen der epochemachenden Umwälzung, die dort im Gange war, im Blick auf unsere wirtschaftliche und politische Zukunft für wichtig hielt.

Zwei Dinge wollte ich erst einmal in Angriff nehmen. Das erste war ein Buch über das Geschehen in und um China in den Jahren von 1939 bis zu den aktuellen Ereignissen, unter dem Titel »China im Sturm«. Das andere war die Schaffung einer privaten Institution, an der auch schon während des traurigen und unsouveränen Zustands Deutschlands alles nur greifbare Material über die aktuelle derzeitige Entwicklung in China gesammelt werden sollte, als eine Grundlage für die spätere Wiederaufnahme der Beziehungen. China sollte nicht für eine zur Zeit noch unabsehbare Reihe von Jahren für uns Deutsche politisch ein weißer Fleck auf der Landkarte bleiben. Ich nannte diesen Plan »China Archiv«, und ich suchte dafür die Unterstützung und Zusammenarbeit mit Sinologen, China-Fachleuten und weitsichtigen Männern der Wirtschaft. Die Idee wurde von einigen Leuten aus diesem Personenkreis begrüßt. Zu ihnen gehörte auch Professor Rousselle, der wenig Hoffnung sah, daß das von ihm früher geleitete China-Institut in Frankfurt demnächst wieder eröffnet werden könnte.

Natürlich wäre es am besten, als Sitz eines solchen China-Archivs eine Universitätsstadt zu wählen. Hamburg lag nahe, weil es gleichzeitig ein Handelszentrum war und wegen seiner alten Beziehungen zu China, aber da wurde mein Blick auf Heidelberg gelenkt, einfach wegen der Mitteilung eines Bekannten, daß ich dort nach dem 1. Juli eine Wohnung bekommen könnte. Eine eigene Wohnung! Das war unter den immer noch, drei Jahre nach Kriegsende, unmöglichen Wohnverhältnissen eine geradezu paradiesische Aussicht.

Während der letzten zehn Tage in Dachau war ich nicht mehr im Bunker, sondern in einer Baracke einquartiert gewesen, in der Personen als mögliche Zeugen für Mr. Kempner in Nürnberg zur Verfügung gehalten wurden, höhere Beamte des Auswärtigen Amtes, vor allem aber auch führende Persönlichkeiten aus der Wirtschaft. Unter ihnen befanden sich zwei, die sich besonders für meine China-Erfahrungen interessierten, Dr. Hans Schippel, einer der Direktoren in der Berliner Zentrale der Dresdner Bank, den ich als Präsidenten der

China-Studiengesellschaft schon vor dem Kriege kennengelernt hatte, und der Syndikus Dr. Paul Beyer. Dessen Interesse an China war durch den ehemaligen Chef der deutschen Militärberater, General Alexander von Falkenhausen, geweckt worden, dessen Stab als Militärgouverneur von Belgien und Nordfrankreich Dr. Beyer – wie übrigens auch der bekannte süddeutsche SPD-Politiker Carlo Schmid – zugeteilt gewesen war. Falkenhausens Ablehnung Hitlers – nicht nur wegen dessen Fernostpolitik – war kein Geheimnis, und so hatte er auch zu den nach dem Attentat Stauffenbergs vom 20. Juli Verhafteten gehört, ohne daß es gelang, ihm etwas nachzuweisen. Wir standen seit meiner Entlassung aus Dachau wieder in Verbindung, nachdem ich von Dr. Beyer seine Anschrift erfahren hatte.

Dieser selbst saß jedoch immer noch dort, weil von Mr. Kempner noch kein Signal für seine Entlassung gegeben worden war, und als ich ihm schrieb, daß ich wegen meiner China-Archiv-Pläne nach Heidelberg wollte, bot er uns wenigstens für die Zeit bis zu seiner Rückkehr eine Unterkunft in seinem Haus am Schloß-Wolfsbrunnenweg an. Dort hatte er das Erdgeschoß an eine Familie vermietet, in den oberen Teilen des Hauses wohnte seine Verlobte, Frau Ellen von Ruthe, aber bis zu seiner Entlassung, möglicherweise sogar, bis es mit der eigenen Wohnung dort etwas würde, sei da auch Platz für uns. Frau von Ruthe lud uns nun auch noch von sich aus herzlich ein, und so sagten wir der »Villa Frieda« an der Ostsee ade und zogen an den Neckar. Das Haus lag sehr schön, noch oberhalb des berühmten Heidelberger Schlosses, hoch über dem Karlstor.

In Sachen China-Archiv entwickelte sich eine ausgedehnte Korrespondenz mit den Professoren Rousselle und Boerschmann, der das Institut für Sprache und Kultur Chinas an der Hamburger Universität leitete, und anderen Wissenschaftlern, mit Heinz Rocholl, dem früheren Geschäftsführer des Verbandes für den Fernen Osten, sowie mit Diplomaten mit China-Erfahrungen, darunter auch Botschafter a. D. Oskar P. Trautmann, mit dem ich zuletzt 1938 in Hankau zusammen war, kurz vor seiner Abberufung durch Ribbentrop. Von ihm erfuhr ich jetzt erst, daß dieser ihn nach seiner Rückkehr nach jahrelanger Tätigkeit auf wichtigen Außenposten, nicht, wie es in solchen Fällen üblich war, zu einem ausführlichen Bericht, ja nicht einmal zu einem kurzen Gespräch empfangen hatte. Erst als über ein Jahr später ein Buch von Trautmann mit dem interessanten Titel »Die Sängerbrücke« erschien, wurde er zum Außenminister gebeten. Als »Die Sängerbrücke« wurde das Auswärtige Amt in St. Peterburg, dem späteren Leningrad, in der Sprache von Diplomaten und Journalisten apostrophiert, wie man bei Frankreich vom »Quai d'Orsay« oder bei uns von »Der Wilhelmstraße« zu sprechen pflegte. Trautmann hatte in dem Werk seine Erlebnisse vor 1914 am Hof von St. Petersburg aufgezeichnet, und nachdem Ribbentrop im August 1939 in Moskau mit Molotow das deutsch-sowjetische Abkommen unterzeichnet hatte, war für ihn plötzlich alles, was nur irgendwie mit Ruß-

land zusammenhing, interessant geworden. Vorher hatte die Sowjetunion nur in vagesten Vorstellungen existiert.
Auch bei Professoren der Heidelberger Alma mater fand ich viel Verständnis, beginnend mit dem Historiker Prof. Fritz Ernst, der mich an den Theologen Prof. Rosenkranz weiterleitete, der neben seinem theologischen Lehrstuhl dem Außenamt der Universität vorstand. Von allen, deren Zuständigkeit auf irgendeine Weise berührt war, wurde durch meine schriftliche und mündliche Darstellung einer nach dem anderen gewonnen. Die Universität plante, sobald die Verhältnisse es erlaubten, wieder einen Lehrstuhl für Ostasienkunde einzurichten. Da die Verwirklichung dieser Absicht jedoch noch längere Zeit zurückstehen mußte, meinte der Dekan der Philosophischen Fakultät, Prof. Ranke, daß es ideal sei, wenn die von mir geplante Einrichtung hierher käme, weil damit verbunden schon eine gewisse Vorbereitung für die Pläne der Universität möglich sei. Auch der ausgehende Rektor, Prof. Dr. Kunkel, schloß sich dieser Auffassung an und wollte beim Oberbürgermeister wegen der notwendigen Genehmigungen, darunter die wichtige Zuzugsgenehmigung, intervenieren.
Die allgemeinen Zustände im besetzten Deutschland begannen in diesem Frühjahr kritisch zu werden. Zu essen gab es für die überwiegende Mehrheit der Bevölkerung immer noch weniger als während des Krieges, und das nach drei schon vorangegangenen Hungerjahren 1945–47. So gut wie nichts war zur Behebung der Wohnungsnot geschehen, und es war auch nirgendwo ein berechtigter Hoffnungsschimmer, daß sich daran bald etwas besserte. Ein großer Mangel bestand nach wie vor an Verkehrsmitteln. Die Zwangsdemontage der Industrie schritt weiter voran, wobei alliierte Sicherheitserwägungen zur Beseitigung der Kriegsindustrie meistens als reiner Vorwand selbst für den Laien, vor allem aber für die Arbeiter in den betroffenen Betrieben, erkennbar waren. Im Landtag von Nordrhein-Westfalen hatte Wirtschaftsminister Prof. Nölting erklärt, daß von 681 Fabriken auf der Demontageliste der britischen Besatzungsmacht 380, also mehr als die Hälfte, nicht als Rüstungswerke angesprochen werden konnten.
Im Februar hatte ein unter Leitung des Bremer Senators Harmsen erarbeitetes Gutachten die seit Kriegsende vom Deutschen Volk für die Siegermächte erbrachten Leistungen auf – wenig gerechnet – 71 Milliarden US-Dollar veranschlagt. Es war etwa das Vierfache der gesamten Goldreserven des reichsten Landes der Welt, der Vereinigten Staaten von Amerika.
Das also in drei Jahren nach dem größten aller bisherigen Kriege! Präsident Trumans Haushaltsvorschlag sah für die nach dem Marshall-Plan vorgesehene Hilfe an die westeuropäischen Länder und Westdeutschland in den nächsten *vier* Jahren die Bewilligung von 17 Milliarden Dollar vor; die Rate für 1948 von 5,3 Milliarden wurde vom Kongreß noch auf 4,875 Milliarden gekürzt, von denen auf Westdeutschland ganze 440 Millionen fallen sollten, verglichen z. B. mit 1,2 Milliarden für Großbritannien.

Seit meiner Entlassung aus Dachau hatte ich mich immer wieder gewundert, mit welcher Engelsgeduld das deutsche Volk die Leiden und Entbehrungen so lange hinnahm, ohne aufzubegehren. Ich konnte es mir nur damit erklären, daß der Schock von Niederlage und Zusammenbruch nach vorheriger jahrelanger Hochstimmung einfach zu gewaltig war und zu einem Zustand regelrechter Betäubung und Apathie geführt hatte.
Ich selbst befand mich da in einer anderen Situation. Im Gegensatz zu den meisten Volksgenossen war ich nicht niedergedrückt und von Gefühlen hin und her gerissen. Den 8. Mai hatte ich jahrelang kommen sehen, und es war deshalb nicht plötzlich für mich eine Welt zusammengebrochen, vielmehr hatten sich Ahnungen und Überlegungen bestätigt. Der Schmerz, zu sehen, daß es mit dem geliebten Vaterland schließlich dahin kommen mußte, war auf viele vorangegangene Jahre verteilt, in Alpträumen und wachem Grübeln vieler schlafloser Nächte schon erlitten, als es dann tatsächlich soweit war.
In der Politik der Westalliierten gegenüber Deutschland stellte ich jetzt immer deutlicher schizophrene Züge fest. Nachdem man sich mit der Sowjetunion zerstritten hatte und alle Vier darin versagt hatten, ihr in Potsdam 1945 vereinbartes Programm, Deutschland, wenn auch zuerst keine deutsche Regierung gebildet werden sollte, als wirtschaftliche Einheit zu behandeln, versuchten die Westmächte, geführt von den Vereinigten Staaten, gegenüber dem von ihnen besetzten Westdeutschland eine zweigleisige Politik: Einmal wurde die Bestrafung fortgesetzt, was sich besonders in der Demontage zeigte, auf der anderen Seite sollte im Zuge der 1947 von Truman verkündeten Eindämmungs-Politik Westdeutschland zu einem Bollwerk gegen die Sowjetunion aufgebaut werden. Da das mit einer hungernden Bevölkerung und einer teils zerschlagenen, teils gelähmten Wirtschaft wohl kaum zu verwirklichen war, mußte einmal auf diesem Gebiet etwas getan werden; also die Einbeziehung in die Marshallplan-Hilfe.
Diese war ursprünglich aus der Furcht geboren, daß die westeuropäischen Länder »durch Verelendung in den Kommunismus absinken« könnten. Für Frankreich und Italien, wo die kommunistischen Parteien etwa ein Viertel der Wählerschaft repräsentierten, mochte darin noch eine gewisse Plausibilität liegen; für Westdeutschland war diese Befürchtung absurd, obwohl das Elend hier weit größer war als dort. Die KPD erhielt bei den Ende 1946 und im Laufe von 1947 stattgefundenen Landtagswahlen in den von Ostvertriebenen überfüllten Ländern Schleswig-Holstein und Niedersachsen 4,7 und 5,6%, in Hessen 10,7 und in den früher »roten« Städten Bremen 8,8 und Hamburg 10,8%; darüber hinaus waren sie nur bei der Wahl im April 1947 in Nordrhein-Westfalen mit 14% gekommen. In Rheinland-Pfalz waren es 8,7 und in Bayern 6%. Vielleicht war es für die Masse der Briten und Franzosen und erst recht die Bevölkerung der Vereinigten Staaten unbegreiflich: Das Bild der sowjetischen Wirklichkeit, das die deutschen Soldaten in den weiten von ihnen besetzten Teilen des europäischen Rußland gewonnen hatten, die von im Siegestaumel

außer Rand und Band geratenen sowjetischen Truppen beim Eindringen nach Ostdeutschland massenhaft verübten Vergewaltigungen, das stalinistische Zwangssystem und die noch größere Ausplünderung der von ihnen besetzten Zone durch die Russen, hatten offenbar ein für allemal die freiwillige Annahme eines sich kommunistisch nennenden Systems in Deutschland, unter welchen äußeren Umständen auch immer, unmöglich gemacht. Beim Punkt der Ausplünderung, z. B. durch den Abtransport ganzer Fabriken, die Beseitigung des zweiten Gleises bei den meisten Bahnlinien und ähnlichem, vergaßen unsere Landsleute allerdings, daß dieses mit weit größerer Berechtigung als die Demontagen im Westen als Reparationen angesehen werden konnten. Sie waren es, bedenkt man das gewaltige Ausmaß der Zerstörungen, die der von uns ins Land getragene Krieg in der Sowjetunion hervorgerufen hatte. Nicht einmal annähernd vergleichbar damit waren die Schäden, die Frankreich, Belgien, Holland oder England erlitten hatten. In den USA waren ja bekanntlich keine Bombe und kein Schuß gefallen; ganz im Gegenteil hatte gerade erst der Krieg ihnen die Chance zu einer gewaltigen Erweiterung ihrer industriellen Kapazität geboten. Und die von Senator Harmsen mit 5 Milliarden Dollar meines Erachtens noch viel zu niedrig veranschlagten deutschen Patente und Betriebsgeheimnisse hatten sie ja schon 1945 eingesteckt. Zum Teil zogen amerikanische Firmen schon jetzt daraus Profit.
Wem dieser Tatbestand bewußt war, der wurde bei der Nachricht von den zu erwartenden 440 Millionen aus dem Marshall-Plan nicht von einem solchen Gefühl der Dankbarkeit überwältigt, daß er am liebsten Präsident Truman oder General Marshall die Hand geküßt hätte. Wenn die Amerikaner nach allem, was sie genommen hatten, uns jetzt den Klacks von 440 Millionen Dollar geben wollten, nun gut, so war das besser als nichts. Es geschah nicht aus Menschenfreundlichkeit, sondern aus purem Eigeninteresse. Da es völlig unnötig und nutzlos für den Zweck war, uns vor der Bekehrung zum Kommunismus zu bewahren, was amerikanische Politiker auf der Ebene wissen mußten, auf der Entscheidungen von dieser Tragweite fallen, erwartete man von uns bestimmt noch eine weitere und größere Leistung.
Krisenstimmung herrschte aber nicht nur hier. Aus den USA hörte man merkwürdige Dinge. War es wegen des Wahlkampfes zur Präsidentschaft, daß wieder einmal eine Vorkriegsatmosphäre, diesmal gegen die Sowjetunion, erzeugt wurde? In einem Brief aus San Francisco sprach Marje Tittle von 3500 (!) russischen U-Booten im Pazifik, die die Vereinigten Staaten bedrohten. Ihr Sohn diente in der Armee in Japan, und Marje schrieb an Eva: »Jeff schreibt, daß Rußland sich ganz und gar in Position gebracht hat, um uns anzuspringen. Er fleht mich in jedem seiner Briefe an, die Westküste bei der ersten Nachricht zu verlassen, daß wir im Krieg sind.« Dazu paßte der Artikel in der »Newsweek« in diesen Tagen, daß die amerikanische Marine im Mittelmeer »Flagge zeigte«. Wie schon früher, wurde sie als »Amerikas großer Stock« bezeichnet. »Der Artikel strotzt so sehr von Hurrapatriotismus und Anmaßung« schrieb

ich am 13. Juni 1948 ins Tagebuch, »daß selbst Wilhelm und Hitler in den Schatten gestellt werden. Ich versuche vergeblich, irgend etwas Ähnliches in Deutschland aus der Zeit vor 1939 zu erinnern.«
Die zwiespältige Politik der Westalliierten gegenüber Deutschland hatte sich besonders deutlich in den Beschlüssen der Londoner Sechsmächtekonferenz niedergeschlagen. Es war die erste Konferenz der Außenminister der Besatzungsmächte ohne die Russen; dafür hatten die Westmächte die Beneluxstaaten, Belgien, Holland und Luxemburg, dazu geholt. Ihre Teilnahme deutete, weil sie noch Gebietsforderungen an Deutschland angemeldet hatten, auch daraufhin, daß man sich auf den Versuch hinbewegte, gewisse Dinge, obwohl beileibe nicht an die Vorbereitung eines Friedensvertrages gedacht war, jetzt schon endgültig festzuschreiben. Und richtig: Als erstes Ergebnis wurde bekannt, daß 31 Änderungen der Westgrenze Deutschlands beschlossen wurden, mit der Abtretung von 153 qkm Land mit 13 5000 Einwohnern an Holland, Belgien und Luxemburg. Als nächstes wurde die von Frankreich längst eigenmächtig vollzogene Abtrennung des Saargebietes gebilligt. Am 1. April hatte Frankreich dann auch offiziell durch Dekret das Saargebiet zum französischen Zollinland erklärt. Weiter wurde uns die Kontrolle über das Ruhrgebiet entrissen. Eine Internationale Ruhrbehörde, in der Deutschland zwar vertreten sein, aber kein Vetorecht haben würde, sollte über die Verteilung von Kohle, Koks und Stahl entscheiden. Diese Behörde sollte noch vor der etwaigen Bildung einer deutschen Regierung ins Leben gerufen werden und auch über diese hinaus noch weiter bestehen. Wer gehofft hatte, die Konferenz möge ein Ende oder eine wesentliche Milderung der Demontagen bringen, sah sich enttäuscht; nichts wurde an der Liste geändert.
Bildeten diese Beschlüsse sozusagen die Peitsche, die man den Deutschen gab, so hielt man auf der anderen Seite ein Zuckerbrot bereit. Es wurde in Aussicht gestellt, daß die Regierungen der USA, Großbritanniens und Frankreichs ihre Militärgouverneure anweisen, bis zum 15. Juni die deutschen Ministerpräsidenten der Länder ihrer Besatzungszonen zusammenzurufen und diese zu autorisieren, eine verfassunggebende Versammlung einzuberufen. Diese sollte spätestens am 1. September mit der Ausarbeitung einer Verfassung beginnen. Gleichzeitig wurde angekündigt, daß die drei Mächte ihrerseits ein Besatzungsstatut ausarbeiten würden, das die Rechtsverhältnisse zwischen einer später zu bildenden deutschen Regierung und ihnen regeln würde.
Das Kommuniqué, das diese »Londoner Empfehlungen« am 7. Juni bekanntgab, fand auf deutscher Seite eine vorwiegend negative Aufnahme. Dr. Konrad Adenauer, der Vorsitzende der CDU in der britischen Zone, sagte in der »Welt« vom 10. Juni, hier sei ein »System der Ausbeutung Deutschlands« beschlossen worden, womit er wohl in erster Linie auf das Ruhrstatut anspielte; seine schlimmsten Befürchtungen seien übertroffen worden, und er sah sogar, wenn nicht mit dem bisherigen Besatzungssystem gebrochen werde, den

Zeitpunkt kommen, an dem den Deutschen nichts anderes übrigbleibe, »als durch Verweigerung der Mitarbeit wenigstens ihre Ehre vor der Nachwelt zu retten«. Das waren in meinen Ohren erfreuliche Töne, die ich von dieser Seite gar nicht erwartet hätte.

Dr. Adenauer versuchte sogar, die andere große Partei, die SPD, zu einem gewissen Protest gegen die Londoner Empfehlungen zu gewinnen, erhielt dort aber eine Absage, und der Pressedienst der SPD gab dafür eine Begründung, die ich dumm, großsprecherisch und im nationalen Interesse unverantwortlich fand: Man wolle keine »verschwommene Übereinstimmung« mit dem innenpolitischen Gegner herstellen, vielmehr gelte es, sich »im Interesse der politischen Klarheit und Sauberkeit« von diesem Gegner zu distanzieren. Hier wäre es auf Solidarität gegenüber den Besatzungsmächten angekommen, und die Innenpolitik hatte ganz und gar zurückzutreten. Deutsche Zwietracht und Kleinkariertheit in der reinsten Form!

Hier und da, so konnte man aus der Presse entnehmen, kam es nun doch zu spontanen Protestkundgebungen aus der Bevölkerung. In Heidelberg war es am 16. Juni so weit, daß sich der angestaute Unmut in einem Ausbruch Luft machte. Wie schon vor genau hundert Jahren waren es wieder die Studenten, die vorangingen. Am späten Vormittag berichtete Eva, die aus der Stadt zurückkam, daß unten auf dem Marktplatz vor dem Rathaus, das auch die Militärregierung beherbergt, die Studenten einen Sitzstreik veranstalteten. Der ganze Marktplatz war schwarz von ihnen, so daß alles blockiert war und auch die Straßenbahn nicht fahren konnte. Amis sausten rat- und ziellos umher. Die deutsche Polizei war gegenüber den Demonstranten freundlich. Kurz nach Mittag hörten wir dann, daß die Universität brenne. Ich wollte es erst gar nicht glauben, sah es dann aber am Nachmittag selbst, als ich hinunter zur Post mußte. Das Hauptgebäude der Neuen Universität, das die Amerikaner für ihr Army Education Centre beschlagnahmt hatten, war in kürzester Zeit völlig ausgebrannt. Als ich gegen 18 Uhr zurückkam, war die Feuerwehr am linken Flügel noch am Löschen. Eine große Menge Menschen säumte die Straßen, ohne daß die Polizei sie zum Weitergehen aufforderte. Ich hörte von den Umstehenden keine Kommentare, aber auf den Gesichtern lag der Glanz einer stillen Befriedigung. Es war kein Zweifel, daß der Brand im Zusammenhang mit den Demonstrationen vom Vormittag stand, die sich gegen die von der Besatzungsmacht verordneten Hungerrationen ebenso wie gegen die Praktiken des Wohnungsamtes der deutschen Behörden richtete.

Erste Voraussetzung, um Schritte zur Wiederherstellung eines geordneten und normalen Lebens aus den durch den Krieg geschaffenen Zuständen heraus gehen zu können, war die Schaffung einer stabilen Währung. Entsprechend dem Potsdamer Beschluß, Deutschland als einheitliches Wirtschaftsgebiet zu behandeln, war eine Geldreform für alle vier Zonen geplant gewesen und darüber auch mit der Sowjetunion verhandelt worden; es war das eine Gebiet, auf dem es bisher noch die geringsten Differenzen gegeben hatte. Die

Teilnahme am Marshallplan hatte die Sowjetunion jedoch im vergangenen Jahr für ihren Machtbereich abgelehnt, und so hatten die Westmächte den Plan für ihre Zonen weiterverfolgt, auch schon in den USA neue Banknoten drucken lassen. An alten Reichsmark waren mindestens 300 Milliarden im Umlauf. Die Flut von Papiergeld war dadurch entstanden, daß die von Jahr zu Jahr wachsenden Defizite des Reichshaushaltes durch die Notenpresse finanziert worden waren, der größte Teil der produzierten Waren und Werte aber im Krieg im wahrsten Sinne des Wortes verpulvert worden war, während dem Geld in der Hand des Volkes nur wenig Produktion für den Konsum gegenübergestanden hatte. An dem letzteren Zustand hatte sich auch in den drei Nachkriegsjahren nichts geändert. Der gewaltige Geldüberhang *mußte* beseitigt und die Geldmenge in ein realistisches Verhältnis zu Warenproduktion, Werteschaffung und Dienstleistungen, sowie zu den Währungen des Auslandes gebracht werden.

Über diese Notwendigkeit gab es nirgendwo Zweifel, nur bezüglich des Ausmaßes, in dem die Reichsmark abgewertet werden sollte, waren die Ansichten verschieden. Indessen sollten die Eigentümer des Papiergeldes darauf überhaupt keinen Einfluß haben, auch die von ihnen gewählten Länderregierungen nicht. Die Währungsumstellung wurde von den westalliierten Militärgouverneuren einfach dekretiert.

Das ganze Frühjahr über hatte es immer wieder Gerüchte gegeben, daß die Währungsreform unmittelbar bevorstehe. Die Leute wagten nicht mehr zu verreisen, aus Furcht von ihr plötzlich fern von ihrem Wohnort überrascht zu werden und dann ohne Geld dazusitzen. Am Sonntag, dem 6. Juni, saßen wir mit der Familie Galke, die im Erdgeschoß wohnte, im Garten, und natürlich kamen wir auch auf das zur Zeit am meisten diskutierte Thema. Herr Galke war Ministerialbeamter in der Landesregierung in Stuttgart und im allgemeinen besser als der auf die Presse angewiesene Durchschnittsbürger informiert. Die Währungsreform, meinte er, werde wohl noch etwas auf sich warten lassen. Alle gerüchteweise genannten Daten seien offiziell inspirierter Bluff, um die Russen aus der Reserve zu locken, damit sie ihre Reform erst machten und so die Verantwortung für den Bruch trügen. Ich notierte dies in meinem Tagebuch, weil mir bisher nie der Gedanke an zwei getrennte Währungsreformen gekommen war, der für Herrn Galke festzustehen schien. Bezüglich der Spekulation über die Russen fügte ich noch hinzu: »Wenn das stimmt, kann man nur lachen. Die Russen haben bisher noch immer die besseren Nerven gehabt. Ich glaube vielmehr, daß sie warten werden, wie sich die Reform im Westen auswirkt, dann ihre eigene durchführen, mit kleinen Erleichterungen gegenüber der in den Westzonen, um so daraus politisches Kapital bei den Deutschen zu schlagen. Man soll die Russen nicht für dümmer halten, als man selbst ist.«

Erst, nachdem ich der von Herrn Galke mitgeteilten Spekulation noch diese eigene entgegengesetzt und niedergeschrieben hatte, ging mir plötzlich auf,

daß hier über etwas Ungeheuerliches gesprochen wurde. Zwei Währungsreformen! Eine in der westlichen und eine in der östlichen Hälfte Deutschlands! Das konnte unabsehbare Konsequenzen haben.
Zwei Wochen später war es dann tatsächlich soweit. Am 18. Juni, einem Freitag, wurde eine Proklamation der Militärregierung erlassen, daß die Währungsumstellung am Sonntag den 20. vorgenommen würde. In langen Schlangen standen an diesem Tag die Menschen an den Ausgabestellen der Deutschen Mark, die die Reichsmark ersetzen sollte. Das Reich, das die Reichsmark ausgegeben hatte, existierte nicht mehr, jeder wußte das, aber wo und was war das Deutschland, nach dem das neue Geld benannt wurde? In der Zeitung »Der Tag« schrieb am Sonnabend zwischen Bekanntmachung und Geldausgabe der Berliner CDU-Politiker Johann Baptist Gradl: »Von nun an läuft zwischen den Westzonen und der Sowjetunion auch eine Währungsgrenze. Jenseits der Zonengrenze ist Ausland. Devisenausland.«
Jeder Einwohner der Westzonen bekam an diesem Sonntag die »Kopfquote« von 40 Deutschen Mark, später sollten nochmals 20,– DM ausgezahlt werden. Bank und Sparguthaben wurden eingefroren, es wurde angekündigt, daß diese zu einem späteren Zeitpunkt im Verhältnis 100 Reichsmark zu 10 D-Mark umgetauscht würden. (Dieses Versprechen ist nicht eingehalten worden: Die Konten wurden später im Verhältnis 100 RM : 6,50 DM umgestellt.) Firmen konnten pro Beschäftigten 60 neue Mark als Erstausstattung mit Betriebsmitteln erhalten. Aktien wurden im Verhältnis 1 : 1 umgestellt. Während ein Sparer von seinem Guthaben 93,5% verlor, blieb dem Aktienbesitzer der volle Wert seiner Aktie erhalten (und sollte in der Folgezeit unwahrscheinlich steigen). Großartig standen die Besitzer von Sachwerten da, vor allem jene, die seit langem Waren gehortet hatten. Die Opfer der großen Enteignungsaktion, die große Mehrheit der Bevölkerung, staunte am Montagmorgen nicht schlecht, wie und womit sich über Nacht die vorher leeren Schaufenster gefüllt hatten.
Trotz der Ungerechtigkeiten, über die in den Tagen danach weidlich geschimpft wurde, sollte sich die Währungsreform, verbunden mit der vom Direktor der Verwaltung für Wirtschaft in Frankfurt, Ludwig Erhard, in Gang gesetzten Aufhebung der Zwangsbewirtschaftung auf weiten Gebieten, rein wirtschaftlich gesehen, als großer Erfolg erweisen. Seltsam berührte mich jedoch, wie sich am Tage danach die westdeutschen Politiker an die Radiomikrofone drängten und sich darin überschlugen, eine Maßnahme über den grünen Klee zu loben, für die sie nicht verantwortlich und bei deren Durchführung sie nicht einmal gefragt worden waren.
Da wir keine Läden mit gehorteten Waren hatten, gehörten wir zu den am härtesten Getroffenen. Mit unseren Gastgebern bildeten wir vier Kopfquoten-Besitzer erst einmal eine Notgemeinschaft, um mit den 160 DM möglichst weit zu kommen, denn noch war unklar, was auf unseren ohnehin schon in Reichsmark geschmolzenen Konten übrigbleiben würde und wann wir darüber verfügen konnten. Ausgaben wurden gemeinsam geplant. Wir kauften

nur die nötigsten Lebensmittel, gingen zu Fuß und schrieben auch weniger Briefe; es zählte jetzt tatsächlich jeder Pfennig.

*Politisch* war die Währungsreform als separat für die drei westlichen Besatzungszonen, ohne die Ostzone und auch ohne Berlin durchzuführende Maßnahme eine Katastrophe. Sie schuf in Deutschland unklare Verhältnisse, in denen nun Schlag auf Schlag die östliche und die westliche Seite Maßnahmen und Gegenmaßnahmen trafen.

Am 22. Juni scheiterten sehr schnell Gespräche mit den Russen über eine Währungsreform in Berlin. Einen Tag später verkündete der sowjetische Militärgouverneur, Marschall Sokolowski, daß am 24. Juni in der sowjetischen Besatzungszone, einschließlich aller vier Sektoren von Berlin, eine Währungsreform durchgeführt werde. Die drei Westmächte erklärten sofort die sowjetische Verordnung für die drei Westsektoren Berlins für ungültig. Sie brachten statt dessen die in ihren Besatzungsgebieten ausgegebenen DM-Noten mit einem Aufdruck »B« nach Westberlin, wo bereits die von den Sowjets ausgegebene DM-Ost umlief. Beide Zahlungsmittel liefen einige Zeit nebeneinander her. Nach der Verkündung der Währungsreform in den Westzonen unterbrachen die Sowjets am 18. Juni mit einem Schlag den Personenverkehr zwischen ihrer Besatzungszone und der an sie angrenzenden britischen und amerikanischen Zone sowie den Straßenverkehr von Westen nach Osten und auf der Autobahn nach Berlin, am 23. Juni auch den gesamten Personen- und Frachtverkehr auf der Eisenbahnstrecke Berlin-Helmstedt, und einen Tag später wurde die Belieferung Westberlins mit Waren aus der Sowjetzone und auch die Lieferung von Strom eingestellt. Die Blockade Westberlins war damit vollständig. Versuche der Westmächte, Marschall Sokolowski zu ihrer Aufhebung zu bewegen, die in den nächsten Tagen unternommen wurden, scheiterten. Er begründete sie mit der Einführung der westlichen Währung in Westberlin, deren Übergreifen von dort in die Sowjetzone er verhindern müsse. Auf Vorschlag von General Clay richtete die US-Luftwaffe daraufhin zur Versorgung der Westsektoren eine Luftbrücke ein.

Die Arbeit an »China im Sturm« hatte gute Fortschritte gemacht, die Niederschrift war etwa zur Hälfte fertig; was das China-Archiv betraf, so fehlte nur noch die Zuzugsgenehmigung der Stadt Heidelberg, und, gerade jetzt wichtig und erfreulich, aus Offenburg hatte sich mein alter Freund Günter Kaufmann gemeldet, der dort am Aufbau einer neuen illustrierten Zeitschrift von Niveau, »Das Ufer«, beteiligt war. Er bat um meine Mitarbeit mit Beiträgen über China; es würde annehmbare Honorare in der neuen D-Mark-Währung geben; Geld, das ja nun wirklich wieder etwas wert war und auch dringend gebraucht wurde.

Es gab also keinen Grund, nicht in guter und zuversichtlicher Stimmung zu sein und die Schönheiten von Heidelberg und dem Neckartal etwas zu genießen, wenn mir nicht, zum ersten Male wieder seit Jahren, die politischen Ereignisse ein unangenehmes Gefühl verschafft hätten. Die Vorgänge um Berlin machten mir Sorge. In diesen Tagen wurde mir bewußt, daß ich mich seit meinem Freispruch in Schanghai ausschließlich einer begrenzten Aufgabe gewidmet hatte, dem Kampf um Gerechtigkeit und für die Befreiung der zu Unrecht als Kriegsverbrecher Verurteilten. Dieser Kampf hatte mich bisher voll beansprucht. Aber vielleicht ging es zu weit, daß darüber die große Politik und das Schicksal des ganzen Volkes fast in Vergessenheit gerieten. Auf der anderen Seite: Was hätte man in dem bestehenden Zustand der Machtlosigkeit tun können?

Am 1. Juli übergaben in Frankfurt die westlichen Militärgouverneure den Ministerpräsidenten drei Schriftstücke, bald mit einem besonderen Namen als »Frankfurter Dokumente« bezeichnet: Dokument I autorisierte die Ministerpräsidenten, eine verfassunggebende Versammlung einzuberufen, die spätestens am 1. September 1948 zusammentreten sollte. Über den Inhalt der Verfassung war gesagt, daß sie demokratisch und von föderalistischem Typ sein sollte. Das zweite Dokument forderte die Ministerpräsidenten auf, Vorschläge für etwaige Veränderungen der Ländergrenzen zu machen, und im dritten wurde ein Besatzungsstatut versprochen. Hier hieß es u. a.: »Die Militärgouverneure werden den deutschen Regierungen Befugnisse der Gesetzgebung, der Verwaltung und der Rechtsprechung gewähren und sich solche Zuständigkeiten vorbehalten, die nötig sind, um die Erfüllung des grundsätzlichen Zwecks der Besatzung sicherzustellen... Die Militärgouverneure werden die Ausübung ihrer vollen Machtbefugnisse wiederaufnehmen, falls ein Notstand die Sicherheit bedroht, und um notfalls die Beachtung der Verfassungen und des Besatzungsstatus zu sichern.«

Ich empfand es als eine unglaubliche Zumutung der Siegermächte, unter den gegebenen Umständen, als Besatzer von den Besetzten die Gründung eines Staates – noch dazu nach von ihnen vorgeschriebenem Muster – zu verlangen. Sie hatten nach dem 8. Mai 1945 die erste deutsche Regierung nach Hitler gewaltsam beseitigt, dann unter der Begründung, es sei keine Regierungsgewalt mehr vorhanden, zu viert alle Macht in Deutschland usurpiert, darauf in Potsdam gemeinsam beschlossen, Deutschland als Ganzes zu behandeln, nur *vorerst* keine deutsche Regierung zu bilden, aber auf bestimmten Gebieten gesamtdeutsche Verwaltungen unter deutschen Staatssekretären einzurichten. Die westlichen und die östlichen Sieger hatten sich dann entzweit, wobei – das schien mir bezeichnend – die Gründe für den Streit nicht zuerst in Deutschland lagen, sondern in Osteuropa, auf dem Balkan und im Nahen Osten. Er hatte weder mit dem alten Deutschland noch mit den Verhältnissen unmittelbar nach Kriegsende bis zum Führjahr 1947 in unserem Lande zu tun. Jetzt wollten sie sich noch weiter aus ihrer gemeinsam für das besiegte Land übernommenen Verantwortung stehlen, als sie es schon mit der Nichterfüllung des in Potsdam gegebenen Versprechens getan hatten, und die Deutschen sollten sich dazu hergeben, der von den Besatzern vollzogenen Teilung das eigene Siegel der Legitimität aufzudrücken!

Ich traute den Ministerpräsidenten nicht viel zu, waren es doch dieselben, die vor einem Jahr die zaghafte Initiative des bayerischen Ministerpräsidenten für eine Versammlung der Länderchefs aus allen vier Besatzungszonen im Juni 1947 in München noch vor einem eigentlichen Beginn hatten scheitern lassen. Sie hatten sich an den Wunsch der westlichen Militärgouverneure gehalten, nicht über politische, sondern nur über wirtschaftliche Fragen zu sprechen, und deshalb schon beim Versuch der Aufstellung einer Tagesordnung den Vorschlag der Ministerpräsidenten der Sowjetzone abgelehnt, die deutsche Einheit zum Thema zu machen. Worauf diese das ganze Unternehmen in diesem Falle für sinnlos erklärt hatten und wieder abgereist waren.

Um so erfreuter war ich, in der Presse zu lesen, daß die Ministerpräsidenten auf einer Konferenz in Koblenz vom 8.–10. Juli, auf der sie ihre Stellungnahme zu den alliierten Vorschlägen berieten, das Ansinnen abgelehnt hatten. Genaueres wurde nicht bekanntgegeben. Sie werden den Generalen Clay, Sir Brian Robertson und Koenig wohl gesagt haben, dachte ich mir: »Meine Herren, es ist schon genug, daß wir jetzt zwei Währungsgebiete in Deutschland haben. Das haben Sie selbst dekretiert. Jetzt verlangen Sie, daß *wir* daraus zwei *Staaten* machen. Das widerspricht dem, was Sie selbst zusammen mit den Russen in Potsdam über die Zukunft Deutschlands beschlossen haben. Wir können Sie nur bitten, setzen Sie sich noch einmal mit der sowjetischen Seite zusammen und versuchen Sie, zu gemeinsamen, für alle vier Zonen gültigen Lösungen zu kommen.«

Doch als Wunschtraum erwies sich, was ich für selbstverständlich hielt. General Clay wollte die Ablehnung keinesfalls hinnehmen und machte den Ministerpräsidenten energisch Vorwürfe. Jetzt benutzte er die durch die einseitige Währungsreform ausgelöste Berliner Blockade als Druckmittel. Nach der »New York Herald Tribune« vom 16. Juli erklärte er den Ministerpräsidenten, sie hätten ihn »im Kampf mit den Russen um Berlin und für den Aufbau Westdeutschlands allein gelassen.« Dabei warf er ihnen an den Kopf: »Entweder sympathisieren Sie mit den Russen, oder Sie haben Angst vor ihnen.« Am 20. Juli nahmen jetzt alle drei Militärgouverneure die Ministerpräsidenten in Frankfurt erneut vor und erklärten ihnen offenbar ultimativ, daß sie die Ablehnung nicht hinnehmen würden. In ihrer daraufhin im Jagdschloß Niederwald bei Rüdesheim folgenden Beratung unter sich und mit den Führern von CDU und SPD einigten die Ministerpräsidenten sich dann darauf, nachzugeben. Nicht wenig trug zu diesem Umfall der Berliner Bürgermeister Ernst Reuter bei, der ganz im Sinne Clays mit dem Kampf um Berlin als emotionalem Druckmittel operierte.

Auf einer gemeinsamen Sitzung mit den Militärgouverneuren am 26. Juli in Frankfurt kam man schließlich überein, die Staatsgründung sollte vollzogen werden und zu diesem Zwecke eine verfassunggebende Versammlung, genannt »Parlamentarischer Rat«, am 1. September zusammentreten. Die Ministerpräsidenten hatten lediglich erreicht, daß die Verfassung nicht »Ver-

fassung«, sondern »Grundgesetz« heißen sollte. Nicht einmal der Wunsch, daß die Beziehungen zwischen Deutschen und Alliierten schon jetzt durch ein »Besatzungsstatut« auf eine rechtliche Grundlage gestellt werden möchten, wurde genehmigt.
Die »Neue Zürcher Zeitung«, den Westmächten keinesfalls unfreundlich gesonnen, bezeichnete das Treffen der Militärgouverneure mit den Ministerpräsidenten als »Befehlsausgabe«. Wie aber dachten die Betroffenen selbst darüber, oder wie wollten sie, daß die eigene Haltung vom Volke gewürdigt werden möchte? Gegenüber der Presse sagte der hessische Ministerpräsident Stock (SPD): »Im Gegensatz zu 1918 haben wir es keineswegs mit einem Diktat zu tun, vielmehr stehen die Verhandlungen im Geiste der Völkerversöhnung.« Den Vogel schoß jedoch Bayerns Ministerpräsident Ehard (CSU) ab: »Es ist mit Befriedigung festzustellen, daß wir Deutschen im internationalen Spiel der Völker wieder so etwas wie eine Karte zu werden beginnen, die mitgemischt wird.« Wußte der Mann, was er sagte? Zweifellos traf er mit seinen Worten haargenau den Tatbestand. Aber kann ein Politiker sich darüber freuen, Objekt der Politik fremder Mächte zu sein? Das war sehr starker Tobak!
An der Bevölkerung gingen diese Ereignisse so gut wie unbeachtet vorüber. Von der Berliner Blockade mit dem spektakulären Ereignis der Luftbrücke wurde gesprochen, und hier wurden fast einmütig die sowjetischen Maßnahmen scharf abgelehnt, aber sonst waren alle mit den neuen, unmittelbar an die Existenz gehenden, durch die Währungsumstellung geschaffenen Gegebenheiten beschäftigt. Die Kommunisten protestierten, aber was diese kleine Minderheit der »Knechte Moskaus« sagte, wurde von der Mehrheit im allgemeinen nicht zur Kenntnis genommen oder, wenn es der Fall war, noch schlimmer nach der Faustregel beurteilt: Wenn die gegen etwas protestieren, muß es gut, und wenn die für etwas eintreten, muß es schlecht sein!
Wenn sich deutsche Kommunisten zu Werkzeugen der Politik des östlichen Siegers machten, so war das in der Sache von Fall zu Fall zu prüfen und zu beurteilen, aber wer warf denn hier Steine, obwohl er im Glashaus saß? Daß die beabsichtigte westdeutsche Staatsgründung zuallererst einmal im Interesse der westlichen Allianz, mit den USA als Führungsmacht, lag, konnte wohl mit Fug und Recht niemand bezweifeln. Und die Ministerpräsidenten mußten als wohlinformierte Leute mindestens wissen, was ich wußte, nämlich, daß sie sich gegen die ureigensten Interessen des deutschen Volkes auswirken würde. Just in den Tagen, als sich so der politische Horizont verdüsterte, fiel noch eine andere mich persönlich betreffende Entscheidung. Am 17. Juli war das Semester zu Ende gegangen, und noch immer hatte die Stadtverwaltung trotz der Befürwortung durch die Universität keine Zuzugsgenehmigung für mich erteilt, so daß ich es als aussichtslos ansehen mußte, das China-Archiv in absehbarer Zeit in Heidelberg ins Leben zu rufen. Ganz stark zog es mich jetzt nach Hamburg. Dabei spielte, wie mir plötzlich klar wurde, kaum noch die

Überlegung eine Rolle, daß für die Verwirklichung dieses Planes die Chancen in Hamburg vielleicht doch größer seien, sogar der Plan selbst trat in den Hintergrund.
Ich mußte die Herausforderung durch eine gegen die Existenz der deutschen Nation gerichtete Politik annehmen. Das konnte zuerst einmal nur publizistisch geschehen. Und dafür bot Hamburg, das zu einem Pressezentrum im westlichen Teil Deutschlands geworden war, eine geeignetere Basis als das idyllische Heidelberg.

# 9 Rückblick und Neubeginn in Hamburg

In Kreiensen stiegen wir aus dem D-Zug nach Hamburg in einen Lokalzug nach Goslar um, von wo uns ein Autobus hinauf in den Luftkurort Hahnenklee – Bockswiese brachte. Dorthin hatte es meinen Freund Gotthart Ammerlahn verschlagen, der hier bei Verwandten nach Kriegsende untergekommen war. Eva Tonn hatte seine Adresse durch einen Freund in Berlin herausgefunden. Sie sah den zwei bis drei Tagen, die wir für den Abstecher in die Harzberge geplant hatten, mit Spannung entgegen, denn sie hatte noch nie »ein so furchtbar hohes Tier« aus dem Dritten Reich persönlich kennengelernt, wie es Ammerlahn ja wohl gewesen sein müsse. So hatte sie gemeint, als ich ihr zum erstenmal von meinem Freund erzählte, der den Rang eines Obergebietsführers der Hitlerjugend gehabt hatte. Eva war allerdings schon in den ersten Jahren nach 1933 im Ausland. Gotthart Ammerlahn war in der Tat der erste Obergebietsführer, den die vergangene HJ-Organisation im Sommer 1933 überhaupt bekam und der sein Amt schon nach einem Jahr im August 1934 als erster wieder verlor.
Das Obergebiet I (Ost) der Hitlerjugend war selbst nur eine Episode in der Geschichte des Nationalsozialismus und eine so gut wie unbekannt und damit vergessen gebliebene dazu. Für Gotthart und mich und ein paar andere Freunde war in ihrer persönlichen Entwicklung das eine Jahr seiner Existenz jedoch ein inhaltsreicher und bewegender Zeitabschnitt. Räumlich umfaßte das Obergebiet Ost, neben drei anderen, ebenfalls nach den Himmelsrichtungen benannten, und dem fünften, das Mitte hieß, die Provinzen Ostpreußen, Schlesien, Brandenburg, das Verwaltungsgebiet Grenzmark Posen-Westpreußen und Groß-Berlin, insgesamt etwa ein Viertel des seinerzeitigen Deutschen Reiches. Seine westlichste Stadt war Wittenberge an der Elbe, auf halbem Wege von Berlin nach Hamburg, seine östlichste Eydtkuhnen. Geographisch und verwaltungsmäßig gehörte das ganze Territorium zum Staat Preußen. Rückblickend kann man wohl auch sagen, daß das Obergebiet Ost mit dem Sitz in Potsdam während der Zeit seines Bestehens 1933/34 das »preußische

Experiment« in der Hitlerjugend war, bevor diese zur Staatsjugend herab, nicht heraufgestuft wurde, wie manche meinten.
Preuße, nicht nur als Berliner von der Geburt her, sondern nach Ethos und politischer Konzeption, war auch der 26 Jahre junge Mann, der an der Spitze dieses Unternehmens stand, Gotthart Ammerlahn. Er empfand sich auch als nationaler Sozialist, mit nichtmarxistischen Vorstellungen von Sozialismus, und er glaubte damals noch, wenn auch schon von Zweifeln geplagt, allen seinen Ideen noch im Rahmen einer Organisation wie der HJ dienen zu können, obwohl diese schon, allerdings in der losesten nur denkbaren Form, mit Hitlers Parteiorganisation, der NSDAP, verbunden war. Die Hitlerjugend war spontan aus der Jugend entstanden. Trotz des Namens Hitlerjugend bestand die einzige Verbindung zwischen dem Führer der NSDAP, seiner Partei und der nach ihm genannten großen Jugendorganisation nur in einer einzigen Person, dem seit Jahren mit Hitler persönlich bekannten Baldur von Schirach.
Ich erinnere mich nicht, von dem Tag im Winter 1933, als ich zu Gotthart Ammerlahn in den Stab des Obergebietes Ost der Hitlerjugend kam, bis zum Frühjahr 1937, in der ganzen Zeit, in der ich mit Unterbrechung meiner dreivierteljährigen China-Reise 1935/36 überhaupt für die Hitlerjugend tätig war, jemals direkt oder indirekt eine meine Arbeit regelnde oder auch nur in sie eingreifende Weisung oder Empfehlung von irgendeiner Dienststelle der Partei oder des Staates empfangen zu haben. Wir arbeiteten in einer Unabhängigkeit, die man sich freier nicht vorstellen konnte, und dank Gotthart Ammerlahns großer geistiger Beweglichkeit eigenschöpferisch an selbst aufgestellten Arbeitsprogrammen und Zielen. So führten wir im Obergebiet Ost zum Beispiel im Frühjahr und Sommer 1934 eine umfangreiche Erhebung über die soziale Situation der Jugend im oberschlesischen Industrierevier durch, die nach eingehenden Befragungen mit Hilfe der örtlichen Einheiten der HJ in Daten, Statistiken und Grafiken ein anschauliches düsteres Bild der dortigen Zustände ergab. Ungebeten und ungefragt übergaben wir sie den zuständigen preußischen Staatsbehörden, die sie prüften, aus dem Staunen nicht herauskamen, von seiten der HJ so etwas präsentiert zu bekommen, sich nicht nur bedankten, sondern auch Konsequenzen zogen. Das Ansehen des Obergebietes Ost war im Steigen.
Auf manchen Gebieten gerieten wir aber unvermeidlich in Widerspruch zur außenpolitischen Linie der Partei, wie sie von Hitler und dem Deutsch-Balten Alfred Rosenberg konzipiert worden war. Es ging um unser Verhältnis zur Sowjetunion. Ammerlahn und unser außenpolitischer Arbeitskreis wollten – im Sinne Bismarcks – eine strikte Trennung von Außenpolitik und Ideologie. Unsere Ablehnung des Kommunismus durfte nicht das Verhältnis von Deutschland zu einem sich ideologisch zum Kommunismus bekennenden Staat wie der Sowjetunion beeinflussen. Hier durften allein die deutschen Staatsinteressen die außenpolitischen Entscheidungen bestimmen. So hielten

wir auch persönlich Verbindung zu Politikern oder Schriftstellern außerhalb der NSDAP wie z. B. Ernst Niekisch, den Gotthart und ich mehrere Male besuchten, oder Hans Schwarz und andere, die für ein gutes deutsch-russisches Verhältnis eintraten.[18]

Der verwegenste Plan, den wir in der Villa Leopold auf dem Pfingstberg in Potsdam 1934 ausheckten, war der einer Gruppenfahrt von HJ-Führern in die Sowjetunion. Wir bereiteten in Zusammenhang damit auch einen russischen Sprachkurs vor, und die ganze Sache wurde nur deshalb nicht weiterverfolgt, weil das Obergebiet Ost im August 1934 aufgelöst wurde, womit Ammerlahn jede Basis für weiteres politisches Wirken in der HJ entzogen worden war. Er bekam auch kein anderes Amt; die Sache war vielmehr umgekehrt: Um ihn kaltzustellen, wofür überhaupt kein sachlicher Grund vorlag und was wegen seiner Beliebtheit in der ganzen HJ nicht verstanden worden wäre, schaffte Schirach die Organisationsstufe der Obergebiete überhaupt ab und unterstellte alle über zwanzig Gebiete, wie es bei der Partei mit den Gauen ohnehin war, direkt der Zentrale, der Reichsjugendführung. Es sollte keine überregionalen Zentren mehr geben, die, wie es vom Obergebiet Ost drohte, den Glanz der Reichsjugendführung überstrahlen konnten.

Noch war die totalitäre Herrschaft nicht bis in die letzten Verzweigungen von Staat und Volk durchgesetzt – vollständig sollte das erst später im Kriege der Fall sein – und das System hatte noch nicht den monolithischen Charakter, der von vielen außerhalb angenommen wurde, so daß immer noch Hoffnungen bestehen konnten, einmal etwas zu ändern. Und wenn wir uns, wie wir erwählt hatten, auf dem Gebiet der Außenpolitik einsetzen wollten, so mußten wir dafür die notwendigen Grundlagen schaffen. Das hieß eigene Kenntnisse, und diese konnten nur im Ausland erworben werden. Von den Freunden aus dem Stabe des aufgelösten Obergebietes Ost ging Rolf Gutmann nach Polen, wo er verwandtschafliche Beziehungen hatte, und arbeitete dort neben seinem Studium mit gutem Erfolg, wie sich schon 1936/37 zeigen sollte, am Ausbau deutsch-polnischer Jugendbeziehungen. Ich war der nächste, der sich allerdings sehr viel weiter nach Osten orientierte, nämlich nach China. Es gelang mir, ein Stipendium der Langemarck-Stiftung von monatlich 170,– Reichsmark für die Dauer von neun Monaten für einen Studienaufenthalt in diesem Lande zu erhalten. Die nächsten waren Gotthart Ammerlahn und Werner Asendorf, die ihre »Weltumsegelung« schon in allen Einzelheiten planten, als ich im Mai 1935 Berlin verließ, um von Hamburg aus mit der »Neckar« nach Schanghai in See zu gehen. Irgendwo in Nordchina, Anfang 1936, würden wir uns treffen.

Es war 1935 ein sehr abenteuerlicher Gedanke für junge Menschen, zu weltweiten Erkundungsfahrten aufzubrechen und Treffen in fernen Erdteilen zu verabreden. Bewegungsfreiheit im Auslande war für alle, die nicht in dienstlicher oder wirtschaftsberuflicher Eigenschaft reisten, fast unmöglich, weil keine ausländischen Zahlungsmittel zu bekommen waren. Ganze 10,–

Reichsmark konnte der Durchschnittsbürger zu einem Auslandsaufenthalt mit über die Grenze nehmen und in Devisen umtauschen. Wie weit konnte man damit kommen? Gotthart und Ado (Werner Asendorf) waren durch die Bekanntschaft mit einem Angestellten der »Canadian Pacific Steamship Co.« auf eine originelle Idee der Devisenbeschaffung gebracht worden, eine Gesellschaft, deren Passagierschiffe den Atlantik und den Pazifik befuhren und die außerdem die große transkontinentale Eisenbahnlinie von Ozean zu Ozean quer durch Kanada betrieb. Wenn man bei dieser Gesellschaft in Deutschland Schiffskarten kaufte, so konnte man diese hier im Lande natürlich in Reichsmark bezahlen, aber die Gesellschaft eröffnete darüber hinaus jedem Passagier gegen Zahlung in Mark noch ein Bordakkreditiv bis zur Höhe des Betrages, den die Passage ausmachte, und diesen Betrag konnte man an Bord dann in fremder Währung, etwa kanadischen oder amerikanischen Dollar, abheben. Gedacht war das zum Verbrauch an Bord, aber was man nicht verbrauchte, konnte man im Bestimmungsland mit von Bord nehmen. Da die Verpflegung ohnehin im Passagepreis einbegriffen war, brauchte man auf See nur möglichst wenig zu trinken, um mit einem ansehnlichen Devisenbetrag wieder von Bord zu gehen. Bei der Überquerung des Pazifik von Amerika nach Japan war wegen der längeren Dauer der Seereise der Betrag noch höher als auf dem Atlantik, und die beiden Freunde besserten ihre Devisenkassen noch dadurch besonders auf, daß sie die ganz großen Strecken zwischen den USA bzw. Hongkong und Australien und Neuseeland und zurück mit einbezogen. Ich habe mich später dieses Devisenbeschaffungsweges auch einmal bedient, als ich mit Inge nach Schanghai fuhr und wir den Weg über Kanada und Japan nahmen.

Als wir uns in Hahnenklee im Beisein von Eva Tonn über Erinnerungen an das Obergebiet Ost austauschten, kam unvermeidlich auch das Thema Ostpreußen auf, um so mehr, als Eva in Königsberg geboren war und in Ostpreußen ihre ganze Jugend erlebt hatte, bis sie als jung verheiratete Frau mit ihrem Mann nach Südwestafrika gegangen war. Mich hatte Ostpreußen doppelt interessiert, von der Landschaft und von seiner Rolle in der Geschichte her, und meine erste eigene Bekanntschaft war schon deshalb besonders beeindruckend gewesen, weil ich in den großen Ferien einmal vier Wochen zu Fuß durch die ganze Provinz gewandert war. Von Königsberg aus war ich nach Insterburg und von dort zum Kaiserlichen Jagdschloß Rominten, dann nach Angerburg gewandert, von wo ich auf kleinen Dampfschiffen über die masurischen Seen bis hinunter nach Johannisburg gelangte. Unvergeßlich die Bilder von dieser Fahrt, die von grünem Schilfufer begrenzte Wasserfläche, dahinter die Felder mit goldenen Ähren, hinter denen sich wieder dunkel und blau-grün der Hochwald erhob, alles überwölbt von dem in der Jahreszeit strahlend blauen Himmel. Durch das große Waldgebiet der Johannisburger Heide wanderte ich dann nach Ortelsburg und weiter nach Allenstein zur Marienburg an der Nogat; von dort ging es mit der Bahn nach Danzig.

Der Besuch in der Marienburg begeisterte mich; ich war hier mehr als der übliche Tourist, denn in meinem neben der Schule her laufenden, eigentlich übergelagerten Privatstudium hatte ich mich länger mit dem Deutschen Ritterorden beschäftigt, den mein Liebling unter den mittelalterlichen Kaisern, der geniale Friedrich II. von Hohenstaufen, gegründet hatte. In der Staatsbibliothek in Hamburg hatte ich über dicken Folianten gesessen, die die Statuten des Ordens in mittelhochdeutscher und lateinischer Sprache enthielten, und von den Regeln gelesen, nach denen die Männer lebten, die große Taten vollbrachten, ohne einen Heller besitzen zu dürfen.

Während das Obergebiet Ost bestand, hatten Gotthart und ich, einzeln oder gemeinsam, noch manche Dienstfahrt nach Ostpreußen und auch Schlesien unternommen, und immer hatten wir dabei die Stätten aufgesucht, die in der Vergangenheit Schauplatz großer, glücklicher und tragischer Begebenheiten oder des Wirkens hervorragender Geister waren. So lebten wir in einer ständigen engen, man kann beinahe sagen, fast körperlichen Verbindung mit der Geschichte. Evas Augen leuchteten, wenn wir begeistert von ihrer Heimat Ostpreußen sprachen.

Sollte dieses herrliche Land für uns Deutsche unwiderbringlich verloren sein? Es war unvermeidlich, daß wir im Hinblick auf unsere politische Zukunft dieses schmerzliche Thema behandelten.

Die Polen, jedenfalls ihr Westmarkenverein und verwandte nationaldemokratische, chauvinistische Kreise, hatten schon lange ihre Augen auf das bis auf eine minimale Minderheit deutsche Danzig und auf Ostpreußen geworfen, wo jedoch die slawische Minderheit der Masuren wenig von ihnen wissen und lieber in einem deutschen Staat leben wollte. Die Russen gar, die sich die ganze nördliche Hälfte der Provinz einverleibten, hatten dort weder historisch noch ethnisch etwas zu suchen. Hier handelte es sich um reine Eroberung, möglich gemacht durch Hitlers unseligen Feldzug gegen die Sowjetunion.

Es wäre dazu nicht gekommen bei einer Ostpolitik, wie sie uns beiden vorgeschwebt hatte, in der Tradition von Gneisenau und Clausewitz und Bismarck seit dem Krimkrieg oder der Weimarer Republik in Rapallo und mit dem Berliner Vertrag. Es hätte kein Ostfeldzug stattgefunden. Und jetzt galt erst recht: niemals, nie wieder dürfte es einen geben!

Es schmerzte sehr, aber trotzdem kamen wir zu dem Ergebnis, dem auch Eva als Ostpreußin zustimmte: So sehr die Forderung auf Rückgabe im Recht gründete, so unangemessen und unklug war sie politisch. Denn sie konnte, so wie die Dinge nun einmal lagen, nur zu einer Fortsetzung und Vertiefung der Feindschaft zwischen Völkern führen, die zum Wohle aller auf Frieden und gute Nachbarschaft existentiell angewiesen sind. Und es gab ein noch näherliegendes politisches Bedenken. Für äußerst unwahrscheinlich hielten wir, daß die mit der Währungsreform vollzogene und sich in der beschlossenen Staatsgründung noch vertiefende Trennung zwischen den drei Westzonen und der sowjetisch besetzten Ostzone sich wieder überwinden ließe, wenn im

Westen weit darüber hinausgehend das Verschwinden der Polen und Russen aus den deutschen Ostgebieten verlangt würde.
Ich hatte den Abstecher nach Hahnenklee nicht nur aus dem sentimentalen Beweggrund des Wiedersehens mit einem alten Kameraden und des Interesses von Eva gemacht, einen Mann mit einer ungewöhnlichen politischen Laufbahn etwas näher kennenzulernen, sondern auch mit der stillen Hoffnung, ihn als Mitstreiter in der sich anbahnenden Auseinandersetzung um die deutsche Zukunft zu gewinnen, die ich jetzt als vordringliche Aufgabe sah. Meine Vorstellungen, wie diese Zusammenarbeit konkret aussehen würde, waren zwar noch etwas vage, aber sicher würde sie zum Teil auf dem Gebiet der Publizistik liegen, und Gotthart Ammerlahn war ein begnadeter Journalist. Im Hinblick auf etwaigen beruflichen Einsatz mußte ich ihn deshalb auch nach dem Stand seiner »Entnazifizierung« fragen. Diese Prozedur war für ihn kurz vor dem Abschluß; noch mußte er sich das Geld, um für seine Lebensmittelkarten Brot kaufen zu können, als Waldarbeiter verdienen.
Ich selbst war gerade eben »vom Nationalsozialismus und Militarismus befreit« worden.
Zuerst hatte nach meiner Entlassung aus Dachau, gestützt auf einen von mir dort ausgefüllten Fragebogen, ein sogenannter Entnazifizierungsausschuß, der ausschließlich aus Funktionären der Parteien bestand, befunden: »Sie sind gemäß Kontrollratsanweisung Nr. 24 bzw. früherer Anweisungen in die Kategorie III eingereiht, und Ihnen sind die nachstehenden Beschäftigungsbeschränkungen auferlegt worden:
Sie sind von der Stellung als freischaffender Schriftsteller auszuschließen. Ihnen ist jede Tätigkeit als Korrespondent oder Schriftsteller zu untersagen, ferner ist Ihnen jede Einstellung bei Behörden und die Bekleidung leitender Positionen in der Privatwirtschaft zu verbieten. Sie sind dem Arbeitsamt zum Arbeitseinsatz zuzuführen.«
Außer daß ich gegen diesen Bescheid beim »Entnazifizierungs-Berufungsausschuß« Berufung einlegte, hatte ich die mir auferlegten Beschränkungen als nicht existent behandelt. Erst einmal war ich ohnehin fast ausschließlich mit der Befreiung der in Schanghai Verurteilten beschäftigt, wozu ich keine der angeführten Positionen brauchte, ja diese eher hinderlich gewesen wären. Nach der Währungsreform mittellos, hatte ich dann begonnen, trotz Verbots Artikel für die Presse zu schreiben, und wiederum ganz kurz danach hatte der Berufungsausschuß entschieden: »Unter Aufhebung des Beschlusses vom 2. 12. 1947 wird der Betroffene als Entlasteter in die Kategorie V eingestuft.«
Gotthart Ammerlahn teilte, wie ich nicht anders erwartet hatte, meinen Standpunkt, daß wir niemandem in der Welt das Recht zugestehen konnten, über unser Verhalten in der Zeit vor dem 8. Mai 1945 zu urteilen und Strafen wie z. B. Berufsverbot, zu verhängen. Das durfte nur ein rechtmäßig konstituiertes deutsches Gericht und auch dieses nur nach erwiesener Schuld an

einem nach dem deutschen Strafgesetzbuch strafbaren Vergehen oder Verbrechen.
Keiner von uns war in seiner politischen und beruflichen Arbeit je auch nur in die Nähe von Straftaten gekommen, aber selbstverständlich war das Recht auf ein ordentliches Verfahren allgemein und mußte auch für alle diejenigen gelten, die tatsächlich Rechtsbrüche begangen hatten.
Die von den Alliierten verfügte »Entnazifizierung« war eine jeder Rechtsgrundlage entbehrende Willkürmaßnahme zur Durchsetzung ihrer Kriegsziele noch über die Waffenruhe am 8. Mai 1945 hinaus, ohne die Rechtsgrundlage eines Friedensvertrages; sie war Teil der Fortsetzung des Krieges mit politischen Mitteln. Das wurde auch gar nicht verheimlicht, sondern stand klar in der alliierten Direktive für die Besatzungspolitik, JCS 1067 vom 26. 4. 1945, also unmittelbar vor dem 8. Mai 1945, deren Inhalt inzwischen bekannt geworden war. Doch längst nicht das allein begründete unsere Ablehnung der ganzen Prozedur.
Unsere Einwände gegen die sogenannte Entnazifizierung gingen noch weit darüber hinaus. In der Durchführung des alliierten Diktates und der dadurch veranlaßten deutschen Gesetze und Anordnungen trat uns eben jener totalitäre Ungeist entgegen, zu dessen Ausmerzung sie angeblich dienen sollten. In einer ihre inhumanen Wurzeln nur schwer verbergenden Selbstgerechtigkeit wurden nicht nur politische Gesinnung und Meinungen verfolgt und bestraft. Es wurden Menschen in Klassen oder Kategorien eingeteilt, nach dem einzigen Kriterium ihrer Zugehörigkeit zu bestimmten Organisationen, die man einfach für verbrecherisch erklärt hatte, oder der Position, die jemand in der staatlichen Verwaltung oder in der NS-Partei eingenommen hatte; das alles losgelöst von irgendwelchen Taten des Betreffenden. Das Rechtsprinzip, daß einem Beschuldigten eine Tat nachgewiesen werden mußte, daß die Beweislast bei der Anklage liegt und daß der Beschuldigte so lange als unschuldig gilt, bis ihm ein Gericht die Tat jenseits eines Zweifels nachgewiesen hat, wurde umgekehrt: Der Betroffene war von vornherein schuldig und mußte seine Unschuld beweisen.
Der deutschen Wirklichkeit der NS-Herrschaft, das wußten wir aus der persönlichen Erfahrung unserer Tätigkeit ein paar Jahre vor und nach der Hitlerschen Machtübernahme, war nicht entfernt mit der Schwarz-Weiß-Malerei der für die Institution der Entnazifizierung Verantwortlichen beizukommen. Oft genug waren bei Untaten oder Unregelmäßigkeiten Opportunisten, die nicht der Partei angehörten, eifriger als alte PG. Diese Leute waren jetzt bei der Entnazifizierung als nicht Betroffene von vornherein fein heraus, während manche ehrliche Haut von »altem Kämpfer«, so genannt, weil er sich schon vor 1933 irgendeiner Gliederung der NS-Bewegung angeschlossen hatte und der sich nie etwas zuschulden kommen ließ außer dem politischen Irrtum, jetzt unter anderem bis zum Entzug der Existenzgrundlage »bestraft« wurde. Uns standen genug lebende Beispiele von Leuten vor Augen, die vor

dem Kriege nicht laut genug »Heil Hitler« schreien konnten oder sich sogar an Repressionsmaßnahmen beteiligten, aber jetzt schon wieder in Amt und Würden in den demokratischen Länderregierungen oder Parlamenten saßen.[19]
Als sehr junge Menschen hatten Ammerlahn und ich uns zu einem nationalen Sozialismus hingezogen gefühlt und waren Mitglieder der NS-Jugendbewegung geworden, dem Altersunterschied zwischen uns entsprechend, er einige Jahre vor mir, und gleicherweise hatten uns Erfahrungen dazu gebracht, uns wieder abzuwenden, wobei wiederum die zeitliche Reihenfolge die gleiche war. Gotthart ließ schon 1933, als ich zu ihm ins Obergebiet Ost der HJ kam, oft Bedenken gegen die weitere Entwicklung der Bewegung erkennen; das war ein Erbe der Jahre, die er als der für die Jugendpresse Verantwortliche in München verbracht hatte. Vor allem aber mißtraute er, wie wir fünf, sechs Jahre jüngeren Mitarbeiter im Obergebiet Ost nach und nach erfuhren, dem Chef des Ganzen, Adolf Hitler.
Wir sprachen gelegentlich über uns unverständliches Geschehen in Staat oder Partei und hielten meistens Untergebene in der Umgebung des Führers für die Verantwortlichen. Wahrscheinlich könnte dies und das abgestellt und gebessert werden, wenn nur die richtigen Männer in Hitlers Umgebung kämen. War Gotthart bei einer solchen Unterhaltung dabei, bekamen wir meistens von ihm zu hören: »Ihr irrt euch. Es ist er selbst!«
Nach der Auflösung des Obergebietes Ost und seiner anderthalbjährigen Weltreise hat Gotthart Ammerlahn nie wieder ein politisches Amt angenommen. Bei dem Ansehen, in dem er stand, und seinen vielen Beziehungen wäre es ihm leicht gewesen, in hohe und einträgliche Stellungen zu gelangen, aber er bemühte sich in dieser Richtung überhaupt nicht mehr, schlug auch Angebote aus und fand dann schließlich einen ganz und gar unpolitischen Verwaltungsposten in der Organisation der Volksbanken.
Bei mir kam das Ende im April 1937. Als ich mich mit Gotthart Ammerlahn und Werner Asendorf, wie wir vorgesehen hatten, in Nordchina getroffen hatte, fuhren wir von dort mit der »Trave«, einem Schwesterschiff der »Neckar«, nach Japan. Ich hatte in den vorangegangenen Monaten die Expansionspolitik Japans in den fünf chinesischen Nordprovinzen studiert, und wenige Tage, nachdem Gotthart und ich nach Tokio kamen, wurden wir Zeugen eines versuchten Staatsstreichs durch junge Offiziere Ende Februar 1936. So konnte ich mit Sicherheit den Krieg zwischen Japan und China voraussehen und auch, daß er Japans Kraft für viele Jahre absorbieren würde. Ich machte Front gegen die in erster Linie von Ribbentrop vorangetriebene Politik der Hinwendung zu Japan. Mein Verdacht, der zur schweren Befürchtung wurde, war, daß Hitler ein Bündnis mit Japan und Italien anstrebte, die er gewaltig überschätzte, und es fertig bringen würde, mit Japan und Italien als Rückhalt die ganze Welt herauszufordern. Das konnte nur mit unserem Untergang enden. Italien war die schwächste unter den europäischen Großmächten, Japan an

15 Werner Otto von Hentig

23. Mai 1949:
Konrad Adenauer verkündet das Grundgesetz
der BRD

17 Für enge deutsch-chinesische Beziehungen:
Dr. Hans Bidder

19 Ewald Ko

Mitarbeiter der »Realpolitik« und Gründungs
mitglied der »Dritten Front«

18 Für deutsche Neutralität:
Theodor Koegler, Gründer des »Freiheitsbund«

20 7 Jahre nach Kriegsende: Die Ruine des Warenhauses Karstadt in Hamburg

21 In solchen »Nissenhütten« lebten Anfang der 50er Jahre noch Tausende von Familien in Hamburg

22 25. 2. 1955:
Zweite Lesung der Pariser Verträge im Bundestag. Auf der Regierungsbank von links: Vizekanzler Blücher, Staatssekretär Hallstein, Bundeskanzler Adenauer

23 Bei den Verhandlungen in Paris im Oktober 1954. Von links: Hallstein, Adenauer, Blankenhorn

sich viel stärker, aber auf lange Zeit relativ schwach wegen seiner Belastung mit China.
Der Gedanke an ein Bündnis mit diesen beiden Ländern mußte auf jede nur mögliche Weise bekämpft werden, ebenso wie die in unseren Augen abwegige Idee, bei den Westmächten, England und Frankreich, einen Rückhalt für eine Wendung gegen Rußland zu finden.
Auf die Bitte von Reinhold Schulze, der Leiter des Auslandsamtes der Reichsjugendführung geworden war, übernahm ich dann nach meiner Rückkehr nach Deutschland das Hauptreferat Auslandspresse unter der Zusicherung voller Freiheit in der Gestaltung meiner Arbeit. Ich tat es in der sich sehr bald als trügerisch herausstellenden Hoffnung, von dort aus etwas gegen die zu einem Bündnis mit Japan und Italien führende Tendenz tun zu können.
Reichsjugendführer Baldur von Schirach begünstigte eine Zusammenarbeit mit dem Büro Ribbentrops, der als Botschafter in London nebenbei noch in der Wilhelmstraße ein sich personell ständig ausweitendes Konkurrenzunternehmen zum Auswärtigen Amt unterhielt. In diesem wurde sehr aktiv die Annäherung an Japan betrieben, worüber ich mich verschiedentlich mit dem Schöpfer des Antikomintern-Paktes, Herrn von Raumer, sachlich auseinandersetzte.
Das Auswärtige Amt und die Wehrmacht waren von dem »Japanwahn«, wie ich ihn nannte, wegen der Formen, welche die Hinwendung zum fernöstlichen Inselreich in manchen Parteikreisen annahm, nicht angekratzt und hielten weiter an guten Beziehungen zu China fest. So ergab sich für mich eine Zusammenarbeit mit den Diplomaten und Offizieren dort. Es waren vor allem Geheimrat Katzenberger, der Leiter der Presseabteilung, und aus der Politischen Abteilung die den Fernen Osten bearbeitenden Herren Balser und von Schmieden sowie im Oberkommando der Wehrmacht in der Abteilung Fremde Heere Oberst Bode und schließlich bei der Abwehr Hauptmann, im damaligen Rang, Baun. Diese Interessengemeinschaft wurde immer enger, während es schließlich fast genau ein Jahr nach meinem Eintritt ins Auslandsamt der RJF zu einer scharfen, persönlichen Auseinandersetzung mit Baldur von Schirach über die Außenpolitik kam, wobei das Verhältnis zu Japan im Mittelpunkt stand, und die damit endete, daß ich ihm meine weitere Mitarbeit aufkündigte.
Als ich dann kurze Zeit später, nach Ausbruch des vorausgesehenen Krieges zwischen Japan und China, als Kriegsberichterstatter und im geheimen Auftrag der Abwehr des OKW wieder nach China ging, wurde ich nach einer vertrauenswürdigen Person gefragt, die als einzige außerhalb des engsten Kreises in der Abwehrabteilung I von meinem Auftrag erfahren dürfte und mit der man in einem eintretenden Notfall in Verbindung treten könnte. Ich nannte Gotthart Ammerlahn.
Am letzten Abend unseres Zusammenseins beschäftigten wir uns hauptsächlich mit den USA und dem deutsch-amerikanischen Verhältnis und versuch-

ten, Folgerungen für eine zukünftige deutsche Politik zu ziehen. Ein Bündnis mit den Vereinigten Staaten war abzulehnen, weil es der für die Existenz Deutschlands fundamentalen Notwendigkeit eines dauernden Friedens mit Rußland widersprach. Zugleich war aber Feindschaft gegenüber der großen transatlantischen Weltmacht zu vermeiden. Gotthart wurde in den Monaten, die er in den Staaten verbrachte, von der Weite des Landes und von seinen Menschen sehr beeindruckt, und er hatte auch einen Begriff von der gewaltigen Macht und Kraft bekommen, welche die USA, wenn mobilisiert, entwikkeln konnten. Der seinerzeitige Generalkonsul in New York und der befreundete Kapitän zur See Alleweldt, der später in der Seekriegszeitung saß, hatten ihn damals beschworen, doch um Himmels willen den Fehleinschätzungen entgegenzutreten, die in der politischen Führung des Dritten Reiches in bezug auf Amerika und dessen politisches Gewicht in der Welt existierten. Er schilderte Eva jetzt die niederschmetternden Erlebnisse, die er dabei nach seiner Rückkehr in Berlin bei Gesprächen im Büro von Hitlers außenpolitischem Berater und späteren Außenminister von Ribbentrop hatte; ich kannte sie schon von seinem Bericht von damals, unmittelbar nach dem Ereignis.
Auf der anderen Seite war aber auch nicht die Gefahr zu verkennen, zu der, eben wegen ihres ungeheuren Machtpotentials, die USA für andere Völker werden können, wenn sie durch skrupellose oder missionarisch besessene politische Führer in Kriegshysterie getrieben werden.
Ein guter Zug war dagegen das Funktionieren der Demokratie in normalen Zeiten und die Einhaltung der Bürgerrechte mit der Kontrolle der Bundes- und einzelstaatlichen Behörden durch die gewählten Volksvertreter und die Funktion des Obersten Bundesgerichtes. Diesem stand auf der anderen Seite wieder eine Neigung zur Skrupellosigkeit in der Wahl der Mittel durch die Regierenden gegenüber.
Sehr negativ war die Überheblichkeit gegenüber fremden Staats- und Gesellschaftsformen und Kulturen, die damit zusammenhängende häufige Fehleinschätzung politischer Zustände und Entwicklungen und das beharrlich lange Festhalten an solchen Mißkonzeptionen ohne Rücksicht auf Verluste, andererseits aber auch gelegentlich plötzliche und unerwartete Kurswechsel, die Freund wie Feind ohne Warnung vor neue Situationen stellten.
Unser Fazit: Niemand war gut beraten, der seine politischen Interessen der Führung durch die USA überließ, des Glaubens, daß sie wegen deren Weisheit und Uneigennützigkeit dort gut aufgehoben seien.

Hatten wir es in Heidelberg mit unserer Unterbringung am Schloß-Wolfsbrunnenweg, im Grünen über Stadt und Fluß, schon gut getroffen, so gehörte das Haus unseres neuen Gastfreundes, des Architekten Walther Hinsch, an einer der höchsten Stellen der Elbchaussee, zu den am schönsten gelegenen Hamburgs. Der Blick ging hier hinunter auf den breiten Strom der Elbe und hinüber zur Fischerinsel Finkenwerder, und bei guter Sicht zeichnete sich in der Ferne gegen den Himmel die dunkle Silhouette der Harburger Berge ab. Ein paar hundert Meter weiter nach Westen lag unten am Ufer Teufelsbrück, Fährstation und Anlegestelle für die Ausflugsschiffchen, welche die St. Pauli-Landungsbrücken mit den Elbvororten bis Blankenese verbanden. Wenige Minuten Fußweg waren es zum Jenisch-Park, einem der vielen schönen Parks, die sich am Elbufer von Altona bis Blankenese aneinanderreihen. Hier oben oder am Uferweg konnten wir jederzeit bequem spazierengehen, wenn wir uns die Zeit stahlen. Aber auch schon die zwanzig Minuten Weg zur Station Othmarschen der S-Bahn, die unsere Verbindung in die Innenstadt darstellte, durch die von Villen aus einer besseren Zeit in weiten Gärten gesäumte Parkstraße war eine Erholung.

Wenn ich bei der Arbeit in meinem Zimmer, einem von ihm zur Zeit nicht benutzten Atelierraum des Hausherrn, aufblickte, sah ich hinunter auf das silberne Band des Stromes. So ungehindert und frei die Weite einer großen Landschaft in mich aufzunehmen, erweckt in mir immer ein großes, manchmal fast rauschhaftes Glücksgefühl, aber hier mischte sich doch auch Wehmut hinein, wenn ich an die stolzen Passagierschiffe der Hamburg-Amerika-Linie, der Hamburg-Süd, der Woermann- und Afrika-Linien und die großen und kleineren Tausende Frachtschiffe der hundert Reedereien dachte, die früher die deutsche Handelsmarine ausmachten, eine der größten und modernsten der Welt. Wie oft stand ich als Junge am Ufer und sah sie von der Elbmündung her den Strom heraufkommen oder begleitete sie mit meinen Blicken die Elbe hinab, den weiten Weltmeeren entgegen, bis sie dem Auge entschwanden.

Wo waren sie geblieben? Die meisten ruhten wohl auf dem Grund des Meeres, in dem Grab vieler Schiffe auch anderer Völker, die wir versenkt hatten, Opfer eines sinnlosen Krieges. Und die übriggebliebenen hatten sich die Sieger als Reparationen geholt; mit anderen Namen und unter anderer Flagge fuhren sie noch irgendwo.

Hier unter mir war jetzt gähnende Leere. Gelegentlich kam, wo früher die Kette der Schiffe nicht abriß, einmal ein fremder Frachtdampfer vorbei. Nicht nur, daß auf dem Gebiet der Handelsschiffahrt der Plan von Roosevelts Schatzminister Morgenthau, der aus Deutschland ein Agrarland, bar jeder Industrie, machen sollte, tatsächlich durchgeführt worden war, vier Jahre nach Kriegsende blieb der Außenhandel selbst immer noch im Vergleich zu früher ein kümmerliches Rinnsal, für das ein Bruchteil der Schiffe ausreichte. Wir Deutschen durften nach alliiertem Diktum nur Schiffe bis zu höchstens eintausend Tonnen besitzen! Und ein einziges deutsches Fahrzeug dieser Größe befuhr jetzt die Elbe.

Kurze Zeit nach meiner Rückkehr nach Hamburg erregte eine kleine Kontroverse in der britischen Tageszeitung »Die Welt« meine Aufmerksamkeit. Ein Herr Dahrendorf verwahrte sich dort gegen die Behauptung, einer »Gruppe für undoktrinäre Politik« anzugehören. Seine Empörung wunderte mich, denn was konnte es im politischen Bereich denn Besseres geben als eine Politik, die nicht von einer Ideologie oder gar Doktrin bestimmt wäre? Daran hatte es gerade in den letzten Jahrzehnten gefehlt, und nicht zuletzt das hatte wesentlich unser Unglück mit verursacht. Erfreut las ich deshalb einige Tage später eine Stellungnahme, die mit »Pressedienst für undoktrinäre Politik« unterzeichnet war.

Die Leute mußte ich mir ansehen, und so kam ich zu dem Büro dieses Dienstes an der Rothenbaumchaussee 7 und traf dort den Herausgeber, Ulrich Majewski, und den Redakteur Martin Saller, einen jüngeren Journalisten, der, bevor er als Soldat eingezogen wurde, seine Ausbildung bei den »Münchner Neuesten Nachrichten«, einer der guten großen deutschen Provinzzeitungen genossen hatte. Majewski war ein Flüchtling aus dem Osten und hatte zuerst nach der Gründung der Jungen Union, einer Organisation jüngerer Mitglieder der CDU, deren Pressedienst geleitet, dann aber mit der Parteileitung Differenzen gehabt, besonders mit dem Vorsitzenden Dr. Adenauer, den er als »Parteizaren« hinstellte, hatte den engen Parteirahmen gesprengt und sich mit dem Pressedienst selbständig gemacht. Zugleich hatte sich ein Kreis von parteiunabhängigen Journalisten und Wissenschaftlern als Mitarbeiter um den Dienst gebildet, und es war die Gründung einer Wochenzeitung geplant. Zu ihnen gehörten u. a. Professor Ernst Forsthoff, der von der »Süddeutschen Zeitung« kommende Giselher Wirsing, Ferdinand Fried vom früheren »Tat«-Kreis, der Ost-Experte Harald Läuen und Gustav Fochler-Hauke. Der letzte besonders war ein Mann nach meinem Geschmack, eine verwandte Seele: Als jungen Buchhändler hatte es ihn Ende der zwanziger Jahre hinaus in die Welt gezogen. Er hatte sich in ein Faltboot gesetzt und war die Donau hinunter gefahren bis zur Mündung, hatte sich dann über den Nahen Osten und Indien nach China durchgeschlagen und war schließlich über die Mandschurei und Sibirien nach Hause zurückgekehrt. Spät hatte er dann als Werkstudent bei dem berühmten Gelehrten und Forscher Ernst von Drygalski noch Erdkunde studiert und weitere Forschungsreisen nach Asien unternommen, die er zuerst durch Verträge mit deutschen und ausländischen Zeitungen finanzierte. Den »Pressedienst für undoktrinäre Politik« bezogen rund 80 Zeitungen, die gegen eine Pauschale oder gegen Einzelhonorierung aus ihm Beiträge entnahmen und abdruckten, mit oder ohne das Herkunftssignum: (undo).

So vertrauenswürdig mir der Mitarbeiterkreis erschien, für den Majewski nur eine Art Manager war, wollte ich natürlich wissen, was ihn zusammengeführt hatte. Wo lag der gemeinsame Nenner, und wie kam man zu der Forderung nach einer undoktrinären Politik? Ich entdeckte das große Unbehagen, das in nachdenklichen Kreisen der Intelligenz darüber herrschte, daß in den von den Besatzungsmächten lizenzierten Parteien, der CDU, CSU, SPD, FDP und der Deutschen Partei (DP) letzten Endes nur wenig verändert und in führenden Positionen sogar personengleich die alten Parteien der Weimarer Republik wiedererstanden waren, die vor Hitler versagt hatten. Der hatte ihnen ja nicht durch einen Staatsstreich die Macht gewaltsam entrissen, sondern sie wurde ihm, nachdem unter ihnen das Land regierungsunfähig und seine Anhänger zur stärksten Partei geworden waren, ausgehändigt, noch dazu von dem als ihren Kandidaten gewählten Reichspräsidenten von Hindenburg. Ohne ernsthaftes Nachdenken und damit auch ohne Erklärung für das eigene Versagen, das war 1946 und 47 bald deutlich geworden, machten die wiedergegründeten Parteien da weiter, wo sie 1932 vor Hitler gestanden hatten.

In einem Prospekt des UNDO-Kreises, der zur Gewinnung von Kommanditisten für die Verlagsgesellschaft zur Gründung der geplanten Wochenschrift dienen sollte, hieß es:

»Die heute verantwortlichen Parteien stehen vor der Notwendigkeit, das durch den Zusammenbruch entstandene Vakuum durch die Aufrichtung einer neuen Verfassungsordnung zu überwinden, ehe (gemeint war: noch bevor, W. Sch.) die geistige und politische Besinnung dafür die Wege weisen kann. Die Neuordnung trägt deshalb restaurative Züge und richtet Verfassungen wieder auf, deren Versagen wir bereits einmal erlebt haben. Sie kann und wird deshalb nur ein Provisorium sein.

Um so notwendiger ist eine die tagespolitischen Ereignisse begleitende, fortlaufende Behandlung der außen- und innenpolitischen Probleme aus einer Sicht, die undoktrinär, realistisch und wegweisend zugleich ist. Darin sieht der ›Pressedienst für undoktrinäre Politik‹ seine besondere Aufgabe. In seiner Grundhaltung ist er von der Einsicht bestimmt, daß nur die Überwindung der Weltanschauung in der Politik, des Totalitarismus und der Massendemokratie eine Gesundung des politischen Lebens erhoffen lassen, wobei hinzugefügt sei, daß das Christentum in diesem Sinne keine Weltanschauung ist. Die wiedererstandenen Weltanschauungsparteien, die Entnazifizierung als ideologische Verfolgung und die Wiederherstellung des massendemokratischen Parlamentsabsolutismus ohne verfassungsrechtliche Hemmungen und Gegengewichte sind deshalb der Gegenstand scharfer und grundsätzlicher Kritik, die zugleich bemüht ist, neue brauchbare Lösungen zu entwickeln.

Für die Außenpolitik vertritt der Pressedienst eine dauerhafte und wirksame Vereinigung der europäischen Staaten auf dem Boden der abendländischen und somit ganz Europa umfassenden Traditionen. Indem der Dienst sich bei Würdigung der außenpolitischen Vorgänge von diesem Grundgedanken leiten läßt, setzt er sich für den angemessenen Anteil Deutschlands an der Gesamtaufgabe der europäischen Staaten ein.«

In der Wendung »massendemokratischer Parlamentsabsolutismus ohne verfassungsrechtliche Hemmungen und Gegengewichte« erkannte ich den Staatsrechtler Professor Forsthoff; mir selbst war im Laufe vieler Jahre allmählich aufgegangen, daß es nicht zuletzt das System der Massendemokratie war, das die Weimarer Republik zugrunde gerichtet und vornehmlich Hitlers Totalitarismus ermöglicht hatte. Ersetzte ich in dem UNDO-Papier das Wort »Weltanschauung« durch »Ideologie«, was tatsächlich auch gemeint war, dann gab es auch hier mit mir grundsätzliche Übereinstimmung; nur bezüglich Europa war noch zu klären, wo dieses einmal stehen sollte. Ich könnte nur einen Sinn in einem Vereinigten Europa sehen, das als eine Dritte Kraft *neben* den großen Siegermächten des letzten Krieges, den Vereinigten Staaten und der Sowjetunion, und von beiden unabhängig, existieren würde. Majewski und Saller erklärten nun ihrerseits, ihrem Kreis schwebe nichts anderes vor, und es ergab sich weiter in dem Gespräch, daß man der Arbeit des auf Geheiß der Besatzungsmächte gebildeten »Parlamentarischen Rates« ähnlich skeptisch gegenüberstand wie ich selbst. Aufgrund der festgestellten, in großen Zügen bestehenden Übereinstimmung nahm ich das Angebot an, als freier Mitarbeiter, zuerst einmal hauptsächlich mit außenpolitischen Beiträgen an UNDO mitzuarbeiten. Den Ausschlag gab letzten Endes, daß dieses Organ von Parteien, Gewerkschaften, Wirtschaftsverbänden und Kirchen wirklich unabhängig zu sein schien und ich das Vertrauen gewann, daß ich hier meine ungeschminkte Meinung ausdrücken könnte.

Die Erwartung erwies sich sehr bald als richtig, als ich einen Artikel dort unterbringen konnte, den niemand sonst abdrucken wollte. Zuletzt hatte ihn der »Rheinische Merkur« abgelehnt, dem ich ihn eingesandt hatte. Aus der angelsächsischen politischen Diktion war der Ausdruck »fünfte Kolonne« auch in die deutsche Zeitungssprache übernommen worden, als Bezeichnung für politische Kräfte, die in der Innenpolitik eines Landes verdeckt und unerkannt für die politischen Ziele eines anderen, möglicherweise sogar gegnerischen Landes arbeiten. Beunruhigt durch die massenpsychotische Züge annehmende öffentliche Auseinandersetzung über die Berliner Blockade, gab ich in dem »Unsere Fünfte Kolonne« betitelten Aufsatz meinen Eindruck von der gegenwärtigen Situation:

»Wir haben eine fünfte Kolonne in Deutschland, geteilt in Vorkämpfer des Westens und des Ostens. Diese Tatsache ist nichts Neues. Wie unheimlich aber die Reihen der fünften Kolonne angeschwollen sind, hat mit erschrekkender Deutlichkeit die Berliner Krise gezeigt.

Männer, die sich in der Vergangenheit immer als Gegner und Feinde des politischen Radikalismus gaben, haben in den letzten Monaten eine Sprache gesprochen, die an Vorbilder aus unserer jüngsten Geschichte gemahnt, nur daß man damals einen eigenen Säbel zum Rasseln besaß, während unsere heutigen Worthelden sich auf die Tanks, Flugzeuge und Atombomben fremder Mächte als Rückendeckung für ihr gedankenloses Geschwätz verlassen. Unsere fünfte Kolonne verdient um so mehr Beachtung, als ihre, manchmal sogar nicht einmal gewollte Rolle als Diener fremder Interessen nicht immer auf den ersten Blick erkennbar ist.

Wenn man den Beteuerungen glauben darf, die über den Äther schallen und die Spalten der Presse füllen, will alle Welt den Frieden. Nur glaubt jede Partei, die Friedensliebe gepachtet zu haben, und sieht in der anderen den

Friedensstörer. Die Westmächte verdächtigen die Sowjets und die Sowjets die Westmächte welteroberischer Absichten.
Durch die Übersetzung ihrer Kampfparolen in die Sprache der Innenpolitik und der Ideologie fällt es ihnen leicht, in Ländern, deren einziges Interesse in der Neutralität und im Frieden liegen kann, fünfte Kolonnen als Bundesgenossen zu gewinnen. Unsere Erfahrungen sollten bitter genug sein, um dieses Spiel zu durchschauen. Sind wir aus einer großen Illusion nur erwacht, um uns sofort einer *neuen* hinzugeben?
Welche Blüten die geistige Verwirrung in unseren Tagen treibt, zeigt schlagend eine Äußerung eines unserer Ministerpräsidenten, der ›mit Befriedigung feststellte‹, daß wir Deutschen im internationalen Spiel wieder eine Karte zu werden begännen, ›die mitgemischt wird‹. Augenblicklich werden die Berliner mitgemischt, von fremden Händen. Ein Stück leblose Materie, wandert die Karte von Hand zu Hand, von einem der Mitspieler zum anderen. Wenn das Spiel, in dem sie von einem ausgespielt, vom anderen gestochen wird, zu Ende ist, wird sie wieder beiseite gelegt. Vielleicht wird sie später noch einmal gebraucht, wenn die Kontrahenten sich zu einer neuen Partie zusammensetzen. Und vielleicht schlagen sie sich eines Tages, weil die einen behaupten, sie sei falsch ausgespielt worden. Sie mag denn wohl im Streit zerrissen oder unter dem umgestürzten Tisch unter den Füßen der Mitspieler zertreten werden. Sich über *einen* der Spieler dabei aufzuregen, wo sie doch alle vier ursprünglich übereinkamen, die Karte in dem unmöglichen Vierpartnerspiel zu benutzen, entspricht weder der Gerechtigkeit noch der Klugheit …
… Wahrscheinlich wird es nur wenig von uns abhängen, ob der Friede gewahrt bleibt. Ist eine der beiden Parteien zum Kriege entschlossen, dann können wir das Verhängnis nicht aufhalten. Aber sollte der Krieg noch keine beschlossene Sache sein, sondern nur eine im Gegensatz der beiden Weltmächte immanente *Gefahr* – und das ist der wahrscheinlichere Fall –, dann verletzen wir unsere Pflicht gegenüber unserem Volke und der Menschheit, wenn wir durch Parteinahme die eine oder die andere Seite und damit ihre Entschlußfreudigkeit in Richtung auf eine letzten Endes zum Kriege führende Politik stärken.
Die falschen Propheten der fünften Kolonne wollen dem deutschen Volke weismachen, sein Heil läge in einer der Fronten, im Westen *oder* im Osten. Es kann für Deutschland nur eine Entscheidung geben: für die dritte Partei, für *Europa*, die einzig mögliche Sicherung des Friedens zwischen Ost und West.«
Meine politische Einstellung gebot mir, in der Auswahl der Blätter, an denen ich mitarbeitete, sehr wählerisch zu sein – und dabei unter Umständen auch auf finanziell sehr einträgliche Aufträge zu verzichten. In diesen Tagen erreichte mich ein Brief des Heinz Ullstein – Helmut Kindler Verlags, unterzeichnet von einem mir unbekannten Redakteur Dr. Decker, der mich über die Gründung einer »großen Wochenzeitung« mit dem Titel »Die Neue Woche« unterrichtete und auf Empfehlung von Klaus Mehnert mich um Mitarbeit bat.

Ich erkundigte mich deshalb erst einmal brieflich bei Mehnert und schrieb ihm dabei meine grundsätzliche Einstellung. Handelte es sich um ein deutsches oder amerikanisches Unternehmen? Ich sei nicht bereit, an Besatzungszeitungen, wie der »Neuen Zeitung« in München oder der »Welt« in Hamburg mitzuarbeiten, auch nicht an Blättern, die zwar in deutschem Besitz seien, sich aber praktisch zu Vertretern einer ausländischen »fünften Kolonne« machten.

»Damit Sie mich verstehen, will ich Ihnen kurz meinen Standpunkt skizzieren: Wir müssen meiner Auffassung nach an einer ›dritten Front‹ arbeiten, die als Kern Europa und dazu alle Länder der Welt umfaßt, die aufgrund ihrer geographischen Lage von den beiden Weltmächten dazu ausersehen sind, den Schauplatz für ihre Auseinandersetzung zu bilden. Solange es nur zwei Parteien auf der Welt gibt, ist der Krieg über kurz oder lang sicher. Ob Europa sich dabei auf der gewinnenden oder verlierenden Seite befindet, spielt gar keine Rolle, es wird vernichtet. Nur die Ausfüllung des augenblicklich politisch leeren Raumes zwischen den beiden weltpolitischen Kontrahenten durch eine dritte Weltmacht kann den Krieg verhindern. Europa muß aber unabhängig von beiden sein. Wenn es sich von vornherein auf eine Seite, die amerikanische festlegt, wird die Sowjetunion sich natürlich bedroht fühlen und die Entstehung eines Brückenkopfes Amerikas in Europa zu verhindern suchen... Wir Europäer sollten doch wirklich klug genug sein, um uns nicht zum Anhängsel einer naiven Politik zu machen, die glaubt, den Kommunismus mit Gewalt und Krieg ausrotten zu können, ein dummer Versuch, der gerade eben in China wieder so kläglich gescheitert ist... Für mich gibt es in den nächsten Jahren nur eine Aufgabe: Soweit es in meiner Macht steht, mitzuwirken, den Wahn der großen Simplifikationen zu zerstören, mit denen sogenannte Staatsmänner Politik treiben und eine dumme Presse die Menschen unseres Massenzeitalters mit wirklichkeitsfremden Klischees versieht, und statt dessen deutsche und europäische Besinnung zu predigen. Von der anderen Seite des Atlantik haben wir ebensowenig zu erwarten wie aus Moskau. Beide wollen uns zum Objekt ihrer Politik und als Kanonenfutter für ihren Krieg. Aber wir wollen doch Frieden. Wir wollen wenigstens den Versuch machen, etwas für den Frieden zu tun, und dieser Versuch kann nur in einem von beiden Mächten unabhängigen Europa liegen...

Was nun die Behandlung politischer Probleme in der Presse betrifft, so ergibt sich aus dieser Einstellung eine Ablehnung jeder vorgefaßten Meinung und der Versuch, den Dingen auf den Grund gehend, alle Vorgänge realistisch und von unabhängiger Warte zu betrachten. Ich könnte mich zum Beispiel niemals wegen politischer Gegensätze in Asien zwischen der Sowjetunion und den Vereinigten Staaten gegen die Sowjetunion ereifern, wie das heute beinahe verlangt wird. Ich würde die Sowjets angreifen, wo auch immer sie die Lebensinteressen Deutschlands und Europas verletzen, aber ich halte es für richtig, daß man ihnen beibringt, daß unsere Opposition gegen ihre Politik dort, wo sie uns schadet, nicht eine *grundsätzlich* antisowjetische Einstellung ist.«

Ich hatte damit mein eigenes Verhaltensmuster für die Zukunft vorgezeichnet.

In der Frage der »Neuen Woche« erledigte sich diese sehr bald durch eine Mitteilung nach den ersten erschienenen sechs Ausgaben, daß sie »aus technischen Gründen ihr Erscheinen vorübergehend eingestellt hat«, wobei es dann blieb.

Auch meinem Freund, Generalkonsul Hans Bidder in Peking, mit dem wieder ein ständiger brieflicher Meinungsaustausch über die politische Entwicklung hier und dort stattfand, teilte ich meine Sorgen und die Hoffnung auf eine dritte Kraft Europa mit: »Die große Schwierigkeit dabei ist, daß bisher England und Frankreich ganz im amerikanischen Fahrwasser schwimmen, daß ihre Politik einen durchaus antirussischen Zug hat und daß die Russen deshalb in Europa nur einen Vorposten Amerikas sehen und sich bedroht fühlen. Sie werden die Entstehung einer europäischen Union nur dann ruhig mitansehen, wenn sie die unbedingte Gewähr haben, daß Europa ebenso unabhängig von Amerika wie von ihnen ist. Deutschland und Frankreich können den entscheidenden Einfluß innerhalb Europas in diese Richtung ausüben, aber leider bemühen sich unsere augenblicklich am Ruder befindlichen Politiker in kurzsichtiger Verkennung der Lage, voll und ganz ins amerikanische Horn zu stoßen.

Die Geister scheiden sich bei der Frage der Beurteilung Rußlands und was Rußland will. Die meisten Leute sehen in ihrer Oberflächlichkeit nur das Rußland seit 1917, als ob die Geschichte erst da begonnen hätte, genauso wie sie Deutschland erst seit 1933 sehen. Sie glauben, die Russen wollten die ganze Welt erobern. Ich glaube dagegen, daß die Russen, ob mit Recht oder Unrecht spielt dabei keine Rolle, fest davon überzeugt sind, daß *sie* die Bedrohten und Eingekreisten sind. Will man einen gewaltsamen Ausbruch verhindern, muß man ihnen diese Furcht nehmen, und ich halte es durchaus für möglich, daß Europa mit den Russen auskommen kann, genauso wie Deutschland nach 1920 mit ihnen ausgekommen ist.« (Brief vom 17. 9. 48)

In dieser Zeit, als die Berliner Blockade nur das deutlichste Anzeichen sich immer weiter verschlechternder Beziehungen zwischen den Westmächten und der Sowjetunion war, machten sich noch andere außerhalb der parteipolitischen Szene ähnliche Gedanken wie ich über die Notwendigkeit, unser Volk aus dem Konflikt herauszuhalten. Die Parteipolitik kreiste immer mehr um alles, was mit der Vorbereitung einer westdeutschen Staatlichkeit zusammenhing, ein Vorgang, der ja selbst ein Frontabschnitt in dem entstandenen *noch* »kalten Krieg« war. Kurzsichtig, aber nicht verwunderlich, denn die werdende Staatlichkeit trug ja in sich das Versprechen von Macht, wie beschränkt sie auch durch die alliierten Auftraggeber sein mochte, von Ämtern und Posten. Deshalb wunderte ich mich, daß der Verfasser eines aufsehenerregenden

Artikels am 13. August in der in Augsburg erscheinenden »Schwäbischen Landeszeitung«, August Haußleiter, Abgeordneter des bayerischen Landtags und stellvertretender Landesvorsitzender der Christlich Sozialen Union (CSU) war, der Schwesterpartei der von Adenauer geleiteten CDU. Nach einer realistischen Schilderung der kritischen Lage in Mitteleuropa, trat er für einen Abzug der östlichen und westlichen Besatzungen aus Deutschland und ihren Ersatz durch Streitkräfte der UNO ein, welche »die innere Sicherheit und Neutralisierung Deutschlands« gewährleisten sollten. »Der Friede ist durch eine solche Neutralität besser gesichert als durch die Fortdauer des gegenwärtigen Spannungszustandes mit seinem unaufhörlichen Theaterdonner«, womit er vor allem auf die Berlin-Krise anspielte, »von dem niemals ganz deutlich ist, ob er nicht doch eines Tages in echten Kanonendonner übergehen kann«. Wie eine Vision klang: »Das verzweifelte Niemandsland des Schicksals aber, eingebettet in das große Spannungsfeld der Welt, könnte durch eine echte Neutralisierung und dem damit verbundenen Abbau des gegenwärtigen Besatzungsregimes zum Lande einer starken Demokratie, einer kräftig sich entwickelnden Freiheit und eines dauernden Friedens werden. Eine Demokratie unter einem militärischen Besatzungsregime ist ein Widerspruch in sich.« Das war es aber, was mit dem Auftrag der Militärgouverneure an die Länderregierungen und den Parlamentarischen Rat gerade versucht wurde. Haußleiter hatte erkannt, daß dieses nicht zum Frieden, den wir als Dringendstes brauchten, führen würde, und schloß: »Deshalb ist die Entwicklung von deutschen Oststaaten und von deutschen Weststaaten so unerträglich.«
Dieser CSU-Abgeordnete stand, wie ich erfuhr, mit einem überparteilichen Kreis in Verbindung, der sich um den Würzburger Professor Dr. Ulrich Noack, Ordinarius des Lehrstuhls für neuere Geschichte an der Universität Würzburg gebildet hatte und nach seinem Gründungs- und Tagungsort »Nauheimer Kreis« genannt wurde. Eine grundlegende Arbeit von ihm mit dem Titel »Die Sicherung des Friedens durch Neutralisierung Deutschlands und seine ausgleichende wirtschaftliche Aufgabe« wurde der Weltkirchenkonferenz in Amsterdam im August vorgelegt und erschien danach als Broschüre im Schaffstein Verlag in Köln. Ich beschloß, bei der nächsten Gelegenheit sowohl mit Prof. Noack als auch mit Haußleiter in Verbindung zu treten.
Zunächst aber galt es, eine eigene materielle Basis zu schaffen. Die Mitarbeit am UNDO war dafür zu schmal, und ich merkte auch sehr bald an schleppenden Honorarzahlungen, daß das Unternehmen der Herren Oeltze von Lobenthal und Majewski finanziell auf sehr schwachen Füßen stand. Dazu verfolgten sie noch den an sich lobenswerten Plan einer Wochenzeitung, wofür erst recht Geld benötigt wurde, ohne daß bisher zu sehen war, woher dieses kommen sollte. Ich mußte mich deshalb auch anderswo um Mitarbeit bemühen. So nahm ich Verbindung zu Hans Zehrer auf, Chefredakteur des »Sonntagsblattes«, kein Kirchenblättchen im alten Sinne, obwohl der Herausgeber der Landesbischof von Niedersachsen, Hans Lilje, war, sondern eine recht

lebendige politische Wochenzeitung und parteiungebunden. Zehrer, der sich vor dem Kriege als führender Kopf des Tat-Kreises mit der Zeitschrift »Die Tat« und als Chefredakteur der dem letzten Reichskanzler vor Hitler, dem später ermordeten General Schleicher, nahestehenden »Täglichen Rundschau« einen Namen gemacht hatte, war weitsichtig genug, um sofort die große weltpolitische Bedeutung der Umwälzung in China zu begreifen, und so verabredeten wir eine über mehrere Ausgaben des Blattes laufende Artikelserie von mir.

Noch war im Nachkriegsdeutschland nirgendwo eine Zeitung zu sehen, die Niveau und Bedeutung der großen Blätter der Vorkriegszeit, etwa der »Frankfurter Zeitung«, des »Berliner Tageblattes«, der »Kölnischen Zeitung«, der »Münchner Neuesten Nachrichten« oder des »Hamburger Fremdenblattes« erreicht hätte, aber es gab einige bemerkenswerte Ansätze. Zu diesen gehörte die »Wirtschaftszeitung« in Stuttgart, die bald den neuen Titel »Deutsche Zeitung und Wirtschaftszeitung« erhalten sollte. Dort arbeiteten fähige Journalisten wie Jürgen Tern, Dr. Helmut Cron und Friedrich-Wilhelm Fernau. Nachdem ich ihnen erst versuchsweise einige Artikel zu aktuellen Vorgängen in China geschickt hatte, kam es bald zu einer ständigen freien Mitarbeit, bei der nicht nur ich Anregungen gab, sondern auch von der Redaktion Beiträge zu bestimmten Sachgebieten bestellt wurden. Eine kontinuierliche Zusammenarbeit entwickelte sich auch mit dem »Spiegel«, der einen in Deutschland ganz neuen Zeitschriftentyp, nämlich das »Nachrichtenmagazin« darstellte, dessen amerikanische Vorbilder »Time« und »Newsweek« mit all ihren Vorzügen und Schwächen ich aber seit Jahren kannte und laufend verfolgt hatte.

Auch mit dem Mitherausgeber der »Zeit«, Richard Tüngel, setzte ich mich in Verbindung. Er gehörte zu der immer noch sehr dünn gesäten Sorte von Menschen, welche so kühn waren, gelegentlich auch den Besatzungsmächten die Meinung zu sagen. Bis zu diesem Zeitpunkt war noch in keinem deutschen Presseorgan, die ja alle von einer der Besatzungsmächte lizenziert sein mußten, etwas über den Schanghaier Prozeß erschienen. Ich versuchte, Tüngel dafür zu interessieren und ihn auch zu ermutigen, den Malmedy-Skandal anzupacken. Für beide Fälle konnte ich ihm umfangreiches Beweismaterial zur Verfügung stellen. Er zeigte durchaus Verständnis und versprach auch, in der »Zeit« etwas zu bringen, aber die Angelegenheit zog sich hin.

Trotz der sehr gefügigen Haltung der deutschen Bevölkerung unter der Besatzung mehrten sich in diesem Herbst in der Presse der Westalliierten Stimmen, die vor einem deutschen Nationalismus warnten. Das war ein schlimmes Zeichen, weil in Wirklichkeit nirgendwo etwas zu sehen war, was für diese Behauptung die geringste Berechtigung gegeben hätte. Bei der Beurteilung politischer Vorgänge, bei denen das eigene Volk und die eigene Person beteiligt waren, hatte ich mir schon lange zum Grundsatz gemacht, den ich auch, wenn ich mich gewissenhaft prüfte, stets im Einzelfall befolgte, mich

zuerst in die Rolle des anderen zu versetzen. Das tat ich auch hier, und so fand ich es nur natürlich, daß sich Franzosen, Briten und Amerikaner bei der Verfolgung ihrer politischen Ziele in Deutschland nicht gern beeinträchtigt sehen wollten. Kein Verständnis aber konnte ich dafür aufbringen, daß es auf ihrer Seite an dem geringsten Einfühlungsvermögen in die Rolle des Opfers ihrer Politik fehlte und die im Naturrecht begründete Legitimität von dessen zahmem Protest. Wenn man sich gegen Hunger und Demontage wandte, so ging es doch dabei im wortwörtlichen Sinne um die bare Existenz.
Wir freuten uns gerade in Hamburg darüber, daß eine größere Ladung mexikanisches Pferdefleisch in Dosen unseren fast fleischlosen Hungerrationen etwas Abwechslung gab!
Jemanden, der sich gegen Existenzbedrohung – noch dazu nur mit Worten – wehrte, deshalb als Nationalisten zu bezeichnen, war schon ein starkes Stück Verleumdung und Heuchelei.
»Wiedererwachender deutscher Nationalismus!« das kam, was Briten und Franzosen betrifft, von seiten jener, die mit *ihrem* zu Chauvinismus und Imperialismus übersteigerten Nationalismus in Versailles und danach in der friedfertigen Republik von Weimar nationalen Widerstand erst hervorgerufen und den Nährboden für den Aufschwung Adolf Hitlers geschaffen hatten. Wer waren denn die Wiedererwecker? Irgend jemand unter den besetzten Deutschen oder, wenn es überhaupt zu Ähnlichem wieder kommen sollte, die Pharisäer, die jetzt dieses blutige Gespenst an die Wand malten? Je länger ich darüber nachdachte, um so mehr ging mir die Ungeheuerlichkeit dieses Vorwurfes auf. Erschreckend war auch die hartgesottene Uneinsichtigkeit, die dahinter erkennbar wurde.
Natürlich mußten wir für den verlorenen Krieg bezahlen. Das war weniger die Frage von Recht oder Unrecht, sondern eher das selbstverständliche Schicksal der Besiegten und seit Menschengedenken so gewesen. Doch, meinte ich, sei es mit dem Verlust von einem Drittel des Landes und der Vertreibung seiner Bewohner, alle anderen Verluste gar nicht gerechnet, genug. Nun wurde auch noch die politische Zerstörung des verbliebenen Restes betrieben, und die Spaltung sollte von den Vertretern der besetzten Deutschen selbst vollzogen werden, die doch sicher nicht mit einem dahingehenden Auftrag gewählt worden waren. Das durfte doch nicht sein! Bestand der in Bonn zusammengetretene Parlamentarische Rat aus lauter Kopfnickern, deren Gewissen sich dabei beruhigt hatte, daß sie das Grunddokument des Staates, den sie nicht gründen durften, aber zu gründen sich anschickten, nicht Verfassung nannten, sondern Grundgesetz? Ich weigerte mich, es zu glauben, und suchte Trost bei kleinen Anzeichen, die Hoffnungen weckten.
So hatten sich schon bei Aufnahme der Arbeit durch den Parlamentarischen Rat stark gegensätzliche Auffassungen über das ganze von diesem Gremium zu unternehmende Werk gezeigt zwischen dem zum Präsidenten des Rates gewählten Dr. Adenauer, der trotz seiner früheren Kritik an den Londoner

Beschlüssen, voll auf die Linie der baldigen Staatsgründung eingeschwenkt war, und dem Vorsitzenden des Hauptausschusses, Carlo Schmid. Adenauer erwähnte zwar bei der Eröffnung, daß der Rat durch einen »Akt der Militärgouverneure ins Leben gerufen« sei, meinte jedoch: »Nachdem er aber nunmehr sich konstituiert hat, ist er im Rahmen der ihm gestellten Aufgaben völlig frei und völlig selbständig.« Carlo Schmid dagegen zählte die vier grundlegenden Beschränkungen auf, denen die Arbeit des Rates durch das Diktum der Militärbefehlshaber unterworfen war. So steht es im Protokoll der 2. Sitzung vom 8. September 1948:

»Die erste Einschränkung ist, daß uns für das Grundgesetz bestimmte Inhalte auferlegt worden sind; weiter, daß wir das Grundgesetz, nachdem wir es hier beraten und beschlossen haben, den Besatzungsmächten zur Genehmigung werden vorlegen müssen. Dazu möchte ich sagen: Eine Verfassung, die ein anderer zu genehmigen hat, ist ein Stück Politik des Genehmigungsberechtigten, aber kein reiner Ausfluß der Volkssouveränität des Genehmigungspflichtigen!

Die zweite Einschränkung ist, daß uns entscheidende Staatsfunktionen versagt sind: auswärtige Beziehungen, freie Ausübung der Wirtschaftspolitik, eine Reihe anderer Sachgebiete sind vorbehalten. Legislative, Exekutive und sogar die Gerichtsbarkeit sind gewissen Einschränkungen unterworfen.

Die dritte Einschränkung: Die Besatzungsmächte haben sich das Recht vorbehalten, im Falle von Notständen die Fülle der Gewalt wieder an sich zu nehmen. Die Autonomie, die uns gewährt ist, soll also eine Autonomie auf Widerruf sein, wobei nach den bisherigen Texten die Besatzungsmächte es sind, die zu bestimmen haben, ob der Notstand eingetreten ist oder nicht.

Vierte Einschränkung: Verfassungsänderungen müssen genehmigt werden.«

Die Quintessenz daraus war, wie er sagte: »Wir können, wenn Worte überhaupt einen Sinn haben, keine Verfassung machen, auch keine vorläufige Verfassung, wenn ›vorläufig‹ lediglich eine zeitliche Bestimmung sein soll. Sondern, was wir machen können, ist ausschließlich das Grundgesetz für ein Staatsfragment.«

Ich konnte jedes Wort unterstreichen. Jedoch »Staatsfragment«? Ein Fragment ist per Definition ein Bruchstück; in diesem Fall ein Bruchstück wovon? Hier hatte Carlo Schmid schon im Eingang seiner Rede Klarheit geschaffen und dabei das ausgedrückt, was auch für mich längst selbstverständlich war:

»Am 8. Mai 1945 hat die deutsche Wehrmacht bedingungslos kapituliert. An diesen Akt werden von den verschiedensten Seiten die verschiedensten Wirkungen geknüpft. Wie steht es damit?

Die bedingungslose Kapitulation hatte Rechtswirkungen ausschließlich auf militärischem Gebiet. Die Kapitulationsurkunde, die damals unterzeichnet wurde, hat nicht etwa bedeutet, daß damit das deutsche Volk durch legitimierte Vertreter zum Ausdruck bringen wollte, daß es als Staat nicht mehr existiert, sondern hatte lediglich die Bedeutung, daß den Alliierten nicht das

Recht bestritten werden sollte, mit der deutschen Wehrmacht nach Gutdünken zu verfahren. Das ist der Sinn der bedingungslosen Kapitulation und kein anderer.« Aus den Ereignissen von 1945 könne nicht »der Schluß gezogen werden, daß Deutschland als staatliches Gebilde zu existieren aufgehört hat«. So verhielt es sich; das war der Rechtsstand. Das Staatsgebiet war okkupiert, die Staatsgewalt von den Siegern usurpiert. Was mich betraf, so hatte ich die Kapitulation der Wehrmacht befolgt und den sich daraus ergebenden Waffenstillstand eingehalten. Doch nicht im Traum wäre mir eingefallen, irgend etwas, das aus dem Gewaltakt der Usurpation hervorging, als rechtens und für mich bindend anzusehen. Ich glaubte auch nicht, daß ich mich jemals dazu herbeilassen würde.

## 10 Wir gewinnen in den USA eine Schlacht

Earl Carroll hatte es nicht krumm genommen, daß ich ihm den Schanghai-Prozeß sozusagen wieder abgenommen hatte, sondern blieb mit uns weiter brieflich in Verbindung, wie er sich auch mit Frank Reel und anderen Anwälten abstimmte, die in den Vereinigten Staaten versuchten, eine gerichtliche Nachprüfung von Nürnberger und Dachauer Verfahren zu erreichen. Die Informationen und Unterlagen, die ich ihm über den Schanghai- und Malmedy-Prozeß und die War Crimes-Maschinerie in Dachau mitgab, hätten, wie er schrieb, in Juristenkreisen in den USA sensationell gewirkt. Er bat um weiteres Material, hätte aber auch gern von mir Berichte über die allgemeinen Zustände unter der US-Besatzung in Deutschland gehabt. Hier mußte ich aus Zeitgründen eine Absage erteilen, was mir aber gar nicht unlieb war, denn ich hatte inzwischen gemerkt, daß die Auseinandersetzung über die Kriegsverbrecherprozesse auch in die Innenpolitik hineingezogen wurde, wie auch die Besatzungspolitik insgesamt, für die die demokratische Administration unter Präsident Truman verantwortlich war. In einem Wahljahr für die Präsidentschaft gibt es in den USA anscheinend rein gar nichts, das nicht im Blickwinkel der Auseinandersetzung mit den politischen Konkurrenten betrachtet, beurteilt und auch für diese benutzt wird. Ich wollte dazu nicht noch extra Munition liefern, obwohl offensichtlich die Republikaner, eben *weil* sie gegen die regierenden Demokraten waren, sich mehr für unsere Dinge einsetzten.
Das Hauptproblem war, für die Wiederaufrollung von Nürnberger und Dachauer und des Schanghaier Verfahrens den wirksamen »approach« zu finden, den Spalt, wo man den Hebel ansetzen mußte; es wurden hier Verantwortung und rechtliche Zuständigkeiten zwischen Gerichten in den USA und Clays Militärregierung und ihrer Justiz hin und her und aufeinander abgeschoben. Dabei gab es manche Auseinandersetzung über Rechtsfragen,

die dem Laien skurril erscheinen mochte. War zum Beispiel das Kriegsverbrechergefängnis in Landsberg, wo alle Verurteilten gefangen saßen, amerikanisches Hoheitsgebiet? Offensichtlich nicht, sagten Gerichte in den USA, also haben wir keine territoriale Zuständigkeit und sind auch nicht in der Lage einzugreifen, selbst wenn dort jemand widerrechtlich festgehalten wird. Landsberg liegt bekanntlich in Deutschland, die Zuständigkeit, dort nach dem Rechten zu sehen, liegt bei der deutschen Justiz.

Wo aber war das deutsche Gericht in der US-Zone, das für einen zu Unrecht Verurteilten gegen den amerikanischen Kommandanten von Landsberg einen Prozeß wegen Freiheitsberaubung (§ 239 StGB) führte? Vorausgesetzt, ein kühner deutscher Richter wagte es, aufgrund einer dahingehenden Strafanzeige ein Verfahren zu eröffnen, General Clays Militärpolizei würde dem am ersten Tage ein schnelles Ende bereiten. Wäre ich Richter, ich hätte es trotzdem versucht, schon um den Eklat herbeizuführen, so wie ich in Schanghai aus dem Gefängnis heraus einen Prozeß geführt hatte. Doch ich sah weit und breit keinen Richter mit der Phantasie und dem Mut zu einem solchen Streich.

Clay war in der amerikanischen Zone der absolute Herrscher; für die Deutschen galt in seinem Machtbereich, was in Schanghai O'Connor uns erklärt hatte: »Sie haben keinerlei Rechte und keine Regierung, die Sie schützt!« Ja, so war es noch mit dem ganzen Volk, ob aber zutraf, was er zum Schluß noch hinzugefügt hatte, »und niemanden, an den Sie sich wenden können«, das waren wir gerade im Begriff zu prüfen. Und dabei wollten wir nirgendwoanders Remedur suchen, als bei den Gerichten in O'Connors und Clays eigenem Lande. Bundesrichter Murphy hatte uns mit seinen klassischen Worten über die Menschenrechte dazu ermutigt.

Doch auch da zeigten sich erst einmal Hürden. Es ergab sich, daß der District Court in Washington sich als nicht zuständig erklärte, um über den habeas corpus Antrag Rechtsanwalt Reels zu befinden. Reel hatte nichts anderes erwartet, wie wir aus seinen Mitteilungen wußten, deshalb gab es keine Enttäuschung. Sein Ziel war von Anfang an das höchste Gericht, der United States Supreme Court, zu dem direkt zu gelangen aber so gut wie aussichtslos war. Reel mußte bei Ablehnung durch niedrigere Gerichte den Berufungsweg zu höheren Instanzen gehen, um schließlich zur höchsten, dem Obersten Bundesgericht, zu kommen. Gegen die Ablehnung der Zuständigkeit durch den District Court legte er nun Berufung beim Circuit Court of Appeals ein, und – es klang merkwürdig – er *hoffte* auf baldige Ablehnung auch dort, schrieb er mir: je eher, desto besser! Um so mehr wird der lange Weg zum Supreme Court abgekürzt.

Hierzulande gab es endlich einige Fortschritte in der Frage der Kriegsverbrecherprozesse, vor allem von Dachau II, aber auch von Nürnberg. Es zeigten sich die ersten Früchte des unermüdlichen Einsatzes von Werner Hess. Obwohl seine Versuche, die evangelische Kirche aus ihrem Schweigen über

die Menschenrechtsverletzungen herauszureißen, zuerst wiederholt gescheitert waren, hatte er nicht locker gelassen und schließlich erreicht, daß sich der Landesbischof von Württemberg, D. Theophil Wurm, der Sache annahm.
Nach unserer Überzeugung durfte kein einziges von der 7708 War Crimes Group in Dachau produziertes Todesurteil vollstreckt werden, bevor nicht in einem neuen fairen Prozeß vor bisher unbeteiligten Richtern einwandfrei über Schuld und Unschuld jedes einzelnen Angeklagten befunden würde. Zweifellos waren unter den Verurteilten aus den Prozessen, die wegen Vorkommnissen in den Konzentrationslagern geführt worden waren, auch Mörder und Schinder, die schwerste Strafen verdienten. Ob ein Urteilsspruch aber den Richtigen oder einen Falschen traf, war bei dem Hohn auf eine zivilisierte Justiz von Dachau mehr oder weniger eine Sache des Zufalls. Für eine Überprüfung der dort gefällten Urteile konnte die »Revision« genannte Durchsicht der Verhandlungsprotokolle durch Clays Militärjuristen nicht im geringsten genügen. Diese stammten aus der gleichen Schule wie die Leute der 7708 War Crimes Group, waren zum Teil sogar mit solchen identisch. Zwar schlugen sie General Clay in manchen Fällen eine Milderung im Strafmaß vor, aber sie entschieden im geheimen, und ihre Empfehlungen waren überhaupt nicht nachprüfbar. Auf diese Weise konnte kein Vertrauen in die Rechtssicherheit geschaffen werden. Waren ihre Vorschläge einmal von Clay bestätigt, gab es keine Berufungsinstanz. Wir waren sicher, daß in Landsberg aus dem Kreis der in Dachau zum Tode Verurteilten schon Unschuldige gehängt worden waren.
Wurm hatte im Mai seine Intervention mit einem Brief an Mr. Kempner begonnen, dem er einige der Mißbräuche vorgehalten hatte, wobei er mit harten, den Tatbestand durchaus treffenden Worten, wie »verbrecherische Methoden und abscheuliche Quälereien«, nicht zurückhielt und unter anderem bemerkte, der Öffentlichkeit gegenüber genüge es, wenn derartige Dinge nur in einem einzigen Prozeß vorgekommen seien, um die moralische Autorität aller anderen Prozesse ebenfalls zu gefährden. Diese Öffentlichkeit hatte es zuerst allerdings gar nicht gegeben, denn die deutsche Lizenzpresse veröffentlichte nichts von Wurms Vorwürfen, zitierte dagegen breit aus Kempners Antwort, der glatt alles abstritt und Wurm verdächtigte, er habe sich von einer nationalistischen Clique vorspannen lassen. Das »Sonntagsblatt« kritisierte diese schmähliche Haltung; es blieb einige Zeit das einzige Presseorgan außer dem UNDO, das ausführlich über diese Dinge berichtete.
Wurm ließ nicht locker, legte sein Beweismaterial auf einer Sitzung des Landeskirchentags in Stuttgart vor und schrieb erneut an Kempner unter Bezugnahme auf einige dieser Beweise, vor allem aus dem Malmedy-Prozeß, forderte eine zweite Instanz, sonst bleibe der Eindruck bestehen, daß es dem Gericht nicht um die Findung der Wahrheit zu tun sei. Er erinnerte Mr. Kempner daran, welch große Vorwürfe der Kirche gemacht worden seien, weil sie im Dritten Reich nicht genügend gegen die Fehler der deutschen

Rechtspflege aufgetreten sei. Es würde schlecht zu dieser Erkenntnis passen, wenn wir nun heute aus Ängstlichkeit oder aus Kompetenzerwägungen schwiegen.

Wie ich erwartete, war Kempner unbelehrbar, und als Bischof Wurm, der jetzt schon im 80. Lebensjahr stand, dies erkennen mußte, gab er sein Beweismaterial seinen Bischofskollegen in der US-Besatzungszone zur Einsicht, und nunmehr schrieben sie alle gemeinsam an General Clay, neben Wurm die Bischöfe Meiser, Wüstemann, Bender und Kirchenpräsident D. Martin Niemöller. Doch genau wie Kempner stritt Clay auf geradezu läppische Weise die haarsträubenden Tatbestände ab. Sein ganzes Schreiben atmete den selbstgerechten Geist des Vorwurfs , die Bischöfe müßten doch wissen, daß Richtern und Amtspersonen aus God's own country höchstens kleine Unregelmäßigkeiten passieren könnten. Diese heiße er nicht gut. Die bisher ausgesprochenen Urteile seien aber »gerecht und häufig mild« gewesen. Am Schluß seines Briefes ging General Clay, wie vorher schon Kempner und andere, unter die Propheten:

»Ich bedauere, daß jetzt Bemühungen im Gange sind, ein Gericht zu diskreditieren, das mit hoher Absicht sich bemüht, Präzedenzen im internationalen Recht zu schaffen, die dazu dienen können, zu verhindern, daß wieder eine ganze Welt ins Chaos gestürzt wird. Offenbar können wir jetzt die Wirkung der Arbeit dieses Gerichts nicht beurteilen. Das ist der Geschichte überlassen, die noch nicht geschrieben ist. Ich kann Sie versichern, daß es unsere Hoffnung ist, daß sich die Arbeit dieses Gerichtes gegen das Aufstehen von Angreifern in aller Welt als Abschreckungsmittel und damit als dauernder Beitrag zum Frieden erweisen wird.«

Die in den Vereinigten Staaten wachgewordene Kritik hatte Heeresminister Royall schon im Frühjahr veranlaßt, für die 139 noch nicht vollstreckten Todesurteile einen Exekutionsstop anzuordnen. Nachdem eine von ihm eingesetzte, wiederum nur geheim und unkontrolliert arbeitende Untersuchungskommission in unwahrscheinlich kurzer Zeit zu dem Schluß kam, daß 94 der Urteile berechtigt seien, hatte Clay die Exekution befohlen. Und die Sache sollte nun schnell über die Hinrichtungsbühne gehen. Clay befand sich in einer unangenehmen Situation: Auf der einen Seite sollte er die Westdeutschen als Bundesgenossen der USA in einem möglichen Krieg mit der Sowjetunion gewinnen und auf der anderen immer noch als Scharfrichter an Deutschen wegen Vorkommnissen in dem kaum beendeten letzten Krieg auftreten. Auf die Dauer würden sich beide Rollen nicht miteinander vertragen. Also hieß es, mit der unangenehmeren schnell ein Ende zu machen, damit diese Sache möglichst bald vergessen würde. Gar zu schnell durfte es aber auch wieder nicht gehen; man stelle sich vor, welches Aufsehen die Hinrichtung von fast hundert Leuten auf einmal erregen müßte! So sollten es, wie es aus Clays Hauptquartier hieß, wöchentlich etwa zehn sein.

Aufs höchste alarmiert gab Bischof Wurm einen Offenen Brief bekannt, den er

an John Foster Dulles gesandt hatte, und schickte Telegramme an Clay und US-Heeresminister Royall. Der katholische Weihbischof von München, Dr. Johannes Neuhäusler, der unter *Hitler* im KZ Dachau gesessen hatte, schloß sich seinem Vorgehen mit einem eigenen Telegramm an Royall an. Nun griff auch die Presse im großen Stil die Sache auf. Die in den meisten Zeitungen abgedruckte dpd-Meldung aus Stuttgart vom 21. Oktober 1948 lautete:
»›Es ist nach der Lage der Dinge keinerlei Gewähr dafür gegeben, daß in diesen Tagen in Landsberg nur Schuldige und nicht auch Unschuldige aufgehängt wurden‹, heißt es in einem Schreiben, das der Landesbischof von Württemberg, D. Wurm, an den außenpolitischen Berater der republikanischen Partei der Vereinigten Staaten, Foster Dulles, richtete. Der amerikanischen Anklagevertretung in den Dachauer Prozessen sei der begründete und unbestreitbare Vorwurf einer Verwendung von gesetzwidrigen und verbrecherischen Methoden gemacht worden. Zwar sei eine Kommission zur Nachprüfung der Todesurteile eingesetzt worden, diese habe sich jedoch lediglich auf eine Prüfung der vielfach unter fragwürdigen Umständen zustandegekommenen Akten beschränkt, anstatt die Fälle in öffentlicher Verhandlung mit allen Garantien eines gerechten Verfahrens zu prüfen.
Seine Bitte an den Heeresminister Royall vom August dieses Jahres um Aufschub der Urteilsvollstreckung sei wohl erfolglos geblieben, da inzwischen die ersten zehn Verurteilten hingerichtet worden seien. Eine gestoppte Henkermaschine sei ganz überraschend wieder in Gang gesetzt worden. Wenn kürzlich für Vermögensstreitigkeiten vor Militärgerichten ein Appellationsgerichtshof im Interesse der Rechtssicherheit eingesetzt worden sei, so stelle er die Frage, ob die Rechtssicherheit in Fällen, in denen es um Menschenleben gehe, weniger wert sei.«
Auch die »Zeit« griff nun am 4. November auf das ihr überlassene Material zurück, erwähnte dabei den Fall Malmedy und schloß ihren »Tod in Raten« betitelten Beitrag mit folgenden Sätzen:
»Das deutsche Vertrauen in die Rechtsprechung der amerikanischen Besatzungsbehörden, das in drei Jahren mehr und mehr erschüttert worden ist, kann nicht durch halbe Maßnahmen wiedergewonnen werden, sondern es hängt von drei Voraussetzungen ab: sofortiger Aufschub der Hinrichtungen, Untersuchung der Dachauer Methoden durch eine Kommission des Kongresses und öffentliche Revisionsverfahren für alle Angeklagten. Es liegt mehr als genug Material vor, um diese Forderungen zu rechtfertigen. Das Recht ist unteilbar. Auch das des Siegers.«
Das war, was Werner Hess, Eva Tonn und ich von Anfang an und lange ungehört gefordert hatten.
Um die gleiche Zeit geriet auch die Regierung in London unter Beschuß. Irgend jemand war auf die Idee gekommen, die Amerikaner mit ihren Nürnberger Nachfolgeprozessen gegen hohe Wehrmachtsoffiziere nachahmen zu müssen, und so hatte man Prozesse gegen die drei Feldmarschälle von

Manstein, v. Brauchitsch und v. Rundstedt angekündigt. Sofort setzten Proteste ein, die in ganz kurzer Zeit zu einer breiten Welle anschwollen. Die beteiligten Persönlichkeiten und Presseorgane reichten über das ganze politische Spektrum von der konservativen Rechten bis zur regierenden Labour Party und deren äußerstem linken Flügel. Es begann mit einzelnen Leserbriefen an die »Times« von dem berühmten Militärschriftsteller Captain Liddell Hart, T. S. Eliot und Dr. Gilbert Murray, auf die ein Sammelbrief von Schriftstellern und Labour-Abgeordneten folgte, in dem es hieß: »Als Sozialisten und Anhänger der Regierung schreiben wir diesen Brief, um unseren Unwillen über die Art zum Ausdruck zu bringen, in der die Feldmarschälle Rundstedt, Brauchitsch und Manstein behandelt werden. Wir möchten unsere Scham zum Ausdruck darüber bringen, daß eine so schwere Beleidigung der nationalen Traditionen von einer Labour-Regierung begangen werden soll. Die plötzlich bekanntgegebene Entscheidung, diese Männer 3¼ Jahre nach der Kapitulation als Kriegsverbrecher vor Gericht zu stellen, zieht von der Unanständigkeit der Sache nichts ab, sondern erhöht sie nur noch.« Zu den Unterzeichnern gehörten der Verleger Viktor Gollancz, die Labour-Abgeordneten Michael Foot und R. R. Stokes, der Dramatiker J. B. Priestley, der Philosoph H. N. Brailsford.

In dem Organ der anglikanischen Kirche »The Church Times« wurde bemerkt: »Der Prozeß, der wahrscheinlich acht Monate dauern wird, wird sicherlich nicht das Ansehen der alliierten Justiz mehren. Eine britische Regierung, die ihre Zustimmung zu diesem Verfahren gibt, bricht zweifellos mit unseren Traditionen der Ehre und des fair play.« Die schärfste unter den Pressestimmen kam aber von ganz links, aus der Independent Labour Party, deren Organ »The Socialist Leader«, wie das »Sonntagsblatt« in Hamburg berichtete, mit der Schlagzeile »Barbarischer Mord an den Besiegten« aufmachte und in dem folgenden Artikel schrieb:

»Die drei Feldmarschälle sind alte Soldaten von höchstem Ansehen. Der ›Socialist Leader‹ tritt nicht für den Militarismus ein, weder in Deutschland noch sonstwo. Aber wir wünschen, scharf und nachdrücklich und mit aller Kraft, die wir haben, gegen die geplanten ›Kriegsverbrecher‹-Prozesse zu protestieren. Das ganze Prinzip der vergeltenden und unterschiedslosen Rache in kaltem Blut ist barbarisch, atavistisch und bildet einen Präzedenzfall, dem man in künftigen Kriegen nacheifern wird und der nur zu einem Rückfall in die Barbarei führen kann. Auf alle Fälle ist die angemessene Frist für wohlbegründete Kriegsverbrecherprozesse längst verstrichen.

Das Prinzip, nach dem die Siegermächte in einem langwierigen Krieg sich selbst gleichzeitig als Ankläger, Richter und Vollstrecker konstituieren, wird von absolut keinem Gesetz anerkannt und wirkt in der Tat zerstörend für jedes internationale Recht.«

Das Londoner Blatt legte dann die Finger erst richtig auf die Wunde: »Wenn man schon damit anfängt, Generale hinzurichten, warum macht man bei den

Deutschen halt? Soll nur der Besiegte die höchste Strafe bezahlen? ›Wehe den Besiegten‹, ist der Grundsatz der Wilden, nicht aber des internationalen Rechts. Aus diesen Gründen fordern wir die sofortige Freilassung der deutschen Generale und die summarische Beendigung des barbarischen Justizmordes – denn das ist es in Wirklichkeit – an den Besiegten.«
General Clay zeigte keine Einsicht und ließ trotz der Proteste, denen sich mit einem Telegramm noch Kardinal Frings anschloß, die Hängeserie weiterlaufen. Zu den ersten der Fälle, die auf diese Weise jetzt ihren endgültigen Abschluß fanden, gehörte der vollendete Justizmord an dem Oberleutnant der Reserve Erich F. Wentzel, der mit der ihm zur Last gelegten Erschießung von amerikanischen Fliegern nicht das geringste zu tun gehabt hatte und nicht einmal anwesend war. Mehr als tausend Menschen nahmen am 15. Dezember in Wuppertal an seiner Beerdigung teil, als der Caritasdirektor Carls, ein politisch Verfolgter, in seiner Grabrede die verzweifelten Versuche schilderte, den Unschuldigen zu retten.
Jetzt appellierte Kardinal Frings telegrafisch auch an Präsident Truman mit der Forderung, eine Appellationsinstanz für die Dachauer Urteile zu bilden, und es wagten Zeitungen einen langen Artikel von mir über Dachau und den Malmedy-Prozeß aus dem UNDO zu übernehmen, darunter auch die CDU-nahe »Niedersächsische Rundschau«.
In den zweieinhalb Jahren, seit sie mich im Gangsterfilmstil in Schanghai gekidnappt und ins Gefängnis verschleppt hatten, war ich wirklich von den Leuten aus »Gottes eigenem Land« einigen Kummer gewohnt, so daß mich so leicht keine Untat mehr aufregte, und doch versetzte mich gelegentlich wieder ein Vorkommnis in helle Empörung. Gewöhnlich trat das dann ein, wenn auf kaum glaubliche Weise Tatsachen in ihr Gegenteil verkehrt wurden, um mit Hilfe solcher Verdrehungen zu hetzen.
Ich hatte mich zurückgehalten, um nicht dazu beizutragen, daß unser Schanghai-Fall und die Frage der KV-Prozesse ganz allgemein in den Wahlkampf in den USA hineingezogen würden, aber die Gegenseite scheute nicht davor zurück, es auf ihre Weise in dem erwarteten Kopf-an-Kopf-Rennen zwischen Präsident Truman und seinem republikanischen Herausforderer, Gouverneur Dewey, zu versuchen. Einer der meistgelesenen Sensationsjournalisten war der Kolumnist Walter Winchell. Er gab sich zu einem Artikel her, der stark an die emotionale Konditionierung erinnerte, mit der das amerikanische Volk unter zwei Präsidenten in zwei Weltkriege hineingetrieben wurde. Zielscheibe des in vielen US-Zeitungen erscheinenden Artikels von Winchell, einige Tage nach Bischof Wurms öffentlichem Appell, war John Foster Dulles, »von dem es heißt«, schrieb Winchell, »daß er ganz oben auf der Liste der Kandidaten für das Außenministerium von Gouverneur Dewey steht (wenn Dewey gewählt wird).
Dulles hat einen Brief an Außenminister Marshall geschrieben, in dem er einen Brief von einem Deutschen in Schanghai zur Unterstützung eines Top-

Nazis, namens Baron Jesco von Puttkamer, weiterleitete. Puttkamer war während des Krieges der Chef der Psychologischen Kriegführung des Deutschen Oberkommandos im Ausland. Vor dem Kriege war dieser Preuße Public Relations Chef des ganzen IG Farben-Konzerns.«
Alles war hier falsch. Das genannte Amt gab es gar nicht, und überdies hatte Puttkamers Tätigkeit überhaupt nichts mit der Wehrmacht zu tun. Aber Winchell erzählte noch weitere Märchen: »Deutschland konnte damals den psychologischen Krieg schlecht von Berlin aus führen, das abgeschnitten innerhalb der Nazi-Grenzen lag. Das ist der Grund dafür, daß man es Puttkamer ermöglichte, sich noch vor Ausbruch der Feindseligkeiten in die Internationale Niederlassung von Schanghai (den Horchposten der Welt) einzuschleichen. Baron von Puttkamer war in den Kriegsjahren wichiger als Goebbels. Dieser Puttkamer hat das japanisch-okkupierte China über und über mit Plakaten bepflastert, die eine verwundete chinesische Großmutter – die übrige Familie war verstümmelt oder tot – auf den Trümmern ihres zufällig von amerikanischen Bomben getroffenen Hauses zeigte. Und die Inschrift des Plakats sagte nur: ›Wer hat dir das angetan?‹«
Doch die richtige Greuelgeschichte sollte noch kommen: »Drei amerikanische Flieger (die Truppenkonzentrationen der Japse in Hankau bombardiert hatten) töteten versehentlich einige Chinesen. Unsere Piloten, die abgeschossen worden waren, bekamen Schlingen um den Hals und wurden hinter einem LKW her durch die Straßen von Hankau paradiert. Von Japsen und Deutschen inspirierte Chinesen des besetzten Gebietes (Deutsche bildeten die Japaner in schwarzen Propagandatricks aus) warfen Steine und Exkremente und schlugen die US-Piloten mit Knüppeln. Als die nicht mehr gehen konnten, setzte der LKW seinen Umzug fort und schleifte die Flieger am Ende der Seile durch die Straßen. Schließlich wurden sie zum städtischen Krematorium geschleppt, hineingeworfen und lebendig verbrannt! Das war ein Beispiel von Baron von Puttkamers Arbeit im Kriege.
Dieser von Puttkamer wurde (nach einem Stück großer Detektivarbeit) aufgespürt und vor Gericht gestellt. Er bekam 30 Jahre Gefängnis mit Zwangsarbeit und ist jetzt im Gefängnis Landsberg. Und seine harte Arbeit? Er ist der Gefängnis-Bibliothekar, alles komplett mit Schreibmaschine. Später brachte er einen mächtigen Schanghaier Geistlichen dazu, an John Foster Dulles zu schreiben.«
Der mutige Pastor Maass, wie würde er sich als »mächtiger Geistlicher«, der er nie war und bestimmt nie werden würde oder auch nur werden wollte, wohl vorkommen? Macht war da schon, aber geistige, nicht, wie Winchell es meinte; ich dachte an Maass' Worte zu Weihnachten im Schanghaier Gefängnis: »Verteidigt die Wahrheit bis zum Tode!«
Sieh mal, »Mr. und Mrs. USA!«, so lautete die Anrede als Überschrift von Winchells Kolumne, das sind die Leute, für die sich John Foster Dulles verwendet, dieser Mr. Dulles, der demnächst – es sind nur noch ein paar Tage –

Außenminister der USA werden wird, wenn ihr diesen Gouverneur Dewey zum Präsidenten wählt!
Ohne es zu wissen, verriet mir Winchell die Quelle, aus der er die haarsträubende Geschichte über Puttkamer geschöpft hatte. Er zitierte nämlich am Schluß wörtlich aus dem Brief, den Dulles am 11. Oktober 1946 an den Außenminister (nicht an Marshall, wie Winchell behauptete, der damals noch gar nicht dieses Amt innehatte) gerichtet und den Dean Acheson an das Kriegsministerium weitergeleitet hatte. Dort waren wohl die Leute zu suchen, die den Sensationsmacher Winchell mit Stoff versorgt hatten, »Informationen« von ähnlich verleumderischer Qualität wie jene, die von O'Connor und Farrell in Schanghai an dem Tage, an dem alles anfing, an die Presse gegeben wurden.
Ich dachte beim Lesen der Winchell-Story an Putti, wie ich ihn, niedergeschlagen durch Parseks Psychoterror, in der Isolierzelle aufrichten mußte, das wahre Häufchen Unglück, dessen Rolle im Kriege angeblich bedeutender als die von Goebbels war! Aber hinter der Hetze von Winchell, der aus eigener Kenntnis rein gar nichts wußte über den Menschen, »diesen Puttkamer«, den Baron, den »Preußen« sah ich noch etwas anderes aufsteigen, erkannte ich die schreckliche Fratze des Ungeheuers, das seit dem Ersten Weltkrieg die Erde heimsuchte und noch immer nicht wieder verschwunden war trotz aller Opfer: jene Greuelpropaganda, die Haß aussäte und »fortzeugend Böses gebärend« die Menschen vergiftete. Ich mußte an die »abgehackten Kinderhände« in Belgien denken, die einen bewußtseinspaltenden Massenwahn erregten, der Menschen von der Wirklichkeit nur das sehen und glauben ließ, was sie glauben und sehen wollten, und den anderen Teil als nicht existent gar nicht zur Kenntnis zu nehmen.
Als ich mich in meinen Vorkriegsstudien mit diesem Phänomen beschäftigte, hatte ich einen handgreiflichen Beweis dafür gesehen, den ich nie vergaß und der mir auch jetzt wieder vor das geistige Auge trat: Es war eine Seite einer englischen Zeitung aus dem ersten Kriegsjahr 1914. Auf ihr befand sich ein längerer Aufsatz, in dem die deutsche kaiserliche Armee beschuldigt wurde, belgische Zivilisten in größerer Zahl standrechtlich zu erschießen. Dies geschähe aufgrund der lügnerischen Behauptung, sie hätten als Freischärler, man benutzte damals die französische Bezeichnung franctireurs – völkerrechtswidrig gekämpft, nämlich heimtückisch in Zivil statt in Uniform als feindliche Soldaten erkenntlich. So etwas gäbe es nicht, das seien alles deutsche Lügen. Auf derselben Zeitungsseite, in der Mitte neben dem Artikel und zum Teil von demselben umrahmt, befand sich eine Zeichnung. Man sah aus einer offenstehenden Tür auf eine Straße. Auf ihr ritt im Schritt ein Soldat vorbei, durch seinen Helm als Deutscher zu erkennen, der dem Beschauer den Rücken zukehrte. Im Schatten der Wand stand im Hausflur eine Frau, die ein kleines Kind auf dem linken Arm hielt. In der rechten ausgestreckten Hand hatte sie eine Pistole, die auf den Rücken des Reiters gerichtet war. Die

Zeichnung war so eindringlich, daß man ihn förmlich im nächsten Augenblick getroffen aus dem Sattel fallen sah. Dieses Bild also unmittelbar neben, ja quasi als Illustration zu dem Artikel, in dem dargelegt wurde, daß es dergleichen nicht gäbe und die Behauptung davon deutsche Propaganda sei! Doch nicht genug damit: In der Unterschrift, die ich nicht mehr im exakten Wortlaut erinnerte, hieß es dem Sinne nach, das Bild zeige, wie tapfer das belgische Volk, sogar Frauen und Kinder, sich gegen die deutschen Invasoren wehre. Die Leser – mit gewiß einigen wenigen Ausnahmen – glaubten in ihrer Kriegspsychose beides, zwei Dinge, von denen das eine das andere ausschloß.
Während General Clay sich noch immer weigerte, die Hinrichtungsmaschine anzuhalten und ein Appellationsgericht zur Neuverhandlung der Dachauer Prozesse zu bilden, warf die Armeezeitung »Stars and Stripes« ein neues grelles Schlaglicht auf die vorherrschende Schizophrenie. Sie brachte einmal die folgende Meldung der Nachrichtenagentur »United Press« vom 19. November aus Milwaukee:
»Ein Armeeleutnant, der wegen der Ermordung von vier deutschen Zivilisten zu 25 Jahren Gefängnis verurteilt worden war, befand sich heute auf dem Wege nach hier, um zu seiner Frau und zwei jungen Kindern zurückzukehren.
Ein Gnadenausschuß des Justizministeriums in Washington befreite heute Leutnant Robert Schneeweis, weil er als ›Versuchskaninchen‹ in Malaria-Experimenten der Armee gedient hatte.
Schneeweis soll angeblich beteiligt gewesen sein, die Zivilisten kaltblütig niederzuschießen, als die 8. Panzerdivision im März 1945 den Rhein überquerte.
Während seines Prozesses hatte die Verteidigung den Vorwurf erhoben, daß er durch ›Kraut-killing Propaganda angefeuert‹ und für seine Handlung nicht voll verantwortlich gewesen sei.
Am vergangenen Freitag hat der Gnadenausschuß des Justizministeriums seine Strafe auf achteinhalb Jahre herab und auf ein Jahr zur Bewährung ausgesetzt. In einem Jahr wird er vollkommen frei sein.
Seine Frau Rabia und die Kinder, Carol und Robert Jr., warten auf ihn.«
Zum anderen fand sich in derselben Ausgabe der »Stars and Stripes« eine Meldung über Landsberg mit der Überschrift »15 weitere Nazis für Verbrechen gehängt«, in der es über einen der Hingerichteten hieß: »Klumpp, ein Partei-Blockwart in Weisenbach, hatte vor Gericht zugegeben, daß er durch Propaganda verführt worden sei, alliierte Flieger zu ermorden. Dieses befolgend, beteiligte er sich am Schlagen wenigstens eines solchen Fliegers mit einem Holzknüppel und wies einen seiner Untergebenen an, ihn zu erschießen.«
Diese und ähnliche Dinge konnten Bischof Wurm nur anspornen, seinen Kampf um Gerechtigkeit noch verstärkt fortzusetzen. Oberkirchenrat Weber, der dabei sein Sachbearbeiter war und der von mir schon einiges Material erhalten hatte, schrieb mir:

»Landesbischof i. R. D. Wurm wurde vom National Council for Prevention of War in Washington gebeten, er möchte einige Deutsche nennen, die in der Lage wären, gegenüber einer Untersuchungskommission des amerikanischen Senats, die sich mit den amerikanischen Kriegsverbrecherprozessen in Deutschland befassen soll, Auskunft zu geben. Ihr Name ist dem Exekutivsekretär des genannten National Council for Prevention of War, Mr. Frederick I. Libby, in Washington mitgeteilt worden.«
Natürlich würde ich diese Gelegenheit gern wahrnehmen, wenn es dazu käme, nicht nur wegen der Schanghaier, deren Befreiung ich mir geschworen hatte, sondern auch wegen anderer vor allem in Dachau zu Unrecht Verurteilten, teils sogar noch mit dem Tode bedrohten. Und obwohl ich bis an den Hals in Arbeit steckte, entschloß ich mich, ein übriges zu tun und jetzt meine »Dachauer Reserve« zu mobilisieren. Im Sommer 1947, als ich das Lager verließ, war ich nicht in der optimistischen Erwartung, daß dies so bald eintreten könnte.
Es handelte sich um Notizen, die besonders krasse Fälle von menschenunwürdiger Behandlung und Justizverbrechen betrafen, mit genauen Angaben über Personalien und Heimatadressen der Opfer, die ich entweder selbst gesprochen oder über deren Schicksal mir vertrauenswürdige Mitgefangene berichtet hatten. In einem Rundschreiben teilte ich allen diesen jetzt mit, daß Bischof Wurm aus Washington aufgefordert worden sei, Deutsche namhaft zu machen, die als Zeugen vor einem Untersuchungsausschuß des Senats Aussagen zu machen hätten.
»Außer dem, was ich persönlich aus eigener Erfahrung auszusagen habe, möchte ich der Senatskommission alles nur erreichbare Tatsachenmaterial auch aus Ihren Erfahrungen in Form von beglaubigten eidesstattlichen Erklärungen unterbreiten.« Und angesichts der hartnäckigen Weigerungen von Clay, Tatsachen zur Kenntnis zu nehmen, meinte ich: »Es muß eine Fülle von Material herangeschafft werden« und nannte dann elf Fragenkomplexe, zu denen Antworten erwünscht seien. Dann hieß es: »Ich bitte, in den Berichten jede Gefühlsregung zu unterlassen und ganz nüchtern und sachlich die Vorgänge zu schildern, Vermutungen und Kombinationen sind wegzulassen, wir brauchen nichts als reine Tatsachen.« Zum Schluß bat ich um Anschriften von weiteren Personen, die sachdienliche Angaben machen könnten.
Das Echo war gut. Nur wenige gebrannte Kinder schrieben mit der verständlichen Begründung ab, daß sie nicht etwa noch einmal Ähnliches erleben wollten, so gering war noch immer das Vertrauen in die Rechtssicherheit. Es gab für Eva und mich eine erschütternde Lektüre. Die meisten hier vor uns ausgebreiteten Schicksale waren ja viel schlimmer, als was uns selbst getroffen hatte.
Nicht einen Augenblick vergaß ich bei der Beschäftigung mit diesen Dingen das Leid, das Deutsche in diesem Kriege über andere gebracht hatten, aber dieses hier geschah zu einer Zeit, als die Waffen schon lange ruhten, und von

Leuten, die behaupteten eine bessere Weltordnung aufzurichten! Es war Teil eines Programms, uns die Segnungen der Demokratie und der Herrschaft des Rechtes zu bringen. Ich konnte auch nicht sagen, daß ich Vergeltung wünschte und besonders daran interessiert gewesen sei, daß die Folterknechte von Schwäbisch-Hall und Dachau bestraft würden. Es ging allein darum, zu Unrecht Verurteilte vor dem drohenden Tode zu erretten oder aus dem Gefängnis zu befreien.

Fürs erste waren wir mit noch mehr Material als vorher für den erwarteten Senatsausschuß gewappnet, ob es nun von mir direkt oder von Bischof Wurm verwendet werden sollte. Auch beim »Sonntagsblatt« war nach der Veröffentlichung der Kontroverse Wurm-Clay eine solche Fülle von Zuschriften eingegangen, daß die Zeitung am 20. Februar 1949 versuchen mußte, den Zustrom abzulenken. Sie teilte ihren Lesern die Anschrift des National Council for Prevention of War mit und bat sie, »alles Material, das ihnen auf der Seele brennt«, unmittelbar dorthin zu richten.

Leider stand es nicht gut um die Gesundheit unseres hervorragenden Streiters für Recht und Gerechtigkeit, Theophil Wurm. Schon an seinem 80. Geburtstag im Dezember, an dem ihm Volk und Behörden des Schwabenlandes eine große Ehrung zugedacht hatten, erlaubte es sein Zustand nicht, bei der öffentlichen Feier dabei zu sein. Den Teilnehmern wurde eine Grußbotschaft von ihm verlesen, die er als Vermächtnis betrachtet sehen wollte. Wie sein Schluß bezeugt, verband der aufrechte Christ seinen Glauben auch mit einem tiefen Patriotismus:

»Mein Empfinden für Volk und Vaterland möchte ich frei von jedem exklusiven Nationalismus, aber in innigster, dankbarer Verbundenheit mit den Besten unseres Volkes in die Worte kleiden: ›Werf ich von mir einst dies mein Staubgewand, beten will ich dann zu Gott, dem Herrn: Laß strahlen deinen schönsten Stern nieder auf mein irdisch Vaterland‹.«

In unserem Kampf für die Schanghaier in Landsberg gewannen wir in diesen Tagen einen wertvollen Bundesgenossen, der sich bald in der vordersten Linie mit Umsicht und Energie einsetzen sollte: Werner Otto von Hentig. Er war einer der fähigsten deutschen Diplomaten der ersten Hälfte des Jahrhunderts und – für einen Beamten des Auswärtigen Dienstes höchst ungewöhnlich – zu einer volkstümlichen Heldenfigur geworden, als in immer neuen Auflagen sein unmittelbar nach dem Ende des I. Weltkrieges veröffentlichter Erlebnisbericht »Ins verschlossene Land« erschienen war mit dem Untertitel »Ein Kampf mit Mensch und Meile«. Allein die Dritte Auflage der Neuausgabe, die der Ludwig Voggenreiter Verlag in Potsdam im Jahre 1928 vorgenommen hatte, erreichte bis in die ersten Jahre des Zweiten Weltkrieges das 222. Tausend. Hentig schilderte darin die Expedition,die er mit kleinster Begleitmannschaft im Jahre 1915 von Bagdad aus zu Pferde quer durch das im Norden von feindlichen russischen, im Süden von feindlichen britischen Truppen besetzte Persien nach dem neutralen Afghanistan durchgeführt hatte, um einen indischen Politiker, den Kumar Mahendra Pratap, und ein »Allerhöchstes Handschreiben des Kaisers und Königs« an den Emir Habib Ullah sicher nach Kabul zu bringen. Als nach dem Abschluß seiner Mission der Rückweg nach Deutschland über den Nahen Osten abgeschnitten war, machte sich Hentig erneut auf, diesmal in östlicher Richtung über das noch heute unwegsame »Dach der Welt«, den Pamir, nach China, wo er nach fünf Monaten und einigen Tagen und einem Ritt von fast 6000 Kilometern in der Provinz Honan die erste Bahnstation erreichte.

Seit seinem Dienstantritt als Attaché bei der Kaiserlichen Gesandtschaft in Peking 1911 hatte von Hentig die verschiedensten Posten in vier Kontinenten bekleidet, meistens im Orient oder Osteuropa, aber er hatte auch die Vereinigten Staaten kennengelernt, wo er einige Jahre Generalkonsul in San Francisco war. Er hatte einen großen Bekanntenkreis und stand überall in hohem Ansehen. Im Orient genoß er einen geradezu legendären Ruf und zählte viele echte Freunde. Ich hatte von Hentig vor dem Kriege gelesen und gehört, unsere Wege hatten sich aber nie gekreuzt, obwohl er zu einer Zeit im Auswärtigen Amt in Berlin gesessen hatte, als ich dort viel verkehrte. Nachdem es seit 1945 keinen deutschen diplomatischen Dienst mehr gab, hatte Werner Otto von Hentig sich dem von Martin Niemöller geleitetem Außenamt der Evangelischen Kirche in Frankfurt als außenpolitischer Berater zur Verfügung gestellt.

Herbert Mueller, der Hentig aus seiner Pekinger Zeit vor 1914 kannte, hatte diesen brieflich aus Landsberg über seinen Fall informiert, und Hentig wieder hatte sich dann um nähere Auskunft an mich gewandt. Als ich Ende Februar 1949 in Frankfurt in einer dort gerade gegründeten Gesellschaft für Auslandskunde einen Vortrag über China halten sollte, lud mich Dr. von Hentig zu einem Treffen im Kirchlichen Außenamt ein.

Dieses lag im Stadtteil Sachsenhausen auf dem Südufer des Mains in einer einst hochherrschaftlichen, jetzt aber durch Bomben stark beschädigten und notdürftig wieder zusammengeflickten Villa, Schaumainkai 23. Herr von Hentig empfing mich in seinem Arbeits- und, wie ich an dem Feldbett mit zwei Wolldecken sah, Wohnzimmer; ein paar Bücherregale und ein Schreibtisch sowie ein Kanonenöfchen bildeten das übrige Mobiliar. Der Sechzigjährige und ich mit meinen vierunddreißig Jahren fanden uns nach den ersten paar Sätzen in der gleichen Gewohnheit, knapp zur Sache und unter Vermeidung jedes überflüssigen Wortes zu sprechen. Aus dem Verhältnis, das hier begann, sollte eine politische und persönliche Freundschaft werden, die ungebrochen fast vierzig Jahre bis zu Hentigs Tod im 99. Lebensjahr im Jahre 1984 währen sollte.

Der Kreis der Menschen in maßgeblichen Stellungen, die wir für die Schanghaier Verurteilten zu mobilisieren versuchten, erweiterte sich durch Hentigs energische Beteiligung an unserem Kampf erheblich. Schon Ende 1948 hatte er mit Informationen, die er von Herbert Mueller erhielt, als er diesen in

Landsberg besucht hatte, den Oekumenischen Rat in Genf unterrichtet, hinzu kam jetzt der Bischof von Chichester, Dr. Bell, der in England immer wieder seine Stimme für Recht und Gerechtigkeit erhob, und auch der Päpstliche Visitator in Deutschland, Dr. Alois Münch. Hentig fuhr nun in kurzen Abständen immer wieder nach Heidelberg ins amerikanische Hauptquartier, wo er bei den Juristen der US-Armee vorstellig wurde. Der Hinweis auf das in Washington laufende Verfahren, über das ich ihm laufend die Eingaben und sonstiges Material von Reel weitergab, auf die beginnende öffentliche Debatte in den Staaten und die prominenten Persönlichkeiten auf der internationalen Ebene, deren Interesse an dem Fall geweckt hatte, und nicht zuletzt sein eigenes respektgebietendes Auftreten machten Eindruck. Hinzu kam, daß Hentig sein Staatsexamen mit einer völkerrechtlichen Arbeit über »das Rechtsinstitut der Exterritorialität« gemacht und einige Jahre Gerichts- und Anwaltspraxis hinter sich hatte, bevor er in den Auswärtigen Dienst eintrat, so daß man ihm auch juristisch nichts vormachen konnte. Als Vertreter der Sache gegenüber der US-Armee in Deutschland konnte man sich keinen Besseren denken.

Doch es war in Washington, wo wir die erste Schlacht gewinnen sollten. Am 20. April 1949 herrschte Spannung im 3. Stock in der Gneisenaustraße 6 im Hamburger Stadtteil Hoheluft, wohin das Büro des UNDO, dessen Redaktion ich inzwischen übernommen hatte, verzogen war. An diesem Tage war auch Eva voller Erwartung mit dorthin gekommen, denn ich hatte ein Telegramm von unserem Anwalt Frank Reel erhalten, daß ich ihn »reverse charges« in New York anrufen sollte. »Reverse charges« bedeutete, daß der Angerufene das Gespräch bezahlt; anders waren zur Zeit unter den Devisenbestimmungen der Besatzung Telefongespräche mit den USA gar nicht möglich und dementsprechend eine große Seltenheit.

»Wir haben gewonnen!« waren die ersten Worte von Reel, dessen Stimme ich noch nie gehört hatte, weil wir ja bisher immer nur brieflich verkehrten. Er meinte das vor einigen Tagen entschiedene Verfahren vor dem Appellationsgericht in Washington, bei dem er gegen die Nichtzuständigkeitserklärung des Distriktgerichtes Berufung eingelegt hatte. In der Annahme, der Circuit Court würde es ablehnen, darüber zu befinden, hatte Reel sich getäuscht. In der Tat war vor den Richtern Edgerton, Prettyman und Proctor schon am 8. Februar verhandelt worden, und am 15. April hatten sie nun ihre Entscheidung verkündet. Für die in Landsberg sitzenden Schanghaier hatten A. Frank Reel und Wallace M. Cohen plädiert, während die beklagten US-Minister durch drei Regierungs-Staatsanwälte vertreten waren.

Die Namen der Richter habe ich nicht nur deshalb genannt, weil sie entgegen den Erwartungen vieler zu einem für uns günstigen Urteil kamen, sondern weil dieses weit über den vorliegenden Einzelfall hinaus von grundsätzlicher Bedeutung und Tragweite war. Als ich kurz darauf den gedruckten Text des Urteils las (United States Court of Appeals for the District of Columbia Circuit,

No. 10053), sollte ich mich ganz besonders über die Entdeckung freuen, daß die Richter dort hinein einen ganzen Absatz aus der Rechtsmeinung von Bundesrichter Frank Murphy im Yamashita-Prozeß übernommen hatten. Sie zitierten genau die Worte über die Allgemeingültigkeit und Unveräußerlichkeit der Menschenrechte, die mir seinerzeit als bedeutend aufgefallen waren und die ich in ihrer Formulierung als geradezu klassisch empfunden hatte.

Die Anwälte der US-Regierung hatten wiederum versucht, ihre Mandanten, den Verteidigungsminister und die Militärs der Verantwortung für die Festhaltung der Gefangenen in Landsberg mit dem Argument zu entziehen, daß das Distriktsgericht von Washington in Deutschland keine Zuständigkeit besitze und mithin den Kommandanten des Landsberger Gefängnisses nicht belangen könnte. Das gelte auch für dessen Vorgesetzte, die Kommandeure der US-Armee in Deutschland oder in Europa.

Im Gegensatz zu der ersten Instanz wischte das Appellationsgericht die sich auf Territorium beziehenden Argumente beiseite und konzentrierte sich auf den Akt der Festhaltung als solchen. Wenn diese, wie behauptet, im Widerspruch zu den Grundrechten stehe, die durch die amerikanische Verfassung garantiert seien, und ein amerikanisches Gericht weigere sich, diese Frage zu prüfen, so seien schon allein damit für den Antragsteller tatsächlich die verfassungsmäßigen Grundrechte außer Kraft gesetzt. Daß jede Möglichkeit, einen solchen Fall zu prüfen, ausgeschlossen werde, könne es nicht geben.

Vielmehr war das Gericht der Ansicht, daß die Handlungen derjenigen Personen, welche für den verfassungsverletzenden Akt die letzte Verantwortung trügen, in den USA gerichtlich, z. B. durch ein habeas corpus-Verfahren, nachprüfbar sein müßten. Die Betreffenden hätten ihren Wohnsitz in Washington im District of Columbia und fielen damit unter die Zuständigkeit des dortigen Distriktsgerichtes. Deshalb sei der Fall zur Verhandlung an dieses zurückzuweisen: »Wir denken, daß, wenn eine Person ihrer Freiheit durch einen Akt eines Beamten der Vereinigten Staaten außerhalb der territorialen Jurisdiktion irgendeines Distriktsgerichtes der Vereinigten Staaten beraubt ist, der Antrag dieser Person auf eine habeas corpus-Anordnung vor dasjenige Distriktsgericht gehört, das territorial für denjenigen Beamten zuständig ist, der über den unmittelbaren Kerkermeister anordnende Gewalt besitzt.«

Großartig war, daß dieses Urteil statuierte, daß jede Amtshandlung eines amerikanischen Regierungsbeamten, wo auch immer in der Welt, auch außerhalb der USA der gerichtlichen Nachprüfbarkeit darüber unterliegt, ob sie im Einklang mit der Verfassung der Vereinigten Staaten steht. Es hieß in der Urteilsbegründung: »Wir halten dafür, daß verfassungsmäßige Beschränkungen direkt auf die Handlungen der Regierung oder von Regierungsbeamten anwendbar sind und nicht von Personen oder Territorium abhängen. Das ist der Kern der ganzen Sache. Wenn eine Handlung von Regierungsbeamten ihre verfassungsmäßige Gewalt überschreitet, ist sie aus diesem Grunde nichtig. Ist verfassungsmäßige Gewalt nicht vorhanden, spielt weder das Ziel noch die

Substanz eines Aktes eine Rolle.« Darüber hinaus wurde ausdrücklich betont, daß »in bezug auf die Anwendbarkeit verfassungsmäßiger Beschränkungen der Regierungsgewalt ein Unterschied zwischen Staatsbürgern und Ausländern nicht gemacht werden kann.«

»Wie lange kann es noch dauern?« war Evas Frage, als ich den Hörer aufgelegt hatte. Sie steckte ja so tief in der Sache, daß sie sich allein aus dem von mir bestrittenen Teil des Gespräches mit Reel ein Bild von dem ganzen Inhalt machen konnte. Wir wollten in unseren Erwartungen lieber weiter vorsichtig sein, meinte ich und erinnerte sie an Rousselles Befragung des Orakels aus dem »Buch der Wandlungen«, das sie so niedergeschlagen hatte. Das war vor anderthalb Jahren. Wie schrecklich damals die Vorstellung, daß es auch nur ein Jahr noch dauern könnte, bis wir ans Ziel kämen! Und wie schnell, mußten wir doch jetzt rückblickend feststellen, waren sogar die noch um die Hälfte längeren achtzehn Monate seitdem vergangen!

Sie stimmte zu, machte aber den berechtigten Einwand, daß wir in der Freiheit seien, die armen Kerle in Landsberg hätten gewiß eine andere Zeitrechnung. Mit Onkel Ludwigs Gesundheit steht es nicht zum besten, die alte Amöbenruhr, die er sich in China geholt hat, machte ihm immer wieder zu schaffen, und er war schon einige Male im Lazarett, Pop Mueller ist mit seinem Star von Blindheit bedroht, und jetzt erfuhren wir auch noch, daß bei Walter Richter offene Tbc ausgebrochen sei und man ablehnte, ihn, wie es sich gehörte, in eine Lungenheilanstalt zu bringen. Drei Jahre sitzen sie jetzt schon hinter Gittern.

Der Mann, der an der Spitze der Beklagten in der habeas corpus-Sache »Ehrhardt und andere gegen Forrestal und andere« vor dem Armeeminister und dem Stabschef der US-Armee stand, Verteidigungsminister James V. Forrestal, war übrigens unter großem Aufsehen vor einigen Tagen vom Amt zurückgetreten, weil er nach seiner Meinung nicht genug Geld für die Rüstung erhalten hatte. Er war nicht unschuldig an dem Schanghai-Prozeß, denn ging man nach den von den Amerikanern selbst für die von ihnen geführten Kriegsverbrecherprozesse geschaffenen Richtlinien, so hatte er von der Sache mindestens gewußt und sie »nicht verhindert«. Ich erinnerte mich nur zu gut an den kleinen Mann, der im Zweiten Weltkrieg die größte Flotte aufgebaut hatte, welche die Welt je gesehen, als Parsek bei einer der Raubtierschauen in Ward Road ihn schnell und ohne Aufenthalt an meiner Zelle vorbeidirigierte, um ihm stolz Randow vorzuführen, »one of the two barons we have here«.[20]

Eva wußte so gut wie ich, daß die begrüßenswerte Rechtsauffassung, die in dem Spruch des Appellationsgerichtes zum Ausdruck kam, noch keine Entscheidung in der Sache, sondern ein Urteil über das Verfahren war. Es besagte nicht mehr und nicht weniger, als daß das Distriktsgericht zu Unrecht seine Zuständigkeit abgelehnt hatte, daß es diese tatsächlich besitze und nunmehr zur Sache verhandeln müsse. Würden es die Verlierer, die US-Regierung, dazu kommen lassen oder würde sie, um das zu verhindern oder wenigstens noch

einmal Zeit zu gewinnen, gegen die Entscheidung Berufung beim Obersten Bundesgericht einlegen? Welchen Weg die amerikanische Regierung auch wählen würde, es lag immer noch ein langer Instanzenweg vor uns. Aber eins gestanden Eva und ich uns nach dem Telefonat mit Reel gegenseitig ein: Des Endsieges, wie auch immer er jenseits aller juristischen Finessen schließlich herbeigeführt werden würde, waren wir uns jetzt ganz sicher.
Außer dem Gefühl der Genugtuung, das uns erfüllte, durften wir vielleicht auch ein kleines bißchen stolz darauf sein, in dem ungleichen Streit um Recht und Gerechtigkeit für einige Menschen gegen die Macht der Vereinigten Staaten von Amerika eine Schlacht gewonnen zu haben.
Wie aber stand es in dem Kampf um Deutschland?

# 11 Zwei Staaten von Besatzungsgnaden

Als im Frühjahr 1949 der Entwurf für das Grundgesetz veröffentlicht wurde, auf den man sich im Parlamentarischen Rat geeinigt hatte, sah ich einige Befürchtungen bestätigt. Der allgemeine Inhalt dieses Verfassungswerkes für einen westdeutschen Staat und einzelne Artikel erschienen durchaus als demokratisch und rechtsstaatlich. Was ich zu beanstanden fand, waren Geist und Wortlaut seiner in der Präambel niedergelegten Geburtsurkunde.
Ich glaubte, meine Gefühle im allgemeinen ganz gut unter Kontrolle zu haben, aber als ich diesen Text las, fiel es mir sehr schwer, eine aufwallende Empörung zu unterdrücken:
»Im Bewußtsein seiner Verantwortung vor Gott und den Menschen, von dem Willen beseelt, seine nationale und staatliche Einheit zu wahren, und als gleichberechtigtes Glied in einem vereinten Europa dem Frieden der Welt zu dienen, hat das deutsche Volk in den Ländern Baden, Bayern, Bremen, Hamburg, Hessen, Niedersachsen, Nordrhein-Westfalen, Rheinland-Pfalz, Schleswig-Holstein, Württemberg-Baden und Württemberg-Hohenzollern, um dem staatlichen Leben für eine Übergangszeit eine neue Ordnung zu geben, kraft seiner verfassungsgebenden Gewalt dieses Grundgesetz der Bundesrepublik Deutschland beschlossen. Es hat auch für jene Deutschen gehandelt, denen mitzuwirken versagt war. Das gesamte deutsche Volk bleibt aufgefordert, in freier Selbstbestimmung die Einheit und Freiheit Deutschlands zu vollenden.«
Um Himmels willen, von dieser erhabenen Erklärung war ja so gut wie kein Wort wahr! Glaubten die Menschen, die diesen Text beschlossen, aufrichtig, was sie da verfaßt hatten, lebten sie in einer Traumwelt, weit von der Wirklichkeit entfernt? Oder sollte in einem Akt seltener Heuchelei bei der Geburt eines Staates die Lüge Pate stehen?

Es war schwer zu entscheiden, wo man mit der Aufzählung der Ungereimtheiten dieses Textes und seiner Widersprüche zur Realität anfangen sollte.
Wo war vor allem das Volk, das diesen Akt vollzogen haben bzw., da es sich ja vorerst noch um einen Entwurf handelte, demnächst vollziehen sollte? War, wie bei den Vorbildern demokratischer Verfassungsgebung in der Geschichte, eine Nationalversammlung vom Volke gewählt worden, ausdrücklich mit dem Auftrag ohne Vorgabe in freier Diskussion, Zusammenarbeit und Beschlußfassung eine Verfassung zu erarbeiten? Das nächstliegende, das eigene deutsche Beispiel lag doch noch gar nicht so weit zurück; noch nicht einmal dreißig Jahre waren vergangen, seit nach der Abdankung des Kaisers und der Abschaffung der Monarchie in freien, gleichen und geheimen Wahlen die Nationalversammlung von Weimar gewählt wurde und 1919 die Verfassung für das Deutsche Reich geschaffen hatte? Nichts dergleichen, nicht einmal ein diesem demokratischen Vorgang nur ähnelnder Akt war diesmal geschehen. Eine Wahl zu einer verfassunggebenden Versammlung hatte in keinem der aufgeführten Länder, die Mitglieder des Bundes werden sollten, stattgefunden.
Und da kam ich mit meinen Gedanken schon wieder ins Stocken und mußte mich fragen: Warum denn überhaupt eine neue Verfassung, und wenn auch nur für einen Teil des Reiches? Hatten wir denn keine und existierte die von Weimar nicht mehr? Hatte ich etwa irgendwann in den letzten 19 Jahren nicht aufgepaßt und war mir so entgangen, daß sie für ungültig erklärt, außer Kraft gesetzt und abgeschafft worden war und wenn, wer hatte diese tief einschneidende geschichtliche Tat dann vollbracht?
Es geschah gewiß nicht durch das »Gesetz zur Behebung der Not von Volk und Reich«, treffend als »Ermächtigungsgesetz« bezeichnet, vom 24. März 1933, mit dem der Reichstag mit der verfassungsmäßig vorgesehenen Mehrheit der von Hitler geführten Reichsregierung die Vollmacht gab, Gesetze auch außerhalb dem in der Verfassung vorgesehenen Verfahren erlassen zu können. Es geschah auch nicht dadurch, daß in den folgenden 12 Jahren in Teilbereichen unter der Verfassung bürgerliche und demokratische Rechte außer Kraft gesetzt wurden. Diese Akte waren Verletzungen oder Umgehungen, konnten aber die Verfassung als solche nicht beseitigen. Sie galt auch während der Hitlerherrschaft weiter.
Ist sie dann vielleicht am 8. Mai 1945 mit der bedingungslosen Kapitulation verschwunden? Der Gedanke war abwegig. Im Parlamentarischen Rat selbst hatte Carlo Schmid richtig darauf hingewiesen, daß die deutsche Wehrmacht und nicht der deutsche Staat bedingungslos kapitulierte, das heißt, die bewaffnete Macht lieferte sich dem militärischen Sieger aus, ohne Bedingungen zu stellen. Das Oberkommando der Wehrmacht unterzeichnete die Kapitulationsurkunde, welche die Einstellung der Feindseligkeiten regelte, beauftragt von der bestehenden Reichsregierung. Wenn die Siegermächte nach der Waffenniederlegung diese gefangensetzten und erklärten, nunmehr – weil

keine Regierung existierte – die gesamte politische Gewalt in Deutschland zu übernehmen, so hatten sie auch mit diesem Willkürakt nicht den deutschen Staat beseitigt, sondern es nur übernommen, ihn zu regieren. Von einer Abschaffung der Verfassung, die sich sein Staatsvolk durch die Nationalversammlung 1919 gegeben hatte, war niemals und nirgendwo die Rede. Sie wäre übrigens, wenn die Sieger dergleichen ohne Annexion hätten vornehmen wollen, völkerrechtswidrig und ungültig gewesen. Es fand bekanntlich nichts Derartiges statt.

Mithin galt rechtlich für alle deutschen Staatsbürger weiter die Weimarer Verfassung, als sich auf eine in die Form von Wünschen und Empfehlungen verkleidete Anordnung der drei westlichen Besatzungsmächte einige Abgeordnete der Länderparlamente zusammensetzten, um für einen Teil ihres Geltungsbereiches eine andere Verfassung auszuarbeiten. Denn Verfassung war es – und sollte es sein –, trotz aller Benamsung als »Grundgesetz«.

Als nächstes mußte ich mich fragen, welche Auffassung von Demokratie wohl bei den Autoren dieser Präambel geherrscht hatte, als sie hineinschrieben, es – das Volk in den Ländern der drei westlichen Besatzungszonen – habe auch »für jene Deutschen gehandelt, denen mitzuwirken versagt war«. Die Essenz der Demokratie ist die Selbstbestimmung bzw. Mitbestimmung des einzelnen über sein politisches Schicksal. Er kann mit der Ausübung seiner Rechte einen Dritten beauftragen, was in der Regel durch Wahlen geschieht. Wenn schon die Mitglieder des Parlamentarischen Rates zwar gewählt, aber nicht zum Zwecke der Ausarbeitung einer Verfassung gewählte Volksvertreter waren, so lag nun nicht einmal die Spur eines demokratischen Auftrags von dem Volk in der sowjetischen Besatzungszone vor, das mit »jenen Deutschen« gemeint war, »denen mitzuwirken versagt war«. Der Anspruch, für Menschen etwas zu beschließen, von denen man in keiner Weise beauftragt war, ja, die nicht einmal gefragt wurden, stand als Anmaßung in diametralem Widerspruch zu jeder demokratischen Grundauffassung. Es handelt sich um reine Usurpation, um die Vorenthaltung von einem demokratischen Grundrecht, im Sinne der Demokratie also die Illegitimität schlechthin.

Höchst widersprüchlich war auch die Bezugnahme auf ein vereintes Europa. Ich war keineswegs gegen ein solches, hatte im Gegenteil sogar schon Ende 1945 von Schanghai aus mit der Organisation Federal Union in England briefliche Verbindung aufgenommen und diese nach meiner Entlassung aus Dachau wieder angeknüpft, weil ich fest von der Notwendigkeit überzeugt war, das nationalstaatliche Gegeneinander in unserem Erdteil angesichts des Heraufkommens der beiden Supermächte endlich zu überwinden. Aber man mußte diesen Passus über die Hinwendung zu Europa mit kritischen Augen genau lesen, um zu erkennen, daß den Verfassern etwas Ähnliches wie der Versuch der Quadratur des Kreises vorgeschwebt haben mußte, denn es hieß: »um seine nationale und staatliche Einheit zu wahren und als gleichberechtigtes Glied in einem vereinten Europa dem Frieden der Welt zu dienen«. In der

Tat wurde jedoch mit dieser Staatsgründung etwas ganz und gar anderes konstituiert: die Teilung eines Landes in einem geteilten Europa.

Die Entwicklung hatte ihren Antrieb nicht von einem souveränen Volk genommen, das seine »verfassunggebende Gewalt« wahrnahm, sondern von der außereuropäischen Supermacht USA und ihren westeuropäischen Verbündeten, Großbritannien und Frankreich, die dabei ganz andere Ziele im Auge hatten, als »die nationale und staatliche Einheit Deutschlands zu wahren« und Deutschland als »gleichberechtigtes Mitglied in ein vereintes Europa zu führen«. Vielmehr sollte unter unausgesprochener, tatsächlicher Aufgabe der noch in Potsdam 1945 betonten staatlichen Einheit Deutschlands dessen westliche Hälfte separat staatlich organisiert werden, um sie besser als Werkzeug in eine der Gruppierungen einzugliedern, die sich auf einen möglichen dritten Weltkrieg vorbereiteten. Dieser war nicht ein Eventualfall in weiter Ferne, sondern wurde als in kurzer Frist wahrscheinlich angesehen. Mehr noch: gerade die Annahme, daß es dazu sehr bald kommen könnte, hatte bei Amerikanern, Briten und Franzosen zur Abkehr von ihrer ursprünglichen Politik der möglichst lange ausgedehnten Niederhaltung Deutschlands geführt und deren Ersetzung durch eine – selbstverständlich streng kontrollierte – Wiederaufrichtung des Teiles des Landes, der sich in ihrem Machtbereich befand.

Bei dieser, wie ich nach Selbstprüfung glaubte, mit der angemessenen Nüchternheit vorgenommenen Beurteilung der Lage wurde ich unvermeidlich an die Schreibelager erinnert, von denen mir General Bockelberg in Dachau berichtet hatte. Dort waren dem amerikanischen Militär Erfahrungen der deutschen Wehrmacht im Rußlandfeldzug vermittelt worden. Wie lange nach der Staatsgründung würde es dauern, bis der Ruf auch nach deutschen Soldaten zu hören sein würde? Denn die zu bekommen, war doch wohl das eigentliche Ziel hinter der Errichtung eines westdeutschen Staates.

Zu diesem Unternehmen konnte ich meine Hand nicht leihen. Es schien mir, daß damit zum dritten Mal in diesem Jahrhundert eine deutsche Daseinsverfehlung eingeleitet würde, nachdem wir eben der zweiten noch ohne die letzte Konsequenz, den Volkstod, entronnen waren. Ein neuer Krieg, diesmal von Anfang an auf deutschem Boden und mit den in Hiroshima und Nagasaki erprobten massenvernichtenden Atomwaffen, würde ihn dann schließlich bringen. Dieser drohenden Gefahr mußte entgegengetreten werden.

Nichts anderes konnte jetzt meine erste Aufgabe sein, hinter der alles andere zurückzutreten hatte.

Als Anfang blieb mir erst einmal nur der Protest. Und so setzte ich mich hin und schrieb im UNDO den Kommentar »Die Lüge in der Präambel«. Er wurde immerhin von einigen kleineren Zeitungen übernommen. Doch was bedeutete das schon gegenüber den Kräften hinter der eingeleiteten Entwicklung? Wie im Ehrhardt-Prozeß befand ich mich mit so gut wie leeren Händen im Kampf mit einer Übermacht.

Während der Ausarbeitung des Grundgesetzes hatten die Besatzungsmächte dem Parlamentarischen Rat stark auf der Pelle gesessen. Verbindungsoffiziere der Militärgouverneure beobachteten, indem sie mit den Abgeordneten engen Kontakt hielten, den Fortgang der Arbeiten, vom Einbringen der Entwürfe über die Diskussion bis schließlich zur Beschlußfassung, aus nächster Nähe. So wurde ständig Einfluß genommen, und mehrere Male hatten sogar die alliierten Regierungen selbst interveniert, vor allem wenn sie oder auch nur eine der drei Mächte glaubten, befürchten zu müssen, daß die Regierung des zu schaffenden Staatswesen mit einer zu starken Zentralgewalt ausgestattet werden könnte. In erster Linie die Franzosen, aber auch die Amerikaner drangen darauf, daß die Verfassung einen stark förderalistischen Charakter bekäme.
Bei der letzten Intervention dieser Art wäre es beinahe zum Bruch gekommen, weil die Sozialdemokraten sich auf die Hinterbeine setzten und gegen eine allzustarke Dezentralisierung wendeten, die eine kommende Bundesregierung vor allem auf dem wichtigen Gebiet der Staatsfinanzen fast zur Ohnmacht zu verurteilen drohte. Die Amerikaner hatten sich inzwischen selbst unter Zeitdruck gesetzt, indem sie in Geheimverhandlungen mit den Russen über die Aufhebung der Berliner Blockade eingetraten waren, bei denen sie befürchten mußten, daß die Sowjetunion in diesem Zusammenhang neue Viermächteverhandlungen über die ganze deutsche Frage fordern würde (was in der Tat später auch geschah). Dafür wollten die USA dadurch in einer möglichst günstigen Position sein, daß sie mit der Gründung des westdeutschen Staates auf ihrer Seite vollendete Tatsachen geschaffen hätten. So kam es zum Nachgeben und zu einem Kompromiß mit den Sozialdemokraten. Am 6. Mai 1949 konnte schließlich der Entwurf für das Grundgesetz vom Hauptausschuß des Parlamentarischen Rates verabschiedet und dem Plenum zur dritten und endgültigen Lesung zugeleitet werden.
Diese wurde auf den 8. Mai gelegt. Das war der vierte Jahrestag der Kapitulation der Wehrmacht! Hätte man sich trotz des alliierten Druckes nicht noch ein paar Tage Zeit lassen können? Dem hätte doch nichts im Wege gestanden. Der symbolische Bezug dieses Datums mußte den Abgeordneten doch gegenwärtig sein. Ich fand seine Wahl schandhaft. Doch entsprach er nicht in einem tieferen Sinne exakt der Wirklichkeit? Zweifellos war die Gründung eines deutschen Teilstaates auf Geheiß der Siegermächte wie die bedingungslose Kapitulation am 8. Mai vor vier Jahren kein Vollzug der Volkssouveränität, sondern eine Unterwerfungshandlung. Nur, jene militärische Kapitulation am 8. Mai 1945 war infolge von Hitlers wahnsinniger Fortsetzung des Krieges bis zum militärischen Zusammenbruch eine unabwendbare Notwendigkeit. Bestand jetzt ein ähnlicher Zwang, der die westdeutsche Teilstaatsgründung nur als letzten Ausweg übrigließ, neben dem gleichsam der Abgrund des Nichts gähnte? Ich mußte diese Frage entschieden verneinen.
Es war kein Wunder, daß General Clay an diesem zweiten 8. Mai in der

jüngeren deutschen Geschichte zufrieden war.[21] Der amerikanische Terminplan seit dem Frühjahr 1947 war erfüllt worden.

Der im November 1948 wiedergewählte Präsident Truman hatte schon in seiner Antrittsrede am 20. Januar 1949 angekündigt, daß er dem Senat demnächst den Entwurf eines Atlantikpaktes vorlegen würde, in dem sich die USA, Frankreich und Großbritannien mit anderen westeuropäischen Ländern in einem Bündnis zusammenschließen würden. Dazu hatte gleich einige Tage später das Außenministerium in Moskau den Vereinigten Staaten Pläne für eine anglo-amerikanische Weltherrschaft unter Ausnutzung auch Deutschlands und Japans vorgeworfen. Ein Memorandum, das den Westmächten am 31. März überreicht wurde, machte völkerrechtliche Einwände gegen den geplanten Atlantikpakt geltend, er stände im Widerspruch zu allen während des Krieges zwischen der Sowjetunion und den USA, Großbritannien und Frankreich geschlossenen Verträgen. Der Vertrag, der die Form eines gegenseitigen Beistandspaktes hatte, wurde jedoch am 4. April in Washington unterzeichnet. Auf der sich anschließenden Außenministerkonferenz der Westmächte wurden dann zwischen den USA, Großbritannien und Frankreich letzte Vorbereitungen für die geplante westdeutsche Staatsgründung beschlossen, wie der Zusammenschluß der drei westlichen Besatzungszonen, das Besatzungsstatut, das nach der westdeutschen Staatsgründung gelten sollte, und das Abkommen über die Internationale Ruhrbehörde.

Um eine Aufhebung der Berliner Blockade zu erreichen, waren die Westmächte auf die sowjetische Forderung eingegangen, am 23. Mai noch einmal zu einer Konferenz der Außenminister der vier Besatzungsmächte in Paris zusammenzukommen.[22]

Am 10. Mai machte der Parlamentarische Rat dem Streit um die Hauptstadt des neuen Staates dadurch ein Ende, daß er sich mit 33 gegen 29 Stimmen für Bonn entschied. Da Berlin, das ja viergeteilt war und nicht einmal mit seiner westlichen Hälfte richtig zum Bund gehörte und inmitten der sowjetischen Besatzungszone lag, nicht in Frage kam, hatten sich die Blicke auf die alte Reichsstadt Frankfurt am Main gerichtet, für das ihre im Bundesgebiet zentrale Verkehrslage, großstädtischer Charakter und die Parlamentstradition von 1848 sprach. Aber der Mann, der Bundeskanzler werden wollte, der frühere Oberbürgermeister von Köln und derzeitige Vorsitzende der CDU, Dr. Konrad Adenauer, hatte sich für Bonn entschieden und setzte das auch durch. Böse Zungen zogen einen Vergleich mit einem Vorgang in Frankreich. Nach der Besetzung von Paris durch die deutschen Truppen mußte die französische Regierung sich einen Sitz im unbesetzten Teil des Landes suchen. Dort gab es noch Großstädte genug, aber die Wahl fiel auf den kleinen, wegen seiner Quellen berühmten, als Hauptstadt aber ungeeigneten Badeort Vichy, und die Erklärung für die überraschende Wahl war, daß der Familienwohnsitz des Regierungschefs, Premierminister Pierre Laval, ganz in der Nähe lag. Konrad Adenauer hatte sich, nachdem er als Oberbürgermeister von Köln 1933 pensioniert worden war, am Hang des Siebengebirges in Rhöndorf, auf dem anderen Rheinufer ein Haus gebaut.

Gerüchte gingen um, daß bei der Abstimmung im Parlamentarischen Rat in dem als knapp angesehenen Rennen zwischen Frankfurt und Bonn Geldbeträge, die in die Taschen einiger Abgeordneter geflossen sein sollen, die entscheidende Rolle gespielt hätten.[23]

Von dem Augenblick an, als nach Jahren des Vakuums als reale Möglichkeit wieder so etwas wie Staatlichkeit winkte, und das hieß Macht, wie auch immer noch von den Alliierten begrenzt, hieß Regierungsämter, Parlamentssitze, Verwaltungsposten und die damit verbundenen Befugnisse und Verfügungen über Gelder, hatte sich der Blick der meisten in den Parteien tätigen Politiker auf diese Dinge verengt, und sie hatten, als die Wahl für einen Bundestag bevorstand, kaum noch an etwas anderem Interesse. Auch in der ihnen nahestehenden Presse, die ja außerdem immer noch unter dem Lizenzzwang stand, wurde der eigentliche Charakter dieser fremdbestimmten Staatsgründung nicht mehr gesehen oder verdrängt. Nur eine sehr kleine Minderheit sah alle Implikationen und machte sich Sorgen, vor allem auch um die deutsche Einheit.

Mitte März war ich in den Spalten der »Welt« plötzlich auf einen alten vertrauten Namen aufmerksam geworden: Rudolf Nadolny. Er versetzte mich zurück in die dreißiger Jahre, als unser Kreis im Obergebiet Ost und in »Wille und Macht« der deutschen Jugend eine andere außenpolitische Konzeption vermitteln wollte, als die abstrusen Ideen von Hitler und Rosenberg, wobei für uns das Verhältnis zu Rußland zentrale Bedeutung hatte. Dabei lag es in der Natur der Sache, daß wir auf der Suche nach älteren Fachleuten, die uns Kenntnisse vermitteln und bei denen wir Rat finden konnten, fast ausschließlich auf Männer trafen, die bei Hitler und der Partei in Ungnade standen. Nadolny, der nach einem Streit mit Hitler über die Rußlandpolitik 1934 als Botschafter in Moskau zurückgetreten und aus dem Auswärtigen Dienst ausgeschieden war, gehörte dazu. Rückblickend mußte ich mich jetzt noch darüber wundern, wie weit ich bis zu meinem Abschied von Berlin im Sommer 1937 noch mit meiner Ablehnung der von Hitler und Ribbentrop vertretenen Tendenz gehen konnte, bei Frankreich und Großbritannien einen Rückhalt für eine offensive Politik gegen die Sowjetunion zu gewinnen, was zum Scheitern verurteilt war und nach meiner Ansicht höchstens zum Wiederaufleben der französisch-russischen Allianz aus der Zeit vor dem Ersten Weltkrieg führen würde. Günter Kaufmann hatte während seines Studiums in Genf 1932 den Botschafter Nadolny getroffen, als dieser die deutsche Delegation zur Abrüstungskonferenz des Völkerbundes geleitet hatte, später vermittelte er unsere Bekanntschaft, und ich suchte Nadolny nach seinem Rücktritt öfter zu einem Gespräch über die außenpolitische Lage auf.

Sein Name war in der Ostpolitik ein Programm wie Brockdorf-Rantzau und Maltzan und stand für die Wiederaufnahme der Bismarckschen Linie eines

guten Verhältnisses zu Rußland, die unter Wilhelm II. verlassen worden war, durch die Weimarer Republik. Der Vertrag von Rapallo und Gustav Stresemanns Berliner Vertrag von 1926 waren ihre Stationen.
Zu diesem Zeitpunkt, in dem die Arbeiten des Parlamentarischen Rates kurz vor dem Abschluß standen und die Gründung eines westdeutschen Staates unmittelbar bevorzustehen schien, mußte deshalb die Meldung erhebliches Aufsehen erregen, daß Botschafter a. D. Rudolf Nadolny, zusammen mit dem Reichsminister a. D. Dr. Andreas Hermes, Mitbegründer nach 1945 der CDU in Berlin und derzeitiger Vorsitzender des Raiffeisenverbandes, eine Reihe von politischen Persönlichkeiten zu einem Gespräch nach Bad Godesberg eingeladen hatten, in dessen Mittelpunkt die Sorge um die Erhaltung der Einheit Deutschlandes stehen sollte.
Hier wurden also meine eigenen schweren Bedenken geteilt, und gleich nach dem Lesen der Meldung in der »Welt« erkundigte ich mich nach Nadolnys Adresse und erneuerte unsere Verbindung aus der Vorkriegszeit. Mit einem Brief schickte ich ihm einige Ausgaben des UNDO, in denen ich gegen eine deutsche Parteinahme in der Auseinandersetzung zwischen den USA und der Sowjetunion Stellung genommen hatte. Schon nach ein paar Tagen antwortete er, daß er die angestrichenen Artikel mit großem Interesse gelesen habe und sie sehr gut fände. Dann hieß es in dem handschriftlichen Brief weiter: »Soweit sie die östlichen Angelegenheiten betreffen, haben sie mich wegen meiner früheren Beziehungen zu Rußland natürlich besonders interessiert. Allerdings muß ich Ihnen in dieser Hinsicht sagen, daß ich gerade mit der russischen Besatzungsmacht als einziger seit etwa eineinhalb Jahren keine Verbindung mehr habe. Die Herren, die ich dort kannte, sind versetzt, und man scheint kein Interesse an mir zu haben. Ich bedaure das, denn es wäre natürlich gut, wenn man dorthin wieder zu Worte kommen könnte, kann es aber nicht ändern. Jedenfalls sind alle Nachrichten und Kombinationen der Presse, die mich und meinen hiesigen Aufenthalt mit den Russen in Zusammenhang bringen oder mich gar als sowjetischen Emissär hinstellen, reine Phantasie.«
Mit dieser letzten Bemerkung bezog sich Nadolny auf das Echo, das sein Schritt bei Politikern und in der Presse gefunden hatte, und ich kam hier zum erstenmal mit einer üblen Erscheinung in Berührung, die zu einem der charakteristischen Merkmale des politischen Umgangs in unserem Lande werden sollte, die verleumderische Verdächtigung der Motivation politisch Andersdenkender. Wer für eine andere Politik eintrat als die gewünschte Westintegration, stand im Solde Moskaus, war Kommunist und naives Werkzeug sowjetischer Politik.
So schrie in diesem Falle sofort das sozialdemokratische »Hamburger Echo« auf, das Botschafter Nadolny als Abgesandten der SMA (Sowjetische Militär-Administration) in Ostberlin bezeichnete und besonders daran Anstoß genommen hatte, daß einige hohe Beamte der Bi-Zonenverwaltung, wie deren

Oberdirektor Hermann Pünder und der Direktor der Verwaltung für Wirtschaft, Ludwig Erhard, und einige andere der CDU angehörende führende Persönlichkeiten wie der erste Nachkriegs-Ministerpräsident von Schleswig-Holstein, Theodor Steltzer, an dem von dem offensichtlichen Agenten der sowjetischen Besatzungsmacht initiierten Gespräch teilgenommen hatten. In anderen Zeitungen wurden ähnliche Verdächtigungen laut, und zweifellos wurde dadurch eine Menge Leute abgeschreckt, sich mit diesen Bestrebungen näher zu befassen. Nadolny und Hermes ließen sich jedoch nicht gleich ins Bockshorn jagen, setzten ihr Vorhaben nach diesem ersten Vorgespräch fort und bereiteten für den Sommer ein weiteres Treffen vor.
Ich sollte am 29. Juni im Hotel Friedrichsbad bei Schwelm vor dem Rhein-Ruhr-Club einen Vortrag über China halten und beschloß gelegentlich dieser Reise auch Botschafter Nadolny zu besuchen. Einige Monate vor mir hatte übrigens Professor Ulrich Noack vor dem Club seine Idee von einem neutralen Deutschland erläutert. Diese Vereinigung war nicht wie der bekannte Industrie-Club in Düsseldorf eine Gründung der Schwerindustrie, sondern rekrutierte sich eher aus liberal denkenden Angehörigen freier Berufe und des gewerblichen Mittelstandes und zeichnete sich unter der bewährten Leitung von Dr. Loeb-Caldenhof durch Offenheit und Aufgeschlossenheit aus. Hier wurden auch unkonventionelle Meinungen diskutiert.
Meine Absicht, gleich nach dem Vortrag in Schwelm Botschafter Nadolny aufzusuchen, konnte ich nicht durchführen, weil ich unerwartet dringend zu wichtigen Besprechungen nach Hamburg zurückkehren mußte. Es ging dabei um eine große Umstellung in meinen beruflichen Verhältnissen. Majewskis Zeitschriftenplan war wegen mangelnder finanzieller Basis gescheitert, und es galt, wenigstens den Pressedienst, der dabei in Mitleidenschaft gezogen worden war, dadurch zu retten, daß man ihm eine bessere verlegerische Grundlage verschaffte. So konnte ich das weitere Vorgehen von Nadolny und Hermes vorerst nur durch Fortsetzung des brieflichen Kontaktes aus einiger Entfernung verfolgen.
Aufsehen erregten sie weiter, zumal ihre zweite Tagung auf ein Wochenende, 14 Tage nach der Wahl zum ersten Bundestag am 14. August, aber noch vor dessen erstem Zusammentritt anberaumt war. In der Einladung hatten sie zur Bildung einer zentralen Stelle zur Förderung der deutschen Einheit aufgefordert. Sollte hier etwa so etwas wie ein Neben- oder gar Gegenparlament ins Leben gerufen werden?
Nachdem die SPD Nadolny wie einen Aussätzigen behandelte, mit dem ihren Mitgliedern und Anhängern jeder Kontakt zu untersagen war, trat nun auch Dr. Adenauer auf den Plan und warnte für die CDU vor der Presse, wie die »Welt« am 24. 8. berichtete, vor jeder Beteiligung. »Das Wirken des Herrn Nadolny« bezeichnete er sogar von oben herab als »Schädigung des deutschen Vertrauens im Ausland«, womit er wohl, logisch ausgedrückt, das Vertrauen in Deutschland im Ausland meinte und dabei die Wirkung von auf

die Wahrung der deutschen Einheit gerichteten Bestrebungen auf die drei Westmächte, die Väter des gerade eben gegründeten westdeutschen Teilstaates, im Auge hatte.
Ich sah in dieser Diffamierung gesamtdeutscher Politik in der Geburtsstunde des westdeutschen Staates ein schlimmes Zeichen und fand die Haltung bestätigt, die ich am 14. August eingenommen hatte. Ich war nicht zur Wahl gegangen, weil ich vermeiden wollte, die Gründung des Separatstaates durch meine Stimme noch nachträglich mit zu sanktionieren.
Bei der zweiten Zusammenkunft des Kreises um Nadolny und Hermes war ein »vorbereitender Ausschuß« ins Leben gerufen worden. Dieser sollte ganz und gar nicht einen so drastischen Schritt wie die Gründung eines Gegenparlamentes, sondern nur eines Nationalvereins in die Wege leiten. Trotzdem wurde selbst dieser bescheidene Ansatz weiter diffamiert, wozu auch der kurz darauf zusammentretende Bundestag als Tribüne herhalten mußte. Hier warnte in der Plenarsitzung vom 21. September 1949 der Führer der Sozialdemokraten, Dr. Kurt Schumacher, man sollte »derartige Dinge wie die beiden Godesberger Gespräche unterlassen« und fuhr fort:
»Ich verstehe, daß in den eisigen Stürmen des kalten Krieges sich manche Leute in Deutschland den Charakter erkältet haben. Einige dieser Herren sind heute Mitglieder der Bundesregierung. (Hört! Hört! links.) Da sie aber bei der zweiten Godesberger Tagung nicht dabei gewesen sind, dürfen wir die frohe Erwartung aussprechen, daß sie mit einem leichten politischen Schnupfen davongekommen sind. (Heiterkeit.) Die neue Linie der Kommunisten aber, für die jeder Anreger solcher Tagungen nur ein Instrument der sowjetischen Staatspolitik ist, ist nicht deswegen interessant, weil sie von deutschen Kommunisten kommt, sondern deswegen, weil sie nur möglich ist als die Auftragserfüllung sowjet-russischer Auftraggeber. Nun, werte Abgeordnete, haben wir einem solchen Versuch nicht mit primitiven Anti-Deklamationen entgegenzutreten, sondern mit einer positiven Zeichnung des deutschen Staats- und Soziallebens. Nach der Ansicht der ganzen sozialdemokratischen Partei ist der Boden, auf dem ein erfolgreiches Bestehen dieser Angriffe am ehesten möglich ist, der Boden des demokratischen Sozialismus. (Händeklatschen bei der SPD, – Abg. Dr. Freiherr von Rechenberg: Von Sozialismus haben die da drüben genug!) Die Kommunisten versuchen es mit allen möglichen Mitteln. Wir haben dieses Liebeswerben schon mehr als ein dutzendmal seit Bestehen der ersten deutschen Republik gehört. Auch jetzt macht es wenig Eindruck auf uns, die Pferde der trojanischen Kavallerie galoppieren zu hören.«
Soweit das Bundestagsprotokoll. Ein mit der Geschichte der letzten Jahrzehnte vertrauter Psychiater hätte allein in diesem Ausschnitt der Rede von Dr. Schumacher eine Fülle von Stoff für eine interessante Analyse dieser politischen Persönlichkeit gefunden. Ich beanstandete vor allem die Infamie des Herabsetzungsversuches an einem Mann, der Hitler persönlich das Urteil

über seine verhängnisvolle Politik direkt ins Gesicht sagte, damit die eigene Laufbahn, an der er hing, selbst beendet und überdies historisch recht behalten hatte. Und Schumacher konnte sich auch nicht mit Nichtwissen darüber entschuldigen, daß Rudolf Nadolny in der Sowjetzone den gleichen Mannesmut wie im Angesicht Hitlers gezeigt hatte. Unmißverständlich hatte er darin die sowjetische Besatzungspolitik mit ihrer einseitigen Begünstigung der SED kritisiert. Er tat das in Ostberlin, im Machtbereich von Roter Armee und SED, die von Schumacher und Genossen billig vom sicheren Hort Westdeutschlands aus angegriffen wurden. Dieses Memorandum und erst recht die Tatsache, daß es deshalb zu einem Abbruch der Beziehungen zwischen der damals die sowjetische Besatzungspolitik bestimmenden Gruppe und Nadolny kam, war Westberliner Politikern, auch solchen der SPD, nicht unbekannt geblieben. Um so unqualifizierter war Schumachers ehrabschneiderische Bemerkung.
Ein Psychiater hätte auch Züge von Schizophrenie festgestellt; ich begnügte mich mit dem Bibelwort vom Splitter im Auge des anderen, über dem der Balken im eigenen übersehen wird. Denn was redete der SPD-Chef da von »Auftragserfüllung sowjetrussischer Auftraggeber«? Nadolny und Hermes hatten einen Auftrag der sowjetischen Besatzungsmacht weder gesucht, noch erhalten, noch erfüllt, während er, Schumacher, als Abgeordneter in einem Parlament redete, das tatsächlich in Erfüllung eines Auftrags von Besatzungsmächten erst das Licht der Welt erblickt hatte!

Anfang 1949 hatte ich in Hamburg den Schriftsteller Gerhard Günther wiedergetroffen. Er und sein Bruder Albrecht Erich Günther waren für mich während der letzten Schuljahre vor 1933, als mein politisches Interesse erwacht war, so etwas wie Mentoren gewesen. Sie waren führend in einem der vielen parteipolitisch nicht festgelegten Zirkel und Clubs, die in der Weimarer Republik abseits der breiten Öffentlichkeit eine politische Rolle spielten. Diese waren meistens keine fest strukturierten Organisationen, sondern lockere Zusammenschlüsse von Männern der »Frontgeneration«, wie man damals sagte – Frauen waren nie dabei –, die sich zu Gesprächen trafen, gelegentlich auch Vorträge veranstalteten. Zu ähnlichen Kreisen in der Reichshauptstadt oder anderen politisch wichtigen Zentren wie München, Köln, Königsberg oder Breslau gab es Querverbindungen. Wollte man diese Gruppe im weiten politischen Spektrum einordnen, so wären sie zur sogenannten »konservativen Revolution« zu zählen gewesen, deren geistige Väter der Schriftsteller Arthur Moeller van den Bruck und der Geschichtsphilosoph Oswald Spengler waren. Einen materiellen Rückhalt hatte der Kreis der Brüder Günther in der Hanseatischen Verlagsanstalt, die auch einige Bücher von ihnen herausgebracht hatte. Enge Beziehungen bestanden zu Ernst Jünger und seinem Bruder Friedrich Georg und zu August Winnig und losere zum »Tat«-Kreis um Hans Zehrer in Berlin. Die politisch wirksamste Querverbindung war jedoch die Freundschaft mit einigen hohen Offizieren aus der Umgebung von Kurt von Schleicher, den man den »politischen General« nannte, langjähriger Chef des Ministeramtes der Reichswehr, Reichswehrminister und schließlich letzter Reichskanzler vor Adolf Hitler, dessen Machtübernahme er vergeblich zu verhindern suchte. Zu den Jüngeren in diesem Kreis zählten in ihren letzten Studienjahren auch Wilhelm Grewe und mein Freund Albrecht Lamprecht, damals Führer des Nationalsozialistischen Schülerbundes in Hamburg, durch den ich mit dem Club in Verbindung kam. Der Kreis hatte der NS-Bewegung zuerst noch mit einer distanzierten Sympathie gegenübergestanden, bei manchen wandelte sich diese Einstellung jedoch nach Hitlers Machtübernahme zunehmend in Ablehnung. Ganz besonders galt das für Albrecht Erich Günther, den ich, als ich 1934 einmal wieder ein paar Tage zu Besuch in Hamburg war, in einer tiefen Depression antraf. Kurz darauf hat er wie sein Vorbild Moeller van den Bruck aus Verzweiflung über die politische Entwicklung in Deutschland seinem Leben selbst ein Ende gesetzt. Seinen politischen Freund, General Schleicher, und dessen Frau hatte Hitler schon am 30. Juni 1934, im Zuge der »Deutschen Bartholomäusnacht«, wie Otto Strasser es nannte, deren Opfer auch sein Bruder Gregor wurde, ermorden lassen.

Als ich Gerhard Günther Anfang 1949 wiedertraf, war er als Lektor und Berater für den mir bis dahin unbekannten H. H. Nölke Verlag tätig, dessen Besitzer, Hansjürgen Mensing, sich des seltenen Glücks erfreute, über eine voll funktionsfähige Druckerei zu verfügen, die nicht unter Kriegsschäden oder Besatzungsbeschlagnahme zu leiden gehabt hatte. Mit meinem fertigen China-Buch hatte ich bisher Pech gehabt. Die Deutsche Verlagsanstalt in Stuttgart wollte es gern nehmen, konnte mir aber keinen Erscheinungstermin vor 1950 versprechen; Papierknappheit war hier der Grund. Dann hatte sich Marek, der Lektor des Rowohlt-Verlages, Bestseller-Autor unter dem Pseudonym Ceram, dafür interessiert, konnte aber nicht ohne den Verlagsleiter Ledig-Rowohlt entscheiden, und dieser lehnte ebenfalls für 1949 ab, weil zwei China-Bücher in einem Jahr zuviel seien. Er hatte gerade einen Vertrag für die Übersetzung des in den USA erschienenen Titels »Donner aus China« von den mir aus Chungking gut bekannten Journalisten Theodore White und Annalee Jacoby abgeschlossen.

Die Deutsche Verlagsanstalt oder Rowohlt, die einen viel bekannteren Namen als Nölke hatten, wären mir natürlich lieber gewesen, aber als Herr Mensing mir die feste Zusage gab, »China im Sturm« noch in diesem Herbst herauszubringen, nahm ich sein Angebot an, und wir schlossen einen Vertrag. Günther und Mensing hatten mit dem Nölke Verlag ehrgeizige Erweiterungspläne, die mit dem Rückhalt der eigenen Druckerei, wenn gute Autoren gefunden würden, nicht ohne Aussichten waren. Als Majewski den UNDO nicht länger halten konnte, kam es noch auf anderem Gebiet zu einer Zusammenarbeit zwischen Mensing und mir. Unter der verlegerischen Betreuung durch H. H.

Nölke gründete ich als Nachfolger von UNDO mit dem Titel »Realpolitik« einen neuen Pressedienst.
Die deutsche Presse fing gerade erst an, sich von Krieg, Besatzung, Reglementierung und Papierknappheit zu erholen. Deshalb saßen in Hamburg noch viele Journalistenkollegen, darunter auch eine Anzahl Auslandskorrespondenten, ohne feste Arbeit und Anstellung herum. Einen von ihnen holte ich zu meiner Unterstützung in die Redaktion der »Realpolitik«; es war Arthur Reiss, vor dem Kriege zuletzt Warschauer Vertreter der Berliner »Börsenzeitung«, an der ich gelegentlich auch über China mitgearbeitet hatte. Er war mir besonders als Osteuropakenner wichtig. Der Kreis von Journalisten und Mitarbeitern aus der Wissenschaft, die ich beim UNDO teils vorgefunden, teils in den sechs Monaten meiner redaktionellen Leitung des Dienstes dazu gewonnen hatte, war froh, daß die Arbeit unter besseren Auspizien weiterging. Aus dem Umkreis des Nölke Verlages kamen neue hinzu, unter anderem der Atomphysiker Professor Pascual Jordan; die Voraussetzungen für einen qualitativ erstklassigen Dienst schienen gegeben.
Seit der Bruch zwischen den Westalliierten und der Sowjetunion im Jahre 1947 deutlich geworden war und das Verhältnis sich immer weiter verschlechterte, hatte man bei den Angelsachsen den Begriff »kalter Krieg« geprägt. Die Auseinandersetzung dehnte sich schnell auf alle Gebiete außer dem militärischen aus, aber dieser »heiße Krieg« war als logische Schlußphase im Bewußtsein immer gegenwärtig. Dieses selten offen zugestandene, aber allgemein erwartete Ende war die eigentliche existenzielle Bedrohung für das deutsche Volk. »Realpolitik« machte es sich daher zum obersten Gesetz, sich an dem zwischen beiden Seiten geführten Propagandakrieg in keiner Weise zu beteiligen.
Ich hatte den Namen für den Dienst nicht nur deshalb gewählt, weil grundsätzlich Wunschdenken, Voreingenommenheit und Verschwommenheit, die weithin schon in der Hitlerzeit eingerissen waren und die jetzt ganz allgemein im Westen herrschten, ausgeschaltet werden und die Dinge auf ihre reale Substanz zurückgeführt werden mußten, sondern ganz bewußt auch im Anklang an Bismarck. Seit meiner ersten Beschäftigung mit Außenpolitik waren mir immer die klassischen Worte gegenwärtig, die er, damals noch Gesandter Preußens beim Deutschen Bund in Frankfurt, im Jahre 1857 in einem Brief an General von Gerlach geschrieben hatte, und die für mich zu einer Devise wurden: »Mein Ideal für auswärtige Politik ist die Vorurteilsfreiheit, die Unabhängigkeit der Entschließungen von den Eindrücken der Abneigung oder Vorliebe für fremde Staaten und deren Regenten.« Zu diesen mußte man sinngemäß heute noch Weltanschauungen oder Ideologien setzen. Die Vermischung von Ideologie und Außenpolitik war schon das Grundübel bei Hitler gewesen, ideologischer Eifer beseelte auch die überall immer lauter lärmenden kalten Krieger.
Das Besatzungsstatut bestimmte, daß der neu gegründete Staat Bundesrepu-

blik auswärtige Beziehungen bis auf weiteres nur mit den drei Besatzungsmächten unterhalten durfte. Gegenüber der übrigen Welt nahmen diese sie für »Trizonesien«, wie der Volksmund bald treffend sagte, wahr. Dieser Zustand der Unmündigkeit ließ uns gerade der Außenpolitik und der weltpolitischen Entwicklung in erster Linie unsere Aufmerksamkeit widmen. Das zahlte sich auch im Verhältnis zu den Beziehern unseres Dienstes, den Zeitungen, aus. Nicht nur hatte die Bundesregierung keine Diplomaten im Ausland, auch die Presse war kaum irgendwo durch eigene Korrespondenten vertreten. Ihre Berichterstattung über Vorgänge draußen stammte fast ausnahmslos aus ausländischen Quellen. Und in den Redaktionen saßen nur sehr wenige Redakteure mit eigener Auslandskenntnis und Erfahrung. Ich machte es zu einem Grundsatz – von dem es nur in seltensten Fällen Ausnahmen geben sollte –, daß bei uns über die politisch wichtigsten Länder der Welt nur jemand zu Worte kam, der aus eigener Auslandserfahrung urteilen konnte. Es war ganz unvermeidlich, daß auch wir viele ausländische Quellen wie die großen amerikanischen, britischen und französischen Tages- und Wochenzeitungen benutzten, aber was wir von dort übernahmen, ging durch den Filter der eigenen Sachkenntnis.

Als mit dem Ziel der Einheit und Freiheit des deutschen Volkes im Widerspruch, durfte es keine Identifizierung mit der Politik der Besatzungsmächte in West oder Ost geben. Jede politische Handlung dieser Mächte war darüberhinaus danach zu beurteilen und zu kommentieren, ob sie nach gründlicher Prüfung dazu geeignet schien, objektiv dem Frieden zu dienen oder die Tendenz zum Kriege zu fördern.

Als ich mich entschloß, die »Realpolitik« zu starten, gab es noch ein Problem: Keine Publikation durfte ohne Erlaubnis einer Besatzungsmacht erscheinen. Der Gedanke war für mich unerträglich, in eigener Verantwortung etwas unter der Lizenz einer Besatzungsmacht zu veröffentlichen. Darauf zu warten, daß der Lizenzzwang einmal aufgehoben würde – daß dies »demnächst« geschehen sollte, wurde gemunkelt –, kam für mich auch nicht in Frage, also ließ ich es darauf ankommen und startete »Realpolitik« ohne Besatzungs-Segen. Etwa vier Wochen nach Erscheinen der ersten Ausgabe schickte mir der im Auftrag der Engländer handelnde Hamburger Senat einen Fragebogen, den ich zwecks Erlangung einer Lizenz ausgefüllt zurückschicken möchte. Ich fand, daß er unberührt in meiner Schreibtischschublade gut aufgehoben wäre. Einige Wochen darauf erhielt ich eine Mahnung, der wiederum der gleiche Fragebogen beigefügt war. Auch diese Schriftstücke würdigte ich keiner Antwort, und sie fanden dieselbe Ruhestätte. Einen dritten Versuch machten Senat und Briten nicht, denn nach wiederum einem Monat wurde der Lizenzzwang tatsächlich aufgehoben.

Daß damit die Beaufsichtigung der Presse durch die Besatzungsmächte jedoch noch nicht zu Ende war, sollten wir kurze Zeit darauf durch einen unangenehmen Zwischenfall erfahren. Felix Rufenach, Chefredakteur der

»Siegener Zeitung«, wurde fristlos hinausgeworfen. Sein Verleger entschuldigte sich damit, daß der britische Kreis-Resident Officer Druck auf ihn ausgeübt habe. Das Corpus delicti war eine besatzungskritische Glosse, welche die »Siegener Zeitung« aus Realpolitik-Tagesdienst entnommen hatte. Ich gab Chefredakteur Rufenach schriftlich, daß er den inkriminierten Beitrag nicht geschrieben habe, daß er aus meinem Pressedienst und noch dazu aus meiner eigenen Feder stamme. Man könne das dem Herrn Besatzungsoffizier mitteilen und ihm sagen, wenn er etwas zu beanstanden habe, möge er sich an mich wenden. Niemand ließ sich sehen, leider aber war der Verleger der »Siegener Zeitung« so eingeschüchtert, daß er es nicht wagte, die fristlose Kündigung von Rufenach zurückzunehmen, der glücklicherweise nach einer nicht allzulangen Wartezeit eine Anstellung beim »Schwäbischen Tagblatt« fand.

Oft machte ich mir auch später bei ähnlichen Gelegenheiten Gedanken über die Zurückhaltung der Besatzungsmächte gegenüber meiner Person. Wohl kaum jemand im Lande trat sie so oft und so kräftig, allerdings immer aus berechtigtem Anlaß wohl begründet, öffentlich auf die Füße, und nicht eine hat jemals interveniert. War vielleicht der Respekt die Ursache, den ich mir dadurch erworben hatte, daß ich, vollkommen in der Hand der Amerikaner und unter der schweren Anklage des angeblichen Kriegsverbrechens, aus dem Gefängnis heraus die Ankläger vor einem chinesischen Gericht zum Eingeständnis ihrer offiziell verbreiteten Lügen zwang? Diese Tat eines besiegten Deutschen, die vor drei Jahren solchen Staub aufgewirbelt hatte, war ja den einschlägigen Diensten der Alliierten bekannt.

Als ich am 15. September die Radiomeldung hörte, daß Dr. Konrad Adenauer mit einer Stimme Mehrheit zum Bundeskanzler gewählt worden war, beschlich mich ein ungutes Gefühl. Allerdings hätte ich auch nicht seinen innenpolitischen Widerpart, Dr. Kurt Schumacher, vorgezogen, dessen ideologische Verranntheit keine nüchterne Abwägung der deutschen Interessen im Verhältnis zum Osten zuließ. Der Gedanke, daß man bei aller entschiedenen Ablehnung des Kommunismus auch zu einer außenpolitischen Verständigung mit der Sowjetunion kommen könnte, ja, daß diese zur Sicherung unserer Existenz versucht werden müßte, war ihm vollkommen fremd. Eifriger noch als die Politiker der bürgerlichen Parteien hatten er und einige seiner Parteifreunde, wie Max Brauer und Ernst Reuter, die von den Westmächten ausgehende Tendenz zur westdeutschen Staatsgründung willkommen geheißen und Ansätze zu einer gesamtdeutschen Willensbildung frühzeitig sabotiert, wie sie zum Beispiel von den Berliner CDU-Politikern Kaiser, Lemmer und Friedensburg ausgegangen waren. Typisch für seine intolerante Haltung gegenüber Abweichlern von seiner Kalten-Krieg-Linie auch in der eigenen Partei, war die von ihm durchgesetzte brutale Entfernung des ehemaligen Reichstagspräsidenten Paul Löbe aus dem Außenpolitischen Ausschuß der SPD, weil er sich an einer von den genannten Politikern ausgehenden Initiative beteiligt hatte. Bei diesem von Schumacher bekämpften Versuch war es darum gegangen, vor der entscheidenden Londoner Außenministerkonferenz 1947 eine Partei- und Zonengrenzen übergreifende »Nationale Repräsentation« zu bilden, welche die Stimme des besetzten Volkes bei einer Konferenz der Siegermächte über sein Schicksal zu Gehör bringen sollte.

Anders als bei Kurt Schumacher, den ich bis 1947 nicht einmal dem Namen nach kannte, hatten sich nach meiner Rückkehr aus China bei dem Hervortreten des ehemaligen Kölner Oberbürgermeisters, Dr. Konrad Adenauer, in einer politischen Rolle in der Britischen Zone, das schließlich in der Präsidentschaft des Parlamentarischen Rates gipfelte, Erinnerungen und Gedankenassoziationen eingestellt, die bis in die Kindheit zurückreichten. Zu den unvergeßlichen Eindrücken aus meiner Jugendzeit gehörte der bewaffnete Einbruch der Franzosen in das Ruhrgebiet im Jahre 1923. Ich war damals gerade neun Jahre alt. Wir waren in Thüringen von dem Ereignis nicht direkt betroffen, aber ich las, von meinem Vater ermutigt, schon in diesem Alter täglich die Zeitung. Die politischen Ereignisse interessierten mich nicht nur, ich nahm erregt teil, wenn ich las, wie französische Truppen in eine Menge unbewaffneter protestierender Arbeiter schossen, als sie Fabriken und Zechen besetzten, wie sie Widerstand durch die Erschießung von Patrioten, wie Albert Leo Schlageter, zu brechen versuchten oder sich deutsche Heimwehren mit bewaffneten Trupps von Separatisten herumschlagen mußten, welche die Rheinlande von Deutschland abtrennen wollten. Mit der separatistischen Bewegung beschäftigte ich mich 11 Jahre später etwas näher zur Vorbereitung einer Reportagereise in das Saargebiet anläßlich der für Anfang 1935 festgesetzten Volksabstimmung, und in der Lektüre dazu war ich auch immer wieder auf den seinerzeitigen Oberbürgermeister von Köln gestoßen, der nach meiner Erinnerung damals eine nicht ganz klar zu definierende Rolle gespielt hatte. Jetzt fiel mir vor allem ein Buch wieder ein: »Der Hochverrat des Zentrums am Rhein.« Ich mußte sehen, ob ich das vielleicht noch in einer Bibliothek wieder auftreiben könnte.

Konrad Adenauer war nun zu einem der Hauptexponenten einer Politik geworden, die zur Gründung eines Separatstaates auf dem Boden der Weimarer Republik geführt hatte. War hier vielleicht über Jahrzehnte hinweg eine Linie zu ziehen?

Und noch etwas störte mich: Es war Konrad Adenauer, der, als es um die Wahl der Bundeshauptstadt gegangen war, sich besonders für Bonn eingesetzt hatte. Berlin stand, weil die Alliierten die Zugehörigkeit der Stadt auch nur der Westsektoren zu dem zu gründenden Weststaat Bundesrepublik verboten hatten, dabei nicht zur Debatte, aber trotzdem hatte, um Adenauers Einstellung zu kennzeichnen, bei dieser Gelegenheit jemand eine Äußerung von ihm aus dem Jahre 1946 wieder ausgegraben. Am 30. November 1946 war in der »Welt« ein Interview mit dem CDU-Vorsitzenden der britischen Zone erschienen, indem er über Differenzen mit dem Berliner CDU-Vorsitzenden Jakob

Kaiser befragt wurde. Er hatte damals geantwortet: »Ich gehe mit Jakob Kaiser in einer Frage auseinander, nämlich, wo das Schwergewicht des künftigen Deutschlands liegen soll. Wir im Westen lehnen vieles, was gemeinhin ›preußischer Geist‹ genannt wird, ab. Ich glaube, daß die deutsche Hauptstadt eher im Südwesten liegen soll als im weiter östlich gelegenen Berlin. In der Gegend des Mains, dort wo die Fenster Deutschlands auch nach dem Westen weit geöffnet sind, sollte die neue Hauptstadt liegen. Sobald aber Berlin wieder Hauptstadt wird, wird das Mißtrauen im Ausland unauslöschbar werden. Wer Berlin zur neuen Hauptstadt macht, schafft geistig ein neues Preußen.«

Ich mußte mich fragen, ob Adenauer in dem Amt des Bundeskanzlers wohl der geeignete Mann sein würde, um diesen Staat wirklich als Provisorium anzusehen und nach der Aufforderung der Präambel eine Politik zu treiben, die zur Vollendung der Einheit und Freiheit Deutschlands in freier Selbstbestimmung führen sollte. Berlin, das preußische, oder in seinen Augen noch schlimmer: das sozialistische oder sozialdemokratische, würde dann Hauptstadt werden.

Am 21. September zitierten die Vertreter der drei westlichen Besatzungsmächte, die nunmehr Hohe Kommissare hießen, den Bundeskanzler Adenauer an ihren auf dem Petersberg gelegenen, hoch über Bonn thronenden Sitz, damit er dort feierlich das Besatzungsstatut aus ihren Händen entgegennähme. An die Stelle von General Clay war für die USA John Jay McCloy getreten, ein Korporationsanwalt und internationaler Bankier, der während des Krieges Staatssekretär im Kriegsministerium gewesen war. Er war ein prominenter Vertreter jener Richtung in der US-Finanzwelt, die Westeuropa wirtschaftlich wieder auf die Beine bringen wollte, um als Juniorpartner amerikanischen Geschäftsinteressen zu dienen, die zuerst im Marshall-Plan hervorgetreten war. Bei den Franzosen hatte den General Koenig André François-Poncet abgelöst, ein mit der Schwerindustrie verbundener Karrierediplomat, für die Deutschen ein alter Bekannter, da er schon einmal vor dem Kriege Botschafter in Berlin gewesen war; und mit Sir Ivone Kirkpatrick hatten die Briten ebenfalls einen Diplomaten mit Kenntnissen von Deutschland aus früherer Tätigkeit geschickt. Diese drei Hohen Kommissare[24] waren nun die eigentlichen souveränen Herren in der westlichen Hälfte Deutschlands, wie aus dem Besatzungsstatut hervorging, in dem Punkt 2 lautete:

»Um sicherzustellen, daß die Grundziele der Besetzung erreicht werden, bleiben auf folgenden Gebieten Befugnisse ausdrücklich vorbehalten, einschließlich des Rechts, Auskünfte und Statistiken, welche die Besatzungsbehörden benötigen, anzufordern und nachzuprüfen:

a) Die Abrüstung und Entmilitarisierung einschließlich der damit zusammenhängenden Gebiete der wissenschaftlichen Forschung, die Verbote und Beschränkungen der Industrie und die zivile Luftfahrt;

b) die Kontrolle hinsichtlich der Ruhr, die Restitutionen, die Reparationen, die Dekartellisierung, die Entflechtung, die Handelsdiskriminierungen, die

ausländischen Interessen in Deutschland und die Ansprüche gegen Deutschland;
c) auswärtige Angelegenheiten, einschließlich internationaler Abkommen, die von Deutschland oder für Deutschland abgeschlossen werden.«
In dem anschließenden Punkt 3 wurde dann die Hoffnung ausgedrückt, daß die drei Mächte nicht auf anderen als den hier aufgeführten Gebieten einzugreifen brauchten, aber dann folgte: »Die Besatzungsbehörden behalten sich indessen das Recht vor, auf Weisung ihrer Regierungen die Ausübung der vollen Gewalt ganz oder teilweise wieder zu übernehmen, wenn sie dies als wesentlich ansehen für die Sicherheit oder die Aufrechterhaltung der demokratischen Regierung in Deutschland oder als Folge der internationalen Verpflichtungen ihrer Regierungen.«
Einen kleinen Lichtblick gab es in der Sitzung des Bundestages, die am gleichen Tag wie die Überreichung des Besatzungsstatutes an den neuen Bundeskanzler stattfand, und für diesen sorgte eine der wenigen Frauen dieses Parlamentes, die Abgeordnete Helene Wessel. Ich kannte bis dahin Frau Wessel nicht, wir hatten auch keine schriftliche Verbindung, doch was sie in dieser Sitzung vom 21. September zur deutschen Frage sagte, hätte in unserem Pressedienst stehen können:
»Zur Realpolitik gehört auch die Frage, ob wir Deutschen nur die Wahl zwischen Ost und West haben. Wir haben uns darüber heute in diesem Hause sehr temperamentvoll unterhalten, und doch glaube ich, es wäre eine Verkennung der historischen Gegebenheiten und Aufgaben unseres Volkes, wollten wir sagen, wir könnten nur zwischen Ost und West wählen. Wir können unsere Tradition, unsere Vergangenheit, unsere Geschichte, alles, was wir geworden sind und darstellen, nicht aufgeben, ohne uns selbst aufzugeben. Deshalb haben wir keine Wahl zwischen West und Ost. Wir können uns weder von der einen noch von der anderen Seite gänzlich abwenden, und ich glaube, es wäre nichts katastrophaler, als wenn von Deutschland eine Verschärfung der Spannungen ihren Ausgang nehmen würde. Wir können in unserem eigenen Interesse nur immer wieder betonen, wie sehr uns an einer Verständigung zwischen Ost und West gelegen ist. Um keinen Preis darf in der Welt der Eindruck entstehen, daß diese Verständigung uns unerwünscht wäre. Heute scheint sich zwischen Europa und Rußland eine Kluft aufzutun. Wollen wir uns nicht selbst untreu werden, dann kann es nicht unsere Aufgabe sein, diese Kluft zu erweitern und zu vertiefen. Rußland ist immerhin der vierte Partner jenes Friedensvertrages für Deutschland, mit dessen Hilfe wieder ein Gesamtdeutschland entstehen kann.«
So weit Helene Wessel. »Schreib's in den Wind, mein Freund, schreib's in den eilenden Strom!« Wie Kassandra bei den Trojanern blieb die mutige Frau eine Ruferin in der Wüste des Bundestages. Die Entscheidung war erst einmal für einseitige Parteinahme gefallen; mit logischer Konsequenz folgte nun ein Schritt auf den anderen, und das Unheil nahm seinen Lauf.

Unter dem Titel »Vor der Gegengründung« hatte sich am 12. September Professor Forsthoff im Realpolitik-Tagesdienst mit der am 19. März vom »Volksrat« in der Sowjetzone angenommenen »Verfassung der Deutschen Demokratischen Republik« beschäftigt. Am Donnerstag, den 6. Oktober erreichte uns dann die Nachricht, daß die Gründung des zweiten deutschen Teilstaates am nächsten Tage erfolgen und der aus der Sozialdemokratie kommende Politiker der Sozialistischen Einheitspartei (SED), Otto Grotewohl, eine Regierung bilden würde. Ich fand es notwendig, die Verantwortlichkeit festzuhalten und schrieb in meinem, mit dem Tagesdienst vom 7. 10. hinausgehenden Artikel »Die Teilung Deutschlands« u. a.:

Es ist fraglich, ob es zur Bildung der Ostzonenregierung gekommen wäre, wenn man nicht vorher den Bonner Staat ins Leben gerufen hätte...

Die politische Teilung Deutschlands in zwei deutsche Regierungen wäre nicht möglich gewesen ohne die tätige Mithilfe der Deutschen, im Westen wie im Osten. Niemand kommt um diese Tatsache herum. Wenn auf beiden Seiten den Besatzungsmächten gegenüber der feste Wille zum Ausdruck gebracht worden wäre, daß man unter keinen Umständen einen deutschen Teilstaat bilden wolle, so hätten weder die Westmächte noch die Sowjets an dieser Entschlossenheit vorübergehen können. Kein Mensch kann gegen seinen Willen gezwungen werden, ein Staatsgebilde ins Leben zu rufen oder Minister zu werden. Die deutschen Politiker haben bisher insofern versagt, als sie die Forderung nach der deutschen Einheit nicht mit dem nötigen Nachdruck vertraten...

Es gilt, den Graben nicht noch mehr zu verbreitern, sondern ihn zu überbrükken. Es kommt darauf an, daß von deutscher Seite in keiner Weise dazu beigetragen wird, daß ein Teil Deutschlands auf der einen, der andere auf der anderen Seite der beiden großen Gegner steht. Bis jetzt hat man auf beiden Seiten nicht dieser Grundnotwendigkeit deutscher Politik Rechnung getragen. Es ist schon sehr spät, aber noch nicht zu spät zur Umkehr. Man beschäftige sich in Westdeutschland nicht dauernd mit den Russen und in Ostdeutschland nicht dauernd mit den Westmächten, sondern versuche, auf jeder Seite gegenüber der eigenen Besatzungsmacht den deutschen Standpunkt zur Geltung zu bringen. Und man finde untereinander die Solidarität, die sich für Deutsche, die Deutschland wollen, ganz von selbst aus der gleichen Lage, in der man sich auf beiden Seiten der Zonengrenze gegenüber den Besatzungsmächten befindet, ergibt. Das wäre deutsche, nicht westdeutsche oder ostdeutsche Politik, die in Wirklichkeit nur anglo-amerikanisch-französische auf der einen, oder sowjetrussische auf der anderen Seite sein kann. Im Westen müßte man diese Haltung um so eher erwarten können, als dort immer wieder betont wird, daß man freier als im Osten ist. Dies gilt es jetzt zu beweisen.

So weit mein Artikel im Realpolitik-Tagesdienst. Die Verantwortlichen reagierten darauf nicht anders als auf die Mahnung Helene Wessels. Einige Tage

später fand ich in der Antwort, die Bundeskanzler Adenauer am 21. Oktober im Bundestag auf die Gründung des anderen deutschen Teilstaates gab, das Gefühl als richtig bestätigt, das mich davon abgehalten hatte, am 14. August zur Bundestagswahl zu gehen. Auf ihr und auf der Lüge in der Präambel fußend, beanspruchte Adenauer nämlich nun das Alleinvertretungsrecht für alle Deutschen für die Bundesrepublik, weil sie sich »auf die Anerkennung durch den frei bekundeten Willen von rund 23 Millionen stimmberechtigter Deutscher stützt«. Nach dem Protokoll dieser Sitzung, dessen Auszug hier folgt, fuhr er fort:
»Die Bundesrepublik Deutschland ist somit bis zur Erreichung der deutschen Einheit insgesamt die alleinige legitimierte staatliche Organisation des deutschen Volkes.

(Lebhafter Beifall und Händeklatschen rechts, in der Mitte und bei der SPD)

Hieraus ergeben sich innerpolitisch und außenpolitisch Folgerungen, die ich im einzelnen wiederzugeben mir heute versagen muß. Die Bundesrepublik Deutschland fühlt sich auch verantwortlich für das Schicksal der 18 Millionen Deutschen, die in der Sowjetzone leben.

(Lebhafte Zustimmung rechts, in der Mitte und bei der SPD)

Sie versichert sie ihrer Treue und ihrer Sorge.

(Erneuter Beifall)

Die Bundesrepublik Deutschland ist allein befugt, für das deutsche Volk zu sprechen.«

(Sehr gut! – Abg. Renner: Ich denke, die Hohen Kommissare!)

Der Zwischenruf des KPD-Abgeordneten Renner traf – im Hinblick auf das Besatzungsstatut – ins Schwarze, obwohl sich dieser Hinweis aus einem anderen Mund vielleicht besser gemacht hätte, hatten doch Renners Genossen in der Sowjetzone gerade eben nichts anderes getan, als auf Geheiß *ihrer* Besatzungsmacht den zweiten deutschen Teilstaat zu proklamieren!

# 12 Eine neue Weltmacht entsteht

Noch ein dritter Staat erblickte in diesem weltpolitisch so ereignisreichen Jahr das Licht des Tages: Zeitlich zwischen den Gründungen der BRD und der DDR proklamierte am 1. Oktober Mao Tse-tung in Peking die Volksrepublik China. Es geschah vom Tien An Men (Tor des himmlischen Friedens) aus, dem südlichen Eingang zur alten Kaiserstadt. Die Wahl des Ortes war ein Programm.
Anders als die Gründung der beiden deutschen Teilstaaten, erfüllte mich das Ereignis mit Freude und Genugtuung. Der Supermacht USA war trotz aller Versuche, es zu verhindern, erfolgreich Paroli geboten worden; ein neuer, von

ihr – und der Sowjetunion – unabhängiger gewichtiger Machtfaktor bildete sich in Ostasien. Das war für mich das Entscheidende und das war auch unendlich viel wichtiger als das bißchen – ich bekenne es, und es war wohl nicht verwunderlich – Schadenfreude, das bei manchen Meldungen aus China in den Vormonaten, als dort noch gekämpft wurde, mein Herz höher schlagen ließ: Fluchtartig hatte zum Teil das amerikanische Militärpersonal, als der Widerstand der von ihnen beratenen Kuominangtruppen zusammenbrach, das Land verlassen. Bei der Einnahme einiger Städte hatten die Offiziere einer Armee, die noch vor ein paar Jahren alles nur Mögliche, einschließlich unseres Monsterprozesses, unternahm, um alle Deutschen aus China zu vertreiben, gerade noch mit ein paar eilig zusammengerafften Habseligkeiten in einem Köfferchen das sie nach Formosa oder Japan tragende Flugzeug erreicht.
Sie hatten die chinesische Souveränität mit Füßen getreten; Chiang Kai-shek hatte sich von ihnen abhängig gemacht und das Mandat des Himmels verloren. Am Ende eines Kampfes von vielen Jahrzehnten hatte sich China befreit.
In einem Artikel »Deutschland und China« in »Realpolitik« mahnte ich im Hinblick auf die bisherige Berichterstattung über den chinesischen Bürgerkrieg, wir sollten an die Worte Bismarcks denken, daß jedes Land eines Tages für die Fensterscheiben bezahlen müsse, die seine Presse einschlägt, und fuhr fort:
»Drei Dinge gilt es zu bedenken, wenn wir uns heute in Deutschland mit China beschäftigen: Erstens, das Bild, das der deutschen Öffentlichkeit von 1935–1945 von China gezeichnet wurde, war grob entstellt. Zweitens, das Bild, das die deutsche Öffentlichkeit von 1945 bis heute von China sah, ist im wesentlichen durch die amerikanische Brille gesehen. Drittens, das amerikanische Bild von China muß falsch gewesen sein, sonst wäre es nicht zu dem totalen Zusammenbruch der amerikanischen Chinapolitik gekommen, den das amerikanische Weißbuch unumwunden zugibt.«
Das Weißbuch »Die Beziehungen der Vereinigten Staaten zu China unter besonderer Betonung der Periode 1944–1949«, eine von Beamten des Außenministeriums in Washington zusammengestellte Aktenpublikation, war der – wie sich schon unmittelbar nach ihrer Veröffentlichung im August 1949 zeigen sollte – vergebliche Versuch, den die öffentliche Meinung in den USA und von dort ausgehend der ganzen westlichen Welt beherrschenden Vorurteilen zum Thema China entgegenzutreten. Durch unsere Freunde in New York hatte ich mir sofort nach Erscheinen ein Exemplar des 1054 Seiten umfassenden Wälzers besorgen lassen. Es fiel mir leicht, die Zeit für eine sofortige gründliche Durcharbeitung zu opfern, denn es war sehr spannend, jetzt die Berichte der jüngeren US-Diplomaten zu lesen, die ich aus meiner Zeit in Chungking kannte. Sie waren zum größten Teil nüchtern, sachlich und kenntnisreich, bestens geeignet, um ihrer Regierung ein zutreffendes Bild der tatsächlichen Verhältnisse zu vermitteln. Es hätte eine gute Grundlage für richtiges Handeln

abgeben können. Nur hatte in Washington sich niemand daran gehalten. Deshalb war der Jammer jetzt groß. In der Weigerung, Tatsachen zu sehen, die ihnen ihre Diplomaten oder andere Fachleute nahezubringen suchten, konnten sich Diktatoren und demokratisch gewählte Präsidenten sehr ähnlich sein. Nachdem sich seit etwa Anfang des Jahres das Kriegsglück anscheinend unumkehrbar den chinesischen Kommunisten zuneigte und China zu einem Hauptthema der Weltpresse geworden war, hatte sich unzählige Male der gleiche Vorgang wiederholt, wenn in einer Gesellschaft, in der ich mich befand, die Rede darauf kam, daß ich eine Reihe von Jahren in diesem Land zugebracht hatte. Was ich zu der gegenwärtigen Entwicklung sagte, bis vor kurzem sei ich doch noch dort gewesen? Und dann kam unweigerlich die Sorge: »Wie furchtbar, daß jetzt ganz China unter die Herrschaft Moskaus fällt! Ist es nicht entsetzlich, 450 Millionen mehr auf der Seite des Bolschewismus zu sehen?« Es gab dann immer wieder sehr erstaunte Gesichter, wenn ich meine ganz andere Sicht der Dinge vortrug. Am Ende folgten darauf fast wörtlich gleich bei den verschiedensten Gesprächspartnern Ausruf und Frage: »Donnerwetter, das höre ich ja zum ersten Male! Was lesen wir denn eigentlich in unseren Zeitungen?«

Das Trugbild der Weltpolitik, das die vereinfachenden Propagandisten des Kalten Krieges bei den Bürgern entstehen ließen, war von einer unglaublichen Primitivität und deshalb, und weil es an verborgene Ängste appellierte, so eingängig: Im Kreml in Moskau saß ein böser, allmächtiger Mann namens Josef Stalin, vor sich ein breites Schaltbrett, das für jedes Land der Erde einen Druckknopf besaß, von dem aus eine elektrische Leitung in den betreffenden Staat führte. Drückt er zum Beispiel auf den Knopf Griechenland, so bricht dort ganz unvermittelt ein Aufstand aus, ein Druck auf den Knopf China bewirkt dort gar eine Revolution.

Gewiß hatte Stalin in den kommunistischen Parteien vieler Länder seine Kreaturen, die er bewegen konnte, in seinem Sinne zu handeln, und manchmal folgten diese sogar wider besseres Wissen seinen Anweisungen. Das war ja alles bekannt. Höchst absurd aber war die Vorstellung, daß das älteste, seit 2500 Jahren geschichtlicher Zeit immer noch existierende Reich der Welt mit einer hohen Kultur und von einem 500 Millionen Menschen zählenden Volk bewohnt, auf solche Weise gewonnen werden könnte. Übrigens nicht nur für China, ganz allgemein lehrte die Erfahrung, daß noch keine Revolution gegen ein mächtiges System gesiegt hatte, wenn es nicht schon so verkommen war, daß es stürzen mußte. Revolutionen, im Gegensatz etwa zu Staatsstreichen, und in China hatten wir eine echte Revolution vor uns, lassen sich nicht vom Ausland her künstlich hervorrufen, wenn nicht im Lande selbst aufgrund seiner eigenen Probleme schon eine revolutionäre Situation besteht.

Seit dem auf den Fall von Mukden im Oktober 1948 einsetzenden schnellen Vormarsch von Maos Truppen nach Süden, mit der Einnahme von Tientsin Mitte und von Peking Ende Januar war mir eine paradoxe Tatsache von historischer Ironie aufgegangen: Die amerikanische Versorgung der Truppen Chiang Kai-sheks beschleunigte den Sieg der chinesischen Kommunisten, weil diese dadurch über erbeutete amerikanische Fahrzeuge und schweres Material verfügten. Archibald T. Steele von der »New York Herald Tribune«, mit mir seit dem Herbst 1938 kollegial befreundet, als wir zusammen in Hankau dem Angriff der Japaner und ihrer Einnahme der Stadt entgegensahen, hatte das Experiment mit anderer Besetzung noch einmal wiederholt und war bis zu Maos Einmarsch in Peking geblieben. In seinem Bericht darüber hieß es: »Es waren mehrere hundert amerikanische Lastkraftwagen zu sehen, die den Kuomintang-Truppen abgenommen worden waren... Dutzende von amerikanischen Geschützen, amerikanische Flak, Maschinengewehre und Gewehre waren in großer Zahl vorhanden, ebenso große Mengen japanische Ausrüstungsgegenstände. ›Jetzt wissen wir, wohin unser Geld gegangen ist‹, bemerkte ein neben mir stehender amerikanischer Augenzeuge.«

Doch das ganze Ausmaß des amerikanischen Fehlschlags in China konnte ich erst aus dem Weißbuch ersehen:

Am 20. Februar 1948 hatte Außenminister Marshall vor dem Kongreß ein neues China-Hilfsprogramm begründet, das Leistungen von 570 Millionen US-Dollar bis zum 30. Juni 1949 vorsah. Bei dieser Gelegenheit gab er zum ersten Male genaue Zahlen über den gewaltigen Umfang der Unterstützung bekannt, welche die Kuomintangregierung schon vorher von den Vereinigten Staaten erhalten hatte. Bis zum Ende des Krieges mit Japan hatten die USA 39 chinesische Divisionen voll neu ausgerüstet und danach noch für 700 Millionen Dollar Wirtschaftshilfe geleistet. Die Kuomintang-Armee hatte dazu die gesamte Ausrüstung erhalten, welche die 1235 000 Mann zählende japanische China-Armee beim Waffenstillstand am 15. August 1945 besaß. Viel schlechter waren die chinesischen Kommunisten bei der Verteilung der Beute weggekommen. Sie konnten nur den in der Höhe unbekannten Teil der Ausrüstung der 700 000 Mann starken japanischen Kwantung-Armee vereinnahmen, den die Sowjetarmee, gegenüber der die Japaner in der Mandschurei kapitulierten, beim späteren Rückzug der Roten Armee in ihr Heimatland übriggelassen hatte. Niemand wußte, wieviel das war. Jedenfalls war nicht ein einziges Flugzeug darunter, kaum schwere Artillerie und Panzer. Zahlenmäßig waren die Truppen der Nationalregierung nach den Angaben der amerikanischen Militärberater in Nanking zu Beginn des Jahres 1948 mit 2700 000 Mann den geschätzten 1150 000 Mann Mao Tse-tungs um fast das 2½fache überlegen.

Alle diese Hilfe und noch viel mehr war vergeblich gewesen und ging down the river, den Fluß hinab, wie die Amerikaner sagten.

Ich brannte so darauf, den Märchen entgegenzutreten, die über die Ereignisse in China erzählt wurden, daß ich mit Schmerzen darauf wartete, daß mein Buch endlich auf den Markt käme. Wenn auch die Papierknappheit eine erste Auflage von nur 4000 Stück diktiert hatte, hoffte ich doch, daß der Bericht

eines deutschen Augenzeugen der Ereignisse der entscheidenden Jahre 1939–1947 gerade jetzt große Beachtung finden würde. Im November war es endlich so weit. Zum Verhältnis China–Sowjetunion hatte ich geschrieben:
Mao Tse-tung selbst ist nie in Moskau gewesen, und nur ein ganz minimaler Prozentsatz der Führer der Kungchantang hat eine Kominternausbildung genossen. Als nach dem Bruch mit der Kuomintang 1927 Blücher und Borodin mit dem Stab der sowjetischen Berater China verlassen mußten, machte Stalin für das chinesische Fiasko Trotzki verantwortlich und erklärte dessen ganze Politik der Unterstützung der chinesischen revolutionären Bewegung für verfehlt. China war seiner Auffassung nach als noch in mittelalterlichen Zuständen lebendes Land kein Boden für eine proletarische Revolution, bevor es nicht die bürgerliche Revolution, die er in der Kuomintang erblickte, und das Stadium des industriellen Kapitalismus durchmachte. Es war die Zeit, in der er die Politik des Sozialismus in *einem* Lande als die Vorbedingung für die Weltrevolution verfolgte und sich auf den Ausbau der Sowjetmacht in erster Linie verlegte. Als nach dem Bruch mit Chiang Kai-shek und der Abreise der Sowjetberater Mao Tse-tung, Chu Teh, Chou En-lai und Ho Lung in China den Kampf nicht aufgaben, maß er dem keine große Bedeutung bei, und der chinesische Sowjetstaat in Kiangsi erhielt von ihm keine Unterstützung, ganz abgesehen davon, daß auch wegen seiner Abschneidung keine praktische Möglichkeit materieller Hilfeleistung bestand. Aber nicht einmal Berater schickte die Sowjetunion als Helfer.
Die chinesischen Kommunisten standen in ihrem Kampf gegen Chiang Kai-shek allein. Stalin, der neben seinen revolutionären Fernzielen vorerst eine rein sowjetrussisch-nationale Außenpolitik betrieb, erkannte Chiang Kai-shek an, in dem er ein vielversprechendes Gegengewicht gegen Japan sah. Ein geeintes und starkes China entsprach den russischen Interessen zu einer Zeit, als die Sowjetunion im Fernen Osten noch schwach war, mehr als ein vom Bürgerkrieg zerrissenes, das nur den Japanern Gelegenheit geben konnte, sich in der Nachbarschaft Sibiriens auf dem Festlande einzunisten. Auch den langen Marsch mußte die Kungchantang allein und nur auf sich gestellt, durchführen, und auch als sie sich dann in Yenan eine neue Basis geschaffen hatte, erhielt sie keine sowjetische Unterstützung. Ja, als Chiang Kai-shek in Sian gefangen saß, waren es die Sowjets, die ihren Einfluß dahin geltend machten, daß er freigelassen würde. Es kam in jenen Jahren immer wieder zu Gegensätzen zwischen der Führung der Kungchantang und der Komintern in Moskau, besonders nachdem Mao Tse-tung den moskautreuen Li Li-san aus der Parteiführung verdrängt hatte. 1934 ließ Mao kurzerhand einen Emissär der Komintern, der die chinesische kommunistische Partei in Linie bringen sollte, festnehmen und nach Rußland zurückschicken.
Auch als dann der Krieg mit Japan ausbrach, änderte sich die Haltung des Kreml nicht. Chiang genoß alle Unterstützung, erhielt Waffen und Munition, Flugzeuge und Sowjetpiloten zur selben Zeit, als er seine besten Truppen dazu

verwandte, um die kommunistische 8. Armee zu blockieren. 1941 waren es in dem Konflikt um die Neue 4. Armee die Amerikaner, nicht die Sowjetunion, die Chiang Kai-shek in den Arm fielen. Wie Stalin die Dinge in China betrachtete, ging auch aus seiner von Harry Hopkins berichteten Äußerung hervor, daß er Chiang Kai-shek für den einzigen Mann hielte, der China einen und zusammenhalten könnte. Daß diese Äußerung nicht nur eine den Amerikanern zur Beruhigung hingeworfene Phrase war und daß man in Moskau anscheinend die chinesischen Kommunisten genauso unterschätzte wie anderswo auf der Welt, beweist die sonst unverständliche russische Haltung beim japanischen Zusammenbruch. Die Anwesenheit kommunistischer Truppen in der Umgebung der wichtigsten Zentren Mittel- und Nordchinas, Schanghai, Nanking und Peking und der Mandschurei, hätte den Kommunisten mit einem Schlage diese wichtigen Plätze in die Hände spielen können. Die Einnahme Nankings und die Besetzung der Mandschurei stand auch tatsächlich auf ihrem Programm. In diesem Augenblick schlossen die Sowjets, ohne daß man in der kommunistischen Hauptstadt Yenan etwas davon wußte, den Vertrag mit Chiang Kai-shek der ihn gegen Sonderrechte in der Mandschurei als alleinigen Herrn Chinas anerkannte. Er wurde von den chinesischen Kommunisten als ein Dolchstoß in den Rücken empfunden.

Wieder mußten sie, nachdem die Vermittlungsmission General Marshalls gescheitert war, ihren Kampf allein weiterführen. Ihren Sieg, dessen Grundlagen lange vorher in den Jahren des Krieges mit Japan gelegt waren, verdanken sie ihrer eigenen Kraft und dem Zerfall im Lager des Gegners. Selbst wer den chinesischen Nationalcharakter nicht kennt, wird von Männern, die 22 Jahre lang allein einen fast hoffnungslosen Kampf gegen eine große Übermacht geführt und die in der Geschichte fast ohne Beispiel dastehende Leistung vollbracht haben, ein Land von der Größe Chinas zu erobern, nicht erwarten, daß sie sich zu willfährigen Befehlsempfängern einer ausländischen Macht degradieren lassen. Sie haben die Macht, die sie heute in den Händen halten, nicht von der Roten Armee der Sowjetunion präsentiert bekommen. Wenn sie schon zu einer Zeit, als sie noch fern vom Erfolg waren, gewagt haben, Moskaus Wünschen zu trotzen, um wieviel eher werden sie jetzt erst recht dazu in der Lage sein.

Es ist wichtig zu wissen, daß der Umschwung in China *nicht* bedeutet, daß China unter sowjetischen Einfluß gefallen ist. Natürlich werden die chinesischen Kommunisten einen Bruch mit Moskau zu vermeiden suchen, solange ihnen die ganze übrige Welt feindlich gegenübersteht.

Das amerikanische Weißbuch war zu folgender Schlußfolgerung gelangt: »Es ist eine unglückliche, aber unausweichliche Tatsache, daß das ominöse Ergebnis des Bürgerkrieges in China ohne die Möglichkeit irgendeiner Kontrolle durch die Regierung der Vereinigten Staaten zustande gekommen ist. Nichts, was unser Land getan hat oder in den vernünftigen Grenzen seiner Möglichkeiten hätte unternehmen können, hätte an diesem Ergebnis etwas geändert; nichts, was unser Land unterlassen hat, hat zu ihm beigetragen. Es war das Ergebnis innerchinesischer Kräfte, Kräfte, die wir zu beeinflussen versuchten, aber nicht beeinflussen konnten.«

Außenminister Dean Acheson, seit Januar Marshalls Nachfolger, der im Begleitbrief zum Weißbuch diese Worte geschrieben oder zumindest unterschrieben hatte, wollte damit die innenpolitischen Gegner besänftigen, welche die Truman-Administration für den »Verlust Chinas« verantwortlich machten, aber schon wenige Zeilen weiter zeigte er sich selbst von der allgemeinen Psychose angekratzt und lieferte ihnen sogar noch Munition, indem er behauptete, ein großer Teil des chinesischen Volkes werde nun »von einer Partei im Interesse eines fremden Imperialismus ausgebeutet«. Noch schlimmer: »Die kommunistischen Führer haben ihrem chinesischen Erbe abgeschworen und öffentlich ihre Dienstbarkeit für eine fremde Macht, Rußland, erklärt.« Das war nun eine glatte Lüge, denn nirgendwo hatte es eine dahingehende Erklärung führender chinesischer Kommunisten gegeben.

Solche Sätze aber zitierte die Presse, während der Inhalt der vielen hundert Seiten Dokumente der breiten Öffentlichkeit verborgen blieb. Diese Behauptungen waren Munition für die Kalte-Kriegs-Kampagne, der sich Presse und Funk in den USA mit zunehmender Inbrunst widmeten. Aus rein innenpolitischen Gründen hauptsächlich von den Republikanern erhoben, wurde der Schrei immer lauter: Why did we lose China? (Warum haben wir China verloren?).

Psychologisch betrachtet, war er übrigens äußerst enthüllend. Wer diese Frage stellte, entblößte unbewußt eine imperialistische Gesinnung, die offenbar mit großer Selbstverständlichkeit auf dem Grunde seiner Seele ruhte. Wer etwas verloren hat, muß das Verlorene wohl vorher besessen haben. Was war verloren? China, das riesige Land, so groß wie Europa vom Atlantik bis zum Ural, mit seinen 500 Millionen Einwohnern. Hatten die USA es besessen? Ganz offenbar in der Vorstellung derer, die fragten, warum China verlorengegangen sei.

Gelegentlich traf ich auch auf Menschen, die, nachdem man ihnen die Sachlage erklärt hatte, wohl einzusehen bereit waren, daß Mao und seine Genossen nicht im Dienste Moskaus standen, aber dann mit dem neuen Einwand kamen, von China könne eine noch größere Gefahr drohen. Was, wenn die halbe Milliarde Chinesen die halbe Milliarde Asiaten außerhalb Chinas und damit insgesamt die Hälfte der Menschheit noch zum Kommunismus bekehrten? Gespenster wie die »Gelbe Gefahr« tauchten da wieder auf. In »China im Sturm« beschäftigte ich mich auch mit dieser Befürchtung:

Dazu ist zuerst einmal zu sagen, daß sich die Emanzipierung der asiatischen Völker nicht aufhalten läßt. Es ist müßig, dagegen zu schreien, und etwaige Gegenmaßnahmen sind unwirksam, ja, sie beschleunigen die Entwicklung nur. Es ist nie zu spät, aus den Fehlern der Vergangenheit zu lernen, und wenn es auch für Völker, die dort noch koloniale Besitzungen haben, sicher schwer

sein mag, sie aufzugeben, ist es das Beste, das sie im eigenen Interesse tun können. Wir Deutschen haben glücklicherweise in dieser Hinsicht nichts zu verlieren, dank des uns unbewußt im Versailler Vertrag erwiesenen Dienstes.
Was not tut, ist, endlich einmal ernst zu machen mit dem immer wieder verkündeten, aber nie angewandten Prinzip der Gleichberechtigung und des Selbstbestimmungsrechts der Völker, vor allem gegenüber denen, die seit einem Jahrhundert Objekte unserer – jetzt als Europäer gesprochen – Unterdrückung und Ausbeutung waren. Inder, Chinesen, Malaien und Annamiten und wie die anderen Völker heißen, sind Menschen wie wir, nicht mehr und nicht weniger wert. Wir haben zu respektieren, wie sie aus freiem Willen ihr Schicksal gestalten wollen, wie wir ganz selbstverständlich von anderen verlangen, daß sie unser Selbstbestimmungsrecht anerkennen. Die Überheblichkeit gegenüber den »rückständigen Farbigen«, die bis heute noch allgemein gilt, ist ein typischer Ausfluß unserer westlichen Zivilisation mit ihrer Überbewertung der rein materiell-technischen Errungenschaften, deren zerstörerischen Charakter gerade Europa heute zu ahnen beginnt. Vielleicht gewinnen wir aus der Skepsis gegenüber unserem eigenen »Fortschritt«, der uns heute ganz nahe an den Rand des Abgrunds gebracht hat, und aus der damit einsetzenden Besinnung auf höhere Werte am ehesten das Verständnis für Asien.
Europa droht von dort keine Gefahr, im Gegenteil kann es, wenn es den großen Gang der Entwicklung erkennt und sich entsprechend verhält, einen Ansatz auch zu seiner eigenen Rettung sehen.
Für die weitere Entwicklung sah ich folgende Perspektive:
Es ist wahrscheinlicher – vorausgesetzt, eine dumme Einstellung des Westens treibt sie nicht zur Parteinahme –, daß die freien Nationen Asiens ihre Bestrebungen auf den Ausbau einer dritten Front richten, wie sie schon seit einiger Zeit von Pandit Nehru gefordert wird. Von Japan angefangen, über China bis hin zum Nahen Osten haben die Völker Asiens an einem dritten Weltkrieg, der zwischen Amerika und der Sowjetunion ausgefochten werden könnte, kein Interesse, sie würden im Gegenteil nur das Schlachtfeld bilden. In dieser Beziehung laufen ihre Interessen den europäischen und ganz besonders den deutschen absolut parallel. Jedes Land, das durch seine geographische Lage zum Schlachtfeld einer solchen Auseinandersetzung ausersehen ist, kann sich allein nicht dem ihm von den beiden großen Antagonisten zugedachten Schicksal entziehen. Alle zusammen, in einer großen dritten Front des Friedens vereinigt, zu beiden potentiellen Gegnern freundschaftliche Beziehungen unterhaltend und doch von keinem abhängig, den machtpolitisch leeren oder aufgesplitterten Raum ausfüllend, der bisher einen Anreiz für beide bildet, sich gegeneinander vorzuschieben, könnten sie das fehlende Weltgleichgewicht wiederherstellen und den Ausbruch des dritten Weltkrieges verhindern, den weder die Sowjetunion noch Amerika anfangen würden, wenn sie befürchten müssen, allein zu stehen.

Ein Anachronismus waren die Kolonialkriege, die Frankreich in Indochina und die Briten auf der malaiischen Halbinsel immer noch führten – die Holländer hatten in Indonesien gerade aufgegeben. Uns Deutschen konnte der große weltgeschichtliche Umbruch in Ostasien nur Gewinn bringen, und so lauteten die Schlußsätze in meinem Buch:
Deutschland und China haben viel Gemeinsames, es ist oft bemerkt worden. Auch die Lage zwischen den zwei großen Weltgegnern ist für beide Länder heute fast identisch. Und da laßt uns Deutsche in unserer scheinbar so hoffnungslosen Situation doch aus den Ereignissen in China den großen Trost mitnehmen: Es ist nicht wahr, daß es nur noch zwei Kräfte auf der Welt gibt, die alles bewegen, zwei Mächte, die so übermächtig sind, daß sie jeden bedeutenden Vorgang auf der Welt dirigieren. In China sind die Grenzen ihrer Macht offenbar geworden, eine große Entwicklung vollzog sich gegen Willen der einen und ohne Zutun der anderen. Frohere Botschaft kann uns nicht verkündet werden.[25]
Meine Beurteilung der Entwicklung in China stützte sich nicht nur auf die mehr als zehnjährige Erfahrung im Lande, sondern während der dramatischen Ereignisse hatte mich Freund Bidder in Abständen von ein paar Wochen durch ausführliche Berichte auf dem laufenden gehalten, und er wiederum gehörte zu der kleinen Gruppe der über chinesische Interna wirklich gut unterrichteten Ausländer im Lande. Seit seinem Eintritt in den diplomatischen Dienst 1922 hatte er mit Ausnahme von ein paar Jahren in Paris und Moskau und im Auswärtigen Amt in Berlin die ganze Zeit auf Posten in China zugebracht. Unsere Verbindung war auch, als im Januar Maos Truppen Peking erobert hatten, nur ganz kurze Zeit unterbrochen. Die Schiffe der britischen und skandinavischen Reedereien liefen nach wie vor Tientsin an und nahmen seine Briefe mit nach Hongkong, von wo aus sie dann per Luftpost Europa erreichten.
Schon im Januar, als die chinesischen Kommunisten nur die nördliche Hälfte Chinas in der Hand hatten, während die Kuomintang noch in Schanghai und in Nanking, der Hauptstadt, saß, sagte Bidder voraus, daß Mao diese wieder in die alte Kaiserstadt verlegen würde, was dann tatsächlich auch neun Monate später geschah. Einem anderen Bericht konnte ich entnehmen, daß Chiang Kai-shek mit seiner Niederlage auf dem Festland rechnete, als er noch in der Öffentlichkeit Siegesgewißheit verkünden ließ. Bidder hatte erfahren, daß Chiang sieben von seinen neun großen Staatslimousinen nach Taiwan (Formosa) verschiffen ließ, wohin er sich dann ja tatsächlich einige Monate später mit den Resten der Kuomintang rettete.
Über die voraussichtliche Außenpolitik des Neuen China – diese Bezeichnung begann sich einzubürgern und diesen Namen, chinesisch: Hsin Hua, sollte auch die offizielle Nachrichtenagentur tragen – schrieb er im Brief vom 14. April nach der Bemerkung, daß trotz der Niederlage für die USA von einem »russischen Geländegewinn« nicht die Rede sein könnte: »Vielmehr *wird*, –

davon bin ich mit Ihnen überzeugt – China sich als dritte Größe zwischen und unabhängig von beiden, soweit dies möglich, entwickeln und nicht mehr wie ein Höriger einfach die ihm vorgeschriebenen Wege gehen. Wenn wir im Westen Europa zu einer ähnlichen Stellung bringen könnten, würde das erheblich abkühlend auf die Kriegslust der beiden Großmächte wirken, wenn sie selbst ihre Kastanien aus dem Feuer zu holen hätten ...«

Voraussehend, daß sich für uns Deutsche sofort in China wieder gute Möglichkeiten für unseren Außenhandel ergeben würden, wenn dort erst einmal die amerikanische Dominanz beseitigt wäre, hatte ich, noch bevor die Bundesrepublik existierte, Ende 1948 dem Direktor der Bi-Zonen Wirtschaftsverwaltung, Prof. Erhard, ein Exposé Bidders zu diesem Thema zugestellt. Der hatte sich freundlich bedankt und den Leiter der Außenhandelsabteilung, von Maltzan, beauftragt, mit Bidder Verbindung zu halten, was auch geschah. In diesem Herbst aber zeigte sich die ganze deutsche Misere. Prof. Erhard war inzwischen Wirtschaftsminister in einer deutschen Regierung geworden, aber nicht in der Lage, die deutschen Wirtschaftsinteressen in einer besonders günstigen Situation in China wahrzunehmen. Hungrig nach Industriegütern für den Wiederaufbau des Landes, rannten die Vertreter der neuen Regierung Chinas in Peking, Tientsin und Schanghai den dort noch befindlichen deutschen Kaufleuten mit Einkaufswünschen die Türen ein. Da sie noch kaum Devisen hatten, boten sie für die Abwicklung erst einmal Bartergeschäfte an. Das ging nicht ohne ein gewisses Maß amtlicher Zwischenschaltung und Garantien. Aber am 6. Oktober schon, nur drei Wochen nach Konstituierung der ersten Bundesregierung in Bonn, mußte ich leider an Bidder schreiben:

»Inzwischen sind hier mehrere Telegramme aus Schanghai, teils von der deutschen Gemeinde, teils von den hauptsächlichen Firmenchefs unterzeichnet, eingelaufen, die darum bitten, Sie zum amtlichen deutschen Vertreter zu ernennen. Man macht sich draußen, glaube ich, immer noch falsche Vorstellungen von den Befugnissen der deutschen Bundesregierung. Die auswärtigen Beziehungen unterliegen der alleinigen Kontrolle der alliierten Oberkommissare. Die Bundesregierung kann in keinem Land von sich aus einen Vertreter bestellen. Man wird ihr erlauben, nach bestimmten Ländern, in denen es den Alliierten genehm ist, Vertreter zu entsenden. Ich garantiere, daß China auf längere Zeit nicht unter diesen Ländern sein wird. Es ist deshalb sinnlos, daß die Leute in Schanghai nach einem amtlichen Vertreter rufen.«

Die deutschen Chinakaufleute mußten sich selbst helfen. Der Not gehorchend, taten sie es, und sie taten es mit Erfolg.[26]

Die Bonner Ohnmacht konnte Bidder, der bald auch das Vertrauen der neuen Herren in Peking gewann, und mich nicht daran hindern, in Wahrnehmung des Rechtes auf Selbstbestimmung, in eigener Souveränität im Interesse unseres Volkes die Beziehungen zum neuen China nach bestem Vermögen zu pflegen.

Und die »Realpolitik« konnte den Zeitungen in der Bundesrepublik etwas bieten, wozu noch auf längere Zeit keine einzige selbst in der Lage war:

Berichte direkt aus Peking, aus der Feder von Irmgard Bidder, der Frau unseres Freundes. Das »Hamburger Abendblatt«, unter der Chefredaktion von Wilhelm Schulze und der außenpolitischen Ressortleitung von Martin Saller, war die erste bundesrepublikanische Zeitung, die es wagte, eine ganze Artikelserie von ihr über die Entstehung des kommunistischen China zu bringen, nachdem schon vorher die Zürcher »Weltwoche« mehrere Beiträge von ihr gebracht hatte.

In diesem Jahr hatte die deutsche Chinawissenschaft zwei hervorragende Gelehrte, die Professoren Ernst Boerschmann und Erwin Rousselle, und ich dabei einen guten Freund verloren. Als wir die von Rousselles Witwe und seinen drei Töchtern aufgegebene Todesanzeige erhielten, mußten wir an jenen Abend in seinem Haus in Eschenlohe zurückdenken, als er für uns das Orakel des I Djing befragte und es die Eva so niederschmetternde Antwort gab. Zwei Jahre lag das jetzt zurück. Es war so gekommen, mußten wir uns sagen, aber jetzt waren wir sicher, daß es nicht noch einmal so lange dauern würde, bis wir die Befreiung der Opfer des Schanghaier Verbrechens erreichten. Tief berührt war ich von den Worten, die Erwin Rousselles Angehörige zu seinem Heimgang gefunden hatten:

»Sein Weg war der Versuch, auf schmalem Grat als Mensch zu geh'n,
der in Betrachtung und im Werk zugleich will Gott und Welt...
was er erlitten und erstritten, was er gelebt, gelehrt,
das Drama seiner Seele war des Menschen Weg zu Gott,
geheim geführt vom Finger an des Vaters rechter Hand.«

Möchte auch ich so geführt sein, war meine Hoffnung, als ich nach kurzer Besinnungspause mich wieder den schrecklichen Tatsachen des politischen Dramas zuwandte.

In Washington hatte es nach dem vorzüglichen Spruch des Appellationsgerichtes im Frühjahr in Sachen Ehrhardt gegen Vereinigte Staaten eine Verzögerung nach der anderen gegeben. Wie erwartet, hatte die US-Regierung gegen diesen Spruch den Obersten Bundesgerichtshof angerufen, aber dann waren kurz hintereinander die beiden Richter Rutledge und Murphy gestorben, was Reel als einen Verlust für uns ansah. Beide Richter hatten im Falle des japanischen Generals Yamashita, in dem Frank Reel vor dem Supreme Court aufgetreten war, gegen die Mehrheit des Richterkollegiums gestimmt. Sie gehörten, wenn man so sagen will, zu dessen mehr liberalem Flügel. Ihre Rechtsmeinung hatte ich in Reels in diesem Jahr von der University of Chicago Press herausgebrachtem Buch »The Case of General Yamashita« gelesen und aus der von Murphy auch in diesen meinen Aufzeichnungen schon etwas zitiert.

Die Verhandlung des Falles war dann auf die Oktober-Sitzung festgesetzt worden, aber es gab neues Pech. Noch ein dritter Bundesrichter fiel aus, wenn auch nicht ganz und gar durch Tod wie seine beiden genannten Kollegen: William O. Douglas, ein passionierter Bergsteiger, hatte einen schweren

Unfall, und ausgerechnet bei ihm handelte es sich um den Juristen, der in seiner Laufbahn in Konflikten zwischen Bürgern und Staat am meisten und am entschiedensten für die Bürgerrechte eingetreten war. Das habeas corpus Verfahren, das Reel für die Schanghaier Verurteilten angestrengt hatte, fiel in diese Kategorie von Rechtsstreitigkeiten.

Im November wurde Reel eine Mitteilung gemacht, daß das Gericht den Antrag der Regierung auf Prüfung des Urteils des Appellationsgerichtes zugelassen habe, daß aber erst im Februar 1950 darüber verhandelt werden sollte. Reel hatte diese Entscheidung mit einem weinenden und einem lachenden Auge aufgenommen. War er im Interesse seiner Mandanten der ewigen Vertagungen leid, so hatte diese letzte doch auch etwas Gutes. Richter Douglas, schrieb er, erhole sich zur Zeit in Arizona und erwarte, am 1. Februar sein Amt wieder ausüben zu können. Frank Reel wollte es möglichst vermieden sehen, daß der Fall ohne Richter Douglas verhandelt würde.

Herr von Hentig machte hier im Lande Eingabe über Eingabe und lag den für Landsberg Verantwortlichen im Armee-Hauptquartier in Heidelberg auch immer wieder persönlich in den Ohren und erreichte dabei auch manches mündliche Eingeständnis der Fragwürdigkeit des ganzen Schanghaier Verfahrens, aber zum Schluß kam dann die Ausflucht, der Fall sei ja nun sub judice in Washington, sogar vor dem Obersten Bundesgericht anhängig, und dem könne man nicht vorgreifen, was im Gegensatz zu früheren Ausflüchten sogar eine gewisse Berechtigung hatte.

Unsere Schutzbefohlenen saßen nun schon dreieinhalb Jahre unschuldig hinter Gittern, da besagten die Nachrichten, die wir aus Landsberg bekamen, daß die US-Militärs dabei waren, im Schanghai-Fall ein neues Verbrechen zu begehen. Wieder einmal leisteten sie sich einen Bruch der Genfer Konvention über die Behandlung von Kriegsgefangenen, die sie mit 46 anderen Nationen am 27. Juli 1929 geschlossen hatten. Bei dem in Schanghai zu 10 Jahren Haft verurteilten Walter Richter war im Juni Tuberkulose festgestellt worden, die bald darauf unter den schlechten Ernährungsverhältnissen und klimatischen Bedingungen von Landsberg zum offenen Ausbruch kam. Alle Anträge von Richter auf temporäre Haftaussetzung und Behandlung in einer Lungenheilstätte führten zu nichts. Es wurde wieder das alte Zuständigkeitsspiel mit Hin- und Herschieben des schwarzen Peters zwischen der US-Armee in Deutschland und dem Kriegsministerium in Washington gespielt, das wir aus der Zeit von Militärgouverneur Clay kannten.

Offenbar infolge von Richters fortgesetzten Eingaben erschien der für Landsberg zuständige Militärarzt, Major Hoff, in Begleitung eines Obersten, der als Lungenspezialist, aber nicht mit Namen vorgestellt wurde, und Richter, wie dieser uns und an Rechtsanwalt Reel schrieb, folgende Ansprache hielt: »Die US-Armee in Deutschland hat keine Einrichtungen, um Tuberkulose-Patienten in speziellen Lungen-Sanatorien zu behandeln. Armeeangehörige, die an Tuberkulose leiden, werden erst einmal an einen Platz in Belgien und von dort in die Vereinigten Staaten geschickt. Das Klima ist nicht so wichtig, vollkommene Ruhe ist wichtig, und die haben Sie hier im Gefängnis-Lazarett. Ein Millionär könnte keine bessere Behandlung haben. Es hängt ganz und gar vom Patienten ab und davon, ob er wirklich geheilt werden will. Aber wir haben den Eindruck, daß Sie *hier* gar keine Besserung wünschen; Sie wünschen die Freiheit, und die können wir Ihnen nicht geben.«

In vielen Fällen haben amerikanische Militärgerichte Japaner und Deutsche, welche die Genfer Konvention über die Behandlung von Kriegsgefangenen gebrochen haben sollten, wegen Verbrechen gegen die Menschlichkeit als Kriegsverbrecher verurteilt. Die von den USA unterschriebene Konvention verlangt ausdrücklich, daß alle an Tuberkulose erkrankten Kriegsgefangenen in hochgelegenen Sanatorien und, wenn notwendig, sogar in einem neutralen Land zu behandeln sind. Walter Richter wurde zusammen mit einem gleichfalls an offener Tbc leidenden Gefangenen in einer 2½ mal 5 Meter Gefängniszelle untergebracht, in der sie wegen der von ihnen ausgehenden Ansteckungsgefahr vollständig isoliert waren; nicht einmal ein gelegentliches Bad wurde ihnen erlaubt. Es war kein Wunder, daß sich Richter wie ein Ausgestoßener fühlte – er hatte ja auch keinen Kontakt mehr zu seinen Kameraden – und daß diese psychische Belastung bei dem ja vollkommen unschuldig in Landsberg Sitzenden zu einer rapiden Verschlechterung seines Zustandes beitrug.

Ein paar Tage vor Weihnachten schrieb Walter Richter noch einmal, um Eva und mir fröhliche Weihnachten und ein glückliches neues Jahr zu wünschen. Er hat davon selbst nur noch wenige Tage erlebt. Als man ihn endlich zur Behandlung in eine Münchner Klinik brachte, war es für eine Rettung zu spät. Rein juristisch handelte es sich wohl »nur« um das Delikt der fahrlässigen Tötung. Eva und ich waren in unserer Erbitterung geneigt, es Mord zu nennen. Ein Verbrechen gegen die Menschlichkeit mehr kam zweifellos auf das Schuldkonto der US-Army.

# 13 Bedingungslose Befreiung

Das Jahr 1949 hatte Ereignisse von weitreichender Bedeutung gebracht, den Abschluß des Nordatlantikpaktes, die Gründung der Bundesrepublik Deutschland und der Deutschen Demokratischen Republik, die Brechung des amerikanischen Atombomben-Monopols durch die Sowjetunion, und schließlich waren mit dem Erscheinen der Volksrepublik China die Verhältnisse in Ostasien grundlegend verändert worden.

Einige dieser Vorgänge waren Teil des sich verschärfenden kalten Krieges zwischen den USA und der Sowjetunion, die versuchten, weite Gebiete außerhalb ihrer Grenzen in ihren Macht- und Einflußbereich hineinzuziehen und jede für sich so einen großen, möglichst geschlossenen politisch-wirtschaftlichen und letztlich militärischen Block zu bilden. Die Errichtung zweier Staaten auf dem Boden Deutschlands gehörte in diese Tendenz. Chinas Abschütteln der Rolle eines Objektes der Weltpolitik und sein Hervortreten als unabhängig von den zwei Supermächten handelndes Subjekt verkörperte einen gegenläufigen Zug in der weltpolitischen Entwicklung: Es regten sich Kräfte, die sich dem Versuch der Zweiteilung der Welt durch die beiden Supermächte entzogen und der Blockbildung entgegentraten. Zu diesem neuen Faktor waren auch die unabhängig gewordenen oder noch im Befreiungskampf stehenden Kolonialvölker zu rechnen.

Es gab für mich keinen Zweifel, daß der Prozeß der Aufteilung auf zwei Blöcke, weil er es spaltete, für unser Volk schädlich, ja, für seine weitere Zukunft existenzbedrohend war, während in dem zweiten eine Hoffnung lag, für die ganze Welt, aber besonders für uns, wie ich das in meinem Buch angedeutet hatte. Die Formierung der beiden deutschen Staaten war in dieser welthistorischen Stunde ein Schritt ganz in die falsche Richtung. Es war zum Verzweifeln! Hier wurde der Weg geöffnet in eine neue, die dritte deutsche Daseinsverfehlung, als deren erste und zweite ich die nachbismarcksche Außenpolitik des Kaiserreiches vor 1914 und Hitlers vor 1939 ansah.

Bei dieser Lagebeurteilung konnte es nur *ein* Ziel geben: Die Teilung war aufzuheben und die Einheit Deutschlands mußte wiederhergestellt werden. Als Voraussetzung dafür, daß dieses Ziel überhaupt erreicht werden konnte, mußte jedem Schritt widerstanden werden, der die wirtschaftliche, politische und militärische Einbindung der nun entstandenen deutschen Teilstaaten in die Blocksysteme förderte. Nach Bevölkerungszahl und Wirtschaftskraft war die Bundesrepublik die gewichtigere der beiden. Außerdem erschien nach allgemeiner Einschätzung, die ich in diesem Punkt teilte, der Handlungsspielraum unter dem westlichen System, wollte man ihn nur nutzen, größer als unter der Herrschaft Stalins auf der östlichen Seite. Hier galt es jetzt alle Aktivität zu konzentrieren.

Mit der »Realpolitik« hatte ich publizistisch mit dieser Arbeit schon begonnen. Doch darüber hinaus mußte auch unmittelbar im politischen Raum etwas geschehen. Einen Ansatz dazu hoffte ich zu finden, als ich am 21. Januar 1950 das alt-vornehme Ritters Park Hotel in Bad Homburg betrat. Rudolf Nadolny und Andreas Hermes hatten sich durch die von Schumacher und Adenauer entfachte Kampagne nicht beirren lassen und zu einer Gründungsversammlung für die »Gesellschaft für die Wiedervereinigung Deutschlands« eingeladen. Ich sah mich in einem zur Atmosphäre des einmal feudalen Hotels passenden Kreis von älteren Herren; das Durchschnittsalter schätzte ich auf etwa 55 Jahre. Wie ich hörte, war wegen Verbots kein einziges SPD-Mitglied unter den Anwesenden, aber trotz Adenauers Abraten hatte sich eine Anzahl von Mitgliedern der CDU und CSU eingefunden, und unter den Vierundsech-

zig, die schließlich mit mir ihren Namen unter die Gründungsurkunde setzten, waren sogar einige, die höhere Ämter in Bund und Ländern inne- oder in jüngster Zeit bekleidet hatten, so der stellvertr. Ministerpräsident von Niedersachsen, Dr. Dr. Günther Gereke, der Ernährungsminister von Nordrhein-Westfalen, Heinrich Lübke, der württembergische Staatssekretär a. D., Dr. Paul Binder, der Berliner Bürgermeister, Dr. Ferdinand Friedensburg, der Staatsminister a. D. Dr. Dr. Willy Hellpach. Außer Nadolny war der frühere diplomatische Dienst vertreten durch den Gesandten a. D. Dr. Wipert v. Blücher und den ehemaligen Botschafter in Washington, Dr. Friedrich von Prittwitz und Gaffron. Sonst umfaßte der Kreis einige bekanntere Unternehmer, aber niemanden aus der Großindustrie, höhere Staatsbeamte, Professoren, Freiberufler und außer mir noch ein paar Journalisten und Schriftsteller wie Arthur W. Just, Ernst Lemmer und Harald E. Roos aus Berlin und den Herausgeber der »Nürnberger Nachrichten« und Angehörigen von Niekischs Widerstands-Kreis aus der Weimarer Zeit und dem Dritten Reich, Dr. Josef Drexel. Auch Wilhelm Elfes, ehemaliger Oberbürgermeister von Mönchen-Gladbach, war unter den Teilnehmern. Wie man so schön sagt, »durch Abwesenheit glänzten«: Abgeordnete, Gewerkschaftler und Berufssoldaten.
Verhältnismäßig leicht einigten sich die Versammelten auf die folgende »Gründungsurkunde«:
»Durchdrungen von der Überzeugung, daß die Wiedervereinigung des heute geteilten Deutschland ein Lebensrecht und eine Lebensnotwendigkeit für unser Volk bedeutet, haben die Unterzeichneten beschlossen, die Gesellschaft für die Wiedervereinigung Deutschlands zu gründen. Sie soll den Zweck haben, die Wiederherstellung der Einheit Deutschlands bis zu ihrer Festlegung in einer gesamtdeutschen Verfassung und internationalen Anerkennung in einem Friedensvertrag mit friedlichen Mitteln zu betreiben und für dieses große Ziel das ganze deutsche Volk zu gewinnen. Die Gesellschaft ist überparteilich und beschränkt ihre Tätigkeit auf die Wiedervereinigung Deutschlands.«
Das war ein anderer Vorspruch als die Präambel des Grundgesetzes der Bundesrepublik, nüchterner und klarer und ohne den hochstaplerischen Anspruch, für irgend jemand anderen gehandelt zu haben als die Anwesenden, die ihre Unterschrift unter die Beteuerung setzten. Vom deutschen Volk hieß es ganz realistisch, daß es erst noch gewonnen werden müßte für die Aufgabe. Richtig war auch die an sich selbstverständliche Forderung nach einem Friedensvertrag, die weit und breit, seit die zwei Staaten existierten, vollkommen verstummt war. Blickte ich mich aber im Saale um, so konnte ich nicht sehr starke Hoffnung schöpfen, daß von dieser Honoratiorenversammlung die Kraft ausgehen würde, um das Volk in Bewegung zu setzen. In reiner Addition, Person zu Person, verkörperte die Versammlung eine erhebliche Potenz, aber das galt nur, wenn sie eine fest gefügte, energiegeladene Kampfgemeinschaft bildete, die sich auf das hohe Ziel hin, einsatzfreudig bis zum letzten, in

Bewegung setzte. Von einer solchen Aufbruchstimmung war leider nichts zu spüren. Das war eine Enttäuschung. Unbefriedigend waren auch die Vorstellungen, die bei den Diskussionsrednern, über den guten Willen zur Wiedervereinigung hinaus, von dem politischen Rahmen herrschten, in dem sie verwirklicht werden könnten. Nur von Prittwitz und Gaffron und Professor Hellpach ließen erkennen, daß dazu die Einnahme einer »dritten Position« notwendig sein würde. Beide dachten dabei an eine solche für ganz Europa, dessen Völker diese gemeinsam zwischen den USA und der Sowjetunion aufbauen müßten. Sie kamen so meiner eigenen und der Konzeption des französischen Professors Duverger nahe, der in größeren Aufsätzen in »Le Monde« damit Aufsehen erregte. »Realpolitik« hatte begonnen, seine Artikel in deutscher Übersetzung in der Bundesrepublik zu verbreiten.
Wenig konkret blieb zu meiner Enttäuschung auch Nadolny selbst, der mir eine schriftliche Fixierung seiner Position mit dem anspruchsvollen Titel »Die Wiedervereinigung Deutschlands« überließ. Er baute – reichlich optimistisch, wie ich fand – auf die Besinnung der Siegermächte und auf das Völkerrecht: »Wir Deutsche sind heute zwar materiell machtlos, sowohl militärisch wie auch hinsichtlich unserer Souveränität, und das Schicksal Deutschlands ruht nicht in unserer Hand. Aber auch uns steht das Völkerrecht zu Gebot, auch wir können gegen Völkerrechtswidrigkeiten Stellung nehmen. Der Friedensvertrag soll überdies auch nach dem Willen der Sieger so sein, daß er von einer deutschen Regierung angenommen werden kann. Und ehe nicht ein Vertrag nach den Grundsätzen der Atlantik-Charta abgeschlossen wird, also die 14 Punkte Wilsons doch noch in Kraft treten, wird die Welt keinen Frieden haben. Dazu aber darf auch unsere Stimme nicht ungehört bleiben, vor allem für die Wiedervereinigung unseres jetzt zerstückelten Vaterlandes.«
Das Schicksal von Wilsons 14 Punkten war bekannt, von der Atlantik-Charta hatten ihre Urheber Roosevelt und Churchill ausdrücklich erklärt, daß ihre hehren Grundsätze von Selbstbestimmung und Gleichberechtigung *nicht* für das deutsche Volk gelten sollten, und entsprechend hatten sie sich dann auch vom 8. Mai 1945 bis heute verhalten. Mir war nicht ersichtlich, woher Rudolf Nadolny die Zuversicht nahm, daß sie ihre Einstellung ändern würden. Für die mißliche Lage in Deutschland machte er übrigens und mit Recht auch das – so wörtlich – »brutale« Vorgehen der Sowjetrussen in der von ihnen besetzten Hälfte des Landes verantwortlich, wie er das schon früher in seiner Denkschrift für den sowjetischen Außenminister Molotow getan hatte, auf diese Weise noch einmal mehr die Schumachersche Hetze gegen ihn Lügen strafend.
Nach Hamburg zurückgekehrt, fand ich, daß das Presse-Echo der Gründungsversammlung in Bad Homburg mit Ausnahme der SPD-Presse ganz erträglich, zum Teil wohlwollend war. Obwohl auf der ganzen Veranstaltung kein feindseliges Wort gegen die Vereinigten Staaten gefallen war, im Gegen-

24 Martin Niemöller und Gustav Heinemann nach dessen Rücktritt im Oktober 1950

Adolf Scheu, Helene Wessel und Gustav Heinemann bei der Gründung der Gesamtdeutschen Volkspartei im November 1952

26 Der Verfasser beim Studium der Morgenmeldungen 1953

27 Hoffnungsvolle Berliner beim Beginn der Vierer-Außenministerkonferenz Ende Januar 1954

Führende Köpfe der Sowjet-Delegation:
Stellvertr. Außenminister Gromyko, Botschafter
Semjonow, Außenminister Molotow

Der »Berliner Kreml«:
Die Botschaft der UdSSR Unter den Linden

30 Die Außenminister tagten unter einem Deckengemälde vom Jüngsten Gericht

31 Die Bonner Abgesandten bei der Berliner Konferenz:
Ganz links Bundespressechef Felix von Eckardt, rechts Herbert Blankenhorn und Wilhelm Grewe

teil sogar manche der Anwesenden, einschließlich Nadolny, ein gewisses Vertrauen erkennen ließen und sogar Hoffnungen in die USA setzten, zogen die deutschen Schreiber der amerikanischen »Neuen Zeitung« in München gegen die Veranstaltung zu Felde. Dabei wurde den Initiatoren der Tagung unterstellt, sie beabsichtigen ein westliches Pendant zur »Nationalen-Front-Politik« im Osten. Die »Nationale Front« war der auf Druck der SED, hinter der wiederum die sowjetische Besatzungsmacht stand, erfolgte Zusammenschluß aller in der DDR zugelassenen Parteien unter Führung der kommunistischen SED. Die Lächerlichkeit und zugleich Infamie der Verdächtigung in der »Neuen Zeitung« wurde in dem Kommentar offenbar, den wir nun in dem Ostberliner Zentralorgan der SED »Neues Deutschland« vom 8. Februar lasen. Das Blatt sah die Bad Homburger Gründung gerade *gegen* die »Nationale Front« gerichtet:

»Die Sorge um das Wachstum der Nationalen Front in Westdeutschland, die Gefahr der Entstehung und Entwicklung einer echten Volksbewegung für die Einheit eines demokratischen Deutschlands und den Frieden hat nunmehr Dr. Hermes auf den Plan gerufen. Schon die Namen derer, die sich in Bad Homburg ein Stelldichein gaben und sich präsentierten als ›Gesellschaft für die Wiedervereinigung Deutschlands‹, stellen ein unmißverständliches Programm dar. Die politische ›Aktivierung‹ solcher Leute wie Dr. Hermes, von Richthofen, von Prittwitz und Gaffron geschieht im Zeichen der verstärkten Kriegsvorbereitungen des amerikanischen Imperialismus in Europa, im Zeichen der Remilitarisierung Westdeutschlands, im Zeichen der verstärkten Spionage- und Sabotagetätigkeit in dem Gebiet der Deutschen Demokratischen Republik...« Schließlich wurde die Zuversicht ausgedrückt, »daß die Massen des werktätigen Volkes in Westdeutschland die Rolle der falschen Einheitsapostel um Hermes schnell durchschauen«.

»Da haben Sie's!« sagte Arthur Reiss scherzhaft zu mir, »Sie falscher Einheitsapostel!«, als er den Kommentar der SED-Gazette gelesen hatte. Aber eigentlich durfte man sich nicht einmal über die Dummheit, die hier hervortrat, mokkieren, da sie doch eine Macht sein soll, gegen die selbst Götter vergeblich kämpfen. Eher bestand Grund zur Trauer, wie tief wir gesunken waren: Die deutschen Schreiber der Amerikaner verleumdeten aufrechte Deutsche, sie besorgten die Geschäfte der Russen, und die Schreiber der Russen sahen dieselben deutschen Patrioten im Dienste der Amerikaner. Die Knechtseligkeit saß bei diesen Leuten so tief, daß es einfach über ihre Vorstellungskraft ging, es könnte noch irgendwo ein unabhängiger Deutscher existieren, der nicht im Dienste eines der Sieger stand, wenn er sich gegen den anderen wandte, sondern aus eigenem und auf sich selbst gestellt etwas für sein Volk tun wollte. Für die Amerikahörigen konnte jemand, der sich von Amerika frei hielt, nur prosowjetisch und für die Sowjethörigen jemand, der die sowjetische Politik kritisierte, nur proamerikanisch sein. Die sichtbare Existenz von Menschen mit dem Mut zur Unabhängigkeit konnte ja auch die eigene

Unterwürfigkeit nur in einem sehr schlechten Licht erscheinen lassen. Das durfte nicht sein.

Die »Realpolitik« hatte sich seit ihrer Gründung im Juli 1949 gut entwickelt und einen besonderen Aufschwung genommen, seit sie als Tagesdienst sechsmal in der Woche herauskam. Die Ausbreitung war parallel zu der allgemeinen Entwicklung der Presse in der Bundesrepublik gegangen, wo sich die Zahl der Zeitungen seit der Aufhebung des Lizenzzwanges der Besatzungsmächte rasant vermehrt hatte. Nach einer Meldung der Deutschen Presse-Agentur (dpa), die aus der Zusammenlegung der Agenturen dena und dpd entstanden war, gab es im Frühjahr 1950 über die im Sommer 1949 vorhandenen und weiterbestehenden 128 Lizenzzeitungen hinaus 382 neue selbständige Zeitungen. Von diesen 510 Blättern druckten jetzt 93 mit einer Auflage von zusammen 4,6 Millionen regelmäßig Beiträge, die sie unserem Realpolitik-Tagesdienst entnahmen. Unser Zeichen war (real), es stand den Redaktionen aber auch frei, dieses wegzulassen, so daß die übernommenen Beiträge für die Leser als eigene Arbeiten der Zeitungsredaktion oder deren ständiger Mitarbeiter erschienen, was hauptsächlich mit den größeren Namensartikeln geschah. Unter diesen in unserem Dienst waren meine eigenen besonders häufig. Ich wurde auf diesem Wege zu einem der meistgelesenen deutschen Journalisten.

Am interessantesten waren für uns die großen Provinzzeitungen, die allein oder mit Kopfblättern um die 100 000 oder mehr Auflage hatten, wie zum Beispiel die Aachener Nachrichten, Darmstädter Echo, Düsseldorfer Nachrichten, Hannoversche Allgemeine, Hessische Nachrichten, Kölner Stadtanzeiger, Lübecker Nachrichten, Main Echo, Mannheimer Morgen, Nürnberger Nachrichten, Rheinpfalz, Rhein-Zeitung, Ruhr-Nachrichten, Schwäbische Landeszeitung, Schwäbisches Tagblatt, Weser-Kurier, Westdeutsche Allgemeine und Westfälische Rundschau. Auch einige Boulevardzeitungen waren darunter, wie die Abendzeitung in München und der Mittag in Düsseldorf. Sogar die Frankfurter Allgemeine Zeitung, die großen Wert darauf legte, möglichst exklusiv nur Eigenes zu bringen, übernahm gelegentlich Beiträge aus unserem Dienst.

Journalisten mit eigener Auslandserfahrung aus den letzten beiden Jahrzehnten fehlten in der sich jetzt schnell wieder ausbreitenden und erweiternden Presse in der Bundesrepublik sehr. Von den großen Journalisten der Weimarer Zeit lebten nur noch wenige, im meist fortgeschrittenen Alter. Aus Devisen- und anderen Gründen war die Zahl der Korrespondenten, welche die Redaktionen draußen in der Welt unterhalten konnten, schon in den Friedensjahren 1933–1939 sehr begrenzt gewesen, und im Kriege schmolz die Zahl der Länder, in die man solche entsenden konnte – ein paar Verbündete und Neutrale –, noch zusammen. In den Besatzungsjahren seit 1945 schließlich waren selbst die größten der rund 120 Lizenzzeitungen, von ganz wenigen Ausnahmen abgesehen, mit eigenen Vertretern an den wichtigsten Nachrichtenplätzen des Auslandes nirgendwo präsent. Das Reservoir von welterfahrenen Journalisten, auf das die deutsche Presse bei ihrem Wiederaufbau nach 1945 zurückgreifen konnte, war sehr begrenzt.

Hier waren wir in der Lage, fürs erste etwas zu helfen und Lücken zu schließen, indem wir den Zeitungen Artikel von auslandserfahrenen Sachkennern lieferten.

Die Arbeit von Arthur Reiss auf dem Gebiet Osteuropa wurde jetzt ergänzt durch die Mitarbeit von Balkan-Korrespondenten wie Egon Heymann und Othmar Merth sowie gelegentlich Beiträge von Dr. Harald Laeuen. Ein besonderer Gewinn für die Beobachtung der Politik der Sowjetunion wurde die Mitarbeit des Ostexperten Dr. Boris Meißner von der Universität Hamburg, der zur Zeit mit einer großen wissenschaftlichen Arbeit über die sowjetische Deutschlandpolitik seit 1943 beschäftigt war.[27]

Als Skandinavien-Mitarbeiter stand uns H. W. Engdahl-Thygesen zur Verfügung, und in London gewannen wir Ian McLean als Korrespondenten. Prof. Fochler-Hauke, der als Universitätslehrer nach Argentinien gegangen war, arbeitete von dort für Fragen Südamerikas mit. Gesandter a. D. Werner Otto von Hentig, einer der besten deutschen Orientkenner, befaßte sich mit dem Nahen Osten, sein Bruder, der international berühmte Kriminalwissenschaftler, Prof. Hans von Hentig, der 1933 wegen der NS-Machtübernahme ausgewandert war, schickte uns Aufsätze aus den USA.

In Berlin fanden wir eine vorzügliche, auch über die DDR immer bestens informierte Korrespondentin in Anna Marie Doherr. Der bundesdeutschen Innenpolitik widmete sich mein alter Freund Günter Kaufmann, der bald unser ständiger Vertreter in Bonn werden sollte. Mit Wirtschaftspolitik beschäftigten sich Fred S. Baumann, früher einmal Vertreter der Hansestadt Hamburg bei der Reichsregierung in Berlin und danach lange Jahre in einem deutsch-amerikanischen Konzern tätig, und der jüngere Wirtschaftsjournalist Ewald Koch. Die Sozialpolitik wurde von einem der besten Sachkenner, die es auf diesem Gebiet im deutschen Journalismus gab, meinem Jugendfreund aus Berliner Tagen, Albert Müller, betreut. In allgemeinen Rechts- und Verfassungsfragen arbeitete, der der Nachbarschaftsbewegung nahestehende Lübecker Rechtsanwalt Hans Wittmack.

Zu den ständigen Mitarbeitern, die mehr oder weniger regelmäßig in »Realpolitik« schrieben, zählten auch die Journalisten Emil Rasche, Martin Hallensleben, Hans-Achim von Dewitz, Hans Otto Lippens, Dr. Mathilde Kühle, Wolfgang Küchler und Christoph von Imhoff u. a. Manche traten inzwischen wieder in feste Arbeitsverhältnisse bei Tages- oder Wochenzeitungen, aber manchmal brannten diesen Kollegen kritische Stellungnahmen zum Zeitgeschehen auf den Nägeln, die sie wegen politischer Rücksichtnahme der Verleger oder Chefredakteure im eigenen Hause nicht veröffentlicht bekamen und nur bei »Realpolitik« los werden konnten.

Die gute Entwicklung des Dienstes brachte mehr Abdrucke und damit eine

Einnahmensteigerung. Arthur Reiss und ich beschlossen, trotzdem erst einmal bis auf weiteres bei unseren schmalen Bezügen zu bleiben und lieber die Redaktion personell zu verstärken. So konnte ich mir den lange gehegten Wunsch erfüllen: In seinem Exil in Hahnenklee erhielt Gotthart Ammerlahn die Nachricht, daß er von den Harzer Bergen herabsteigen möge in die Norddeutsche Tiefebene, um zum ersten Male seit fünf Jahren wieder eine seinen Fähigkeiten angemessene feste Arbeit zu finden, als Redakteur bei Realpolitik-Tagesdienst in Hamburg.

Daß er in den vorangegangenen harten Jahren seinen Berliner Witz nicht verloren hatte, bewies Gotthart Ammerlahn kurz nach seiner Ankunft, als er uns zum ersten Mal in dem neuen Domizil besuchte, das Eva und ich im Herbst 1949 bezogen hatten. Sehr treffend gab er dem Bau den Namen »Trümmervilla«.

In Hamburg gab es so lange nach dem Ende des Krieges in einigen Stadtteilen, vor allem in früher dicht besiedelten Wohngebieten, quadratkilometergroße Flächen, auf denen der Luftterror vom Bomber-Harris nur ein paar Häuser stehen gelassen hatte. Die früher sehr belebte Hamburger Straße und ihre Nebenstraßen gehörten dazu. Oft schon hatten wir versucht, unsere Unterkunft bei der gastfreundlichen Familie Hinsch an der Elbchaussee durch eine eigene Wohnung zu ersetzen, aber für die Möglichkeit, in eigenen vier Wänden zu wohnen, statt irgendwo zur Untermiete, wurden ausbeuterisch verlorene Baukostenzuschüsse in für die meisten Wohnungssuchenden unerschwinglicher Höhe verlangt. Ohne Not hätten wir auch nicht gern die angenehme Umgebung im schönen Elbvorort Othmarschen mit dem Trümmerfeld von Barmbek getauscht, aber die Gelegenheit, die Eva nach langem Suchen gefunden hatte, war zu günstig, um in unserer pekuniären Lage nicht zuzugreifen.

Ein älterer Maurer, namens Kruse, hatte auf den Resten eines zerstörten Hauses in der Rönnhaidstraße wieder einen Bau mit zwei kleinen, äußerst bescheidenen Wohnungen aufgerichtet. Eine bezog er selbst, und in die andere konnten wir zu einer billigen Monatsmiete und gegen einen verhältnismäßig sehr niedrigen Baukostenzuschuß einziehen. Keine hundert Meter entfernt stand noch der Ruinenkoloß des von britischen Luftminen zerstörten großen Kaufhauses Karstadt in der Hamburger Straße.

Zu den Informationen aus kompetenter Feder, welche die Zeitungen aus unserem Tagesdienst entnehmen und die sie zu dieser Zeit kaum von anderer Seite erhalten konnten, gehörte die Berichterstattung über den heraufziehenden französisch-vietnamesischen Konflikt. Diese hatte ich der Kollegin Elisabeth Zehden anvertraut, mir aus Schanghai bekannt, eine der wenigen Deutschen, die jemals im von den Franzosen nach außen sehr abgeschirmten Indochina gearbeitet hatten. Von wichtigen Personen des sich entfaltenden Dramas, von denen man in Europa bisher nicht einmal die Namen gehört hatte, kannte sie Geschichte und persönlichen Hintergrund.

Ganz konkurrenzlos waren wir aber mit unseren Kenntnissen der Entwicklung in China. Man sagte, es sei seit der Gründung der Volksrepublik hinter einem »Bambusvorhang« verschwunden, so wie man die durch Europa gehende Trennungslinie den »Eisernen Vorhang« – eine Wortprägung Churchills – nannte. Obwohl die Wahl Bambus statt Eisen auf größere Durchlässigkeit deuten mußte, drang aus dem Neuen China noch viel weniger an die Außenwelt als aus der Sowjetunion und Osteuropa. In den Monaten seit der Regierungsbildung in Peking war die gesamte Presse der Welt dort, wie mir Bidder berichtet hatte, nur durch einen einzigen Mann vertreten, und das war – der Korrespondent der sowjetischen Nachrichtenagentur Tass, Wladimir Rogoff. Ich kannte ihn gut aus den Anfangsjahren 1937/38 des chinesisch-japanischen Krieges, als wir in Hankau bei den Pressekonferenzen des Armeesprechers, General Hsü Pei-ken, oft nebeneinander saßen, und ich bewunderte, mit welcher unheimlichen Geschwindigkeit er, ohne auf die Übersetzung zu warten, in chinesischer Schrift den Vortrag des Generals mitschrieb. Es war, wie wenn ein guter Stenograf eine Rede in einer europäischen Sprache wörtlich notierte. Trotz der damals äußerst gespannten Beziehungen zwischen Berlin und Moskau entwickelte sich zwischen Rogoff und mir ein sehr angenehmes, kollegiales Verhältnis. Er war später in die Zentrale von TASS nach Moskau zurückversetzt worden. Daß man diesen hervorragenden Kenner Chinas, den besten überhaupt nur denkbaren Mann, wieder dorthin entsandte, schien mir darauf hinzudeuten, daß Stalin mit seiner Vernachlässigung der chinesischen Kommunisten Schluß gemacht hatte.

Kaum weniger informiert als Rogoff war »unser Mann in Peking«, Dr. Hans Bidder. Bemerkenswert war, daß seine und seiner Frau ausführliche Berichte aus dem Gebiet hinter dem »Bambusvorhang« ohne irgendwelche Zeichen von Zensur herauskamen. Und es war sicher ungewöhnlich, aber erfreulich, daß er schon kurze Zeit nach der Einrichtung der neuen Regierung von Chou En-lai, der das Amt des Ministerpräsidenten übernommen hatte, zu einer tour d'horizon gebeten wurde, einem allgemeinen Gespräch über alle möglichen Themata von beiderseitigem Interesse. Schließlich war Bidder zu diesem Zeitpunkt nicht mehr als ein Diplomat außer Dienst, der keine Regierung vertrat. Doch von ihm wußten die Chinesen, daß ihm nichts mehr als gute deutsch-chinesische Beziehungen am Herzen lagen, und Deutschland, das war in Chou En-lais und seiner Mitarbeiter Vorstellung und übrigens auch für den Vorsitzenden Mao Tse-tung ein Land, das sich bald aus dem Staub, in den es, nicht ohne die Schuld seiner bisherigen Führung, niedergetreten worden war, mit Sicherheit wieder erheben würde.

Bidder hatte uns berichtet, daß bald nach der Regierungsbildung in Peking im Führungskreis lange Aussprachen über den einzuschlagenden außenpolitischen Kurs stattgefunden hatten, bei denen sich zwei Meinungen gegenüberstanden. Die einen betonten Chinas Interesse an einer gleichen Distanz zu den Supermächten, die anderen befürworteten, sich »an eine Seite anzulehnen«, womit sie die Sowjetunion meinten. Diese Richtung hatte sich vorerst durchgesetzt, und zwar nicht aus ideologischen Gründen oder einer besonderen Vorliebe für Rußland, sondern »der Not gehorchend, nicht dem eigenen Triebe«. Nach acht Jahren Krieg im Lande brauchte China dringend für die Beseitigung der Schäden und als Grundlage zum wirtschaftlichen Aufbau Hilfe. Man hätte sie gern vom Westen genommen, den man ganz realistisch auf diesem Gebiet für potenter hielt als die selbst unter noch lange nicht ganz überwundenen Kriegsschäden leidende Sowjetunion, aber die USA hielten nicht nur weiter an Chiang Kai-shek fest, sondern diktierten darüber hinaus den westeuropäischen Industrieländern eine Boykott- und Embargo-Haltung gegenüber dem Neuen China. Da auf dieser Seite nichts zu holen war, mußte man sich notgedrungen an die Sowjetunion wenden.

Aber auch hier waren erhebliche Hindernisse zu überwinden. Eine harte Auseinandersetzung lag hinter dem Rätsel des ungewöhnlich langen Aufenthaltes von Chou En-lai und Mao Tse-tung von Dezember 1949 bis Februar 1950 in Moskau.

Meine Einschätzung der Haltung der chinesischen Kommunisten in Fragen der nationalen Interessen Chinas hatte mich von vornherein erwarten lassen, daß sie das sowjetisch-chinesische Abkommen, das Roosevelt und Stalin von Chiang Kai-shek in dessen Notlage erpreßt hatten, niemals bestehenlassen würden. In einer Anwandlung von patriotischem Überschwang hatte Stalin 1945 die Niederlage des Zarenreiches im Kriege mit Japan 1904/05 wettmachen wollen und sich die seinerzeit an Japan abgetretenen, vorher China von den Russen abgenommenen Rechte in der Mandschurei zurückgeben lassen. Damit war die Sowjetunion beim Ende des Zweiten Weltkrieges die einzige Macht, die noch in China auf einem »ungleichen Vertrag« beruhende imperialistische Vorrechte genoß. Jetzt wurde das Abkommen zwischen China und der Sowjetunion vom 8. August 1945 für ungültig erklärt. Die Sowjetunion verpflichtete sich, die Changchun-Eisenbahn und den Flottenstützpunkt Port Arthur beim Abschluß eines Friedensvertrages mit Japan, spätestens aber bis 1952 zurückzugeben. Die Sowjetregierung gewährte China einen Kredit in Höhe von 300 Millionen Dollar zum Einkauf von Investitionsgütern.

Außerdem wurde ein »Freundschafts-, Bündnis- und Beistandsvertrag« abgeschlossen, dessen wichtigste Bestimmung lautete: »Für den Fall, daß einer der Vertragspartner von Japan oder mit Japan verbündeten Staaten angegriffen und auf diese Weise in den Kriegszustand versetzt wird, wird der andere Vertragspartner sofort mit allen ihm zur Verfügung stehenden Mitteln militärische und sonstige Hilfe leisten.«

Japan war von den USA besetzt; in seiner Verfassung war die ewige Entmilitarisierung versprochen. Daß es in absehbarer Zeit die Sowjetunion oder China angreifen würde, mußte als ausgeschlossen betrachtet werden. Als etwaiger Verbündeter Japans kamen nur die Vereinigten Staaten in Frage. Gegen einen Angriff von dieser Seite war in Wirklichkeit der Vertrag gerichtet. Welcher der beiden vertragschließenden Parteien er am ehesten nützen würde, hing davon ab, gegen wen ein angenommener Angriff von amerikanischer Seite wahrscheinlicher war, gegen die Sowjetunion oder China. Beim derzeitigen Stand der Dinge schien wohl das letztere der Fall.

In meinem real-Kommentar mit der Überschrift »Mao Tse-tungs großer Erfolg« kam ich zu folgendem Schluß: »Die Sowjetunion hat mit China als einer selbständigen politischen Größe gerechnet und das Gewicht Mao Tse-tungs als das eines Mannes, dem man geben muß, wenn man etwas von ihm haben will – im Gegensatz zu den Befehlsempfängern in Osteuropa – anerkannt. Es könnte ihnen nur nützlich sein, wenn auch die westlichen Mächte sich allmählich auf die neue chinesische Wirklichkeit umstellen.«

Im Westen zog man jedoch auch aus dieser Demonstration keine Lehren. Die Vorstellung vom allmächtigen Stalin, der alles lenkte, schien nicht auszurotten. Und: »Wo die Russen einmal sind, da gehen sie nie wieder weg!« blieb nach wie vor eine überall nachgebetete Glaubensformel. Wenn ich auf die jetzt vertraglich zugestandene Räumung des Flottenstützpunktes Port Arthur hinwies, bekam ich zu hören, ich sei naiv, wenn ich glaubte, daß Stalin diesen Vertrag jemals einhalten würde. Vereinzelte, wenigstens etwas nachdenklichere Zeitgenossen wollten allenfalls als schwache Möglichkeit einräumen, Mao könnte ein »zweiter Tito« werden. Gotthart Ammerlahn meinte dazu in real:

»Die Frage, ob sich Mao Tse-tung einmal zu einem Tito entwickeln könne, ist schief gestellt. Versteht man unter Titoismus den eigenstaatlichen Willen zur bodenständigen kommunistischen Entfaltung, unabhängig von Moskauer Befehlen,dann ist Mao überhaupt nie etwas anderes als ein ›Tito‹ gewesen, nur daß er zu mächtig ist, als daß Moskau es wagen könnte, sich ihn zum Feind zu machen.«

Dr. Manfred Zapp, früherer Korrespondent der Presseagentur Transocean in den Vereinigten Staaten, fragte an, ob ich bereit sei, einen Vortrag über China im Industrieklub zu halten. Mit dem Namen verband sich für mich nur die vage Erinnerung, daß dort Anfang der dreißiger Jahre einmal ein gewisser Adolf Hitler vor einem Kreis von Großindustriellen über seine Ziele gesprochen hatte. Die berühmt-berüchtigte Vorgängerschaft durfte mich nicht abhalten, jetzt hier über China aufklärend zu wirken, und so sagte ich zu.

Am Abend des 27. April 1950 war der große Saal im von Bombenschäden reparierten Düsseldorfer Park Hotel schon einige Zeit vor Beginn meines Vortrages bis über die Kapazität gefüllt, aber es begehrten immer mehr Leute Einlaß, so daß noch ein anderer, nicht unmittelbar anschließender Raum zu Hilfe genommen werden mußte. Für die Besucher dort wurde meine Rede über Lautsprecher übertragen. War der über alle Erwartungen hinausgehende Andrang darauf zurückzuführen, daß diese überhaupt die erste größere Veranstaltung des Industrieklubs nach seiner Wiedereröffnung nach dem Kriege war, oder hatte das Thema China so viele Menschen angelockt?

Manfred Zapp sagte mir: »Alles, was Rang und Namen im Revier hat, ist hier heute abend anwesend.«
Nach meinen fast zweistündigen Ausführungen blieb noch bis tief in die Nacht ein größerer Kreis von Gästen zurück, die immer neue Fragen stellten und gar nicht genug hören konnten. Zwei der Herren baten mich, doch am nächsten Vormittag einmal in ihr Büro zu kommen. Es waren der Vorsitzende des Vorstandes der Vereinigten Stahlwerke, Hans Günther Sohl, und der für den Export zuständige Direktor Schwede.
Zu vielen Dingen, die ich am Abend nur berühren konnte, wollten sie Näheres wissen, und es wurde ganz deutlich, daß sie ersichtlich an eine möglichst baldige Wiederaufnahme der alten Geschäftsbeziehungen mit China dachten. Schließlich fragten sie mich nach meinen beruflichen Plänen. Ich schilderte kurz meine Arbeit an dem Pressedienst, die mich voll ausfüllte, erwähnte aber auch die Idee des China-Archivs, die ich noch immer nicht ganz fallen gelassen hatte. Sofort wollten sie hören, wie ich mir die Tätigkeit einer solchen Einrichtung vorstellte. Das fand ihr größtes Interesse, und beide Herren sagten mir beim Abschied, ohne daß ich sie darum gebeten oder darauf hingewiesen hatte, »jede Unterstützung von unserer Seite« zu, wenn ich daran ginge, diese Idee zu verwirklichen. Ich sollte mich dann nur an sie wenden.
Schon für die Oktobersitzung 1949 hatte der Oberste Bundesgerichtshof der Vereinigten Staaten die Verhandlung über die Berufungsanträge der US-Regierung gegen das Urteil des Appellationsgerichtshofes anberaumt, und trotzdem war das Jahr ohne Entscheidung zu Ende gegangen und auch seit Neujahr 1950 hatten wir Monat für Monat vergeblich auf eine Entscheidung warten müssen. Für Eva und mich war das noch erträglich, wir hatten jetzt von morgens bis in die Nacht alle Hände voll zu tun, aber die Geduld der Gefangenen – einigen der älteren wie Ehrhardt und Seibert ging es gesundheitlich gar nicht gut – wurde jetzt, vier Jahre nach ihrer Inhaftierung auf eine schwere Probe gestellt.
Immerhin hatte infolge der wiederholten Vorstellungen Werner Otto von Hentigs eine inzwischen zur Überprüfung der Dachauer und Nürnberger Urteile eingesetzte Untersuchungskommission der US-Armee sich endlich auch mit dem Schanghai-Prozeß beschäftigt und war zu dem Schluß gekommen, daß es sich bei den den Schanghaiern zur Last gelegten Handlungen, selbst wenn sie diese begangen hätten, nicht um Kriegsverbrechen handle.
Bevor wir überhaupt noch etwas von Reel hören konnten, erreichte uns am 6. Juni eine AP-Meldung aus Washington, daß der Supreme Court eine Entscheidung gefällt hatte. Mit sechs gegen drei Stimmen hatte er für die Regierung entschieden und den durch das Appellationsgericht eröffneten Rechtsweg wieder verbaut. Unser Vertrauen in die amerikanische Justiz, das gerade nach großartigem Urteil dieser Instanz wie ein junges Pflänzchen neu zu sprießen begonnen hatte, war nun wieder zerstört, und das um so gründlicher, als die Vertreter der Regierung, denen die Mehrheit der Richter folgte,

keine Rechtsgründe, sondern nur Opportunitätserwägungen vorgebracht hatten. Wenn das Urteil des Appellationsgerichtes stehenbleibe, so hatten sie argumentiert, »würden die amerikanischen Gerichte mit habeas corpus-Anträgen überflutet«. Ungewollt wurde damit zugegeben, daß eine Menge Fälle existierte, bei denen Anwälte auf eine erfolgreiche Anfechtung auf diesem Wege berechtigte Hoffnungen haben könnten.
Das Appellationsgericht hatte das Problem auf die Frage zugespitzt gesehen: uneingeschränkte Gewalt der Exekutive außerhalb der Staatsgrenzen der USA oder deren Kontrolle durch richterliche Gewalt auch dort, und dabei der Kontrolle den Vorrang gegeben. Das Oberste Bundesgericht entschied sich umgekehrt für die von der Exekutive vertretene politische Opportunität.
In meinem dazu geschriebenen Kommentar fand ich den Zug zur autoritären oder gar totalitären Gewalt bestätigt, der ganz und gar nicht mit dem Untergang Hitlers aus der Welt war. Die Entscheidung war übrigens vom Vorsitzenden des Gerichts, Bundesrichter Robert Jackson, verkündet worden, der 1945/46 amerikanischer Hauptankläger und Vorgesetzter Robert Kempners in Nürnberg gewesen war.
Die US-Regierung hatte ihren Standpunkt nur in der Verfahrensfrage durchgesetzt, ob in diesem Falle ein habeas corpus-Verfahren vor dem Distriktsgericht in Washington stattfinden könnte, damit war aber der Rechtsweg zur Wiederaufrollung des Schanghai-Prozesses verbaut. Reel berichtete, daß man zu verstehen gegeben habe, die Sache werde »auf administrativem Wege bereinigt«. Was sollte diese Floskel bedeuten? In unseren Überlegungen dazu kamen wir zu dem Schluß, daß nun ein Punkt erreicht sei, an dem der Regierung in Washington nichts anderes mehr übrig bleibe, als die Freilassung der Gefangenen zu verfügen. »Bloß nicht auf dem Gnadenwege!« sagte Eva, und ich konnte ihr nur aus vollem Herzen beipflichten, hatten doch unsere Freunde in Landsberg jedes Ansinnen, wie es zum Teil von Anwaltsseite empfohlen worden war, Anträge zu stellen, die auf Begnadigung zielten, immer entschieden abgelehnt. Schließlich kann man nicht um gnädigen Straferlaß für eine Tat bitten, die man nicht begangen hat! Ich mußte an den braven schwäbischen Landgendarmen vom Dachauer Bunker denken, der nicht um »Mörsie« flehen wollte, weil er sonst seinen Kindern nicht wieder unter die Augen treten könnte. Aber was konnten wir, was konnten die Gefangenen in Landsberg machen, wenn plötzlich irgendwer ihre »Begnadigung« verfügte?
Vierzehn Tage später waren wir der Sorge enthoben. Dr. Herbert Mueller, Generalkonsul Altenburg, Generalkonsul Siebert und die Funker Ulbricht und Niemann wurden am Montag, dem 19. Juni, als freie Männer entlassen. Keine Begnadigung war ausgesprochen, es wurde von keinem die Unterschrift unter irgendeine Bedingung verlangt, unter der ihre Freilassung erfolgte, wie das bei allen vorhergehenden Entlassungen von Landsberger

Gefangenen aus anderen Prozessen der Fall war. Man öffnete einfach Zellentüren und Gefängnistor: Bitte, mein Herr, Sie können gehen.
Ein Hohn und der jämmerliche Versuch, wenigstens noch ein bißchen Gesicht zu retten, war die Auskunft, die man der Agentur United Press gab und die sie in ihre Meldung über die Entlassung der Fünf übernahm: Sie seien »genügend bestraft«. »Man muß die amerikanischen Behörden fragen«, schrieb ich in unserem Pressedienst, »ob es wohl klug ist zu versuchen, anerkanntes Unrecht auf diese Weise zu bereinigen. Hätte es in Deutschland nicht viel mehr imponiert, wenn einmal, wenigstens erst in *einem* Falle, ein Irrtum zugegeben und auf eine das Rechtsgefühl befriedigende Art und Weise aus der Welt geschafft worden wäre, statt daß Unschuldigen nach fast fünfjähriger Haft als ›genügend Bestraften‹ der Rest ihrer Strafe erlassen wird? Wie wirksam hätte man mit etwas mehr, auf die Dauer immer lohnender Großzügigkeit das Argument entkräften können, daß nur die Gewalt herrscht, im Osten wie im Westen, und daß nur Unterschiede im Grade bestehen.«
Sang- und klanglos, vor allem aber ohne Bedingung konnte nun einer nach dem anderen der Schanghai-Verurteilten in den folgenden Tagen die Festung Landsberg verlassen, bis schließlich am 22. Juni, nur 17 Tage nach dem ungünstigen Spruch des Washingtoner Obersten Bundesgerichtes, auch die Freilassung des zu lebenslänglicher Haft verurteilten Oberstleutnants Lothar Eisenträger, genannt Ludwig Ehrhardt, erfolgte.
Natürlich hätten Eva und ich lieber das offene Eingeständnis einer Niederlage der Regierung der USA, die sich so lange über jedes Recht hinweggesetzt hatte, gesehen, aber auch die unbefriedigenden Begleitumstände konnten unsere tiefe Freude und Genugtuung darüber nicht dämpfen, daß wir nach dreijährigem Kampf endlich die Freiheit für die zu Unrecht Eingekerkerten erreicht hatten. Wie frisch war noch die Erinnerung an die kleinste Einzelheit dieses Ringens mit all seinen Höhen und Tiefen! Glücklich hatten wir jeden Hoffnungsschimmer und jeden kleinen Fortschritt in diesem fast aussichtslosen Kampf begrüßt, an dessen erfolgreichen Ausgang niemand glauben wollte. Ja, für leicht geistesgestört hatte man uns gehalten, als wir uns in das Abenteuer stürzten, so unmöglich erschien unter den Umständen und Machtverhältnissen im besetzten Deutschland von 1947 unser Vorhaben.
Als wir begannen, gab es in allen Ländern, die später die Bundesrepublik bildeten, schon aus deutschen Politikern gebildete Regierungen. Keine hat geholfen, auch, seitdem sie existierte, die Bundesregierung nicht. Unsere Aktivität, die sich ja notwendigerweise gegen eine Besatzungsmacht richten mußte, gegen deren Völkerrechtsbruch und Akte der Siegerwillkür wir angingen, um sie rückgängig zu machen, war äußerst unbequem. Dankbar gedachten wir dagegen der Chinakaufleute, die mit Geldmitteln, vor allem zur Führung der Prozesse in den Vereinigten Staaten, geholfen hatten, allen voran Fred Siemssen und Ernst Lund von Siemssen & Co. und Joachim Clausen von Melchers & Co. Mit Lund und seiner Frau konnten wir den guten Ausgang bei

einem Abendessen in seinem Haus in Klein-Flottbek feiern. Hätten wir Auszeichnungen zu verleihen gehabt, so hätten die ersten unsere Mitkämpfer in vorderster Linie, Pfarrer Werner Hess und Gesandter a. D. Werner Otto von Hentig, bekommen.
Ein Kapitel war abgeschlossen und eine Bürde von uns genommen. Sie war nicht leicht gewesen und hatte gelegentlich große Anstrengungen gefordert. Da wir sie aber freiwillig geschultert hatten, war sie uns nie lästig geworden. Trotzdem fühlten wir uns jetzt sehr erleichtert, und die Männer frei zu wissen, war die köstlichste Entschädigung für alle Mühen.
Niemals habe ich während der ganzen Zeit bei Eva – und er hätte mir bei unserer engen Gemeinschaft nicht entgehen können, wenn er existierte – auch nur den Anflug eines Gefühls bemerkt, in ihrem totalen, selbstlosen Einsatz ein Verdienst zu sehen. Sie ging nicht zur Kirche, und wir haben niemals über Gott gesprochen, aber wenn man mich nach der Kraft fragte, die sie antrieb und ihr Handeln in allem bestimmte, so hätte ich meinen Eindruck nur mit den Worten wiedergeben können, daß es die Liebe war. Jene Liebe, die Paulus im 13. Korintherbrief unter den dreien, Glaube, Liebe, Hoffnung, hervorhebt als »die Größte unter ihnen«.
Ein Verdienst dafür, daß ich drei Jahre unter Hintenansetzung eigener materieller Interessen fast ausschließlich für das Wohl anderer gearbeitet hatte, wollte auch ich mir nicht zurechnen. »Travailler pour le roi de Prusse«, für den König von Preußen arbeiten, wie die Franzosen eine nützliche Tätigkeit ohne Lohn nennen, war nichts Ungewöhnliches für mich. Aber ich hatte im Grunde gar keine andere Wahl. Von Kind auf hatten mich Ungerechtigkeit und Gewalt gegen Wehrlose empört und Unrecht, das anderen angetan wurde, noch mehr als das mir selbst zugefügte. Ich mußte dagegen aufstehen, und so hatte ich auch das Justizverbrechen von Schanghai einfach nicht hinnehmen können.

# 14 Der Krieg in Korea und die Wiederbewaffnung

Sonntag, der 25. Juni 1950, hatte als ein schöner Frühsommertag begonnen. Die nach Süden gehenden Fenster der »Trümmervilla« standen offen und draußen auf den überall von Gras und blühendem Unkraut überwachsenen Trümmern summten in der linden Luft die Insekten. Wir waren in angenehmer Sonntags-Ruhestimmung und außerdem in freudiger Erwartung, denn am Freitag war die kurz bevorstehende Entlassung von Lothar Eisenträger aus Landsberg angekündigt. Er wollte erst einmal nach Hamburg kommen und würde vielleicht noch im Laufe des Tages eintreffen.
Statt dessen stand unerwartet gegen Mittag Gotthart Ammerlahn an der Tür mit einer Botschaft ganz anderer Art: »Seit heute morgen ist Krieg in Korea!«

Obwohl er noch nichts Näheres zu berichten wußte – wir schalteten das bis dahin stille Radio erst ein und verfolgten dann zu dritt die Meldungen bis zum späten Abend –, sahen wir sofort, daß dieses Ereignis von einschneidender Bedeutung für uns alle war. Längst waren die Zeiten vorüber, als – wie im Osterspaziergang in Goethes »Faust« geschildert – der Bürger sein Gläschen austrank und »Fried' und Friedenszeit« segnete, die zu Hause herrschten, während »hinten, weit in der Türkei, die Völker aufeinanderschlagen«. Nordkoreanische Truppen hatten in breiter Front den 38. Breitengrad überschritten und waren in Südkorea eingedrungen, besagten die ersten Meldungen, und das sah nicht nach einem der Zwischenfälle aus, die schon in den vergangenen Monaten immer wieder den Frieden im »Land der Morgenstille« gestört hatten. War der kalte Krieg zwischen den USA und der Sowjetunion in der letzten Nacht schon, als wir noch schliefen, in den heißen Schießkrieg übergegangen, den die beiden dort erst einmal durch Stellvertreter führten, war das die Ouvertüre zu Weltkrieg III?
»Und vor ein paar Tagen noch hat John Foster Dulles in Seoul die Südkoreaner zur Befreiung des Nordens ermutigt!« bemerkte Gotthart sarkastisch. Ich hatte das vielleicht überlesen, es war wohl auch in keiner deutschen Zeitung groß erwähnt worden, doch Gotthart, der zwei große amerikanische Blätter sehr sorgfältig las, war die Nachricht nicht entgangen. Er zeigte sie mir am nächsten Tag, und tatsächlich: Der Republikaner John Foster Dulles, den Truman in der Absicht, eine »bipartisane«, von beiden Parteien getragene Außenpolitik zu treiben, zum Sonderberater des Außenministeriums machte, hatte in einer Rede vor dem südkoreanischen Parlament den Abgeordneten zugerufen: »Indem Sie hier die gesunde Gesellschaftsordnung einer sich ständig ausbreitenden Wohlfahrt aufrichten, werden Sie einen friedlichen Einfluß geltend machen, der die Macht des Sowjetkommunismus über Ihre Brüder im Norden auflösen und sie unwiderstehlich in die Einheit mit Ihnen ziehen wird.« Dazu holte Gotthart noch eine zweite, vier Wochen alte Meldung hervor. Da hatte der Chef der amerikanischen Militärmission in Südkorea, General Roberts, erklärt: »Die Gefahr eines Angriffs vom Norden ist infolge der Fortschritte in der Schlagkraft der südkoreanischen Armee fast ganz ausgeschaltet.«
Diese Schlagkraft wurde jetzt erprobt, und es sah schlecht aus. Die Südkoreaner verloren in der ersten Woche der Kämpfe alle Gefechte; trotzdem hieß es ganz aktuell jetzt aus Washington, daß Verteidigungsminister Johnson und die Spitzen der US-Armee sich sehr zuversichtlich geäußert hätten; die amerikanisch ausgebildeten und ausgerüsteten Streitkräfte Südkoreas seien in der Lage, sich erfolgreich zu verteidigen. Unwillkürlich mußte ich an Chiang Kai-sheks Kuomintang-Truppen denken; es gab große Ähnlichkeiten.
Darüber, wie die »gesunde Gesellschaftsordnung« in Südkorea aussah, ließen nämlich die Gerichte der im Gegensatz zu Mr. Dulles ohne Brille in die

Welt blickenden Korrespondenten der US-Presse vor Ort, wie Allen Raymond von der »New York Herald Tribune«, keinen Zweifel. Er nannte das von Syngman Rhee geführte südkoreanische Regime eine »Polizeistaatdiktatur«. Aus den amerikanischen Berichten erfuhren wir, daß bei Ausbruch der Feindseligkeiten sich etwa 30 000 Südkoreaner aus politischen Gründen in den Gefängnissen befanden. Sieben Zeitungen waren wegen Kritik an der Regierung verboten, darunter die größte des Landes. Unter Bruch der Immunität waren Abgeordnete der Opposition verhaftet worden. In den Bergen führten seit Monaten zum Aufstand getriebene Bauern einen Kleinkrieg gegen Polizei und Militär. Die Vereinigten Staaten waren hier ganz offensichtlich, wie vorher im Falle Chinas, dabei, ein ganz und gar undemokratisches Regime zu unterstützen.

Wie war es denn überhaupt zur Teilung Koreas gekommen? Auf der Konferenz von Kairo im Jahre 1943 hatten Roosevelt und Churchill gegenüber Chiang Kai-shek in ihrer bekannten großspurigen Art erklärt, nach der Niederlage Japans sollte das von diesem annektierte Land »zu gegebener Zeit« frei und unabhängig werden. Die Sowjetunion, die schon wegen ihrer unmittelbaren Nachbarschaft ein großes Interesse an der Zukunft Koreas haben mußte, hatte dem am Tage ihres Kriegseintritts gegen Japan am 8. August 1945 zugestimmt. Durch ein vom US-Außenministerium zur Erklärung der amerikanischen Ostasienpolitik herausgegebenes Weißbuch wurde erst im Juli 1950 bekannt, daß nach Empfang des japanischen Kapitulationsangebotes, als sowjetische Truppen bereits nach Korea eingedrungen waren, während die nächsten amerikanischen Truppen noch auf der Insel Okinawa standen, die USA der Sowjetunion vorschlugen, daß die Rote Armee »die Übergabe der japanischen Truppen nördlich des 38. Breitengrades entgegennehmen sollte und die japanischen Truppen in Korea südlich dieser Linie sich den amerikanischen Truppen ergeben sollten«. Auch damit erklärte sich Stalin einverstanden. Die am 38. Breitengrad Korea teilende Linie war also eine amerikanische Erfindung.

In unserem Tagesdienst vom 5. 8. 1950 kommentierten wir: »Hätte man Korea entweder ganz in den amerikanischen oder ganz in den sowjetischen Machtbereich einbezogen, würden dort nicht heute die Dörfer niedergebrannt, müßten nicht Millionen als Flüchtlinge umherirren, fänden nicht täglich Tausende von jungen Menschen den Tod.«

Wenn es jemanden in Deutschland gab, der sich keinerlei Illusionen darüber hingab, mit welchem Maß von Voraussicht, Sorgfalt und Verantwortungsbewußtsein in den Vereinigten Staaten Außenpolitik gemacht und mit dem Schicksal von Völkern umgesprungen wurde, so waren es Eva, Gotthart und ich. Doch nichts konnte uns drastischer an das Vermächtnis des schwedischen Reichskanzlers Oxenstierna erinnern, »du weißt gar nicht, mein Sohn, mit wieviel Dummheit die Welt regiert wird«, als die Schilderung der Vorgänge im US-Kriegsministerium kurz vor der japanischen Kapitulation durch Lewis

Hoskins, den Generalsekretär der amerikanischen Quäker-Organisation in einer Rundfunksendung der »National Broadcasting Company« (NBC):
Erst als Japan unmittelbar vor der Kapitulation stand, begann man in Washington sich Gedanken darüber zu machen, was denn nun mit Korea geschehen solle. »Mehrere Einstern-Generale«, sagte Mr. Hoskins, »stürzten in einen Raum im Kriegsministerium mit den Worten: ›Wir müssen Korea teilen. Wo können wir es teilen?‹ Ein Oberst mit Erfahrung im Fernen Osten protestierte: ›Aber sie können Korea nicht auseinanderreißen! Korea ist wirtschaftlich und sozial eine Einheit. Es gibt keine Linie, auf der man es teilen könnte‹. Die Generale bestanden darauf: ›Wir müssen Korea teilen, und wir müssen bis 4 Uhr damit fertig sein!‹ So wurde bis 4 Uhr die Teilung durch den 38. Breitengrad entschieden.« Wir verbreiteten auch diesen Ausschnitt aus NBC mit unserem Dienst vom 5. 8. 1950. Unsere nur auf eingesandten Belegexemplaren beruhende und deshalb nur lückenhafte Abdruckkontrolle ergab, daß mindestens sieben bundesdeutsche Zeitungen diese hanebüchene Schilderung von einem historischen Ereignis höchster Bedeutung übernommen hatten.
Im Dezember 1945 hatten auf der Moskauer Außenministerkonferenz Amerikaner und Sowjets vereinbart, durch ihre jeweiligen Besatzungstruppen eine gemischte Kommission zu bilden, die unter Hinzuziehung von Beratern aus allen koreanischen demokratischen Parteien die Bildung einer provisorischen Regierung für Korea vorbereiten sollte. Danach sollte das Land aber noch einer fünfjährigen Treuhänderschaft der UN unterstellt bleiben.
Es gab kaum ein Volk in Asien, das unter einer strengeren Fremdherrschaft zu leiden hatte als die Koreaner seit 1905 als japanische Kolonie, aber auch kaum eins, das sich den fremden Herren so kompromißlos und ohne Kollaboration widersetzt hätte. Wenn während meines Jahrzehnts in Ostasien von irgendwoher eine hochgehende Bombe oder ein anderes Attentat gemeldet wurde, so konnte ich in etwa neun Zehntel der Fälle sicher sein, daß das Ziel eine japanische Einrichtung war und daß eine Exilorganisation koreanischer Freiheitskämpfer dahinter steckte. In der Natur der Sache lag, daß diese koreanischen Organisationen ihre Basen hauptsächlich in China und in der Sowjetunion hatten.
Alle koreanischen Exilparteien, die nach der japanischen Niederlage sofort im Lande selbst zu arbeiten begannen, erhoben flammenden Protest gegen den amerikanisch-sowjetischen Plan einer fünfjährigen UN-, sprich Großmacht – Treuhänderschaft. Hatte man nach 5 Jahrzehnten opfervollem Kampf für Befreiung und Unabhängigkeit an dergleichen Bedarf? Sie verlangten die sofortige Unabhängigkeit. Nur die koreanischen Kommunisten, die in der Sowjetunion Zuflucht gesucht hatten, schlossen sich den Protesten nicht an, und Stalin verlangte, daß alle protestierenden Politiker von einer provisorischen Regierung ausgeschlossen werden sollten. In der nördlichen Landeshälfte wurde der Präsident des exekutiven Volksrates, der »koreanische

Gandhi«, Tscho Man-schik, von den Sowjets verhaftet, so daß der Weg für den von ihnen begünstigten Kim Il-sung frei wurde.
Wie in der deutschen Frage konnten die Außenminister der USA und der Sowjetunion sich auf ihren folgenden Konferenzen nicht einigen. Die gemischte Kommission aus Vertretern der beiden Besatzungsmächte im Lande selbst scheiterte immer wieder an der Frage, welche Parteien zugelassen werden sollten. Einer auf Antrag der USA von der UNO gebildeten Kommission zur Durchführung und Überwachung von Wahlen wurde im Januar 1948 die Einreise nach Nordkorea verweigert, weil Russen wie Nordkoreaner eine Zuständigkeit der Vereinten Nationen für Korea ablehnten. Daraufhin wurde die Abhaltung von Wahlen nur in Südkorea angekündigt, wogegen eine in der nordkoreanischen Hauptstadt Pjöngjang tagende »gesamtkoreanische politische Konferenz« beschloß, das Ergebnis von separaten Wahlen im Süden auf keinen Fall anzuerkennen. Diese fanden jedoch am 10. Mai 1948 unter Ausschluß der Kommunisten und anderer Oppositioneller statt. Das aus ihnen hervorgehende »Nationalversammlung« genannte Parlament nahm mit der Annahme einer Verfassung am 12. Juli 1948 die Staatsgründung unter dem Namen »Demokratische Republik Korea« vor und wählte Dr. Syngman Rhee zum Staatspräsidenten. Am 11. September desselben Jahres war danach in Pjöngjang die Gegengründung der »Demokratischen Volksrepublik Korea« erfolgt, mit dem Anspruch, das ganze Land zu vertreten. Eine Woche später gab die Sowjetunion den Abzug ihrer Truppen aus Nordkorea bis Ende 1948 bekannt, der dann auch termingemäß durchgeführt wurde. Südkorea wurde im Dezember 1948 mit einer drei Jahre laufenden Hilfe der USA von insgesamt 300 Millionen Dollar in den Marshall-Plan einbezogen, und Ende Juni 1949 hatten dann auch die letzten amerikanischen Besatzungstruppen das Land verlassen. Nur eine kleinere Einheit zum Schutze der rund 500 zur Ausbildung der südkoreanischen Armee bestimmten Amerikaner war zurückgeblieben.
Als bis Mitte Juli nichts den Vormarsch der Nordkoreaner aufhalten konnte, wurde im US-Senat gefragt, was denn mit den 10 Millionen Dollar geschehen sei, die im Vorjahr für das Waffenhilfsprogramm für Südkorea bewilligt worden waren. Wieviel davon tatsächlich nach Südkorea gelangt sei, wollte Senator Ferguson wissen. Laut »Newsweek« machte bei dieser Frage der Stabschef der Armee, General Lemnitzer, »ein Gesicht wie jemand, der einem russischen Panzer, nur mit einem Dosenöffner bewaffnet, gegenübersteht«. Er wollte nicht mit einer klaren Antwort heraus, bis er schließlich zugeben mußte, daß der Gesamtwert des unter diesem Programm an die südkoreanische Armee gelieferten Materials 200 Dollar für Nachrichtenausrüstung betrug. Die Bestürzung über diese Antwort beschrieb »Newsweek«:
»Die Senatoren wußten nicht, ob sie vor Furcht zittern, vor Wut aufheulen oder einfach in voller Verzweiflung ihren Kopf an der Wand einrennen sollten.«

Ich fand es verhängnisvoll, daß Präsident Truman den Ausbruch der Feindseligkeiten in Korea zum Anlaß nahm, den in Formosa sitzenden Chiang Kai-shek unter den Schutz der 7. Flotte der USA zu stellen. Wenn eine fremde Macht hinter dem Angriff der Nordkoreaner steckte, dann war es die Sowjetunion, aber gegen China richtete sich Trumans militärischer Gegenschlag. Die fortbestehende Auseinandersetzung zwischen der Volksrepublik China und Chiang Kai-shek in Formosa war der letzte Akt des chinesischen Bürgerkrieges. In diesen griff Truman jetzt mit der US-Pazifikflotte ein. So wurde die Feindschaft zwischen Peking und den USA weiter vertieft, ohne daß ein Grund dafür vorlag. Von Bidder wußte ich, daß noch nicht einmal diplomatische Beziehungen zwischen Nordkorea und der Volksrepublik China existierten.

In Trumans Erklärung zwei Tage nach Ausbruch des Krieges hatte es u. a. geheißen: »Der Angriff auf Korea erhebt es über jeden Zweifel, daß der Kommunismus über die Anstiftung zum Umsturz hinausgegangen ist und nun durch ein Eindringen mit Waffengewalt und Krieg unabhängige Staaten erobern will.« Was sich ereignet hatte, war ein Vorstoß nordkoreanischer Truppen auf südkoreanisches Gebiet, erst einmal weiter nichts. Das war schlimm genug, aber nach Trumans Worten war es »*der* Kommunismus, der mit Krieg unabhängige Staaten (Mehrzahl! nicht einen, Korea) erobern will«. Die kommunistische Weltverschwörung, vor der große Männer schon immer gewarnt hatten – zuerst Winston Churchill und zuletzt Adolf Hitler – war wieder auf dem Vormarsch. Und Korea war erst der Anfang! Die Furcht wurde genährt, die Bundesrepublik Deutschland könnte das nächste Opfer sein.

Der Ruf nach deutschen Soldaten war aus Washington schon lange vor dem Ausbruch der Feindseligkeiten in Korea zu hören gewesen, und zweifellos war in den führenden Zirkeln der Vereinigten Staaten schon der Beschluß gefaßt worden, die Westdeutschen wieder zu bewaffnen. Diese ruchbar gewordene Absicht war bisher nicht nur in Frankreich, sondern auch vor allem bei der großen Mehrheit des Volkes in der Bundesrepublik auf schärfste Ablehnung gestoßen. Im Koreakrieg sah nun Washington einen Hebel, um den Widerstand vor allem der Deutschen gegen diese Pläne zu überwinden.

Als im September 1949 US-Senator Walter George für eine deutsche Wiederbewaffnung plädiert hatte, war unsere Antwort an die amerikanische Adresse ein Artikel von Arthur Reiss im Tagesdienst vom 24. September 1949 unter dem Titel »Behaltet eure Waffen!« gewesen. Senator George möge sich vielleicht wundern, »aber wir wollen seine Waffen nicht. Wir wollen keine Militärmacht werden. Wir wollen, daß man unsere Fabriken nicht demontiert, daß man uns gestattet, das, was noch an Rüstungsanlagen vorhanden ist, in friedliche Produktionsstätten umzuwandeln, und daß man uns in Ruhe arbeiten läßt, damit wir über die verheerenden Folgen dieses unseligen Krieges hinweg und wieder auf einen grünen Zweig kommen ... Wir Deutschen sind an einem bewaffneten Konflikt des Westens mit der Sowjetunion nicht interes-

siert, wir können ihn nur fürchten. Eine Teilnahme an diesem Konflikt würde dazu führen, daß unsere waffenfähigen Männer ostwärts des Rheins verbluten, und daß das, was dann noch an deutschem Leben übrig ist, durch die Atombomben des Westens vollends ausgelöscht wird...«
Das war eine Einstellung, die nur die Meinung von weiten Teilen der Bevölkerung wiedergab.
Ohne Rücksicht auf diese hatte jedoch Bundeskanzler Adenauer am 3. Dezember 1949 einen Versuchsballon hochgehen lassen. Vom Korrespondenten des »Cleveland Plain Dealer« zum Thema einer deutschen Wiederbewaffnung gefragt, hatte er das Wiedererstehen einer »deutschen Wehrmacht« abgelehnt, wenn aber die Westalliierten einen deutschen »Verteidigungsbeitrag« wünschten, so wäre er »im äußersten Falle bereit, die Frage eines deutschen Kontingents im Rahmen der Armee einer europäischen Föderation zu überlegen«. Der »Cleveland Plain Dealer« war zwar eine Provinzzeitung in den USA, von der die meisten Menschen in Europa nicht einmal den Namen kannten, aber die Sache war gut berechnet, denn natürlich stürzten sich sofort die Nachrichten-Agenturen auf den Artikel, und am nächsten Tage war weltweit im Gespräch, daß der Bundeskanzler der Bundesrepublik Deutschland für die Aufstellung deutscher Truppen in einer Europa-Armee – falls eine solche ins Leben gerufen würde – eingetreten sei.
Wenige Tage danach hatte am 12. Dezember Professor Forsthoff in »Realpolitik« seiner Verwunderung über das im Ausland plötzlich so stark vorhandene Interesse an deutschen Soldaten geäußert:
»Während die Spruchkammern noch da und dort das deutsche Volk von Militarismus und Nationalsozialismus befreien, während die ehemaligen deutschen Berufsoffiziere, diffamiert und jeder noch so bescheidenen Versorgung beraubt, zum großen Teil als Handlungsreisende, Bauarbeiter oder Kleintierzüchter ein kümmerliches Dasein fristen, erhitzt sich die Welt, weniger das deutsche Volk, in Diskussionen über die Wiederbewaffnung Deutschlands.«
Er betonte, daß es bei dem möglichen kriegerischen Austragen eines Konflikts zwischen den USA und der Sowjetunion um die Überlebensfrage des deutschen Volkes gehe und hier zu fragen sei, ob die Chance des Überlebens durch die Aufstellung einer deutschen Armee oder eines deutschen Kontingent-Heeres, von dem Adenauer in dem Interview gesprochen hatte, erhöht werde, noch dazu, wenn das zu einer Lage führen könnte, in der eine solche Truppe auf Deutsche zu schießen haben werde. Forsthoff meinte, daß »Führerallüren« in dieser Frage durchaus unangebracht seien und sprach die Hoffnung aus: »Wir können uns auch nicht recht vorstellen, daß es einen Politiker in Westdeutschland gäbe, der den Mut aufbrächte, die Verantwortung über Leben und Tod unseres Volkes alleine auf seine Schultern zu nehmen.«
Am Schluß von Forsthoffs Artikel hatte es geheißen:
»Es wäre beruhigend für das deutsche Volk, wenn es die Gewißheit hätte, daß man die Dinge reifen läßt, selbst auf die Gefahr hin, gewisse ausländische

Dränger zu enttäuschen. Zur Zeit scheint uns die größere Gefahr in der Übereilung und nicht in der Versäumung zu liegen. Jede voreilige öffentliche Festlegung deutscher Politiker kann nur unabsehbaren Schaden stiften.«

Der Staatsrechtler Forsthoff hatte vor öffentlichen Festlegungen gewarnt und dabei an das Interview Bundeskanzler Adenauers gedacht. Dieser war aber inzwischen über unverbindliche Presseäußerungen längst hinausgegangen und hatte, wie ich bald erfahren sollte, ganz geheim konkrete Schritte zur Aufstellung von Streitkräften unternommen. Nur wenige Monate nach dem »Plain Dealer«-Interview waren die Vorbereitungen dafür voll in Gang gekommen.

Über die im Umkreis von Bundeskanzler Adenauer getroffenen Vorbereitungen zur Aufstellung deutscher Truppen war ich – im Gegensatz zur Öffentlichkeit, vor der alles geheim gehalten wurde – einigermaßen unterrichtet. Wie vor 1933 hatte Gerhard Günther wieder einen politischen Gesprächskreis um sich versammelt, der regelmäßig im Restaurant Zingelmann am Eppendorfer Baum in Hamburg zusammenkam. Nach einem Vortrag über China, den ich dort gehalten hatte, lud mich einer der Zuhörer, Graf Kielmansegg, auf sein Gut Seestermühe bei Elmshorn ein, und so lernte ich auch seine Söhne kennen. Einer verwaltete das Gut, während der andere, Johann Adolf, die Offizierslaufbahn eingeschlagen hatte.

Mit ihm, der im letzten Kriegsjahr einer der jüngeren Obristen im Generalstab gewesen und wie alle Berufsoffiziere jetzt arbeitslos war, kam es in der Folge zu häufigen Gesprächen. Wir teilten die Meinung, daß als politisches Ziel ein vereintes Europa anzustreben sei, das als dritter großer Machtfaktor der Weltpolitik neben die USA und die Sowjetunion treten müßte. So wurde mit einigen Aufsätzen in diesem Sinne Johann Adolf Graf Kielmansegg auch Mitarbeiter der »Realpolitik«.

Als die Diskussion um die Wiederbewaffnung einsetzte, war diese natürlich auch für uns ein Gesprächsthema, doch es begannen sich unsere Meinungen immer weiter voneinander zu entfernen. Der größte Teil der ehemaligen Berufssoldaten lehnte jedes solche Projekt kategorisch ab; viele hatten genug vom Krieg überhaupt und hielten es für unwürdig, unter den Befehl der Sieger zu treten – denn nichts anderes kam ja in Frage –, die eben noch den ganzen Stand, dem man angehörte, pauschal diffamiert hatten. Kielmansegg gehörte zu der kleinen Minderheit, die an sich bereit war, zum alten Beruf zurückzukehren, wofür aber eine ganze Reihe von Voraussetzungen erfüllt sein müßten. Dazu gehörte erstens die Rehabilitierung der deutschen Berufssoldaten durch die Sieger, zweitens die staatliche Souveränität, in deren Rahmen überhaupt nur eine Truppe aufgestellt werden könnte, und drittens eine ausreichende Stärke und Bewaffnung einer deutschen Armee, um überhaupt einen ins Gewicht fallenden Faktor für eine etwa notwendige militärische Verteidigung darzustellen. Wenn ich mit Johann

Adolf Graf Kielmansegg auf das Thema kam, zeigte er sich stets davon überzeugt, die Amerikaner würden die Erfüllung all dieser Bedingungen schon durchsetzen, während ich ebenso bestimmt voraussagte, mit Sicherheit werde nichts dergleichen geschehen. Meine Zweifel bekräftigte ich noch einmal, als sich Kielmansegg eines Tages mit der Mitteilung verabschiedete, er ginge zum Grafen Schwerin nach Bonn. Dieser bereitete im Auftrag Adenauers die Aufstellung deutscher Truppen vor. Bei ihm war inzwischen auch ein anderer Offizier gelandet, der sich öfter bei Günther und im Nölke Verlag umgetan hatte, Oberstleutnant a. D. Friedrich Wilhelm Heinz. Unter dem harmlos klingenden Namen »Archiv für Gegenwartsfragen« zog er einen geheimen Informationsdienst auf im Rahmen der möglicherweise noch harmloser klingenden »Zentrale für Heimatdienst«, wie die Tarnbezeichnung für Schwerins Dienststelle im Bundeskanzleramt lautete.
Noch vor dem Korea-Krieg, in der ersten Junihälfte, hatte Bundeskanzler Adenauer den Amerikanern und Briten mitgeteilt, daß sein Berater, Generalleutnant Graf von Schwerin, als Stärke für einen bundesdeutschen Verteidigungsbeitrag 10–12 Panzerdivisionen für notwendig halte, was genau den Vorstellungen entsprach, die Graf Kielmansegg mir gegenüber entwickelt hatte. Und die Arbeiten von Schwerin und seiner Gruppe bildeten dann auch die Grundlage für ein »Sicherheitsmemorandum«, das Adenauer am 29. August 1950 dem amerikanischen Hohen Kommissar John J. McCloy übergab.
Die Minister seiner Regierung erfuhren davon zum ersten Mal, als sie am 31. August ihre Zeitungen aufschlugen; die wiederum hatten die Nachricht aus Kreisen der amerikanischen Hohen Kommission. Allen mißfiel die Eigenmächtigkeit Adenauers, aber nur einer, der Innenminister Dr. Gustav Heinemann, erklärte ihm auf der an diesem Tage stattfindenden Kabinettssitzung, wie wir später erfahren sollten, wörtlich: »Das mach ich nicht mit!«, und als Adenauer ihn fragte, was das heißen solle, hatte Heinemann gesagt, daß er ausscheiden wolle. Vermittlungsversuche scheiterten, da der Bundeskanzler Heinemanns Bedingungen für ein eventuelles Verbleiben im Amt nicht annehmen wollte: Er müsse den vollen Text des sogenannten Sicherheitsmemorandums, das er den Alliierten übergeben hatte, den Ministern unterbreiten sowie offiziell zugeben, daß es falsch gewesen sei, in einer Frage von solcher Bedeutung am Kabinett vorbei zu handeln.
Der Krach im Kabinett drang natürlich an die Öffentlichkeit, für die damit die Auseinandersetzung um die Wiederbewaffnung für lange Zeit zum Thema Nr. 1 werden sollte. Es blieb nun auch nichts anderes übrig, als wenigstens die Existenz des Grafen Schwerin zuzugeben; jetzt wurde verlautbart, daß er »dem Bundeskanzler nach Bedarf in technischen Fragen der Sicherheit zur Verfügung« stehe.
Zum Hauptsprecher der Unruhe in der Bevölkerung machte sich ein Mann, der schon einmal in der Hitlerzeit unter schwersten Bedingungen als führender

Protestant – im wahrsten Sinne des Wortes – hervorgetreten war: Martin Niemöller. Am 4. Oktober 1950 schrieb er einen Offenen Brief an den Bundeskanzler, in dem er von den Vorbereitungen zur Wiederbewaffnung »trotz aller gegenteiligen Zeitungsnachrichten« als einer feststehenden Tatsache ausging. Das Volk aber sei zu diesem seine Existenz berührenden Vorgang nicht gefragt worden, »wie es ja auch nicht gefragt wurde, ob es den Eisernen Vorhang und ob es einen westdeutschen und später einen ostdeutschen Staat haben wollte«. Er bat Adenauer, keine vollendeten Tatsachen zu schaffen, ohne eine vorherige echte Befragung der Bevölkerung des Bundesgebietes. Wenn eine Volksabstimmung aufgrund der Verfassung nicht möglich sei, sollten wenigstens Neuwahlen stattfinden, bei denen die Bevölkerung die Kandidaten eindeutig fragen könne, ob sie sich für oder gegen eine Wiederbewaffnung einsetzten. »Wenn der *gegenwärtige* Bundestag über diese Frage entscheidet, käme dies einem Volksbetrug gleich.«
Nun ging es Schlag auf Schlag. Eine Woche nach Niemöllers Offenem Brief übergab Dr. Heinemann der Presse ein Schreiben, das er am 9. Oktober an Bundeskanzler Adenauer gerichtet hatte, um endlich Klarheit zu bekommen, seitdem dieser ihn auf sein Rücktrittsangebot vom 31. August ohne Antwort gelassen hatte. In diesem Brief Dr. Heinemanns entdeckten wir Argumente, die sehr unseren eigenen Überlegungen ähnelten. Heinemann meinte wie wir, daß für die Verteidigung des Bundesgebietes die westlichen Besatzungsmächte verantwortlich seien. Eine westdeutsche Aufrüstung durch die Alliierten könnte die Sowjetunion zu einem Präventivschlag provozieren. Die Kriegsgefahr in Europa werde dadurch erhöht. Wie bei uns Forsthoff wies auch Heinemann auf den Widersinn hin, daß die Alliierten jetzt deutsche Soldaten verlangten, nachdem sie in »fünfjähriger Besatzungszeit alles darauf angelegt haben, das deutsche Militär verächtlich zu machen«. Am meisten Beachtung fand jedoch in unserem Kreis die von Heinemann klar herausgestellte Beziehung zwischen der Frage einer Wiederbewaffnung im Bündnis mit den Westmächten und der deutschen Einheit. Er sah, daß die Spaltung durch diesen Schritt vertieft und eine friedliche Wiedervereinigung in Frage gestellt würde.
Bundeskanzler Adenauer nahm nach Heinemanns Brief am 10. Oktober endlich dessen Rücktrittsgesuch an. Gezögert hatte er so lange, weil er fürchtete, mit dem Ausscheiden Heinemanns, der Mitglied des Rates der Evangelischen Kirche Deutschlands (EKD) und als Präses der Synode das Haupt von deren Laienorganisation war, würde die protestantische Wählerunterstützung der CDU abbröckeln, eine Befürchtung, die sich als übertrieben herausstellen sollte. Zwar fand Heinemann Rückhalt bei Freunden, die wie er während der NS-Zeit zur oppositionellen Bekennenden Kirche gehört hatten, doch die offizielle Kirchenleitung, repräsentiert durch den Ratsvorsitzenden, Bischof Dibelius, hielt sich betont zurück und wollte – wie einst – nicht mit der Obrigkeit, die sie in Dr. Adenauer sah, in Konflikt geraten. Ein Kreis unter

Führung des geschäftstüchtigen Oberkonsistorialrates Dr. Eugen Gerstenmaier nahm sogar entschieden gegen Heinemann Partei.

Sonst aber wirkte die Bekanntgabe der Gründe für seinen Rücktritt wie ein Signal. Was bisher nicht mehr als Gerede zu sein schien, die Wiederbewaffnung, mußte also ernst genommen werden, war der allgemeine Eindruck, wenn schon ein Minister deshalb zurücktrat! Dergleichen hatte es in Deutschland seit langer Zeit nicht mehr gegeben. Überall im Land flammten nun die öffentlichen Proteste auf, von den verschiedensten Kreisen getragen, die, wenn man die alten Definitionen anwenden wollte, quer über das ganze Spektrum von ganz rechts bis äußerst links gingen. Das Volk war sich in dieser Frage wie in keiner anderen einig. »Ohne mich!« oder »Ohne uns!« lauteten in der Frage der Wiederbewaffnung die überall gängigen Parolen.

Das Emnid-Institut für Meinungsforschung hatte zu dem damals schon überall diskutierten Problem eine Meinungsumfrage veranstaltet, deren Ergebnis eine überwältigende Mehrheit in der Bevölkerung gegen die Aufstellung von deutschen Truppen erbrachte. Die von Emnid vorgelegte Frage lautete: »Würden Sie es für richtig halten, wieder Soldat zu werden oder daß Ihr Mann oder Ihr Sohn wieder Soldat werden?«

73,4 Prozent stimmten mit »Nein«, 13,6% mit »Ja«, und 13% wollten dazu keine Meinung äußern.

Es schien zuerst einmal, als ob auch der Korea-Krieg an dieser Grundeinstellung kaum etwas geändert hatte.

Auf einer evangelischen Männerversammlung in Frankfurt am Main am 15. Oktober, bei der auch Gustav Heinemann anwesend war, sagte Martin Niemöller zum Schluß:

»Die Evangelische Kirche ist heute nach Gottes Fügung die letzte und einzige Größe, die noch für die Freiheit des ganzen Volkes ihre Stimme erheben kann und dann auch das Risiko ihres Eintretens selber trägt und weiter zu tragen bereit ist. Weder Herr Dr. Adenauer noch Herr Grotewohl können das tun; sie haben die Vollmacht nicht, und sie wissen, daß sie sie nicht haben. Und wenn heute das ganze deutsche Volk in Freiheit wählen könnte, dann stünde keiner von diesen beiden Männern an seiner Spitze.

Da niemand anderes da ist, muß die Evangelische Kirche diese Verantwortung tragen und wahrnehmen; sie will und sie wird es tun. Brüder, ihr seid diese Kirche, ihr seid zur Freiheit berufen und ihr seid berufen, diese Freiheit zu bezeugen und zu leben; so werdet ihr nicht der Menschen Knechte!

Herr *mach* uns frei!«

Viele beglückwünschten sich, daß da endlich einmal wieder nach Jahrhunderten ein deutscher Mann aufstand, wie Martin Luther auf dem Reichstag in Worms im Angesicht des Kaisers und der Fürsten des Reiches, und laut bezeugte, was ihm sein Gewissen eingab. Der aber, der gerade eben der amerikanischen Besatzungsmacht deutsche Soldaten für einen Krieg gegen

die Sowjetunion angeboten hatte, der gleichzeitig ein Krieg von Deutschen gegen Deutsche sein würde, Konrad Adenauer, fand die Qualifizierung, was Niemöller jetzt treibe, sei »glatter Landesverrat«.
Er gab damit aus dem Glashaus, in dem er selbst saß, den Startschuß zu einer Verleumdungskampagne, der Niemöller und andere in dem nun einsetzenden, jahrelangen Kampf um Deutschland immer stärker ausgesetzt sein sollten. Zur Verdeutlichung, daß in Wahrheit Niemöller nicht nur als friedliebender Christ, sondern zugleich als deutscher Patriot sprach, sei einiges aus dem Interview wiedergegeben, das der »Wiesbadener Kurier« zwei Tage nach seiner Frankfurter Rede veröffentlichte:
»Ich wäre gern der politischen Tagesbürde ledig, aber das Gewissen fordert von uns, auch auf diesem Gebiet, keine Anstrengungen zu unterlassen. Das bedeutet nicht, wir als Kirche hätten die Absicht, regierungspolitische oder parteipolitische Interessen zu vertreten. Uns geht es um die Menschen unseres Volkes und der Völker, nicht um Systeme oder Programme.«
Auf die Frage, ob dem Staat überhaupt Sicherung durch Waffen zuzubilligen sei, wenn er sich in seinem Bestand bedroht sähe, antwortete Niemöller: »Ich bin kein Pazifist, aber ich lehne den Gedanken ab, daß es fruchtbar ist, den deutschen Menschen Gewehre in die Hand zu geben, solange sie damit nur gegeneinander bewaffnet werden. Erst ist dafür zu sorgen, daß die geistige und soziale Stabilität geschaffen wird, die der Propaganda des Bolschewismus gewachsen ist. Die Russen ziehen ja jede indirekte Methode dem Krieg vor. – Wird diese Aufgabe einer geistig-seelischen Abwehr, die der Kirche bei ihrem Wirken in Ost und West so wichtig erscheint, erfüllt, erst dann ist die Abwehr auch mit der Waffe möglich und sinnvoll.«
Die Zeitung wollte von ihm auch wissen, ob er ein neutrales Deutschland für möglich halte, und dazu meinte er, nicht die Wiederbewaffnung sei jetzt das A und O, »sondern erst einmal kommt es auf das Bewußtsein an, daß wir überhaupt noch *ein* deutsches Volk sind... die gegenwärtige Bundesregierung wird mit ihren außenpolitischen Spekulationen dieser Grundforderung nicht gerecht. Hinter der Regierung wirken Tendenzen, die einer neuen geistigen Gemeinschaft des deutschen Volkes in Ost und West nicht förderlich sind. Denkt die Bundesregierung an Notwehr, dann bedarf sie erst einmal der Zustimmung der deutschen Menschen, da Opposition in einer solchen Kardinalfrage unerträglich wird.«
An diesem kritischen Punkt der politischen Entwicklung sei es »vielleicht doch nicht aussichtslos, eine Art Neutralisierung unter dem Schutze der UN zu erreichen, die die beiden deutschen Hälften zusammenführt und damit den brenzligen Gefahrenherd beseitigt. Das würde bedeuten, daß der Terror der Russen auf der einen, die Interessenpolitik der Westmächte auf der anderen Seite verschwänden und Raum gegeben wäre für eine deutsche Lösung, in der der deutsche Mensch im Frieden seiner Aufgabe gerecht würde und seinen unaufgebbaren deutschen Charakter zurückerhielte«.

Niemöllers Haltung zeichnete sich nicht nur durch ihr hohes Ethos, sondern auch durch politische Klarsicht aus.
Dr. Adenauer hingegen hielt einige Tage später auf dem Parteitag der CDU in Goslar (20.–22. Oktober 1950) eine kreuzzüglerische Rede, bei deren Studium Gotthart und ich sehr stark an die antisowjetischen Tiraden der Vorkriegs- und Kriegsjahre erinnert wurden. Passagen wie: jetzt falle die Entscheidung, ob »christlich-abendländisches Denken der Menschheit erhalten bleibt oder ob der antichristliche Geist der Finsternis und der Sklaverei für lange, lange Zeit seine Geißel über die hilflos am Boden liegende Menschheit schwingen« werde, hätten fast wörtlich Reden von Goebbels entnommen sein können. Stammten sie vielleicht über einen Redenschreiber Adenauers tatsächlich aus der gleichen Küche?
Blitzartig wurde ich bei diesen Sätzen an einen zwielichtigen Besucher erinnert, der einmal unter Bezugnahme auf Gerhard Günther im vergangenen Jahr im Büro der »Realpolitik« erschienen war, um sich nach der Möglichkeit der Mitarbeit zu erkundigen. Er war als Dr. Kohl angemeldet worden und hatte sich bei Erscheinen am 12. Oktober 1949 auch selbst mit diesem Namen vorgestellt, nicht ahnend, daß ich seine wahre Identität kannte. Wie manch anderer, der nichts weiter über mich wußte als die Tatsache, daß ich einmal ein Amt in der Reichsjugendführung gehabt hatte, lebte auch dieser Kohl in der irrigen Vorstellung, daß ich dann wohl in allem hinter der Politik Adolf Hitlers gestanden haben müßte. So entwickelte er seine Gedanken von einem notwendigen antikommunistischen Aufklärungsfeldzug und malte in den glühendsten Farben ein Bild des bevorstehenden »Endkampfes« mit dem Sowjetkommunismus. Arthur Reiss, dem noch der kaum beendete Feldzug in den Weiten Rußlands in den Knochen steckte, konnte sich nur mühsam beherrschen und machte zuweilen ein Gesicht, als wollte er dem Manne an die Gurgel springen. Ich hatte ihn vorher gebeten, den Besucher ausreden zu lassen, was immer er auch vorbrächte. Als der gegangen war, klärte ich Reiss auf: »Der Mann heißt nicht Kohl. Er ist Dr. Eberhard Taubert, vor und während des Krieges in Goebbels' Ministerium federführend für die Propaganda gegen die Sowjetunion.« Kurze Zeit nach dem Besuch, bei dem ich dem »Dr. Kohl« keine Mitarbeit bei der »Realpolitik« eröffnen konnte, erfuhren wir, daß er »in Bonn untergekommen« sei.
Und bei dieser Gelegenheit hörte ich noch etwas Haarsträubendes über Dr. Taubert. Nach Eröffnung des Rußlandfeldzuges hatte Hitler einen Befehl an die an der Ostfront kämpfenden Truppen ergehen lassen, der unter dem Namen »Kommissarbefehl« weltberüchtigt wurde. Bei den Einheiten der Roten Armee gab es sogenannte Politkommissare, eine Einrichtung, die übrigens später, als alles schief zu laufen begann, Hitler sich nicht schämte, zu imitieren und bei der deutschen Wehrmacht einzuführen. Hitler befahl, diese sowjetischen Offiziere bei Gefangennahme sofort ohne weiteres zu erschießen, und tatsächlich wurden Tausende von ihnen so hingemordet. Mit der

Entstehungsgeschichte der Hitlerschen Mordandrohung wurde von meinen Gewährsleuten eben Dr. Taubert in Verbindung gebracht. Er habe mit seinen Mitarbeitern einen Befehl Stalins erfunden, und die Fälschung sei dann von Generalfeldmarschall Keitel Hitler vorgelegt worden, der über den Inhalt derartig in Wut geraten sein soll, daß er daraufhin jenen berüchtigten Kommissarbefehl erließ.
Mir fehlten die Mittel, diese Geschichte nachzuprüfen, aber der Gewährsmann, der sie mir berichtete, war zuverlässig, und die Art, wie sich der vermeintliche Dr. Kohl in unserem Büro in der Gneisenaustraße aufgeführt hatte und sein Schwärmen vom »Endkampf mit dem Bolschewismus« ließen den Bericht über seine Rolle bei der Entstehung des »Kommissarbefehles« durchaus glaubhaft erscheinen.
Tatsächlich sollte uns dieser Taubert bald wieder begegnen, als er genau sein altes Metier wiederaufgenommen hatte und Giftpfeile nunmehr aus dem Dunkel von Bonn heraus abschoß.
Nachdem sie die grundsätzliche Einwilligung Dr. Adenauers erhalten und daraufhin auf einer Außenministertagung in New York die amerikanische und die britische Regierung sich definitiv für eine Bewaffnung der Bundesrepublik entschieden hatten, blieb dagegen nur noch der französische Widerstand zu überwinden. Durch Bestechung gelang es den USA wenigstens bei der französischen Regierung. Um ihr etwas an die Hand zu geben, womit sie vor der widerstrebenden Nationalversammlung, dem Parlament in Paris, bestehen könnte, gab Washington am 18. Oktober den Beschluß bekannt, 1,8–2,4 Milliarden Dollar für die französische Armee in Europa und in Indochina zur Verfügung zu stellen. Ministerpräsident René Pleven trat damit am 24. Oktober vor die Kammer und gab gleichzeitig die Bedingungen Frankreichs für Form und Substanz einer deutschen Wiederbewaffnung bekannt, denen die Nationalversammlung am 26. zustimmte.
Der Pleven-Plan, wie sein Entwurf gleich genannt wurde, sah die Aufstellung einer sogenannten Europäischen Verteidigungsgemeinschaft (EVG) vor, die aus Truppenkontingenten der westeuropäischen Staaten, einschließlich der Bundesrepublik, unter *einem* Oberbefehl bestehen sollte. Alle Staaten, mit Ausnahme der BRD, sollten jedoch nur einen Teil ihrer Streitkräfte zur EVG abordnen, im übrigen aber ihre Nationalarmeen wie bisher behalten. Für die Deutschen aber sollte eine solche, eigener Verfügung unterstehende Armee gar nicht erst wieder geschaffen werden und auch die Bildung eines Generalstabs verboten sein.
Sogleich entstand die schnell die Runde machende, im Grunde treffende Bemerkung, daß die Franzosen die Quadratur des Kreises in der Form wünschten, daß die Deutschen eine Armee aufstellen sollten, die gleichzeitig stärker als die russische, aber schwächer als die französische sein sollte.
Trotz dieser Ungereimtheiten konnte kein Zweifel mehr bestehen, daß die Westmächte und Bundeskanzler Adenauer nunmehr in genereller Überein-

stimmung an die Verwirklichung von Plänen gehen würden, welche die Bundesrepublik in ein westliches Militärbündnis einbezögen.
Damit war es auch für meine politischen Freunde und mich an der Zeit, dieser Tendenz mit mehr als nur durch Zeitungsaufsätze entgegenzutreten, die wir über unsere Pressekorrespondenz verbreiteten.
Auf einer Reihe von Sitzungen, die gewöhnlich im Clubzimmer des kleinen Restaurants »Zur Linde« in der Goernestraße stattfanden, hatten wir eine Erklärung ausgearbeitet.
Beteiligt waren die mit der »Realpolitik« verbundenen Gotthart Ammerlahn, Martin Hallensleben, Ewald Koch und Fred Baumann. Wertvolle Mitarbeit kam von dem Lübecker Rechtsanwalt Hans Wittmack und von Theodor Koegler, dem Vorsitzenden des von ihm schon 1947 gegründeten »Freiheitsbund«, zu dessen außenpolitischer Konzeption von Anfang an die deutsche Neutralität in dem sich damals anbahnenden »kalten Krieg« gehörte. In einer letzten Lagebesprechung Ende Oktober kamen wir zu folgendem Ergebnis:
Die angebliche schwere Bedrohung, der durch die Schaffung von Streitkräften begegnet werden sollte, ging schon vor dem Korea-Krieg – und wurde nach dessen Ausbruch nur noch stärker betont – von der Aufstellung der »kasernierten Volkspolizei« in der DDR aus. Diese war ein realer Faktor, und kaum jemand wußte das besser als wir. Wir hatten sogar ziemlich detaillierte Informationen darüber in »Realpolitik« veröffentlicht. Diese Formation hatte unstreitbar mit Polizei nur noch den Namen gemein und besaß nach Bewaffnung und Gliederung militärischen Charakter. Doch ihre militärische Tauglichkeit für einen Angriff auf Westdeutschland bezifferten wir nach unserer Kenntnis der inneren Situation in der DDR mit nahezu null. Diese Truppe war nicht einmal zur Führung auch nur eines deutschen Bürgerkrieges geeignet.
Dazu mußte ein solcher, bei Anwesenheit von britischen, amerikanischen und französischen Truppen in der Bundesrepublik, zu einem größeren internationalen Krieg werden, der von der DDR niemals ohne die Beteiligung der sowjetischen Roten Armee geführt werden konnte.
So war nach der Kriegsbereitschaft der Sowjetunion zu fragen. Dagegen, daß sie sich in absehbarer Zeit zu einem *Angriffs*krieg entschließen würde, sprachen einige überaus gewichtige, unserer Auffassung nach entscheidend triftige Gründe:
Die durch den Zweiten Weltkrieg erlittenen großen Schäden für die Wirtschaft und besonders die Industrie der Sowjetunion waren noch nicht wieder ausgeglichen;
die Bevölkerung war nach den ungeheuren Menschenverlusten, die jede Familie getroffen hatten, kriegsmüde bis dorthinaus und keineswegs in der Lage, einen Eroberungskrieg auf fremdem Territorium moralisch durchzuhalten, allenfalls bei einem Angriff auf Mütterchen Rußland selbst würde sie sich – weil es keinen anderen Ausweg gab – noch einmal zum Kampfe aufraffen;
die große Unsicherheit weiter Gebiete, durch die bei einem sowjetischen

Angriff auf Westdeutschland und Westeuropa die hauptsächlichen Nachschublinien führen mußten, insbesondere des wichtigsten, nämlich Polens;
und schließlich der weite Vorsprung der USA in der atomaren Bewaffnung; die Sowjetunion hatte erst im September 1949 ihre erste Atombombe gezündet.
Einer in der Runde faßte die Schlußfolgerung aus diesen Punkten drastisch so zusammen: »Außer es regieren Verrückte im Kreml, fangen die Russen keinen Krieg an!« Alle stimmten dem zu.
Konnten die Generale, die, wie wir wußten, im Halbdunkel Adenauer berieten, die Speidel, Heusinger, Schwerin und andere, wenn sie ehrlich waren und klaren, nicht ideologisch verwirrten Geistes, zu einer wesentlich anderen Lagebeurteilung kommen? Vernünftigerweise hätte doch, wenn alles mit rechten Dingen zuginge, eine ähnliche Sachdiskussion wie die vor unserer Lagebeurteilung im Bundeskabinett stattfinden müssen. Wie man durch Heinemanns Rücktrittsbegründung erfuhr, war nichts dergleichen geschehen, bevor die Minister in der Zeitung lasen, daß der Regierungschef dem amerikanischen Hohen Kommissar deutsche Soldaten angeboten hatte.
Wozu die Eile?
Auf der einen Seite bestand keine akute militärische Bedrohung, auf der anderen konnte, sollte sie gegen alle Wahrscheinlichkeit doch eintreten, der Beschluß zur Wiederbewaffnung der Bundesrepublik kaum helfen, denn selbst wenn heute damit begonnen würde, mußte es Jahre in Anspruch nehmen, bis eine auch nur einigermaßen effektiven Schutz bietende Streitmacht aufgestellt und einsatzbereit wäre, die gegen die »russische Dampfwalze«, von der immer geredet wurde, etwas ausrichten könnte. Uns beschlich deshalb der Verdacht, daß es dem Bundeskanzler gar nicht in erster Linie um militärischen Schutz ging, sondern daß hinter seiner Politik andere Motive steckten. Sein Angebot, so mußten wir jetzt annehmen, stellte eine Art Eintrittsgeld dar, das er glaubte, einmal für die Aufnahme der Bundesrepublik in den westeuropäischen Club entrichten zu müssen, mit dem er auf der anderen Seite aber auch die Hoffnung verband, als neues Mitglied mehr Rechte als unter dem gegenwärtigen Besatzungsstatut zu erhalten. Vielleicht träumte er sogar von so etwas wie Souveränität.
Die Integration der Bundesrepublik in das falschmünzerisch immer »Europa« genannte westeuropäisch-amerikanische Bündnis jedoch durfte wegen der mit Sicherheit zu erwartenden fatalen Auswirkungen für eine deutsche Wiedervereinigung nicht stattfinden!
Wir beschlossen, unsere Erklärung, die von den genannten Autoren und Eva Tonn unterzeichnet worden war, unter der Bezeichnung »Aufruf zur Bildung der Dritten Front« am 31. Oktober 1950 herauszugeben.
Er ging einleitend von der Gefahr aus, die für unser Volk in der Tatsache zweier mit der Aussicht auf einen neuen Krieg gegeneinander rüstender Bündnisse liegt: »Noch tragen unsere Städte die Narben des letzten Krieges,

noch fehlen viele Millionen Wohnungen und die einfachsten Voraussetzungen für ein menschenwürdiges Dasein, noch warten ungezählte Frauen auf die Heimkehr ihrer Söhne und Männer; da wird bereits in Ost und West ein neuer Krieg vorbereitet... beide sich bekämpfende Weltmächte schreien heute nach der deutschen Industrie, dem deutschen Arbeiter, dem deutschen Soldaten. Keiner möchte ohne sie in die geplante Auseinandersetzung mit dem Gegner gehen.« In dieser Situation warnten wir vor den Deutschen, »die meinten, wir müßten in dieser Auseinandersetzung Partei ergreifen. Sie sitzen sogar in der östlichen wie in der westlichen Hälfte unseres gespaltenen Landes maßgebend in den Regierungen und arbeiten mit an der Vertiefung der unheilvollen Gegensätze in der Welt.« Weil der Entschluß zum Kriege nicht *nur* in der Sowjetunion, sondern ebensogut eines Tages auch in den Vereinigten Staaten gefaßt werden könne, »verbietet es sich, auf die Seite eines der Konkurrenten um die Weltherrschaft zu treten und dadurch dessen Kriegsbereitschaft zu stärken...«

Wir setzten uns mit dem Einwand derer auseinander, welche einen dritten Weg für Deutschland mit dem Argument ablehnten, Deutschland sei zu klein geworden, die Basis für eine unabhängige dritte Position zu schmal. Sicher könnte »Deutschland allein in seiner heutigen Verfassung nicht die ausgleichende, den Krieg zwischen Ost und West verhindernde dritte Kraft bilden. Aber Deutschland ist stark und einflußreich genug, um den *Anfang* zu machen. In Frankreich, in Italien, in anderen Ländern des europäischen Kontinentes warten ebenso wie in Deutschland die Einsichtigen nur auf das erlösende Wort, damit der Ausweg aus der grauenhaften Alternative gefunden werde. Auch diese Länder haben kein Interesse daran, ›befreit‹ zu werden, nachdem sie jahrelang Schlachtfeld und Atombombenziel waren...« »Und nicht nur auf Europa wird die dritte Kraft beschränkt bleiben. Große Nationen in Asien nehmen heute schon im Ost-West-Konflikt die Haltung ein, die für Deutschland und Europa die richtige ist, Indien und Pakistan, Burma, Indonesien und die arabischen Länder. Chinas und Japans Interessen liegen in der gleichen Richtung. Eine große Friedensfront würde sich zwischen die USA und die Sowjetunion schieben und den politisch ungeordneten Raum zwischen ihnen mit politischer Kraft füllen...«

»Der Gedanke der dritten Kraft, eines unabhängigen Zusammenschlusses Europas mit den freien Nationen Asiens in einer engen Interessengemeinschaft verbunden, ist die einzige reale politische Idee, die die Welt aus dem gegenwärtigen Chaos in einen wirklichen Friedenszustand führen kann. Weder die Sowjets noch die Amerikaner sind beim heutigen Stand der Technik in der Lage, die Welt zu beherrschen oder gar zu ordnen, weder machtpolitisch noch geistig. Zur Herstellung des Gleichgewichtes fehlt die dritte Macht. Da sie unabhängig sein wird, kann sie auch von der Sowjetunion nicht als Bedrohung empfunden werden, was ohne weiteres der Fall wäre, wenn Westeuropa einschließlich Deutschlands sich aus Furcht in die Rolle eines Brückenkopfes Amerikas drängen ließe. Auch darf Osteuropa nicht weiterhin von Moskau als Glacis mißbraucht werden. Europa muß seinen Unabhängigkeitsanspruch gleichermaßen gegen Ost und West durchsetzen. Ein Anfang damit kann aber nur gemacht werden, wo noch ein Minimum von Freiheit und Selbständigkeit vorhanden ist. Das heißt: in Westdeutschland. Denn dieses gehört weder dem Ostblock noch bisher dem Atlantikpakt an. Hier liegt die letzte Chance, ein freies und wirklich unabhängiges Europa zu schaffen und damit der Welt den Frieden zu geben ...«

Wir verschickten als erstes unseren als zweiseitiges Flugblatt gedruckten Aufruf an die Nachrichtenagenturen, einige ausgewählte Zeitungen sowie an einige hundert Einzelpersonen. Von diesen setzte sofort eine von Tag zu Tag ansteigende Flut fast ausnahmslos zustimmender Zuschriften ein, während die Presse zuerst noch zurückhaltend blieb, mit wenigen Ausnahmen, von denen vor allem die »Aachener Nachrichten« auffielen. Am 4. November brachten sie einen sehr ausführlichen, uns weitgehend wörtlich zitierenden dreispaltigen Bericht, der fast ein Drittel der Titelseite einnahm. Ein größeres bundesweites Presseecho gab es dann am 14. November, als die Deutsche Presse-Agentur und die Hamburger Korrespondenten der größeren Zeitungen über eine Veranstaltung im »Baseler Hof« berichtet hatten, auf der ich die Ziele der Dritten Front erläuterte. Der Grundton dieser Meldungen, sogar der in der »Welt«, war neutral bis wohlwollend.

Die starke Wirkung die unser Appell hatte, wie viele Zuschriften zeigten, war wohl zweifach zu erklären: Einmal traf er objektiv die gegebene Situation; der Gedanke lag sozusagen in der Luft. Vor allem aber wirkte er wohl deshalb, weil, im Unterschied zu den im allgemeinen nur negativen Bekundungen der Verweigerung, des »Ohne mich« und »Ohne uns«, so berechtigt diese allein schon waren, wir nicht in der Verneinung stecken blieben, sondern eine positive Perspektive zeigten: die Vision einer dritten, blockfreien Welt, jenseits der ausweglosen Zwei-Mächte-Konfrontation.

Der Berliner »Tagesspiegel« allerdings, der sich oft amerikanischer als die Amerikaner gebärdete, ergriff die Gelegenheit unseres Hervortretens zu einem Rundumschlag gleich gegen alle, die den von Adenauer mit den USA eingeschlagenen Kurs für falsch hielten. Der Leitartikel vom 16. November begann typisch in dem von dieser Seite seit dem Korea-Krieg verbreiteten Alarmismus:

»Die Situation der Bundesrepublik gleicht der eines Mannes, der am Fenster eines schon brennenden Hauses steht und zu wählen hat zwischen dem Tod in den Flammen und dem Sprung in das Tuch, das die Feuerwehr unten auf der Straße für ihn bereit hält. Wenn er mit seinem Sprung lange zögert, steigert sich seine Verwirrung. Die Zeichen dafür, daß es sich teilweise in Deutschland bereits um eine geistige Verwirrung handelt, mehren sich. In Hamburg hat eine Gruppe dieser Art eine ›Dritte Front‹ gebildet.«

Dann wird gegen Niemöller zu Felde gezogen und »eine Anzahl pazifistischer

Verbände, die nicht nur einen Gesetzentwurf fordern zur Vorbereitung einer Volksbefragung über militärische Notwendigkeiten – denen sich andere Völker Europas ohne Volksbefragung beugen –, sondern die auch erklären, eine Wiederbewaffnung der Bundesrepublik widerspreche den Interessen des deutschen Volkes ebenso wie die Remilitarisierung der Sowjetzone.«
Als nächster wurde der württembergisch-badische Ministerpräsident Reinhold Maier aufs Korn genommen wegen seiner Äußerung, wenn die westlichen Alliierten »in selbstverständlichen Fragen des deutschen Nationalgefühls nicht einen grundsätzlich anderen Weg« einschlügen, könne ihnen auch der »besterzogene deutsche Politiker« keine Armee präsentieren, denn Divisionen könne man nicht »bestellen wie Brötchen beim Bäcker«. Auch dieses nicht mehr als eine Selbstverständlichkeit ausdrückende Zeugnis wird vom »Tagesspiegel« als »Zeichen der Verwirrung« genommen, an denen »die Sowjets aufs äußerste interessiert sind. Kraß ausgedrückt ist jeder, der heute nach anderen Kriterien urteilt als dem der unmittelbar drohenden Gefahr, ein Helfershelfer Moskaus«.
Hier vernahmen wir wieder die Klänge der Diffamierungsmelodie: von Schumachers »trojanischer Kavallerie« über Adenauers »Landesverräter« zu den »Helfershelfern Moskaus«!
Wir mußten uns fragen, ob die Redaktion des »Tagesspiegel« tatsächlich glaubte, was sie in diesem Leitartikel wieder einmal über den Kreml behauptete: »Er setzt dieser ›Volkspolizei‹-Armee ein konkretes Ziel: Wiedervereinigung Deutschlands mit Waffengewalt.«
Unter den Zuschriften an die Unterzeichner unseres Aufrufes freute uns besonders die von Prof. Ulrich Noack, der mit seinem »Nauheimer Kreis« seit 1948 für Neutralität eingetreten war und, seit die Wiederbewaffnung auf die Tagesordnung kam, einen Volksentscheid in dieser Frage verlangte. In einem Brief vom 12. November schrieb er an Theodor Koegler, daß er von dem Aufruf begeistert sei und sofort bereit, ihn zu unterschrieben: »Jeder Satz in Ihrem Aufruf war ein Treffer, und der Gedanke der Dritten Front erschien mir sofort so wichtig und notwendig, daß ich mich entschloß, ihn bei Niemöller zu vertreten.« In Wiesbaden sei er dann von Niemöllers politischem Sekretär, General a. D. Dr. Bayer, gleich mit der Frage empfangen worden, ob er schon gehört habe, daß sich eine »Dritte Front« bilde. »Er hatte Ihren Aufruf schon gelesen, aber Niemöller, der eben von einer Reise zurückgekommen war, kannte ihn noch nicht und schlug vor, ihn gleich gemeinsam zu lesen. Der ebenfalls anwesende Pfarrer Mochalski vom Bruderrat der Bekennenden Kirche in Darmstadt, bei dem die sogenannten Darmstädter Gespräche zwischen Niemöller und Dr. Schumacher stattgefunden haben, las Ihren Aufruf vor. Er wirkte ausgezeichnet.«
Noack schilderte dann weiter die Reaktionen von Niemöller zu diesem und jenem Absatz in unserer Erklärung, der zum Schluß erklärte:
»Dies würde ich unterschreiben, wenn Heinemann es unterschreibt.« Es

wurde dann beschlossen, daß Pfarrer Mochalski im Auftrage Niemöllers diese Frage direkt mit Heinemann telefonisch klären solle. »Niemöller erklärte, daß er nicht allein ohne Heinemann als einziger von der Evangelischen Seite (er meinte als offizielle kirchliche Persönlichkeit) seine Unterschrift geben wolle. Vor allem legte Niemöller in dem anschließenden längeren Gespräch Wert darauf, daß es sich bei der ›Dritten Front‹ nicht um eine neue Parteigründung handeln dürfe. Ich fragte«, schrieb Prof. Noack weiter, »ob Heinemann Lust zu einer Parteigründung habe. Niemöller, der wenige Tage vorher bei Heinemann war, sagte ›Ja‹, Heinemann habe eine gewisse Neigung dafür gezeigt...«
Der ehemalige Bonner Minister sollte sich jedoch vorerst als Zögerer erweisen. Weder beteiligte Heinemann sich hier, noch unternahm er irgendwelche Schritte in Richtung der Parteigründung, zu der er nach Niemöllers Aussage neigte. Dabei waren in diesen Wochen und Monaten wegen seines spektakulären Rücktrittes alle Augen auf ihn gerichtet, und viele Menschen, die sich um das deutsche Schicksal Sorgen machten, verbanden mit seinem Namen Hoffnungen.

## 15 Eine mißglückte geheime Mission

So dramatisch wie er am Morgen des 25. Juni begonnen hatte, war der Krieg in Korea in den folgenden fünf Monaten unter verheerenden Auswirkungen für die Menschen weitergegangen. Süden und Norden des geteilten Landes waren weitgehend zerstört, wobei der Hauptanteil auf das Konto der US-Luftwaffe und in den Küstenstädten der schweren Schiffsartillerie der amerikanischen Flotte kam. Zuerst hatten die Nordkoreaner den Süden regelrecht überrannt, und Südkoreaner und Amerikaner konnten nur mit Mühe einen kleinen Brückenkopf halten, bevor die USA mit größerem militärischen Einsatz zur Gegenoffensive übergehen konnten. Diese wurde von dem inzwischen zum Oberbefehlshaber ernannten General MacArthur mit einer Landung bei Inchon, weit im Rücken der in den Süden vorgedrungenen Nordkoreaner, eröffnet, die nun von hier und von dem gehaltenen Brückenkopf aus in die Zange genommen zu werden drohten und sich schnell auf ihre Ausgangsbasis im Nordteil des Landes zurückziehen mußten. Die amerikanische materielle Überlegenheit begann sich nun auszuwirken, aber nirgendwo gab es Anzeichen dafür, daß in dieser kritischen Phase Nordkorea von der Sowjetunion eine nennenswerte Unterstützung erhielt, die hier einen Ausgleich hätte schaffen können. Das war schon bemerkenswert.
Als sich die Amerikaner, die noch durch Truppenkontingente aus anderen Mitgliedstaaten der UNO verstärkt waren, dem 38. Breitengrad näherten und damit der militärische status quo ante wiederhergestellt war, erhob sich die

Frage, ob sie dort stehenbleiben oder die zurückgehenden Nordkoreaner über die Teilungslinie hinaus in den Norden des Landes hinein weiter verfolgen sollten. Die althergebrachte militärische Logik sprach dafür, dem Gegner bis zur vollen Zerstörung seiner Kampfkraft weitere Schläge zu versetzen, und natürlich folgte ihr General MacArthur. Doch politisch war das eine sehr große Dummheit.

Der indische Ministerpräsident Nehru hatte nach einem entsprechenden Wink von seinem chinesischen Kollegen Chou En-lai davon abgeraten, doch die jetzt ebenso siegestrunkenen wie vorher niedergeschlagenen Amerikaner, die dazu immer noch nicht von ihrer Vorstellung kuriert waren, daß die Volksrepublik China ein Satellit der Sowjetunion sei, schlugen die Warnung in den Wind.

Am 1. Oktober, dem 1. Jahrestag der Gründung der Volksrepublik China, hat dann Chou En-lai selbst in einer Ansprache über Radio Peking erklärt, China könne einer Invasion Nordkoreas nicht untätig zusehen. In den USA tat man diese Äußerung als »Riesenbluff« ab, woraufhin in Peking am 11. Oktober eine Bestätigung, nunmehr als offizielle Regierungserklärung, erfolgte.

Ich nahm die Situation in Korea zum Anlaß, unter der Überschrift »Der Ungeist von 1945« einen Artikel zu schreiben, in dem es u. a. hieß:

»Er geht wieder um, der Ungeist von 1945, seit sich in Korea das Kriegsglück gewendet hat. ›Totale Vernichtung‹, ›bedingungslose Kapitulation‹ und ähnlich lauten wieder die Forderungen, die hier und dort erhoben werden, und das zu einem Zeitpunkt, wo andererseits überall in der Welt betont wird, daß man die Durchführung solcher Forderungen gegenüber den Deutschen im Jahre 1945 als einen Fehler eingesehen hat. Es geht hier nicht darum, den Nordkoreanern, die schließlich das Unheil auslösten, das über ihre Halbinsel gekommen ist, irgendeine Hilfestellung zu leisten. Nur vermögen wir Deutschen aus einer bitteren Erfahrung zu sprechen. Wir wissen, daß, obwohl das deutsche Volk in seiner Gesamtheit nicht die Verantwortung für die Angriffe Hitlers trug, es als Ganzes von dem übermütigen Vernichtungswillen der Sieger betroffen wurde, wir wissen, daß Haß, Rache und auch ein subjektiv vielleicht ganz ehrliches Gefühl des empörten Gerechtigkeitssinnes nicht dazu dienen können, einen erträglichen Friedenszustand herbeizuführen.

Bismarck hat in der schweren Auseinandersetzung mit seinem König und den Militärs vor Abschluß des Friedens mit Österreich auf das Argument des Königs, der Hauptschuldige könne doch nicht ungestraft ausgehen, geantwortet: ›Wir haben nicht eines Richteramtes zu walten, sondern deutsche Politik zu treiben. Österreichs Rivalitätskampf gegen uns ist nicht strafbarer als der unsrige gegen Österreich‹.«

Als die Amerikaner und in ihrem Gefolge die Reste der südkoreanischen Armee trotz allem über den 38. Breitengrad hinaus weiter auf die chinesische Grenze vorrückten, schilderten wir die Gründe, warum es wahrscheinlich zu einem militärischen Eingreifen Chinas kommen würde in real am 13. 10. 1950:

»Das große Yalu-Kraftwerk auf der koreanischen Seite der mandschurisch-koreanischen Grenze liefert Kraftstrom für die mandschurische Schwerindustrie, die den Kern für die geplante Industrialisierung Chinas bildet. Der Verlust dieser Stromzufuhr würde den wirtschaftlichen Aufbau Chinas um Jahre zurückwerfen. Zur japanischen Zeit, als sowohl Korea als auch die Mandschurei unter japanischer Verwaltung standen, versorgte das Yalu-Werk zusammen mit dem großen mandschurischen Kraftwerk von Hsiaofengmen am Sungari gemeinsam die mandschurische Industrie. Als sich nach dem Kriege mit der Schaffung einer politischen und wirtschaftlichen Grenzlinie zwischen Korea und der Mandschurei der Ausfall des koreanischen Kraftstroms bemerkbar machte, schlossen die chinesischen kommunistischen Behörden mit den Nordkoreanern ein Abkommen, nach dem Nord-Korea gegen Getreidelieferungen wieder wie zur japanischen Zeit die Mandschurei mit Kraftstrom versorgte. Es wird in diesem Zusammenhang daran erinnert, daß die Nordkoreaner die Stromlieferungen an das Gebiet südlich des 38. Breitengrades einstellten. Bei einer Einigung Koreas unter UNO-Vorzeichen müssen die Chinesen nun befürchten, daß ihnen der so dringend benötigte Strom für die Mandschurei abgeschnitten wird. Bei der gar nicht zu überschätzenden Wichtigkeit der mandschurischen Industrie für China steht die Regierung Mao Tse-tungs so vor einem schweren Problem. Sollte sie in Korea eingreifen, so aus keinem anderen Grunde, als um sich das wichtige Kraftwerk zu sichern. Unbestätigte Meldungen wollen bereits wissen, daß chinesische Truppen die Werke besetzt haben. Dies dürfte möglicherweise den Tatsachen vorauseilen.«

Einige Tage darauf griffen dann die Chinesen tatsächlich ein und trieben in kurzer Zeit Amerikaner und Verbündete wieder bis zum 38. Breitengrad zurück. MacArthur erklärte in einer Botschaft an die UNO am 28. November, seine Truppen sähen sich plötzlich »einem völlig neuen Krieg« gegenüber. Unfähig oder unwillig, aus dem katastrophalen Rückzug seiner Streitkräfte eine militärische und politische Lehre zu ziehen, rief er nach der Ausweitung des Krieges auf China selbst und erwog den Einsatz der Atombombe, den Präsident Truman, von der Presse danach gefragt, zwei Tage darauf nicht grundsätzlich ausschließen wollte. Erst durch einen Blitzbesuch des höchst alarmierten britischen Ministerpräsidenten Attlee, der jede Gefolgschaft für eine Ausweitung des Krieges von vornherein verweigerte, wurde Washington wahrscheinlich von dieser Idee abgebracht.

Ich fand es auch für uns Deutsche außerordentlich wichtig, aus den Ereignissen im fernen Korea die richtigen Folgerungen zu ziehen. Dazu war im Grunde keine große Gedankenarbeit nötig; man brauchte nur ein paar offen auf der Hand liegende Tatsachen aufzuzählen, die zu sehen sich allerdings viele weigerten, obwohl sie im Verlauf der Entwicklung deutlich hervorgetreten waren:

1. Die Sowjetunion hatte Nordkorea in seiner äußersten Not im Stich gelas-

sen, als die notwendige Hilfe zu einem militärischen Zusammenstoß mit den Vereinigten Staaten geführt hätte.

2. Die Nordkoreaner wurden durch militärisches Eingreifen Chinas gerettet. Nach mehreren Hinweisen auf die Bedrohung lebenswichtiger chinesischer Interessen erfolgte es aber erst dann, als diese Bedrohung mit dem Vorrücken der US-Truppen an die chinesische Grenze Tatsache wurde.
3. In der Mißachtung der chinesischen Warnungen als »Riesenbluff« hatten die USA sich eine teure politische und militärische Fehlkalkulation geleistet, der Tausende amerikanischer und verbündeter Soldaten in einem vermeidbaren, sinn- und ergebnislosen Waffengang zum Opfer fielen.
4. Das schon vor dem Koreakrieg gestörte und bei dessen Ausbruch durch die Entsendung der US-Flotte zum Schutze Formosas noch weiter belastete chinesisch-amerikanische Verhältnis war nun auf unabsehbare Zeit zur regelrechten Feindschaft degeneriert, was für die allgemeine weltpolitische Entwicklung nicht günstig sein konnte.[28]
5. Durch das Hineinziehen Chinas in den Koreakonflikt hatten die USA ungewollt das politische Gewicht der Volksrepublik China erheblich gestärkt. Vorher unbeteiligt, würde sie nunmehr über das Schicksal Koreas entscheidend mitzureden haben, und darüber hinaus war ihr Prestige und Einfluß in ganz Ostasien erheblich gestärkt worden.

Und in ein Bündnis unter Führung der USA, dieser Macht, die so kraß ihre Unfähigkeit zu konstruktivem außenpolitischen Handeln bewiesen hatte, wollte Dr. Adenauer das halbe Deutschland einbringen? Schon 1948 hatte er zu Professor Noack gesagt, daß der Krieg zwischen den Vereinigten Staaten und der Sowjetunion bestimmt komme, und »wir« dann auf der richtigen Seite dabei sein müßten!

Doch erst einmal war es noch nicht so weit. Noch war der Kampf um Deutschland nicht entschieden.

Die Diskussion der Westmächte untereinander und zwischen ihnen und der Bundesregierung um die Wiederbewaffnung hatte auch eine objektiv positive Folge: Sie veranlaßte die Sowjetunion zu dem Versuch, die mit der Bildung der beiden deutschen Staaten als abgeschlossen erscheinende deutsche Frage wieder aufzurollen. Vielleicht konnte man durch die Wiedervereinigung Deutschlands unter bestimmten Bedingungen die Eingliederung der im Vergleich zur DDR viel gewichtigeren Bundesrepublik in ein gegen die Sowjetunion gerichtetes Bündnis mit den Westmächten verhindern?

Als Auftakt zu diesem Versuch diente eine zum 21./22. Oktober 1950 nach Prag einberufene Konferenz der Ostblockstaaten, auf der folgende Zielsetzung beschlossen wurde: Verhinderung der westlichen Pläne, deutsche Streitkräfte im Rahmen einer internationalen Armee zu schaffen, möglichst baldiger Friedensschluß mit Deutschland und Aufhebung der Besatzung, Bildung eines Gesamtdeutschen Konstituierenden Rates in paritätischer Zusammensetzung, der eine Gesamtdeutsche Regierung vorbereiten soll.

Am 3. November 1950 hatte daraufhin die Sowjetunion den Westmächten vorgeschlagen, daß die vier Außenminister ihre Beratungen über Deutschland wiederaufnehmen sollten. Seit vor über zwei Jahren auf beiden Seiten die Gründung von deutschen Separatstaaten eingeleitet worden war, hatte es solche Ost-West-Gespräche nicht mehr gegeben.

Am 30. November 1950 richtete DDR-Ministerpräsident Otto Grotewohl ein Schreiben an die Bundesregierung, das Bundeskanzler Adenauer übermittelt wurde, in dem er zur Bildung des Gesamtdeutschen Konstituierenden Rates aufforderte, der u. a. auch »die Vorbereitung der Bedingungen zur Durchführung freier gesamtdeutscher Wahlen für eine Nationalversammlung übernehmen könnte«.

Als Bonn mit der Beantwortung dieses Schreibens zögerte, schrieb Arthur Reiss am 9. Dezember in unserem Dienst:

»Es wäre kaum richtig, wollte man nun von vornherein mit Bedingungen kommen, die aus den verschiedensten Gründen heraus von der Gegenseite nicht erfüllt werden können (wie etwa: zuerst freie Wahlen! Nachträglicher Zusatz von mir, W. Sch.). Es wäre also am zweckmäßigsten, wenn man sich mit den, wenn auch von der Bevölkerung der Sowjetzone nicht autorisierten, so doch tatsächlich sie regierenden Männern oder ihren Vertretern zusammen setzte und ihnen sagte, unter welchen Voraussetzungen Gespräche über eine Zusammenführung der beiden Deutschland möglich sind. Man wird sich damit nichts vergeben, hat aber die Möglichkeit, einiges zu erfahren. Vielleicht haben die sowjetzonalen Vertrauensmänner des Kreml wirklich etwas zu sagen. Es käme ein Gespräch oder auch nur eine erste Begegnung zustande, die nicht ohne psychologisch-politische Wirkung bliebe, eine Begegnung, in der vielleicht Möglichkeiten liegen, die heute noch unbekannt sind und über die man nichts erführe, bliebe man bei einer starr ablehnenden Haltung, durch die man sich dem Vorwurf aussetzt, nicht jede Möglichkeit, einer Wiedervereinigung auch nur näher zu kommen, genutzt zu haben.«

Nunmehr waren zugleich drei Projekte in der internationalen Diskussion. Neben die geplante deutsche Wiederbewaffnung, waren die Vorschläge einer neuen Konferenz der vier Mächte und mit dem Grotewohl-Brief eines innerdeutschen Gespräches zur Überwindung der Teilung getreten. Bei dem ersten Problem war man durch beharrliche französische Verzögerungstaktik ins Stocken geraten. Am 8. Dezember schickte ich an Johann Adolf Graf Kielmansegg das nur für ihn Sinn machende, etwas kryptische Telegramm, das nur die Frage enthielt: »Merkt Ihr's nun?« Die gleichen Worte wählte ich als Titel eines Artikels in der »Realpolitik«, der sich mit den neuesten alliierten Empfehlungen für die Wiederbewaffnung nach einem Kompromiß zwischen Franzosen und Angelsachsen beschäftigte: Es werden nur deutsche Brigaden aufgestellt (je 5000 Mann etwa) ohne schwere Waffen. Diese Brigaden (Gesamtstärke etwa 150 000 Mann) werden in alliierte Divisionen eingebaut, vom Nordkap bis zur Ägäis. Einen deutschen Oberbefehl gibt es nicht, noch nicht einmal ein Verteidigungsministerium. Die deutschen Verbände werden integrale Bestandteile ausländischer Divisionen.

Ohne Kielmanseggs Namen zu nennen, schrieb ich:

»Es liegt kaum drei Monate zurück, als ein sehr fähiger jüngerer Generalstabsoffizier aus dem letzten Kriege einen Vortrag über die europäische Verteidigung hielt. Sein Bild von den militärischen Mindestvoraussetzungen für eine Verteidigung gegen einen etwaigen sowjetischen Angriff mag sicher richtig gewesen sein (etwa 50 europäische Divisionen im westdeutschen Raum, darunter 20–30 deutsche, natürlich mit allen Waffen ausgerüstet, deutsche Mitwirkung im alliierten Oberkommando). Der Einwurf, daß sich die Westalliierten auf keinen Fall dazu bereit finden würden, wurde kurz abgetan. Sie würden es bestimmt, die Amerikaner würden dafür sorgen. Die Warnung, daß die Stellung von Soldaten, ohne zuerst einmal politische Gleichberechtigung und Mitbestimmung in einer politischen Koalition zu haben, die über ihren Einsatz entscheidet, die deutsche Selbstaufgabe bedeute, wurde ebenfalls beiseite geschoben. Mit unerschütterlicher Sicherheit gab der Generalstäbler seiner Überzeugung Ausdruck, daß diese Voraussetzungen in aller Kürze geschaffen würden. Der Prophet ging nach Bonn, um im Stabe des Generals Schwerin und seiner Nachfolgeorganisation eine wichtige Rolle zu spielen. Wird er und werden andere Kameraden, die sich bereitfanden, dort zu arbeiten, nun weiter mitmachen, vielleicht als Brigadekommandeure in einer belgischen Division oder als Rekrutierungsoffiziere deutscher Arbeitsämter? Oder werden sie, die Nur-Soldaten –, ihre politischen Illusionen erkennen und daraus die Konsequenzen ziehen?«

Wie sich bald zeigte, stellten sie sich wenigstens so weit auf die Hinterbeine, daß Bundeskanzler Adenauer sich veranlaßt sah, *diese* Form eines bundesdeutschen Verteidigungsbeitrages abzulehnen. Der Atlantikpakt-Rat, der in Brüssel tagte und die Bildung einer Atlantikpakt-Streitmacht unter dem Oberbefehl von General Dwight D. Eisenhower beschloß, konnte nur die grundsätzliche Übereinstimmung darüber feststellen, daß die Bundesrepublik daran beteiligt werden sollte, technische Einzelheiten darüber aber mit der Bundesregierung noch zu erörtern seien. Bundeskanzler Adenauer wurde am 21.12.1950 zu den drei Hohen Kommissaren auf den Petersberg bestellt, wo ihm dieser Beschluß mitgeteilt wurde. Es wurde daraufhin vereinbart, daß die Besprechungen mit den Westalliierten von Theodor Blank und den Generalen a. D. Dr. Hans Speidel und Adolf Heusinger geführt werden sollten.

Das wird noch lange Auseinandersetzungen geben, war mein Eindruck, den ich um so mehr mit Befriedigung vermerkte, als am 22. Dezember nun endlich die drei Westmächte auf den sowjetischen Vorschlag einer Viererkonferenz über Deutschland vom 3. November antworteten. Obwohl die Note die verdächtige Wendung enthielt, das Thema Deutschland sei zu eng und die gleichzeitige Erörterung sämtlicher zwischen Ost und West strittigen Weltprobleme vorschlug, wofür die Außenminister-Stellvertreter zur Festsetzung einer Tagesordnung zusammenkommen sollten, sah ich hier einen Hoffnungsschimmer. Alles, was geeignet sein konnte, unwiderrufliche Schritte zur Verfestigung der deutschen Teilung zu vermeiden, war zu begrüßen. In einer Antwort an die Westmächte erklärte sich die Sowjetunion am 30. Dezember mit der Tagesordnungs-Vorkonferenz für eine Viermächte-Außenministerkonferenz einverstanden, so daß das turbulente Jahr einen etwas freundlicheren Ausklang fand. Wenigstens war etwas Zeit gewonnen.

In dieser ungewissen Situation, als alles auf des Messers Schneide zu stehen schien, fuhr ich nach Bonn, um die Lage zu erkunden und auch aus einem anderen Grund: Ich hatte von Machenschaften gegen die Dritte Front gehört, die aus dem Schoße des unter der Leitung von Jakob Kaiser stehenden Ministeriums für Gesamtdeutsche Fragen kommen sollten.

In Bonn, wo nicht anders als in vielen deutschen Städten fünf Jahre nach Kriegsende in den alten Wohnvierteln noch viele Häuser in Trümmern lagen, herrschte die Stimmung, welche die Franzosen »malaise« nennen, ein allgemeines Unbehagen an allem und jedem. Von rheinischem Frohsinn war selbst bei den Ureinwohnern kaum etwas zu spüren, deren Anteil an der Einwohnerschaft übrigens wegen des Zustroms vieler Menschen von auswärts, die irgendwas direkt oder indirekt mit Bundesbehörden zu tun hatten, immer mehr zurückging. Es gab wirtschaftliche und soziale Schwierigkeiten, die Kopfschmerzen bereiteten. So hatte sich eine Kohlenknappheit auf den gesamten Brennstoffmarkt ausgedehnt, die Arbeitslosigkeit war eins der drückendsten Probleme; die vom Bundesarbeitsminister für das vergangene Jahr erwartete Zahl der Arbeitslosen war überschritten worden. Die Gewerkschaften hatten einen Streik zur Durchsetzung der Mitbestimmung angekündigt, Preissteigerungen und Gerüchte über begrenzt wieder einzuführende Rationierungen führten zu Angsteinkäufen. Daneben fiel das protzige Wohlleben einer kleinen Minderheit auf, das von Vizekanzler Blücher in einer Rede, die viel Zustimmung fand, als »Tanz um das goldene Kalb« bezeichnet wurde.

In diesem Stimmungstief, so versicherten viele meiner Bonner Gesprächspartner, hätte eine gesamtdeutsche Initiative der Bundesregierung als Antwort auf den Grotewohl-Brief und als Alternative zu der fast überall als Verhängnis empfundenen, drohenden Wiederbewaffnung helfen können, neues Vertrauen in die Zukunft zu schaffen. Real-Mitarbeiter E. E. Büchner ging in dieser Situation sogar so weit, festzustellen: »Wird diese Chance, allmählich zur deutschen Einheit zu kommen, die unzweifelhaft ein großer Erfolg und Fortschritt in einer europäischen Konsolidierung wäre, schuldhafterweise verscherzt, dann hätte das deutsche Volk allerdings seine Zukunft schon hinter sich.« (Abgedruckt in Realpolitik-Tagesdienst am 11. 1. 1951).

Bundeskanzler Adenauer lehnte am 15. Januar in einer Erklärung vor der Presse die Gesprächsanregung Grotewohls ab. Nicht nur, daß er die Forderung: »zuerst freie gesamtdeutsche Wahlen« erhob, erschwerend holte er noch das Problem der deutschen Ostgebiete hervor: »Wenn die Behörden der

Sowjetzone in dem Schreiben vom 30.11.1950 nunmehr die Wiedervereinigung Deutschlands anzustreben erklären, so ist demgegenüber festzustellen, daß diejenigen, die auf das deutsche Gebiet östlich der Oder und Neisse im Warschauer Abkommen Verzicht geleistet haben, nicht legitimiert erscheinen, von einer Wiedervereinigung Deutschlands zu sprechen.«
Ich konnte an den Informationsbrief, den die Dritte Front seit Jahresbeginn im 10 Tage-Turnus herausgab, nur berichten:
»Natürlich kam ich skeptisch ins ›Bundeshauptdorf‹. Was man von dort in den letzten Monaten gehört hatte, bot wahrlich nicht Anlaß zu Optimismus. Und doch war ich zu Anfang angenehm enttäuscht. Bis in die höchsten Regierungskreise hatte sich eine merkliche Besinnung ausgebreitet. Man war nachdenklich geworden, Gefahren und Chancen der deutschen Situation – so mußte ich feststellen – wurden bis ins Kabinett hinein erkannt, vor allem aber in der Ministerialbürokratie, und sehr viele waren der Meinung, daß auf den sowjetischen, durch Grotewohl ausgestreckten Fühler eine ernsthafte und positive Reaktion von seiten der Bundesregierung erfolgen müsse.
Trotz dieser bis in seine engste Umgebung weit verbreiteten Auffassung meisterte Bundeskanzler Dr. Adenauer souverän die Situation. Er besprach sich mit den Fraktionen der Parteien, machte sich – einmal wenigstens – den Standpunkt des Oppositionsführers Dr. Schumacher, der jedes deutsche Ost-West-Gespräch vor der Viererkonferenz ablehnte, zu eigen und spielte damit die Vernünftigen im eigenen Lager an die Wand. Er schuf die sogenannte breite Basis für die Beantwortung des Grotewohlbriefes. In solchen Finessen ist der Alte Meister, nur sind weltpolitische Entscheidungen nicht mit Finessen zu bewältigen. Daß er sich die Unterstützung der Bundestagsfraktionen sichern konnte, kann niemanden wundernehmen, der weiß, wie diese Abgeordneten um ihre Sessel zittern. Einen überraschten wir tatsächlich beim Zusammenzählen seiner unbezahlten Rechnungen, wobei er in den entsetzten Ruf ausbrach: ›Wenn der Bundestag aufgelöst wird, bin ich geliefert.‹ Andere, die sogar bisher mannhaft gegen die Remilitarisierung gesprochen hatten, wollten nichts von einer Volksabstimmung in dieser Frage wissen. Sie könnte Neuwahlen und damit den Verlust des Mandates im Gefolge haben. Über die Möglichkeit einer Wiedervereinigung Deutschlands befragt, äußerten sie als erstes ihre Sorge, daß, sollte es zu gesamtdeutschen Wahlen kommen, auf keinen Fall der Bundestag schon in der Wahlperiode aufgelöst werden dürfe. Man könne doch in der Zwischenzeit nicht ohne Parlament sein. Eine Auffassung, die einiges für sich hat, aber es war deutlich, daß es wieder nur die Diäten waren, um die man bangte. Ein anderer, der selbst nicht weiß, wie er eigentlich in den Bundestag gekommen ist, spart im Gegensatz zu seinen lebensfrohen Kollegen jeden Pfennig und hat schon ein beträchtliches Sümmchen auf die hohe Kante gelegt. Auch er zittert um die Auflösung. Muß mit solchen Gestalten

ein Mann wie Adenauer nicht kinderleichtes Spiel haben? Er verachtet sie, und wir können ihm – darin wenigstens – nicht ganz unrecht geben.
So hat das deutsche Volk von seinen gewählten Vertretern nicht das geringste zu erwarten. Ein Mann bestimmt, er muß sich zwar durchlavieren, wobei ihm die Unzulänglichkeit seiner Gegenspieler hilft, aber er allein herrscht souverän mit der Machtfülle eines Diktators, seinerseits zwar wieder abhängig von den drei Oberkommissaren. Aber so lange er ihre Politik macht...«
Unter meinen Gesprächspartnern in Bonn, die auf die Gründung der Dritten Front aufmerksam geworden waren, befand sich auch Dr. Gustav Adolf Sonnenhol, den ich aus seiner Auslandsarbeit bei der Deutschen Studentenschaft 1936/37 kannte, bevor er noch vor dem Kriege als Attaché in den Auswärtigen Dienst kam. Er arbeitete jetzt bei Vizekanzler Franz Blücher.
Wie alle, deren Blick für die Wirklichkeit nicht ganz durch ideologische Voreingenommenheiten verstellt war, sah auch dieser in dem beschleunigten Wiederbewaffnungskurs des Bundeskanzlers Gefahren für die erstrebenswerte Wiedervereinigung; den Mut zum Rücktritt wie Gustav Heinemann hatte er allerdings nicht aufgebracht. Jetzt beunruhigte ihn, auf welche Weise der Grotewohl-Brief kurz abgetan worden war. Darum ging es auch in einem Gespräch, zu dem mich Sonnenhol zu Vizekanzler Blücher holte, der um höchste Vertraulichkeit bat. Eröffnete diese Initiative des DDR-Ministerpräsidenten Chancen für die deutsche Einheit? War der Vorschlag nur ein Propagandamanöver, oder stand dahinter die ernsthafte Absicht, in der Sache zu einem Ergebnis zu kommen? Außer Vizekanzler Blücher und mir nahmen an der Erörterung dieser Fragen noch Dr. Sonnenhol und ein weiterer enger Mitarbeiter Blüchers, Dr. Rudolf Schwarz, teil. Wir waren uns einig, daß Grotewohl die Vorschläge nicht ohne Billigung der Sowjets gemacht haben könnte, wahrscheinlich sogar in deren Auftrag handle. Blücher meinte, daß man in Erfahrung bringen müßte, was die *Russen* tatsächlich beabsichtigten. Das werde zuverlässig nur durch Gespräche mit ihnen zu erreichen sein, wandte ich ein. Zu solchen aber wäre Bundeskanzler Adenauer jetzt auf keinen Fall zu bringen, war die einhellige Überzeugung des Vizekanzlers und seiner Mitarbeiter; die Sache sähe aber vielleicht anders aus, wenn man irgendwelche festen Anhaltspunkte für sowjetisches Entgegenkommen erhalten könnte. Ob ich wüßte, mit wem man auf sowjetischer Seite am besten Kontakt aufnähme und ob ich gegebenenfalls selbst zu einer ersten Fühlungnahme bereit sei.
Das Gespräch hatte eine höchst überraschende Wendung genommen, und ich sah mich unmittelbar vor eine Gewissensfrage gestellt:
Peinlich hatte ich mich von jeder Handlung ferngehalten, die auch nur etwas hätte dazu beitragen können, daß es zur Gründung des westdeutschen Staatswesens kam, und als es doch geschah, war ich dann im August 1949 nicht zur ersten Bundestagswahl gegangen. Ich wollte die Entstehung der Bundesrepublik auch nicht mit einer einzigen, meiner, Stimme nachträglich noch mit

legitimieren. Jetzt existierte sie aber, das war ja nun nicht zu leugnen, und hier saß ich im Amtszimmer des zweiten Mannes in der Regierung dieses Staates und sollte von ihm einen politischen Auftrag annehmen? Würde ich so meiner Überzeugung nicht untreu?
Natürlich war mir längst klar, daß man eine real gewordene Existenz wie die Bundesrepublik nicht ewig negieren konnte, aber einen Dienst für sie tun? Den Ausschlag für meine Einwilligung gab schließlich die Überlegung, daß hinter Vizekanzler Blüchers Vorschlag die Absicht zu stehen schien, anders als etwa Bundeskanzler Adenauer, Mittel und Wege zu erkunden, die vielleicht zur Überwindung der Spaltung führen könnten. Und die Einheit der Nation wiederzufinden, war für mich das vordringlichste aller politischen Ziele.
Ich durfte mich dieser Aufgabe gar nicht entziehen, und so erklärte ich nach dieser kurzen Überlegung – sogar mit einer gewissen hoffnungsvollen Erwartung – meine Bereitschaft.
Als den geeigneten Mann, an den man sich in Fragen der sowjetischen Deutschlandpolitik am besten wendete, betrachtete ich Wladimir Semjonowitsch Semjonow. Dieser Diplomat, den man als Exponenten einer guten Zusammenarbeit zwischen den Völkern der Sowjetunion und Deutschlands bezeichnen kann, war nach einer Zeit in der politischen Versenkung am 7. November 1948, einem Jahrestag der Oktoberrevolution, in Ostberlin wieder in der Öffentlichkeit aufgetaucht, und da an diesem Tag auch in der sowjetzonalen »Täglichen Rundschau« in einem Beitrag zu den deutsch-russischen Beziehungen die Bedeutung des Vertrages von Rapallo hervorgehoben wurde, konnte sein Wiedererscheinen als ein Signal genommen werden. Seit Anfang 1949 war Semjonow dann in den Rang eines Außerordentlichen und Bevollmächtigten Botschafters der UdSSR erhoben worden.
Ein Freund, Dr. Emil Hoffmann, der in Westberlin wohnte und als Jurist westdeutsche und schwedische Firmen in Fragen des Osthandels beriet, kannte zwei der engsten Mitarbeiter Semjonows gut, Oberst Guljaew und Major Kratyn. Guljaew war der Nachfolger des abgelösten Leiters der politischen Abteilung in Semjonows Stab, Oberst Talpanow.
Ich könnte den Versuch machen, mit Botschafter Semjonow Verbindung aufzunehmen, erklärte ich Vizekanzler Blücher, aber das ganze Unternehmen habe nur dann einen Sinn, wenn ich versichern könnte, daß ich in seinem Auftrag käme. Dieses und absolute Geheimhaltung wurde vereinbart. Auf die Frage, wann ich die Mission ausführen könnte, sagte ich, lieber heute als morgen. Ich machte mich am besten gleich auf den Weg, bevor ich nach Hamburg zurückkehrte.
Der Redaktion und Eva teilte ich telefonisch mit, es habe sich ergeben, daß ich von Bonn noch weiter nach Frankfurt müßte und möglicherweise von dort auch noch nach Zürich zu Besprechungen mit dem Herausgeber der mit uns im Austausch stehenden Korrespondenz »Suisse-Press«, um plausible Erklärungen für noch ein paar weitere Tage Abwesenheit zu geben. Nach

Frankfurt fuhr ich tatsächlich von Bonn mit der Bahn und flog am Montag, den 30. Januar, dann von dort nach Berlin-Tempelhof. Vergeblich versuchte ich auf dem Flug – ich hatte mit Bedacht einen Fensterplatz an der Steuerbordseite gewählt – etwas von meiner Thüringer Heimat zu erspähen; eine dicke Wolkendecke verwehrte bis kurz vor der Landung in Berlin jede Sicht.
Nachdem ich in einer Pension in der Nähe des Kurfürstendamms Unterkunft gefunden hatte, begab ich mich gleich zu Dr. Hoffmann. Er teilte seit langem meine Überzeugung, daß für Deutschlands Überleben, vor allem aber für die Überwindung der deutschen Teilung, gute Beziehungen zur Sowjetunion eine notwendige Voraussetzung bildeten; jede einseitige Ost- oder Westbindung sowohl von Teilen als aber auch Gesamtdeutschlands waren als schädlich abzulehnen. Ich klärte ihn über mein Vorhaben auf, und er fuhr noch am selben Tag nach Ostberlin, um für mich um eine Unterredung mit Botschafter Semjonow nachzusuchen. Dort wurde er gebeten, am folgenden Tage wiederzukommen, um Bescheid zu erhalten.
An diesem zweiten Tag erwies sich meine Berliner Mission, so wie sie ursprünglich von Vizekanzler Blücher und seinen Mitarbeitern konzipiert worden war, nämlich als eine inoffizielle erste Fühlungnahme von einer hohen Persönlichkeit in der Bonner Bundesregierung mit der sowjetischen Seite, schon als gescheitert. Dr. Hoffmann eröffnete mir, daß Botschafter Semjonow zuerst erstaunt fragte, was ich plötzlich mit der Bundesregierung zu tun habe. Wenn ich als Führer der Dritten Front oder als Privatmann Wolf Schenke käme, wolle er mich gern empfangen. Und dann folgte eine Bemerkung von hochpolitischer und – wie ich das Gefühl hatte – zukunftsweisender Bedeutung: »Wenn die Bundesregierung in dieser Frage (der Grotewohl-Initiative) etwas Näheres wissen will, so soll sie sich an die Regierung der Deutschen Demokratischen Republik wenden.« Ich schickte daraufhin Dr. Hoffmann wieder nach Ostberlin zurück und ließ Botschafter Semjonow mitteilen, daß ich nun einmal diesen Auftrag von Vizekanzler Blücher übernommen habe und er verstehen möchte, daß ich ihn jetzt auch nicht in irgendeiner anderen Eigenschaft aufsuchen würde.
Obwohl ich enttäuscht war, daß das Gespräch mit dem hohen Sowjetdiplomaten nicht wie beabsichtigt zustande kam, hielt ich es nicht für ratsam, seinem versteckten Wink zu folgen, ihn auch privat oder als Vorsitzender der Dritten Front zu sprechen, weil das in der bereits angelaufenen Diffamierungskampagne gegen alle Gegner einer einseitigen Westbindung zu leicht den Anschein einer Berechtigung der behaupteten Verdächtigungen einer Zusammenarbeit mit dem Osten geliefert hätte.
Da ich nun aber einmal in Berlin war, wollte ich auch nicht ganz und gar ohne ein Ergebnis der Reise nach Bonn und Hamburg zurückkehren und blieb noch weitere acht Tage, um auch ohne direkten Kontakt mit Sowjetrussen so viel wie nur möglich über die Hintergründe der neuen politischen Wendung der Sowjetunion und damit deren Absichten herauszufinden. Da halfen mir nicht

nur die Kenntnisse von Dr. Hoffmann und unserer gut unterrichteten Korrespondentin Anna Marie Doherr und anderer Freunde, sondern ich ging auch mehrere Male nach Ostberlin, um mich in Gesprächen mit Funktionären und Privatleuten so weit wie möglich dort selbst zu informieren.
Zu dem Trauma aus der ersten Besatzungszeit unter den Russen und den verständlichen Ressentiments aus der Blockade hatten die Westmächte und die deutsche Berliner Presse eine Kalte-Kriegs-Stimmung erzeugt, in der es Westberliner gab, denen es nicht eingefallen wäre, auch nur einmal einen Fuß in den Ostteil der Stadt zu setzen. Manche taten sich auf eine solche Einstellung sogar noch etwas zugute und sprachen mit Stolz von ihrer »Frontstadt«. Bei aller eigenen Verurteilung des totalitären SED-Systems – und ich konnte mir schwer jemanden vorstellen, bei dem diese hätte noch schärfer sein können – mußte man sich als politisch denkender Mensch doch klar darüber sein, daß kalter Krieg das am allerwenigsten geeignete Mittel war, um dieses Regime zum Verschwinden zu bringen. Mißtrauen bis Angst um die eigene Zukunft kennzeichneten die Reaktion vieler eingefleischter SED-Funktionäre gegenüber der neuen Wendung der Politik des Kreml, und ich sah, daß mindestens in diesen Kreisen keine Zweifel an der ernsthaften Disposition der Sowjetunion dafür herrschte, unter Umständen eine andere Lösung für Deutschland zu finden als den gegenwärtigen Zustand der zwei sich auseinander und gegeneinander entwickelnden Satellitenstaaten.
Jeder Besuch im Ostteil der Stadt bereitete mir Schmerzen. Daran war nicht nur die triste Stimmung in der Bevölkerung schuld, die sowohl aus der im Vergleich zum Westen noch schlechteren Versorgungslage als auch der Unterdrückung jeder freiheitlichen Regung durch das SED-Regime herrührte, sondern auch besonders das äußere Bild des Teils der Stadt, der einst das Regierungsviertel gewesen war.
In den Trümmern dort schien der Abstand von den letzten Tagen des vergangenen Krieges noch viel kleiner als in Westberlin oder gar in Westdeutschland – und dabei tobte die Kriegsfurie schon wieder in dem wie Deutschland geteilten, unglücklichen Korea, und auch hier in Europa war die Rede vom bevorstehenden Weltkrieg III im Laufe des Jahres 1950 immer lauter geworden. Sollte der Wahnsinn denn kein Ende nehmen, und mußten ausgerechnet wir wieder mitten darin sein? Wie Adenauer gemeint hatte, auf der »richtigen Seite« dabei?
Meine freien Stunden nutzte ich dazu, die Stätten aufzusuchen, wo ich während meiner beiden Berliner Jahre, Herbst 1934 – Sommer 1935 und wieder Frühjahr 1936 – Sommer 1937 gewohnt hatte: Das Haus Uhlandstraße – Ecke Düsseldorfer Straße, in dem Albert Müller, Günter Kaufmann und ich möblierte Zimmer hatten, war vollständig zerstört, die Häuser Budapester Straße – Ecke Lützowufer und Brückenallee 8, nahe dem S-Bahnhof Bellevue, ebenfalls Trümmerhaufen. Aber diese Reminiszenzen machten mich nicht einmal so traurig wie jedesmal die Begegnungen mit den baulichen Überre-

sten einer großen Vergangenheit Preußens und des Reiches, etwa Unter den Linden oder in der Wilhelmstraße, wo ich 1936/37 zu den fast täglichen Besuchern der Nr. 76, des Auswärtigen Amtes, gehört hatte. Wohl gingen diese Zerstörungen auf das Konto Adolf Hitlers, aber Preußen und das Reich waren vor und auch noch zur Zeit seines Lebens mehr als nur dieser Mann und der Nationalsozialismus. Auch zum Tirpitzufer und zur Bendlerstraße trieb es mich, wo meine Freunde gewirkt und einige auch den Tod gefunden hatten, wie mein letzter Chef Oberst Georg Hansen als Leiter der Abwehrabteilung des OKW, naher Kamerad Stauffenbergs bei der Vorbereitung des 20. Juli. Wenn ich an diese Männer dachte, die aus preußischem Geist in letzter, zu später Minute den Aufstand gegen den Zerstörer des Reiches versucht hatten, mußte ich mich fragen, wie sie, hätten sie überlebt, wohl dem Übermut der Sieger begegnet wären. Der Gedanke, sie hätten sich in einem »Schreibelager« wie Garmisch hingesetzt und sogleich der sogenannten »Historischen Division« der US-Armee ihre Kriegserfahrungen in Rußland preisgegeben, war unvorstellbar. Und ebensowenig, das war meine feste Überzeugung, würden sie sich heute im Amte Blank in Bonn drängeln und bei klarem politischen Verstand zu Werkzeugen einer Politik machen lassen, die den durch das nach Hitler verbliebene Restdeutschland gezogenen Graben nur noch weiter vertiefen konnte.

Was ich während des Aufenthaltes in Berlin erfahren und festgestellt hatte, faßte ich zu einem Memorandum zusammen, das Vizekanzler Blücher erhielt. Kurze Zeit später erlebte ich eine böse Überraschung.

Es gehörte zur Routine meiner redaktionellen Arbeit, an jedem Vormittag erst einmal in die »New York Times« zu sehen, bevor sich Gotthart eingehender mit ihr beschäftigte. Etwa 14 Tage, nachdem ich Vizekanzler Blücher meine Ausarbeitung übergeben hatte, fiel mein Blick auf eine Meldung von Drew Middleton, dem Chef des Bonner Büros der Zeitung. Die Worte »Adenauer« und »Ostexperte« veranlaßten mich, näher hinzusehen. Und was lese ich da zu meinem größten Erstaunen?

Ein deutscher Ostexperte habe für Bundeskanzler Adenauer eine Denkschrift zur sowjetischen Deutschlandpolitik angefertigt; und dann folgte eine ziemlich getreue, gekürzte Inhaltsangabe meiner Blücher unterbreiteten Arbeit. Das einzige, was in der Meldung fehlte, war mein Name. Wie war diese Indiskretion zustande gekommen? Bei einem Gespräch mit Sonnenhol war auch sein Freund und früherer Kollege, Günther Diehl, anwesend, der die Leitung der Presseabteilung im Bonner Auswärtigen Amt übernommen hatte, das sich gerade eben im Aufbau befand. Adenauer amtierte in der ersten Zeit neben seiner Tätigkeit als Bundeskanzler vorläufig auch noch als Außenminister. Diehl erbat ein Exemplar der Denkschrift, und ich hatte auch nichts dagegen, daß er sie seinem Chef vorlegte, konnte sie doch vielleicht mit dahin wirken, dessen – so weit vorhanden, abenteuerliche – Vorstellungen vom Osten etwas zu korrigieren.

Ich glaube, selbst der gute Diehl ahnte nicht, daß der Bundeskanzler nichts Eiligeres zu tun hatte, als dem amerikanischen Hohen Kommissar John J. McCloy meine Denkschrift auf den Tisch zu legen. Denn der amerikanische Pressekollege Drew Middleton hatte seine Kenntnis von ihr aus der Hohen Kommission, die nicht anders als die meisten amerikanischen Behörden in bezug auf die Vertraulichkeit von Kenntnissen oder Nachrichten außerordentlich durchlässig war.
Bei allem, was ich an der Bonner Politik bemängeln mußte, hatte ich einen solchen Vertrauensbruch nicht für möglich gehalten. Zum ersten Male seit der Gründung der Bundesrepublik hatte ich meine Bedenken beiseite geschoben, und etwas für eine hohe amtliche Stelle in diesem Separatstaat unternommen. Jetzt schwor ich mir, daß dieses erste zugleich auch das letzte Mal sein sollte, solange diese Regierung existierte.

## 16 Deutscher Kongreß und gesamtdeutscher Kirchentag

Als wir in unserem »Aufruf zur Bildung der Dritten Front« am 31. Oktober 1950 schrieben, daß auch »in Frankreich und Italien und anderen Ländern des europäischen Kontinents« nach einem Ausweg aus der grauenhaften Alternative eines amerikanisch-sowjetischen Zusammenstoßes gesucht würde, war das keine aus der Luft gegriffene Spekulation. Und auch der Hinweis auf die asiatischen Länder, von denen einige wie z. B. Nehrus Indien schon eine aktive Neutralitätspolitik betrieben, kam nicht von ungefähr. Ohne daß wir vorher miteinander in Verbindung gestanden hätten, war fast gleichzeitig mit unserer Initiative in meinem alten Verlag Stalling in Oldenburg das Buch eines weitgereisten Autors von Weltruf, Anton Zischka, mit dem vielsagenden Titel: »Asien – Pläne und Möglichkeiten der neutralen Hälfte der Menschheit« erschienen.
Die große US-Zeitschrift »Life« hatte schon im Juli 1950 die Politiker der USA gewarnt: »Die Verfechter der Neutralität bilden eine ständig wachsende Macht in allen westeuropäischen Ländern. Sie wollen aus jedem möglichen Krieg zwischen den USA und der UdSSR herausbleiben. Die europäische Neutralitätsbestrebung ist ein Faktor, mit dem wir rechnen müssen.«
Als ein Zeichen für die Stimmungslage konnten wir deuten, daß der Aufsatz von Prof. Maurice Duverger, »Pax europeana«, der Europa als dritte Kraft für den Weltfrieden propagierte und den wir am 20. Dezember unter dem copyright Le Monde-Realpolitik herausbrachten, von 18 bundesdeutschen Zeitungen übernommen wurde, der bisherige Abdruckrekord für einen einzelnen in unserem Dienst erschienenen Beitrag.

Daß die Idee gerade in Frankreich vorankam, war nur natürlich, mußte aber auf der anderen Seite die Amerikaner auf den Plan rufen. In einem Artikel, der am 3. Januar 1951 in den »Norddeutschen Nachrichten« erschien, berichtete Edgar Joubert: »In der amerikanischen Botschaft in Paris ist ein gewisses Unbehagen gar nicht zu verkennen. Die Neutralisten verderben den Amerikanern das ganze atlantische Konzept. Die breite Atlantikfront droht auseinanderzubrechen, noch ehe sie eigentlich gebildet worden ist.«

Mit allen Mitteln begannen die mit den Amerikanern zusammenarbeitenden Kreise gegen die Entwicklung anzugehen. »Die öffentliche Meinung wird seit geraumer Zeit mit Pamphleten gegen den ›Neutralismus‹ überschwemmt«, meldete im Februar 1951 der Pariser Korrespondent der mit der »Realpolitik« zusammenarbeitenden »Suisse Press«, Fritz Lang, in einem längeren Artikel, in dem er auf die verschiedenen neutralistischen Richtungen in Frankreich näher einging, um zu dem Schluß zu kommen:

»Man geht wohl kaum fehl, wenn man den Wort- und Schriftfeldzug der Regierung gegen Neutralisten jeder Färbung als den Versuch kennzeichnet, das zu betäuben, was viele als das gesunde Volksempfinden betrachten, gegen den Widerwillen eines politisch erfahrenen Volkes, eine im Augenblick bequeme Politik ohne Nachdenken hinzunehmen und seine Zukunft der Ideenlosigkeit seiner Politiker zu opfern.«

Die französischen Militärs, die meinten, im letzten Krieg mit Deutschland nicht genug Ruhm an ihre Fahnen geheftet zu haben, hatten in Indochina einen neuen Kolonialfeldzug begonnen, um der dortigen Befreiungsbewegung der Vietminh den Weg in die Unabhängigkeit zu versperren, und ein Expeditionskorps nach Indochina geschickt. Wegen seiner antikolonialistischen Haltung und Sympathie für die Befreiungsbewegungen in anderen asiatischen Ländern versuchte man in Paris, auch den indischen Ministerpräsidenten Nehru zu diskreditieren. Die Zeitung »Le Combat« wandte sich am 17.1.1951 gegen solche Angriffe: »In Wahrheit verkörpert Nehru den ›Neutralismus‹, wie ihn Menschen von Geist und reiner Gesinnung verstehen: nicht als Selbstaufgabe, Abtrünnigkeit, Verleugnung, sondern als Bewegung, Tat und Überzeugungswillen. Er ist der Wortführer einer neuen Welt und neuer Strömungen, an die wir uns gewöhnen müssen.«

Trotz des amtlich inspirierten Propagandafeldzuges mußte ein Bericht über die innere Situation in Frankreich in der »Frankfurter Allgemeinen Zeitung« vom 18. Januar 1951 feststellen, »daß kein Kenner des Landes zu leugnen vermag, daß mindestens jeder zweite Franzose unbewußt Neutralist ist«. In einer Betrachtung über das Klima in der Bundesrepublik selbst schrieb die FAZ schon kurz danach: »Der Gedanke der Neutralisierung ist in Deutschland stärker geworden, als man es gestern noch annehmen konnte ...« und schloß nach Anführung von Beispielen aus Großbritannien und Frankreich, »daß diese Idee, die vor einem halben Jahre von kaum einem der unmittelbar verantwortlichen Politiker ernst genommen wurde, in den nächsten Monaten

einer der wichtigsten Gegenstände weltpolitischer Gespräche sein wird.« (14.2.51)
Nicht nur wegen dieser, sondern auch einer ganzen Anzahl ähnlicher, plötzlich nachdenklicher werdender Stimmen in der bundesdeutschen Presse konnte ich im Informationsbrief Nr. 7 der Dritten Front festhalten: »Ein Raunen geht durch den Blätterwald, selbst in Westdeutschland, wo ein großer Teil der Presse gewöhnlich nachhinkt und die in Washington, London oder Paris ausgegebenen Parolen noch nachbetet, wenn deren Urheber bereits eine andere Richtung einschlagen.« Ich staunte wirklich über die Wandlung in den Leitartikelspalten mancher Zeitungen, die heute das Gegenteil von dem schrieben, was sie vor sechs oder nur drei Monaten geschrieben hatten.
Was die Frage der bundesdeutschen Bewaffnung betraf, heulten die Wölfe tatsächlich zur Zeit etwas verhaltener, und so heulte man etwas leiser mit oder schwieg, wie einige ihrer Befürworter, erst einmal. Die »Newsweek« schrieb: »Es ist wahr, daß eine beachtliche anti-militaristische Stimmung in Deutschland herrscht, aber Bundeskanzler Adenauer hat den USA privat versichert, daß er sich an den Brüsseler Wiederaufrüstungsplan halten wird, wahrscheinlich in der Überzeugung, daß er seine Leute doch auf diese Linie bringen kann.« (8.1.51)
Die verhältnismäßige Isolierung Adenauers stellte im Hinblick auf die Verhandlungen über das aus dem Pleven-Plan hervorgegangene Projekt einer »Europäischen Verteidigungsgemeinschaft« (EVG) »Le Combat« Mitte Februar fest: »Ein Deutschland, das schon der Beteiligung an der atlantischen Armee widerstrebt, wird vermutlich nicht in heller Begeisterung Söldner liefern wollen, die auf buntgescheckte, internationale Einheiten verstreut werden. Übrigens wäre der einzige Deutsche, der einen Aufruf zu den Waffen unterschreiben würde, vorerst nur der Bundeskanzler Adenauer.«
Wie sehr trotz allem die führenden Kreise der USA erpicht waren, so bald wie möglich deutsche Soldaten zu bekommen, ging auch daraus hervor, daß man General Eisenhower, der in dem Ruf stand, ein Mann von Grundsätzen zu sein, veranlaßte, »seinen Hut zu essen« (to eat his hat). Diese Redensart gebrauchen die Amerikaner, wenn jemand gezwungen wird, genau das zu tun, was er vorher mit allen Schwüren als unmöglich bezeichnet hat, mit anderen Worten eine vollkommene Kehrtwendung zu vollziehen. Sein Buch »Kreuzzug in Europa« war gerade erschienen, als man ihn zum Oberbefehlshaber für einen möglichen neuen Kreuzzug ernannte. Sollten die deutschen Soldaten, die man als größtes Kontingent dafür gern gesehen hätte, als eine Art Bewährungstruppe von Kriegsverbrechern aufgestellt werden?
In seinem Buch hatte er die persönliche Einstellung, mit der er den letzten Kreuzzug geführt hatte, u. a. anhand eines Erlebnisses seinen Lesern deutlich gemacht. Dabei hatte er begründet, warum er den Vorschlag von Offizieren seines Stabes abgelehnt hatte, dem Beispiel des britischen Oberbefehlshabers in Nordafrika, General Alexander, zu folgen und den gefangenen Komman-

deur des deutschen Afrikakorps, General von Arnim, mit allen Ehren zu empfangen. Er lehnte die »Fetzen der Tradition, daß alle Berufssoldaten in Wirklichkeit Waffenkameraden seien, die sich bis auf den heutigen Tag erhalten haben«, ab: »Für mich war Weltkrieg II eine viel zu persönliche Angelegenheit, um solche Gefühle zu hegen. Mit jedem Tage, den der Krieg fortschritt, wuchs in mir die Überzeugung, daß, wie nie zuvor in einem Krieg vieler Nationen, dieses Mal die für das menschliche Wohl und die Menschenrechte stehenden Kräfte einer total bösen Verschwörung gegenüberstanden, mit der kein Kompromiß geduldet werden konnte. Weil nur durch die äußerste Vernichtung der Achse eine anständige Welt möglich war, wurde für mich der Krieg zu einem Kreuzzug im traditionellen Sinn dieses oft falsch angewandten Wortes.«
Er war wohl einer der wenigen, die das Wort »Recht« anzuwenden verstanden, wenn es jemals – denken wir an die ersten Feldzüge, die mit diesem Namen geschmückt wurden – recht angewandt worden ist.
Doch nun, nach Tisch, war alles ganz anders. Im Hause des Hohen Kommissars der USA, McCloy, war Eisenhower auch mit Bundeskanzler Adenauer und einer Reihe von Bundespolitikern und auch den Generalen Heusinger und Speidel zusammengetroffen. Die waren jetzt offensichtlich, nachdem sie brauchbare Hilfestellung gaben, keine Verbrecher mehr und die anderen Kameraden, die man noch gewinnen wollte, ebensowenig, denn bei Antritt seines Rückfluges in die USA am 23. Januar erklärte General Eisenhower:
»Wie ich dem Bundeskanzler und den anderen deutschen Herren, mit denen ich am Montagabend gesprochen habe, bereits sagte, ist mir bewußt geworden, daß es einen echten Unterschied gibt zwischen den deutschen Soldaten und Offizieren auf der einen Seite und Hitler und seiner verbrecherischen Gruppe auf der anderen. Ich für meinen Teil glaube nicht, daß der deutsche Soldat als solcher seine Ehre verloren hat. Die Tatsache, daß bestimmte Einzelpersonen während des Krieges unehrenhafte und verabscheuungswürdige Handlungen begingen, fällt auf diese einzelnen und nicht auf die Mehrheit der deutschen Soldaten und Offiziere zurück.«
Wie diese Beteuerung wohl auf Graf Kielmansegg und Kameraden wirkte? Sie wäre zu begrüßen gewesen, wenn sie aus ehrlichem Herzen und unmittelbar nach Kriegsende gekommen wäre und nicht erst so opportun aus reiner Begehrlichkeit.
Obwohl die Verhandlungen über den deutschen »Verteidigungsbeitrag« – dieser euphemistische Ausdruck wurde von alliierter und Bonner Seite und anderen Befürwortern gebraucht, während sonst »Wiederbewaffnung« und von extrem linker Seite »Remilitarisierung« gesagt wurde – erst einmal in die Ausschüsse und damit ins Stocken geraten waren, blieb das Thema fürs weitere jedoch auf der Traktandenliste. In unseren Lagebesprechungen waren meine Freunde und ich allerdings zu dem Ergebnis gekommen, daß über diese Pläne und damit über das Schicksal Deutschlands trotz der Gründung der beiden Teilstaaten 1948 und sonstigem gegenteiligen Anschein noch nicht

endgültig entschieden war. Auf der inneren, deutschen Ebene war der von der Sowjetunion veranlaßte Vorstoß Grotewohls zur Wiederaufnahme der Diskussion von Dr. Adenauer erst einmal blockiert worden, aber auf internationalem Plan waren die Russen mit ihrem Vorschlag einer neuen Viererkonferenz über Deutschland etwas vorangekommen. Die Westmächte hatten ihn grundsätzlich angenommen, wenn sie auch offensichtlich den tatsächlichen Zusammentritt der Außenminister möglichst hinauszuzögern bemüht waren. Dazu kamen in den westlichen Ländern, einschließlich den USA, auch von dem bisher eingeschlagenen Kurs abweichende Stimmen häufiger zu Wort. Noch war nichts Unwiderrufliches geschehen. Da konnten wir nicht mit gefalteten Händen dasitzen und beten, daß der Kelch an uns vorübergehen würde, sondern mußten etwas unternehmen und versuchen, noch einzugreifen.
Es hatte sich im Lande schon einiges getan; unsere Gründung der Dritten Front war nur ein Ereignis unter vielen Initiativen, die überall spontan aus dem Volke heraus ergriffen worden waren, um abzuwenden, was von einigen als drohende Gefahr klar erkannt, von anderen dunkel gefühlt wurde. Zu furchtbar war der letzte Krieg gewesen und so kurze Zeit war seit seinem Ende erst vergangen, als daß das Volk, das ihn doch in jeder Familie mitgelitten hatte, bei dem neuerlichen Ruf zu den Waffen nicht zutiefst verstört und beängstigt sein sollte. Diese Unruhe fand in den Parteien des Bonner Bundestages, die mit ganz anderen, ihnen näher liegenden Dingen beschäftigt waren, wie wir gesehen hatten und täglich wieder erfuhren, kaum Echo; die Sorge, daß die Wiederbewaffnung zu einem Thema für eine Bundestagswahl werden könnte, drückte vorerst für mindestens zwei Jahre die Parlamentarier nicht.
Statt dessen hatten sich überall lokale, regionale und überregionale kleine und größere Gruppen, Vereine und Organisationen gebildet, die sich mit dem Problem beschäftigten, diskutierten und protestierten, Versammlungen und Kundgebungen veranstalteten. Darüber hinaus nahmen sich aus der Vorkriegs- und Vor-NS-Zeit bekannte und wiederauflebende Organisationen, wie etwa die altehrwürdige, von Bertha von Suttner vor dem I. Weltkrieg gegründete Deutsche Friedensgesellschaft oder der Internationale Versöhnungsbund und andere, der Sache an. Neben diesen mehr pazifistisch motivierten und auch religiösen Gruppen und Kreisen trat aber noch eine Vielzahl von Gruppen auf den Plan, deren Mitglieder sich aus rein politischer Zielsetzung zusammengefunden hatten, bis hin zu kleineren Parteien, die zu Landtags- und Bundestagswahlen entweder schon angetreten waren oder sich darauf vorbereiteten.
Diese vielen Vereinigungen arbeiteten zum größten Teil ohne persönliche Verbindung und zum Teil sogar ohne Kenntnis von der Tätigkeit der anderen nebeneinander her. In der Dritten Front entstand die dann besonders von Kögler und mir weiter verfolgte Idee, zu versuchen, alle diese Kräfte unter einem gemeinsamen Dach zu vereinen und so weit wie nur möglich zu gemeinsamen Aktionen zu bringen. So lud schließlich die Dritte Front zu

einem Deutschen Kongreß am 17./18. März 1951 in Frankfurt am Main ein. Eine Ausgrenzung nach zwei Extremen nahmen wir bei den Einladungen allerdings vor: Kommunisten, die Bindungen an eine der beiden Weltkriegsparteien hatten, wie ich die Supermächte nannte, sowohl als auch die »laute Minderheit derer, die den Ausverkauf Deutschlands an die andere Seite befürworten« (Inf. Brief der Dritten Front, Nr. 6/1951), blieben unerwünscht.
Als die Teilnehmerliste kurz vor der Eröffnung des Kongresses abgeschlossen wurde, waren Vertreter von 31 Organisationen und eine Reihe von Einzelpersönlichkeiten versammelt. Ein Tagungspräsidium unter Vorsitz des im Krach mit seiner Partei zurückgetretenen ehemaligen Landwirtschaftsministers von Schleswig-Holstein, Erich Arp, der die Gruppe Oppositioneller Sozialdemokraten vertrat, wurde gewählt und Grußbotschaften von Martin Niemöller und Helene Wessel verlesen.
Wegen der vorherigen Zusage zu einem Vortrag konnte Martin Niemöller am Kongreß nicht teilnehmen. Er schrieb: »Ich möchte aber meiner Freude darüber Ausdruck geben, daß nun die Kräfte, die eine Neutralitätspolitik vertreten, zusammenrücken und sich zu einem gemeinsamen Handeln finden. Hier geht es in der Tat nicht um parteipolitische Stellungnahmen, hier geht es auch nicht um das falsche Entweder – Oder, das man uns zumutet, indem man uns befiehlt, zwischen West und Ost zu wählen. Wohl aber geht es hier um den *einen* Beitrag zur Vermeidung des Krieges und zur Gewinnung und Erhaltung des Friedens, den unser deutsches Volk – gerade im Zustand seiner Wehrlosigkeit – leisten muß. In diesem Sinne wünsche ich Ihrer Tagung einen guten Verlauf und ein positives Ergebnis.«
Helene Wessel war Abgeordnete des Zentrums im Bundestag in Bonn. Diese Partei hatte, außer daß die überwiegende Mehrzahl ihrer Mitglieder katholischer Konfession war, kaum noch Ähnlichkeit mit dem Zentrum von 1933, mit dem seinerzeit starken Einfluß des hohen Klerus. Dieser hatte sich bald nach der Durchsetzung Dr. Adenauers in der Spitze der CDU hinter diese gestellt, während, was an sozialen Ideen im Katholizismus weiter existierte, eher beim Zentrum noch eine Heimat fand. Seine Mitglieder und Wähler kamen hauptsächlich aus dem Ruhrgebiet.
Frau Wessel bedauerte in ihrem Brief, daß man in der Bundesrepublik »aus einer falschen Sicht heraus die Friedenspropaganda den Kommunisten überlassen hat« und hoffte deshalb, »daß der Deutsche Kongreß, in Erkenntnis seiner Aufgabe, das Gesicht unserer Friedensarbeit wieder freimacht von parteipolitischen Tendenzen. Wenn der Deutsche Kongreß tatsächlich das herausarbeitet, worauf es so wesentlich ankommt, und zwar nicht in Ideologien, wohl aber in nüchterner Erkenntnis sich auch für den Kampf auf der politischen Ebene zur Verfügung zu stellen, dann werde ich gern bereit sein, aus meinen politischen und parlamentarischen Erfahrungen heraus in diesem Kreis mitzuarbeiten.«
Nicht für ihre Partei, aber als persönliche Vertreterin schickte Frau Wessel die

Professorin an der Pädagogischen Akademie in Bonn, Klara Marie Faßbinder, die auch in das Präsidium des Kongresses gewählt wurde und die noch viele Jahre in der deutschen Friedensbewegung eine wertvolle und einflußreiche Rolle spielen sollte.
Zwei Aufgaben waren dem Kongreß auf dieser ersten Zusammenkunft gestellt:

1. zu prüfen und möglichst darüber zu beschließen, ob und wie eine auf Dauer gerichtete Zusammenarbeit der teilnehmenden Organisationen und Einzelpersönlichkeiten eingerichtet werden konnte, und
2. in Anbetracht der bevorstehenden Vier-Mächte-Außenministerkonferenz eine deutsche Willensbekundung zu verabschieden.

Bei der heterogenen Zusammensetzung war das kein leichtes Unterfangen, aber in einem hervorragenden Geist zielbewußter Zusammenarbeit wurde das Pensum in fast ununterbrochenen Sitzungen von Sonnabend nachmittag 15.00 Uhr bis Montag morgen 7.00 Uhr geschafft.
Die Erklärung ging aus von der Überzeugung, »daß ein in Freiheit wiedervereinigtes Deutschland, das weder im Rahmen des westlichen noch des östlichen Paktsystems aufrüstet, ausgleichend zwischen den bewaffneten Weltgegensätzen wirken wird«.
Das deutsche Volk habe sechs Jahre nach Eintritt der Waffenruhe einen Anspruch auf schnellen Friedensschluß, auf Regelung seiner internationalen Rechte und Pflichten, auf selbständige Gestaltung seiner staatlichen und wirtschaftlichen Verhältnisse. Darauf basierend wurde eine Reihe von Wünschen und Erwartungen geäußert, darunter:
die Zulassung von freien, allgemeinen, gleichen und geheimen Wahlen zu einer Nationalversammlung im gesamten besetzten Deutschland;
daß der Weg freigegeben werde zur Bildung einer freien, föderativen, wirtschaftlichen und politischen Einheit aller deutschen Länder, ohne welche die Ratifizierung eines Friedensvertrages mit Deutschland unmöglich bliebe;
die Hinzuziehung und Anhörung von Vertretern des deutschen Volkes bei der Ausarbeitung des Friedensvertrages.
Die an die vier Mächte gerichtete Erklärung enthielt zum Schluß die Mitteilung, daß der Kongreß dafür eintreten werde, die Neutralität in der deutschen Verfassung festzulegen, und es wurde weiter vorgeschlagen, daß die Mächte die Neutralität Deutschlands durch internationale Verträge garantieren sollten.
Die wichtigsten Punkte des gleichzeitig beschlossenen vorläufigen Organisationsstatutes lauteten:

1. Der DEUTSCHE KONGRESS vereinigt deutsche Gruppen und Einzelpersönlichkeiten, die grundsätzlich auf dem Boden des durch frei gewählte Volksvertretungen kontrollierten Rechtsstaates stehen, und welche die

Wiederaufrüstung Deutschlands und die Bindung an ein westliches oder östliches militärisches Paktsystem ablehnen.
2. Der DEUTSCHE KONGRESS wirkt durch Wort und Schrift, durch Tagungen, durch Versammlungen und alle sonstigen demokratischen Mittel für die innere Freiheit, die Wiedervereinigung, Unabhängigkeit und Friedenssicherung Gesamtdeutschlands.
3. Gruppen, die sich dem DEUTSCHEN KONGRESS anschließen, geben dadurch ihr eigengesetzliches Leben nicht auf. Jedes Mitglied des DEUTSCHEN KONGRESSES kann auch Mitglied anderer Organisationen sein.

Nachdem die Versammlung 33 Frauen und Männer zu einem vorläufigen »Rat des Deutschen Kongresses« gewählt hatte, taten wir etwas sehr Ungewöhnliches und noch nie Dagewesenes, das aber auf die gegenwärtige Situation in Deutschland zugeschnitten war: Jedes Ratsmitglied versicherte an Eides Statt, keine irgendwie gearteten Bindungen an eine der Mächte des Ostens oder des Westens zu haben. Ebenso typisch für die deutsche Situation war allerdings auch, daß in fast allen Berichten, die später in der Presse über den Kongreß erscheinen sollten, dieser Vorgang verschwiegen wurde. Man kann auch durch Weglassungen lügen.
Schon während der Vorbereitung hatte der Kongreß ein Maß von Beachtung gefunden, das weit über das hinausging, was man nach unseren eigenen organisatorischen Anstrengungen und minimaler Öffentlichkeitsarbeit hätte erwarten können. Bei der Eröffnungssitzung und der allgemeinen Diskussion, zu denen wir die Presse zugelassen hatten, drängten sich die Vertreter der in- und ausländischen Nachrichtenagenturen, des Rundfunks und einiger größerer Blätter. Es wimmelte von Fotografen, die eine so große Menge Bilder, auch Nahaufnahmen von gar nicht prominenten Teilnehmern, knipsten, daß wir unter ihnen auch Geheimdienstagenten vermuteten. Unwahrscheinlich war auch, daß zwei Filmkameras nur für die Wochenschauen arbeiteten, die sie zu vertreten vorgaben, denn dafür wäre es wohl kaum nötig gewesen, meine einstündige Eröffnungsrede vom ersten bis zum letzten Wort aufzunehmen. (Wir sahen später nicht einmal kleine Ausschnitte davon in den Programmen der betreffenden Wochenschauen).
In den Wochen davor hatten sich bei uns in Hamburg Besucher die Klinke in die Hand gegeben, die Interesse an der Veranstaltung bekundeten, verdächtige Gestalten darunter, denen man den Kundschafterauftrag leicht ansah und bei denen es allenfalls schwierig war, genau zu erkennen, für welchen der Dutzend Geheimdienste sie arbeiteten, die unser Land mit einem dichten Spionagenetz überzogen hatten. Unter denen, deren Tarnung wir nicht durchschauten, war ein ehemaliger Offizier, Hansheinz Bründer aus Essen, der sogar in den Rat des Kongresses gewählt wurde und sich – erst erheblich später – als Abteilungsleiter im Bundesamt für Verfassungsschutz entpuppen sollte. Wenn diese Agenten und Spitzel nur die Wahrheit über unser Vorhaben

berichteten, wäre ja gar nichts verloren, aber das war wohl nur in Ausnahmefällen zu erwarten. Für uns Deutsche, die wir nach bestem Wissen und Gewissen nur den Interessen unseres Volkes zu dienen versuchten, war jede geheime Tätigkeit, für welche der Besatzungsmächte auch immer, Verrat, und von denen, die sich zur Ausspionierung ihrer eigenen Landsleute hergaben, mußte ohne weiteres die Fähigkeit zu jeder Schandtat vorausgesetzt werden.
Auf der anderen Seite erfuhren wir manches von den geheimen Aktivitäten und Planungen der Gegner, zu denen in vorderster Linie ausgerechnet das von Jakob Kaiser geführte »Ministerium für Gesamtdeutsche Fragen« gehörte, auf das besser der Name »Antikomintern-Ministerium« gepaßt hätte; »Antikomintern« war die Firmierung, unter der Dr. Eberhard Taubert seine Arbeit im Dienste von Dr. Goebbels getan hatte. Jakob Kaiser, dem wir bisher seine gesamtdeutsche Einstellung glaubten, räumten wir noch ein, daß er wohl kaum voll darüber informiert war, was sich in seinem Ministerium unter der Ägide seines Staatssekretärs Thedieck, der sich des Wohlwollens Konrad Adenauers erfreute, im Gegensatz zu dem abgekühlten Verhältnis Adenauers zu Kaiser und dem Propagandachef Hammerstein tat.
Nach einem Insider-Bericht, den wir erhielten, hatte man im Ministerium zuerst erwogen, den Kongreß von vornherein zu verbieten, hatte sich dann aber nach dem uns zugegangenen Bericht vom 8. März dafür entschieden, den Kongreß als kommunistisch abzustempeln. Unangenehm berührt sei man dabei durch die Schwierigkeit, daß die Initiatoren des Kongresses im kommunistischen Sinne unbelastete Persönlichkeiten seien. Natürlich hieß es dann weiter: »Dr. Hammerstein ist darum um so mehr bemüht, jede Information, und sei sie noch so unglaubwürdig, zu verwenden, um sie gegen den Kongreß auszunutzen. Es liegt z. B. eine Information vor, daß am 24.2.1951 eine Besprechung in Lübeck stattgefunden haben soll, die sich mit dem Frankfurter Kongreß beschäftigt hat. An dieser Besprechung sollen teilgenommen haben: Schenke, Frau Eva Tonn, Koch, Wittmarck. Als Verhandlungspartner sollen ostzonale Vertreter anwesend gewesen sein; namentlich waren zu erfahren Frau Schirmer-Pröscher, Wilhelm Köhnen.« (Die z. T. falsche Namensschreibung habe ich hier nicht korrigiert, W. Sch.)
Weder ich noch Eva Tonn, noch Ewald Koch waren an diesem Tage oder überhaupt an einem Tage in den vergangenen Monaten in Lübeck, unseren Freund Wittmack hatten wir nur bei seinen Besuchen in Hamburg gesehen, und die genannten ostzonalen Persönlichkeiten hatte niemand von uns je erblickt, von der genannten Frau Schirmer-Pröscher nicht einmal den Namen gehört. Diese so absolut ohne auch nur die allerkleinste Verwandtschaft mit einer Tatsache aus blauem Himmel heruntergeschwindelte Meldung war sicher eine Agentenrekordleistung. Der Bericht unseres Gewährsmannes über die Erwägungen im Kaiser-Ministerium schloß mit der Voraussage: »Es ist also damit zu rechnen, daß die Teilnehmer größten Diffamierungen ausgesetzt werden.«

Das war am 8. März, neun Tage vor dem Beginn der Tagung, aber noch weitere merkwürdige Dinge ereigneten sich. Etwa eine Viertelstunde vor der für die Eröffnungssitzung festgesetzten Zeit wurde ich ans Telefon gerufen. Es meldete sich ein Herr Bälz. Er müsse mich unbedingt sprechen. Ich erklärte ihm, daß wir in wenigen Minuten mit unserer Tagung begännen. Ja, gerade deshalb, sagte er, und es sei hochwichtig für mich, *vorher* mit ihm gesprochen zu haben, er sei auch gerade um die Ecke, nicht einmal hundert Meter entfernt, im Funk-Café, und er wiederholte aufs eindringlichste, es sei ungeheuer wichtig für mich und die Veranstaltung.
Diesen Herrn Bälz hatte ich einige Male in Hamburg bei Versammlungen der Dritten Front gesehen. Ich wußte von ihm nur, daß er vor 1933 Mitglied des »Stahlhelm«, des der Deutschnationalen Partei nahestehenden Bundes der ehemaligen Frontsoldaten des Ersten Weltkrieges gewesen und daß sein Interesse an der Dritten Front nicht exklusiv war, sondern sich auf politische Veranstaltungen der verschiedensten Couleur erstreckte, auf denen er mit großer Regelmäßigkeit erschien, was ihn manchen verdächtig gemacht hatte. Bei seinem Anruf ahnte ich nichts Gutes, wollte aber doch gern wissen, was hier eventuell gespielt wurde. Um einen Zeugen bei dem Gespräch zu haben, ging ich mit meinem Stellvertreter im Vorsitz der Dritten Front, Oberregierungsrat a. D. Fred Baumann, hinüber in das kleine Café, ganz in der Nähe des Hessischen Rundfunks.
Dort eröffnete mir Herr Bälz: »Ich komme gerade aus Ostberlin. Gestern habe ich dort mit Außenminister Dertinger gesprochen. Er läßt Sie grüßen. Er findet, daß der Kongreß eine gute Sache ist und wünscht Ihnen Erfolg.« Das war todsicher eine Provokation. Die Dertinger – der übrigens ebenfalls »Stahlhelmer« gewesen war – zugeschriebene Äußerung mochte sogar richtig sein, aber hier kam es offensichtlich nur auf meine Reaktion auf diese Grußbotschaft an, die dann an die richtige Stelle zu berichten war.
Sehr kurz angebunden und geradezu unhöflich sagte ich deshalb:
»Was Herr Dertinger in dieser Sache meint, interessiert mich nicht. Wir handeln hier in eigener Verantwortung auf dem Boden der Bundesrepublik und brauchen und wünschen keine Unterstützung von irgendeiner festgelegten Seite.«
Damit verließen wir Herrn Bälz und kehrten zur Tagungsstätte zurück. Am folgenden Morgen begegnete mir der Vertreter der Deutschen Presseagentur vor Beginn der nichtöffentlichen Vormittagssitzung mit der Frage: »Ist Frau Bubener heute auch wieder hier?« »Wer ist denn Frau Bubener?« fragte ich zurück, um von ihm mit dem ungläubigsten Gesicht der Welt zu hören: »Nun sagen Sie mir doch nicht, daß Sie Frau Bubener nicht kennen!« Ich erfuhr dann von ihm, Frau Bubener sei die Sekretärin des DDR-Außenministers Dertinger und am Vortage unter den Tagungsteilnehmern gewesen. Auch davon wußte ich nichts, aber es war tatsächlich so. Die Teilnehmerliste enthielt diesen oder einen ähnlichen Namen einer Dame nicht.

Erst ein ganzes Jahr später sollte ich durch einen jener glücklichen »Zufälle« erfahren, daß Herr Bälz und ein anderer Mann, der bei uns mit gutem Grund als Agent des britischen Geheimdienstes unter Verdacht stand, Frau Bubener aus Ostberlin mitgebracht und uns als Teilnehmerin am Kongreß »untergejubelt« hatten.[29]

Das Spektrum des Kongresses war in der Tat weit. Zu den führenden Persönlichkeiten gehörten die oppositionellen Sozialdemokraten, der ehemalige Landwirtschaftsminister von Schleswig-Holstein, ein Jungsozialist aus der Vor-Hitler-Zeit, Erich Arp, und der Schriftsteller und Dramaturg Heinrich Christian Meier, der als ein Anhänger der gegen Hitler kämpfenden »Schwarzen Front« Otto Strassers Jahre im Konzentrationslager Neuengamme verbracht hatte. Stellten die beiden sozusagen den »linken Flügel« dar, so war der prominenteste Vertreter der »Rechten« Hansjoachim von Ostau, ein Gefolgsmann von Hitlers letztem Amtsvorgänger im Amt des Reichskanzlers, dem am 30. Juni 1934 ermordeten General von Schleicher. In die Nachbarschaft gehörte die Deutsche Soziale Partei des niedersächsischen Ministers Dr. Günter Gereke. In der Mitte waren Vertreter der Zentrumspartei angesiedelt und die meisten der nicht parteigebundenen Organisationen wie Rudolf Jungnickels »Friedenskorps West«, der Internationale Versöhnungsbund mit Ruth Oechslin und Albrecht Meyer zu Schwabedissen als den prominentesten Vertretern, die Deutsche Friedensgesellschaft, die Deutsche Friedensakademie mit Prof. Nikolaus Koch und der Nauheimer Kreis, dessen Gründer der Historiker Prof. Ulrich Noack von allen Teilnehmern der seit drei Jahren auch einer breiteren Öffentlichkeit bekannteste Befürworter des Neutralitätsgedankens war. Als Vertreter einer radikalen Mitte sah sich Theodor Koegler, und ich hätte eine solche Zuordnung etwa auch für mich akzeptiert, fiel mir doch hier die Rolle zu, das Zusammenwirken dieser heterogenen Kräfte unter einem Dach und für ein gemeinsames Ziel zustande zu bringen.

In Kögler und mir hatten sich in der Tat zwei ursprüngliche Extreme gefunden: Kögler, der 13 Jahre Ältere, wurde mit 17 Jahren 1919 Kommunist, und ich schloß mich im gleichen Lebensalter 1931 der NS-Jugendbewegung an. Seine Tätigkeit für die KPD hatte 1926 geendet, als er zu dem gegen die Gleichschaltung durch Stalin rebellierenden Flügel der deutschen Kommunisten gehörte, und ich war wegen meiner Opposition gegen die Hitlersche Außenpolitik im Krach im April 1937 aus der Reichsjugendführung ausgeschieden. Von durch Welten voneinander getrennten Ausgangspunkten her waren, ohne daß wir etwas voneinander wußten, bis wir uns in Hamburg im Jahre 1948 trafen, unsere Lebenswege über die verschlungensten Pfade aufeinander zugelaufen. In einem ähnlichen Prozeß waren bei beiden die politischen Anschauungen der Jugend durch vielfältige Erfahrungen geläutert und waren wir auch zu einer weitgehenden Übereinstimmung darüber gekommen, was in der ganz neuen Situation unseres Volkes nach 1945 zu tun sei. Die Verbundenheit durch das gleiche Ziel vertiefte sich auch zu einer persönlichen Freundschaft, die das ganze weitere Leben währen sollte.

Während es unser Bestreben war, möglichst viele Menschen, die wirklich etwas zu sagen haben, für den Kongreß zu gewinnen, hatte ich Mühe, einen Freund im Gegenteil davon abzubringen, der noch dazu einen sehr wertvollen Beitrag hätte leisten können und den gewiß viele in unseren Reihen begrüßt hätten. Es war Werner Otto von Hentig, der mir antrug, auf dem Kongreß zu sprechen. Nun hatte aber gerade der Neuaufbau des diplomatischen Dienstes begonnen, und als einer der ersten Botschafter, die hinausgehen sollten, war Hentigs Ernennung für Indonesien im Gespräch. Hentig war fest von der Richtigkeit und Notwendigkeit unserer Politik überzeugt, in bezug auf die Einstellung zur Dritten Welt konnte man voll und ganz sogar sagen, daß es *seine* Politik war. Aber wegen der schon begonnenen Diffamierungskampagne mußte ich Hentig abraten: »Wenn Sie hier sprechen, ist es aus mit Ihrer Karriere!«

Darauf erwiderte er, und da ich seine Laufbahn kannte, wußte ich, daß es ihm ernst war: »Solche Rücksichten haben bei mir noch nie eine Rolle gespielt.« Darauf ich: »Es ist für unsere Sache wichtiger, daß Sie Botschafter in Djakarta werden, als daß Sie hier morgen eine Rede halten.« Von diesem Argument, das ich noch mit ein paar kurzen Begründungen eindringlich untermauerte, ließ sich unser Freund schließlich überzeugen.

Wir arbeiteten in Frankfurt sehr intensiv. Mit Vollversammlungen und Ausschüssen tagte der Kongreß vom Sonnabend nachmittag bis 21 Uhr am Sonntag abend. Danach standen die gewählten Ratsmitglieder von 21.30 bis 23 Uhr der Presse für Auskünfte zur Verfügung, und von 23.30 bis 2 Uhr am Montagmorgen trat der Rat dann noch einmal zusammen. Schließlich wurde in einer letzten Arbeitssitzung im Hotel »Weißes Haus« von dem vom Kongreß bestimmten Redaktionskomitee ab 2.30 Uhr der beschlossenen Erklärung an die Vier Mächte die endgültige Form gegeben. Ich leitete diese Sitzung, auf der es mehrmals zu erbittertem Streit um die Wahl der Worte kam, wobei die hauptsächlichen Disputanten Noack, Jungnickel und Heinrich Christian Meier waren. Öfter mußte ich, wenn man sich nicht einigen wollte, damit drohen, daß ich nun abstimmen lasse. Das schreckte die Kampfhähne, denn der Wunsch, zu einem Konsensus zu kommen, war allen gemeinsam. Dadurch wurde das Ende der Sitzung allerdings hinausgezögert, bis wir endlich alle, ermüdet und erleichtert, um 7 Uhr morgens am Montag das Ergebnis guthießen, ohne daß jemand mit den Zähnen knirschen mußte.

Nicht viel später saßen Ewald Koch und ich im Zug nach Hamburg. Seit wir das Hotel »Weißes Haus« verließen, hatte ich kaum ein Wort gesagt und auch im Abteil blieb ich noch lange stumm, als der Zug sich schon in Bewegung gesetzt hatte, und blickte aus dem Fenster. Doch die vorbeiziehende Landschaft sah ich wohl kaum, sondern ließ noch einmal Szenen aus den letzten achtundvierzig Stunden an meinem geistigen Auge vorüberziehen. Als ich auch die Höhepunkte des letzten Aktes, der gerade eben beendeten nächtlichen Schlußsitzung hinter mir hatte, muß ich wohl ein erleichtertes »Ja!« gestöhnt haben. Ewald Koch, der neben mir saß und mein langes Schweigen nicht unterbrochen hatte, legte plötzlich seine Hand auf meinen Arm und sagte: »Doch wie's da drinnen aussieht, geht niemand was an.« Ich hörte, als er es sagte, die Melodie mit und fand, daß ich selten in einer Situation etwas den Augenblick Treffenderes gehört hatte. Ich sah ihn an, und wir lachten beide erleichtert; die unerhörte Anspannung der letzten Tage war erst einmal gelöst. Bis Eichenberg, wo der Grenzwachturm der DDR, nicht mehr als etwa 50 Meter von der Bahnlinie entfernt, uns grausam wieder an die Sache erinnerte, die uns zusammengeführt hatte, die deutsche Teilung und die schon wieder drohende Kriegsgefahr, wurde kein politisches Wort mehr gesprochen. Ewald Koch war mit seiner Beinprothese in persona ein wandelndes Mahnmal des hinter uns liegenden Gemetzels; über zwanzig Operationen hatte er durchmachen müssen, damit sein Körper überhaupt wieder einigermaßen zusammengeflickt wurde.

Als eine Symphonie von Haß und Dummheit bezeichnete ich in einer Sitzung in Hamburg das Echo, das der Kongreß in einem großen Teil der Presse fand. Manche Blätter taten sich mit, wie sie wohl glaubten, journalistisch besonders gelungenen Überschriften wie »Sektierer, SEDisten und Salonbolschewisten« (»Der Fortschritt«) hervor, und für die liberale »Zeit« waren wir ein »Kongreß der Spießer«, eine Qualifizierung, die einem Anfänger im Beruf wie Claus Jacobi, dem das Blatt die Berichterstattung anvertraut hatte, vielleicht anstand, doch mit dem Ausdruck »Rote Rattenfänger« in seinem Artikel zeichnete er sich selbst als laute Trompete in dem Bonner Konformisten-Blasorchester aus. Wo war die besatzungskritische »Zeit« der Tage von Ernst Samhaber und Richard Tüngel geblieben? Anständiger wenigstens in der Gesinnung, wenn auch nicht richtiger im politischen Urteil, war schon Franz Schumann im »PZ-Archiv«:

»Alle Teilnehmer dieses ›Deutschen Kongresses‹ würden es sich vermutlich energisch verbitten und Protest erheben, wollte man sie als Handlanger Moskaus bezeichnen. Und doch diente ihr Tun und Handeln in einer Weise den Ansichten und Plänen des Politbüros, als wären sie Emissäre des Kreml.« (PZ-Archiv, Nr. 11/1951). Mit welcher Selbstverständlichkeit dieser Herr für sich in Anspruch nahm, die wahrscheinlich bestgehüteten Geheimnisse der Welt zu kennen, war schon beachtlich, aber das ist der Stoff, den Millionen Zeitungsleser schlucken.

Während die westdeutsche Presse in der Mehrheit sich bemühte, das Ereignis herunterzuspielen oder die Teilnehmer herunterzumachen, wurde ausgerechnet in der bedeutendsten Zeitung der USA, der »New York Times«, in einem Bericht des Bonner Bürochefs, Drew Middleton, die Erklärung des Kongres-

ses an die vier Mächte als ein »einfallsreicher Appell an fast jeden Deutschen« bezeichnet, und das Blatt warnte, wie schon früher, davor, die Anziehungskraft der Forderung nach Neutralität nicht ernst zu nehmen.
Von den gegenwärtigen eigentlichen Herren der Bundesrepublik reagierte die amerikanische Hohe Kommission mit einem in der Anrede besonders höflichen Schreiben:

Mein lieber Herr Schenke:
Ich beantworte Ihr Schreiben vom 22. März 1951 an Mr. McCloy betreffs der Erklärung, die der »Deutsche Kongreß« am 18. März in Frankfurt angenommen hat.
Die Regierung der Vereinigten Staaten ist bereits über die Zusammenkunft und die Aktionen dieses Kongresses unterrichtet worden. Sie können versichert sein, daß die Vertreter der Vereinigten Staaten auf einer künftigen Konferenz der Außenminister, die sich mit deutschen Fragen beschäftigt, mit den Ansichten Ihrer Organisation, wie auch anderer deutscher Gruppen, über die auf einer solchen Konferenz zu lösenden Probleme bekanntgemacht werden wird.
Mit aufrichtigem Gruß
(Unterschrift)

Erst nach der Rückkehr aus Frankfurt entdeckte ich in der Londoner Wochenzeitung »New Statesman and Nation« einen Bericht von Alexander Werth, nachdem in der Mutualité, einem der größten Säle von Paris, eine Woche vor uns eine ähnliche Zusammenkunft von Politikern und Publizisten verschiedenster innenpolitischer Richtungen stattgefunden hatte, die für die Neutralität Frankreichs und Europas eintraten. Als prominenteste Redner wurden genannt Professor Rivet, der frühere Minister Pierre Cot und die Publizisten Claude Bourdet und Gilles Martinet vom »Observateur«, mit denen ich gleich, auch wegen einer Zusammenarbeit mit »Realpolitik«, in Verbindung zu treten beschloß. Der Korrespondent des britischen Blattes schilderte die Schwierigkeiten, mit denen trotz großer Sympathie in der Bevölkerung auch die französischen Befürworter der Blockfreiheit zu kämpfen hatten. Außer »Le Monde« war fast die gesamte Tagespresse feindlich. Die Verhältnisse in unserem Nachbarland zeigten eine verblüffende Parallelität zur Situation bei uns: die gleiche Grundidee, das gleiche Zurückstellen der Gegensätze von rechts und links in einer nationalen Schicksalsfrage, das gleiche noch ungelöste Problem der praktischen politischen Durchsetzung, die gleiche Feindseligkeit von seiten der Regierung und der Presse. Auch auf der Pariser Tagung stand wie bei uns in Frankfurt die gleiche Forderung vornean: Indépendence, Unabhängigkeit!
Nach den schlechten Erfahrungen, die ich persönlich gemacht hatte, freute ich mich ehrlich über jede gute Nachricht aus den Vereinigten Staaten. Zwar

war es weiterhin notwendig, die amerikanische Ostasienpolitik, die ich so lange Jahre aus nächster Nähe beobachten konnte, sehr kritisch unter die Lupe zu nehmen, aber es gab doch gelegentlich einen Lichtblick und jetzt sogar ein bedeutendes, sehr erfreuliches Ereignis. Harry Truman, der kleine Mann aus Kansas City, der durch den Tod Roosevelts Präsident der Vereinigten Staaten geworden war, setzte kurzerhand den als Nationalhelden verehrten, von vielen fast vergötterten General Douglas MacArthur als Oberkommandierenden in Korea und »Vizekönig« in Japan mit einem Federstrich an die Luft. Und er sagte sogar noch in der amtlichen Begründung dafür, in absolutem Gegensatz zu der bei ähnlichen drastischen Personalkorrekturen geübten Verschleierungstaktik die pure Wahrheit. MacArthur habe sich nicht mehr in Übereinstimmung mit der von der Regierung verfolgten Politik befunden, den Krieg unbedingt zu begrenzen. Seine Regierung wolle in Korea einen dritten Weltkrieg verhindern und, so wörtlich in einer Rundfunkansprache am 12. April 1951: »Die Sache des Weltfriedens ist wichtiger als ein einzelner Mann, auch wenn es sich um einen unserer größten militärischen Befehlshaber handelt.«

Natürlich schäumten die Freunde des abgesetzten Generals unter den Republikanern vor Wut – es hieß bald, daß man ihn als Präsidentschaftskandidaten aufbauen würde –, und die China-Lobby im Kongreß verstärkte ihre Hexenjagd gegen alle, die für eine vernünftige Einstellung gegenüber Maos chinesischen Kommunisten eingetreten waren, was den USA unendlich viel mehr eingebracht hätte als der eingeschlagene feindselige Kurs, als »fellow travellers«, verkappte Kommunisten. War Trumans erste Reaktion bei Ausbruch des Koreakrieges, die Unterstellung Formosas unter den Schutz der amerikanischen Flotte, ein schwerer Fehler, so erfolgte jetzt eine erste kleine Korrektur. Der Krieg mit der Volksrepublik China wurde nicht, wie MacArthur es gewünscht hatte, über Korea hinaus zu einem totalen Krieg ausgeweitet.

Da sich inzwischen die Fronten ungefähr auf der Linie des 38. Breitengrades in einer Art Stellungskrieg festgezurrt hatten, durfte man jetzt vielleicht hoffen, daß das Schlimmste für das schwer geplagte koreanische Volk in beiden Hälften des geteilten Landes vorüber sei.

Das Wirken von Leuten wie Eberhard Taubert, der in Bonn tatsächlich eingesetzt worden war – wir wußten nur noch nicht von welcher Regierungsstelle offen oder heimlich besoldet –, machte sich in diesen Monaten immer deutlicher bemerkbar. Aus dem dunkel heraus verstärkten sie ihre Desinformations- und Diffamierungskampagne. Ein Beispiel war ein mysteriöses »Aktionskomitee gegen die 5. Kolonne«, das sogenannte »Warnlisten« herausgab, in der Personen aufgeführt wurden, die nach angeblichen Ermittlungen des Komitees »aktiv in den kommunistischen Tarnorganisationen in Westdeutschland tätig sind«.

Wir griffen in unserem Informationsbrief diese Dunkelmänner scharf an, als deutlich wurde, daß es ihnen gar nicht darum ging, Kommunisten zu »entlarven«, sondern eher Nichtkommunisten anzuschwärzen, die für eine unabhängige deutsche Politik der Blockfreiheit eintreten. So hatten sie auf ihre Liste 4 etwa 40 Personen allein mit der Begründung gesetzt, daß sie einen von Prof. Noack, Dr. Heinemann, Martin Niemöller und Dr. Gereke verfaßten »Wiesbadener Appell« unterzeichnet hatten.

Im Bundestag brachte in der Debatte über den Haushalt des Ministeriums für Gesamtdeutsche Fragen am 5. April 1951 der SPD-Abgeordnete Herbert Wehner diese Dinge zur Sprache: »Aufgrund dieses Mangels an Initiative und Handlungsfreudigkeit (des Ministeriums) können sich auf diesem Gebiet anonyme und halbanonyme Organisationen ausbreiten, deren Tätigkeit wir mit Unruhe beobachten. Man weiß von diesen Organisationen nicht, wer eigentlich hinter ihnen steht, wer sie finanziert, wem sie in letzter Instanz verantwortlich sind. Es sind Organisationen, die sich nicht einreihen wollen und wahrscheinlich auch gar nicht einmal in eine gemeinsame Arbeit der legitimen demokratischen Organisationen dieses Volkes einreihen können im Kampf um seine Wiedervereinigung. Diese Organisationen arbeiten sozusagen desperadomäßig ...«

Eine »ganz besonders üble Zeiterscheinung« nannte er »diese grünen Listen eines angeblichen ›Aktionskomitees gegen die fünfte Kolonne‹, deren Verfasser ausdrücklich erklären, sie wollen anonym bleiben um jeden Preis, weil sie sich den Stalinisten nicht zeigen wollen.« An dieser Stelle legte der KPD-Abgeordnete Renner den Finger mit dem Zwischenruf auf die Wunde: »Fragen Sie mal den Herrn Kaiser, wer das finanziert!« Nachdem Wehner noch auf den ziemlich »hohen Prozentsatz grober Unrichtigkeiten« in den Listen hingewiesen hatte, die sich bei genauer Prüfung ergaben, schloß er:

»Es wäre eigentlich meine Pflicht – ich bin ja Vorsitzender des Ausschusses für Gesamtdeutsche Fragen – einen der Briefe, den ein hoher Funktionär einer Gewerkschaft der Bundesrepublik mir gegeben hat, vorzulesen, mit dem er versuchte, einige Leute zu rehabilitieren, die in diesen ›grünen Briefen‹ unwiderruflich als ›Agenten‹ bezeichnet worden sind. Der Brief ist zurückgekommen. Die Deckadressen, die jedesmal wechseln, sind einfach nicht verbindlich. Auf diesem Brief steht ›nicht angefordert‹. Man kann also heute in Deutschland, genau so wie von der kommunistischen Seite aus sogenannte Steckbriefe verbreitet werden, in denen Mordhetze gegen Deutsche betrieben wird, auch von anderen Seiten eine Art von Diskriminierung betreiben, ohne daß offenbar die entsprechenden Stellen die Kraft haben, etwas dagegen zu unternehmen.«

Bei dieser jammervollen Klage blieb es dann leider auch. Wir schüttelten den Kopf darüber, daß Wehner, führender Mann in der großen Oppositionspartei im Parlament, und noch dazu, wie er selbst betont hatte, Vorsitzender des zuständigen Bundestagsausschusses, nicht mehr unternahm, um hier wirklich aufzuräumen. Das zersetzende Gift wirkte weiter. Das Parlament tat nichts dagegen, und die Presse, die eigentlich die Pflicht gehabt hätte, den Dingen auf

den Grund zu gehen und nach der Wahrheit zu suchen, trug statt dessen zum großen Teil noch zur Irreführung der Bevölkerung bei.
In der Redaktion der »Realpolitik«, wo sich uns eine gute Möglichkeit zur Beurteilung der vorherrschenden Tendenz bot, meinten wir deutlich einen wachsenden Konformismus im Sinne der von Dr. Adenauer mit den Westmächten betriebenen Politik zu erkennen. Nach unserer Beurteilung Ende Frühjahr/Anfang Sommer 1951 konnte man in der Einstellung der meinungsbildenden Medien Presse und Rundfunk etwa folgende Aufteilung vornehmen: eine Minderheit von etwa 30% aktiv hinter der von Adenauer mit den Westmächten betriebenen Politik, 40% abwartend oder indifferent (darunter die sozialdemokratische Partei/Presse), 20% nicht abgeneigt, andere Möglichkeiten als den offiziellen Kurs wenigstens zu prüfen, 5% aktiv für Blockfreiheit oder Neutralität, 5% kommunistische Sprachrohre. Doch diese letzten 5% machten einen ungeheuren Lärm, und dieser wurde durch die auf Westkurs befindliche und indifferente Presse, mit negativen Vorzeichen versehen, verstärkt und gleichzeitig die kommunistische Betriebsamkeit immer mehr mit allen in Verbindung gebracht, die überhaupt gegen eine Wiederbewaffnung unter gleichzeitiger Einbindung in ein Militärbündnis eintreten. Es gab schon eine aus dem Osten gesteuerte Infiltration, aber als »Gefahr für die verfassungsmäßige Ordnung der Bundesrepublik« oder gar die Westmächte war sie minimal. Man schoß entweder mit Kanonen auf Spatzen oder hatte ganz andere Motive, als man die von den Kommunisten propagierte »Volksbefragung gegen die Remilitarisierung Deutschlands und für einen Friedensvertrag mit Deutschland im Jahre 1951« in Bonn verbot. Nachdem daraufhin die Regierung der DDR in ihrem Gebiet begann, diese Befragung offiziell durchzuführen, hielten wir unseren Einfall für eine bessere Antwort. Noack, Koegler, Jungnickel, Heinz Krüger und ich wandten uns in einem Aufruf an die Deutschen in der DDR. Wir wüßten, sagten wir eingangs, daß sie bei den dort herrschenden Zuständen der Abstimmung nicht fernbleiben könnten, und empfahlen:
»Folgt der Abstimmungsparole der SED! Stimmt gegen die Remilitarisierung *Deutschlands*, also gegen die Wiederaufrüstung West- *und* Ostdeutschlands! Stimmt also:
gegen die Militarisierung der Volkspolizei!
gegen die Errichtung russischer Luft- und Marinestützpunkte in der Ostzone!
gegen den Zwangseinsatz deutscher Arbeitskräfte für russische Rüstungszwecke im Uran-Bergbau oder in der ostzonalen Industrie!
gegen die Erziehung der ostdeutschen Jugend zum Bürgerkrieg!«
Auf das hinter allen vordergründigen Scheingefechten tatsächlich vorhandene *objektive* Zusammenwirken von Bonn und SED wies Theodor Kögler in unserem Informationsbrief am 20. Mai hin:
»Es war logisch, daß diese sicheren Grundlagen der unabhängigen Friedens- und Einigungs-Bewegung in Deutschland sowohl von Bonn als auch von

Pankow unter allen Umständen erschüttert werden mußten, um die beiderseitige Politik der militärischen Kollaboration mit der eigenen Besatzungsmacht durchsetzen zu können. Das geschah von seiten Bonns durch einen systematischen Verleumdungs-Feldzug, daß die Volksopposition gar nicht unabhängig, sondern osthörig sei. Das geschah von seiten der Kommunisten durch eine Spaltung der Widerstandsbewegung, indem eigene Ausschüsse unter kommunistischer Steuerung organisiert wurden, indem sie den Kampf gegen die Remilitarisierung Deutschlands umfälschten in einen einseitigen Kampf gegen die Remilitarisierung Westdeutschlands, indem sie schließlich die Volksbefragung in diesem einseitigen Sinne zu einer offiziellen Aktion der ostzonalen Regierung machten. Sie bemühten sich nach besten Kräften, Herrn Dr. Adenauer den schlüssigen Beweis für seine Behauptungen zu liefern, daß jegliche Opposition gegen einen westlichen Verteidigungsbeitrag identisch mit einer Parteinahme für den Osten sei.«

Für den politisch ungebildeten oder an Politik nicht sonderlich interessierten Bürger – die große Mehrzahl – war es schwer, sich in diesem Dschungel noch zurechtzufinden.

Zu den glücklichen Ereignissen des Jahres gehörte der Evangelische Kirchentag, zu dem ich nach Berlin reiste. Anna Marie Doherr bekam von den Zeitungen, deren Vertretung ihre Haupteinnahmequelle darstellte, mehr Arbeit aufgebürdet, so daß sie nur noch wenig für die »Realpolitik« schreiben konnte, und so waren alle zufrieden, daß wir in Heinz Krüger eine Ablösung für sie fanden. Der war zwar auch hauptamtlich für die »Nürnberger Nachrichten« tätig, es blieb ihm aber immer noch genügend Zeit auch für uns. Er war Mitglied der SPD, aber alles andere als ein Konformist, der sklavisch jeder Vorstandslinie folgte. So hatte er auch der von Schumacher diktierten außenpolitischen Linie zuwider am Deutschen Kongreß in Frankfurt teilgenommen. Mit dem Kirchentag begann seine Berichterstattung für uns aus Berlin. Dieser hatte sich schon seit einiger Zeit als weit mehr als ein nur kirchliches Ereignis angekündigt. Auch unser Bonner Vertreter Günter Kaufmann kam aus diesem Anlaß in die alte Reichshauptstadt.

Der Kirchentag (vom 11.–15. Juli 1951) war die erste große Veranstaltung seit der Teilung, auf der sich nach einem wohl vorbereiteten religiösen, kulturellen und künstlerischen Programm ungehindert Menschen aller Schichten aus Ost und West trafen. In Ostberlin waren die Werner-Seelenbinder-Halle und das Walter-Ulbricht-Stadion ebenso bereitwillig zur Verfügung gestellt worden wie in Westberlin das Messegelände am Funkturm und das Olympia-Stadion.

Die zerrissene Stadt, deren Kriegswunden noch überall so deutlich ins Auge fielen, bildete für einige Tage wenigstens wieder eine Brücke, über die Deutsche nicht nur aus den beiden Teilen der Stadt, sondern von den östlichsten Bezirken der DDR, von der Oder, aus der Lausitz und dem Erzgebirge, und dem äußersten Westen oder Süden der Bundesrepublik ohne politische Schranken zueinander kommen konnten. Die Anregung war von den evangelischen Christen aus dem Osten gekommen, Berlin als Tagungsort zu wählen, nachdem die vorjährige Zusammenkunft der evangelischen Laien in Essen im Ruhrgebiet stattgefunden hatte.

»Berlin ist der Ort der Begegnung zwischen Ost und West«, hatte es schon in der in Millionenauflage verbreiteten Programmankündigung geheißen, und allen Veranstaltungen wurde der Ruf:

»Wir sind doch Brüder!« vorangestellt, der hier nicht nur eine religiöse, christliche Bedeutung hatte, sondern von allen, die ihn aussprachen oder nur hörten, gleichermaßen als Angehörige *einer* Nation genommen wurde. Die einzelnen Großveranstaltungen waren so verteilt, daß die prominenten Redner aus dem Westen in Ostberlin und die aus der DDR im Westteil der Stadt sprachen. Über 87000 Teilnehmer aus der DDR waren offiziell angemeldet und mit Sonderzügen der DDR-Reichsbahn nach Berlin gekommen, am Tag der Schlußveranstaltung schätzte man die insgesamt aus dem SED-Machtbereich zeitweise nach Westberlin Herübergekommenen auf 300000. Es gab viele bewegende und auch herzerfrischende Begegnungen in diesen Tagen, in denen in der Stadt fast eine Stimmung herrschte, als ob die Teilung gar nicht mehr existierte.

Natürlich war es Propaganda, wenn das SED-Zentralorgan »Neues Deutschland« schrieb: »Die Christen Deutschlands haben sich für Berlin, die Stadt des Friedenskampfes entschieden, nicht für Bonn, die Stadt der Remilitarisierung.« Und weiter: »Wie die Bonner Regierung das gesamtdeutsche Gespräch nicht verhindern kann, so kann sie auch nicht verhindern, daß die evangelischen Christen sich in den Kirchen, Sälen und Stadien der Hauptstadt Deutschlands versammeln.«

Tatsächlich hatte das offizielle Bonn in der Vorbereitung des Kirchentages eine Haltung gezeigt, die viele jetzt in Berlin in diesen Tagen scharf verurteilten. Günter Kaufmann, der mit dem Organisator und Präsidenten des Kirchentages, Dr. Reinhold von Thadden-Trieglaff, bekannt war, berichtete mir, daß die leitenden Persönlichkeiten des Kirchentages tagelang mit Vertretern der Bundesregierung verhandeln mußten, um überhaupt zu erreichen, daß die Bundesregierung in Berlin offiziell in Erscheinung trete. Im Gegensatz zu diesem Antichambrieren hatte der amerikanische Hohe Kommissar McCloy in der Vorbereitungszeit Herrn von Thadden-Trieglaff durch einen einstündigen Besuch sein Interesse bekundet. Von Berlinern, die nicht ganz und gar der Kalten-Kriegs-Propaganda verfallen waren, konnte man in diesen Tagen immer wieder Klagen hören, daß Bonn bei allem, was mit gesamtdeutschen Fragen zusammenhängt, nur mit halbem Herzen bei der Sache sei. Immer mehr wurde auch hier bedauert, daß es zwar eigens ein Ministerium für gesamtdeutsche Fragen gebe, aber gerade von dieser Seite oft mehr das Trennende als der Verbindende betont und die Einheits-Propaganda dem Osten überlassen werde. Man sehe doch seit der Entstehung der zwei Staaten und in diesen Tagen in Berlin erst recht wieder besonders deutlich, daß die im Westen herrschende Lebensordnung die Deutschen ostwärts der Trennungslinie mehr anziehe als die, unter der sie zu leben gezwungen seien. Warum fürchte man dann Begegnungen? Einige Berliner aber äußerten sogar den Verdacht, daß weniger Unfähigkeit hinter der Bonner Haltung stecke als vielmehr vollkommene Gleichgültigkeit in allen mit der deutschen Einheit zusammenhängenden Fragen, wenn nicht sogar eine vollständige Ablehnung.

Ich war nicht nur wegen des Kirchentages nach Berlin gekommen, sondern auch um Freunde zu treffen und wieder einmal die politische Lage von diesem Ost-West-Brennpunkt aus zu überblicken. Eine hauptsächlich aus jungen Leuten bestehende Gruppe der Dritten Front hatte sich hier durch die Initiative des Studenten Wolfgang Venohr gebildet. Sie erfreute sich ständiger übertriebener Aufmerksamkeit und Bespitzelung durch die Berliner Politische Polizei; in der geteilten Stadt wimmelte es wie wohl in keiner anderen Stadt der Welt von Agenten aller Seiten, die hier ein wahres Eldorado fanden.

Ein Gewinn war, daß mich Heinz Krüger mit Ernst Lemmer, einem der Mitbegründer der CDU in Berlin unmittelbar nach dem Krieg, bekanntmachte, der in Fragen der Ost-West-Beziehung ganz auf unserer politischen Linie lag und die von Adenauer betriebene Westintegration als schädlich für die deutsche Einheit ablehnte. In Gesprächen machte er aus dieser Einstellung keinen Hehl, und wir verabredeten, den aufgenommenen Kontakt in Berlin und Bonn weiter zu pflegen; Lemmer war einer der Berliner Abgeordneten, die in den Bundestag delegiert waren.

Fünf Monate waren seit meinem letzten Besuch vergangen und, jetzt hörte ich von Emil Hoffmann, daß in der Zwischenzeit bei seinen Gesprächen mit den Mitarbeitern Botschafter Semjonows der Wunsch, daß ich ihn einmal besuchen möchte, wiederholt worden war, als Privatmann oder als Vorsitzender der Dritten Front, und jetzt war ich nach dem Deutschen Kongreß erst recht interessant. Auf der Ratstagung des Kongresses in Boppard am 29./30. April hatte ich mich jedoch gegen solche von anderen Ratsmitgliedern vorgeschlagenen Kontakte mit der östlichen Seite als zur Zeit inopportun gewandt, weil der Status des Kongresses noch nicht gefestigt genug sei und wir ein um so leichteres Opfer der überall ausgesprochenen Verdächtigungen der Kollaboration mit dem Osten würden. Waren zum Beispiel solche Behauptungen wie das Treffen in Lübeck in der Vorbereitung des Kongresses vollkommen aus der Luft gegriffen, so konnten tatsächliche Begegnungen, so legitim sie von unserer gesamtdeutschen Verantwortung her auch waren, von Böswilligen als scheinbarer Beweis für ihre verleumderischen Behauptungen genommen werden. Warum sollten wir den Kampf um die Durchsetzung unserer Linie in unserer noch schwachen Position unnötig selbst erschweren? Aus diesen Erwägungen meldete ich mich auch jetzt nicht bei Botschafter Semjonow zu einem Gespräch an.

Dr. Hoffmann und ich waren uns auf der anderen Seite bei der Beurteilung der

Lage in der Bundesrepublik darüber einig, daß die mit großem Aufwand von den Kommunisten vorangetriebene Kampagne gegen die »Remilitarisierung«, eben weil sie von dieser Seite kam, in der westdeutschen Öffentlichkeit kontraproduktiv wirkte und vor allen Dingen unseren und anderen für echte Neutralität eintretenden Bestrebungen schadete. In letzter und entscheidender Instanz waren dafür aber die Russen politisch verantwortlich, und ich meinte, daß man ihnen diese Wirkung mit aller Deutlichkeit klarmachen müsse. Dr. Hoffmann meinte, solche Hinweise könnte er bei seinen Gesprächen schon geben, aber da sei nicht genug Autorität dahinter, er könne ja nicht als Sprecher für die Neutralitätsbewegung auftreten, und ich wollte jetzt nicht zu Semjonow gehen. Also was dann? Bis zu meinem Abflug aus Berlin verblieben wir so, daß wir beide Material und Argumente für ein Memorandum zusammentragen würden, das über Botschafter Semjonow an den Kreml gelangen sollte und für dessen endgültige Abfassung wir uns wieder zusammensetzen würden.

## 17 Mein Vorschlag: Wiedervereinigung unter bewaffneter Neutralität

Gotthart Ammerlahn, der mit China keine andere Berührung gehabt hatte,als daß er auf seiner zweijährigen Weltreise je etwa vierzehn Tage in Peking, Schanghai und Kanton weilte, kam mir in einer Beziehung manchmal wie ein Chinese vor: Er hatte ein ähnlich ausgeprägtes Geschichtsbewußtsein. Stets sah er die bedeutenderen Ereignisse im Tagesgeschehen vor einem historischen Hintergrund, und aus dem Fundus seines Wissens konnte er immer zwischen dem Heute und dem Gestern und Vorgestern kausale Zusammenhänge herstellen oder treffende Vergleiche ziehen. Als ich vom Kirchentag zurückkam, erinnerte er mich daran, daß gerade in diesen Tagen vor hundert Jahren Bismarcks eigentliche diplomatische Laufbahn begann. Mitte Juli 1851 hatte er vom König seine Bestallungsurkunde zum Gesandten beim Bundestag in Frankfurt erhalten. Sollte man das nicht zum Anlaß eines größeren Artikels über Bismarck nehmen? Und es gab noch einen weiteren aktuellen Anlaß. Bei der Veröffentlichung des Entwurfes für einen Friedensvertrag mit Japan, über den demnächst verhandelt werden sollte, hatte – Wunder über Wunder – eine führende amerikanische Zeitung, die »Washington Post«, Bismarcks Friedensvertrag mit Österreich nach dem Kriege von 1866 als hohe Staatskunst gepriesen.

»Weißt du«, sagte Gotthart, »mit das Schönste ist ja die Szene, die sich zwischen ihm und dem König bei der Ernennung abspielte.« Ich wußte nichts davon, und so erzählte er mir, daß Friedrich Wilhelm IV. am Schluß eines

Zwiegesprächs mit dem 36jährigen Bismarck sein Erstaunen über dessen Mut ausdrückte, dieses schwere Amt anzunehmen, worauf dieser ihm die echt Bismarcksche Antwort gab, der Mut seiner Majestät, ihn in dieses Amt zu berufen, sei wahrscheinlich der größere.

»Nun gib den Artikel schon her«, sagte ich, und richtig, Gotthart hatte ihn schon geschrieben und mit dem Titel »Bismarck als Realpolitiker« und der Unterüberschrift »Aktuelle Selbstzeugnisse des letzten Staatsmannes Europas« versehen.

Es fehlte in diesem Aufsatz wahrlich nicht an schmerzlichen, unmittelbaren Bezügen zur Gegenwart, so u.a. die Begründung in Bismarcks eigenen Worten, warum er sich konstant weigerte, dem Drängen der Westmächte, England und Frankreich, nachzugeben, mit Preußen an ihrem Krimkrieg gegen Rußland teilzunehmen, und statt dessen neutral blieb. Da fand man auch die klassischen Sätze wieder aus dem Brief vom 2. Mai 1857 an von Gerlach über Gefühlspolitik, die man nicht oft genug vor allem deutschen Politikern vorhalten kann und deren Kern lautet: »Sympathien und Antipathien betreff auswärtiger Mächte und Personen vermag ich vor meinem Pflichtgefühl im auswärtigen Dienst meines Landes nicht zu rechtfertigen, weder an mir noch an anderen; es ist darin der Embryo der Untreue gegen den Herrn oder das Land, dem man dient.« Er sah in der Gefühlspolitik, die keinerlei Erwiderung von anderer Seite finde, eine »ausschließlich preußische Eigentümlichkeit«. Nach 1871 hätte er geschrieben: »deutsche«, und bis heute gelten nach wie vor uneingeschränkt die Worte, mit denen Bismarck damals schloß: »Jede andere Regierung nimmt lediglich ihre Interessen zum Maßstabe ihrer Handlungen, wie sie dieselben auch mit rechtlichen oder gefühlvollen Darlegungen drapieren mag«.

Gotthart und ich wußten, daß noch mehr als zu Bismarcks Lebzeiten das Verhältnis zu Rußland entscheidend für Deutschlands Zukunft war. Auf jeden Fall mußte Frieden mit Rußland sein, das war für uns eine existenzielle Notwendigkeit, die Wilhelm II. nicht genügend beachtet und Hitler vollkommen mißachtet hatte. Und niemals durfte die Qualität der Beziehungen dadurch bestimmt werden, welche Personen oder welches System hier oder dort regierte! Politiker, Regime, Ideologien sind sehr begrenzte Zeiterscheinungen. Die beiden großen Völker, Russen und Deutsche, konnten durch solche nicht aus dem Raum herausgerückt werden, in dem sie seit Jahrhunderten angesiedelt waren.

Jetzt sollte die an Menschenzahl und Wirtschaftskraft bedeutendere Hälfte Deutschlands in einen in der Bildung befindlichen transatlantischen Brückenkopf der USA für einen möglichen Krieg mit der Sowjetunion eingegliedert werden. Von Rußland aus gesehen bestand ein lebenswichtiges Interesse, dies möglichst zu verhindern. Dieses traf sich mit der für uns Deutsche gegebenen Notwendigkeit, die Einheit unseres Landes wiederherzustellen und nicht noch einmal in einen Krieg mit Rußland zu geraten. Aber die derzeitige

Die drei westlichen Außenminister:
Von links: John Foster Dulles, Georges Bidault, Anthony Eden

Tagungsort in Genf:
Der Völkerbunds- und spätere UNO-Palast

34 Gretchen und Wolf Schenke bei Gesprächen im Pressezentrum von Genf

35 Hotel Metropole: Sitz der sowjetischen Delegation bei den Genfer Konferenzen 1954/55

36 Chinesische Freunde:
Botschafter Wang Bin-nan und Ministerpräsident Chou En-lai

Eine junge Vietnamesin berichtet dem Autor vom Befreiungskampf ihres Volkes

38 Siegel und Unterschriften unter dem Vertrag, der alle Rechte in bezug auf Berlin und die deutsche Einheit den Vorbehalten der westlichen Siegermächte unterwirft

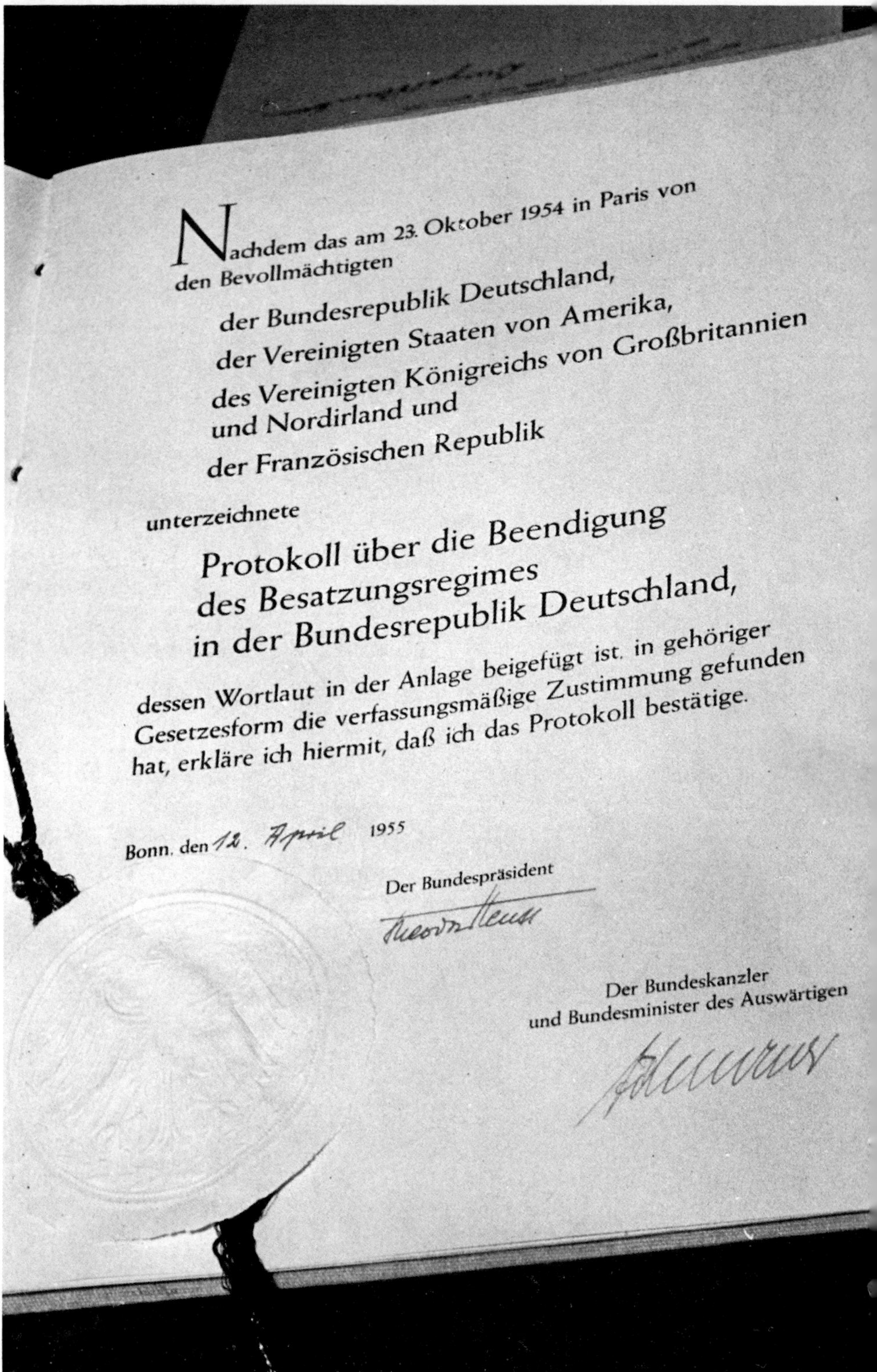

sowjetische Politik war ganz und gar nicht geeignet, dem beiderseitigen Interesse zu dienen. Das Gefühl, daß die Zeit knapp würde, in der hier in Moskau eine Änderung eintreten müßte, spornte mich an, mich der Fertigstellung des Memorandums zu widmen, von dem ich hoffte, daß es im Sinne einer Überprüfung des bisherigen Kurses und einer Neuorientierung wirken würde.
Daß die zu erhebenden Vorstellungen in Moskau ernst genommen werden würden, glaubte ich deshalb, weil die Russen wußten, daß sie von einer deutschen Seite kamen, die durch ihren Widerstand gegen die Westintegrationspläne bewiesen hatte, daß sie die Bundesrepublik nicht zum Satelliten der USA und zur Speerspitze eines gegen die UdSSR gerichteten Bündnisses machen lassen wollte, daß hier deutsche Patrioten sprachen, denen die nationale Einheit und Freiheit ihres Landes unabdingbar war und die sich deshalb auch nicht von der Sowjetunion bevormunden lassen würden und daß aus einem natürlichen Nationalgefühl nichts anderes vorgeschlagen wurde, als was jeder politisch normal denkende Russe, Franzose, Engländer oder Amerikaner in einer ähnlichen Lage seines Landes, der Teilung und Besetzung, vorschlagen würde.
Die Denkschrift begründet ausführlich die Erwartung, daß der Kampf gegen die militärische Westintegration in der Bundesrepublik mit Sicherheit verloren würde, wenn der Eindruck erhalten bliebe, daß die Sowjetunion nur unsere Wehrlosigkeit in Permanenz halten wollte. Nichts anderes als dieser Eindruck aber wurde durch die mit größter Lautstärke und unter sklavischer, stereotyper Wiederholung der im Osten ausgegebenen Losungen betriebene Kampagne gefördert, die rein negativ auf vollkommener Waffenlosigkeit bestand.
Statt dessen wurde ein konstruktives Angebot vorgeschlagen, das folgende drei Elemente miteinander verband:

1. Wiedervereinigung bei voller Freiheit, die innere Ordnung Deutschlands selbst zu bestimmen,
2. Zugeständnis einer defensiven Bewaffnung,
3. Als Gegenleistung militärische Neutralität des wiedervereinigten Deutschlands.

Indem ich die Denkschrift unterschrieb, übernahm ich allein die Verantwortung für diesen Schritt.
Verstärkt wurde mein Eindruck, daß es höchste Zeit für eine Aktion wie die Denkschrift gewesen war, als etwas über McCloys 2. Vierteljahresbericht 1951 bekannt wurde. Diese Berichte dienten der regelmäßigen Unterrichtung der amerikanischen Regierung durch die US-Oberkommission über die Entwicklung in der Bundesrepublik. Im letzten hieß es nach einer Mitteilung von »Associated Press«, als die kommunistische Propaganda im letzten Frühjahr begann, hätten die Deutschen darüber debattiert, ob sie an der Verteidigung des Westens teilnehmen sollen oder nicht. Nunmehr befasse sich die Debatte mit den Bedingungen und der Art und Weise einer solchen Beteiligung. Es

scheine kein Zweifel zu bestehen, daß die Wahl zwischen West und Ost getroffen wurde. Die westdeutsche Bevölkerung habe sich so unter der antikommunistischen Parole zusammengefunden, daß es geradezu schwierig geworden sei, Spuren von Kommunismus in Westdeutschland zu entdecken. Hier war zweifellos die Stimmungslage im großen und ganzen richtig getroffen, und an der Tendenz, sich mit der Bewaffnung unter westlichem Vorzeichen abzufinden, würde sich wohl kaum etwas ändern, so lange von der anderen Seite keine glaubhafte, vertrauenerweckende Alternative angeboten würde.

McCloy selbst war allerdings in seinen Bemühungen, mit der Aufstellung von deutschen Truppen schnell voranzukommen, bei einem Besuch in Washington durch das US-Außenministerium gebremst worden, das seinerseits durch die Meinungsverschiedenheiten mit Frankreich in dieser Frage zurückgehalten wurde. So war er mit dem Auftrag zurückgekommen, einen Kompromiß zwischen den amerikanischen Vorstellungen und dem französischen Pleven-Plan zu suchen. Wie dieses Ringen ausgehen würde, war schwer vorauszusehen, auf alle Fälle würden sicher Monate vergehen, ehe es zu einer Einigung käme. Vollkommen ungewiß blieb nach wie vor das Schicksal einer Viererkonferenz, die ja von östlicher wie von westlicher Seite ins Gespräch gebracht worden war, über deren Tagesordnung die Außenminister-Stellvertreter aber in endlosen Verhandlungen sich nicht einigen konnten. 64 Sitzungen hatten sie in drei Monaten an dem Tagungsort mit dem schönen Namen »Palais des rosa Marmors« in Paris ohne Ergebnis abgehalten, bis die Amerikaner diese Gespräche mit dem Vorschlag abbrachen, daß die Außenminister selbst im Juli in New York zusammenkommen sollten. Dem waren aber die Sowjetrussen nicht gefolgt.

Konflikte in anderen Erdteilen gesellten sich zu der ungelösten deutschen Frage, um die Welt nicht zur Ruhe kommen zu lassen. Innerhalb einer Woche fielen zwei führende Persönlichkeiten im Nahen Osten politischen Morden zum Opfer, der libanesische Ministerpräsident Riad Es Solh und in Jerusalem König Abdallah von Jordanien. Beide Attentate waren Auswirkungen des mit der Gründung des Staates Israel ausgebrochenen bewaffneten Konfliktes zwischen Israel und den Arabern. Wegen des Sudan und der immer noch von den Briten besetzten Suez-Kanal-Zone in Ägypten hatte sich eine schwere Auseinandersetzung zwischen diesem Land und Großbritannien angebahnt. Weiter nach Osten, im Iran, begann Ministerpräsident Mossadegh die angloamerikanischen Ölgesellschaften zu nationalisieren. Indien und Pakistan lagen sich wegen Kaschmir in den Haaren. In Indochina machte die Befreiungsbewegung der Vietminh, die bisher im wesentlichen nur in den Bergen im Grenzgebiet von Tonking und China sich militärisch entfalten und behaupten konnte, immer weitere und erfolgreiche Vorstöße ins Flachland im Delta des Roten Flusses, um sich aus der dortigen Kornkammer Reis für ihre Truppen in den Bergen zu holen. Die Gefechte mit den Franzosen wurden immer heftiger.

Allein aus dem äußersten Fernen Osten, aus Korea, das vor einem Jahr mit Schlachtenlärm die Welt erschreckt hatte, kamen bessere Nachrichten. Seit Juli wurde in Kaesong über einen Waffenstillstand, der praktisch schon eingetreten war, als Basis für eine Beilegung des Konfliktes verhandelt. In der dadurch etwas beruhigteren Atmosphäre waren die Verhandlungen über einen Friedensvertrag mit Japan wieder aufgenommen worden.

Und wie sah es mit einem Friedensvertrag für Deutschland aus? Von westlicher Seite hatte bisher noch niemand vermerkt, daß es allmählich Zeit würde, sich um einen solchen zu kümmern. Im Gegenteil, im französischen Text einer die Saarfrage betreffenden Note der drei Alliierten an die Bundesregierung, entdeckte Prof. Hans von Hentig, der Bruder unseres Freundes Werner Otto von Hentig, die ominöse Wendung, daß der endgültige Status der Saar durch den Friedensvertrag bestimmt werden soll oder - und nun kommt es - eine Abmachung, die seine Stelle einnehmen solle. »Es wird also eine Möglichkeit angedeutet«, schrieb er dazu in einem Aufsatz in der »Philadelphia Gazette Democrat« im August, »über die in den Vereinigten Staaten schon seit einiger Zeit gesprochen wird, daß es *niemals* (Hervorh. von W. Sch.) zu einem Frieden im vollen Sinne des Völkerrechts zwischen Siegern und Besiegten in Europa kommen wird.« Er warnte davor, daß irgendeine deutsche Regierung jetzt oder in Zukunft auf die »schützende Funktion eines Friedensvertrags« verzichte.

In der Botschaft des Deutschen Kongresses an die vier Mächte waren wir für einen solchen eingetreten, und die östliche Seite hatte ihn mit der äußerst unrealistischen Formulierung »Friedensvertrag mit Deutschland 1951« gefordert. Doch von seiten der Bundesregierung wurde das Wort nicht in den Mund genommen, weil man dort mit aller Macht dem Ziel teildeutscher Souveränität durch Ablösung des Besatzungsstatuts in Verhandlung mit den Westalliierten zustrebte und Friedensverhandlungen für ganz Deutschland da natürlich gestört hätten.

Hans von Hentig nahm die Gelegenheit, als leuchtendes Beispiel an den von Bismarck 1866 nur drei Wochen nach der Entscheidungsschlacht bei Königgrätz im Kriege mit Österreich geschlossenen Frieden von Nikolsburg zu erinnern:

»In dieser Zeit, die nicht mehr versteht, Frieden zu schließen, ja überhaupt nicht mehr Frieden schließen will, lohnt es sich, einige Bestimmungen des damaligen Friedensvertrages zu zitieren. Es war ein Frieden zwischen Gentlemen, und der erste Absatz lautete: ›Es soll in Zukunft und für beständig Friede und Freundschaft zwischen Seiner Majestät dem König von Preußen und Seiner Majestät dem Kaiser von Österreich sowie zwischen deren Erben und Nachkommen und den beiderseitigen Staaten und Untertanen herrschen‹. Nach Art. III waren die Kriegsgefangenen beiderseits sofort freizugeben, wenige Tage nach dem Waffenstillstand. Art. X bestimmte, daß kein Angehöriger beider Staaten ›wegen seines politischen Verhältnisses während der

letzten Ereignisse und des Krieges verfolgt, beunruhigt oder in seiner Person oder seinem Eigentum beanstandet‹ werden sollte.«[30]
Vom 4.–8. September 1951 tagte dann in San Francisco die Konferenz über den Friedensvertrag mit Japan, und von dort kam eine Nachricht, die mir wie ein erster Silberstreifen am Horizont erschien. Zu dem von den Amerikanern und Verbündeten ausgearbeiteten Entwurf brachte der sowjetische Delegationsführer Gromyko Abänderungsvorschläge ein, unter denen ein Punkt meine besondere Aufmerksamkeit fand und den ich auch sogleich in »Realpolitik« kommentierte. Die Sowjetunion wollte sich mit der Bildung einer japanischen Armee, Luftwaffe und Marine einverstanden erklären, und das war für die anderen Konferenzteilnehmer vollkommen überraschend, weil der Kreml bisher in allen Verlautbarungen die vollständige Entwaffnung seiner ehemaligen Kriegsgegner Deutschland und Japan gefordert und seine ganze weltweite Propagandamaschinerie gegen die Bildung auch nur der geringsten bewaffneten Macht in den beiden Ländern eingesetzt hatte. Gegen die in Japan auf amerikanische Initiative gebildete »Nationale Polizeireserve« von 75 000 Mann wurde als »Wiedergeburt des japanischen Militarismus« gewettert. Nun sollte Japan über das Doppelte, 150 000 Mann Heer, 25 000 Mann Marine und eine Luftwaffe von 20 000 Mann zugestanden werden. Als Gegenleistung wurde von Japan die Verpflichtung erwartet, daß es keiner militärischen Koalition beitreten werde, die sich gegen einen der Staaten richte, die mit Japan im Kriege gelegen habe, womit natürlich in erster Linie die Sowjetunion und dann China gemeint waren.
Ich war sehr froh über diese Meldung. Offenbar hatte man in Moskau nun also erkannt, daß in erster Linie die bisher ständige Forderung der totalen Entwaffnung dazu geführt hatte, daß sich Japan in ein Sicherheitsabkommen mit den Vereinigten Staaten flüchtete. Nun machte die Sowjetunion einen Schritt zurück und schlug für Japan eine bewaffnete Neutralität vor. Die Parallelen zu Deutschland lagen auf der Hand.
Mit mir freute sich Dr. Emil Hoffmann über die Meldung aus San Francisco. Die gleiche Wendung der Politik der Sowjetunion in bezug auf Deutschland war ja der Kern unserer Denkschrift, die Botschafter Semjonow erhalten hatte. Meine Hoffnung, daß so doch noch ein Ausweg aus der drohenden Westintegration gefunden würde, welche sowohl zukünftige kriegerische Verwicklungen für uns heraufbeschwor, als auch die Teilung des Landes zementieren mußte, erhielt wieder ein bißchen neue Nahrung.
Wenn Bundesinnenminister a. D. Gustav Heinemann auch bisher zögerte, sich in einer organisatorischen Gruppierung der Neutralitätsbewegung zu engagieren, war er dagegen auf meine Bitte jetzt bereit, seine Meinung in Artikeln in der »Realpolitik« zu sagen. Seinen ersten solchen Aufsatz, dem er den Titel »Vor der großen Entscheidung« gegeben hatte, brachten wir am 21. September 1951.
Er blickte noch einmal auf die Entwicklung zurück, die zum Bruch zwischen

den ehemaligen Alliierten und zur Entstehung der beiden deutschen »Teilregierungen« geführt hatte; er war nicht einmal bereit, sie *Teilstaaten* zu nennen. Für beide Teilregierungen aber »müsse« eine gesamtdeutsche Lösung die oberste Richtschnur sein und bleiben. Und er fuhr dann fort:
»Solange der Weg zu neuer deutscher Selbstbestimmung auch im Völkerleben nur dadurch begangen werden kann, daß eine Teilregierung sich einem der Lager des Weltkonfliktes gegen das andere Lager zur Verfügung stellt, halte ich dieses außenpolitische Bemühen für abwegig. Je mehr ein Teil von Deutschland sich in einem der Blocksysteme verliert, um so tiefer und unheilvoller werden wir als Deutsche auseinandergerissen.
Die Konzeption des Bundeskanzlers, der die Richtlinien der westdeutschen Politik bestimmt, sieht dennoch gerade in dieser Bereitwilligkeit den Ansatz und Hebelpunkt für ein schnelleres Abstreifen der aus der bedingungslosen Kapitulation nachwirkenden Fesseln. Darum sein Eintreten für den Europarat, darum seine Forcierung des Schumanplanes, darum seine Bereitwilligkeit, westdeutsche Truppen für die westliche Verteidigungsgemeinschaft zur Verfügung zu stellen. Kein Zweifel, daß diese Politik eine vorwärtsgerichtete Konzeption darstellt, kein Zweifel auch, daß der Bundeskanzler sie trotz aller schweren Nackenschläge in der Saarfrage, in dem Streit um den Kohlenexport, um Vorkriegsschulden des Reiches und private Auslandsvermögen, in den Besatzungskosten usw. fortsetzen wird. Die Bundesrepublik wird jedoch jede neue Freiheit, jedes Stück sogenannte Souveränität durch Zusage anderweitiger Verpflichtungen erkaufen müssen. Und kein Zweifel vollends, daß uns dieses alles, wenn es geschieht, noch tiefer und unheilvoller vom deutschen Osten trennen und drüben entsprechende Entwicklungen fördern wird.«
Als Ausweg sah Gustav Heinemann genau die Perspektive, die wir vor einem Jahr im Aufruf zur Bildung der Dritten Front entworfen hatten: »Wohl aber könnte ein nicht in den beiderseitigen Aufmarsch verstricktes Deutschland zusammen mit anderen ungebundenen Faktoren (Finnland, Schweden, Irland, Schweiz, Österreich, Jugoslawien und etlichen asiatischen Ländern) isolierend und dämpfend wirken.« Der Osten wolle davor gesichert sein, daß Deutschland nicht in die Waagschale des Westens und der Westen, daß es nicht in die des Ostens falle. »Andererseits aber wollen wir davor bewahrt bleiben, daß man uns hüben und drüben stückweise in den Aufmarsch gegeneinander einbezieht und damit als Menschen desselben Volkes und als Glieder von Familien hüben und drüben in einen Krieg gegeneinander geraten läßt. Zu dieser Möglichkeit können wir nicht ja sagen, auch wenn man uns hundertfältig einredet, daß sie in Kauf genommen werden müsse. Nach Lage der Dinge können wir allen Absichten in Ost und West, uns in eine solche Situation zu bringen, nur dadurch begegnen, daß wir jeder deutschen Inanspruchnahme für den Aufmarsch der Weltmächte gegeneinander widerstehen. In dieser Richtung liegen die Auf-

gaben insbesondere der Bundesrepublik, wenn sie wirklich gesamtdeutsche Politik treiben will.«
Ein Jahr war seit dem Rücktritt Gustav Heinemanns vergangen. Der Grund war ein autokratischer Akt des Regierungschefs, der ohne sein Kabinett zu befragen, eine Handlung von größter nur denkbarer Tragweite für das ganze Volk vorgenommen hatte. War der Bundestag – ganz unabhängig vom sachlichen Gehalt des Schrittes, um den es sich handelte – schon aus Prinzip hinter den protestierenden Minister getreten, wie es etwa in England oder Frankreich selbstverständlich gewesen wäre? Keine Stimme im Parlament hatte sich erhoben, um das Vorgehen des Regierungschefs auch nur zu rügen. Und das Volk, dessen Gut und Blut zur Verfügung einer fremden Macht angeboten wurde, ohne daß seine gewählte Vertretung gefragt wurde? Wo war das Aufbegehren, ja der demokratische Aufruhr gegen solches Vorgehen? Wo sah man in diesem Volk, das noch an den schrecklichen Folgen gerade eben beendeter autokratischer Herrschaft zu leiden hatte, außer in einer kleinen Minderheit, demokratische Wachsamkeit? Denn es herrschte ja auf der anderen Seite längst nicht überall Zustimmung.
Angesichts der Schwierigkeiten, denen sich Bundeskanzler Adenauer mit seinen Verbündeten in spe gegenübersah und die Dr. Heinemann in seinem eben zitierten Aufsatz angeführt hatte, schrieb eine Wirtschaftszeitung des Ruhrgebietes über die daraus entstandene allgemeine Mißstimmung: »Daß sich bedenkliche Rückwirkungen auf außenpolitischem Gebiet ergeben können, weiß niemand besser als der Bundeskanzler selbst, der in der letzten Woche von Politiker zu Politiker und von Journalist zu Journalist ging, um an jeden die vertrauliche, aber dringende Bitte zu richten, nicht noch mehr Öl ins Feuer zu gießen und in den nächsten Monaten von jeder Kritik an seiner Außenpolitik und der Maßnahmen der Alliierten Abstand zu nehmen.«
Diese Art, vor Kritik aus dem Inland als schädlich für die Außenpolitik des Staates zu warnen, war bei Adenauer inzwischen zur Gewohnheit geworden. Mich veranlaßten seine Beschwichtigungsversuche statt dessen im Informationsbrief der Dritten Front zu der Ermunterung:
»Schreibt Briefe! Schreibt an den Bundespräsidenten, schreibt an den Bundeskanzler, schreibt an Abgeordnete des Bundestages, schreibt an die Zeitungen und sagt unverblümt Eure Meinung. Veranlaßt Eure Freunde und Bekannten dasselbe zu tun, laßt die Briefträger Waschkörbe voller Post ins Bundeshaus schleppen, wie es im Capitol und im Weißen Haus in Washington der Fall ist, wenn nationale Lebensfragen zur Debatte stehen! Gebt ihnen keine Ruhe! Denn wie sollen die Volksvertreter wissen, wie das Volk denkt, wie sollen die Redakteure der Zeitungen, die gern mit dem Strome schwimmen möchten und gern der Obrigkeit und der gelenkten Propaganda zu Diensten sind, es wissen, wenn Ihr ihnen nicht unverblümt die Meinung sagt? Blast den Abgeordneten die heilige Angst um die Wiederwahl ein.«
Am 17. September begann die Dritte Front eine Unterschriften-Sammelaktion

für einen Appell an den Bundestag, in dem das Parlament aufgefordert wurde, vor Entscheidungen in der Frage der bevorstehenden Vertragsabschlüsse mit den Westmächten erst alle Möglichkeiten auszuschöpfen, um zu einer Wiedervereinigung Deutschlands in Freiheit zu gelangen.
Wenn Gustav Heinemann mit gutem Grund das Wort »Staat« für die Bundesrepublik oder die DDR noch nicht recht über die Lippen kommen oder aus der Feder fließen wollte, so hatte man in Bonn gerade einige Tage vorher eine ganz andere Gesinnung dokumentiert, nämlich Stolz auf das Erreichte. Der Tag, an dem 1949 der erste Bundespräsident Prof. Heuß gewählt worden war, der 12. September, war von ihm selbst zum Nationalfeiertag proklamiert worden und jährte sich in diesem Jahr zum zweiten Male. Die Nation war an diesem Tag gespalten worden, und nicht anders als der östliche, lebte der Westteil noch ohne Souveränität unter fremder Besatzung, doch das hinderte Professor Theodor Heuß nicht, mit einer schönen Geste ihm diesmal besondere Weihe im wahrsten Sinne des Wortes zu verordnen. Er stiftete nämlich einen, den Verdienstorden der Bundesrepublik Deutschland. Bundeskanzler Adenauer, der sich gerade schwer abmühte, von den drei westlichen Besatzungsmächten gegen das Versprechen deutscher Soldaten ein paar Souveränitätsrechte zu ergattern, fühlte sich gedrängt, aus diesem Anlaß feierlich zu erklären:
»Der Tag der friedlichen Wiederherstellung der deutschen Einheit wird kommen. Wir werden dieser Hoffnung niemals entsagen, diese Forderung niemals preisgeben. Wir denken gerade an diesem Tage und mit besonderer Liebe Berlins und der deutschen Brüder und Schwestern jenseits des Eisernen Vorhanges.«
Das waren schon sehr beachtliche Taten, um so mehr zu würdigen, wenn man sie in Beziehung setzte mit einem Hoheitsakt der drei alliierten Hohen Kommissare, der ihnen nur um wenige Tage vorausgegangen war. Die hatten nämlich mit einem Federstrich Teile des Strafrechtsänderungsgesetzes außer Kraft gesetzt, das der Bonner Bundestag erst am 12. Juli dieses Jahres verabschiedet hatte. Seine Landesverratsbestimmungen durften nun nach dem alliierten Ukas nicht gegen Personen angewandt werden, die den alliierten Mächten Informationen zutragen. Klassisch war die Begründung, die dpa dazu aus alliierten Kreisen bekam: Die Fassung des Staatsschutzgesetzes der Bundesrepublik sei so allgemein gehalten, daß es sowohl auf Freund als auch auf Feind angewandt werden könnte, so daß es notwendig wurde, die Zusammenarbeit mit den Besatzungsbehörden zu schützen.
In der Adenauerschen Logik hätte es jetzt gelegen, auf unsere Vorhaltungen zu antworten: »Im Vertrauen jesacht, meine Herren, da hamse ja janz recht; aber nu sehn se mal, warum ich so zäh mit den Alliierten um mehr Rechte für de Bundesrepublik ringe!« Doch der Test stand ja noch bevor. Im Realpolitik-Tagesdienst fragten wir, »ob dieses alliierte Ausnahmegesetz denn nun auch weiter bestehen wird. Sollte das der Fall sein, so wäre der Status der Bundesrepublik als eines Satelliten völlig klargestellt. Es gibt eben auch Dinge

in jedem Staat, die man selbst vor befreundeten oder gar verbündeten Mächten geheimhalten muß. Erhält die Bundesrepublik diese Möglichkeit nicht, so wird eine eigentlich deutsche Politik überhaupt unmöglich gemacht. Sie bleibt dann der ›Tummelplatz für Agenten‹, wie der Abgeordnete Mende sagte, die sie im Augenblick ist.«

Mitte September erneuerten und modifizierten Grotewohl und die DDR-Volkskammer ihre Vorschläge zu gesamtdeutschen Gesprächen. Die Forderung nach Parität in den Gremien, die gesamtdeutsche Lösungen vorbereiten sollten, war aufgegeben. In einem über »Realpolitik« verbreiteten Artikel riet ich Bonn, nicht wieder gleich ablehnend zu sein. Das neue Angebot ist »weit entgegenkommender als die bisherigen und eröffnet die Möglichkeit freier Wahlen zu einer gesamtdeutschen Nationalversammlung. Wer möchte vor dem deutschen Volk und der Geschichte Verantwortung auf sich nehmen, auf diesen Vorschlag nicht einzugehen und wenn er seine Aufrichtigkeit noch so skeptisch beurteilt? Allein durch Verhandlungen kann festgestellt werden, was an diesem Vorschlag ernst gemeint ist und wo eventuelle Pferdefüße stecken. Allein durch Verhandlungen kann man versuchen, etwa unserem westdeutschen Freiheitsstreben nicht genehme Bedingungen auszuräumen und die andere Seite zur Annahme von Voraussetzungen zu bewegen, die wir für unerläßlich halten. Man wird aber nie erfahren, wie weit die andere Seite zu gehen gewillt ist, wenn man sich wie bisher mit Propagandaerklärungen begnügt. In der Ablehnung der ersten Grotewohl-Vorschläge hatten Bundesregierung und Bundestag freie Wahlen in ganz Deutschland gefordert. Jetzt hat man drüben erklärt, daß man diese Forderung akzeptiere. Da kann es doch auf bundesrepublikanischer Seite gar nichts anderes geben, als nunmehr zu prüfen, wieweit die Forderung, die man selbst zur Bedingung gemacht hat, nun wirklich von drüben erfüllt wird. Ist der gute Wille dort nicht vorhanden, so kann man immer noch wieder auseinandergehen, und nichts ist verloren. Man wird aber dann nicht den Vorwurf zu hören bekommen, man habe nicht die letzte Möglichkeit ausgeschöpft, um das endgültige Auseinanderfallen Deutschlands noch abzuwenden.«

Doch am 27. September lehnte Bundeskanzler Adenauer vor dem Bundestag Beratungen wiederum ab: »Die Welt weiß aus vielfachen bitteren Erfahrungen, daß Repräsentanten des Kommunismus, wenn sie von Beratungen sprechen, entweder Diktat oder endlose Verzögerungen wollen.« Die Bundesregierung werde eine Wahlordnung für gesamtdeutsche Wahlen ausarbeiten und diese nach Verabschiedung durch den Bundestag den Vereinten Nationen, den vier Besatzungsmächten und den sowjetzonalen Behörden zur Stellungnahme zuleiten. Eine neutrale Kommission unter der Kontrolle der Vereinten Nationen müsse jedoch vorher in der Sowjetzone und in der Bundesrepublik untersuchen, inwieweit die bestehenden Verhältnisse die Abhaltung freier Wahlen ermöglichen.

Der anderen Seite hatte er Verzögerungstaktik vorgeworfen. In Bonn glaubte niemand, den ich dort sprach, daß der von ihm vorgeschlagene Weg über die UNO in absehbarer Zeit, wenn überhaupt, zu einem greifbaren Ergebnis führen werde.

Zwei Tage danach tagte im Bonner Studentenhaus der Deutsche Kongreß. Ich wollte dort das Thema der bewaffneten Neutralität zur Sprache bringen, die bisher noch von keiner nennenswerten Gruppe in die öffentliche Diskussion gebracht worden war, und hoffte, daß der Kongreß sie sich jetzt offiziell zu eigen machte. In einer schriftlichen Abklärung mit einigen Ratsmitgliedern, die dagegen eingestellt waren, hatte ich betont, daß nach meiner Auffassung »nicht die Frage ›*Waffen* oder nicht‹ die primäre ist, sondern die Frage ›*Bündnis oder nicht*‹. Es ist also realpolitisch nicht jede Bewaffnung an sich abzulehnen, sondern nur eine Bewaffnung, die – in Ost oder West – unter der Voraussetzung stattfindet, daß die betreffenden Teile Deutschlands in das östliche oder westliche Bündnissystem eingegliedert werden. Ein mäßig bewaffnetes Deutschland wäre höchstwahrscheinlich ein größerer Faktor für den Frieden als ein unbewaffnetes neutrales Deutschland.«

Mit meiner Absicht drang ich jedoch auf dem Kongreß nicht durch. Auf der Tagesordnung stand ein von Heinrich Christian Meier verfaßter Entwurf eines »Innerdeutschen Vertrages zur Vermeidung des Bürgerkrieges«, ein ganz ausgezeichnetes Dokument, das, als H. C. Meier es vortrug und erläuterte, starken allgemeinen Beifall fand, ja, die Zuhörer waren über die Wahrheiten, die darin ausgesprochen waren, geradezu begeistert. Um so größer war die Enttäuschung, als ich als erster Diskussionsredner zwar den Geist und Wortlaut des Schriftstückes lobte – jedes Wort könne man unterschreiben, sagte ich –, daß ich aber nicht sehe, wie die Verabschiedung dieses Entwurfes uns in der gegenwärtigen schweren Auseinandersetzung auch nur einen Schritt weiterbringen könnte. Ich beantragte die Vertagung und statt dessen vordringlich eine Antwort des Kongresses auf die aktuelle Herausforderung durch einen in den Ansätzen schon deutlichen, sich sehr wahrscheinlich noch verstärkenden Meinungsumschwung in der Bevölkerung. Die Adenauersche Westpolitik würde sich schließlich durchsetzen, wenn es gelänge, bei der Mehrheit des Volkes den Eindruck zu erwecken, Neutralität bedeute Waffen- und Wehrlosigkeit. Damit mache die offizielle Propaganda die besten Fortschritte, wobei sie sich besonders auf die Kommunisten mit ihrer fortgesetzten Forderung der vollständigen »Entmilitarisierung« stützen könne. Gerade eben noch hatten wir ein typisches Beispiel erlebt. Der Bundestagspräsident, Hermann Ehlers, zwar CDU-Mitglied, aber kein hundertprozentiger Adenauer-Gefolgsmann, hatte eine Einladung des Kongresses mit den Worten abgelehnt: »Ich habe den Eindruck, daß Ihre Politik, sicher ohne es zu wollen, nichts anderes schaffen würde, als das deutsche Vakuum, das dem ungehinderten Eindringen der östlichen Ideologien offensteht.«

Auf die merkwürdige Vorstellung, daß man Ideologien vielleicht mit Waffen widerstehen könnte, wollte ich nicht weiter eingehen; jedenfalls verlangte ich, die Versammlung sollte, statt jetzt über den Vertragsentwurf zu diskutieren, über die Forderung nach bewaffneter Neutralität für ein wiedervereinigtes Deutschland sprechen. Die überwiegende Mehrheit wollte jedoch jetzt den Vertragsentwurf verabschieden, den sie mit solcher großen Zustimmung aufgenommen hatte, und ich fand für meine Argumente in dieser Situation und in der emotional angeheizten Atmosphäre kein Verständnis.

Ich befand mich in einem Dilemma, das ich nicht offenlegen konnte. Auf keinen Fall konnte ich sagen, daß ich in einer geheimen Demarche von den Sowjets gefordert hatte, sie sollten für ein wiedervereinigtes Deutschland die bewaffnete Neutralität anbieten. Auf der anderen Seite konnte ich schlecht vom Kreml die Bewaffnung eines neutralen Deutschlands fordern, wenn ich selbst nicht in der bundesdeutschen Öffentlichkeit dafür mit der äußersten Entschiedenheit eintrat. In meiner Erregung und Enttäuschung über die unpolitische Haltung, die aus manchen Entgegnungen zu meinen Argumenten sprach, hatte ich den Fehler gemacht, mit dem Verlassen der Tagung zu drohen, falls über meinen Vorschlag nicht *vor* dem Vertragsentwurf von Heinrich Christian Meier in der Sache diskutiert würde. Als die Abstimmung dagegen ausfiel, mußte ich meine Drohung wahr machen.

Die mir nachgesagte, wahrscheinlich während des langen Aufenthalts in China erworbene große Geduld habe ich dabei nicht bewiesen. Die Vorstellung von der *unbedingten Notwendigkeit* einer Änderung der sowjetischen Politik mit dem Angebot der bewaffneten Neutralität, wenn wir überhaupt weiterkommen wollten, hatte sich bei mir fast zu einer Obsession ausgewachsen und in diesem Falle mein Gefühl für taktisch richtiges Verhalten getrübt.

Dauernder Schaden im Verhältnis zu den anderen Mitgliedern im Deutschen Kongreß sollte glücklicherweise daraus nicht entstehen.

Das letzte Vierteljahr 1951 war durch Unsicherheit und Ungewißheit über die zukünftige Entwicklung gekennzeichnet. Keine der Teilfragen, die zusammengenommen die große Schicksalsfrage der Nation ausmachten und die seit Gründung der Bundesrepublik schwebten, kam einer Lösung wirklich näher. Obwohl die führenden Politiker der Westmächte und Bonns sich immer häufiger und in immer kürzeren Abständen trafen, fiel weder über die Ablösung des Besatzungsstatutes noch über die Wiederbewaffnung eine Entscheidung.

Auf dem internationalen Parkett sah man in den Vereinigten Staaten heftige innenpolitische Auseinandersetzungen, und 1952 stand als ein Präsidentschaftswahljahr bevor, das möglicherweise, wie so oft, die äußere Politik des Landes verhältnismäßig lähmen würde. Bei unseren französischen Nachbarn hatte der große Wahlerfolg der Gaullisten im Juni, die von 25 auf 118 Sitze in der Nationalversammlung angewachsen waren, trotz des Absackens der KPF von 177 auf 103 Mandate die innenpolitische Situation keineswegs stabilisiert, und der Regierung Pleven wurde keine lange Lebensdauer mehr vorausgesagt. Neues gab es in Großbritannien.

Dort siegten in den Unterhauswahlen am 25. Oktober die Konservativen, und Winston Churchill wurde noch einmal Premierminister. Nach seinen Reden zu urteilen, schien es, als ob der Held zweier Weltkriege jetzt für eine vorsichtigere Politik gegenüber der Sowjetunion eintrat. Die Aufnahme von Griechenland und der Türkei in den Atlantikpakt war beschlossen worden, doch der Versuch der Westmächte, außer der Türkei auch arabische Staaten in ein neu gegründetes Mittelost-Kommando einzubeziehen, scheiterte, vor allem wegen des ägyptisch-britischen Konfliktes, und Abder Rahman Azzam Pascha erteilte als Generalsekretär der Arabischen Liga diesen Bemühungen der USA eine klare Absage. In Kairo ging eine halbe Million Menschen in antibritischen Demonstrationen auf die Straße, und am Suez-Kanal kam es zu immer ernsteren bewaffneten Zusammenstößen mit britischen Truppen.
In der Deutschlandpolitik fanden Scheingefechte statt. Die DDR-Volkskammer und der Bundestag verabschiedeten Wahlgesetze für gesamtdeutsche Wahlen, und die Westmächte setzten in der UNO durch, daß diese eine Kommission zur Prüfung der Voraussetzungen dafür in der Bundesrepublik und der DDR bildete. Die Bundesregierung beantragte am 16. 11. 1951 beim Bundesverfassungsgericht in Karlsruhe ein Verbot der KPD und, um der Kritik den Wind aus den Segeln zu nehmen, das sie sich nur gegen die Linke wende, auch der rechten Sozialistischen Reichspartei (SRP) gleich dazu.
Mit Befriedigung registrierte ich auf innenpolitischem Feld in der Sozialdemokratischen Partei eine wachsende Tendenz zur Ablehnung der von der Bundesrepublik mit den Westmächten betriebenen Vertragspolitik; jetzt wurden aus der SPD auch offen Zweifel geäußert, ob der Bundeskanzler die Wiedervereinigung Deutschlands überhaupt wolle. In einer Rede am Berliner Funkturm am 6. Oktober hatte er gesagt: »Wir wollen die Integration Deutschlands in Europa, nicht nur die Integration der Bundesrepublik, wir wollen die Wiederherstellung der Einheit Deutschlands und die Einbeziehung des geeinten Deutschlands in das integrierte Europa«, und unter Deutschland wollte er in diesem Zusammenhang verstanden wissen: »die Einheit Deutschlands mit Berlin und der Sowjetzone und dem ganzen Osten Deutschlands«. In seinem Kommentar meinte der SPD-Pressedienst, daß damit die Forderung nach Rückgabe der Gebiete erhoben wurde, ein Thema, das zur Zeit jede Verhandlung mit der östlichen Seite über eine Vereinigung auch nur von Bundesrepublik und DDR von vornherein zur Aussichtslosigkeit verurteilte. Der SPD-Pressedienst schloß deshalb seinen Kommentar vom 9. Oktober mit den Worten: »Man kann die Sache drehen, wie man will, es bleibt ein böser Rest von Zweifel an der Aufrichtigkeit der gesamtdeutschen Konzeption des Kanzlers.« Und der SPD-Vorsitzende Kurt Schumacher nannte auf einer Pressekonferenz in Hamburg Adenauers Forderung, daß erst die westeuropäische (! hier zum erstenmal der richtige Ausdruck. W. Sch.) Integration erfolgen müsse, um dann das Problem der deutschen Einheit erfolgreich anzugreifen, eine gefährliche Illusion.

Seit Johann Adolf Graf Kielmansegg im Frühsommer 1950 nach Bonn ging, hatte ich von ihm persönlich direkt noch nichts wieder gehört. Ich wußte nur, daß er an den endlosen Verhandlungen über den Pleven-Plan zur Aufstellung der Europa-Armee beteiligt war. Als nun Anfang November gemeldet wurde, daß man da zu einem Durchbruch gekommen sei, erhielt ich plötzlich von ihm eine persönliche Botschaft. Das Telegramm »Merkt Ihr's nun?«, das ich ihm bei Bekanntwerden der ersten Pleven-Konzeption geschickt hatte, die das Aufgehen von kleinen deutschen Einheiten in einer bunt gescheckten Europa-Truppe vorsah, war von ihm offensichtlich als Vorwurf empfunden worden. Und den wollte er jetzt nicht länger auf sich sitzen lassen, nachdem er und seine Kameraden es in zähen Verhandlungen erreicht hatten, daß es wenigstens national homogene deutsche Einheiten bis zur Division geben und die Integration erst auf der Korps-Ebene erfolgen sollte. So schickte er mir jetzt eine Retourkutsche, auch in Form eines Telegramms und noch dazu mit dem gleichen Wortlaut: »Merkt Ihr's nun?«. Ich war jedoch weder überzeugt noch befriedigt. Ich wollte weder Divisionen noch Korps oder auch eine ganze Armee für die Bundesrepublik, ob unter deutschem oder fremdem Oberbefehl; nichts von alledem wollte ich, wenn es die Wiedervereinigung Deutschlands verhinderte. Und mit Sicherheit konnte nichts anderes das Ergebnis der Aufstellung von Truppen der Bundesrepublik im Rahmen eines von den USA geführten westlichen Militärbündnisses sein.
Eine Armee für ein wiedervereinigtes Deutschland? Das war eine ganz andere Frage. Aber auch die wäre nur sinnvoll als ein Instrument zur Wahrung der Unabhängigkeit und Blockfreiheit. Anders würde sie übrigens wohl auch kaum das Licht des Tages erblicken.
Erwartungsvoll schaltete ich an jedem Morgen mein Radio zur Nachrichtensendung ein. Aber noch rührte sich nichts in Moskau.
Nach einer Konferenz mit den westlichen Außenministern in Paris am 23. November 1951 nach Bonn zurückgekehrt, verkündete Dr. Adenauer vor der Presse, die Konferenz habe die Bundesrepublik nun für immer an den Westen gebunden, was er als einen »Wendepunkt in der deutschen Geschichte« bezeichnete. Dazu erklärte er weiter seine Überzeugung, daß alle Verträge, die an die Stelle des Besatzungsstatutes treten sollen, noch vor Ende des Jahres unterzeichnet würden. Die »Frankfurter Allgemeine Zeitung«, in der Paul Sethe, einer der wenigen großen Journalisten, welche die deutsche Presse nach dem Kriege noch besaß, seit einiger Zeit die Adenauersche Außenpolitik sehr kritisch beobachtete, schrieb dazu am nächsten Tag:
»Es ist deutlich bei dieser Beurteilung des Erreichten, daß es sich hier um das Verhältnis nur der Bundesrepublik zu den Westmächten handelt. Aber die Bundesrepublik ist kein Vaterland... Keine Stellungnahme zu irgendeinem diplomatischen Vertragswerk der Bundesrepublik darf an der Frage vorbeigehen, ob dadurch die Wiedervereinigung Deutschlands gefährdet oder erschwert werde.«

Wenn Dr. Adenauer nach der Pariser Vereinbarung wörtlich sagte: »Deutschland steht nun auch vertragsmäßig auf der Seite des Westens«, so war das schon deshalb falsch, weil er das Wort »Deutschland« benutzte, wo er in Wirklichkeit nur von der Bundesrepublik sprach. Und auch noch nicht einmal für diese trafen seine Worte zu, denn es war in Paris überhaupt noch kein Vertrag geschlossen worden. Der Wunsch war hier der Vater des Gedankens, und die Verwirklichung des zwar in Umrissen vorgezeichneten, von Dr. Adenauer gewünschten Vertrages würde noch einige Verhandlungen kosten. Wenn alles bestens liefe, könnte er vielleicht frühestens im Januar von ihm und den Außenministern der Westmächte unterzeichnet werden, müßte danach aber noch von vier Parlamenten ratifiziert werden. Für Frankreich war diese Ratifizierung sehr zweifelhaft.
Noch eine weitere Behauptung Dr. Adenauers war falsch: »Die Pariser Vereinbarungen legen eine gleichberechtigte Partnerschaft fest.« Mir war unerfindlich, wie das gesagt werden konnte, wo doch der Bundesrepublik gewisse Rechte, welche die Vertragspartner als selbstverständliche Souveränitätsrechte besitzen, nur unter der Bedingung einer Leistung gewährt werden sollten, nämlich, daß sie einen »Verteidigungsbeitrag« liefert. Weiter sollte die Bundesrepublik nicht die gleiche Verfügungsgewalt über ihre Truppen erhalten wie die anderen Vertragspartner. Aber die wichtigste Einschränkung war, daß sich die drei Westmächte die letzte Entscheidung in allen Fragen vorbehalten wollten, die Gesamtdeutschland und Berlin betreffen. Von einem Recht der Bundesrepublik in etwa gleichrangigen politischen Fragen der Länder, nicht einmal zu entscheiden, sondern auch nur mitzureden, war nichts zu sehen. Und schließlich gar: Die drei Mächte können jederzeit, wenn ihrer Meinung nach die Sicherheit ihrer Truppen oder die Demokratie in der Bundesrepublik gefährdet ist, die oberste Regierungsgewalt wieder ausüben. Die Bundesregierung soll zwar konsultiert werden. Ihr Widerspruch ist aber nicht bindend.
Obwohl für andere aus der Auslegung der Konventionen sich ergebende Streitfragen ein Schiedsgericht vorgesehen ist, bleiben davon die eben genannten Sonderrechte der Alliierten ausdrücklich ausgenommen.
Bei alledem von gleichberechtigter Partnerschaft zu sprechen, war schon ein starkes Stück. Der Status der Bundesrepublik war nach diesen Pariser Vereinbarungen eher der eines Protektorates.
Am schlimmsten aber fand ich, daß nach dem Kommuniqué in die Pariser Vereinbarungen noch Sicherungen gegen die Wiedervereinigung Deutschlands eingebaut waren durch Aufnahme von Punkten, die es der Sowjetunion erschweren, wenn nicht unmöglich machen sollten, den in ihren Händen befindlichen Teil Deutschlands freizugeben. Da war die Rede von der Einbeziehung der Bundesrepublik in eine »europäische Gemeinschaft, die in eine sich entwickelnde *atlantische* Gemeinschaft eingeschlossen wird«, und zum Schluß wurde betont, daß auch das erstrebte *geeinigte* Deutschland in die westeuropäische Gemeinschaft einbezogen werden soll.

Der Kurs war hier also für jeden, der nicht blind war und sehen *wollte*, ganz klar abgesteckt: gegen jede realistische Chance für eine deutsche Wiedervereinigung! Denn unter diesen Umständen müßte ihr eine quasi bedingungslose Kapitulation der Sowjetunion vorausgehen.
Wer auf dieser Annahme eine Politik aufbaute, war in der Tat, in umgekehrter Anwendung eines von Dr. Adenauer selbst auf die »Neutralisten« geprägten Wortes, ein »Dummkopf oder Verräter«, an der deutschen Einheit nämlich.
Anfang Dezember 1951 teilte mir ein befreundeter Redakteur einer Tageszeitung mit, nach einer Meldung von »United Press« steht die Dritte Front auf einer vom Bayerischen Innenministerium herausgegebenen Liste kommunistischer Tarnorganisationen. Mein erstes Gefühl war Erleichterung, daß sich endlich einmal jemand so weit vorgewagt hatte, daß man ihn fassen könnte.
Bevor ich weiteres unternehme, rufe ich das Bayerische Innenministerium an, um eine Bestätigung zu erhalten. Ich bekomme einen Pressereferenten, einen Herrn Dr. Häfner, an den Apparat. Er versteht erst den Namen nicht, dann findet er uns in der Liste. Wir sind Nr. 49. Dritte Front, Hamburg, steht da. »Ja, wer seid's ihr denn?« fragt der Mann aus München. Als ich ihm Vorhaltungen mache, entschuldigt er sich: »Ich weiß ja nicht Bescheid, ich tu halt nur meine Pflicht.« Ich habe den Eindruck, daß Dr. Häfner tatsächlich von nichts weiß, und fordere gleich nach dem Gespräch brieflich das Bayerische Innenministerium auf, in einer öffentlichen Erklärung die Behauptung zu widerrufen, die Dritte Front sei eine kommunistische Tarnorganisation. Gleichzeitig beauftrage ich einen Anwalt in München, dort nachzufassen und eventuell rechtliche Schritte einzuleiten. Das Schreiben gebe ich telefonisch auch der Deutschen Presseagentur als Meldung durch und dazu: »Ergänzend wird vom Vorstand der Dritten Front erklärt: Wir begrüßen es, daß die Bezeichnung unserer Organisation als Tarnorganisation diesmal in einer öffentlichen Verlautbarung einer deutschen Landesregierung erfolgte, weil sich dadurch endlich die Möglichkeit ergibt, Verleumder, die das politische Leben in Deutschland vergiften, gerichtlich zur Verantwortung zu ziehen.«
Interessant war, was weiter geschah. Obwohl dpa sehr gut wußte, daß die Dritte Front eine über das ganze Bundesgebiet verbreitete Organisation war, brachte sie die Meldung nur in ihren Landesdiensten für Schleswig-Holstein, Niedersachsen und Bayern, und den letzten Absatz ließ sie überhaupt weg. Die meisten Zeitungen in den von den drei dpa-Landesdiensten belieferten Ländern verhielten sich offenbar nicht viel anders. In keinem der vielen Blätter aus diesen Gebieten, die in der »Realpolitik«-Redaktion vorlagen, entdeckten wir sie wieder. Nur die »Süddeutsche Zeitung« und der »Weser-Kurier« in Bremen, welche eine Meldung über unseren Schritt gegen das Bayerische Innenministerium direkt von ihrem Korrespondenten in Hamburg erhielten, berichteten darüber.
Unser Anwalt in München begab sich sofort zum Innenministerium und erfuhr dort von einem »Sachbearbeiter«, Oberregierungsrat Guender, daß unsere

Aufnahme in die Liste der kommunistischen Tarnorganisationen aufgrund einer Broschüre des Bonner Ministeriums für gesamtdeutsche Fragen mit dem schönen Titel »Augen auf« erfolgte. Zum ersten Mal war damit dieses als Diffamierungsquelle entlarvt. Unserem Anwalt wurde erklärt, daß man sich umgehend um Aufklärung der Angelegenheit durch eine Anfrage beim Bundesministerium für gesamtdeutsche Fragen und durch Nachforschungen bei der eigenen »Fachstelle« bemühen werde. Im Falle der Aufklärung in unserem Sinne werde das Bayerische Innenministerium dafür Sorge tragen, daß durch Veröffentlichungen in der Presse und in den offiziellen Regierungsorganen die Sache richtiggestellt werde. Angesicht dieser Einstellung des Innenministeriums, meinte unser Anwalt, bestehe zur Zeit noch kein Klagegrund; im Falle der Ablehnung könnten wir vor Gericht gehen. Ich war sehr darauf aus, von den Bayern die Belastung des Bonner Gesamtdeutschen Ministeriums schwarz auf weiß dokumentiert zu erhalten, und deshalb bereit, mich etwas zu gedulden, bat aber unseren Anwalt, ihnen für eine Beantwortung eine angemessene Frist zu setzen.

Wenn ich im Frühjahr Präsident Truman Hochachtung dafür zollen mußte, daß er den Publikumshelden General MacArthur als Gefahr für den Frieden absetzte, so begrüßte ich jetzt die Ernennung George F. Kennans zum Botschafter in Moskau. Das um so mehr, als es in den Vereinigten Staaten üblich ist, eher Spender, Spendensammler oder Präsidentschaftswahlkampf-Manager mit Botschafterposten zu belohnen, als Karrierediplomaten an die erste Stelle der diplomatischen Missionen zu setzen. George Kennan war nicht nur Berufsdiplomat, sondern unter diesen zeichnete er sich als profunder Kenner zweier wichtiger Länder, Deutschlands und der Sowjetunion, aus. Sein Tätigkeitsfeld in 25 Jahren diplomatischem Dienst lag fast ausschließlich in Ost- und Mitteleuropa. Vom Konsulat in Hamburg kam er 1927 als Attaché an die US-Botschaft in Berlin, wo er sich gleichzeitig an den damals mit an der Weltspitze stehenden deutschen Ost-Forschungsinstituten seine Wissensgrundlage von Dingen der Sowjetunion erwarb. Prag, Wien und die baltischen Staaten waren weitere Stationen, bis er 1933 nach Moskau kam, wo er 13 Jahre auf Posten blieb.

Ich schätzte Kennan, den ich leider bisher nicht persönlich kennengelernt hatte, vor allem wegen seines Bemühens, die amerikanische Außenpolitik aus ideologischen Fesseln zu befreien. In seinen Vorlesungen an der Universität von Chicago, die gerade in Buchform erschienen waren und die ich mir sofort besorgte und in der »Realpolitik« besprach,[31] hat er am Beispiel des Zweiten Weltkrieges gezeigt, daß totale Niederlage und bedingungslose Kapitulation keine erstrebenswerten, weil nicht zu einer wirklichen Befriedung führenden Ziele sind. Er forderte »eine neue Haltung unter uns Amerikanern gegenüber vielen Dingen außerhalb unserer Grenzen, die heute erbitternd und unangenehm sind – eine Haltung, die etwas mehr von der des Arztes gegenüber den physischen Erscheinungen im menschlichen Körper hat, die weder angenehm

noch günstig sind –, eine Haltung des Detachements, der Nüchternheit und der Bereitschaft, mit Urteilen zurückhaltend zu sein. Das heißt, daß wir so bescheiden sein müssen, um zuzugeben, daß wir wirklich vollkommen nur unser eigenes nationales Interesse kennen und verstehen können. Wir müssen den Mut haben, zu erkennen, daß unsere eigenen Absichten und Unternehmungen, wenn sie anständig und nicht durch Arroganz, Feindschaft gegen andere oder Verirrungen der Überlegenheit beschmutzt sind, niemals fehl gehen können, zur Entstehung einer besseren Welt beizutragen.«
Solche Worte, nicht nur für Amerikaner, sondern auch für uns und andere, für alle beherzigenswert, waren Balsam für Eva, Gotthart und mich, die wir die andere, noch dominierende Seite der US-Politik kannten. Sie trugen ihren Wert in sich und gaben dazu noch etwas Hoffnung.
Und was er zur Entstehung der beiden Weltkriege zu sagen hatte, die in den zeitlichen Rahmen seiner Vorlesungen – 1900–1950 – fielen, war ein solcher Lichtblick, daß ich zum Jahresende über »Realpolitik« noch einige Auszüge wenigstens weiter verbreitete.
Über Versailles, dessen Auswirkungen Kennan als junger Diplomat zwischen den beiden Weltkriegen in Berlin selbst miterleben konnte, sagt er:
»Das war ein Frieden, in dem die Tragödien der Zukunft wie mit des Teufels eigener Hand vorgezeichnet waren. Es war die Art Frieden, die man bekommt, wenn man Kriegshysterie und unpraktischem Idealismus in seinem Geiste eine gemeinsame Lagerstatt einrichtet, wie dem Löwen und dem Schaf, wenn man sich in dem kolossalen Dünkel gefällt, zu glauben, daß man plötzlich das internationale Leben nach dem Bilde umgestalten kann, das man von sich selbst hat, wenn man die Vergangenheit mit Verachtung betrachtet, die Auswirkung der Vergangenheit auf die Zukunft außer acht läßt und sich weigert, sich mit den wirklichen Problemen auseinanderzusetzen, die das Studium der Vergangenheit nahelegt.«
Kennan durchbricht die großen Simplifikationen, mit denen in den letzten Jahrzehnten Politik gemacht wurde und bis heute über das Schicksal von Völkern entschieden wird: »Die Ursprünge dieses Krieges waren aufs äußerste komplex. Einige lagen zeitlich weiter zurück; das noch ungelöste Problem der Auflösung des alten türkischen Reiches, die Unruhe der Völker des Donaubeckens, der Verlust dessen, was die Franzosen den élan vital nennen, in Österreich-Ungarn, das verhältnismäßige Wachsen der deutschen Macht, die Rivalität zwischen Deutschland und England. Andere waren gegenwartsbedingt: die Dummheit und Furchtsamkeit von Staatsmännern, der Druck der öffentlichen Meinung, das Spiel des Zufalls. Wenn man versuchte, den verschiedenen Grad der Schuld zu bestimmen, bekommt man ein ziemlich krauses Bild: die Österreicher und Russen ohne Zweifel an der ersten Stelle, die Deutschen weniger, aber sicher mit einem guten Anteil und niemand ganz ohne Schuld. Vor allem kann man nicht sagen, daß irgend jemand den Krieg absichtlich angefangen oder geplant hat.«

Dennoch wurde auf der Grundlage der »alleinigen Kriegsschuld Deutschlands« in Versailles der »Friede« aufgebaut. Diese Irrealität so zu behandeln, als ob sie Wirklichkeit wäre, konnte kein anderes Ergebnis als internationale Anarchie und den Zweiten Weltkrieg zeitigen. Über die ganze Sinnlosigkeit dieser beiden die Welt unendliche Opfer kostenden Unternehmen sagt Kennan: »Beide Kriege sind tatsächlich mit dem Ziel geführt worden, um Deutschland zu ändern, sein Betragen zu korrigieren, die Deutschen zu etwas anderem zu machen, als was sie waren. Und doch, wenn man heute die Gelegenheit hätte, wieder das Deutschland von 1913 zu haben – ein Deutschland, das von konservativen, aber verhältnismäßig gemäßigten Leuten geführt wurde, keinen Nazis und keinen Kommunisten, ein lebenskräftiges Deutschland, geeinigt und unbesetzt, voller Energie und Zuversicht, wieder in der Lage, ein Gegengewicht gegen die russische Macht in Europa zu bilden – nun, es würde Einwände von allen Seiten geben, und es wären nicht alle glücklich, aber in vieler Hinsicht würde es sich nicht so schlecht ausnehmen im Vergleich zu den Problemen, die wir heute haben.«

## 18 Die sowjetische Note vom 10. März 1952

Die publizistische und politische Arbeit erforderten jetzt, daß ich mich in immer kürzeren Abständen ein paar Tage in Bonn aufhielt. Unser Korrespondent, Günter Kaufmann, bemerkte immer wieder, die Redaktion der »Realpolitik« gehörte eigentlich in die Bundeshauptstadt. Hier hätte sie bessere Arbeitsmöglichkeiten, könnte anfallende Nachrichten und Informationen schneller umsetzen, was zu noch größerer Aktualität führe, als sie der Tagesdienst mit seinem sechsmaligen Erscheinen in der Woche jetzt schon habe. Das würde zu mehr Abdrucken und gesteigerten Einnahmen führen.

Das war alles richtig. Aber ich konnte mich nicht dazu durchringen, auf Dauer nach Bonn zu gehen. Gegen die Stadt und die Menschen hatte ich nichts, aber die Umstände, unter denen sie Zentrale eines Staates geworden war, hinderten mich, Bonn mit innerer Überzeugung als deutsche Hauptstadt anzusehen; das war und blieb für mich Berlin – Ost und West. Bei jedem Besuch deutlicher war die Tendenz zu spüren, sich für immer hier einzurichten; das verstärkte nur meine Abneigung. Für mich blieb die Bundesrepublik ein Teilstaat »für die Übergangszeit«, wie es in ihrem Grundgesetz versprochen worden war. Ich schob deshalb auch alle kommerziellen Erwägungen, die für eine Verlegung von Arbeitsplatz und Wohnsitz sprachen, immer wieder beiseite und nahm die Extrakosten in Kauf, die durch häufige Reisen nach Bonn verursacht wurden. Die Hoffnung, daß das »Provisorium« doch bald einmal überwunden würde, gab ich nicht auf, und wenn ich mich selbst fragte, was unter »bald« wohl zu verstehen wäre, so dachte ich an höchstens zwei, drei Jahre. Vorausgesetzt natürlich, der westeuropäische Integrationskurs würde aufgehalten. Und damit das geschähe, mußte die Sowjetunion sich endlich mit Vorschlägen rühren, die für Deutschland akzeptabel waren. Meine Spannung wuchs, weil sich noch immer nichts in Moskau bewegte.

Eine sehr nützliche kollegiale Zusammenarbeit hatte sich mit dem Bonner Vertreter der amerikanischen Nachrichtenagentur »Associated Press«, Carl Flick-Steger, angebahnt, den ich aus Schanghai kannte und der dem Bonner Betrieb mit großer Reserve gegenüberstand. Dabei hatte er aber die Hand Tag für Tag am Puls des Establishments. Er gehörte zu den bestinformierten Leuten, und es war typisch für die Verhältnisse in Bonn, daß sich für ihn Türen zu Ministern und hohen Staatsbeamten oft gerade deshalb leichter öffneten als für deutsche Kollegen, weil er für die US-Presse arbeitete. Man hielt ihn außerdem auch wegen seines Akzentes leicht für einen Amerikaner. Ein solcher, allerdings deutscher Abstammung, war er auch einmal gewesen. Nur die wenigsten wußten, daß er schon vor dem Kriege aus den USA nach Deutschland gekommen war und wieder die Staatsangehörigkeit seiner Vorfahren angenommen hatte. Als Vertreter der »Associated Press« hatte Flick-Steger auch besseren Zugang als die deutsche Presse zur amerikanischen Hohen Kommission. Diese war sehr durchlässig, was Nachrichten und Informationen betrifft, und es war nicht nur Drew Middleton von der »New York Times«, der aus den »Lecks« dort eine ganze Menge von dem erfuhr, was sich zwischen Bundeskanzler Adenauer und McCloy abspielte, wie ich ja zu meinem Leidwesen im Fall meines Berichtes für Vizekanzler Blücher feststellen mußte. Adenauer und seine Gehilfen waren sehr behutsam und auch erfolgreich in der Geheimhaltung ihrer Geschäfte mit den Alliierten gegenüber den eigenen Landsleuten, doch über die andere Seite, vor allem die Amerikaner, kam manches von dem heraus, was sie gerne verheimlicht hätten. Ohne den geringsten Aufwand von meiner Seite kam ich so bei meinen Aufenthalten in Bonn zu mancher wertvollen Information.

Bundeskanzler Adenauer hatte, als Anfang 1952 die Ratifizierungsdebatte über den Schuman-Plan bevorstand, Ärger; von zwei Reichskanzlern aus der Weimarer Republik, Dr. Heinrich Brüning und Dr. Joseph Wirth, und einem Staatssekretär der Reichskanzlei, Dr. Pünder, waren kritische Äußerungen über seine Außenpolitik im Gespräch. Er ließ öffentlich seinen Unmut zuerst einmal an seiner Zielscheibe Martin Niemöller aus, weil dieser nach Moskau gereist war. Dabei war der lediglich als Leiter des Außenamtes der EKD einer Einladung des Patriarchen der russisch-orthodoxen Kirche gefolgt, um die Beziehungen dieser Kirche zur übrigen Christenheit zu prüfen, weil die Russisch-Orthodoxen bisher nicht Mitglied des Oekumenischen Rates waren. Dazu Dr. Adenauer am 1. Januar: »Ich finde es tief bedauerlich, daß ein Deutscher in der Person des hessischen Kirchenpräsidenten Niemöller seiner Regierung auf diese Weise und zu diesem Zeitpunkt in den Rücken fällt.«

Dagegen war es schon eine Äußerung von Gewicht, wenn Reichskanzler a. D. Wirth, der 1922 wegen des Scheiterns der Reparationsverhandlungen mit den Westmächten zurückgetreten war, bemerkte, wie beim Dawes- und Young-Plan der damaligen Zeit solle Deutschland jetzt wieder unter ein fremdes wirtschaftliches und finanzielles Regime gebeugt werden. Hatte die Mehrheit des Volkes Dawes- und Young-Plan und die Reparationen der ersten Nachkriegszeit längst vergessen oder waren sie zu jung, um überhaupt etwas davon zu wissen, so trafen die harten Worte schon mehr ins Schwarze, die Staatssekretär a. D. Dr. Pünder – noch dazu CDU-Abgeordneter – in der katholischen Zeitschrift »Die Ketteler Wacht« schrieb: »Was nützen uns wohlklingende Namen für hohe staatliche Funktionen und Funktionäre, was Botschaften und Gesandtschaften im Ausland, wenn die letzten Fragen doch ohne uns entschieden werden?« Die Alliierten sollten sich jetzt für klare Verhältnisse entscheiden. »Andernfalls müßte tatsächlich an den Satz erinnert werden, daß eine mit verbissenen Lippen getragene Knechtschaft für ein Volk würdiger ist als eine verlogene Souveränität.«

Doch als ein wahrer Pfahl im Fleische wurde von Adenauer der ehemalige Reichskanzler Dr. Heinrich Brüning empfunden. Der Bundeskanzler sah ohnehin in allen bedeutenden Leuten der Weimarer Zeit mögliche Rivalen. Sie wußten auch zu viel über die Rolle, die er selbst in jener Zeit gespielt hatte, wenn sein Ehrgeiz ihn manchmal gegen seine angeborene Vorsicht dazu trieb, über die Position des Oberbürgermeisters von Köln hinaus zu streben. Wäre es nicht besser gewesen, der ehemalige Reichskanzler wäre im amerikanischen Exil geblieben, von wo er jetzt als Gastprofessor ausgerechnet an die Universität Köln zurückgekehrt war? (Brüning hatte sich in den USA übrigens niemals an Kriegsmaßnahmen oder der Haßpropaganda gegen Deutschland beteiligt.) Der ehemalige Reichskanzler würde sich doch kaum auf die Dauer mit der Professur an einer Universität begnügen? Das war sicher nur ein Entree! Dieser Eindruck wurde noch dadurch verstärkt, daß Brüning gleich in seiner völkerrechtlichen Antrittslesung vor dem vorschnellen Abschluß überstaatlicher Verträge gewarnt hatte, eben vor dem, was Bundeskanzler Adenauer zu tun gerade im Begriff war.

Auch andere hatten das in Bonn als einen Wink verstanden, und manche bauten sich in ihren Vorstellungen Brüning, der immerhin neun Jahre jünger als Adenauer war, als ihren Wunschkandidaten gegen »den Alten« auf. Es hatte Gespräche Brünings mit einzelnen Abgeordneten und Industriellen gegeben, und Bonn, seit seinen ersten Tagen als Hauptstadt immer in einem Zustand nervöser Spannung und Ungewißheit, war jetzt voller Spekulationen über politische Absichten des Altreichskanzlers. Niemand glaubte, daß er nicht eine politische Rolle spielen wollte. Der CDU-Abgeordnete Hermann Pünder war 1930–32 als Staatssekretär der Reichskanzlei Brünings rechte Hand gewesen, und nach seinem Artikel in der »Ketteler Wacht« hieß es nun, daß er sich da nur als Sprachrohr für seinen früheren Chef zur Verfügung

gestellt habe. Manche wünschten sich Brüning als Außenminister, quasi zur Kontrolle des Bundeskanzlers; zu diesen Kreisen gehörten auch führende Freie Demokraten, die unter keinen Umständen Staatssekretär Prof. Hallstein als Außenminister wünschten, dem Adenauer, wie es hieß, dieses Amt geben wollte. Doch die in Adenauers Sicht gefährlichste Erwägung war, wenn sie sich substantiieren sollte, diese:
Bei den jetzt anstehenden Entscheidungen geht es um Lebensfragen, die tief in das Schicksal der ganzen Gemeinschaft eingreifen und ihren politischen Weg für lange Zeit bestimmen. Sie sollten nicht nur von einer, wenn auch im Parlament majoritären Richtung getragen werden, während die große Oppositionspartei, die durchaus Chancen hat, in absehbarer Zeit einmal an die Regierung zu kommen, sie ablehnt. Die Befürworter einer großen Koalition sahen in Dr. Brüning einen Staatsmann, unter dem als Bundeskanzler einmal eine solche zwischen CDU und Sozialdemokraten zusammenkommen könnte.
Doch zuerst paukte Dr. Adenauer am 11. Januar im Bundestag den Schuman-Plan durch. Nur die SPD, die Abgeordneten der KPD und ein paar Rechte stimmten dagegen. Der SPD-Abgeordnete Ollenhauer sprach zwar für seine Partei, aber ich meinte, daß seine Bemerkung wohl objektiv richtig war, daß die Mehrheit des Parlaments den Vertrag über die »Europäische Gemeinschaft von Kohle und Stahl«, auch Montanunion genannt, ratifizierte, obwohl die besseren Argumente dagegen sprachen. Enttäuscht war ich darüber, daß auch Frau Wessel und ihre Parteifreunde für die Ratifizierung stimmten. In einem Gespräch vorher mit ihr hatte ich den Eindruck gehabt, daß sie sich meinen Argumenten nicht ganz verschlossen hatte, daß eine Inkonsequenz in ihrer Ablehnung der Wiederbewaffnung und ihrer Zustimmung zur Montanunion liege. Beide waren Teile derselben Politik; das eine führte zum anderen hin.
Ich sah in dem Vorgang etwas wie ein Musterbeispiel dafür, was heute unter demokratischer Politik firmiert. Formaldemokratisch ist alles in Ordnung. Die Regierung hatte einen Vertrag verhandelt und unterzeichnet, die Mehrheit des Parlaments hat ihn ratifiziert. Wie aber sah, näher beleuchtet, der Vorgang aus? Dr. Adenauer und seine Berater hatten geheim mit einer fremden Regierung ein Vertragswerk ausgearbeitet, auf das bis dahin die Volksvertretung keinen Einfluß hatte. Soweit war noch alles in Ordnung, aber nun kam es: Das Parlament bekam den Vertrag zur Abstimmung vorgelegt, als keine Änderung mehr vorgenommen werden konnte. So wie er war, konnte sie ihn nur als Ganzes annehmen oder ablehnen. Die Regierung hatte sich inzwischen auf der internationalen Ebene in eine Situation hineinmanövriert, in der eine Ablehnung weitreichende, unerwünschte Folgen haben würde. Mit Angstmache vor diesen Folgen, außen- als auch daraus wieder innenpolitisch, d. h. letzten Endes auch für die eigene Position, wurden dann die Widerstrebenden in der Regierungskoalition zur Zustimmung getrieben.
In Frankreich versuchte auch Pleven es mit der Methode, jede Frage zur

Kardinalfrage zu machen und die Abgeordneten der an der Macht befindlichen Parteien unter Druck zu setzen, indem das Gespenst der Parlamentsauflösung heraufbeschworen wird. Nur er hatte Pech und mußte in Paris einige Tage vor der Abstimmung in Bonn seinen Hut nehmen. Die selbstbewußteren Abgeordneten der französischen Nationalversammlung haben dann in bezug auf die Europa-Armee solchen Methoden einen Riegel vorgeschoben, indem sie verlangten, daß die Pläne in der Kammer debattiert werden, bevor die Regierung ihre Unterschrift unter einen Vertrag setzt. Das war für mich die zweitbeste Nachricht, die ich mir in unserer augenblicklichen Situation denken konnte. Auf die beste, eine aussichtsreiche Initiative der Sowjetunion in der deutschen Frage, wartete ich ja immer noch vergebens.

Durch die Haltung der französischen Nationalversammlung war aber erst einmal Zeit gewonnen, längere Zeit, wie ich hoffte, und auch Dr. Adenauers Zug fuhr wieder nicht nach Fahrplan. Die Ankündigung des Bundeskanzlers aus dem Herbst, daß der Generalvertrag und seine Einzelabkommen bis zum Jahresbeginn unterschrieben sein würden, hatte sich nicht bewahrheitet und jetzt rechnete man in Bonn damit nicht vor frühestens Mai oder Juni. Trotzdem durfte man sich auf keinen Fall in Sorglosigkeit wiegen. Ich hielt im Gegenteil jetzt eine öffentliche Mahnung für angezeigt, und schrieb diese im »Informationsbrief der Dritten Front«, der weit über unseren Mitgliederkreis hinaus beachtet wurde, Nr. 38 vom 14. Januar 1952:

»Die Sowjetunion brauchte nur zu erklären, daß sie sich mit folgendem einverstanden erklärt:

1. Freie Wahlen in allen vier Besatzungszonen unter wirksamer internationaler Kontrolle.
2. Volle Souveränität für eine aus diesen Wahlen hervorgegangene deutsche Nationalversammlung, d. h. auch das Recht auf Selbstverteidigung.

Nur eine Vorbedingung dürfte von sowjetischer Seite gestellt werden, nämlich, daß Deutschland nicht einer gegen die Sowjetunion gerichteten Koalition beitritt. Wir würden sie gern erfüllen und ebenso dem Westen dieselbe Garantie geben. Wenn aber die Sowjets weiter auf vollständiger Waffenlosigkeit Deutschlands als Voraussetzung für die Freigabe ihrer Besatzungszone bestehen, dann arbeiten sie nur Adenauers Westpaktplänen in die Hände. Ob richtig oder falsch, Adenauers These, daß ein unbewaffnetes Deutschland als Machtvakuum den Sowjets anheimfallen würde, hat sich als ungeheuer durchschlagkräftig erwiesen und hat selbst Männer, die eine Westlösung ablehnen, mit Hintergedanken vielleicht, aber immerhin, ins Lager der Remilitarisierung getrieben. Wenn die Wahl für die Westdeutschen so aussieht: Wiedervereinigung bei militärischer Schutzlosigkeit gegenüber der Sowjetunion oder ›vorerst‹ (wie man sagt) Verzicht auf Wiedervereinigung unter militärischem Schutz in Zusammenarbeit mit den Westmächten, wird die Wahl heute, darüber müssen wir uns ganz klar sein, bei dem propagandistischen Übergewicht des Westens in der Massenbeeinflussung – für die letztere

Lösung ausfallen. Viele aufrechte Deutsche, denen diese Lösung an sich nicht behagt, werden sie als kleineres Übel akzeptieren. Heißt die Frage dagegen: Verzicht auf Wiedervereinigung bei militärischem Schutz für Westdeutschland unter Zusammenarbeit mit dem Westen oder Wiedervereinigung in voller Freiheit mit eigenem Schutz für Gesamtdeutschland ohne Bindung an irgendeine Seite, dann besteht überhaupt kein Zweifel, welche Lösung das deutsche Volk vorzieht.«

Zum ersten Male hatte der Bundestag vom 6.–8. Februar 1952 eine große Aussprache über einen Verteidigungsbeitrag der Bundesrepublik. Bundeskanzler Adenauer fühlte das Bedürfnis, sich gegen die wachsende Kritik abzuschirmen und für seine weiteren Verhandlungen Rückendeckung zu verschaffen. Dem sollten Entschließungen dienen, die von den Regierungsparteien eingebracht wurden. In seiner Regierungserklärung wiederholte Adenauer seine These mit den Kernsätzen: »Ich glaube, daß wir die Wiedervereinigung Deutschlands nur erreichen werden mit Hilfe der drei Westalliierten, niemals mit Hilfe der Sowjetunion. Wir werden Berlin und wir werden den deutschen Osten nicht anders wiederbekommen, als über ein Vereintes Europa.« Helene Wessel und die SPD-Abgeordneten Erich Ollenhauer, Carlo Schmid und Adolf Arndt machten dagegen auf die verhängnisvollen Folgen aufmerksam, welche ein Verteidigungsbeitrag der Bundesrepublik für die deutsche Einheit haben werde. Arndt plädierte für baldestmögliche Viermächteverhandlungen, die allerdings nicht über uns, sondern mit unserer Beteiligung geführt werden müßten, und er fragte, wie lange der Westen denn damit noch warten wollte. Die SPD stimmte gegen alle Entschließungen. Von Journalisten nach den Gründen für diese »durchaus negative« Haltung befragt, präzisierte der Abgeordnete Schöttle, die SPD lehne einen Verteidigungsbeitrag unter den gegenwärtigen Umständen und auch die Verhandlungsmethoden der Bundesregierung ab. Sie bestreite die Kompetenz des Bundestages für eine Beschlußfassung über alle einen Wehrbeitrag betreffenden Fragen. Eine Wehrverfassung verstoße nach ihrer Auffassung gegen das Grundgesetz. In der Tat hatte die SPD-Fraktion schon zwei Wochen vorher beim Bundesverfassungsgericht eine Feststellungsklage eingereicht, die dahin zielte, daß jeder parlamentarischen Entscheidung in der Wehrfrage eine Ergänzung des Grundgesetzes vorausgehen müsse.

Ich glaubte nicht, daß man sich von diesem Schritt viel versprechen durfte, aber er konnte auch nicht schaden und wirkte vielleicht aufschiebend bei dem drohenden »Abmarsch in den Westen«, eine Formulierung, die Gustav Heinemann geprägt hatte und jetzt häufig verwendete. In der »Realpolitik« hatte er kurz vor der Bundestagsdebatte gewarnt, »daß mit der Betonung der deutschen Einheit seitens derer, welche im Begriff stehen, in den Westblock abzumarschieren, nur eine Kulisse gezimmert wird, um diejenigen zu beruhigen, welche über den in Bonn gesteuerten Kurs höchst beunruhigt sind«. Und zum erstenmal zog er, ohne Namen zu nennen, eine Parallele zu dem Rheinland-Separatismus nach dem I. Weltkrieg: »Wir hörten 1923 schon einmal, daß ein Teil des Vaterlandes vorübergehend eigene Wege gehen müsse, um später das Ganze zu retten. Was damals im kleinen falsch war, ist heute im großen nicht richtiger. Westdeutsche Aufrüstung wird den Eisernen Vorhang dichter schließen.«

Der Abgeordnete Arndt hatte sehr richtig nach Viermächteverhandlungen gerufen, aber von den Westmächten war eine Initiative kaum zu erwarten, bevor sie das Bonner Staatsschiff in ihren Hafen abgeschleppt hätten. Immer wieder fragte ich mich, wo die Russen blieben, die daran kein Interesse haben konnten.

In der zweiten Februarhälfte 1952 kam es zu einem großen Einschnitt in meinen privaten Lebensumständen. Schon seit dem vergangenen Herbst hatte Eva Tonn immer wieder hin und her überlegt, ob sie nach Südwestafrika zurückgehen sollte, wo sie als ganz junge Frau in ihrer ersten Ehe gelebt und auch ihren Sohn, Paul Block, zur Welt gebracht hatte. Die Amerikaner hatten ihn zusammen mit seiner Mutter nach Deutschland deportiert, als er gerade die Schulzeit beendet hatte. Hier war er dann Journalist geworden und nach seiner Ausbildung nach Südafrika gegangen. Eva fühlte sich, seit die große Aufgabe, der sie sich gewidmet hatte, den unschuldig Verurteilten wieder zur Freiheit zu verhelfen, im Sommer 1950 glücklich beendet war, nicht mehr recht ausgefüllt. Auch hatte sie kein Vertrauen in die Weiterentwicklung der ungewissen Lage in Deutschland, wo es eher wahrscheinlich schien, daß der kalte Krieg in einen dritten Weltkrieg zwischen den beiden Lagern münden würde. Sie vermißte ihren Sohn, der jetzt am anderen Ende der Welt war, und der Gedanke beunruhigte sie, daß sie im Chaos eines Krieges von hier nicht mehr weg und in seine Nähe kommen könnte. Ich verstand ihre Motive und wollte sie auch in ihren Entschlüssen nicht beeinflussen. Ende Januar hatte sie sich endgültig entschieden, zu gehen, und bald danach brachte ich sie eines Abends an Bord der »Transvaal« von der Deutschen-Afrika-Linie, mit der sie am nächsten Morgen die Reise nach Swakopmund antreten sollte.

Es waren einsame Tage, die folgten; auch Gotthart Ammerlahn trauerte Eva nach, wie sie überhaupt von allen, die sie etwas näher gekannt hatten, vermißt wurde. Ihren kleinen Langhaardackel Purzel, den sie nicht mitnehmen konnte, behielt ich in meiner Obhut.

Am 10. März 1952 trat endlich ein, worauf ich viele Monate so sehnsüchtig gewartet hatte. In Moskau überreichte der Stellvertretende Außenminister Gromyko den Botschafter der drei Westmächte eine Note und ein Memorandum mit Vorschlägen für eine neue Konferenz über Deutschland. Meine letztlich sehr gedämpfte Stimmung wurde sofort durch neue Hoffnung aufgehellt und auch Befriedigung darüber, daß in zwei kardinalen Punkten diese Initiative den Anregungen entsprach, die Dr. Hoffman und ich über Botschafter Semjonow an den Kreml gegeben hatten.

Die Note erinnerte daran, daß seit Beendigung des Krieges schon etwa sieben Jahre vergangen seien, ohne daß ein Friedensvertrag mit Deutschland abgeschlossen wurde. »Um diesen unnormalen Zustand zu beseitigen«, schlug die Sowjetregierung den drei Westmächten vor, »unverzüglich die Frage eines Friedensvertrages mit Deutschland zu erwägen, damit in nächster Zeit ein vereinbarter Friedensvertragsentwurf vorbereitet und einer entsprechenden internationalen Konferenz unter Beteiligung aller interessierten Staaten zur Prüfung vorgelegt wird«. Es verstehe sich, daß ein Friedensvertrag nur unter unmittelbarer Beteiligung Deutschlands, vertreten durch eine Gesamtdeutsche Regierung ausgearbeitet werden müsse. Deshalb müßten die vier Mächte, die in Deutschland Kontrollfunktionen ausüben, auch die Frage der Bedingungen prüfen, die die schleunige Bildung einer gesamtdeutschen, den Willen des deutschen Volkes ausdrückenden Regierung fördere. Die Sowjetregierung unterbreitete gleichzeitig den Regierungen der drei Westmächte einen eigenen Entwurf für einen Friedensvertrag mit Deutschland zur Prüfung, schlug vor, diesen zu erörtern, und erklärte sich bereit, auch andere eventuelle Vorschläge zu dieser Frage zu prüfen, und hoffte auf eine Antwort in kürzester Frist.

Die in dem Entwurf aufgeführten »Grundlagen des Friedensvertrages mit Deutschland« stellten etwas vollständig Neues in den Beziehungen zwischen den besiegten Deutschen und den vier Siegern und zur Zeit Besatzungsmächten dar. Noch keine von deren Regierungen hatte bisher einen konkreten Schritt in Richtung auf einen Friedensschluß vorgeschlagen.

Dazu wurde der Abzug aller Besatzungstruppen spätestens ein Jahr nach Friedensschluß in Aussicht gestellt.

Drittens sollten dem wiedervereinigten Deutschland eigene nationale Streitkräfte zu seiner Verteidigung zugebilligt werden, samt dem Recht der Produktion von Kriegsmaterial und -ausrüstung im Rahmen der Erfordernisse dieser Streitkräfte.

Schließlich sollte die Friedenswirtschaft Deutschlands und der Außenhandel, die Seeschiffahrt und der Zugang zu den Weltmärkten keinerlei Beschränkungen unterliegen.

Neben diesem Bündel von positiven Zugeständnissen enthielt die Note zwei Einschränkungen:

Als Territorium Deutschland wollte die Sowjetunion nur die Gebiete Bundesrepublik, DDR und das Saargebiet ansehen, die Ostgebiete des Reiches jenseits von Oder und Neiße jedoch ausschließen.

Deutschland sollte sich verpflichten, sich an keiner Koalition oder Militärbündnissen zu beteiligen, die gegen einen der Gegner Deutschlands im letzten Kriege gerichtet sind.

Als wir beide den Text der sowjetischen Note gelesen hatten, sagte Gotthart zu mir: »Herzlichen Glückwunsch!« und setzte auf meinen verwunderten Blick scherzhaft hinzu: »Na, die Sache hast du doch in Moskau bestellt!« Zuerst

erschrak ich. Geheimer konnte man einen Schritt doch gar nicht behandeln, als ich es mit meiner Intervention gemacht hatte. Selbst den einzigen Durchschlag der Denkschrift hatte ich im selben Augenblick vernichtet, als Emil Hoffmann mir mitteilte, daß Semjonow das Original erhalten habe. Mit keinem Menschen, nicht einmal mit Eva, hatte ich darüber gesprochen und auf der Schreibmaschine alles selbst geschrieben und natürlich die Kopie bis zu ihrer Vernichtung stets bei mir getragen, nachdem ich das Kohlepapier zu ihrer Anfertigung gleich beseitigt hatte. Wie konnte Gotthart davon etwas wissen?
Ganz schnell wurde die Sache geklärt. Ich dachte dauernd an meine Denkschrift, Gotthart aber hatte unseren Informationsbrief vom 14. Januar im Kopf, den er mir jetzt unter die Nase hielt. Inhaltlich und an einigen Stellen sogar in der Wortwahl stimmte die sowjetische Note mit dem überein, was ich da gefordert hatte, zum Beispiel in bezug auf die Blockfreiheit.
Die vorherrschende erste Reaktion auf die sowjetische Note in der Öffentlichkeit war eine große Überraschung. Der Bundesminister für gesamtdeutsche Fragen, Jakob Kaiser, warnte am 12. März in einer Rundfunkansprache vor allzu hastigen Meinungsäußerungen, die in der Situation Deutschlands zwischen West und Ost nicht von Nutzen seien, und bezeichnete die Note als ein »gewichtiges Ereignis« der letzten Monate. Ganz Deutschland frage heute, ob der Vorschlag der Sowjetunion an die Westmächte verstärkte Hoffnung bedeute. Darauf könne man nur antworten: »Das wird die Erfahrung lehren. Deutschland und die Westmächte werden jedenfalls sorgsam zu prüfen haben, ob sich wirklich im Verhältnis zwischen Ost und West ein Wendepunkt andeutet.«
Mit »Deutschland« war ganz offensichtlich die Bundesrepublik gemeint, aber abgesehen von dieser gefährlichen Gleichsetzung, die sich im Sprachgebrauch immer mehr einbürgerte, fanden wir die Äußerung Kaisers doch positiv, wenn er damit für Verhandlungen mit der Sowjetunion eintreten wollte. Es nahm wohl kaum einer der Zuhörer des Ministers an, daß mit einer sorgsamen Prüfung nur mehrmaliges Lesen der Note und Gespräche untereinander in Bonn und mit den Westmächten gemeint sein konnten.
Adenauers Staatssekretär im Auswärtigen Amt, Prof. Hallstein, der sich zu einem Vortrag an der Georgetown-Universität in Washington befand, hatte die Sowjetnote als »unvollständig und sinnlos« bezeichnet und auf einer Pressekonferenz erklärt, wir wollten die europäische Integration bis zum Ural ausdehnen. Die Reuter-Meldung darüber wurde in Bonn dahingehend abgeschwächt, daß Hallstein nur die Hoffnung ausgedrückt habe, daß die europäische Integration auf viele der Staaten im Osten und die DDR eine attraktive Wirkung haben werde. Prompt veröffentlichte Reuter einen Teil der Bandaufnahme der »Stimme Amerikas«: »Sie haben heute abend vom Schuman-Plan und der Integrierung Europas gesprochen. Möchten Sie uns nicht den Begriff ›Europa‹ definieren?« »Als ich die Schule besuchte, habe ich gelernt, daß Europa in östlicher Richtung bis zu den Uralbergen reicht.« »Haben Sie das im

Sinn, wenn Sie die Integrierung Europas meinen?« »Ja, das ist das, was wir im Sinn haben.«
Es hätte der Richtigstellung durch die Reuter-Agentur gar nicht bedurft, um ein Licht auf den Geisteszustand Hallsteins und seiner nächsten Umgebung zu werfen. In seinem Kommentar »Endstation Ural« im Realpolitik-Tagesdienst beschäftigte sich Gotthart Ammerlahn mit Ausführungen, die er unmittelbar nach der ersten Hallstein-Meldung im CDU-offiziellen »Deutschland-Union-Dienst« gefunden hatte. Während die SPD ein Redeverbot für Hallstein forderte, wurde er dort über den grünen Klee gelobt. Diejenigen, denen es ernst mit der europäischen Integration sei, hätten das große Endziel des Zusammenschlusses aller Teile des Kontinentes bis zum Ural nie aus den Augen verloren, auf das Hallstein jetzt mit aller Eindeutigkeit hingewiesen habe, hieß es. Und dazu der lapidare Satz: »Das ist gewiß ein Ziel, das an Weiträumigkeit nichts mehr zu wünschen übrig läßt.«
Das war wohl der richtige Ton, um in dieser Situation mit den Russen ins Gespräch zu kommen? »Größenwahn!« war das Urteil, das auf unserer Lagebesprechung vorherrschte. Der in Rußland – noch weit vor dem Ural – zusammengeschossene Ewald Koch ging weiter. Er nannte es ein Verbrechen. An solche Hirngespinste glaube doch ernsthaft niemand. Solche Äußerungen, meinte er, werden doch nur gemacht, weil sie geeignet sind, eine Einigung mit den Russen über Deutschland von vornherein zu verhindern.
Die erste öffentliche Äußerung Bundeskanzler Adenauers zu den sowjetischen Vorschlägen auf einer Arbeitstagung evangelischer Christen in der CDU in Siegen am 16. März 1952 schien unsere Befürchtungen zu bestätigen. Hier stellte er u. a. die Frage: »Wie soll das Problem der deutschen Gebiete jenseits der Oder-Neiße gelöst werden?« Nun, die Sowjets hatten darüber ihre Auffassung in der Note ja genannt, gleichzeitig aber auch sich für ihren ganzen Friedensvertrags-Entwurf, diesen Teil also einbegriffen, bereit erklärt, »auch andere eventuelle Vorschläge zu prüfen«. Einer Diskussion darüber zwischen den Westmächten und der Sowjetunion stand also nichts im Wege.
Doch zu dem, was in dem sowjetischen Vorschlag wirklich ganz neu war, zu dem Zugeständnis von Streitkräften für ein wiedervereinigtes Deutschland, hatte Dr. Adenauer in Siegen nur folgendes zu sagen: »Die in der Sowjetnote vorgeschlagene nationale Aufrüstung ist in Anbetracht der fortschreitenden Waffentechnik nicht möglich. Seit 1945 sind in der militärischen Forschung so große Fortschritte gemacht worden, daß Deutschland aus finanziellen und materiellen Gründen allein auf sich gestellt eine nationale Rüstung nicht aufbauen kann. Insofern ist dieser Teil der Note nur ein Fetzen Papier ...«

# 19 Die Chance zur Wiedervereinigung ausgeschlagen

Die sowjetische Note vom 10. März war der Prüfstein dafür, wie ernst es die Deutschen in der Bundesrepublik mit der in der Präambel ihres Grundgesetzes enthaltenen Aufforderung zur Wiedervereinigung nahmen. Die Chance dazu war in der Note angeboten unter Bedingungen, wie sie seit dem 8. Mai 1945 noch von keiner Seite der zerstrittenen Sieger je offeriert wurden: volle Souveränität, Abzug der Besatzungstruppen innerhalb eines Jahres, ein Friedensvertrag, der nach Aushandlung mit einer gesamtdeutschen Regierung zustandekommen sollte. Was wir dagegen zur Zeit hatten, waren *zwei* deutsche, nicht-souveräne, von fremden Heeren besetzte Staaten, und die Aussichten für Westdeutschland nach dem Stand der Verhandlungen mit den Westmächten: Fortdauer der Besatzung ohne zeitliche Begrenzung, Vorenthaltung der Souveränität in entscheidenden Lebensfragen auf dieselbe unbegrenzte Dauer, Stellung von Hilfstruppen unter fremdem Oberbefehl in einem Militärbündnis, das gegen die Macht gerichtet war, die den anderen Teil Deutschlands in der Hand hatte. Dazu noch bestand zwischen West und Ost ein nicht zu Unrecht »Kalter Krieg« genanntes Spannungsverhältnis, in dem man auf beiden Seiten mit der Möglichkeit des Übergangs in einen Schießkrieg rechnete und dafür schon zu rüsten begonnen hatte. Wie sich vor dieser Alternative das befragte Volk entschiede, konnte kaum zweifelhaft sein. Nur wurden ihm die beiden Aussichten nicht so klar vor Augen geführt. Es war eine kleine Minderheit, die sie so deutlich sah, und im übrigen sollte das Volk erst einmal auch gar nicht gefragt werden. Gefordert war die Bundesregierung, ohne deren Rückendeckung nach Lage der Dinge die Westmächte der Sowjetunion in dieser Frage von entscheidender Bedeutung kaum antworten konnten. Die Bundesregierung aber, das war, wie sich schon oft gezeigt hatte, wenn es um Dinge von wirklichem Belang ging, nur ein Mann, der bestimmte: Konrad Adenauer.

Noch bevor dieser in Siegen von einem »Fetzen Papier« gesprochen hatte, war von Bonn aus schon dem allgemeinen Eindruck nach Bekanntwerden der sowjetischen Vorschläge, daß man es diesmal tatsächlich mit etwas Neuem zu tun hatte, mit der Sprachregelung entgegengetreten worden, das ganze sei nur ein Manöver, um den bevorstehenden Abschluß der Verträge mit den Westmächten zu verhindern oder mindestens auf lange Frist zu verzögern. Daß dies von den Russen bezweckt wurde, war ja nicht einmal falsch, und ich hätte es als allerletzter bestreiten können. Schließlich hatte ich ihnen ja bedeutet, daß Vorschläge mit exakt dieser Substanz von ihrer Seite kommen müßten, sollten die westlichen militärischen Integrationspläne überhaupt noch verhindert werden. Aber ich zweifelte auch nicht, daß hier weit mehr als Verzögerungstaktik im Spiele war. Der angebotene Preis, die deutsche Wiedervereinigung

unter Aufgabe der sowjetischen Herrschaft in der DDR, würde auch gezahlt werden. Im Krieg hatte die deutsche Wehrmacht, allein und noch mit den Gegnern Großbritannien, Frankreich und schließlich Amerika im Rücken, die Sowjetunion an den Rand des Zusammenbruchs gebracht. Daß die Rote Armee in den Jahre 1944 und 1945 wieder eine hohe Offensivkraft zurückgewinnen konnte, war nicht zuletzt auch mit auf amerikanische Materialhilfe zurückzuführen. Jetzt dagegen stand ein Bündnis von deutschen Soldaten und amerikanischer Wirtschaftskraft in Aussicht. Vom Kreml aus gesehen, war das eine lebensgefährliche Bedrohung.
Diese zu beseitigen, konnte kaum ein Preis zu hoch sein. Etwas Ernsthafteres als der angebotene Handel war kaum denkbar. In dieser Beurteilung stimmten Redaktion und Mitarbeiter der »Realpolitik« und die Freunde von der Dritten Front überein, und zum ersten Mal seit längerer Zeit breitete sich unter uns etwas wie Optimismus aus, daß das Verhängnis für die nationale Einheit, das in der militärischen Westintegration lag, doch noch abgewendet werden könnte. Trotz Adenauers Rede vom »Fetzen Papier« konnte sich keiner von uns vorstellen, daß mit der Sowjetunion nicht über ihre Vorschläge verhandelt werden würde.
Darüber, was Bundeskanzler Adenauer mit den westlichen Hohen Kommissaren besprach, wurde offiziell nichts bekanntgegeben, außer gleich nach dem ersten Gespräch am 11. März, daß die Vertragsverhandlungen mit den drei Westmächten unbeschadet der Sowjetnote weitergeführt würden. Einige Tage später rügte Adenauer im Bundeskabinett den Minister Jakob Kaiser für seine Rundfunkrede vom 12. März. Aus Bonn wurde uns berichtet, daß Adenauer bei den Westalliierten gegen eine Konferenz mit der Sowjetunion eintrete. Die überwiegende Meinung der politischen Kreise der Bundeshauptstadt, bis hinein in die CDU und bis zu einzelnen Mitgliedern der Bundesregierung, wie Jakob Kaiser und Vizekanzler Blücher, war jedoch, daß die russischen Absichten in Gesprächen erkundet werden müßten. Die Sozialdemokraten forderten eindeutig von der Bundesregierung, bei den Westmächten auf eine Viererkonferenz zu dringen. Und in alliierten Kreisen in Bonn wurde die Befürchtung laut, daß ein abschlägiger Bescheid auf den sowjetischen Vorschlag einer Konferenz schließlich dazu führen könnte, daß der Bundestag die – im übrigen im Augenblick noch gar nicht einmal unterschriebenen – Verträge mit den Westmächten gar nicht ratifizieren werde, bevor den Deutschen nicht durch Verhandlungen mit der Sowjetunion der Beweis geliefert würde, daß alles versucht worden sei, um mit dieser zu einer tragbaren Lösung der deutschen Frage zu kommen.
Aus der großen Presse in Frankreich und England, in den USA und in der Schweiz ging hervor, daß dort das sowjetische Angebot durchaus nicht als bloßes taktisches Manöver betrachtet wurde. Man sah, daß hier Entscheidungen von großer Tragweite für die Zukunft Deutschlands und darüber hinaus Europas fallen konnten, mit einem möglicherweise ganz anderen als dem

bisher als sicher erwarteten Ausgang. Daß die Deutschen jetzt als von beiden Seiten Umworbene, wenn sie nur die Gelegenheit ergriffen, in einer starken Position waren, drückte der Londoner »Economist« mit dem Satz aus: »Die Auktion um Deutschland ist im Gange, und die Angebote steigen.« Das Blatt meinte, der Westen müsse den Deutschen mehr bieten als bisher, da bekanntlich bei einer Auktion der Meistbietende den gewünschten Gegenstand erwirbt.

Sehr ernst wurde die Chance, die in der sowjetischen Initiative liegen konnte, überall da genommen, wo man einer Wiedervereinigung Deutschlands mit der allergrößten Reserve oder gar Feindschaft gegenüberstand. Aber es gab auch weitsichtige Betrachtungen, wie etwa in der Londoner »Times«, die sich gegen die von Dr. Adenauer wiederholt und jetzt auch bei dieser Gelegenheit erneut vorgebrachte These wandten, man könne von der Sowjetunion später bessere Bedingungen erhalten:

»Das Argument, daß die Sowjetregierung noch vernünftiger wird, wenn die Westmächte diesen Fühler ignorieren und mit ihrer gegenwärtigen Politik fortfahren, ist verführerisch, hat aber offensichtliche Grenzen. Wenn, wie es wahrscheinlich ist, die Sowjetregierung dieses Angebot macht, um die Wiederbewaffnung Westdeutschlands innerhalb des Atlantik-Paktes zu verhindern, dann ist es klar, daß nach einer Wiederbewaffnung Westdeutschlands die Sowjetregierung das Gefühl haben mag, daß es keinen weiteren Sinn hat, noch irgendwelche Konzessionen auch nur anzubieten. Die Möglichkeit kann nicht von der Hand gewiesen werden, daß dies in der Tat die letzte Chance vor der endgültigen Teilung Deutschlands ist, mit allen Folgen, die darin liegen können.«

Nach gründlichem Abwägen allen Für und Widers kam das bedeutende britische Blatt zu dem Schluß: »Der Staatsmann ... kann wohl kaum mit dem gegenwärtigen Zustand zufrieden sein. Die künstliche Teilung Deutschlands, die Anwesenheit russischer Truppen an der Elbe, nur zwanzig Meilen von Hamburg, die Besetzung Österreichs, die prekäre Lage Berlins – alles das schafft eine gefährliche und explosive Situation, die jederzeit zum Kriege führen könnte. Man kann sich schwerlich auf den dogmatischen Standpunkt stellen, daß die zwar gefährliche, komplexe und faszinierende Aussicht eines vereinten und unabhängigen, in Grenzen bewaffneten Deutschlands schlimmer ist.«

Die drei gleichlautenden Antwortnoten der Westmächte wurden im sowjetischen Außenministerium in Moskau am 25. März überreicht. Ihr Studium zeigte, daß alle diejenigen, welche auf eine baldige Eröffnung von Ost-West-Verhandlungen hofften, ihre Erwartungen auf ein Minimum herabschrauben mußten. Die Westmächte wichen der sowjetischen Anregung einer Viererkonferenz aus, indem sie auf das Thema überhaupt nicht eingingen, dagegen aber einzelne Punkte der Sowjetnote und des mit dieser überreichten Friedensvertragsentwurfes ablehnten. Die Sowjetunion wurde aufgefordert, erst einmal

die UNO-Kommission zur Prüfung der Voraussetzungen für freie gesamtdeutsche Wahlen in ihrer Besatzungszone zuzulassen. Für eine etwaige gesamtdeutsche Regierung wurde die Möglichkeit verlangt, sowohl in der Zeit vor als auch nach Abschluß eines Friedensvertrages Bündnisse abzuschließen, die mit den Grundsätzen und Zielen der Vereinten Nationen in Einklang ständen. Damit war die Hauptvoraussetzung dafür, daß die Sowjetunion eine Wiedervereinigung Deutschlands zuließ und sich aus der DDR zurückzog, von vornherein abgelehnt. Über einen Friedensvertrag wollten die Westmächte erst diskutieren, wenn durch freie Wahlen eine gesamtdeutsche Regierung gebildet wäre. Der sowjetischen Auffassung, daß auf der Potsdamer Konferenz endgültige deutsche Grenzen festgelegt worden seien, wurde widersprochen. Territoriale Fragen müßten einer Friedensregelung vorbehalten bleiben. Schließlich wurden nationale Streitkräfte für Deutschland abgelehnt, weil diese mit der Erreichung des Zieles der Westmächte, Deutschland an einem europäischen Verteidigungsbündnis zu beteiligen, unvereinbar seien.
Damit war eine glatte Zurückweisung aller wesentlichen Punkte der sowjetischen Vorschläge und dazu die Weigerung ausgesprochen, über diese mit der Sowjetunion auch nur zu sprechen.
Aus Bonn hatten wir gehört, daß Dr. Adenauer sein Bestes getan hatte, um die ohnehin nicht zum Verhandeln geneigten Westalliierten in ihrer ablehnenden Haltung zu bestärken. In der bundesdeutschen Presse kam dieser Einfluß kaum zur Sprache, und Adenauer selbst hütete sich natürlich, das erkennen zu lassen.
Sein Wirken in diesen entscheidenden Wochen blieb im wesentlichen geheim.[33]
In »Le Monde« kam dessen diplomatischer Mitarbeiter André Fontaine in einer Analyse der Deutschlandpolitik und der Möglichkeiten der Wiedervereinigung zu dem Schluß, daß es auch in Deutschland Befürworter der Aufrechterhaltung der Teilung gebe. »Von einer Aufrechterhaltung der Teilung Deutschlands verspricht sich der Kanzler Adenauer nur Vorteile, weil die Wiedervereinigung der beiden Deutschland durch einen massiven Zuwachs protestantischer und sozialistischer Stimmen das Wahlgleichgewicht erschüttern und ihn der letzten Chance berauben würde, sein eigener Nachfolger zu werden. Zur gleichen Zeit, wie er diesen Gesichtspunkt in Privatunterhaltungen von sich gibt, versichert er vor der Öffentlichkeit, daß einzig die Integration der Bundesrepublik in Europa die Wiedervereinigung des alten Reiches gestatten werde.« Das sei zweifellos nur ein innenpolitisches Manöver, um auf die Angriffe Schumachers zu antworten, meinte Fontaine in »Le Monde« weiter.
In der gleichen Ausgabe schrieb der Berliner Korrespondent des Blattes, Georges Penchenier, über den Bundeskanzler: »Sein christliches und politisches Ideal verbietet es ihm, sich ein anderes Europa vorzustellen als das der Vergangenheit: westlich und konservativ. Selbst die Idee eines nichtkommuni-

stischen, aber sozialistischen Europa erscheint ihm bis zu einem solchen Grade hassenswert, daß er es vorzieht, lieber auf die Einheit des Landes zu verzichten, als zuzusehen, wie der Staat in andere Hände übergeht als die der christlichen Demokratie.« (real 83/52 vom 9.4.52)
Wir gaben diese französischen Stimmen durch unseren Tagesdienst weiter, aber der Abdruck war minimal; kaum eine Tageszeitung übernahm die Zitate, die doch jede Redaktion, ohne sich mit ihnen zu identifizieren, in ihrer Presseschau hätte bringen können. Noch schlimmer erging es einem Artikel von Gustav Heinemann in der gleichen Ausgabe von »Realpolitik«. Von den 93 Zeitungen, die wir belieferten, brachte nur eine seinen Kommentar zu der westlichen Antwortnote.
Der ehemalige Bundesinnenminister war inzwischen zur *Un*person geworden. Die Versammlungen seiner »Notgemeinschaft für den Frieden Europas« wurden als »kommunistisch« verschrien und von aufgehetzten Radaubrüdern gestört oder gesprengt, und der Konformismus in der Presse hatte sich schon so weit ausgebreitet, daß niemand mehr drucken wollte oder zu drucken wagte, was, wie z. B. die folgenden Sätze in dem angeführten Artikel, nur eine Feststellung von Tatsachen war:
»Es ist kein Geheimnis, daß der erste von Eden verfaßte Entwurf für die Antwort der Westmächte auf die Sowjetnote wesentlich offener gehalten war als die nunmehr wirklich gegebene Antwort. Acheson und Dr. Adenauer haben es erreicht, daß der Fortgang der Bemühung um eine jetzige gesamtdeutsche Lösung wesentlich erschwert worden ist. Washington will westdeutsche Rekruten haben und hat darum ein Interesse, daß eine Wiedervereinigung Deutschlands jedenfalls jetzt *nicht* zustande kommt. Dr. Adenauer will die Westintegration der Bundesrepublik vor jeder anderen Lösung.«
Nicht verwunderlich war dagegen, daß der Bundeskanzler in der »Neuen Zürcher Zeitung« Beifall fand. Wir verfolgten dieses Blatt genau; und seit die Fragen von Wiederbewaffnung der Bundesrepublik und eventueller Neutralität für Deutschland auf der Tagesordnung waren, hatte es stets eine Einstellung gezeigt, die man etwa so charakterisieren konnte: Neutralität für Deutschland kommt nicht in Frage. Es ist vielmehr die verdammte Pflicht und Schuldigkeit der Deutschen, sich im Bündnis mit den Westmächten zu bewaffnen und zu rüsten, damit ein möglichst starker Schutzwall gebildet wird, hinter dem wir neutralen Schwyzer vor den bösen Bolschewisten sicher sind. So gab die Gouvernante von Zürich jetzt eine sehr gute Note:
»Die Antwort der Westmächte auf den Vorschlag Moskaus zur Einberufung einer Friedenskonferenz bildet in dem Meinungskampf, der in Bonn um die außenpolitische Orientierung der Bundesrepublik geführt wird, einen klaren Erfolg für Adenauer. Es bestätigt sich, daß die Regierungen von Washington, London und Paris seine Auffassungen in vollem Umfang tei-

len ... Das ist der Erfolg der Konzeption des Kanzlers, welche die Einbeziehung Deutschlands in die Gemeinschaft der westlichen Nationen seiner Wiedervereinigung voranstellt.«

Was aber, wenn die Russen auf die Forderung des Westens nach freien Wahlen eingingen? Am 31. März gelang es den Redakteuren von 50 größeren amerikanischen Lokalzeitungen auf schriftlich an die Spitze der Sowjetunion gerichtete Fragen von Stalin selbst Antworten zu bekommen. Neben solchen, die allgemein das Ost-West-Verhältnis betrafen, war auch die höchst aktuelle Frage gestellt, ob Stalin meine, daß der gegenwärtige Zeitpunkt für eine Wiedervereinigung Deutschlands geeignet sei. Kurz und klar hatte er darauf geantwortet: »Jawohl, ich bin der Meinung.«

Am selben Tage fragte der »große alte Mann« des amerikanischen Journalismus, Walter Lippmann, in der »New York Herald Tribune«: »Sind wir denn darauf vorbereitet, freie Wahlen wirklich durchzuführen?«, und er wies darauf hin, daß solche Wahlen die ganze Adenauer-Politik der Integration mit den Westmächten über den Haufen werden würden. Lippmann warnte vor der Annahme, die Sowjetunion könnte schon wegen des (totalitären) Charakters ihres Systems freie Wahlen nicht zulassen; im Gegenteil könnte sie sehr wohl dazu bereit sein, wenn das die Niederlage Adenauers und aller jener bedeuten würde, die sich mit dem Westen integrieren wollen.

Einige Tage später, am 5. April, sah er in seinem Beitrag in der »Herald Tribune« noch schwärzer:

»Die Krise, die jetzt auf uns zukommt, besteht in der zunehmenden Wahrscheinlichkeit, daß die Sowjetregierung beschlossen hat, freien Wahlen in ganz Deutschland nicht nur zuzustimmen, sondern in der Tat darauf sogar zu bestehen.« In diesem Fall galt nach seiner Meinung die folgende logische Sequenz:

»1. Der Einfluß der USA in Westdeutschland fußt auf der Adenauer-Regierung.
2. Die Adenauer-Regierung basiert vorwiegend auf den katholischen und konservativen Wählern des Rheinlands und Bayerns.
3. Diese Wähler sind in einem vereinigten Deutschland, wo es eine protestantische und sozialistische Mehrheit gibt, eine Minderheit.
4. Deshalb werden gesamtdeutsche Wahlen der Basis des amerikanischen Einflusses in Deutschland die Füße wegschlagen.«

Es war für Gotthart und mich nicht leicht, uns jeden Tag neuen Zeugnissen eines wie eine unaufhaltsame Flut höher steigenden Konformismus gegenüberzusehen; allzusehr wurden wir immer wieder an die ähnliche Erscheinung im Dritten Reich und die Folgen erinnert. Doch in mancher Beziehung fanden wir alles heute noch viel schlimmer. Die Drohung mit dem Konzentrationslager im äußersten Falle war nicht mehr da, aber dafür hatte die freiwillige Gleichschaltung in bestimmten Fragen, wie zum Beispiel unserem Verhältnis zum Osten, kein geringeres Maß angenommen als zur Zeit der

Sprachregelungen von Reichspropagandaminister Dr. Joseph Goebbels. Manchmal wurde in diesen Wochen äußerster Spannung bei täglicher 14–16stündiger Beschäftigung mit Politik die Grenze des Erträglichen erreicht. So beim Lesen eines Artikels, den der amerikanisch lizenzierte, von Deutschen redigierte und in deutscher Sprache gedruckte Berliner »Tagesspiegel« am Tage nach der Übergabe der westlichen Antwortnote brachte, und in dem es u. a. hieß:

»Wenn wir sagen, wir nehmen die Spaltung Deutschlands als bewußtes Opfer auf uns, zum Besten der Erfolgsaussichten der westlichen Weltauffassung, geben wir der Not unserer Tage den großen geschichtlichen Sinn. Die Spaltung Deutschlands als Aufgabe erkennen, heißt verstärkt und pausenlos alles tun, um die innere Westentscheidung der Sowjetzone in praktische Befreiungspolitik des Westens umzusetzen. Die Leiden der Sowjetzone können ihren geschichtlichen Lohn nur finden, wenn es gelingt, Deutschland Stalins Stalingrad werden zu lassen.«

Als ich die letzte Wendung las, packte mich ein ähnliches Gefühl, wie es an jenem Tag vor drei Jahren beinahe Arthur Reiss und mich zu Tätlichkeiten hingerissen hätte, als Dr. Eberhard Taubert begeistert von dem bevorstehenden »großen Endkampf mit dem Bolschewismus« schwärmte. Die Millionen Toten und Verstümmelten des Hitlerschen Abenteuers auf beiden Seiten blieben mir stets im Gedächtnis, und Stalingrad war kein Begriff, mit dem jemand so jonglieren durfte. Doch mit dem Clou ihrer Auslassung übertrafen die Tagesspiegler sich selbst: »Nur hinter dieser Erkenntnis sehen wir eine Zukunft für Deutschland. Sie wird keine ›deutsche Zukunft‹ mehr sein; so etwas gibt es nicht mehr. Aber es wird eine Zukunft sein unter dem bestimmenden Einfluß Amerikas.«

Die Gespräche in unserem Freundeskreis drehten sich naturgemäß oft um die Persönlichkeit des Mannes, der so souverän in Bonn die Politik der Bundesrepublik bestimmte; es wurde nach seinen wahren Motiven gefragt, hinter dem, was er öffentlich bekundete. Daß er es mit der Wahrheit nicht sehr genau nahm, hatte sich schon manchmal gezeigt, es wurde vor allem von Leuten bezeugt, die näher mit ihm, auch schon in seiner Oberbürgermeisterzeit vor 1933, in Berührung gekommen waren und etwas für die Geschichtsschreibung hinterlassen hatten, aber ich kannte auch einige, die noch lebten. Doch diese Eigenschaft des »Alten« überschritt wohl nur um ein Quentchen das Maß, das man von Politikern, die auf Massenzustimmung angewiesen waren, allmählich gewohnt war. Entscheidend war jetzt die Frage, wie stand Konrad Adenauer wirklich zur Einheit der Nation?

Für einige war das Thema erledigt, war er als der Verräter, der Separatist, abgestempelt, war jedes Lamento, das er gelegentlich anstimmte über die bedauernswerten »Brüder und Schwestern in der Soffjetzone«, wie es in seiner Aussprache hieß, pure Heuchelei.

Bedeutende Presseorgane des Auslandes hatten ihm in der Diskussion um die sowjetische Note bescheinigt, daß er die Westintegration der deutschen Wiedervereinigung vorziehe. Diesen Eindruck hatten sie aus seinem tatsächlichen politischen Verhalten gewonnen. Wenn er aber dauernd betonte, daß wir über diesen Weg die Wiedervereinigung Deutschlands in Freiheit bekämen, fragte ich mich, ob er hier nur zur Beschwichtigung des Volkes log oder tatsächlich der Überzeugung war, daß dieses Ziel so erreicht werden könnte. Zwar zeichnete seine politischen Äußerungen oft eine geistige Dürftigkeit bis zur Primitivität aus, aber es fiel mir trotzdem schwer, zu glauben, daß ein Mensch in einer Stellung, in der ihm Beratung und Information in Fülle zur Verfügung stand, zu einem politischen Fehlurteil solchen Ausmaßes gelangen konnte.

Die Hitlersche Falscheinschätzung Rußlands wurde hier ja noch übertroffen! Die Substanz der von Adenauer im Verein mit den Westmächten verfolgten Politik, von der der Bundeskanzler behauptete, daß sie zur Wiedervereinigung führe, bestand doch darin, daß die Bundesrepublik einem gegen die Sowjetunion gerichteten Militärbündnis beitrat, von der Sowjetunion verlangte, aus der anderen Hälfte Deutschlands zu verschwinden und zuzulassen, daß die gegnerische Militärmacht durch das von ihr geräumte Gebiet noch weiter nach Osten vorrückte, von der Elbe bis an die Oder. Und das alles unter der bereits von Adenauer und Mitarbeitern öffentlich gemachten Ankündigung, auch dort nicht etwa haltmachen zu wollen, sondern darüber hinaus noch weiter nach Osten der Sowjetunion selbst auf den Leib zu rücken. Nichts anderes bedeutete doch für jeden, der unbefangen die Worte prüfte, die wiederholte Betonung, daß wenn der Westen stark genug geworden wäre, um den Zeitpunkt für Verhandlungen mit der Sowjetunion für günstig zu erachten, mit der deutschen Frage gleichzeitig die ganze Frage einer Neuordnung in Osteuropa angeschnitten werden müßte. Diese Politik hieß, wie die Schweizer »Nationalzeitung« in Basel in ihrem Kommentar zur westlichen Antwortnote geschrieben hatte, von der Sowjetunion die »bedingungslose Kapitulation« zu erwarten.

Mehr noch! Zogen wir die Linie unserer Betrachtungen weiter: Da Adenauer gleichzeitig beschwor, die Wiedervereinigung auf friedlichem Wege herbeiführen zu wollen, lief diese Politik darauf hinaus, von der Sowjetunion in einer existentiellen Frage die bedingungslose Kapitulation zu erwarten, ohne sie vorher in einem Kriege so geschlagen zu haben, daß sie zu dieser äußersten Erniedrigung gezwungen wäre.

Hier türmte sich, wenn es sich nicht um demagogische Vorspiegelungen zur Volksverführung handelte, sondern diese Annahmen ernsthaft für möglich gehalten wurden, eine falsche Spekulation über der anderen zu einer gigantischen Fehlkalkulation auf.

Was würde diese falsche Rechnung kosten, wenn nicht rechtzeitig ein dicker Strich durch sie gemacht würde? Die deutsche Wiedervereinigung sicherlich, wenn nicht den deutschen Volkstod in einem dritten Weltkrieg.

In diesen Tagen bekamen wir einen psychologischen Einblick bis auf den Grund des adenauerschen Bewußtseins, sicher nicht zufällig in einer Äußerung, die er in dem Hochgefühl der Befriedigung über etwas von ihm persönlich Erreichtes und nicht taktisch-berechnend auf ein noch angesteuertes Ziel hin machte. Stolz verkündete er auf einer CDU-Versammlung in der Bonner Universität am 18. März 1952, daß die drei westlichen Außenminister in der zweiten Maihälfte zur Unterzeichnung des Generalvertrages nach Bonn kommen und »damit *Deutschland* demonstrativ seine Souveränität zurückgeben werden«. Abgesehen davon, daß nach dem Inhalt des Generalvertrages von wirklicher Souveränität selbst für die Bundesrepublik nicht die Rede sein konnte, sagte Adenauer hier »Deutschland«, und er wiederholte das kurz darauf, indem er von einem »deutsch-alliierten Vertragswerk« sprach, obwohl ein Vertrag nur von der Bundesrepublik mit den Westmächten geschlossen wurde, und noch einmal erwähnte er die »*deutsche* Souveränität«, die durch dieses Vertragswerk »wiederhergestellt« werde. »Wehe, wenn diese Gleichsetzung von Deutschland und Bundesrepublik und die Substitution von deutsch für bundesrepublikanisch, die da auf dem Grund der Seele von Konrad Adenauer erscheint, bei anderen Schule macht oder sich gar in den allgemeinen Sprachgebrauch einschleicht!« sagte Gotthart Ammerlahn, der bei der Abwägung von Zukunftsmöglichkeiten sicherheitshalber immer mit dem Eintreten des Schlimmsten rechnete – und dabei nur zu oft recht behielt. »Dann ist geistig die Abschreibung alles dessen von Deutschland, was außerhalb der Grenzen der Bundesrepublik liegt, schon vollzogen.«

Am 9. April beantwortete die Sowjetunion die Note der Westmächte vom 25. März. Sie betonte die »Dringlichkeit des Abschlusses eines Friedensvertrages mit Deutschland«, die es notwendig mache, daß die vier Mächte »unverzüglich Maßnahmen zur Vereinigung Deutschlands und zur Bildung einer gesamtdeutschen Regierung treffen«. Sie sollten »ohne Verzug die Frage der Durchführung freier gesamtdeutscher Wahlen erörtern«, und da alle vier Mächte deren Notwendigkeit bereits anerkannt hatten, ließe sich »daraus die Möglichkeit schaffen, diese Wahlen in kürzester Zeit durchzuführen«. Die vom Westen vorgeschlagene UNO-Kommission wurde unter Hinweis auf die UN-Charta abgelehnt, dafür hieß es jedoch: »Eine solche Prüfung könnte durch eine Kommission vorgenommen werden, die von den vier in Deutschland Besatzungsfunktionen ausübenden Mächten zu bilden wäre.« Das war das Kernstück dieser Note, von den anderen im Notenwechsel bisher angeschnittenen Fragen ging sie noch einmal, ohne am bisherigen Standpunkt der Sowjetunion etwas zu ändern, auf zwei Punkte ein: die Verpflichtung für Gesamtdeutschland, keine Militärbündnisse einzugehen, und das Zugeständnis von nationalen Streitkräften. Bei den letzteren wurde daran erinnert, daß die Sowjetunion in ihrem Entwurf zum japanischen Friedensvertrag einen gleichartigen Vorschlag gemacht habe. »Ein solcher

Vorschlag entspricht den Grundsätzen der nationalen Souveränität und der Gleichberechtigung der Staaten.«
Im Schlußabsatz wurde noch einmal die Dringlichkeit von Verhandlungen über die Zukunft Deutschlands betont.
Der Stolperstein der Wahlen sollte damit eigentlich bei einigem guten Willen auf westlicher Seite aus dem Wege geräumt sein, denn eine Prüfungskommission unter Einschluß der drei Westmächte, die nun schon seit 1945 sieben Jahre Erfahrungen in deutschen Angelegenheiten im Lande selbst gesammelt hatten, sollte eigentlich noch effektiver eine solche Funktion wahrnehmen können als jedes denkbare, von den Vereinten Nationen zu wählende, unvermeidlich viel weniger mit deutschen Angelegenheiten vertraute Gremium. Gespannt sahen wir der Reaktion der Westmächte auf die zweite sowjetische Note entgegen.
Als der siebente Jahrestag des 8. Mai 1945 sich näherte, hielt ich es gerade in der Situation dieses Jahres für notwendig, an einiges zu erinnern und tat das mit einem Artikel »Das Reich im Interregnum«. Vor allem wies ich, vor dem Hintergrund des merkwürdigen Deutschland-Begriffs, den Adenauer in seiner Rede in der Bonner Universität enthüllt hatte, darauf hin, daß deutsche und alliierte Juristen verschiedentlich festgestellt hätten, daß das Deutsche Reich mit dem 8. Mai 1945 nicht aufgehört hätte, als Rechtsinstitution zu bestehen, obwohl zur Zeit weder eine Regierung noch eine Volksvertretung existiere. Wenn auch die Wehrmacht die Waffen niedergelegt habe, so sei aus dieser Kapitulation heraus doch niemand befugt, einen Deutschen von seiner Treuepflicht gegenüber dem Reich zu entbinden. Diese habe während des siebenjährigen Interregnums weiterbestanden und bestehe auch darüber hinaus weiter, bis ein vom deutschen Volke in voller Freiheit gewählter Reichstag neue Gesetze beschlösse. Ich wurde sehr deutlich in der kühnen Voraussage: »Wenn wir uns nicht auf diesen Standpunkt stellen, rechtlich und politisch, haben wir als staatstragendes Volk abgedankt und unsere Geschichte als freies Volk ist mit dem Jahre 1945 zu Ende.« Der Maßstab, der an die Politik in beiden Hälften Deutschlands, in diesen »Notbehelfen« Bundesrepublik und Deutsche Demokratische Republik, anzulegen sei, könne nur die Frage sein, ob sie der Wiedervereinigung und Befreiung Gesamtdeutschlands diene.
Was ich kaum noch zu hoffen gewagt hatte, der Artikel mit diesem rigorosen Standpunkt wurde von acht mittleren und kleineren Tageszeitungen in Westfalen und Norddeutschland und in einer Wochenzeitung abgedruckt.
In meine inzwischen auf 14–18 Stunden am Tage, Sonntage fast ganz eingeschlossen, gewachsene Arbeitszeit fiel neben der journalistischen und politischen Tätigkeit noch ein konkreter wirtschaftspolitischer Versuch, der längerfristig vielleicht auch geeignet sein konnte, als Nebenprodukt etwas zu der so notwendigen finanziellen Basis für die politische Arbeit beizutragen.
Die Erfahrungen, die Sachkenntnis und die persönlichen Beziehungen, über die wir in der Dritten Welt von Ägypten bis China verfügten, sollten nicht, wie

es die Situation Deutschlands unter fremder Besatzung seit dem 8. Mai 1945 mit sich gebracht hatte, weiter brachliegen. Während die Bonner Außenpolitik sich noch fast ausschließlich in Beziehungen zu den westlichen Besatzungsmächten erschöpfte, versuchte ich mit meinen Freunden, dem Gedanken der Dritten Front auch einen konkreten Unterbau zum Nutzen für die deutsche Zukunft, die wir uns immer nur gesamtdeutsch vorstellen konnten, oder auch ganz gegenwärtig für die Wirtschaft in der Bundesrepublik zu verschaffen. Seit Anfang des Jahres beschäftigte mich das Projekt eines »Asienkontors«.

Dr. Bidder, der inzwischen aus Peking zurückgekehrt war und jetzt im Wartestand in St. Augustin bei Bonn wohnte, in Ungewißheit, ob und wann er vielleicht einmal in den diplomatischen Dienst der Bundesrepublik übernommen würde, spielte dabei als großer Chinakenner mit Beziehungen auch zu den Führern der Volksrepublik ebenso eine Rolle wie Werner Otto von Hentig, dessen Ernennung zum Botschafter in Djakarta inzwischen erfolgt war und dessen Ausreise nach Indonesien im Mai 1952 stattfinden sollte. Zum mit dem Aufbau des Asien-Kontors befaßten Kreis gehörte auch neben Dr. Emil Hoffmann ein guter Bekannter von ihm, der im Bonner Wirtschaftsministerium eine für den Außenhandel sehr wichtige Position bekleidete und das Zukunftsträchtige in unseren Ideen sofort begriff, der Ministerialrat Dr. Matthias Schmitt.

Dadurch, daß Emil Hoffmann auch für schwedische Firmen beratend tätig war, ergab sich, daß wir unsere Planung nicht eng auf Deutschland beschränkten, sondern – ganz im politischen Sinne der Dritten Front – auch Neutrale wie Schweden und die Schweiz einbezogen. Das versprach eine gute Zusammenarbeit zum beiderseitigen Nutzen: Die schwedische und die Schweizer Wirtschaft konnten frei in der ganzen Welt handeln, während die Bundesrepublik und ganz besonders ihr Außenhandel doch erheblichen Restriktionen durch die Westalliierten unterworfen war. Im Gegenzug konnten Schweden und Schweizer da von unseren Kenntnissen und Beziehungen profitieren, wo wir ihnen voraus waren. Das galt besonders für China und den Nahen Osten. Am Aufbau des Asien-Kontors war so auch der schwedische Industrielle Birger Dahlerus interessiert, der in den dramatischen Tagen unmittelbar vor Ausbruch des Zweiten Weltkrieges versucht hatte, durch Vermittlung zwischen England und Deutschland das Unheil noch abzuwenden.[33] Dahlerus nahm an einigen Vorbesprechungen teil und war besonders von den Kenntnissen und persönlichen Beziehungen Bidders und Hentigs sehr beeindruckt.

In einem Arbeitspapier führte ich unter anderem aus, warum z. B. die Vereinigten Staaten ihre an sich günstige Position, beim Aufbau der asiatischen Entwicklungsländer zu helfen, gar nicht richtig nutzen könnten, obwohl sie früher gegen den Kolonialismus der europäischen Staaten eingetreten seien, gegen den die meisten asiatischen Länder ihre Freiheit erkämpfen mußten: »Die USA verteidigen nicht nur heute, z. B. in Indochina, die französische

Kolonialherrschaft, schon das Bestreben, andere Länder in eine gemeinsame Front einzubeziehen, wie es die USA immer wieder als Gegenleistung für wirtschaftliche Unterstützung versuchen, wird als Imperialismus betrachtet. Darüber haben Inder, Burmesen, Indonesier und Iraner gerade in den letzten Monaten keinen Zweifel gelassen.
Aus dieser (großen) Lage, die sich im Laufe von vielen Jahren nicht ändern wird, ergibt sich bei den asiatischen Völkern die Tendenz, soweit als möglich Hilfe für ihren wirtschaftlichen Aufbau weder bei der Sowjetunion noch bei den USA zu suchen, um nicht in Abhängigkeit zu geraten und in einen der beiden Machtblöcke hineingedrängt zu werden, sondern bei Nationen, die

1. industriell und technisch leistungsfähig sind,
2. keine kolonialen Interessen in Asien oder anderen Erdteilen mehr haben,
3. nicht die Tendenz verfolgen, die asiatischen Länder in eine bestimmte politische Richtung zu drängen.

Diese Länder sind in erster Linie Deutschland, Schweden, die Schweiz in zweiter Linie, Österreich, Italien und die Tschechoslowakei.
Jeder Kenner der Entwicklung in Asien wird bestätigen, daß bei den von noch jungem Nationalismus erfüllten Völkern, die soeben erst ihre Unabhängigkeit errungen haben, das politische Moment alle anderen überschattet. Es hat bereits Beispiele gegeben, wo asiatische Länder, die amerikanische Hilfsgelder bitter nötig gehabt hätten, diese ausschlugen wegen der politischen Bedingungen, die an ihre Gewährung geknüpft waren.«
Es war vorgesehen, daß das Asien-Kontor, von deutschen, schwedischen und schweizerischen Mitgliedsfirmen getragen, engen Kontakt zu führenden Persönlichkeiten in Politik und Wirtschaft der asiatischen Länder pflegen, u. a. auch diese bei Besuchen in den drei Ländern betreuen sollte. Durch eigene Berichterstatter in den Ländern Asiens sollte Informationsmaterial über deren Entwicklung gesammelt und, ebenso wie persönliche Beratung, den Mitgliedsfirmen zur Verfügung gestellt werden. Als eine wichtige Aufgabe betrachteten wir auch die Vermittlung von Lehrern und Fachkräften in die asiatischen Entwicklungsländer und umgekehrt die Vermittlung von Studienplätzen für Studierende und die Ausbildung von Fachkräften bei den Mitgliedsfirmen in Deutschland.
Nachdem in den Besprechungen des Initiativkreises Klarheit über Konzeption, Aufgaben und Tätigkeitsgebiete des Asien-Kontors geschaffen waren, warteten wir nicht bis zur Vollendung der, wie vorauszusehen war, etwas langwierigen strukturellen Organisation, sondern begannen mit den vorhandenen Kräften und Interessenten schon praktische Arbeit in Beziehungen und Vermittlertätigkeit mit Industrie und Außenhandelsfirmen in Hamburg, Frankfurt und München und im Ruhrgebiet, die hauptsächlich von Dr. Hoffmann durchgeführt wurde. Aber auch ich mußte, um persönliche Verbindungen zu schaffen, viel umherreisen, was wiederum gleichzeitig meiner publizistischen und politischen Tätigkeit diente.

Hatte vor kurzem US-General Eisenhower bezüglich der Pauschalbeschimpfung der deutschen Soldaten im Zweiten Weltkrieg »seinen Hut fressen« müssen, so war die Reihe zur Einnahme einer solchen Mahlzeit jetzt am Bundesminister für Gesamtdeutsche Fragen, Jakob Kaiser. Er erhob überraschend seine Stimme gegen Warnlisten, die andere als Kommunisten anschwärzten. Offenbar hatte das Bayerische Innenministerium, dem unser Anwalt mit den Gerichten gedroht hatte, nun seinerseits Kaisers Bundesministerium unter Druck gesetzt und eine stichhaltige Begründung für die Diffamierung der Dritten Front verlangt. Kaisers Leute konnten natürlich eine solche mangels Masse nicht liefern. Meistens versteckten sich die Verleumder ja unter Tarnnamen, aber mit der Broschüre »Augen auf!« hatten sie doch die Unvorsichtigkeit begangen, eine »Warnliste« offiziell durch das Ministerium zu verbreiten. Nun mußte der Chef vor den Produkten der angestellten Warner seiner eigenen Firma warnen! Über den punktuellen Erfolg konnte man sich freuen, aber was wog ein solcher Einstieg schon, wenn überall im Lande weiter Scharen von Handlangern der alliierten und Bonner Machthaber die Gehirne vernebelten und vergifteten?
Von Jakob Kaiser wurde immer wieder geflüstert, daß er in der Außenpolitik im Grunde mit Bundeskanzler Adenauer ganz und gar nicht übereinstimme und mehr gesamtdeutsch eingestellt sei. Doch was nützte das? Noch von einer ganzen Anzahl anderer in hohen Stellungen wurde Ähnliches gemunkelt, weil sie im engen Vertrautenkreise Kritik am Kurs des »Alten« laut werden ließen, ja sich sogar über diesen beklagten. Bei einer Konfrontation, wenn es wirklich darauf ankam, zu stehen, fielen sie dann regelmäßig um. Auch dieses Phänomen der Bonner Szene erinnerte Gotthart und mich immer wieder an die Jahre 1933–45.
In unserem Informationsbrief gaben wir dem Minister den Rat, Klarheit zu schaffen: »Wenn Jakob Kaiser beweisen will, daß ihm Deutschland mehr wert ist als sein Ministersessel, daß es ihm mit der gesamtdeutschen Aufgabe, der sein Ministerium den Namen entlehnt hat, ernst ist, dann gibt es nur eine Konsequenz, nämlich dem Beispiel Dr. Heinemanns zu folgen.«
Am 26. Mai 1952 unterzeichneten in Bonn Konrad Adenauer, Dean Acheson, Anthony Eden und Robert Schuman den »Vertrag zwischen der Bundesrepublik Deutschland und den Drei Mächten«, wie der offizielle Titel hieß, in der Bundesrepublik allgemein »Generalvertrag« genannt. Als ich den vollen Text zu Gesicht bekam, sah ich wieder einmal das oft gesprochene Wort meines Freundes Gotthart bestätigt, daß alles immer noch schlimmer käme, als man es in seinen schwärzesten Befürchtungen erwartet habe. Da über den Inhalt doch schon einiges vorher bekanntgemacht, anderes durchgesickert war, das mir die Bezeichnung »Unterwerfungsvertrag« aufgedrängt hatte, war ich auf viel gefaßt, aber aus dem Hauptdokument und den Zusatzverträgen krochen jetzt noch so viele knebelnde Bestimmungen ans Licht, daß ich lange Zeit keine Worte fand. Ich brauchte einige Tage, bis sich meine Empörung so weit

gelegt hatte, daß ich das Vertragswerk kalt und nüchtern sezieren und dazu eine zusammenfassende Beurteilung schreiben konnte.
Schon die Präambel hatte es in sich. Dort hieß es, »daß die Aufrechterhaltung des Besatzungsstatutes mit den darin vorgesehenen Eingriffsbefugnissen in die eigenen Angelegenheiten der Bundesrepublik mit dem Zweck der Integration der Bundesrepublik in die europäische Gemeinschaft unvereinbar ist«, und schon unmittelbar darauf wird im nächsten Absatz dieses »Unvereinbare« festgelegt, indem sich die Mächte Rechte aus dem Besatzungsstatut weiter vorbehalten. Zwar wird da versichert, sie wollten »nur die besonderen Rechte aufrechterhalten, deren Beibehaltung im Hinblick auf die Besonderheiten der internationalen Lage Deutschlands im gemeinsamen Interesse der Unterzeichnerstaaten erforderlich ist«. Doch diese beiden Gummi-Formulierungen – »Besonderheiten der internationalen Lage« und »gemeinsames Interesse« (von vier Staaten!) – erweisen sich bei näherem Zusehen als Nebelvorhänge, hinter denen die Aufrechterhaltung einseitiger Dekrete der Besatzungsmächte, wie Dekartellisierung, die Verpflichtung zu Reparationen, der Verzicht auf die deutschen Auslandsguthaben, die Vollstreckung der alliierten Kriegsverbrecherurteile und eine Menge anderes verborgen werden soll, was dann erst in Einzelbestimmungen des umfangreichen Vertragswerkes später zum Vorschein kommt.
Der Artikel I des Generalvertrages, »die Bundesrepublik hat völlige Macht über ihre inneren und äußeren Angelegenheiten, vorbehaltlich der Bestimmungen dieses Vertrages«, wirkt geradezu wie Hohn, wenn einer dieser Vorbehalte der Bundesrepublik ausdrücklich das Selbstbestimmungsrecht nimmt. Dieses zeigt am deutlichsten der Artikel II, der die Kernfrage betrifft, ohne deren Lösung von Souveränität und Gleichberechtigung der Deutschen nicht gesprochen werden kann.
Artikel II lautet:
»(1) die Drei Mächte behalten im Hinblick auf die internationale Lage die bisher von ihnen ausgeübten oder innegehabten Rechte in Bezug auf (a) die Stationierung von Streitkräften in Deutschland und den Schutz von deren Sicherheit, (b) Berlin und (c) Deutschland als Ganzes einschließlich der Wiedervereinigung Deutschlands und einer friedensvertraglichen Regelung.
(2) Die Bundesrepublik wird sich ihrerseits jeder Maßnahme enthalten, welche diese Rechte beeinträchtigt und wird mit den Drei Mächten zusammenwirken, um ihnen die Ausübung dieser Rechte zu erleichtern.«[35]
An die drei westlichen Besatzungsmächte wird hier somit ausdrücklich das Recht abgetreten, in der Frage der Wiedervereinigung nach eigenem Gutdünken zu verfahren. Sie können z. B. mit der Sowjetunion, ohne daß sie der Bundesrepublik einen Einfluß auf den Gang der Verhandlungen zu gestatten brauchen, über die Bedingungen der deutschen Wiedervereinigung verhandeln. In Absatz (2) dieses Artikels II verpflichtet sich die Bundesrepublik, *sich jeder Maßnahme zu enthalten*, die dieses alliierte Vorbehaltsrecht beein-

trächtigt. Das bedeutet: Wenn der Fall einträte, daß die Sowjetunion mit der Bundesrepublik über die Wiedervereinigung verhandeln wollte und dies den Westmächten nicht genehm wäre, die Bundesrepublik verpflichtet wäre, solche Gespräche zu unterlassen.
Eine so krasse fremde Bevormundung kannte man sonst nur bei Kolonien oder Protektoraten.
Bezeichnend ist, daß in den Bestimmungen über das Schiedsgericht, das für Streitfragen aus der Durchführung der Verträge vorgesehen ist, die Behandlung aller Fragen aus dem Artikel II ausdrücklich ausgenommen ist. Würde also z. B. der Fall eintreten, daß ein aussichtsreiches Angebot der Sowjetunion die Bundesregierung zu Verhandlungen mit ihr veranlaßte und diese Verhandlungen würden von den Westmächten untersagt, so könnte die Bundesrepublik dagegen nicht einmal das Schiedsgericht anrufen. Ja, nicht einmal eine Klage vor einer höchsten Völkerrechts-Instanz wie dem Internationalen Gerichtshof in Den Haag würde helfen! Denn dort könnten die Richter ja nichts anderes tun, als der klagenden Partei (Bundesrepublik) den Artikel II des Vertrages vorzuhalten, in dem sie selbst ihr Recht, in diesen Fragen zu entscheiden, an die Beklagten (USA, Großbritannien, Frankreich) dahingegeben hat.
Wir standen mit unserem harten Urteil über die Verträge nicht allein. Die Sozialdemokraten hatten sich, je mehr über ihren Inhalt bekannt wurde, zu einer klaren Ablehnung durchgerungen, und ihr Vorsitzender, Kurt Schumacher, fand jetzt das treffende Wort von einer »Versteinerung der deutschen Spaltung«.
Mit der Unterzeichnung durch den Bundeskanzler war das Vertragswerk noch nicht rechtsgültig, und Schumacher kündigte an, daß die SPD den Kampf gegen die Ratifizierung durch den Bundestag im Volke unter der Devise führen würde: »Wer diesem Generalvertrag zustimmt, hört auf, ein guter Deutscher zu sein.« Obwohl mir solche Abstempelungen fern liegen, brachte ich es nicht über mich, dem Führer der Sozialdemokraten diesmal nicht beizupflichten.
Dr. Karl-Georg Pfleiderer, Bundestagsabgeordneter der FDP, mit Ausbildung im Völkerrecht und praktischer diplomatischer Erfahrung, meinte, hier allerdings nicht für seine Partei sprechend, im Hinblick auf die erforderliche spätere Abstimmung im Bundestag: »Das Ja oder Nein zu diesen Verträgen wird jeden Abgeordneten bis an sein Lebensende verfolgen.«
Zuerst aber geschah, was der immer gut unterrichtete Drew Middleton in der »New York Times« schon vor vier Wochen kommen sah, wenn der Westen das Rennen mache und General- und EVG-Vertrag unterschrieben sein werden: Fürs erste wären »20 Millionen Sowjetzonen-Deutsche den Russen ausgeliefert, weil bei einem Fehlschlag des gegenwärtigen sowjetischen Angebotes die Sowjetzone der wenigen Freiheiten beraubt werden wird, die sie heute noch hat, und weil jene Nichtkommunisten, die heute noch auf die Wiedervereinigung hoffen, wie es Churchill beißend ausdrückte, nach Sibirien oder noch

weiter geschickt werden.« Deutlich sah er voraus, daß »wenn die Integration der Bundesrepublik mit dem Westen vollendet ist, der Eiserne Vorhang an der Grenze zwischen den beiden Deutschland herunterrasselt.«
Am 26. Mai, dem Tag der feierlichen Unterzeichnung des Generalvertrages, erklärte die DDR-Regierung einen fünf Kilometer breiten Streifen entlang der Grenze zur Bundesrepublik zur Sperrzone, in der Volkspolizei und Arbeitskolonnen Gräben zogen und Sichtschneisen schlugen. Es wurde ein dreigestaffelter »Sicherheitsgürtel« derart geschaffen, daß ein zehn Meter breiter Geländestreifen unmittelbar an der Grenze vollständig planiert wurde. Das Betreten dieses Streifens wurde verboten, auf jede Person, die sich dort zeige, sollte sofort geschossen werden. In dem daran anschließend 500 Meter breiten Gebiet dürfen sich nur Personen mit einer Sondergenehmigung bewegen, und in der gesamten 5-Kilometer-Zone dahinter nur die Bewohner oder Personen mit Passierscheinen aufhalten. Das Überschreiten der Grenze nach Westen wurde bei Todesstrafe verboten. Einwohnern der Bundesrepublik und Westberlins wurde die Einreise in die DDR ohne Sondererlaubnis der Behörden der DDR ab 1. Juni untersagt. Von den 24 noch in Betrieb befindlichen Fernsprechleitungen zwischen der DDR und Westberlin und der Bundesrepublik wurden 18 gesperrt.
Doch das sollte nur ein Anfang sein ...

## 20 Aufstand drüben – Bauchwahlen hier

Eine große Chance zur Aufhebung der deutschen Teilung war mit der Ablehnung des Angebots der Sowjetunion vom 10. März ohne Prüfung und der Unterzeichnung der Verträge vertan worden. Wenn Gotthart, wie so oft, ein Wort von Bismarck auf der Zunge hatte und sagte, es sei versäumt worden, den Zipfel vom Mantel Gottes zu erfassen, der in der Geschichte vorüberrauscht, so teilten die anderen Freunde und ich voll das Gefühl von einem so leicht nicht wiedergutzumachenden Unglück.
Nur eins an dem Bild stimmte nicht: Die Gelegenheit war von dem Mann an der Spitze der bundesdeutschen Politik nicht versäumt, als hätte er sie nicht erkannt, sondern absichtlich nicht ergriffen worden. Er sah wohl, aber er fürchtete die in dem russischen Angebot liegenden Möglichkeiten. Deshalb hatte er sogar dafür gesorgt, daß diese nicht einmal in einem Erkundungsgespräch der Westmächte mit der Sowjetunion sondiert wurden. Dabei hätte sich nämlich herausstellen können, daß die Russen tatsächlich meinten, was sie sagten. Und das hätte eine Ablehnung unerhört schwer gemacht.
War nun alles verloren, und hatte Drew Middleton die Entwicklung richtig gesehen, als er schon am 30. März in der »New York Times« die Integration

Westdeutschlands in Westeuropa einen Prozeß nannte, »der allen Hoffnungen, Deutschland in unmittelbarer Zukunft ohne Krieg wieder zu vereinigen, ein Ende machen wird«?
Die Unterzeichnung war eine Zäsur. Die Richtung war damit gewiesen, aber noch standen vor der endgültigen Durchsetzung und Bestätigung dieses Programms zwei Hürden. Der Bundestag und die französische Nationalversammlung mußten die Verträge ratifizieren. Selbst wenn das mit dem Generalvertrag und dem Vertrag über die Europäische Verteidigungsgemeinschaft in Bonn geschähe, so war doch in den zu den Verträgen führenden Verhandlungen das Junktim geschaffen worden, daß das Zustandekommen der EVG die Vorbedingung für das Inkrafttreten des Generalvertrages bildete. Das letzte Wort hatte also die französische Nationalversammlung.
Nach meiner Einschätzung würde die EVG an der französischen Nationalversammlung scheitern. Aber wer konnte sicher sein? Es stand zu viel auf dem Spiel, um nicht alles zu versuchen, wenigstens erst einmal die Ratifizierung durch den Bundestag zu verhindern.
Bei der ersten Lesung der Ratifizierungsgesetze am 9. und 10. Juli, als diese an die zuständigen Ausschüsse überwiesen wurden, bekräftigte die SPD ihre Ablehnung, und aus einer Grundsatzerklärung, welche die Partei einige Tage vorher abgegeben hatte, war zu entnehmen, daß sie in der gegenwärtigen Legislaturperiode, die bis zum Sommer 1953 dauern würde, so gut wie sicher nicht von dieser Haltung abgehen werde. Doch wenn es beim Widerstand allein der SPD im Parlament bliebe, würde das nicht reichen, es mußten noch Kräfte aus den anderen Parteien für die Ablehnung gewonnen werden.
Die zweite Lesung sollte erst nach den parlamentarischen Sommerferien im Herbst stattfinden, dann konnte es mit der dritten und letzten bis tief in den Winter dauern, ja, die Möglichkeit einer weiteren Verzögerung war nicht ausgeschlossen. Da vor dem Bundesverfassungsgericht noch schwierige Fragen zu klären waren, unter Umständen sogar die, ob für die Verabschiedung der Verträge im Bundestag nicht eine Zweidrittelmehrheit erforderlich wäre, konnte die ganze Prozedur sogar noch bis weit ins nächste Jahr dauern und vielleicht sogar erst ein neugewählter Bundestag die letzte Entscheidung fällen. Zweifellos wäre es gut, wenn dann neben der SPD noch eine weitere Partei im Bundestag vertreten wäre, die ebenfalls, besser sogar noch entschiedener als die Sozialdemokraten, in Opposition zur Außenpolitik Konrad Adenauers stände. In dieser Situation meldeten sich aus den verschiedensten Ecken immer mehr Stimmen, die eine neue Partei forderten.
Weder die Dritte Front noch der Deutsche Kongreß waren darauf angelegt, parlamentarische Partei zu werden, sie hätten ihre übergreifende und in andere gesellschaftliche Gruppen hineinwirkende Funktion verloren. Auf der anderen Seite war für alle jene, welche die eingeschlagene Linie der bundesdeutschen Außenpolitik von Grund auf ändern wollten, die Notwendigkeit, ihren Einfluß auch durch eine Fraktion im Parlament zur Geltung zu bringen,

nicht mehr von der Hand zu weisen. Im engeren Kreis um Dr. Heinemann wirkte vor allem Adolf Scheu, Industrieberater aus Wuppertal, als Motor der Bestrebungen, die »Notgemeinschaft für den Frieden Europas« zum Kern einer neuen Partei zu machen. Er schrieb unter anderem auch an mich. Mehr im sogenannten »nationalen« Lager angesiedelte Gruppen und Angehörige kleinerer Parteien standen ebenfalls mit mir in Verbindung, um etwas im Hinblick auf die Bundestagswahlen 1953 zu unternehmen. In Hamburg war so ein »Arbeitsausschuß für Deutsche Unabhängigkeit« entstanden, in dem vorwiegend Verbände aus Schleswig-Holstein, Hamburg und Niedersachsen vertreten waren, während sich in Süddeutschland eine »Arbeitsgemeinschaft Nationaler Gruppen« gebildet hatte. Beauftragte dieser beiden Personenkreise kamen Ende August 1952 in der »Stiftsmühle« in Heidelberg-Ziegelhausen zu einer Arbeitstagung zusammen, an der auch ich teilnahm.

Dieser Personenkreis verstand sich als loser »Zusammenschluß unabhängiger politischer Parteien und Verbände« mit dem Ziel einer Parteigründung. Für die Außenpolitik wurde beschlossen, daß das Programm der künftigen Partei »eine unzweideutige Stellungnahme gegen jede einseitig orientierte West- oder Ostpolitik enthalten und damit gegen den Generalvertrag gerichtet« sein müsse. Das legte die Zusammenarbeit mit Dr. Heinemann und den Versuch nahe, die neue Partei gemeinsam zu gründen. Zur Führung von Verhandlungen mit Dr. Heinemann und seinen Freunden wurden die Mitglieder der süddeutschen Arbeitsgemeinschaft Fritz Brehm, Gottfried Griesmayr und Otto Heß sowie die Unabhängigen Dr. Matthias Schmitt und ich gebeten. Einige meiner Freunde aus dem Deutschen Kongreß, wie Heinz Krüger, Albrecht Meyer zu Schwabedissen, Karl Gustav Arndt und andere hatten sich schon dem Gründungsausschuß der Heinemann-Partei um Adolf Scheu zur Verfügung gestellt.

Mit Dr. Heinemann und seinen engsten Mitarbeitern fanden zwei sehr gründliche Aussprachen am 12. in Neu-Isenburg und am 19. November in Essen statt, bei denen es zu einer weitgehenden Annäherung der Standpunkte aber letztlich nicht zu einer gemeinsamen Gründung kam. Mehr als einige in beiden Besprechungen noch übriggebliebene, jedoch von beiden Seiten als überwindbar angesehene sachliche Differenzen spielte dabei die Terminfrage eine Rolle. Heinemann und Freunde hatten sich auf den 30. November als Gründungstermin festgelegt und davon auch schon öffentlich gesprochen, während bis Mitte November noch nicht alle Gespräche der anderen Gruppe mit prominenten Persönlichkeiten abgeschlossen waren, die führend bei der Gründung der neuen Partei mitwirken sollten. Deren Hinzutreten wurde an sich durch Dr. Heinemann gewünscht, weil er sich der verhältnismäßig schmalen Basis der Notgemeinschaft bewußt war.

So hatte zum Beispiel an der Besprechung in Neu-Isenburg schon der Sudetendeutsche Franz Seyboth teilgenommen, der großes Ansehen unter den Heimatvertriebenen genoß und der von dem als Bundespartei neu auftretenden

BHE (Bund der Heimatvertriebenen und Entrechteten) umworben wurde, sich aber fragte, ob es nicht besser sei, mit Heinemann einen Neuanfang zu machen, dessen Linie er grundsätzlich bejahte. Sein offizielles Einschwenken sei aber erst nach weiteren Klärungen in den Vertriebenenverbänden möglich, was etwa im Januar der Fall sein könnte. Aussichtsreiche Gespräche waren auch mit dem Bauernführer Meinberg noch nicht abgeschlossen, wie auch mit dem als Repräsentanten der Soldaten vorgesehenen und von Heinemann akzeptierten Generaloberst der Fallschirmjägerverbände, Kurt Student, den Wolfgang Venohr für die Dritte Front interessiert hatte und mit dem ich die Verhandlungen führte.

Ein nicht unbedeutendes Nebenergebnis der Aussprachen in Neu-Isenburg und Essen war eine Übereinkunft über die Haltung der sogenannten Kriegsschuldfrage, die Dr. Mathias Schmitt auf Wunsch Dr. Heinemanns wie folgt schriftlich festhielt:

»Die These von der *Allein*schuld Deutschlands am Kriege muß abgelehnt werden. Ihre einseitige Anerkennung würde auch die moralische Unterwerfung bedeuten und der anderen Seite das Recht zubilligen, uns weiter zu regieren (auch auszuplündern!), uns zu erziehen, für uns die Werte zu setzen. Andererseits bestreiten wir nicht unsere Schuld, d. h. unseren wirklich bestehenden Anteil. Diese Schuld kann nicht gemindert oder aufgehoben werden durch die frühere oder spätere Schuld der anderen.«

Gegen meine Argumente für einen Aufschub, die ich ihm in einem Schreiben vom 16. November ausführlich auch schriftlich darlegte, hielt Dr. Heinemann an seinem Gründungstermin für die Gesamtdeutsche Volkspartei am 30. November in Frankfurt fest. Man einigte sich in Essen freundschaftlich darauf, daß als Vertreter der Arbeitsgemeinschaften vorerst Sepp Schelz von der »Sammlung der Kriegsgeneration« als Mitgründer in Frankfurt teilnehmen sollte; Schelz wurde dann auch dort in den Vorstand der GVP gewählt.

Es gab viele Soldaten, denen das »pater peccavi« General Eisenhowers, der Anfang November zum Präsidenten der Vereinigten Staaten gewählt worden war, nicht genügte, um sie zur Billigung der Verträge zu bewegen, welche die Stellung deutscher Truppen unter alliiertem Befehl vorsahen. In den Monaten November und Dezember spielte das Schicksal der nach Kriegsverbrecher-Urteilen alliierter Gerichte in Deutschland und im Auslande noch in den Gefängnissen sitzenden deutschen Soldaten auch in der Auseinandersetzung um die Verträge eine Rolle, und ich mußte mich, sehr wider Willen, auch in der »Realpolitik« noch einmal mit dem ganzen Komplex beschäftigen.

International hoch anerkannte Juristen wie Professor Dr. Friedrich Grimm hatten die Forderung nach einer Generalamnestie erhoben, und dazu hatte sich auch der erst vor kurzem aus französischer Haft entlassene Fallschirmjägergeneral Bernhard Ramcke geäußert. Aus dem Zusammenhang gerissen und verfälscht wurden Worte von ihm verbreitet. Man tat das, weil Ramcke das neue Verbrechen beging, gegen die in der EVG geplante deutsche Hilfs-

truppe aufzutreten. In Leserbriefen wehrte er sich gegen die Entstellungen, und einen davon verbreiteten wir auch über unseren Tagesdienst. Ramcke schrieb da u. a.:
»Ich weiß aus eigener Erfahrung, wie leicht man zum ›Kriegsverbrecher‹ gemacht werden kann. Als ich im September 1944 in Brest gefangengenommen wurde, sagte mir der amerikanische General Middleton, er erkenne die hervorragende Disziplin unserer Truppe ›inbezug auf die Genfer Konvention und die Haager Landkriegsordnung‹ an. Besonders dankte er für die Behandlung der Kriegsgefangenen...
In der Kriegsgefangenschaft der Alliierten habe ich erlebt, wie meine Kameraden (im britischen Camp 2226 allein 30 Generale und Stabsoffiziere) vor Hunger starben, wie im britischen Camp Munsterlager die Posten unsere Soldaten, die entlassen werden sollten, wie die Hasen zusammenschossen. Als ich protestierte, wurde ich nach London gebracht und mit den Worten begrüßt: ›Da sind Sie ja, Sie Schwein. Sie haben die britische Armee beleidigt, das sollen Sie büßen. Ich kann Sie nicht als Kriegsverbrecher anklagen, aber ich liefere Sie an Frankreich aus.‹ Nach vier Monaten wurde ich in Ketten den Franzosen übergeben und danach vier Jahre in Einzelhaft gehalten, schließlich am 21. März 1951 in Paris von einem französischen Kriegsgericht zu fünf Jahren verschärftem Gefängnis verurteilt. Ich wurde sechs Jahre nach Einstellung der Feinseligkeiten zum ›Kriegsverbrecher‹ erklärt, weil man meiner habhaft geworden war und mein Eintreten für die Kameraden als lästig empfunden hatte. Seit ich gesehen habe, wie das entsteht, bin ich stolz darauf, den Titel ›Kriegsverbrecher‹ erhalten zu haben.«
Ich selbst konnte ja, wie man weiß, ein eigenes Lied zu diesem Thema singen, doch über die Wiedergabe von Ramckes Bemerkungen hinaus nahm ich grundsätzlich noch einmal zu der Bewältigung des ganzen schrecklichen Kriegskomplexes in einem Artikel Stellung, den ich in Anbetracht des bevorstehenden Jahreswechsels als meinen Wunsch für 1953 bezeichnete und mit der Überschrift versah: »In ewiger Vergessenheit begraben...« Diese Worte waren dem Paragraphen 2 des Friedensvertrages von Münster zwischen dem Kaiser und Frankreich entnommen, der neben dem Friedensvertrag von Osnabrück dem Dreißigjährigen Krieg im Jahre 1648 ein Ende gesetzt hatte. Weil meines Erachtens nach dreihundert Jahren noch von brennender Aktualität, zitierte ich daraus:
»Beiderseits soll all das ewig vergessen und vergeben sein, was von Beginn dieser Unruhen an, wie und wo nur immer, von der einen oder anderen Seite, hinüber und herüber, an Feindseligkeiten geschehen ist. Vielmehr sollen alle und jede, von hier wie von dort, sowohl vor dem Kriege als während des Krieges zugefügten Beleidigungen, Gewalttätigkeiten, Feindseligkeiten, Schäden und Unkosten ohne jedes Ansehen der Person oder der Sache derart gänzlich abgetan sein, daß alles, was auch immer der eine von

dem anderen unter diesem Namen beanspruchen könnte, in ewiger Vergessenheit begraben sei.«
Ich erinnerte daran, daß alle Friedensschlüsse, die auf die vielen Kriege folgten, die in den 266 Jahren vom Doppelfrieden von Münster und Osnabrück bis 1914 in Europa geführt wurden, das Prinzip des Vergebens für alle Ausschreitungen enthielten, die während des Krieges begangen worden waren. Bis zum Beginn des 20. Jahrhunderts hegte niemand die Illusion, Kriege dadurch verhindern zu können, daß er als Sieger jene Männer der Besiegten bestrafte, die seiner Auffassung nach den Krieg verursacht, Verträge gebrochen oder Grausamkeiten begangen hatten. Erst mit Weltkrieg I, dem ersten Massenkrieg der Geschichte, wurde das anders. Der den deutsch-französischen Krieg von 1871 beendende Frankfurter Frieden hatte noch die Amnestieklausel enthalten, während im Versailler Vertrag von 1919 zum erstenmal die Bestrafung von »Kriegsverbrechern« gefordert wurde. Die wenigsten wußten heute, daß man diesen vom Geist der Rache diktierten Fehler zwischen den ehemaligen Kriegsgegnern fünf Jahre später im Londoner Abkommen vom 1. 9. 1924, das die Ministerpräsidenten von Frankreich und England, Herriot und MacDonald, mit dem deutschen Reichskanzler Dr. Marx unterzeichneten, durch Amnestierung der von fremden Gerichten verurteilten Deutschen bereinigte.
Inzwischen waren wir schon im achten Jahr nach dem Ende des Krieges, und die Forderung nach einer Generalamnestie wurde von den Siegermächten geflissentlich überhört. Was den Westen betraf, war das um so erstaunlicher, als die Bundesrepublik in der Annäherung an die vormaligen Kriegsgegner Deutschlands schon ganz erheblich weiter gegangen war als die Weimarer Republik 1924. Mit dem EVG-Vertrag hatte man ja sogar einen Bündnisvertrag unterzeichnet, der deutsche Truppen neben alliierten in *einer* Armee vorsah! Was war davon zu halten, daß der unlöslich mit dem Bündnis verkoppelte Generalvertrag die Bedingung enthielt, daß die Bundesrepublik die Urteile der Deutschland besetzt haltenden Feindmächte über Deutsche als Bestandteil ihres Rechtes anerkannte und die weitere Vollstreckung der Strafen übernahm? Als einzige Konzession von Siegerseite war ein langwieriges, vollkommen ungenügendes Überprüfungsverfahren für die einzelnen ergangenen Urteile zugesagt worden. Die Überprüfungskommission sollte ihre Arbeit erst nach Inkrafttreten des Vertrages, das bedeutete nach seiner Ratifizierung durch alle vier Parlamente, aufnehmen. Die Westmächte hatten noch dazu auch einen Kompromiß-Vorschlag des FDP-Abgeordneten Erich Mende brüsk abgelehnt, der eine Vorschlagsliste von kranken und alten Kriegsverurteilten mit der Bitte, diese vorzeitig zu entlassen, eingereicht hatte. Unter solchen Umständen, neben den vielen anderen Unterwerfungsbestimmungen, sollten die Volksvertreter im Bonner Bundestag durch die Ratifizierung dem Generalvertrag ihren Segen geben?
Einige probten den Aufstand. Und dabei erlitt Bundeskanzler Adenauer zum

ersten Male eine Abstimmungsniederlage im Bundestag. Er wollte beide Verträge noch vor Jahresende durch das Parlament peitschen und die 2. und 3. Lesung am 26./27. November stattfinden lassen. Das wurde in der Sitzung vom 18. November abgelehnt. Bei der glatten Mehrheit der Regierungsparteien hieß das, daß eine ganze Anzahl ihrer Abgeordneten in diesem Falle Adenauer ihre Zustimmung versagten. Aus den Reihen der FDP und der Deutschen Partei (DP) hatten einige wiederholt erklärt, daß sie ihre Zustimmung zu den Verträgen von einer vorherigen Lösung der Kriegsverurteilten-Frage abhängig machten. Als sich bei der Bekanntgabe des Abstimmungsergebnisses verständlicher Jubel auf den Oppositionsbänken erhob, verloren Abgeordnete der Regierungskoalition jede Beherrschung und beschimpften ihre Kollegen, die für die Vertagung gestimmt hatten, laut als »Verräter«, »Gesinnungslumpen« und dergleichen mehr. Ich war selbst nicht Zeuge dieser Szene, aber eine Hamburger Zeitung berichtete, daß Bundeskanzler Adenauer noch während der Sitzung sich Vizekanzler Blücher kommen ließ, aus dessen Fraktion die meisten ablehnenden Stimmen auf der Regierungsseite gekommen waren, und man aus seinen Gesten, als er auf Blücher einsprach, entnehmen konnte, daß er diesen, wie das Blatt schrieb, »auf Vordermann brachte«.

Um der geschichtlichen Wahrheit willen darf hier wohl nicht verschwiegen werden, wie bestinformierte Kreise in Bonn in vertraulichen Gesprächen einige der erstaunlichen Erfolge Konrad Adenauers in der Kunst erklären, Menschen, die er als politische Werkzeuge brauchte, sich gefügig zu machen. Er erpreßte sie mit der Drohung, authentisches Geheimmaterial über Fehltritte der Betreffenden im persönlich-menschlichen Bereich, deren Bekanntwerden diese über alles fürchteten, aus dem dunkel seiner Schublade herauszulassen, wenn sie nicht bei der Stange blieben. Außer dem Fall Franz Blücher wurden mir noch die Fälle von zwei anderen Ministern Dr. Adenauers genannt, die nach dieser Methode behandelt wurden.

Bei der zweiten Lesung am 5./6. Dezember schwenkte dann auch eine Anzahl FDPler und DPler wieder auf die vom Bundeskanzler gewünschte Linie ein. Das Abstimmungsergebnis für den Generalvertrag lautete 218 für und 164 dagegen, bei vier Enthaltungen. CDU, CSU, FDP, DP und Bayernpartei stimmten dafür, SPD, KPD und Zentrum sowie einige Abgeordnete der FDP und fraktionslose Parlamentarier stimmten dagegen. Der Zentrumsabgeordnete Dr. Bernhard Reismann wandte sich gegen den von den Befürwortern aufgebauten Buhmann Besatzungsmächte und betonte, daß wir gegenüber der Besatzung ganz und gar nicht ohnmächtig seien, aber die Mehrheit trottete brav hinter Dr. Adenauer her. Reismann war der Nachfolger von Helene Wessel, die aus der Zentrumspartei ausgetreten war und als Fraktionslose selbstverständlich auch gegen die Verträge stimmte. Sie hatte sich als Gründungsmitglied an Dr. Heinemanns Gesamtdeutscher Volkspartei beteiligt.

Trotz dieses Erfolges mußte Dr. Adenauer noch einmal zurückstecken. Die entscheidende dritte Lesung wurde ohne neuen Termin erst einmal ausgesetzt, und es sollte bis tief in den März 1953 dauern, bis es endlich dazu kam. Obwohl wir bisher erfolglos geblieben waren, gaben wir die Versuche, die Ratifizierung doch noch zu verhindern, nicht auf, sondern sahen es als unsere Pflicht an, weiter dagegen zu kämpfen, um so mehr, als sich die Verhältnisse in der DDR seit dem Abbruch des Notenwechsels zwischen den Westalliierten und der Sowjetunion rapide verschlechterten.

Drei Tage vor der letzten Abstimmung über die Ratifizierung der Verträge fand jeder Abgeordnete des Bundestages in seinem Postfach im Bundeshaus einen Brief des Vorstandes der Dritten Front vor, der im Schreiben selbst als »letzte Warnung« bezeichnet wurde, »damit niemand sich einst, wenn es um die geschichtliche Verantwortung geht, herausreden kann, er habe Verschiedenes nicht gewußt«. Wir erinnerten an die Eingaben, die wir gemacht hatten, wenigstens eine *Prüfung* der Frage der Wiedervereinigung in Freiheit vorzunehmen, und daß weder Bundesregierung noch Bundestag in dieser Richtung bis heute die geringste Initiative entwickelt hatten. Wir führten noch einmal aus, daß, wer für den sogenannten Deutschland-Vertrag stimme, sich damit als Volksvertreter in aller Form des Rechtes der souveränen Entscheidung über die Wiedervereinigung begäbe und die höchste Entscheidungsgewalt in dieser Lebensfrage unseres Volkes fremden, von keiner deutschen Instanz kontrollierten Mächten übertrage. Zu diesem Punkt forderten wir die Adressaten noch einmal ausdrücklich auf: »Wir bitten Sie, den Artikel 2 und dabei ganz besonders den Absatz 2 dieses Artikels des Generalvertrages noch einmal durchzulesen, damit Ihnen gründlich klar wird, was Sie zu billigen im Begriff sind.«

Das von Dr. Adenauer gegen Widerstrebende in Umlauf gebrachte Argument, wenn wir nicht ratifizieren, werde das Besatzungsstatut wieder voll in Kraft gesetzt und deshalb gebe es keine Alternative, nannten wir lächerlich und für selbstbewußte Deutsche unwürdig, mit diesem Schreckgespenst zu operieren: »Welche Macht die Besatzung hier noch ausüben kann, hängt in der für uns günstigen internationalen Lage lediglich von der Stärke unseres Freiheitswillens und nicht zuletzt der Härte der Nerven unserer Volksvertreter ab.« Tatsächlich waren ja seit der ersten sowjetischen Note vom 10. März vor einem Jahr in der Weltöffentlichkeit die gewichtigen Stimmen kaum noch zu zählen, die alle auf die Vorzüge unserer Situation – von beiden Seiten umworben – hinwiesen. Nur wer blind war oder seine Augen absichtlich schloß, konnte sie übersehen.

Auch dieser letzte Appell konnte nicht verhindern, daß Dr. Adenauer am 19. März mit der gleichen Mehrheit wie bei der 2. Lesung im Dezember 1952 die Ratifizierung der Verträge durchpaukte. Es gelang ihm, obwohl kurz vorher ein einschneidendes Ereignis eingetreten war, das allen Anlaß geboten hätte, um einmal kurz innezuhalten und, wenn man Gesamtdeutschland im Auge hatte, neu über das Ost-West-Verhältnis nachzudenken. Der jahrzehntelang in der Sowjetunion alles beherrschende Josef Stalin war gestorben. Wie würde die Politik seiner Nachfolger aussehen, unter denen Georgij Malenkow, Lawrentij Berija und Wiatcheslaw Molotow die wichtigsten Dirigenten zu sein schienen?

Welche Untaten man, vor allem als Sowjetbürger, Stalin auch immer zur Last legen konnte, außer dem Raub des nördlichen Ostpreußen, der aber wohl hauptsächlich deshalb geschah, um diesen Teil der Ostseeküste nicht in polnische Hände fallen zu lassen, konnte ich als Deutscher an seiner Politik gegenüber Deutschland wenig aussetzen. Von den vier Siegern war er als erster von den im Kriege hauptsächlich von westlicher Seite stark betonten Plänen für eine dauernde Aufteilung Deutschlands abgerückt. Und das auch öffentlich mit den Worten kurz nach dem 8. Mai 1945, die Sowjetunion beabsichtige nicht die Vernichtung Deutschlands, und: »Die Hitler kommen und gehen, das deutsche Volk bleibt bestehen.« Aber war es nicht sein Ziel, wie schon für seinen Vorgänger Lenin, im Sinne der Weltrevolution das wichtige Deutschland kommunistisch zu machen? Ich hatte nicht vergessen, was mir Frau Liebel, eine österreichische Kommunistin unter den jüdischen Emigranten in Schanghai verschiedentlich in den letzten Kriegsjahren gesagt hatte, als sicher feststand, daß Deutschland den Krieg verlieren und schwer dafür zu bezahlen haben würde: »Sie brauchen nicht zu befürchten, daß Stalin Deutschland zu einem kommunistischen Land machen will; er würde sich damit ja die Revolution im eigenen Lande großziehen.« Frau Liebel meinte, daß die deutschen Kommunisten ihren Kommunismus mit deutscher Gründlichkeit so ernst nehmen und auch für die Sowjetunion mustergültige revolutionäre und demokratische Verhältnisse schaffen würden, daß Stalin, der in ihren Augen den Kommunismus verraten hatte, das Übergreifen auf die Sowjetunion befürchten mußte. Hatte er nicht die Fähigsten unter den führenden Kommunisten, die Zuflucht in der Sowjetunion gesucht hatten, umgebracht und einige, darunter Ernst Thälmann, sogar ohne Rücksicht auf das ihnen drohende Schicksal an Hitler ausgeliefert?

Frau Liebel hätte noch andere Beispiele, die ich kannte, von Stalins Skrupellosigkeit gegenüber kommunistischen Genossen anderer Länder aufführen können, wenn er es im sowjetischen Staatsinteresse für notwendig hielt, um sich mit den Herrschern anderer Länder zu vertragen, so in den zwanziger Jahre mit Kemal Atatürk; aber am markantesten war wohl seine Haltung gegenüber den chinesischen Kommunisten, als er lange Zeit auf deren Feind, Chiang Kai-shek, setzte.

Am 10. März 1939 hatte Stalin in einer Rede das Signal für eine Annäherung an Deutschland gegeben, obwohl hier damals der rabiat antibolschewistische Hitler herrschte. Trotz der schlechten Erfahrung mit diesem wurde das Datum 10. März für die Übergabe der ersten sowjetischen Note am gleichen Datum 1952 wohl kaum ohne historische Anspielung gewählt. Es war in meinen

Augen ein sehr ernsthafter Versuch, nach Krieg und erster Nachkriegszeit eine neue Seite im Buch der sowjetisch-deutschen Beziehungen aufzuschlagen, und wenn die Westmächte und die Bundesdeutschen darauf eingegangen wären, hätte die Verwirklichung der sowjetischen Vorschläge die Aufgabe der SED-Herrschaft in der DDR und die Versetzung der deutschen Kommunisten in die Rolle einer Minderheit in einem bürgerlich oder sozialdemokratisch regierten Deutschland bedeutet. Einzige Bedingung: Dieses Deutschland durfte – im sowjetischen Sprachgebrauch – nicht »imperialistisch«, sondern mußte »friedfertig« sein, das heißt nicht in einem Militärbündnis mit den von den USA geführten Westmächten. Eine solche Lösung lag im Staatsinteresse der Sowjetunion, das bei Stalin in entscheidenden Fragen, wie die Erfahrung gezeigt hatte, stets den Vorrang hatte vor der Ideologie.
An dieser Einschätzung, die ich schon vor zwei Jahren in meiner Denkschrift für Vizekanzler Blücher niedergelegt hatte, die Bundeskanzler Adenauer unverantwortlicherweise dem amerikanischen Hohen Kommissar McCloy gegeben hatte, brauchte nichts geändert zu werden. Die Frage war jetzt nur, ob diese Politik von den Nachfolgern Stalins weiterverfolgt werden würde, vielleicht sogar noch intensiviert?
Unmittelbar nachdem Wladimir Semjonowitsch Semjonow am 5. Juni 1953 nach längerer Abwesenheit in Moskau nunmehr als Hoher Kommissar der Sowjetunion nach Ostberlin zurückkehrte, wurde deutlich, daß er mit neuen Vollmachten aus dem Kreml kam. Er führte Gespräche mit Professor Kastner und anderen bürgerlichen Politikern der DDR, die in Richtung einer Regierungsumbildung zielten, und er drängte die SED zum Abbruch ihrer Politik, die sie vor einem Jahr nach der II. Parteikonferenz der SED vom 9.–12. Juli 1952 unter dem Banner des verstärkten »Aufbaus des Sozialismus« begonnen und mit katastrophalen Folgen durchzuführen versucht hatte. Die am 11. Juni 1953 veröffentlichten Beschlüsse des SED-Politbüros widerriefen eine der Zwangsmaßnahmen nach der anderen, die in der Zwischenzeit verfügt worden waren. Eine deutlichere Umkehr war gar nicht denkbar. Besonders interessant aber fanden wir die Begründung für diesen Kurswechsel. Staunend und mit Befriedigung lasen wir: »Das Politbüro hat bei seinen Beschlüssen das große Ziel der Herstellung der Einheit Deutschlands im Auge, welches von beiden Seiten Maßnahmen erfordert, die die Annäherung der beiden Teile Deutschlands konkret erleichtern.«
Einen Fehler allerdings machte das SED-Politbüro, und der sollte sich als verhängnisvoll erweisen. In einem großen Schwung wurden tatsächlich alle die drakonischen, die materiellen Rechte wie die menschliche Würde der DDR-Bürger verletzenden Anordnungen revidiert, nur eine einzige vergaß man, die erst vor kurzem verfügte, besonders viel böses Blut machende Erhöhung der Arbeitsnormen um 10 Prozent. Und noch schlimmer: In der Gewerkschaftszeitung »Tribüne« bestätigte ein unglückseliger Gewerkschaftsfunktionär noch am Morgen des 16. Juni, dieser Beschluß bleibe

aufrechterhalten. Das war der Tropfen, der für die seit Wochen äußerst erbitterte, drangsalierte Arbeiterschaft das Faß zum Überlaufen brachte.
Kaum jemand konnte in Westdeutschland besser über das unterrichtet werden, was sich am 17. Juni 1953 in Ostberlin ereignete, als wir. Unser Mann in Berlin war nämlich dabei, als Zeuge mitten drin. Wolfgang Venohr, der Leiter der Berliner Gruppe der Dritten Front, war auch Mitarbeiter der »Realpolitik«, und als einer von deren Berliner Korrespondenten – neben Heinz Krüger – begab er sich am frühen Morgen des 17. Juni in die Ostberliner Stalinallee, nachdem er am Vortage von den ersten Demonstrationen der Arbeiter der dortigen Baustellen erfahren hatte. Bei seiner Ankunft bog gerade ein großer Menschenzug in die Stalinallee ein, und er fragte die dort Marschierenden, woher sie kämen. »Siemens-Plania« war die Antwort und die Aufforderung: »Mensch, reih' dich ein! Komm mit.« Er bezweifelte, daß er sich als Westberliner hier einmischen solle, worauf ihm ein älterer Arbeiter vorwurfsvoll sagte: »Wir sind alle Deutsche und wollen die Einheit.« Was blieb ihm übrig, als mitzumarschieren? Er tat es mit einem von Schritt zu Schritt wachsenden Gefühl innerer Erhebung.
Was er in den fünf Stunden erlebte, bis gegen 13.00 Uhr in der Leipziger Straße Panzer der Roten Armee dem Aufstand, soweit er Berlin betraf, ein Ende machten, soll hier nicht im Einzelnen geschildert werden. Sieben Tageszeitungen im Bundesgebiet übernahmen seinen 227-Zeilen-Bericht aus »Realpolitik«.
Wo der auf die ganze DDR übergreifende Aufstand, der als ein reiner Arbeitskampf von Berliner Arbeitern gegen Unterdrückung und Ausbeutung begonnen hatte, über den begrenzten sozialen Anlaß hinaus zur politischen Willensbekundung wurde, drückte diese das Verlangen nach Freiheit und Wiedervereinigung aus. Das geschah ganz im Sinne deutscher Unabhängigkeit und in keiner Weise, wie später von der SED behauptet, mit prowestlicher Ausrichtung. Besonders zeigte sich das in den größeren Provinzstädten, wo anders als in Berlin nicht mehr nur fast ausschließlich Arbeiter die Handelnden waren, die in wenigen Stunden die SED-Herrschaft lahmlegten, sondern Männer, Frauen und Jugendliche aus allen Schichten des Volkes.
In den Tagen nach dem 17. Juni gab die Dritte Front ein Flugblatt mit der Aufforderung heraus, auf die Signale aus dem Volke in Ostberlin und der DDR zu antworten. Der Titel lautet: »Weg mit Ulbricht und Adenauer! Vorwärts zur Wiedervereinigung!« Wir verwiesen auf die Tatsache, daß die Regime in Bonn und Pankow ihre Existenzberechtigung in ihrem Gegeneinander finden, und erinnerten an die einer Panik nahe Stimmung in SED-Funktionärskreisen bei der Sowjetnote vom 10. März 1952, als man dort sagte: »Nur Adenauer kann uns noch retten!« Wie es dann ja auch durch Ablehnung aller Gespräche über die Wiedervereinigung geschah. Dann gaben wir eine Meldung des »Spiegel« über ein Vorkommnis bei dem Volksaufstand in Magdeburg wieder, das wohl symptomatisch war:

»Auf den Bahnsteigen wurden Transparente gespannt, auf denen es hieß:
›Räumt euren Mist in Bonn jetzt aus,
in Pankow säubern wir das Haus!‹
Den westdeutschen Fernfahrern, die auf der Autobahn Magdeburg–Hamburg heimwärts fuhren, präsentierten die Aufrührer an der Brücke bei Barleben ein improvisiertes Plakat, das Ulbricht und Adenauer am Galgen zeigte. Darunter der Text: ›Einheit macht stark‹.«

Wir distanzierten uns etwas von dem Galgen, fanden aber, daß unsere Brüder drüben eigentlich eine für die deutsche Einheit dringende Grundforderung laut werden ließen: »Weg mit den beiden! Für ein freies und unabhängiges Deutschland!« Und dann mahnten wir die Westdeutschen, sich an ihr Grundgesetz zu halten, in dessen Präambel es hieß: »Das gesamte deutsche Volk bleibt aufgefordert, in freier Selbstbestimmung die Einheit und Freiheit Deutschlands zu vollenden«, und schlossen mit der Parole: »Vorwärts zur Wiedervereinigung!«

Leider fehlten uns die Mittel, diese Flugblätter, wie es notwendig gewesen wäre, in vielfacher Millionenauflage im Lande zu verbreiten.

Aber auch dann, das mußten wir bald erkennen, wenn wir in diesen Tagen um uns blickten und die Berichte von Freunden aus anderen Teilen der Bundesrepublik hörten, hätte unser Aufruf, der die Hoffnungen der Menschen jenseits der Teilungslinie wiedergab, kaum eine größere Wirkung gehabt. »Business as usual«, begleitet von Festen und Tanzmusik, war hier die Parole, und das Fußballspiel am kommenden Sonntag beschäftigte die Leute mehr, als was sich dort in Berlin und in »der Zone« ereignete. Das häufig Beiträge aus der »Realpolitik« abdruckende »Coburger Tageblatt«, Zeitung eines Kreises unmittelbar an der Teilungslinie, fragte: »Wo in der Westzone kam es zu spontanen Kundgebungen, wo rief eine örtliche Partei etwa auf, um in öffentlichen Demonstrationen den Kampf der Brüder jenseits der Zonengrenze zu unterstützen und die Verbundenheit mit dem Sehnen nach Freiheit der Unterdrückten zu bekunden? Wäre es um Gehalt, um Verdienst, um Steuersenkungen gegangen, so wären gewiß Kundgebungen genug veranstaltet worden.« Und zum Schluß hieß es: »Müssen wir uns nicht ob dieser Tatsachen, ob dieser Trägheit der Herzen eingestehen, daß wir uns vor dem Opfertode derer, die in diesen Wochen für die Freiheit und die Einheit Deutschlands starben, zu schämen haben?«

Doch bis zu solcher Besinnung und Selbstprüfung reichte es nur bei einem ganz kleinen Teil der bundesdeutschen Presse.

Und wie sah es in Bonn aus? Es war schon zur Selbstverständlichkeit geworden, daß die Vertreter ausländischer Zeitungen über Vorgänge, Stimmungen und Hintergründe dort mit einer viel größeren Offenheit berichteten, als man sie im bundesdeutschen Blätterwald finden konnte. Von vielen Bundesbürgern, die wissen wollten, was sich bei uns wirklich abspielte, wurden deshalb ausländische Zeitungen gelesen. Dabei erfreute sich – wegen

der Erleichterung durch die gleiche deutsche Sprache – die in Zürich erscheinende »Tat« hierzulande einer unverhältnismäßig großen Leserschaft. Sie berührte wunde Punkte, wenn sie schrieb:
»Zunächst war nach außen alles eitel Freude und Triumph über den Mut der Berliner, die ihren Tyrannen die Faust unter die Nase zu halten wagten. Man bewundert hier und bestaunt das Wagnis, unter den Gewehren der Volkspolizei und der sowjetischen Besatzungstruppen für soziale und politische Ziele den Kopf zu riskieren. Insgeheim aber ist man in Bonn mit dem Herzen keineswegs bei den Aktionen der Ostberliner Arbeiter, die man hinter verschlossenen Türen ›unbesonnen‹ und ›unverantwortlich‹ nennt.
Man spürt hier sehr genau, daß das, was sich in Berlin abspielte, die Regung eines politischen Machtzentrums ist, das man zerschlagen und tot glaubte: Es war Berlin, die alte Reichshauptstadt, die sich in den ungeordneten Haufen der Bauarbeiter, ihrer Frauen und Kinder, zum Wort meldete. Hierin liegt die tiefe innerdeutsche Tragweite dieser Ereignisse. Dem Bonner Obrigkeits- und Ministerialstaat sind die Elemente der Volksmacht fremd und unverständlich. Nur so läßt sich das unangenehme Gefühl in der Magengegend erklären, das sich hier nach den ersten Freudenausbrüchen bemerkbar machte.«
Als am 25. Juni dem Bundestag die Absicht bekannt wurde, den 17. Juni zum »Nationalen Gedenktag« zu machen, wurde es dem Berliner Gotthart Ammerlahn zuviel. Selten hatte ich ihn so empört gesehen. Das war doch wieder einmal typisch: sich fremde Federn an den Hut stecken wollen!
Um so erstaunlicher war die Mäßigung dann in seinem Kommentar, den er ein paar Stunden später für Realpolitik schrieb: »Müssen wir uns nicht alle, müssen sich nicht besonders die politisch verantwortlichen Menschen die Frage vorlegen, was denn nun eigentlich von unserer Seite aus in den letzten acht Jahren für die Wiedervereinigung und Erlösung unserer Brüder jenseits der Zonengrenze geschehen ist? Oder wollte jemand pharisäerhaft behaupten, wir hätten ja alles getan, was zu tun war? Wer ehrlich ist, wird kaum leugnen können, daß wir uns in Wirklichkeit viel zu sehr auf andere Mächte verlassen haben und noch verlassen, in dem Glauben, wir unsererseits könnten ja doch nicht viel ändern.« Gemessen an dem, was die Brüder jenseits der Zonengrenze unter dem Druck des Terrors vollbracht hätten, sei der Beitrag der Westdeutschen, die sich doch einer relativen Freiheit erfreuten, wirklich beschämend. Da seien doch erhebliche Zweifel angebracht, ob wir einen nationalen Feiertag wirklich verdient hätten. Erst der Tag, an dem die Zonengrenzpfähle fallen, dürfe ein nationaler Feiertag werden. So lange die Teilung aber noch länger andauere, sei es nur peinlich, wenn drüben gelitten und hüben mit Bratenröcken und Festtagsreden, wie wir sie schon zur Genüge kennen, gefeiert werde.
Das war alles richtig. Aber in Voraussicht des Kommenden hielt ich diesmal Sarkasmus für angebrachter und holte meine immer griffbereiten »Galgenlieder« von Christian Morgenstern hervor. Der hatte doch etwas über die Wut

geschrieben, Tage zu bestimmten »X-Tagen« zu erklären und zu feiern! Jawohl, da stand im Abschnitt Zeitgedichte unter der Überschrift »Ukas«:

Durch Anschlag mach ich euch bekannt:
Heut ist kein Fest im deutschen Land.
Drum sei der Tag für alle Zeit
zum Nichtfest-Feiertag geweiht.

Unter dem unmittelbaren Eindruck der Ereignisse am 16., 17. und 18. Juni und der Tatsache, daß der Aufstand gleich *nach* der Verkündung der administrativen Lockerungen in der DDR ausgebrochen war, lag die Frage nahe, ob sich nicht jetzt in Moskau alle diejenigen diskreditiert hatten, die für die Beendigung der harten Linie eingetreten waren, und ob man nicht gleich wieder zur alten Politik zurückkehren würde. Doch schon am 20. Juni konnte ich in unserem Tagesdienst vermerken, daß die sowjetische Armee zwar mit ihrer militärischen Präsenz den Aufruhr beendet hatte, der von Semjonow verordnete neue Kurs jedoch unverändert weitergehen sollte. Das war aus der offiziellen Stellungnahme des SED-Zentralorgans »Das neue Deutschland« zu ersehen, wo unverhüllt zugegeben wurde, daß die eigentliche Schuld für die Vorgänge in der bisherigen Politik der SED lag. Der Artikel setzte die Linie der Selbstkritik fort, die vor dem Arbeiteraufstand mit der Ankündigung der ersten Erleichterungen begonnen hatte, und er vertiefte die bisherigen Selbstbeschuldigungen noch erheblich. Es wurde zugegeben, daß »beträchtliche Teile der Arbeiterschaft« die Arbeit niedergelegt hatten, und die Unzufriedenheit mit der Normenerhöhung wurde als sehr ernst und berechtigt bezeichnet. »Schwere Unzulänglichkeiten« seien zutage getreten, und schließlich wurde die Notwendigkeit betont, »die ganze Politik der vergangenen acht Jahre zu überprüfen und die notwendigen Konsequenzen zu ziehen«.
Wenn damit schon deutlich wurde, daß der Ausnahmezustand kaum zur Rückkehr zum alten Scharfmacherkurs führen konnte, so wurde jeder Zweifel beseitigt, wenn es zum Schluß hieß, man werde in Zukunft gerechter und sorgsamer gegenüber den Werktätigen sein müssen, und die Ereignisse der letzten Tage leiteten eine ganz neue Etappe in der Geschichte der DDR ein. Immer wieder kam in dem Artikel die Wendung »der neue Kurs« – nunmehr schon zum Begriff geworden – vor.
Ich folgerte, daß die SED in den Augen der Sowjetrussen jetzt vollkommen diskreditiert sein mußte, denn mehr als vielleicht sonst jemand auf der Welt wußten sie aus der eigenen Vergangenheit, was ein echter Volksaufstand bedeutet.
Große Trümpfe für eine erfolgreiche gesamtdeutsche Politik waren so den Westdeutschen unverdient in die Hand gegeben worden, aber Bonn hatte sich mit den Verträgen selbst den Weg versperrt, sie auszuspielen. Jetzt, unmittelbar heute und hier war der Zeitpunkt, an dem eine gesamtdeutsch denkende

Bundesregierung der Sowjetunion direkt das Angebot des Versprechens machen mußte, gegen die Ausdehnung freier und demokratischer Zustände auf ihre Besatzungszone für die Bündnisfreiheit des dann entstehenden Gesamtdeutschlands einzutreten. Die Sozialdemokraten waren inzwischen so weit, daß es eine von ihnen geführte Regierung vielleicht getan hätte. Aber sie waren noch weit von parlamentarischer Mehrheit und Regierungsmacht entfernt. Daß Adenauer diese historische Chance wahrnehmen würde, konnte niemand mehr erwarten, der seine Politik in der deutschen Frage seit Gründung der Bundesrepublik verfolgt hatte.

Um die Lage nach dem 17. Juni und vor den Bundestagswahlen zu besprechen, fand auf Einladung der Dritten Front am 19. Juli in Hamburg eine Arbeitstagung von Angehörigen verschiedener Gruppen und Parteien statt. Inzwischen war ein neues Wahlgesetz beschlossen worden, das nur ein einziges Ziel hatte, den Einzug neuer Parteien ins Parlament so zu erschweren, daß er praktisch verhindert wurde. Es geschah durch die Einführung der sogenannten 5%-Klausel, das Verbot von Listenverbindungen, das Verlangen der Vorlage einer unverhältnismäßig großen Zahl von Unterschriften für die Kandidatenaufstellung bei im Bundestag bisher nicht vertretenen Parteien u. ä. Die 5%-Klausel war das größte Hindernis, weil zur Verteilung der Sitze im Parlament nur die Anzahl von Stimmen derjenigen Parteien berücksichtigt wurden, die im Bundesgebiet auf 5% oder mehr aller abgegebenen Stimmen kamen. So war zum Beispiel ein Wahlresultat theoretisch denkbar, bei dem von vier Parteien jede etwas unter 5% der Stimmen erreichte, aber keine von ihnen auch nur einen Abgeordneten in den Bundestag schicken konnte. Die 16–19,9% der Stimmen, welche diese Parteien erreichten, fast ein Fünftel der Wählerschaft, würden wirkungslos unter den Tisch fallen. Im Gegensatz konnte eine einzige andere Partei, die knapp über 5% der Stimmen erhielt, also nur ein Zwanzigstel der Wählerschaft repräsentierte, mit etwa 25 Abgeordneten in den Bundestag einziehen.

Gemeinsam mit sieben Freunden aus der Dritten Front und der Gesamtdeutschen Volkspartei erhob ich gegen das Wahlgesetz beim Bundesverfassungsgericht Verfassungsbeschwerde mit dem Antrag, das Wahlgesetz vom 8. Juli 1953 für nichtig zu erklären. Die Versammlung stellte sich am 19. Juli hinter diese Aktion und rief dazu auf, daß sich weitere Personen durch persönliche Unterschrift an der Beschwerde beteiligen; daraufhin schlossen sich erst einmal 150 Frauen und Männer als Beschwerdeführer an. Die Beschwerde wurde am 27. Juli von Rechtsanwalt Dr. Theodor Bauer mit den Vollmachten der Unterzeichner beim Bundesverfassungsgericht in Karlsruhe eingereicht. Später wurde sie auch von Rechtsanwalt Wittmack mit vertreten.

Der Berichterstatter des 1. Senats des Bundesverfassungsgerichtes versuchte zuerst, uns mit einem Schreiben vom 3. August abzuwimmeln, indem er verschiedene Bedenken vorbrachte. Unter anderem sei die von uns gerügte 5%-Klausel bereits in der Entscheidung des Gerichtes vom 5. April 1952 (in

einer Klage des südschleswigschen Wählerverbandes) als verfassungsrechtlich unbedenklich erklärt worden. Hier befand sich der Berichterstatter des 1. Senats im Irrtum über die Rechtsprechung seines eigenen Gerichtes, denn in dem angeführten Urteil war es nur um eine 5%-Klausel auf *Landes*- und nicht wie im vorliegenden Falle auf *Bundes*ebene gegangen. Auf unsere vielen anderen Einwände ging der Berichterstatter überhaupt nicht ein; er forderte uns lediglich auf, bis zum 31. August zu erklären, ob wir die Verfassungsbeschwerde zurücknehmen oder aufrechterhalten wollten.
Von einer Zurücknahme konnte natürlich keine Rede sein, denn unser Schritt war rechtlich sehr gut begründet. Um ein übriges zu tun, wurden in einem zweiten Schriftsatz vom 27. August die vorgebrachten Rechtsargumente noch weiter untermauert, vor allem mit früheren Entscheidungen des Bundesverfassungsgerichtes selbst. Wir waren von der Berechtigung unserer Beschwerde gegen die Abwürgung demokratischer Grundrechte so tief durchdrungen, daß wir es für ausgeschlossen hielten, daß wir abgewiesen würden.
Die Zeit drängte. Am 6. September sollte gewählt werden. Hatten wir recht und sprach sich das Verfassungsgericht vorher dahingehend aus, so durften die Bundestagswahlen so wie geplant nicht stattfinden. Wollte man das alte Wahlgesetz wieder in Kraft setzen oder nach einem neuen unter Ausmerzung der verworfenen Bestimmungen geschaffenen wählen lassen, in beiden Fällen hätte es eine Hinausschiebung der Bundestagswahlen um mindestens ein halbes, möglicherweise ein ganzes Jahr bedeutet.
Würde die Entscheidung des Bundesverfassungsgerichtes aber über den 6. September hinaus weiter verzögert und dann schließlich doch in unserem Sinne ausfallen, dann war der neue Bundestag ungesetzlich zustande gekommen, und alle von ihm beschlossenen Gesetze waren ungültig. Karlsruhe gab bis zum Wahltag keinen Laut, und die Frage blieb vorerst offen, wie und wann das Bundesverfassungsgericht mit diesem Dilemma fertig würde.
Die Verfassungsbeschwerde[35], die in der kurzen Zeit vom 17. Juli bis zum 27. August fertiggestellt werden mußte, hatte eine Menge Extraarbeit gemacht. Bei den zu einem kaum noch zu bewältigenden Umfang angewachsenen Schreibarbeiten – ich hatte zu Anfang des Jahres die »Realpolitik« aus dem Nölke-Verlag gelöst und auch verlegerisch in die eigene Verantwortung mit entsprechender Mehrbelastung übernommen, und dazu wuchs ständig die politische Korrespondenz neben der journalistischen Arbeit – war jetzt Gretchen Schwedt eine große Hilfe, die seit dem 18. April Gretchen Schenke hieß und meine zweite angetraute Ehefrau war. Wir hatten uns im Frühjahr 1952 auf einer gemeinsamen Veranstaltung von Theodor Koeglers Freiheitsbund und der Dritten Front kennengelernt, auf der ich gesprochen hatte und man hinterher noch im kleineren Kreis zusammensaß. Obwohl unser Zusammentreffen der Politik zu verdanken war, hatte es mit dieser ganz und gar nichts zu tun, daß wir uns menschlich näher kamen. Es

war tatsächlich, was man Liebe auf den ersten Blick nennt. Erst später ergab sich dann wieder auch die Gemeinsamkeit in der Arbeit. Inge, die 1947 in eine Scheidung nicht einwilligen wollte, hatte sich, als ich ihr in diesem Frühjahr eröffnete, daß ich Gretchen zu ehelichen gedachte, wenn sie dazu den Weg frei gäbe, großzügig dazu bereit erklärt und es gab eine glückliche, freundschaftliche Lösung in einer Scheidung auf Vereinbarung und ohne Schuldzuweisung an eine Seite.

Kam es nicht zu einer Verhandlung über unsere Verfassungsbeschwerde in Karlsruhe, so unterblieb leider auch ein anderer Prozeß, bei dem ich mich noch vor den Wahlen gern vor Gericht gesehen hätte, und zwar als Angeklagter.

Im Frühjahr hatte ich eine Aufforderung der Kriminalpolizei erhalten, doch einmal »bei uns im Polizeipräsidium am Karl-Muck-Platz vorbeizukommen«. Zwei Beamte eröffneten mir dort, gegen mich läge eine Anzeige wegen Staatsverleumdung vor, zu der sie mich im Auftrag der Staatsanwaltschaft vernehmen sollten. Ich hatte das Wort nie gehört und fragte sie dementsprechend, was »Staatsverleumdung« sei. Sie wußten es auch nicht, aber Nachsehen im Strafgesetzbuch ergab, daß wirklich etwas Derartiges existierte. Im Sachverzeichnis stehen unter dem Wort die Zahlen für die Paragraphen 96 und 131, und die Worte: »Verächtlichmachung von Staatseinrichtungen oder Anordnungen der Obrigkeit 131 A 2«. Bei Paragraph 131 heißt es dann unter der Überschrift »Staatsverleumdung«: »Wer erdichtete oder entstellte Tatsachen, wissend, daß sie erdichtet oder entstellt sind, öffentlich behauptet oder verbreitet, um dadurch Staatseinrichtungen oder Anordnungen der Obrigkeit verächtlich zu machen, wird mit Geldstrafe oder mit Gefängnis bis zu zwei Jahren bestraft.«

Als wir uns so rechtskundig gemacht hatten, wollte ich von den Beamten wissen, was denn nun eigentlich vorläge. Die Jugendgruppe der CDU habe mich bei der Staatsanwaltschaft angezeigt, weil ich im Informationsbrief der Dritten Front den Generalvertrag als – wörtlich – Unterwerfungsvertrag bezeichnet habe. Ich fragte die beiden Kriminalbeamten, ob sie den Text, 125 DIN-A-4-Seiten herausgegeben vom Presse- und Informationsamt der Bundesregierung – gelesen hätten, und als sie verneinten, gab ich ihnen den guten Rat, es zu tun. Was sie denn nun als meine Stellungnahme zu der Anzeige dem Staatsanwalt berichten sollten? Darauf gab ich zu Protokoll: »Ich rate dem Herrn Staatsanwalt, den ganzen Text des Vertrages zu lesen. Dann wird er zweifellos zu dem Schluß kommen, daß es sich hier tatsächlich um nichts anderes handelt als um einen Unterwerfungsvertrag.«

Nachdem einige Wochen vergangen waren, wartete ich von Tag zu Tag sehnlicher darauf, daß in dieser Sache gegen mich Anklage erhoben würde. Welch eine Gelegenheit, in öffentlicher Gerichtsverhandlung die Juristen darüber disputieren zu sehen, ob für das von der Adenauerregierung abgeschlossene und von der Mehrheit des Bundestages gebilligte Vertragswerk die

Bezeichnung »Unterwerfungsvertrag« zutreffe, oder, wie die Staatsanwaltschaft behaupten müßte, es eine »erdichtete oder entstellte Tatsache« wäre, die ich verbreitet hätte! Dabei hätte man ja unvermeidlich dem tatsächlichen Inhalt des Generalvertrages auf den Grund gehen müssen. Und das Ergebnis konnte bei ehrlicher Prüfung nur sein, daß hier das Selbstbestimmungsrecht des deutschen Volkes Fremden überschrieben wurde, und nicht einmal x-beliebigen Ausländern, sogar denen, die gleichzeitig als militärische Besatzung im Lande standen! Es war ein Akt der Unterwerfung unter deren Willen.
Je näher aber der Termin der Bundestagswahl heranrückte, um so klarer wurde mir, daß ich wieder einmal um eine enttäuschte Hoffnung reicher würde. Es würde nicht zur Anklage gegen mich kommen. Im Interesse der »Obrigkeit« – welch hübscher Begriff im Strafgesetzbuch eines demokratischen Staates? – *durfte* ein solcher Prozeß, noch dazu vor Wahlen, nicht stattfinden, der bisher verborgene Wahrheiten enthüllte. Denn die große Öffentlichkeit, die weder die Leser unseres Informationsbriefes noch die Zuhörerzahl bei Versammlungen bildeten, bei denen ich vom Unterwerfungsvertrag sprach, würde ja durch die Gerichtsverhandlung erst hergestellt. Dann könnte auch die Presse den Begriff nicht mehr wie bisher peinlich vermeiden und totschweigen, sondern sie müßte ihn wenigstens in berichtender Weise gebrauchen und damit erst weithin bekanntmachen.
Wie konnten auch die Hamburger jungen CDUler so unvorsichtig sein, hier ein Verfahren anstrengen zu wollen?! Der Staatsanwalt war klüger und stellte nach einigen Monaten Zögern das Ermittlungsverfahren gegen mich ein. Es war wirklich schade.
Das Ergebnis der Bundestagswahl vom 6. September 1953 war für meine Freunde und mich ein schwerer Schlag. Wir hatten nichts Gutes erwartet und vorausgesehen, daß die 5%-Klausel verhindern würde, daß neben den Sozialdemokraten eine Anzahl von Unabhängigen und Abgeordneten kleinerer Parteien in den Bundestag käme, welche die einseitige Westpolitik des Bundeskanzlers ablehnten. Daß es der Gesamtdeutschen Volkspartei Gustav Heinemanns nicht gelingen würde, diese Hürde zu überspringen, hatten wir angenommen, aber das Ergebnis von 1,16 Prozent der Stimmen übertraf doch die schlimmsten Befürchtungen. Alles aber wurde überschattet von dem überraschend großen Stimmengewinn der CDU, die von 31% vor vier Jahren auf 45,2% geklettert war, während die SPD im Vergleich zu 1949 sogar von 29,2 auf 28,8 Prozent noch leicht abgenommen hatte.
Damit war die Stellung Dr. Adenauers im In- und Ausland außerordentlich gestärkt. Mit diesem neuen Bundestag kann er machen, was er will, war unsere übereinstimmende Meinung.
Eine andere Frage war, wie es zu diesem Resultat gekommen war. Hier hatten wir nur in bezug auf die Gesamtdeutsche Volkspartei eine schnelle Antwort bereit: Sie war in erster Linie ein Opfer der gegen sie gerichteten Hetzkampagne geworden. Diese wurde nicht nur mit Verleumdungen betrieben, die

den ehemaligen Bundesinnenminister und Präses der Synode der Evangelischen Kirche in den Geruch eines Werkzeuges Moskaus brachten; es kam jetzt auch vor, daß Druck auf Verlage und Redaktionen ausgeübt wurde, um sie im Sinne der Regierungspolitik gleichzuschalten. Wir hatten als Pressedienst, der laufend mit rund 90 Redaktionen in Beziehungen stand, hier manchen Einblick. Typisch war der Fall der »Aachener Nachrichten«, wo Hermann Schaefer, der sowohl Verlagsleiter als auch Chefredakteur war, von den Mehrheitsgesellschaftern hinausgedrängt wurde. Man hatte ihm eine Erklärung zur Unterschrift vorgelegt, daß er in Zukunft jede Kritik an der Regierungspolitik und besonders der Wiederbewaffnung unterlassen werde, seine Leitartikel sollte er vorher einem Gesellschafter im Verlag zur Zensur unterbreiten.
Unterlagen über diesen Vorgang schickte Schaefer mir und dem Vorsitzenden des Zeitungsverlegerverbandes, was ihm nicht viel half. Er sei »entsetzt über die Diskrepanz von Verfassung und Verfassungswirklichkeit«, schrieb er mir, aber auch das Entsetzen brachte nichts ein. Er hatte seinen Mitgesellschaftern erklärt, daß er »lieber Holz fällen wollte«, als auf die Zumutungen einzugehen, und so war seines Bleibens bei der Zeitung, die hauptsächlich durch seine Arbeit nach 1945 aufgebaut worden war, nicht mehr länger.
An der Kampagne gegen Heinemann beteiligte sich auch die sonst auf ihren seriösen Ruf bedachte »Zeit«, die ihm sogar einen besonderen Streich dadurch spielte, daß sie frei erfundene Behauptungen über Ostkontakte und Interna der GVP am 3.9., so nahe vor dem Wahltag, verbreitete, daß es technisch nicht möglich war, die eidesstattlichen Richtigstellungen von Dr. Heinemann und Dr. Posser den Lesern vor der Wahl noch zur Kenntnis zu bringen.
Wichtiger aber als die Niederlage der Gesamtdeutschen Volkspartei Dr. Heinemanns war es, den überwältigenden Sieg von Adenauers CDU und das schlechte Abschneiden der Sozialdemokraten zu erklären. Für uns standen die Fragen Frieden und deutsche Einheit so sehr im Vordergrund, daß wir uns dazu verführen ließen, auf den ersten Blick in dem Wählervotum eine Entscheidung vor allem in diesem Problemkreis zu sehen; deshalb unsere große Betroffenheit. Der Versuch einer Analyse bei einer Lagebesprechung kurze Zeit danach ergab dann ein sehr differenziertes Bild, ohne daß dieses jedoch beruhigender im Sinne unseres Anliegens war. »Wie denn?« fragte Ewald Koch, unser Wirtschaftsfachmann, »wenn eine ganze Menge Leute die CDU gewählt haben, *obwohl* sie, wenn man sie näher fragt, mit der Außenpolitik Adenauers nicht einverstanden sind? Und wenn umgekehrt auch viele die SPD *nicht* gewählt haben, obwohl sie deren außenpolitische Stellungnahmen der letzten Zeit für richtig finden?« Er bestritt ganz entschieden, daß die Außenpolitik bei der weitaus größten Zahl der Wähler unter den Motiven für ihre Stimmabgabe eine ausschlaggebende Rolle gespielt habe.
Für die großen Gewinne der CDU machte er die allgemeine wirtschaftliche Entwicklung verantwortlich. Die laufende Besserung seit 1949 konnte auch

niemand übersehen, und den Kredit dafür bekamen in solchen Fällen immer die Regierenden; wenn es abwärts ginge, wäre es umgekehrt. Außerdem wünschten die Menschen natürlich, daß es so weitergehe, und da bliebe man lieber bei dem so offensichtlich Bewährten, die Vaterfiguren Erhard und Adenauer täten ein übriges. Auf der anderen Seite traue man der SPD wirtschaftlich nichts zu, und ganz besonders abschreckend wirke auf viele Bürger der Begriff Sozialismus, der mit Zwangswirtschaft gleichgesetzt würde, die gerade drüben in der DDR von der SED so weithin sichtbar ad absurdum geführt wurde.

Das war alles einleuchtend und übrigens auch nicht weit entfernt von dem bitteren Kommentar Dr. Heinemanns, der von der Weltanschauung der Westdeutschen sprach, die aus nur drei Punkten bestehe: »Viel verdienen – Soldaten, die es verteidigen – und Kirchen, die beides segnen.«

Eine sehr interessante Zahl wurde noch bekannt, die sich bei einer Meinungsumfrage unter CDU-Wählern ergab. Nur sieben Prozent gaben an, diese Partei in erster Linie deshalb gewählt zu haben, weil sie am ehesten die Wiedervereinigung Deutschlands zuwege bringe. Dabei war überall ein Wahlplakat der CDU zu sehen gewesen, das mit einer erhobenen Schwurhand die Adenauer zugeschriebenen Worte trug: »Wir werden nicht ruhen und nicht rasten, bis ganz Deutschland wieder vereinigt ist in Frieden und Freiheit.« Offenbar glaubte nicht einmal ein Zehntel der Wähler von Konrad Adenauers Partei, daß seine Politik sie dahin führen würde!

Man hätte sich über das gesunde politische Urteil dieser Menschen in dieser Frage freuen können, wenn nicht hier noch zusätzlich und sehr drastisch der Beweis dafür geliefert worden wäre, daß der Zusammenhang zwischen der Außenpolitik Konrad Adenauers und der deutschen Wiedervereinigung bei dieser Bundestagswahl überhaupt keine nennenswerte Rolle spielte.

Entscheidend war, daß die »Bauchwahlen«, wie wir sie in Zukunft bezeichneten – immer noch etwas naiv und noch nicht genügend darüber aufgeklärt, daß im Massenzeitalter die meisten demokratischen Wahlen »Bauchwahlen« sind –, Konrad Adenauer in seiner Position bestätigten und stärkten, in der er ohne Rücksicht seine der deutschen Einheit abträgliche, fälschlich europäisch genannte, in Wirklichkeit teileuropäische Politik der Westintegration fortsetzen konnte.

Eine bedeutende, vielleicht sogar die entscheidende Schlacht, das mußte die Zukunft zeigen, um Deutschland war seit dem 10. März 1952 mit der Nichtbeachtung der sowjetischen Note, dem Versäumnis der Ausnutzung der Situation nach dem 17. Juni und der Festigung der Machtstellung Dr. Adenauers in der Wahl vom 6. September verloren.

Da konnte es mich wenig trösten, daß es in den letzten Monaten des Jahres noch manches Erfreuliche zu melden gab. Dazu gehörten die Ernennung meines Freundes Hans Bidder zum Botschafter in Äthiopien, in einem alten, unabhängigen, jetzt wieder an Bedeutung zunehmenden afrikanischen Land, und die Erweiterung der internationalen Beziehungen der »Realpolitik«, im Nahen Osten zur Arabischen Liga, aber auch nach Indien und Indonesien, mit weitgespannten Zukunftsperspektiven. Da waren wir der offiziellen Bonner Außenpolitik weit voraus.

Relevanter für die unmittelbare Zukunft in der deutschen Frage war da schon die Intensivierung unserer französischen Verbindungen, wo wir in Naim Kattan, übrigens einem Araber, einen neuen Mitarbeiter in Paris gewannen. Er besaß ein echtes politisches Gespür und entdeckte für uns einen jüngeren französischen Politiker, den er für einen Mann mit Zukunft hielt und der bis dahin in der Bundesrepublik kaum beachtet und gerade eben mit Namen bekannt war: François Mitterrand.

Mitterrand war aus Protest gegen die Absetzung des Sultans von Marokko aus dem Kabinett Laniel ausgeschieden, in dem er Minister für die überseeischen Gebiete gewesen war, und dann anstelle von René Pleven zum Vorsitzenden der U.D.S.R. (Union Démocratique et Socialiste de la Résistance) gewählt worden, die zur Zeit mit ihrer Fraktion in der Kammer ein entscheidender Faktor bei jeder Regierungsbildung war. In einem Interview mit »Realpolitik«, das den bezeichnenden Titel trug: »Afrika kommt vor Europa«, erklärte Mitterrand die fast unauflösliche Wechselbeziehung zwischen den europäischen Interessen Frankreichs, etwa der deutschen Frage, die sich jetzt in dem Projekt der EVG und dem Verhältnis zur Sowjetunion konzentrierte, und den als ebenso lebenswichtig betrachteten Interessen in Übersee, vor allem in Afrika, aber auch in Indochina. Mancher Eindruck, den ich schon beim eingehenden Studium der ausführlichen Berichte in »Le Monde« von der tage- und nächtelangen Redeschlacht in der französischen Nationalversammlung einige Tage vorher gewonnen hatte, wurde dadurch noch konkretisiert.

Ohne Zweifel fiel dort die nächste Entscheidung über die EVG mit allem, was diese für Deutschland hieß, und alle Anzeichen deuteten darauf hin, daß die in Paris erfundene »Europäische Verteidigungsgemeinschaft« auch in Paris begraben werden würde. Noch etwas konnte ich unserem Interview mit François Mitterrand entnehmen. Bei einer bevorstehenden innenpolitischen Wende in Frankreich würde Pierre Mendès-France eine Hauptrolle spielen.

Der internationalen Politik mußte vor der bundesdeutschen Innenpolitik wieder Vorrang eingeräumt werden.

Wenn überhaupt, so lagen dort noch die Möglichkeiten, daß die für unser Volk verhängnisvolle Auseinanderentwicklung aufgehalten und umgekehrt werden könnte. Nach erneutem Notenwechsel hin und her seit Mitte Juli hatten sich die drei Westmächte mit der Sowjetunion endlich auf eine Viererkonferenz über die deutsche Frage geeinigt, die Anfang 1954 in Berlin zusammentreten sollte.

# 21 Konferenzen in Berlin und Genf

Ein Unglück hätte mich beinahe darin gehindert, die Berichterstattung von der Berliner Außenministerkonferenz selbst wahrzunehmen. Kurz vor Weihnachten 1953 erkannte der Arzt bei Gotthart Ammerlahn eine offene Tuberkulose, und er mußte in die Lungenheilstätte Wintermoor in der Lüneburger Heide. Die Situation wurde dadurch gerettet, daß der welterfahrene Dr. Herbert Mueller für ihn in der Redaktion der »Realpolitik« einspringen konnte.

Trotz des erbärmlichen Zustandes der Reichshauptstadt seit dem Kriege hatte ich jedem Besuch dort mit Wiedersehensfreude entgegengesehen. Dieses Mal wollte sie sich nicht so recht einstellen. Ich ahnte wohl, daß bei diesem Treffen kaum etwas Gutes für Deutschland herauskommen würde, wehrte mich aber gegen den Gedanken an ein Scheitern. Durfte man denn die Hoffnung aufgeben? Konnte nicht einmal von irgendwoher auch ein Glücksfall eintreten? Ich gestand mir ein, daß die Chance dafür nach allem Vorhergegangenen so gering wie nur vorstellbar war, aber so geht es nun einmal dem Menschen, wenn er sein Herz an eine Sache gehängt hat. Die nüchterne Londoner »Times« hatte schon Enttäuschungen vorbeugen wollen und von der Notwendigkeit eines »Reserveplanes« geschrieben mit »Vorschlägen für eine friedliche Ordnung auf der Grundlage eines weiter geteilten Deutschlands«. Das mochte den Briten genügen, für uns war das nach der Möglichkeit eines neuen Krieges die zweitschlechteste Aussicht. Was war von den Außenministern zu erwarten?

Alle vier sahen auf eine langjährige politische Praxis und zum Teil auch Erfahrungen in den Beziehungen ihrer Länder mit Deutschland zurück. Wiatscheslaw Molotow, 1890 geboren, hatte sich mit 16 Jahren der revolutionären Bewegung gegen die Zarenherrschaft angeschlossen und dabei seinen Familiennamen Skrjabin mit Molotow, was Hammer bedeutet, vertauscht. Als 22jähriger wurde er Redakteur des bolschewistischen Parteiorgans »Prawda« und war danach in verschiedenen Parteistellungen immer in der Nähe Stalins zu finden, ab 1926 im Politbüro. Zeitweise amtierte er auch als Ministerpräsident der Sowjetunion. In der Außenpolitik spielte er eine führende Rolle, seit er im Jahre 1939 Maxim Litwinow als Außenminister ablöste. Auf allen Konferenzen der vier Mächte, die sich mit Deutschland seit dem Kriegsende bis zum Bruch zwischen den Westmächten und der Sowjetunion befaßten, hatte Molotow die Sowjetunion vertreten. Auch Stalins Tod überdauerte er in seinem Amt.

Anthony Eden, 1897 geboren, hatte den Ersten Weltkrieg als Hauptmann mitgemacht, war 1923 für die Konservativen ins Unterhaus gewählt worden, seitdem vorwiegend mit Außenpolitik beschäftigt und zum erstenmal von 1935–38 in entscheidenden Jahren vor dem Zweiten Weltkrieg Außenminister. Er war wegen der »appeasement« genannten Politik des Ministerpräsidenten Neville Chamberlain gegenüber Deutschland zurückgetreten und während des Krieges von Churchill wieder ins Kabinett geholt worden. Auch er war mit der deutschen Frage vertraut.

Nähere, allerdings intensiv feindliche Berührung mit Deutschland hatte auch Edens Altersgenosse, der 1899 geborene Georges Bidault gehabt. Der als Reserveoffizier eingezogene Geschichtslehrer wurde 1940 von deutschen Truppen gefangen, aus der Kriegsgefangenschaft aber schon 1941 wieder entlassen. Er schloß sich dann der Résistance gegen die deutsche Besatzung an, in deren Führung er 1943 Jean Moulin ersetzte. De Gaulle machte ihn 1944 nach der Befreiung von Paris zum Außenminister in seiner ersten provisorischen Regierung. Seitdem war er – zeitweise auch Ministerpräsident und als Außenminister kurze Zeit durch Robert Schuman abgelöst – der maßgebliche Leiter der französischen Außenpolitik geblieben. Er gehörte der MRP (Mouvement Republicain Populaire), der französischen Schwesterpartei der westdeutschen CDU, an. Zwischen den beiden Parteien gab es schon vor der Gründung der Bundesrepublik Beziehungen und zwischen Konrad Adenauer und Georges Bidault auch geheime Kontakte in der Schweiz. Unter den vier Außenministern, die jetzt in Berlin zusammentraten, war Bidault ein entschiedener Gegner einer deutschen Wiedervereinigung.

Der Älteste der Vier war der 1888 als Sohn eines presbyterianischen Geistlichen in Washington geborene John Foster Dulles. Sein Großvater John Foster und sein Onkel Robert Lansing sind Außenminister der USA gewesen. Dulles studierte Jura an der Sorbonne und trat später in die bekannte New Yorker Anwaltssozietät Sullivan & Cromwell ein, war gegen Ende des Ersten Weltkriegs vorübergehend im Regierungsdienst, dabei auch Mitglied der US-Friedensvertragsdelegation in Paris. Später war er für Sullivan & Cromwell an bedeutenden internationalen Rechtsauseinandersetzungen beteiligt, so z. B. als Vertreter der Aktionäre bei dem Zusammenbruch des Wirtschaftsimperiums des schwedischen Zündholzkönigs, Ivar Kreuger, und hatte zwischen den beiden Kriegen auch Verbindungen zu großen deutschen Konzernen. Sehr aktiv war er in Laienorganisationen der Kirchen, beteiligt war er auch an der Ausarbeitung der Satzung der Vereinten Nationen in San Francisco. Über die Republikanische Partei wurde er Berater des Außenministeriums und schließlich 1952 nach Eisenhowers Amtsantritt als Präsident von diesem zum Außenminister ernannt. Die Auseinandersetzung mit Hitlers Deutschland war für ihn, im Gegensatz zu Eisenhower, kein »Kreuzzug« gewesen, dafür jetzt um so mehr der Kampf gegen *»den«* Kommunismus. Er warf alle Kommunisten der Welt, Russen, Chinesen, Jugoslawen und was es da sonst noch gab, in einen Topf. Die Sowjetunion war für ihn nicht mehr nur, wie für Präsident Truman, »einzudämmen«, sondern – es wurde wieder gleich eine »Doktrin« daraus gemacht – »zurückzurollen«.

Für Dulles kam eine Wiedervereinigung Deutschlands nur unter der Bedingung in Frage, daß dadurch das westliche Bündnis bis zur Oder vorrückte. Und auch das konnte nur die erste Etappe zur Neuordnung in ganz Osteuropa sein. Hier deckten sich seine Ansichten genau mit den verschiedentlich von Konrad Adenauer vorgebrachten Gedanken.

Im Kleist-Park, etwas abseits der Potsdamer Straße, befand sich das alte Preußische Kammergericht, eins der wenigen vom Krieg unversehrt gebliebenen repräsentativen Gebäude, in dem sich 1945 der Alliierte Kontrollrat eingerichtet hatte. Abwechselnd mit der Sowjetbotschaft im Ostsektor Unter den Linden sollten hier die Außenminister tagen. Vor der Eröffnung durften die akkreditierten Vertreter der Presse den Sitzungssaal besichtigen, und nicht wenige von uns fanden das große Deckengemälde über den für die Außenminister in einem Quadrat zusammengesetzten Tischen ganz passend: Es stellte das Jüngste Gericht dar, und just über dem Sitzungstisch schwebte der Engel mit der Posaune. Ich konnte nur hoffen, daß die vier Minister oft von ihren Papieren auf und zur Decke hochblickten, um an das Jüngste Gericht gemahnt zu werden. Im letzten Krieg war es noch nicht so weit gekommen, aber am Ende jenes künftigen, zu dessen Vermeidung sie hier etwas tun sollten, mochte angesichts der atomaren Waffen sehr wohl so etwas wie ein Weltuntergang stehen.

Bei der Eröffnung am 25. Januar kamen wir nicht näher als 100 Meter an das Gebäude des Kammergerichtes heran, aber diese letzte Strecke war nicht nur für uns Journalisten und neugieriges Fußvolk gesperrt, sondern näher durfte auch kein Westberliner Polizist kommen. Die alliierte Militärpolizei gab hier allein den Ton an. Der erste der anfahrenden Außenminister war der Repräsentant der schwächsten der beteiligten Mächte, der von den drei anderen noch nachträglich ein Stück von dem bereits in Sektoren aufgeteilten Berliner Kuchen zugestanden worden war. Bidault führte dabei ein besonders martialisches Schauspiel auf. Mit einer Motorrad-Kavalkade von 13 mit Sturzhelmen bekleideten, wie Marsmenschen anmutenden Militärpolizisten kam er in den Park gebraust und fuhr vor dem Eingangsportal vor. Ich hatte nicht den Eindruck, daß das bei den herumstehenden Berliner Schaulustigen besonderen Respekt oder Bewunderung hervorrief.

Die Anfahrt der Außenminister der drei anderen Mächte war bescheidener, doch nachdem die Konferenz erst einmal begonnen hatte, gaben sich alle vier redlich Mühe, die Erwartung der Berliner zu rechtfertigen, die sich in der überall gehörten Frage ausdrückte: »Was soll da schon herauskommen?« Zwar beschäftigten sich die Minister sofort mit dem Thema Deutschland, aber sie taten das in langen Monologen, die in der Substanz nur wiederholten, was beide Seiten seit zwei Jahren dazu vorgebracht hatten. Von allen Reden, die sie auf der Konferenz hielten, wurden wörtliche Texte ausgegeben, aber bis die vervielfältigt zur Verfügung standen, verging einige Zeit, und bis dahin informierte jede Delegation zuerst einmal ihre eigenen Landsleute, die Franzosen die Franzosen, die Briten die Briten und die Amerikaner die Amerikaner; von den Russen, die ihr Pressezentrum im Ostsektor hatten, hörte man erst einmal kaum etwas. Die Deutschen mußten sich ihre Nachrichten zusammensuchen, nachdem die Pressevertreter der vier Mächte bereits vorher unterrichtet waren.

Was Informationen betraf, konnte ihnen auch ein Besuch in der »Buletten-Bar«, die von vielen bundesdeutschen Journalisten in den ersten Tagen frequentiert wurde, nicht viel helfen. Der treffende Name war eine Betitelung des Berliner Volksmundes für einen Raum im am Kurfürstendamm gelegenen »Hotel am Zoo«, in dem man jeden Nachmittag von 18–20 Uhr mit Mitgliedern der von Professor Wilhelm Grewe und Herbert Blankenhorn geführten Bonner Delegation zusammentreffen oder vom Pressesprecher des Bundeskanzleramtes, Felix von Eckardt, Fragen beantwortet haben konnte. Konkrete Nachrichten waren mehr als dünn, und so taten sich deutsche und ausländische Kollegen wenigstens an den Buletten, Würstchen, belegten Broten und den Getränken gut, die es dort auf Kosten der bundesdeutschen Steuerzahler gab und die bei manchen ein billiger Ersatz fürs Abendessen waren. Der Informationsfluß, soweit es ihn über kärgliche Rinnsale überhaupt gab, war eher umgekehrt. Die Bonner Beamten hofften von den Journalisten, bevorzugt natürlich denen aus den drei westlichen Ländern, über die Reden am Konferenztisch hinaus etwas über Hintergründe, Motive und Absichten zu erfahren.

Blankenhorn wurde abwechselnd von den westlichen Delegationen über den Verlauf der Aussprachen unterrichtet; das war aber kaum mehr, als was alle Pressevertreter auf den alliierten Pressekonferenzen erfuhren. Am nächsten Morgen lagen dann auch die vollständigen Redetexte vor. Ich studierte sie peinlich genau, in der fast süchtigen Suche hier oder da nach einem kleinen Fingerzeig, daß sich zwischen den Parteien doch etwas aufeinander zu bewegte und daß es irgendwie weiterginge.

Leider konnte und konnte ich dabei für unser Hauptanliegen nichts Brauchbares entdecken, fand höchstens gelegentlich eine Äußerung, die in anderem Zusammenhang bemerkenswert war und die ich mir zur gelegentlichen zukünftigen Verwendung notierte. So verdiente z. B. eine interessante Bemerkung von Mr. Dulles vom deutschen Standpunkt festgehalten zu werden. Sie entschlüpfte dem amerikanischen Außenminister, als er am zweiten Sitzungstag der von Molotow vorgebrachten Betonung der Beschlüsse der Konferenz von Potsdam entgegentreten wollte. Er nannte das eine »Rückkehr zu dem überholten, bankrotten System von Versailles und den anderen sogenannten ›Friedens‹-Verträgen, die nur Kriege geboren haben«.

Nun, Dulles war ein Mann, der, wenn irgend jemand, den Charakter des »Vertrages« von Versailles kennen mußte, war er doch als Berater des seinerzeitigen US-Präsidenten Wilson in Paris an den dazu führenden Verhandlungen beteiligt gewesen. Mit seiner Bemerkung hier auf der Konferenz

hatte er allerdings nur Molotow zu der Entgegnung provoziert, daß »unter dem Versailler Vertrag die Unterschriften Frankreichs, Englands und der USA, nicht aber der Sowjetunion stehen«.
Wenn das Diktat von Versailles und die anderen von Mr. Dulles genannten Pariser Vororts-Verträge, mit dem »Frieden« in Gänsefüßchen gesetzt, nur Kriege geboren haben, wie konnte dann von einer Alleinschuld Deutschlands am Zweiten Weltkrieg die Rede sein? Dulles wenigstens, das mußte man ihm zur Ehre anrechnen, war offensichtlich kein Anhänger dieser unsinnigen These.
Sehr erstaunt waren zwei westdeutsche Kollegen und ich, als wir am dritten Konferenztag auf einer Fahrt durch den Ostsektor vor dem Kolossalgebäude der Sowjetbotschaft Unter den Linden hielten. Es war die Zeit, um die sich Molotow zur Sitzung mit seinen westlichen Kollegen in den US-Sektor begeben mußte. Nirgendwo waren Fahrbahn oder Bürgersteig abgesperrt, so daß wir durch die kleine Menge der Wartenden ungehindert bis an das Gitter gelangten, das den kleinen Vorhof vor dem zurückliegenden Hauptportal von der Straße abschließt. Botschafter Semjonow kam aus dem Gebäude und begab sich allein durch die Schar der Neugierigen zu seinem auf der Straße wartenden Wagen. Dann kam auch Molotow mit einigen Mitgliedern der Sowjetdelegation. Zwei große Limousinen kamen heran, und sie stiegen dort ein. Die Wartenden drängten sich ganz dicht an die Scheiben des Wagens von Molotow.
Kurz entschlossen durchschritten wir drei die kleine Eingangspforte, vor der ein einziger Rotarmist mit aufgepflanztem Bajonett Wache stand. Er hielt uns nicht auf, auch in der Eingangshalle kümmerten sich die dort herumstehenden zahlreichen Sowjetoffiziere nicht um uns. Am Empfangstisch äußerten wir in deutscher Sprache den Wunsch, den Presseattaché der Botschaft zu sprechen. Niemand verlangte einen Ausweis. Der Zivil tragende Empfangsbeamte fragte nur, ob wir westdeutsche Journalisten seien, und ging dann, um den Presseattaché zu benachrichtigen. Mittlerweile bot er uns bequeme Sessel zum Sitzen an. Einige Offiziere, die vor den Sesseln standen, machten uns höflich Platz. Sie unterhielten sich laut und ungezwungen. Wir befanden uns in einer kleinen Vorhalle mit geschmackvoller, schlichter Holztäfelung, der Fußboden war ganz mit einem einfarbigen Teppich ausgelegt. Drei Bilder schmückten die Wände: Malenkow, Molotow und Lenin. Stalin war nicht dabei.
Herr Filipow, ein kleiner untersetzter Herr in dunklem Anzug, trat aus einer Tür auf uns zu, reichte uns die Hand, noch bevor wir unsere Namen genannt hatten und fragte nach unseren Wünschen. Auch am Empfangstisch vorher hatte man sich nicht einmal nach unseren Namen erkundigt. Wir fragten Herrn Filipow, ob wir den Konferenzsaal sehen könnten, in dem in der nächsten Woche die vier Außenminister ihre Sitzungen abhalten werden. Herr Filipow bedauerte: jetzt noch nicht, sagte er, am Sonnabend oder Sonntag wahrschein-

lich. Es würde eine allgemeine Besichtigung für die Vertreter der Presse geben, deren genauer Termin noch bekanntgemacht würde. Nach der chinesischen Delegation befragt, die angeblich eigens zum Zwecke der Viererkonferenz in Ostberlin weilen solle, erklärte uns der Presseattaché, daß er von ihr nichts wisse. Es gäbe eine chinesische Handelsdelegation und eine chinesische Botschaft in Ostberlin, aber von einer besonderen Delegation zur Viererkonferenz sei ihm nichts bekannt. Nach einigen technischen Fragen bezüglich der Presseunterrichtung durch die sowjetischen Konferenzteilnehmer verabschiedeten wir uns.

Fast vier Jahre wurde an dem Kolossalgebäude Unter den Linden gebaut, das heute den Raum nicht nur der alten russischen Botschaft Unter den Linden 7, sondern noch dazu den des zerstörten Hotels »Bristol« und des Bischöflichen Ordinariats in der Behrenstraße einnimmt. Hundert Millionen Ostmark sind in das Gebäude mit 350 Räumen hineingebaut worden. Das alte Gebäude der russischen Botschaft, das auch die Sowjets nach der Revolution als Sitz ihrer Berliner Vertretung übernommen hatten, hatte einmal der Schwester Friedrichs des Großen, der Prinzessin Amalie, gehört. 1837 erwarb es Zar Nikolaus I. für 150 000 Taler, worauf ihm der Magistrat von Berlin die Bürgerrechte der Stadt verlieh. Als das Gebäude dann zur russischen Gesandtschaft geworden war, machte vor allem Graf Schuwalow es zu einem Zentrum des gesellschaftlichen Lebens. Als preußischer Ministerpräsident und auch als Reichskanzler weilte Fürst Bismarck oft hier. Auch während des ersten Berliner Kongresses, auf dem der Reichskanzler den bedrohten europäischen Frieden noch einmal rettete und auf dem Schuwalow noch als russischer Vertreter zugegen war, spielte das gastliche Haus Unter den Linden 7 eine große Rolle.

So geschmackvoll die Innenausstattung der neuen sowjetischen Botschaft ist – soweit wir sahen –, das Kolossalgebäude im sogenannten Moskauer klassizistischen Stil verändert das ganze Bild, das Berlins berühmte Prachtstraße einst gab, vollkommen. Wenn auch das einstige Regierungsviertel, in dem noch heute fast überall die Trümmer herumliegen, eines Tages wiedererstehen wird, sein altes vertrautes Gesicht, an dem weder der Umschwung von 1918 noch von 1933 etwas veränderte, wird es wohl kaum wieder erhalten.

In einem wiederhergestellten Gebäude am Wilhelmplatz, jetzt Thälmannplatz genannt, das früher das Goebbelssche Propagandaministerium und jetzt das DDR-Pressezentrum beherbergte, zog mich ein Mitglied von Außenminister Molotows Delegation in ein Gespräch. Die vier Außenminister konnten sich unter anderem nicht darüber einigen, wie das Wahlgesetz zustande kommen sollte, nach dem gesamtdeutsche Wahlen abgehalten werden sollten. Der Sowjetdiplomat fragte mich, was ich denn unter freien Wahlen verstünde und ob ich das zur Zeit in Westdeutschland bestehende Wahlgesetz billigte, nach dem der Bundestag gewählt worden sei. Ich verneinte das unter Hinweis auf die 5%-Klausel und andere undemokratische Mängel des Wahlgesetzes. Mein

Gesprächspartner meinte, daß auch bei Wegfall dieser Bestimmungen die Wahlen nicht als frei zu bezeichnen seien, denn die westdeutsche Großindustrie habe ja die Adenauerwahlen bezahlt.
Hier tauchte in einem sehr offen geführten und nicht auf Propagandawirkung berechneten Zwiegespräch der gleiche Einwand auf, den Molotow auf der Konferenz vorgebracht hatte. Ich hatte den Eindruck, daß es sich hierbei nicht nur um einen Vorwand, sondern um ernste Bedenken handelte. Es gäbe einen Ausweg, erklärte ich. Natürlich könnten wir nach unserer ganzen Auffassung der Freiheit niemandem verbieten, einer politischen Partei Geld zu geben. Aber es sei notwendig, für eine gesamtdeutsche Wahl eine Bestimmung des Grundgesetzes in Kraft zu setzen, die in der Bundesrepublik existiere, aber wegen der Nichtverabschiedung eines Parteiengesetzes immer noch nicht gehandhabt werde, daß jede Partei über ihre Finanzierung öffentliche Rechnung zu legen habe. Dann erkenne jedermann, wer die Parteien unterstütze, die sich zur Wahl stellen. Dieser Vorschlag von mir wurde notiert, aber nicht kommentiert.
»Warum kommt man nicht einfach auf das Weimarer Wahlgesetz zurück?« fragte ich dann, und sagte auf die Frage des Russen, warum ich gerade dieses befürworte, es sei erstens demokratisch gewesen und biete jetzt noch zwei weitere Vorteile. Uns bliebe das traurige Schauspiel erspart, daß sich die Vertreter der Bundesrepublik und der DDR um ein Wahlgesetz herumschlagen, und zweitens würde die Kontinuität des deutschen Staates betont. Dabei erinnerte ich meinen sowjetischen Gesprächspartner an die Worte Stalins unmittelbar nach dem Ruhen der Waffen im Frühjahr 1945: daß die Hitler kämen und gingen, Deutschland aber bestehen bleibe.
Zum ersten Male empfand ich in diesen Konferenztagen etwas wie eine kleine Befriedigung, als ich im Text von Molotows Ausführungen am 4. Februar sah, daß dieser das Weimarer Wahlgesetz mit folgenden Worten in die Debatte warf: »Es ist, als dürften die Deutschen nicht einmal das Wahlgesetz für die gesamtdeutschen Wahlen ausarbeiten. Hatten doch die Deutschen während der Weimarer Republik ihr eigenes Wahlgesetz, das in den demokratischen Kreisen keine besonderen Einwendungen hervorrief.«
»Demokratische Kreise« war ein Schlüsselwort. Wer die Semantik der Sowjetunion kannte, und ich mußte annehmen, daß das für die drei westlichen Außenminister zutraf, wußte, daß damit die Kommunisten und ihnen nahestehende Kräfte gemeint waren. Der sowjetische Außenminister deutete mit seiner Wendung an, daß die Sowjetunion einer Anwendung des Wahlgesetzes der Weimarer Republik zustimmen könnte.
Meine Befriedigung über diese Wendung begann sich zu verflüchtigen, als ich las, was an diesem Sitzungstag nach der Äußerung Molotows weiter geschah. Es sprach John Foster Dulles. Mit keinem Wort ging er auch nur andeutungsweise auf das Weimarer Wahlgesetz ein. Da er als einziger der Drei aus dem Westen an diesem Tag noch das Wort genommen hatte, studierte ich ganz

besonders genau die weiteren Stellungnahmen der westlichen Außenminister an den folgenden Tagen. Dulles warf am 5. Februar Molotow vor, er bestände auf den Wahlmethoden, wie sie in der DDR praktiziert wurden, und seine Ausführungen zum Thema Wahlen gipfelten in der Behauptung: »Unter Mr. Molotows Plan würden nur die kommunistische Partei und die kommunistischen Fassadenorganisationen an den Wahlen teilnehmen.« Mit keinem Wort erwähnte Dulles das Weimarer Wahlgesetz. Der danach sprechende Georges Bidault sagte immerhin, daß Molotow »zu meinen scheint, daß der Text des alten Gesetzes von Weimar durchaus anwendbar sei«, tat das aber, ohne weiter in die Tiefe zu gehen, als im Widerspruch zu früheren Äußerungen Molotows ab und wandte sich anderen Dingen zu. Ähnlich verhielt sich als nächster der britische Außenminister. Mr. Eden sagte: »Mr. Molotow hat auf das Weimarer Wahlgesetz verwiesen. Wir könnten uns dieses Gesetz sowie jeden anderen praktischen Vorschlag bestimmt ansehen, den irgendeiner von uns vorbringen kann. Es ist natürlich unsere Absicht, daß, wenn einmal das Wahlgesetz verkündet ist, die Deutschen ihre eigenen Wahlen selbst durchführen sollten.« Danach ging er zu langen und breiten Ausführungen über, warum Molotow das Risiko freier Wahlen in Deutschland fürchte.

Keiner der westlichen Außenminister konnte bestreiten, daß es nach dem Weimarer Wahlgesetz demokratische Wahlen gab. Molotow hatte darauf hingewiesen, daß es »anwendbar sei«, wie Bidault richtig bemerkte. Warum, so mußte man fragen, ging nun keiner der Drei näher darauf ein, warum sagte keiner zu dem sowjetischen Außenminister etwa: »Sehr erfreulich, Herr Kollege Molotow, hier haben wir einen Punkt der Übereinstimmung. Begraben wir den langen Streit über das Zustandekommen eines Wahlgesetzes, nehmen wir das vorhandene, das Weimarer, und lassen wir nach ihm gesamtdeutsche Wahlen stattfinden!«

Warum geschah das nicht, warum wurde nicht versucht, Molotow beim Wort zu nehmen und ihn auf diese Wahlen festzulegen, wenn man auf die »deutsche Wiedervereinigung durch freie Wahlen« aus war? War die Forderung nur ein Vorwand und wurde fallengelassen wie eine heiße Kartoffel, als es schien, sie könnte erfüllt werden?

Hatte es überhaupt Sinn, diesem Dialog der Tauben noch weiter zuzuhören?

Ich war nicht der einzige, der sich nach 12 Tagen Konferenzdauer fragte, ob er noch länger Zeuge dieser nichtssagenden Aufführung sein wollte, die inzwischen ganz ohne Hoffnung auf eine Wendung zum Konstruktiven war. Manche fuhren tatsächlich ab. Andere, die mehr an den ausstehenden Problemen Österreich oder Ostasien interessiert waren, mußten pflichtgemäß noch ausharren; vielleicht würde es wenigstens da im weiteren Verlauf noch zu Ergebnissen kommen. Molotow hatte erneut die mit der Note vom 10. März den Westmächten unterbreiteten »Grundlagen des Friedensvertrages mit Deutschland« eingebracht, dabei jedoch die »Politischen Leitsätze« durch einen Punkt 8 ergänzt: »Deutschland werden keinerlei Verpflichtungen politi-

schen oder militärischen Charakters auferlegt, die sich aus Verträgen oder Abkommen ergeben, die von den Regierungen der Bundesrepublik Deutschland und der Deutschen Demokratischen Republik vor dem Abschluß des Friedensvertrages mit Deutschland und der Wiedervereinigung Deutschlands zu einem einheitlichen Staat abgeschlossen wurden.«
Von den Ausführungen, die er am 3. Februar machte, verdient, weil es hier um die eigentliche Kernfrage geht, festgehalten zu werden:
»Herr Eden und Herr Bidault haben hier erklärt, daß ein Vereinigtes Deutschland nach den Bedingungen der Bonner und Pariser Verträge angeblich an diese Abkommen nicht gebunden sein wird und über die Frage dieser oder jener Verpflichtungen, darunter die Verpflichtung über den Verbleib in der ›Europäischen Verteidigungsgemeinschaft‹, frei entscheiden kann. Hierzu hat Herr Bidault erklärt: ›Frankreich stellt für die Wiedervereinigung Deutschlands nicht die Bedingung, daß es als Ganzes der Europäischen Verteidigungsgemeinschaft beitritt.‹
Ist es aber so?
Um diese Frage zu beantworten, wollen wir uns dem Text des Bonner Vertrages zuwenden:
Artikel 7, Punkt 2 dieses Vertrages lautet:
›Die Bundesrepublik und die drei Mächte (USA, Großbritannien und Frankreich) werden zusammenwirken, um mit friedlichen Mitteln ihr gemeinsames Ziel zu verwirklichen: ein wiedervereinigtes Deutschland, das eine freiheitlich-demokratische Verfassung ähnlich wie die Bundesrepublik besitzt und das in die Europäische Verteidigungsgemeinschaft integriert ist‹ ...
Um zu zeigen, daß in dieser Frage keinerlei Abweichungen zulässig sind, gibt es in diesem Artikel des Bonner Abkommens noch einen dritten Punkt, in dem festgestellt wird:
›Soweit nicht alle Unterzeichnerstaaten ihre gemeinsame Zustimmung erteilen, wird die Bundesrepublik kein Abkommen abschließen noch einer Abmachung beitreten, welche die Rechte der drei Mächte auf Grund der genannten Verträge beeinträchtigen oder die Verpflichtungen der Bundesrepublik auf Grund dieser Verträge mindern würden.‹
Hieraus ist ersichtlich, daß die Bonner Regierung durch die Verpflichtung gebunden sein wird, auf keine Vereinigung Deutschlands, die nicht die Einbeziehung des vereinten Deutschlands in das System der ›Europäischen Verteidigungsgemeinschaft‹, das heißt die Europaarmee, vorsieht, einzugehen.
Wo ist hier die wahre Freiheit der Wahl der Wege zur Vereinigung des gegenwärtig gespaltenen Deutschland? Kann man unter solchen Umständen von einem wahrhaft freien deutschen Staat reden, auch dann, wenn die Vereinigung der Teile zu einem einheitlichen Deutschland erfolgen wird? Das kann man auf keinen Fall.«
Im größten Bemühen um Objektivität konnte ich an diesen Bemerkungen Molotows nichts auszusetzen finden. Sie entsprachen nur den Tatsachen.

Nachdem man sich inzwischen mit Korea und Österreich beschäftigt hatte, erklärte am 17. Februar, dem Tag vor der Schlußsitzung, noch einmal der sowjetische Außenminister: »Die Schlußfolgerung ist einfach: Wenn die EVG geschaffen werden wird, so werden unsere Meinungsverschiedenheiten zum Quadrat erhoben werden.«
Die Konferenz hielt an 23 Tagen Sitzungen ab. Die Schlußsitzung ausgenommen, haben sich die Minister von den 18 öffentlichen Sitzungen 14 Tage mit Deutschland und vier mit Österreich befaßt, dieses im wesentlichen auch im Zusammenhang mit der deutschen Frage, in den an 2 Tagen abgehaltenen Geheimsitzungen standen nur Organisations- und Tagesordnungsfragen zur Einberufung einer Ostasienkonferenz zur Debatte.
All das schlug sich im umgekehrten Sinne im Schlußkommuniqué nieder: Von seinen 34 Zeilen waren 12 Korea, 9 Indochina und ebenfalls 9 dem allgemeinen Wunsch nach einer Beschränkung der Rüstungen gewidmet. Deutschland kam überhaupt nur in den vier Schlußzeilen wie folgt vor:
»Die vier Minister hatten einen vollen Gedankenaustausch über die deutsche Frage, die Probleme der europäischen Sicherheit und die Österreichfrage, waren aber nicht in der Lage, in diesen Fragen ein Übereinkommen zu erzielen.«
Die Herren Grewe und Blankenhorn konnten aufatmen und ihren Chef, den Bundeskanzler, ebenso beruhigen: Es war alles bestens, nämlich ohne das geringste Ergebnis in der deutschen Frage verlaufen.[36]
Anders als die Bundesrepublik hatte Österreich die Basis für eine Einigung mit der Sowjetunion dadurch geschaffen, daß der österreichische Bundeskanzler Raab, Chef einer Partei, die der CDU bei uns entspricht, glaubhaft versichern konnte: »Die österreichische Regierung und das österreichische Volk sind weder für eine rußlandfreundliche noch für eine amerikafreundliche Politik, sondern sind entschlossen, eine rein österreichische Politik zu verfolgen«. An einer rein deutschen Politik fehlte es eben bei uns, und das machte den ganzen Unterschied. Es erklärt, warum Wien im Gegensatz zu Bonn durch seine von Außenminister Figl und Staatssekretär Kreisky geführte Delegation vor den vier Außenministern zu Worte kam und sogar verschiedene Verbesserungen im Entwurf des »Staatsvertrag« genannten Friedensvertrages mit Österreich durchsetzen konnte. Über dessen Inhalt wurde zwischen den vier Mächten und Österreich nach 5jährigen vergeblichen Versuchen Übereinstimmung erzielt. Zur Unterzeichnung noch auf der Konferenz kam es jedoch deshalb nicht, weil Molotow das Verbleiben von Truppen der vier Mächte, zwar ohne besatzungsrechtliche Eingriffsmöglichkeiten in die österreichische Politik, noch bis zum Abschluß eines Friedensvertrages mit Deutschland verlangte. Die Österreicher lehnten das ab und fanden dabei die Unterstützung der drei Westmächte. Trotzdem war Österreich auf der Konferenz seinem Ziel des Friedens und der Befreiung ein ganzes Stück nähergekommen, so daß ich in meinem Bericht zu diesem Thema in

»Realpolitik« schließen konnte: »Vergleicht man das Stadium, in dem sich die österreichische Frage befindet, mit der verfahrenen Situation des Deutschlandproblems, so kann man ohne weiteres auch heute schon von einem glücklicheren Österreich sprechen.«

Der schrecklichste Eindruck der Wochen in Berlin blieb die vollständige Abwesenheit der Deutschen während dieser Konferenz, es sei denn als Statisten. Die Atmosphäre hatte viel von der in den ersten Nachkriegsjahren, als die Besatzungsmächte alles über unsere Köpfe hinweg entschieden. Das hätte jetzt nicht mehr so zu sein brauchen. Die Schuld daran können wir nicht so sehr den vier Mächten ankreiden, wie viele jetzt, sich selbst freisprechend, verkünden: Die Siegermächte haben uns geteilt. Natürlich machen die ihre eigene Politik. Der Fehler liegt dort, wo man annimmt, sie handelten jetzt für uns, und sie jeweils von »ihren« Deutschen für ihre Politik bedenkenlos Zustimmung und Unterstützung erhalten. Bonn für die Westmächte, Pankow für die Sowjetunion. Keine politisch verantwortliche Stimme von Gewicht, um Druck im Sinne einer Einigung über Deutschland auszuüben, war irgendwo zu vernehmen.

Von ausländischen Kollegen hörte ich manches vernichtende Urteil über die Bundesrepublik und die Westdeutschen. Sie glaubten nicht oder nicht mehr, daß Bonn die Wiedervereinigung überhaupt wolle. Hier und da klang auch Verachtung heraus für die ausschließliche Beschäftigung der Westdeutschen mit den materiellen Dingen des Daseins, und so äußerten sich auch Freunde, bei denen nicht der Neid auf das deutsche Wirtschaftswunder das Motiv war. Es waren Franzosen, Briten und auch Italiener, die für ihre Länder von der amerikanischen Bevormundung loszukommen wünschten und für die Durchsetzung einer solchen Politik in den Westdeutschen, für die jedes Wort aus den USA wie das Wort Gottes ist, eines der größten Hindernisse sahen. Bemerkenswert war, wie viele Gedankengänge folgten, die denen der Dritten Front sehr ähnlich waren.

In meinem Abschlußbericht mit dem Titel »Die Schuldfrage«, schrieb ich am Ende: »Als Polen geteilt war, fochten die Polen für ihre freiheitlichen Ziele in dem russischen Teil gegen die Russen, in dem österreichischen gegen die Österreicher und im preußischen gegen die Preußen. Eines Tages waren sie frei. Wenn wir heute nach der Schuld am Weiterbestehen der deutschen Teilung fragen, so liegt gewiß ein Teil bei den Herren Molotow, Dulles, Eden und Bidault, aber schlagen wir uns doch bitte erst einmal an die eigene Brust!«

Als einziges konkretes Ergebnis konnten die vier Außenminister die in den Geheimsitzungen getroffene Verabredung festhalten, unter Beteiligung der Volksrepublik China im April in Genf eine Ostasienkonferenz abzuhalten. Die von Frankreich eiligst befragte Schweizer Regierung gab bekannt, daß man zu diesem Zwecke dort ab 26. April 1954 zusammentreten könnte.

In Berlin waren alle brennenden Weltprobleme miteinander verquickt, zwei

Konfliktherde, in denen es schon zu Waffengängen gekommen war, Korea und Indochina, mit dem dritten, Deutschland, wo sich erstaunlich lange der Gegensatz zwischen den Großmächten in Ost und West in Grenzen des »kalten Krieges« halten ließ. Wie lange noch, wußte niemand, aber offenbar hielt man die beiden schon heißen Kriege und von diesen wiederum den in Indochina zur Zeit für gefährlicher, so daß man sich erst einmal ihnen zuwenden wollte und die deutsche Frage vertagte.

Wenn es jetzt nach Genf ging, so blieb sie doch im Hintergrund immer präsent, und über Frankreich, wo immer noch nicht die Entscheidung über die EVG gefallen war, aber in absehbarer Zeit so oder so fallen mußte, war auch der direkte Zusammenhang zwischen dem fernöstlichen und dem mitteleuropäischen Problem gegeben.

Ich mußte nach Genf. Und ich freute mich auch auf Genf, weil ich erwarten konnte, in der Delegation der Volksrepublik China, die hier zum ersten Mal auf der großen internationalen Bühne auftrat, diesen oder jenen alten Freund wiederzusehen.

Meine Frau Gretchen, die vor einigen Jahren schon einmal die Stadt am Lac Léman besucht hatte, kam mit auf die Reise. Da ich mit mindestens vier Wochen Konferenzdauer rechnete, mieteten wir im Atlantic-House am Rande der Altstadt unterhalb der berühmten Kathedrale St. Pierre in der Rue du Vieux Collège ein Zweizimmer-Appartement mit Kochnische. Wir waren zwei Tage vor Konferenzbeginn am Spätnachmittag angekommen, und ich hatte am Abend noch in dem Genfer Blatt »La Suisse« einen ausführlichen Rückblick auf die ruhmreiche Vergangenheit der Stadt als »die große Schule der Völker« gelesen, als wir am nächsten Morgen gegen 6.30 Uhr durch das Läuten der Türglocke unsanft aus dem Schlaf gerissen wurden. Es dauerte einige Zeit, bis ich an der Tür war, und als ich sie öffnete, stand niemand davor. Es hätte der Milchmann sein können, aber ich hatte keine Milch bestellt, und ein Blick zum gegenüberliegenden Appartement belehrt mich, daß dort eine leere Milchflasche vor der Tür steht, der Milchmann also offensichtlich noch nicht im Hause war. Von einem Stockwerk weiter unten höre ich ein Gespräch. Vielleicht hat es sich um einen Irrtum gehandelt, und der läutende Besucher wollte gar nicht zu mir. Vielleicht war es auch der Telegrafen- oder Eilbote, der jetzt seine Postsache unten in den Briefkasten steckt. Ich habe mich gerade wieder ins Schlafzimmer begeben, als es erneut an meiner Tür schellt, diesmal aber etwas stürmischer. Es war nicht der Eilbote, und es war auch nicht der Milchmann. Ein jüngerer Herr im Trenchcoat steht draußen und gibt sich als Polizist zu erkennen. Er möchte gerne meinen Paß sehen. »Zu dieser Tageszeit?« waren meine ersten Worte, und ich konnte mich auch nicht enthalten, sein kurzes »Oui« mit dem Kommentar zu versehen, daß ich gedacht hätte, es gehörte zu den Privilegien der Polizei in totalitären Ländern, um diese Zeit an der Wohnungstür zu erscheinen. Nachdem Nummer und Ausstellungsdatum registriert waren, verabschiedete sich der Herr wieder. Ein felsenfester

Grundsatz, von dem man uns sagte, daß er in der ganzen »Freien Welt« gelte, ja, ein Wort, das zum Symbol des Unterschiedes zwischen den Teilen der Welt diesseits und jenseits des Eisernen Vorhangs wurde, ist nun in Frage gestellt. »Wenn es bei *uns* im Morgengrauen an der Tür klingelt, dann wissen wir, daß es der Milchmann ist.« Im freien Genf, sogar in der freien Schweiz, war der Milchmann ein Polizist. Man gibt zur Entschuldigung an, daß zur Zeit wegen der Konferenz besondere Sicherheitsvorkehrungen getroffen werden, aber immerhin, Genf, sicher nicht mit Unrecht einst »die große Schule der Völker« genannt, war hier offensichtlich anderswo in die Schule gegangen.

Ich konnte mich nicht enthalten, in unserem Tagesdienst eine Glosse über dieses Erlebnis zu schreiben; neun bundesdeutsche Tageszeitungen druckten sie ab.

Unser Mitarbeiter Günter Kaufmann, der auf eine Studienzeit hier zurückblickte, hatte uns viel über die Vergangenheit von Genf berichtet. Schriftlich erwähnt finden wir die Lokalität schon in dem Bericht von Julius Caesar, »De bello Gallico«.

Aus dem fernen Bornholm kommend, brachen die Burgunder in die hiesige Gegend ein und ließen sich hier nieder. Während des ganzen Mittelalters fanden in Genf jährlich viermal große internationale Messen – wie wir heute sagen würden – statt. Diese Messen waren so bedeutend, daß große Wechslerfamilien, wie die Medici oder die Asinari, hier seßhaft und Stadtbürger wurden.

Mit der Reformation wuchs die Bedeutung Genfs als Ausgangspunkt der calvinistischen Lehre bis nach Frankreich, Ungarn, die Niederlande und Schottland. Als die Zeiten duldsamer geworden waren, entwickelte sich die Gedankenfreiheit, Genf wurde ein geistiger Mittelpunkt von außergewöhnlicher Regsamkeit.

Dachte Rousseau, als er seinen »Contrat social« schrieb, nicht auch an seine Vaterstadt, an ihre idealisierten oder wirklichen Einrichtungen? Fiel nicht Voltaires Wahl auf Genf, und war es nicht das benachbarte Coppet, wohin sich Madame de Staël flüchtete; hat nicht Genf zu Anfang des vorigen Jahrhunderts Byron und Shelley, Liszt und die Gräfin d'Agoult, Chopin und George Sand, Lamartine, der seinen See besang, Chateaubriand und Dostojewski und noch viele andere Denker, Philosophen, Schriftsteller oder Künstler aufgenommen? Der französische Schriftsteller Saint-Beuve sagte einmal über die Stadt: »Nirgends findet man auf so kleinem Raume und unter so günstigen gesellschaftlichen Bedingungen eine so große Verschiedenheit der Geister, Begabungen und Gedanken, eine so verschiedenartige, vollständige und selbstlose Bildung.«

Durch das Internationale Rote Kreuz, dem Genf gleichzeitig Wiege und Sitz ist, durch den verflossenen Völkerbund und seine Nachfolgerin die UNO, durch das Weltgesundheitsamt und das Internationale Arbeitsamt, durch den Weltkirchenrat und andere große internationale Ämter und Einrichtungen, die hier ihren ständigen Sitz aufgeschlagen haben, übt Genf einen unleugbaren Einfluß auf die Menschen der Gegenwart aus und ist wohl heute die internationalste, weltaufgeschlossenste Stadt der Erde.

Im Pressehaus, das in den Räumen des alten Warenhauses »Le Printemps« eingerichtet war, schlossen wir in diesen Wochen manche wertvolle Bekanntschaft.

Nicht weit von unserem Appartement lag zwischen der Rue du Rhône und dem Grand Quai in unmittelbarer Nähe des Hotel Metropole, das von der sowjetischen Delegation gemietet war, das Restaurant »Bavaria«. Seit über 25 Jahren war es der Treffpunkt der Presseleute, wenn in Genf politische Verhandlungen von Bedeutung geführt wurden, und seine Hauptattraktion, die in den Zeiten des Völkerbundes darin bestand, daß Stresemann, Briand, Litwinow und andere sich dort zwanglos mit den Journalisten unterhielten, sind heute die Karikaturen des bekannten ungarischen Zeichners Derso aus jener Zeit an den getäfelten Wänden des Lokals.

Hier ist ein Stück Weltgeschichte im Bilde festgehalten, mit zeitlosem und treffendem Humor. Madame Geneviève Tabouis, die man heute im »Bavaria« trifft, war auch damals schon hier, aber die meisten der Staatsmänner und großen Journalisten, deren Konterfeis das Lokal schmücken, deckt längst der grüne Rasen. Da sieht man Streseman und Briand als Schupo und Agent de Police zusammenstehen unter der Überschrift: »Die Hüter des Friedens«. Der Reichskanzler des Jahres 1932, Herr von Papen, in roter Husarenuniform, ist mit dem Friedensengel abgebildet, doch geht dieser im Stechschritt neben ihm her. Nicht weit von ihm finden wir aus dem Jahre 1930 den ernsten Außenminister Curtius als schwarzen Reichsadler mit schwarz-rot-goldener Krawatte. Wohl nicht zu Unrecht zeigt uns Derso den Chauvinisten Tardieu als »Ivan Tardieu, der Schreckliche«. Sie sind alle da, die Gestalten jener Jahre, MacDonald, Hymans, Sir Austen Chamberlain und Schatzkanzler Snowden, Sir John Simon, der unglückselige Benesch und der ebenso unglückselige Beck, der nachdenklich das Bild von Pilsudski betrachtet. Und über eins wundern wir uns, ein Beispiel von Stetigkeit, symbolisch für die Entwicklung eines Landes: Mit der Jahreszahl 1930 finden wir Oesten Undén, heute, 1954, noch Außenminister von Schweden.

Was waren die Probleme jener Zeit? Auch damals brannte es im Fernen Osten, wie der aufgeregt ein Telegramm aus Schanghai schwingende chinesische Außenminister Dr. Yen (1932) zeigt. Wir sehen den Hohen Völkerbundskommissar des Saargebietes, Knox, und den österreichischen Bundeskanzler Dr. Seipel zwischen Germania und Marianne. Die von Österreich und Deutschland gewünschte Zollunion wurde damals verboten. Der lange Bürgermeister von Danzig, Dr. Sahm, sieht entsetzt zu, wie der kleine polnische Gesandte Strassburger einen Danziger Briefkasten mit rot-weißen Streifen und dem polnischen Adler bemalt. Die Abrüstung wurde schon damals zu Tode geritten, und da so oft in Genf über diese Frage verhandelt wurde, sind ihr viele

Karikaturen Dersos gewidmet. Fast bestürzt aber stehen wir vor zwei Karikaturen. Die eine zeigt den Grafen Coudenhove-Kalergi und trägt die Inschrift: »Selig sind die Armen im Geiste, denn ihrer ist das Himmelreich (Paneuropa)«. Auf der anderen aus dem Jahre 1929 finden wir Briands tüchtigen Kabinettschef Léger mit einem Bündel Pläne unter dem Arm, auf denen unter anderem steht: »Vereinigte Staaten von Europa« und »Der Krieg ist geächtet – Briand-Kellog«, während Léger vor sich hinmurmelt: »Er erfindet schon wieder etwas.«

Auch seine Kollegen von der Presse und sich selbst hielt Derso in der Karikatur fest. Den Ruhm der »alten Tante Voss«, der »Vossischen Zeitung«, für Zuverlässigkeit in der Berichterstattung, singt er mit einer Zeichnung, die Georg Bernhard, als St. Georg Bernhard zu Pferde im Kampfe nicht mit dem Drachen, sondern mit einigen Zeitungsenten zeigt. Wir finden dort Scheffer vom »Berliner Tageblatt« und Wolf von Dewall von der »Frankfurter Zeitung« in chinesischem Gewand mit einem Fächer. Filiol von der Schweizer Telegrafenagentur, seine Sammlung von Tabakspfeifen vor sich, verkündet: »Ich bin neutral, selbst gegen die ganze Welt.« Die Schwierigkeiten, denen die Journalisten auf der Jagd nach Nachrichten manchmal auf internationalen Konferenzen begegnen, waren schon damals dieselben. Eine Karikatur im »Bavaria« könnte ebensogut auf die gegenwärtige Ostasienkonferenz gemünzt sein. Aus der halb geöffneten Tür eines Konferenzzimmers schaut ein Diplomat heraus, und für einen ihm erwartungsvoll entgegenschauenden Korrespondenten hat er die Worte: »Ich bedaure, ich weiß nichts, aber das ist sehr wichtig.« Und noch eine andere Zeichnung in diesem Sinne ist zeitlos. Manchmal ist wirklich nichts zu berichten. Derso zeigt Jean François Laya vom seinerzeit berühmten »Temps« in Paris als Zeitungsverkäufer. Ein Bündel Zeitungen unter dem Arm, ruft er aus: »Le Temps, zweite, dritte, neueste Nachrichten: es regnet in Lugano!« Den langjährigen Pressechef der Wilhelmstraße, den Gesandten Zechlin, sieht man mit einem Fuß auf dem Stuhl, den Kopf aufgestützt, und darunter auf einem Podium die Inschrift: »Rodin: der Denker«. Nicht alle Diplomaten und Staatsmänner kommen bei Derso so gut weg. Man sieht einige im tadellosen Frack, aber mit Eselsköpfen, den Zeichner mißtrauisch betrachtend, wobei einer auf Derso deutend den anderen zuflüstert: »Ich glaube, er ist ein feindlicher Agent.«

An einem der ersten Konferenztage setzten sich zwei bundesdeutsche Journalisten, welche die Bilder bewundert hatten, an einen Tisch in unserer Nähe, und wir hörten die Frage des einen: »Ich weiß nicht, warum gibt es eigentlich in Bonn kein solches Lokal?« »Ja, warum wohl?« flüsterte Gretchen mir zu.

Eine gewaltige Dosis Skepsis im Leib – besonders nach den Erfahrungen in Berlin –, sahen am 26. April vor dem UNO-Palast in Genf die Berichterstatter aus allen fünf Erdteilen der Auffahrt der Chefdelegierten zur Eröffnungssitzung zu. Molotow erschien und ging, nicht rechts noch links blickend, unbewegten Gesichts mit schnellen Schritten aus seiner kugelsicheren

Limousine dem Eingang zu. Außenminister Dulles schien mit der ganzen Welt zerfallen und war auch nicht zu einem Lächeln zu bewegen, als er sich einen Augenblick den Photographen stellte. Ganz anders Eden, den Beifall grüßte, der lächelnd die Hand erhob, als ob er wüßte, daß er zum Star – im besten Sinne des Wortes – dieser internationalen Begegnung werden würde. Von Chou En-lai, dem am meisten mit Spannung erwarteten der Chefdelegierten, sah man fast nichts, so schnell verschwand er im Portal. Als letzter, eigentlich schon zu spät, erschien Georges Bidault, ein rätselhaftes, von niemandem zu deutendes Lächeln auf dem Gesicht. Man erwartete schwere Zusammenstöße bei dieser ersten Gelegenheit, bei der John Foster Dulles »diesem Chou En-lai«, wie er ihn in Berlin nannte, von Angesicht zu Angesicht begegnete, doch die erste Sitzung brachte die erste Überraschung. Es gab keinen Streit um die Tagesordnung. Es gab keine Auseinandersetzung darüber, ob China eingeladen oder einladende Macht sei. Ein kluger Vorschlag Edens, der John Foster Dulles, Chou En-lai und Bidault vom Vorsitz bei den Sitzungen ausschloß und diesen zwischen dem thailändischen Prinzen Wan, Molotow und ihm, Eden selbst, rotieren ließ, wurde als eleganter Ausweg angenommen. Die am schlechtesten vorbereitete aller internationalen Konferenzen, mit Dutzenden von ungeklärten Protokoll- und Prozedurfragen, die sonst vorher geregelt sind, an ihrem Beginn, nahm einen fliegenden Start.

Sehr bald sollte sich das Tempo allerdings verlangsamen, und niemand nannte mehr die Chinesen übervorsichtig, die die Räume für ihre Delegation erst einmal für sechs Monate gemietet hatten. Korea und Indochina standen zur Debatte, und obwohl Indochina, wo noch die Waffen sprachen und sich der dramatische Kampf um Dien Bien Phu von Tag zu Tag zuspitzte, das drängendere Problem war, begann man mit großen Plenarsitzungen der 19 am Koreakrieg beteiligten Staaten unter anschließender Bekanntgabe jedes auf den Sitzungen gesprochenen Wortes. Das Beispiel von Berlin, wo beide Seiten nur Reden zum Fenster hinaus hielten, in ewigem Herunterbeten längst bekannter Standpunkte und Thesen, wiederholte sich hier mit dem Ergebnis, daß schon nach wenigen Tagen sich niemand mehr für die Koreaverhandlungen, wenn man die geübte Praxis überhaupt Verhandlungen nennen darf, interessierte. Den Delegierten selbst ging es so. Schon am vierten Sitzungstag tagte man nur 32 Minuten, weil keine Wortmeldungen zur Koreafrage mehr vorlagen.

Mittlerweile hatte die »Konferenz der Hotelzimmer« begonnen, von der Außenminister Dulles gleich sagte, daß er mit ihr nichts zu tun haben wolle. Während im UNO-Palast die Propagandareden über Korea abgeleiert wurden, die man ebensogut in Moskau, Peking, Pyongyang, Seoul oder Washington hätte halten können, ohne in Genf zusammenzukommen, begannen geheime Einzelbesprechungen zwischen den an Indochina interessierten Staatsmännern Bidault, Eden, Molotow, Chou En-lai. Dulles hielt sich zurück. Noch war ja nicht einmal geklärt, wer an den Indochinabesprechungen teilnehmen

sollte, noch waren weder Vertreter Ho Chi-minhs noch Bao Dais in Genf. Der französische Außenminister war mit der Illusion nach Genf gekommen, die Sowjetunion und China bewegen zu können, ihre Unterstützung der Vietminh aufzugeben, nun mußte er einsehen, daß man schlecht ohne sie, die eigentlich kämpfende Partei, über einen Waffenstillstand verhandeln konnte. Nachdem die Frage der Beteiligung der Vietminh und des Bao Dai Regimes geklärt war, gab es wieder eine Verzögerung durch die Forderung der Ostmächte, auch Vertreter der kommunistischen Bewegung in Laos und Kambodja zuzulassen. Erst am 9. Mai konnte die erste Sitzung über Indochina stattfinden. Bidault ist bis zu diesem Tage dem Beispiel Dulles' gefolgt und hat sich nicht ein einziges Mal mit dem Vertreter des kommunistischen China, Chou En-lai, oder mit dem Außenminister der Vietminh, Pham Van Dong, unterhalten.
Genf blickte in den ersten Wochen mindestens ebensosehr nach Paris, wie es den Vorgängen in den eigenen Mauern folgte. Zweimal stellte in diesen Tagen Premier Laniel wegen der katastrophalen Lage in Indochina die Vertrauensfrage, zweimal wurde er nur dadurch gerettet, daß Bidault Hoffnungen auf einen günstigen Fortgang der Genfer Besprechungen machte. Aber jedesmal, nachdem der französische Außenminister sich im Amte bestätigt fand, fragten die Beobachter in Genf sich vergeblich, welchen Beitrag er in der Völkerbundsstadt leistete, um voranzukommen. Bidault wartete. Er glaubte einen Trumpf zu haben, die Drohung mit der amerikanischen Intervention. Er verhandelte nicht, sondern horchte nach Washington. Aber auch der Schock des Falles von Dien Bien Phu konnte Präsident Eisenhower nicht zum Eingreifen bewegen. Als darüber Klarheit herrschte, wußte der französische Außenminister, den man mit einem Nachtwandler verglich, der sich auf dem Dach eines Zeltes im Gleichgewicht zu halten versuchte, daß sein Spiel verloren war. Als er dann endlich ernsthaft verhandeln wollte, war es zu spät. Molotow und Chou En-lai, die vorher schon in manchen Punkten nachgegeben hatten, versteiften ihre Haltung plötzlich so, daß in Paris alle Hoffnungen zusammenbrachen. Laniel und mit ihm Georges Bidault wurden gestürzt. Kaum war Mendès-France an der Macht, lenkten einige Tage später die Vertreter des Ostens wieder ein.
Ein Mann, der offiziell überhaupt nicht Konferenzteilnehmer war, spielte hinter den Kulissen von Genf eine überragende Rolle, Krishna Menon, Nehrus Sonderbeauftragter. Unermüdlich rannte der Inder von einem Außenminister zum anderen, vermittelnd, beschwichtigend oder drohend. An einem besonders kritischen Tage wies sein Terminkalender nicht weniger als 12 Besprechungen auf. Ein britischer Kollege, der eine der Zeitungen des Empire-Barden Lord Rothermere vertrat, hatte Menons Ankunft mit dem höhnischen Kommentar begleitet: »Dieser G'schaftlhuber (busybody) fehlte uns gerade noch!« Er fehlte tatsächlich, jedenfalls war das Edens Meinung, der die Dienste des indischen Sonderbotschafters parallel zu seiner eigenen Vermittlertätigkeit zu schätzen wußte. Menon hatte hinter sich nicht nur das politi-

sche und moralische Gewicht Indiens, sondern der fünf asiatischen Länder, die zu Beginn der Konferenz in Colombo getagt hatten. Ihre Stellungnahme und Menons nachdrückliche Vertretung ihrer Auffassung in Genf hat eigentlich das Ergebnis der Konferenz erst ermöglicht. Sie verhinderte die Teilnahme der in Frage kommenden asiatischen Länder an dem von Dulles geplanten Südostasien-Pakt, der auf China und die Sowjetunion wie ein rotes Tuch gewirkt und jede Aussicht auf eine Einigung zerschlagen hätte. Sie zwang die kommunistischen Mächte, auf Kambodscha und vor allem Laos zu verzichten, die strategische Drehscheibe Südostasiens. Und sie räumte mit der Eröffnung der Aussicht auf eine neutrale Kontrolle und Garantie einer in Genf zu findenden Lösung eine große Hürde für ein Abkommen aus dem Wege.

»Asien den Asiaten!« hatte es in der Colombo-Erklärung zwar nicht wörtlich, aber dem Sinne nach geheißen. Auf der Genfer Konferenz war dasselbe Thema von Chou En-lai in der Verkündung einer Monroe-Doktrin für Asien wieder aufgenommen worden, und noch während der Phase der Konferenz, als die Minister abgereist waren und man sich auf Sachverständigen-Besprechungen beschränkte, bekräftigten er und Nehru in New Delhi ihre gemeinsame Haltung als Vertreter von fast einer Milliarde Menschen. Es wurde deutlich, daß sich die Gewichte in der Welt erheblich verschoben hatten.

Im Mittelpunkt des Interesses in Genf standen die Chinesen. Man kann sagen, daß ihr erstes Auftreten auf dem großen internationalen Parkett ein voller Erfolg war. Auch das kommunistische Dogma war nicht in der Lage, den Vertretern dieses großen Volkes ihren angeborenen Takt und ihren politischen Realismus zu nehmen. Chou En-lai erwies sich als hart und von eisernen Nerven gegenüber Drohungen wie z. B. einer amerikanischen Intervention, mit der Bidault dauernd operierte, machte aber erhebliche Konzessionen, als er Mendès-France auf der französischen Seite echte Verhandlungsbereitschaft zutraute. Nachdem er anfangs noch die kommunistischen Aufstandsbewegungen in Laos und Kambodja gestützt hatte, kam er bald zu einer Einigung in persönlichen Gesprächen mit den Außenministern der beiden kleinen Königreiche. Die Chinesen brachten, ganz unauffällig, in Genf noch eine andere Ernte nach Hause. Während der ganzen drei Monate der Konferenz verhandelten in den Hotels »Beau Rivage« und »Richemond« ihr Außenhandelsminister Lei Jen-min und seine Mitarbeiter mit einer Delegation westeuropäischer Wirtschaftler nach der anderen.

Der britische Außenminister Eden nahm von Anfang an auf der »Konferenz der Hotelzimmer« eine Schlüsselposition ein. Lange Reden in den öffentlichen Plenarsitzungen hörte man von ihm nicht, er ergriff im Gegenteil höchst selten das Wort. Dafür war er um so aktiver in den Einzelbesprechungen der Delegationschefs, die eine erfreuliche Rückkehr zur Geheimdiplomatie einleiteten und allein das Ergebnis ermöglichten. Da weder Bidault noch Dulles mit Chou En-lai sprachen, war Eden hier das verbindende Glied, und seine

Vermittlerrolle wurde noch durch den engen Kontakt gestärkt, den er während der ganzen Konferenz mit dem indischen Ministerpräsidenten Nehru unterhielt. Der britische Außenminister ließ sich einfach nicht entmutigen. Er weigerte sich, vor irgendeiner auftauchenden Schwierigkeit zu kapitulieren, und Krisen, die zu meistern waren, gab es im Verlauf der dreimonatigen Konferenzdauer genug. Im Gegensatz zu Dulles und Bidault konnte der britische Außenminister sich allerdings auf die volle Rückendeckung seines Landes, auf Regierung und Opposition, verlassen. Als auf französischer Seite dann Pierre Mendès-France an den Konferenztisch kam, ein Mann, der ebenso wie der Engländer sich nur vom gesunden Menschenverstand leiten läßt und der sofort direkte Gespräche mit dem Gegner aufnahm, trat Edens Bedeutung etwas zurück. Aber es entwickelte sich sofort zwischen dem britischen und dem französischen Politiker eine so enge und herzliche Zusammenarbeit, daß allenthalben von einem wirklichen Wiederaufleben der »entente cordiale« gesprochen wurde.

Molotow, der zu Anfang der Konferenz noch als die unergründliche Sphinx erschienen war, als die man ihn von früheren internationalen Begegnungen in Erinnerung hatte, produzierte sich in einer Doppelrolle. Seine Reden auf den Plenarsitzungen waren vom alten bekannten Schlage, aber in der »Konferenz der Hotelzimmer« zeigte sich der sowjetische Außenminister als geschmeidiger Verhandlungspartner, der auch hier und da nachzugeben und wirkliche Konzessionen zu machen bereit war. In vielen Punkten war die Haltung der Vietminh und der Chinesen als den unmittelbaren Beteiligten härter als der sowjetische Standpunkt, wollte Molotow doch unter allen Umständen Europas wegen zu einem guten Abschluß der Konferenz gelangen. Man weiß genau, daß der sowjetische Außenminister in solchen Fällen auf seine kommunistischen Kollegen Chou En-lai und Pham Van Dong in einem mäßigenden Sinne einwirkte.

Zeitweise, besonders unmittelbar nachdem Molotow Bidault zu Fall gebracht hatte, gab man in weiten Kreisen keinen Heller mehr für einen günstigen Ausgang. Dann kam Mendès-France mit seinem genialen Schachzug, den 20. Juli als seinen letzten Termin für eine Einigung zu bezeichnen. Er setzte damit nicht nur sich selbst, sondern auch der Gegenseite eine Frist, indem er richtig auf den Wunsch der drei Gegenspieler spekulierte, unter allen Umständen zu einer Lösung zu kommen. Sein Druckmittel sah ganz anders aus als das von Georges Bidault. Es bestand nicht in der Drohung mit dem großen Bruder Amerika, die sich als leer erwiesen hatte, sondern in dem Einsatz seiner eigenen politischen Existenz. Zu Hilfe kam ihm dabei, daß die Gegenseite anders als bei Bidault, dem niemand traute, von seiner unbedingten Aufrichtigkeit überzeugt war. Und es gelang ihm sogar, den widerstrebenden amerikanischen Außenminister von der Richtigkeit seines eingeschlagenen Kurses zu überzeugen. Seine größte Leistung aber vollbrachte der neue französische Ministerpräsident in den letzten Tagen, als noch einmal ernste Schwierigkeiten auftauchten und ein beängstigender Wettlauf mit der Uhr einsetzte. Molotow verzögerte noch einmal künstlich die Lösung. Für ihn ging es ja nicht um ein Stück Land mehr oder weniger in Indochina wie für die Vietminh, sondern um die zukünftige europäische Politik. Bidault stürzte er, weil dieser nicht in den sogenannten »planetarischen Tauschhandel« – Frieden in Indochina für Aufgabe der EVG – einwilligen wollte. Hätte der Osten schon zur Zeit einem Waffenstillstand zugestimmt, als Bidault noch amtierte, so hätte er diesem ermöglicht, nunmehr die EVG in Paris durchzubringen. In den letzten Tagen in Genf versuchte Molotow von Mendès-France durch Zurückhaltung des Abschlusses das Zugeständnis zu erreichen, daß man die EVG begrabe. Mendès-France gab diese Zusage nicht und setzte alles aufs Spiel. Wieder gewann er, und Molotow gab das grüne Licht für die Einigung. Eine unerhörte Tatsache: Der Chef der sowjetischen Diplomatie geht ein Risiko ein! Er verläßt sich auf etwas, was ihm nicht schwarz auf weiß zugesichert wurde. Es ist bewunderungswürdig, was dieser Mann Mendès-France mit Kaltblütigkeit und Geschicklichkeit, allein auf sich selbst gestellt, zwischen den beiden Feuern Dulles und Molotow operierend, erreicht hat. Es war eine bismarckische Leistung.

Grund zur Freude über das Genfer Ergebnis bestand eigentlich überall in der Welt, denn nie waren wir seit 1945 näher an einem neuen Weltkrieg als unmittelbar vor Beginn der Genfer Besprechungen. Trotzdem behagt manchem das Resultat nicht, weil es nicht in seine wirklichkeitsfremden Wunschträume paßt. Daß Frankreich erheblich zurückstecken mußte, war nicht zu vermeiden. Es hat in Wirklichkeit gewonnen, indem es die Last eines Krieges abwerfen konnte, dessen Weiterführung doch nur mit seiner Vertreibung aus ganz Indochina, wenn nicht gar im dritten Weltkrieg enden mußte. Aber auch die Gegenseite hat große Konzessionen gemacht. Man braucht, um das zu sehen, nur noch einmal ihre Forderungen zu Beginn der Konferenz mit dem schließlichen Ergebnis zu vergleichen. Sie verzichtete auf Laos und Kambodja. Sie willigte in eine internationale Kontrolle der Wahlen in Vietnam ein, obwohl sie ursprünglich Wahlen nach dem Muster der bisherigen sowjetischen Deutschlandvorschläge verlangt hatte. Sie verzichtete schließlich sogar auf die Einbeziehung Vietnams, auch des von den Vietminh beherrschten Teiles, in ihr eigenes militärisches Bündnissystem, so daß ganz Indochina – Laos, Kambodja und Vietnam – neutralisiert wird. Um den Südostasienpakt zu verhindern, hat sie diese Zugeständnisse gemacht, die nicht zuletzt auch wegen der Haltung Indiens und der anderen neutralen Mächte Asiens notwendig wurden. Zum ersten Male wurde der Beweis erbracht, der in der Korea- und Deutschlandfrage bisher nicht gelang, daß eine schwere Streitfrage zwischen Ost und West durch *beiderseitiges* Nachgeben auf friedlichem Wege gelöst werden kann. Wenn sich darüber nur Herr Molotow freuen sollte, stimmte etwas nicht auf unserer Seite des Eisernen Vorhangs.

Wie ich erwartet hatte, traf ich einen alten Freund in der chinesischen Delegation: Wang Bin-nan. Er hatte schon seit 1938, als erst Hankau und dann Chungking chinesische Kriegshauptstadt waren, in den Beziehungen Chou En-lais zu Ausländern eine wichtige Rolle gespielt, später auch in den Verhandlungen mit General Marshall, und ich war sicher, daß er in einer Regierung nach dem Sieg der chinesischen Kommunisten einen wichtigen Posten bekleiden würde. Tatsächlich war er jetzt Staatssekretär im Außenministerium. Trotz der fast 13 Jahre, die seit unserer Trennung im Sommer 1941 vergangen waren, fand ich ihn wenig verändert, und gleich beim ersten Wiedersehen im Hotel Beau Rivage regierte die im Chungkinger Bombenhagel entstandene Kameradschaft unsere Beziehungen; es war, als ob wir uns erst vor ein paar Tagen und nicht vor fast 13 Jahren zum letzten Mal gesehen hätten.

Die erste politische Bemerkung zu Deutschland, die im Gespräch von seiten Wang Bin-nans fiel, war bemerkenswert: »Ich verstehe gar nicht, daß ihr noch nicht wiedervereinigt seid, ihr seid doch immer so national gewesen!« Er dachte an seine Studienzeit in Berlin in den frühen dreißiger Jahren, und ich muß sagen, daß mich seine Worte sehr betroffen machten und ich mich schämte, wie tief wir gesunken waren. Vielleicht konnte man dem deutschen Volk bei der internationalen Konstellation nicht *alle* Schuld dafür geben, daß die Wiedervereinigung noch nicht *erreicht* war, aber daß aus ihm heraus so gar nichts getan wurde, um dem Ziel auf einem gangbaren Weg näher zu kommen, war niederschmetternd. Wieder einmal glaubte es den Versprechungen von Verführern, die mit ihrer tatsächlich betriebenen Politik das Gegenteil des Versprochenen bewirkten.

Da war es nur ein schwacher Trost, daß ich in dem Gespräch mit dem alten Freund meine Annahme bestätigt fand, daß China im eigenen Interesse für ein wiedervereinigtes Deutschland und darüber hinaus für ein von amerikanischer und sowjetischer Vorherrschaft befreites, ungeteiltes Europa sein mußte. Wir verabredeten, wieder enge persönliche Verbindung zu halten, und ich äußerte den Wunsch, in naher Zukunft einmal das neue China zu besuchen, um selbst zu sehen, »wie es bei euch jetzt aussieht«. Wang Bin-nan versprach, daß sich die Regierung in Peking mit dieser Frage beschäftigen werde.

Außer dem privaten Gespräch machte ich mit Wang Bin-nan auch ein Interview für »Realpolitik«, in dem der Staatssekretär im Pekinger Außenministerium betonte, daß die traditionell guten Beziehungen zwischen dem chinesischen und dem deutschen Volk über alle politischen Ereignisse hinweg stets dieselben geblieben seien und sich beide Völker immer eine tiefe Freundschaft bewahrt hätten. In China verfolge man die Entwicklung der deutschen Frage mit großem Interesse und wünsche, daß dem deutschen Volk bald vergönnt sei, wieder in *einem* Staat, frei von fremder Bevormundung zusammenzuleben. Er glaube allerdings, daß die Wiedervereinigung in erster Linie von den Deutschen selbst abhänge. Herr Wang gab seiner Bewunderung

Ausdruck, wie das deutsche Volk sich in so kurzer Zeit beim Aufbau des Landes wieder aufgerafft habe und zog Parallelen zu der Kraftanstrengung des chinesischen Volkes seit dem Umschwung 1949. Es läge in diesem Vorwärts- und Aufwärtsstreben etwas Verbindendes. Auf das Gebiet der Wirtschaft übergehend, erklärte der Staatssekretär, daß nach wie vor in China deutsche Erzeugnisse ihren alten Ruf für Güte und Dauerhaftigkeit bewahrt hätten. Zwischen dem im Aufbau befindlichen China und einem Industriestaat wie Deutschland beständen in Zukunft reiche Handelsmöglichkeiten. Darauf aufmerksam gemacht, daß wohl in der Vergangenheit schon eine britische und eine französische Delegation von Industriellen und Kaufleuten Peking besucht habe, aber noch keine derartige Mission aus Westdeutschland, antwortete Staatssekretär Wang, daß ein solcher Besuch in Peking begrüßt werden würde. Die Unterredung endete mit dem beiderseitigen Wunsch, daß es bald die diplomatische Vertretung eines vereinten Deutschland in Peking und eine chinesische Botschaft in der Hauptstadt eines wiedervereinigten Deutschland geben möge.

Diese Äußerung des hohen chinesischen Diplomaten war um so bemerkenswerter, als nur wenige Tage vorher das offizielle »Bulletin« der Bundesregierung ohne jeden ersichtlichen Anlaß in einer äußerst dummerhaftigen Stellungnahme vor der Volksrepublik China als »Aggressor« in Korea und Indochina gewarnt hatte und dabei die längst als falsch erwiesene amerikanische Propagandabehauptung wiederholte, China habe Nordkorea bei seinem Angriff auf Südkorea unterstützt. Wichtigtuerisch hieß es in dem »Eine grundlegende weltpolitische Frage« überschriebenen Artikel: »Der Streit um den Status der chinesischen Volksrepublik in Genf geht alle Staaten an, auch wenn sie dort nicht am Verhandlungstisch sitzen. Die Form, in der dieser Streit entschieden wird, ist auch für uns von großer Bedeutung. Die Anerkennung des Grundsatzes, daß die Aggression ein völkerrechtliches Delikt darstellt, verschafft auch uns Sicherheit.«

Der letzte Satz ließ mich wieder einmal sprachlos. Ideologische, jedem politischen Denken fremde Verranntheit hatte selten eine so prächtige Seifenblase hervorgebracht. Auf welchem Planeten lebten denn die Nachbeter dieser Illusion? Durch die Anerkennung der Aggression als völkerrechtliches Delikt erhielten Völker »Sicherheit«! Man frage die gegenwärtigen und zukünftigen Opfer militärischer Aggressionen und Interventionen!

Unmittelbar nach dem Ende der Konferenz erklärte Präsident Eisenhower in Washington, die Vereinigten Staaten hätten an den gefaßten Beschlüssen nicht teilgenommen und seien durch sie auch nicht gebunden. Unter der Stabführung von Mr. Dulles hatten sie in Genf in der Tat vergeblich versucht, sich der unaufhaltsamen Befreiung der Völker Asiens entgegenzustellen. Die von Eisenhower angekündigte Fortsetzung dieser Politik verhieß für die Zukunft nichts Gutes.[37] Durch die Erfahrungen mit der Konferenz festigte sich bei mir noch mehr die längst aus der genauen Beobachtung der amerikanischen Politik gewonnene Erkenntnis, daß niemand gut beraten war, der sich in internationalen Angelegenheiten der Führung durch die USA überließ. Wie das »Bulletin« der Bundesregierung wieder zeigte, tat man das in Bonn ohne Einschränkung.

Die Zeit, die wir nicht für Dinge brauchten, die direkt mit der Konferenz zusammenhingen, benutzte ich an dem internationalen Platz Genf zur Anknüpfung oder Pflege von Beziehungen zu Persönlichkeiten der Dritten Welt, die ich für eine zukünftige deutsche Politik für wichtig hielt. Im Pressehaus sah man gelegentlich einen sehr gepflegten, breitschultrigen Herrn, den ich dem Aussehen nach für nahöstlichen Gefilden entstammend ansah, der aber sicher kein Araber war. Er wurde schlicht Monsieur oder Mister Ekrem genannt, sprach, als wir miteinander bekannt gemacht wurden, gleich mit uns deutsch und fragte, ob wir wüßten, wie es Herrn von Hentig ginge und was dieser jetzt machte. Als wir ihm die Auskunft gaben und noch dazu mitteilten, daß wir mit Hentig befreundet seien, wurden wir sofort auch seine Freunde. Es stellte sich heraus, daß der schlichte Mr. Ekrem in Wirklichkeit eine kaiserliche Hoheit war, Prinz Mehmet Ekrem, der einzige noch lebende Sohn des letzten Sultans der Türkei. Sein Deutsch hatte er als Junge auf einer preußischen Kadettenanstalt gelernt, auf die ihn sein Vater während des I. Weltkrieges geschickt hatte. Auch während des Zweiten Weltkrieges lebte der türkische Exilant zeitweise in Deutschland; aus dieser Zeit rührte seine Bekanntschaft mit Hentig. Eine Schwester Ekrems war mit dem Nizam von Heiderabad verheiratet. Von Nordafrika bis Indien gab es kaum jemanden, der in der Politik etwas bedeutete und den Ekrem, mit einer Französin verheiratet und seit Jahren in Genf lebend, nicht kannte.

Werner Otto von Hentigs direkter Anregung und Vermittlung war eine andere Begegnung zu verdanken mit Abd er-Rahman Azzam Pascha, einem ehemaligen ägyptischen Minister und Führer der arabischen Nationalbewegung, der nach der Bildung der Liga der arabischen Staaten 1945 deren erster Generalsekretär war. In der »Realpolitik« hatten wir beklagt, daß der notwendige Versuch einer Wiedergutmachung des an Juden begangenen Unrechts auf das falsche Gleis einer materiellen Unterstützung für den zionistischen *Staat* Israel geleitet worden war, der längst nicht die Geschädigten oder ihre Nachkommen, noch die Juden der Welt vertrat und dazu die palästinensischen Araber heimat- oder rechtlos machte. Auch die schnöde Behandlung der von den arabischen Staaten im vergangenen Jahr nach Bonn geschickten Delegation, die das gute Verhältnis zwischen Deutschen und Arabern schwer schädigte, hatten wir scharf kritisiert. So fanden Abd er-Rahman Azzam und ich manches Gemeinsame; vor allem verband uns der Wunsch, trotz der von Bonn verursachten Belastung weiter an der Erhaltung freundschaftlicher Beziehungen zwischen Deutschen und Arabern festzuhalten und an ihrem Ausbau, wo immer es möglich wäre, zu arbeiten.

Schließlich konnte ich in Genf meine durch Vermittlung wiederum Werner

Otto von Hentigs über Dr. K.R. Dhawan in Hamburg, einen Gefolgsmann Subhas Chandra Boses, geknüpften indischen Beziehungen durch neue Bekanntschaften erweitern.

## 22 Auf ewig geteilt?

Neben heftigen Auseinandersetzungen um die Indochina- und zunehmend auch die Nordafrika-Politik ging in Frankreich der Kampf um den EVG-Vertrag weiter, bis schließlich am 30. August in einer dramatischen Sitzung der Nationalversammlung die Mehrheit dem als Pleven-Plan am selben Ort am 24. Oktober 1950 begonnenen Projekt endgültig den Garaus machte. Die weitere Behandlung des Vertrages wurde einfach von der Tagesordnung abgesetzt. Meine Befriedigung darüber konnte nur kurzfristig sein, denn die Vereinigten Staaten und auch Großbritannien hatten sich in dem Ziel, die Entstehung eines unabhängigen und blockfreien Gesamtdeutschland durch Einbeziehung der Bundesrepublik in ein westliches Bündnissystem zu verhindern, so festgebissen, daß sie Frankreich unter Druck setzten, um sofort zu einer Ersatzlösung für die EVG zu gelangen. In Konferenzen in London vom 28. September bis 3. Oktober und in Paris vom 19. bis 23. Oktober 1954 wurde die Aufnahme der Bundesrepublik in die Westeuropäische Union und die Eingliederung ihrer aufzustellenden Streitkräfte, die für die EVG vorgesehen waren, in die Militärorganisation des Atlantikpaktes (NATO) beschlossen.
An die Stelle des am 26. Mai 1952 abgeschlossenen »Vertrages über die Beziehungen zwischen der Bundesrepublik und den drei Mächten«, in Bonn »Generalvertrag« oder »Deutschlandvertrag« genannt und von mir als »Unterwerfungsvertrag« bezeichnet, traten die Pariser Verträge, in denen der ursprüngliche Vertrag über die Beziehungen einige Verbesserungen erfuhr, seinen Charakter als Unterwerfungsvertrag jedoch durch die vollinhaltliche Übernahme des Artikels 2 behielt. Nach wie vor sollte also weiter gelten, daß die Vereinigten Staaten, Großbritannien und Frankreich »die bisher von ihnen ausgeübten oder innegehabten Rechte und Verantwortlichkeiten in bezug auf Berlin und auf Deutschland als Ganzes einschließlich der Wiedervereinigung Deutschlands« behalten, also über Grundfragen unserer nationalen Existenz entscheiden und uns die Selbstbestimmung vorenthalten.[38]
Da es sich um neue Vertragstexte handelte, wurde wiederum Ratifizierung durch den Bundestag notwendig, und es galt erneut, den Kampf dagegen aufzunehmen. Daß eine militärische Westintegration den Weg zur Wiedervereinigung verbaue, hatte sich als Ahnung wenigstens in weiten Kreisen der Bevölkerung durchgesetzt, und die Sozialdemokratische Partei, jetzt unter dem Vorsitz Erich Ollenhauers, war zu der Auffassung gelangt, daß den

Verträgen so lange nicht zugestimmt werden dürfe, bis nicht noch einmal in Verhandlungen der Westmächte mit der Sowjetunion der Versuch einer Einigung über die deutsche Frage gemacht würde. Die Fraktionsstärke der SPD im Bundestag reichte jedoch nicht aus. Ein breiterer Widerstand mußte organisiert werden, und zusammen mit einigen politischen Freunden aus den Bemühungen der letzten Jahre widmete ich mich in den Wintermonaten 1954 auf 55 auf Reisen kreuz und quer durch die Bundesrepublik dieser Aufgabe. Ein Kreis von weithin bekannten Persönlichkeiten inner- und außerhalb der Parteien sollte zu einer gemeinsamen Aktion zusammengebracht werden, um durch ihr Wirken in der Öffentlichkeit und innerhalb ihrer Parteien mindestens einen Aufschub der Ratifizierungsdebatte bis zum Abschluß neuer Deutschlandverhandlungen zu erreichen. Ich hielt dies für um so notwendiger, als die Sowjetunion sich nach wie vor an Viererverhandlungen über die deutsche Frage interessiert zeigte.
Schon am Ende der Berliner Konferenz hatte Molotow vorgeschlagen, daß die Bemühungen um die Lösung der Deutschlandfrage fortgesetzt werden sollten, und er wollte diese Absicht ausdrücklich im Abschlußkommuniqué festgehalten wissen. Dulles und Eden hatten das mit der Bemerkung abgelehnt, in die Abschlußerklärung könnten nur konkrete Ergebnisse aufgenommen werden. Mit einer Verlautbarung der amtlichen Agentur TASS griff Moskau am 15. Januar 1955 das Thema wieder auf, wobei die für Februar vorgesehene 2. und 3. Lesung über die Pariser Verträge zum Anlaß genommen wurde. Es hieß darin, daß der Bundestag im Fall der Ratifizierung »die schwere Verantwortung für das Fortbestehen der Spaltung Deutschlands sowie für jene nicht gleichberechtigte Lage« übernehmen werde, »in der sich die Bevölkerung der deutschen Bundesrepublik auf lange Jahre befinden wird«. Demgegenüber beständen noch »ungenutzte Möglichkeiten zur Erreichung eines Abkommens in der Frage der Wiedervereinigung Deutschlands«. Und dann wird eine Konzession angeboten, die über das hinausgeht, was Molotow auf der Berliner Konferenz zugestehen wollte: das Einverständnis der Sowjetunion mit »einer internationalen Aufsicht über die Durchführung gesamtdeutscher Wahlen«.
Auch dieses Eingehen der Sowjetunion auf eine vom Westen gestellte Bedingung, auf das die SPD positiv reagierte, verfiel der Ablehnung durch Bundeskanzler Adenauer, der in einer Rundfunkansprache am 22. Januar unter anderem erklärte: »Wir sind nicht so töricht, die Hilfe der Atlantikpaktstaaten bei der Wiedervereinigung durch eine Ablehnung oder eine dieser in ihrem Wirken gleichkommende Vertagung der Pariser Verträge auf Grund einer solchen Verlautbarung Sowjetrußlands preiszugeben.«
Vor dem Obersten Sowjet präzisierte Außenminister Molotow am 8. Februar 1955 noch einmal die Warnungen der Sowjetunion:
»Die Pariser Abkommen werden im Falle ihrer Ratifizierung das Haupthindernis für die Lösung des deutschen Problems sein. Auf lange Zeit hinaus werden sie die Wiederherstellung der Einheit Deutschlands unmöglich machen.«

Die Behauptung, daß die Ratifizierung der Verträge ersprießlichen Verhandlungen über die deutsche Wiedervereinigung nicht im Wege stehe, qualifizierte er als »Täuschungsmanöver«. Sollte dagegen nicht ratifiziert werden, könnte ein Übereinkommen zwischen den vier Mächten herbeigeführt werden, »noch in diesem Jahr gesamtdeutsche freie Wahlen durchzuführen«. Darin liege, sagte er, der Sinn der über TASS verbreiteten Erklärung der Sowjetunion vom 15. Januar.
Wieder traf das Negative in der sowjetischen Äußerung, die Warnung vor den Folgen der Bonner Politik für die deutsche Einheit, auf taube Ohren, wurde das Positive, das Versprechen freier gesamtdeutscher Wahlen, nicht in Gesprächen auf seine Stichhaltigkeit geprüft.
Es gelang, einen beachtlichen Kreis von Persönlichkeiten aus Politik und Wirtschaft für die geplante Aktion zusammenzubringen, die unmittelbar vor der Lesung der Verträge in Bonn stattfinden sollte. Auf einer Sitzung im Hotel Rheinland in Bad Godesberg wurde am 10. Februar die Erklärung beschlossen, die am Tage vor der dritten Lesung der Verträge auf einer von uns einzuberufenden Pressekonferenz bekanntgemacht werden sollte. Der Bogen war weit gespannt. Ganz »rechts«, wenn man so sagen will, hatten wir einen hervorragenden Soldaten, den ehemaligen Fallschirmjäger-Kommandeur, Generaloberst Kurt Student, am »linken« Flügel die führenden SPD-Abgeordneten Fritz Erler und Herbert Wehner, während die »Mitte« durch Dr. Gustav Heinemann und den FDP-Abgeordneten Dr. Reinhold Maier gebildet wurde. Von der FDP beteiligte sich am aktivsten an den Vorbereitungen der Abgeordnete Hermann Schwann, weiter waren die Abgeordneten Dr. Lothar Bucher und Dr. Wolfgang Stammberger sowie Dr. Karl Hoffmann gewonnen. Auch die Abgeordneten der Vertriebenenpartei, GB/BHE (Gesamtdeutscher Block/Bund der Heimatvertriebenen und Entrechteten), Erwin Feller und Dr. Wilfried Keller, beteiligten sich. Außerhalb des Parlaments standen der frühere Danziger Senatspräsident Dr. Hermann Rauschning, der aus Oregon in den USA nach Deutschland zurückgekommen war und mit Vorträgen an vielen Orten der Bundesrepublik vor der Gefahr der einseitigen Westbindung für die deutsche Einheit warnte, unser nach einer Zeit als Botschafter in Djakarta kürzlich in den Ruhestand getretener, immer noch sehr aktiver Freund Werner Otto von Hentig, Prof. Nikolaus Koch aus dem Rat des Deutschen Kongresses, Karl Graf von Westphalen und der Kölner Universitätsprofessor Johannes Hessen. In Vertretung des ehemaligen Reichskanzlers Dr. Brüning, der in einem Vortrag vor dem Rhein-Ruhr-Klub im vergangenen Sommer die Außenpolitik Adenauers scharf verurteilt und für die Bundesrepublik eine ausgleichende Rolle befürwortet hatte, wie sie die Weimarer Republik gespielt hatte, wirkte einer der Männer des 20. Juli 1944, Freiherr von Lüninck, mit. Eine bedeutende und in der Wirtschaft und darüber hinaus hochgeachtete Persönlichkeit war Richard Freudenberg, der Chef der noch im Familienbesitz befindlichen Firma Carl Freudenberg aus Weinheim an der Bergstraße.

Aus altbadischer demokratischer Tradition war er einer der nur zwei Abgeordneten, die, keiner Partei zugehörig, als unabhängige Kandidaten in den ersten Bundestag gewählt worden waren. Mit ihm hatte mich Heinrich Krumm, der Chef der Offenbacher Lederfirma »Goldpfeil«, der ebenfalls zu unserem Kreis gehörte, zusammengeführt.

Dr. Reinhold Maier, eine führende Persönlichkeit der schwäbischen Liberalen und ehemaliger Ministerpräsident in Stuttgart, war in Gesprächen mit Gottfried Griesmayr für die Sache gewonnen worden und hatte den Vorschlag von uns allen akzeptiert, bei der öffentlichen Vorstellung auf der Pressekonferenz den Mittelpunkt zu bilden und die Rolle des Sprechers der Gruppe zu übernehmen.

In der beschlossenen Erklärung wurde die verhängnisvolle Neigung beklagt, Zugeständnisse der anderen Seite in den Wind zu schlagen und eine Politik überspannter Vorstellungen zu treiben. Wir fragten, wie man erwarten könne, daß der Kreml nach der Ignorierung seiner Angebote und *vollzogener* Eingliederung der Bundesrepublik in den Westen auch noch die von ihm besetzte Zone in die gegen ihn gerichtete Militärallianz entlasse. Weiter sagten wir im Hinblick auf die Tagung des Obersten Sowjets:

»Die Ereignisse in Moskau zeigen eindeutig, daß eine Politik der reinen militärischen Stärke die Sowjetunion in der Deutschlandfrage nicht in die Knie zwingt, sondern eher zu einer Verhärtung ihrer Positionen führt. Niemand darf die stetig wiederholten Warnungen, die letztlich in der Rede Molotows vor dem Obersten Sowjet gipfelten, auf die leichte Schulter nehmen, am allerwenigsten die Deutschen, denen unmißverständlich die Vertiefung der Spaltung angedroht ist, wenn wir darauf beharren, uns mit anderen Mächten gegen die Sowjetunion zu verbünden. Wir fordern daher den Bundestag auf, die 3. Lesung der Verträge befristet aufzuschieben, um Verhandlungen mit der Sowjetunion über deren Angebote zu führen.«[39]

Dann geschah in der politischen Hochspannung in Bonn vor der Debatte des Bundestages etwas höchst Merkwürdiges. Einen Tag vor der geplanten Pressekonferenz sagte Reinhold Maier diese plötzlich nach einem langen Gespräch, das er mit Bundeskanzler Adenauer hatte, ab und erklärte uns, daß er am nächsten Tag in die Vereinigten Staaten abreise. Es war vorher nie die Rede davon gewesen, daß er eine solche Reise plante. Mit seinem Ausfallen als Mittelpunkt und Sprecher war unserer Aktion die spektakuläre Wirkung unmittelbar vor der Ratifizierungsdebatte genommen.

Maier sagte uns auch nichts über den Inhalt seines Gespräches mit dem Bundeskanzler. Womit hatte Adenauer den sonst so rede-wackeren Schwaben geschreckt, daß er von dem fest zugesagten öffentlichen Auftritt gegen die Ratifizierung Abstand nahm? Ich weiß es bis heute nicht. Es blieb bis heute verborgen.

Statt sich, umgeben von dem Kreis, mit dem er sich zu einer gemeinsamen politischen Aktion zusammengefunden hatte, zu äußern, übermittelte Reinhold Meier der Presse eine windige persönliche Erklärung, in der es hieß: »Meine Abreise nach den Vereinigten Staaten fällt mit der außenpolitischen Bundestagsdebatte zusammen. Der Schiffsplatz war in einem Zeitpunkt bindend gebucht, als mit der dritten Lesung am 26. Februar nicht zu rechnen war. Noch ist zu hoffen, daß die Vorsicht siegen wird und die dritte Lesung unterbleibt.«

Noch heute, während ich diese Worte wieder lese und in dieser Aufzeichnung festhalte, fühle ich den gleichen Grimm im Bauch wie damals vor 33 Jahren. Was hieß denn hier »hoffen«? Reinhold Maier wußte genau, wie gering die Chancen waren, und gerade deshalb mußte er zu seinem Wort stehen und in seiner Fraktion und im Plenum des Bundestages aufstehen und mannhaft für die Sache eintreten.

Die anderen FDP-Abgeordneten in unserer Dissidenten-Gruppe bekräftigten ihre Überzeugung durch die Tat: Dr. Ewald Bucher, Dr. Karl Hoffmann und Hermann Schwann stimmten nicht mit der Mehrheit ihrer Partei für, sondern gegen die Verträge; Dr. Wolfgang Stammberger lief ebenfalls nicht mit der Mehrheit, sondern enthielt sich. Das gleiche taten Erwin Feller und Dr. Keller vom BHE. Die Sozialdemokraten Erler und Wehner stimmten mit ihrer geschlossenen Fraktion *gegen* die Verträge.

Im ganzen ergab sich folgendes Bild: Der Bundestag stimmte mit 324 gegen 151 Stimmen für den Unterwerfungsvertrag und mit 314 gegen 157 Stimmen für den Beitritt zur NATO.

Konrad Adenauer hatte den letzteren am 25. Februar vor dem Plenum unter anderem mit den Worten verteidigt: »Solange wir nicht zur NATO gehören, sind wir im Falle eines heißen Krieges zwischen Sowjetrußland und den Vereinigten Staaten das europäische Schlachtfeld, und wenn wir in der Atlantikpaktorganisation sind, dann sind wir dieses Schlachtfeld nicht mehr.«

War es verwunderlich, daß diese einfache Logik der großen Mehrheit bundesdeutscher Volksvertreter im Jahre des Heils 1955 einleuchtete?

Parallel zu unseren Bemühungen hatte sich in diesen Monaten auch eine militärpolitische Opposition gebildet. Ihr Kopf war der im für die Wiederaufstellung deutscher Streitkräfte gebildeten Amt Blank die militärische Planungsgruppe leitende Oberst im Generalstab Bogislaw von Bonin. Er opponierte hauptsächlich aus zwei Gründen: Das von den Westmächten gewünschte Tempo der Aufstellung von 12 Divisionen der neuen Streitkräfte hielt er für vollkommen unrealistisch, und er war gegen die Eingliederung bundesdeutscher Truppen in die NATO wegen der damit zu erwartenden verheerenden Auswirkungen für die Wiedervereinigung. Bonin gehörte übrigens zu den wenigen Offizieren in der Dienststelle Blank, die sich als Kriegsgefangene im »Schreibelager« Garmisch geweigert hatten, die eigenen Kriegserfahrungen der feindlichen Gewahrsamsmacht zu verraten.

Mit den Generalen Wend von Wietersheim und von Lüttwitz hatte Bonin seine

Gedanken in einer Denkschrift niedergelegt. Er forderte »eine qualitativ hochstehende, auf unmittelbare Grenzsicherung ausgerichtete Berufs- und Zeitarmee, den Ausbau der territorialen Verteidigung auf der Basis einer Kurzzeit-Wehrpflicht, eine eindeutig defensive Bewaffnung mit dem Schwerpunkt auf der Panzerabwehr und eine Luftwaffe, die vornehmlich für Aufklärung und Erdkampfunterstützung eingesetzt werden kann«. Höchstens 200 000 Berufssoldaten würden bei dieser Konzeption für eine Verteidigungsstreitmacht benötigt. Sie brächte den großen Vorteil, daß sie, als so offensichtlich rein defensiv ausgerichtet und nicht in die NATO integriert, von der Sowjetunion nicht als Bedrohung angesehen werden könnte und damit erfolgreichen Verhandlungen für eine deutsche Wiedervereinigung auch nicht im Wege stehen würde.

Bonins Vorgesetzter in der Dienststelle Blank, General Heusinger, sowie General Speidel, die eine NATO-getreue Konzeption ohne jede politische Rücksichtnahme auf die besondere deutsche Lage vertraten, lehnten Bonins Gedanken vehement ab und hatten natürlich das Ohr des in die NATO strebenden Bundeskanzlers Adenauer. Als Bonin sah, daß der verhängnisvolle Kurs, vor dem er gewarnt hatte, doch gesteuert wurde, reichte er seine Demission ein.[40]

Die erste Hälfte des schönen Monats Mai hat es offenbar politisch »in sich«, so auch in diesen Tagen um die zehnte Wiederkehr des 8. Mai 1945. Am 5. Mai um 12.00 Uhr mittags, genau zur Stunde des Inkrafttretens der Pariser Verträge, ließ Bundeskanzler Adenauer vor seinem Amtssitz, dem Palais Schaumburg, die schwarz-rot-goldene Fahne hissen und erklärte das »Ende der Besatzungszeit«. »Mit tiefer Genugtuung kann die Bundesregierung feststellen: Wir sind ein freier und unabhängiger Staat«, sagte er weiter, trotz der Beschneidung der deutschen Lebensrechte durch Artikel 2 des Unterwerfungsvertrages, und er versprach wieder den Landsleuten im Osten Freiheit und Wiedervereinigung. Sie könnten sich »immer auf uns verlassen, denn gemeinsam mit der freien Welt werden wir nicht rasten und nicht ruhen«, bis dieses Ziel erreicht sei. In den Tagen unmittelbar darauf wurde der Beitritt zur WEU (Westeuropäische Union) und zur NATO rechtswirksam.

Die Antwort aus dem Osten kam prompt hinterher. Am 14. Mai wurde die DDR in den Warschauer Pakt aufgenommen.

Beide deutsche Teilstaaten waren nunmehr in gegeneinander gerichtete Militärbündnisse eingebunden. Die vor sieben Jahren, 1948, begonnene Zerstörungsarbeit an der deutschen Einheit war erst einmal erfolgreich beendet. Der Sargdeckel war zugeklappt, die Sargnägel in Form der Militärpakte hineingetrieben.

Flaggenhissung und feierlicher Einheitsschwur des westdeutschen Bundeskanzlers, dabei deutsche Soldaten in der vordersten Front der verfeindeten Supermächte, Deutschland als Hauptschlachtfeld, wenn es zum Kampf kommt. Schein und Sein.

Während der übrigen Monate des Jahres 1955 konnte ich mich nur noch pflichtgemäß als Journalist berichtend mit dem Nachspiel der deutschen Tragödie beschäftigen. Das Todesurteil für die deutsche Einheit wurde international gleich dreimal bestätigt: zuerst auf einer Gipfelkonferenz der Westmächte mit den neuen sowjetischen Führern Bulganin und Chruschtschow in Genf, dann in Verhandlungen Bundeskanzler Adenauers im Kreml in Moskau, und schließlich stellten die vier Außenminister wiederum in Genf, gemäß dem Auftrag, den sie von der Gipfelkonferenz erhalten hatten, im November sozusagen Erbscheine für das totgesagte Gesamtdeutschland an die Bundesrepublik und die DDR aus.
Die Österreicher dagegen ernteten schon am 15. Mai die Frucht ihrer klugen Politik in der Unterzeichnung des Staatsvertrages durch die vier Besatzungsmächte und erlangten mit ihm gegen das Versprechen der Neutralität Freiheit und Unabhängigkeit.
Die Sowjetunion hatte mit der Wasserstoffbombe und mit weitreichenden Raketen in der Rüstung mit den Vereinigten Staaten inzwischen gleichgezogen. Nachdem ein Zustand erreicht war, in dem eine gegenseitige Vernichtung der beiden Supermächte im Falle eines Krieges in den Bereich der Möglichkeiten, ja, der Wahrscheinlichkeit gerückt war, setzte sich auf beiden Seiten immer mehr das Bedürfnis nach einer Abwendung dieser Gefahr durch. Der Versuch zur Entspannung sollte auf der Gipfelkonferenz unter Beteiligung des amerikanischen Präsidenten Eisenhower und der Regierungschefs von Frankreich und Großbritannien, Edgar Faure und Harold Macmillan, sowie des neuen sowjetischen Generalsekretärs, Nikita Chruschtschow, und des Regierungschefs Bulganin vom 17. bis 23. Juli gemacht werden
Die Russen hatten inzwischen eine doppelgleisige Politik eingeleitet, die Molotow schon vor über einem Jahr auf der Berliner Konferenz angedeutet hatte, als er von dem Interesse der Sowjetunion sprach, durch eine direkte Beziehung die Ansichten der Bundesregierung kennenzulernen. So wurde am 4. Juni Dr. Adenauer zu einem Besuch in Moskau eingeladen.
Noch vorher besuchte er jedoch die USA, und bei einem Zusammentreffen mit Präsident Eisenhower und Außenminister Dulles in Washington am 14. Juni wurde vereinbart, daß Adenauer die Moskaureise erst nach der Genfer Gipfelkonferenz antreten sollte. Im Hinblick auf diese wurde von ihnen erklärt, »daß eines der Ziele der bevorstehenden Viermächtekonferenz darin bestehen wird, den Weg für eine baldige deutsche Wiedervereinigung zu bereiten. Es wurde bestätigt, daß in ihrer gemeinsamen Auffassung der Begriff Neutralität in keiner Weise auf Deutschland anwendbar sei und daß Deutschland seine Unabhängigkeit nur durch ein kollektives Sicherheitssystem sicherstellen kann«, wobei mit diesem selbstverständlich die NATO gemeint war.
Diese aber war, wie dutzendmal betont, in den Augen der Russen das Haupthindernis für die Wiedervereinigung, und so war für Deutschland in

Genf auch nichts zu erwarten. Trotzdem versuchten Dr. Heinemann und Martin Niemöller dort noch einmal, eine unabhängige deutsche Stimme zu Gehör zu bringen. Sie wollten den Vier freie Wahlen zu einer provisorischen deutschen Nationalversammlung auf der Grundlage des Weimarer Wahlgesetzes und unter internationaler Kontrolle empfehlen. Adolf Scheu, Pfarrer Mochalski und das GVP-Vorstandsmitglied Krämer kamen als Vorausabteilung. Unseren Bonner Korrespondenten Günter Kaufmann, der anläßlich der Konferenz seine Alma mater aus den Jahren 1931/32 wieder besuchte, und mich baten sie um Hilfestellung, die wir gern gewährten, ohne daß wir bei den obwaltenden Umständen an ihren Schritt große Hoffnungen knüpfen konnten.

Ein paar Wochen vor der Konferenz hatte Bogislaw von Bonin in einem Interview mit der »Neuen Illustrierten« erklärt: »Der sicherste Schutz für Deutschland vor dem Schicksal, jemals wieder zum Schlachtfeld zu werden, liegt in der Wiedervereinigung, in der Schaffung eines keinem der beiden Machtblöcke zugehörenden gesamtdeutschen Staates.« Es war die Erkenntnis, auf die ich seit 1948 mein politisches Handeln gegründet hatte. Viel war inzwischen geschehen, aber an der Grundtatsache hatte sich nichts geändert, und natürlich fand auch Bonin meine Unterstützung, als er in Genf erschien.

Er kam in Begleitung des Bundestagsabgeordneten Arthur Stegner, der aus der FDP ausgetreten war und sich von Bonins Ideen hatte überzeugen lassen. Auch die von vielen abschätzig »Friedensklärchen« genannte Professorin Klara Marie Faßbinder, auf die wegen ihres durchdringenden politischen Verstandes besser ein Name wie »die klare Klara« gepaßt hätte, Präsidiumsmitglied des Deutschen Kongresses, und andere aus der außerparlamentarischen Opposition fanden sich ein. Alle trieb das ernste und heiße, wenn auch hier wieder vergebliche Bemühen, bei einer Verhandlung auf internationaler Ebene, bei der es um das Schicksal Deutschlands gehen sollte, in irgendeiner passenden Weise eine aus dem deutschen Volk kommende Stimme laut werden zu lassen, die nicht wie die der offiziellen Bonner und Ostberliner Politiker »their masters' voice« echote.

Die Genfer Polizei, sehr um die Sicherheit der »großen Vier« besorgt und etwas nervös, bat Heinemann und Niemöller wegen ihrer angeblich nicht angemeldeten Pressekonferenz zur Aufklärung auf die Polizeipräfektur – ich mußte wieder an den Milchmann denken –, und das führte zu wilden Meldungen in einem Teil der Presse, die beiden seien »verhaftet« worden. Auch Bonin und Stegner gaben eine Pressekonferenz, die wohl großes Interesse fand, aber ohne politische Wirkung blieb. Heinemann und Niemöller wurden bei den Delegationen der vier Mächte höflich behandelt, drangen aber nie auch nur bis zu den Außenministern oder wenigstens Staatssekretären vor.

Wohl selten ist der erste Punkt einer Tagesordnung schneller von dieser Stelle und danach unerledigt ganz verschwunden als die Wiedervereinigung

Deutschlands auf diesem Genfer »Gipfel«. Anstandshalber wurde sie, als die »Großen« auseinandergingen noch einmal in der Direktive erwähnt, die sie ihren Außenministern für deren nächste Zusammenkunft im Herbst gaben, aber auch nur mit der vagen Formulierung, daß sie »im Zusammenhang mit der europäischen Sicherheit« gelöst werden müsse. Ich mußte dem Kollegen René Payot recht geben, der im »Journal de Genève« schrieb: »Man muß alle Hoffnungen aufgeben, daß Genf als Wiege der deutschen Wiedervereinigung dienen kann.«
Dagegen war die Atmosphäre zwischen den Verhandlungspartnern besser als seit langer Zeit. Bulganin, Chruschtschow und Molotow waren ganz Liebenswürdigkeit, und ihre Sprache zeigte eine Mäßigung, wie man sie von dieser Seite selten erlebt hatte. Wenn jemals auf einem internationalen Treffen das lateinische Wort »suaviter in modo, fortiter in re« (höflich in der Art, hart in der Sache) demonstriert wurde, so von den Russen hier.
Im Westen wie im Osten hatten sich die Politiker auf Entspannung und Ko-Existenz festgelegt, und eine in der Furcht vor einem Atomkrieg lebende öffentliche Meinung verlangte von ihnen, daß sie Genf nicht ohne irgendein Ergebnis verließen. Dabei herrschte sehr schnell Übereinstimmung, daß das deutsche Problem einem hoffnungsvollen Abschluß hier und der weiteren Entspannung nicht im Wege stehe dürfe. Doch auch in den Fragen der europäischen Sicherheit und der Rüstungsbegrenzung blieb man in der Direktive ohne jedes konkrete Ergebnis. Die dazu vorgebrachten Vorstellungen sollten weiter geprüft werden. Allein das machte letzten Endes den »Geist von Genf« aus, der auf diesem Gipfel in den Medien geboren wurde. Man hatte ihn schon vorher herbeigesungen, und er stellte sich auch prompt in dem Austausch von Freundlichkeiten ein, aber bald nach dem Ereignis sollte man sein Schwinden beklagen.

Wohin es mit Deutschland gehen sollte, machte Nikita Chruschtschow unmittelbar nach der Konferenz deutlich, als er auf dem Rückweg nach Moskau in Ostberlin Station machte und dort am 26. Juli eine Rede hielt. Unter anderem erklärte er:
»Einige Staatsmänner hatten es mit der Ratifizierung der Pariser Verträge eilig und behaupteten, die Verwirklichung dieser Verträge würde den Westmächten die Möglichkeit geben, mit der Sowjetunion von einer Position der Stärke aus zu sprechen. Ich denke, daß nunmehr allen klar ist, daß diese Berechnungen fehlgeschlagen sind. Wir haben in Genf aufrichtig erklärt, daß unter den Bedingungen, daß auf dem Gebiet Deutschlands zwei Staaten mit verschiedener gesellschaftlicher und wirtschaftlicher Ordnung entstanden sind, daß Westdeutschland Teilnehmer des Nordatlantikpaktes und der Westeuropäischen Union ist, die Lösung des deutschen Problems eine schwierige Angelegenheit ist.« Er fragte, ob unter diesen Umständen denn nicht klar sei, daß »die mechanische Vereinigung beider Teile Deutschlands, die sich in verschiede-

ner Richtung entwickeln, eine unreale Sache« wäre. Der einzige Weg zur Wiedervereinigung Deutschlands sei in der bestehenden Situation die »Schaffung eines Systems der kollektiven Sicherheit in Europa und die Festigung und Entwicklung wirtschaftlicher und politischer Kontakte zwischen beiden Teilen Deutschlands«. Die deutsche Frage solle nicht »auf Kosten der Deutschen Demokratischen Republik« gelöst werden. Weder könnten der Nordatlantikpakt auf die DDR ausgedehnt noch deren »politische und soziale Errungenschaften« beseitigt werden.

Auf keine andere Haltung traf Bundeskanzler Adenauer, der – für mich unbegreiflich – im September mit der Vorstellung nach Moskau reiste, die Sowjetunion befinde sich in einem Zustand der Schwäche und habe mit der Bereitschaft, Beziehungen zur Bundesrepublik aufzunehmen und über die Wiedervereinigung zu sprechen, ihre eigenen Drohungen widerlegt.[41] In Wirklichkeit sah er sie von Angesicht zu Angesicht mit den Sowjetführern von diesen bestätigt. Bulganin erinnerte ausdrücklich an die ausgesprochenen und vom Bundeskanzler und den Westmächten verworfenen Warnungen. Von freien Wahlen unter internationaler Kontrolle, noch am 15. Januar dieses Jahres angeboten, war nicht mehr die Rede. Die Wiedervereinigung sei nunmehr eine Sache in erster Linie der Deutschen selbst, und durch gemeinsame Anstrengungen von DDR und Bundesrepublik werde es gewiß gelingen, eine Lösung zu finden.

Ohne eine Konzession zu machen, setzte Chruschtschow Adenauer die Pistole auf die Brust, indem er ihn direkt fragte, ob er denn jetzt diplomatische Beziehungen zur Sowjetunion aufzunehmen wünsche oder nicht. Die Sowjetunion könne auch warten. Ein Wort von ihm sollte noch oft zitiert werden: »*Uns* bläst der Wind nicht ins Gesicht.«

Mitglieder seiner Delegation rieten dem Bundeskanzler zur Abreise. Der wagte jedoch nicht, der Bevölkerung in der Bundesrepublik ohne ein Ergebnis der Fahrt nach Moskau, an die sich insgeheim viele Hoffnungen geknüpft hatten, unter die Augen zu treten. So wurde noch darum gerungen, für die Aufnahme der diplomatischen Beziehungen wenigstens die Rückkehr der Kriegsgefangenen zu erreichen. Die Sowjets fanden sich zu diesem Zugeständnis bereit.

Die Freude über die Heimkehr dieser seit Kriegsende länger als zehn Jahre in russischer Gefangenschaft festgehaltenen Unglücklichen war geeignet, vielen Menschen den Blick für das große Fiasko zu verstellen. Das Ergebnis einer Politik der eingebildeten Stärke, mit der die Sowjetunion in die Knie gezwungen werden sollte, war, daß man dieser einen unerhörten Vorteil zuschanzte: Als einzige der vier Siegermächte hatte von nun an sie diplomatische Beziehungen zu beiden Staaten in Deutschland, der BRD und der DDR!

Durch nichts konnte die Zweistaatlichkeit besser bestätigt werden.

Vom 27. Oktober bis zum 16. November tagten wieder die Außenminister.

Gotthart Ammerlahn war schon im Frühjahr geheilt aus Wintermoor zurückgekehrt und hatte seinen Platz in der Redaktion wieder eingenommen, so daß ich beruhigt für einen längeren Aufenthalt nach Genf fahren konnte. Gretchen kam diesmal wieder mit, denn es war viel Arbeit zu erwarten, weil ich außer meiner Arbeit für den eigenen Dienst noch die direkte Berichterstattung durch Telex für die »Nürnberger Nachrichten«, das »Schwäbische Tagblatt«, die »Düsseldorfer Nachrichten« und die »Hessischen Nachrichten« übernommen hatte. Wir hatten wieder ein Appartement in der Rue du Vieux Collège, und trotz der starken Beschäftigung gab es doch für meine Frau viel Interessantes auch außerhalb der Konferenz, Bekanntschaften wurden erneuert und neue dazugewonnen. Obwohl die über den See streichende Bise schon sehr kalt war, kam auch noch freundliches Wetter, und an sitzungsfreien Tagen sogar Zeit für Tagesausflüge nach Lausanne und ins französische Chamonix am Fuße des Montblanc.

Es bewegte sich nichts auf diesem Außenministertreffen, aber es mußte trotzdem Tag für Tag darüber berichtet werden, wie die Vier sich auf den Nullpunkt zu bewegten.

In der Substanz schlugen die Westmächte Molotow folgendes vor: Sie lassen bedingungslos freie Wahlen in der von Ihnen besetzten Zone zu, wodurch das DDR-System mit einem Schlag weggefegt wird. Gesamtdeutschland nehmen wir dann in den Atlantikpakt auf. Das ist übrigens auch die beste Sicherung für Sie, denn wir kontrollieren Deutschland ja dann in der NATO. Wenn Ihnen das nicht genügt, sind wir auch bereit, noch zusätzliche Sicherungen zu geben. Wir versprechen, die Sowjetunion zu konsultieren, wenn trotz allem die Deutschen diese oder einen anderen osteuropäischen Staat angreifen sollten. Weiter schlagen wir eine Zone vor, in der die Streitkräfte beider Seiten verdünnt und kontrolliert werden, und zwar beiderseits der Ostgrenze eines wiedervereinigten Deutschland. Das bedeutet: Sie ziehen Truppen aus der DDR und einem Teil Polens ab, wir rücken in die heutige DDR nicht mit Streitkräften ein, bleiben aber im Westen Deutschlands da stehen, wo wir heute sind.

Bis zum letzten Tag hörte unter den Pressevertretern das Rätselraten nicht auf, ob die drei westlichen Außenminister Illusionäre oder Heuchler waren, als sie solches vorschlugen. Unser Freund vom »Manchester Guardian« hielt das ganze für Spiegelfechterei, um ein Alibi vor den Westdeutschen zu haben.

Der auf diese Weise programmierte totale Fehlschlag der Konferenz wurde in einem bemerkenswert kurzen Schlußkommuniqué am 16. November festgehalten, das noch einmal die drei Punkte der Tagesordnung aufzählte, dann lapidar feststellte, daß die vier Außenminister darüber »eine umfassende und freimütige Diskussion« geführt hätten und übereingekommen seien, über ihre Besprechungen den Regierungschefs Bericht zu erstatten und dabei zu empfehlen, daß der weitere Verlauf der Diskussionen der Außenminister auf diplomatischem Weg geregelt werde.

Vertagung bis zum Jüngsten Tag! Vertagung vor allem der deutschen Frage! Obwohl ich nach allem, was seit dem 10. März 1952 geschehen war, nichts anderes erwarten durfte, traf es mich hart.

Aus der Masse der bundesdeutschen Journalisten hoben sich zwei durch eine fundierte Kritik der Adenauerschen Außenpolitik und konsequentes Festhalten an ihrer Überzeugung hervor, wie viele Kollegen sich auch immer mehr konformistisch gleichschalteten: »Spiegel«-Herausgeber Rudolf Augstein und Paul Sethe von der »Frankfurter Allgemeinen Zeitung«.[42] Sethe hatte vor dem Kriege der Redaktion der berühmten »Frankfurter Zeitung« angehört. Die Nachkriegsgründung »Frankfurter Allgemeine Zeitung«, an der Sethe sich beteiligte, bemühte sich, der Vorgängerin nachzueifern und war bald zu Ansehen im bundesdeutschen Blätterwald gekommen, erreichte jedoch nie ganz das Niveau des großen Vorbildes. Sethe bekam täglich die »Realpolitik«, konnte aus Gründen, die ich schon erwähnte, jedoch nur selten etwas daraus direkt übernehmen. Wir verfolgten gegenseitig genau, was wir schrieben und fanden immer wieder große Übereinstimmung in unseren außenpolitischen Ansichten. Wegen seiner dauernden Warnungen vor der illusionären »Politik der Stärke«, auf die Konrad Adenauer setzte, fiel Paul Sethe bei der Bedeutung der »FAZ« dem Bundeskanzler und dem Bonner Establishment immer mehr auf die Nerven, so daß man an der Beseitigung dieses journalistischen Störenfriedes arbeitete.
Der hervorragende Journalist war nicht in der gleichen unabhängigen Position wie Augstein und ich, die wir ohne Rücksicht auf irgend jemanden veröffentlichen konnten, was wir dachten. Durch Druck aus Bonn auf Sethes Mitherausgeber und die finanziellen Stützen des Blattes wurde schließlich seine Position in der »Frankfurter Allgemeinen« unhaltbar gemacht und er aus der Zeitung hinausgedrängt.
Richard Freudenberg war über diesen Vorgang empört. Als wir vor einem Jahr miteinander bekannt wurden, hatte er den Wunsch geäußert, den Realpolitik-Tagesdienst kennenzulernen. Nachdem ich ihm ein paar Ausgaben geschickt hatte, abonnierte er die gewöhnlich nur an Zeitungen gelieferte Korrespondenz, und seitdem gehörte sie zu seiner täglichen Morgenlektüre wie die FAZ mit Paul Sethes häufigen Leitartikeln. Als Sethe dort ausschied, bat Freudenberg mich, sofort mit diesem in Verbindung zu treten und ihn zu einem Dreiergespräch mit uns zusammenzubringen. »Die besten Sachen, die Sie in Ihrem Dienst bringen«, sagte er zu mir, »werden ja doch von den meisten Zeitungen nicht gebracht. Sie müßten direkt an den Leser herankommen. Was halten Sie davon, daß Sie zusammen mit Sethe eine politische Wochenzeitung machen? Ich bin bereit, finanziell dafür etwas zu tun.«
Paul Sethe erholte sich nach dem Bruch mit der »FAZ« erst einmal einige Wochen in Italien. Ende November konnten wir uns zu dritt zu einem ersten Gespräch in Hamburg treffen. Sethe sagte uns, daß er auch ein Angebot von

Axel Springer habe, in die Redaktion der »Welt« einzutreten. Unter der Chefredaktion von Hans Zehrer war das Blatt noch nicht auf die einseitige Bonner Westpolitik eingeschworen. Sethe schwankte einige Tage zwischen dem Angebot der »Welt« und dem Plan Freudenbergs, dann entschied er sich für die »Welt«. Die Mittel, die Freudenberg zur Verfügung stellen wollte, reichten nach Sethes Meinung für Start und Durchsetzung einer Wochenzeitung nicht aus. Ob ich es denn auch ohne Paul Sethe machen würde, war daraufhin Richard Freudenbergs Frage. Da ich die Möglichkeit sah, die Pressekorrespondenz nebenbei weiterzuführen, sagte ich zu.
Der Kampf um die deutsche Wiedervereinigung war erst einmal verloren. Doch die Notwendigkeit für eine Änderung, für neue Wege bestand nicht nur auf außenpolitischem Gebiet. Die Zeitschrift sollte den Namen »Neue Politik« tragen.

1 Einige von Deutschlands schwärzesten Kriegsverbrechern in Schanghai von US-Streitkräften eingefangen.

2 Die von mir wörtlich angeführten Zitate sind dem offiziellen, vom Mitglied der amerikanischen Anklagevertretung Dr. Robert M. W. Kempner eingeleiteten, vollständigen Text »Das Urteil von Nürnberg« – Grundlage eines neuen Völkerrechts« entnommen, herausgegeben in Baden-Baden in der französischen Besatzungszone in Deutschland im Jahre 1946, mit dem Vermerk »G. M. Z. F. O. – Autorisation n° 2334 – Direction de l'Information«.

3 Robert Lansing: Die Versailler Friedensverhandlungen. Persönliche Erinnerungen, Berlin 1921.

4 Vor allem empörte ihn der Paragraph, durch den Deutschland gezwungen wurde, zuzugeben, daß es allein die Schuld am Kriege trage. Er fand ihn sowohl würdelos als auch sinnlos. »Ich begreife nicht«, pflegte er zu sagen, »wie man über ein ganzes Volk einen moralischen Urteilsspruch fällen kann. Ich bin überzeugt, daß wir alten Diplomaten so etwas nicht getan hätten. Ich glaube ja, daß einige *tatsächlich* verantwortlicher waren als andere, wie zum Beispiel Aehrenthal, aber nicht ein ganzes Volk.« Harold Nicolson: Die Verschwörung der Diplomaten. Aus Sir Arthur Nicolsons Leben 1849–1928, Frankfurt am Main 1931. (Anmerkung d. Verf.: Aehrenthal war 1908, zur Zeit der Annexion von Bosnien und der Herzegowina, österreichischer Außenminister).

5 *Festungshaft, Festungsstrafe*, eine nicht entehrende Freiheitsstrafe (Custodia honesta), die im StGB. bei Zweikampf und einigen politischen Straftaten angedroht wird. Sie besteht in Freiheitsentziehung mit Beaufsichtigung der Beschäftigung und Lebensweise der Gefangenen. Die Verurteilung zu F. ist z. Z. in Deutschland von der Militärregierung untersagt.
Der Kleine Brockhaus, Wiesbaden 1949, S. 357

6 Es handelt sich bei compound um ein aus der Kolonialzeit stammendes Wort.
Im berühmten Oxford-Dictionary finde ich die schöne und passende Erklärung (hier von mir ins Deutsche übersetzt): In Indien, China etc. Umzäunung, rundes Haus, Faktorei etc. (vielleicht aus dem Malaiischen kampong)

7 Trusty, plural trusties, im Oxford Illustrated Dictionary: ein vertrauenswürdiger Sträfling, dem besondere Privilegien gewährt werden.
Im amerikanischen Funk & Wagnalls Standard Dictionary: eine vertrauenswürdige Person, besonders ein Sträfling, der dienstbar und zuverlässig gefunden wurde und dem besondere Freiheiten eingeräumt werden.

8 Wörtlich: versetzte Person, im Oxford Dictionary erklärt: jemand, der aus seinem Heimatland durch militärischen oder politischen Druck entfernt wurde; ursprünglich ein Zivilist, der im Krieg von 1939–1945 aus einem von Deutschland besetzten Land nach Deutschland zur Arbeit verbracht wurde und danach heimatlos war.

9 Auch Scherer hatte mehr Glück als mancher andere. Er saß nur 11 Monate in Landsberg, dann wurde am 23. April 1948 nach der Durchsicht (Revision) der Prozeßakten durch die Juristen des Generals Clay das Urteil kassiert und er entlassen. In einer eidesstattlichen Erklärung vom 10. Mai 1949, die dem Verfasser vorliegt, schrieb Scherer u. a.: »Nach meiner späteren Freilassung wollte ich sogleich gegen Ludwig Anklage wegen Meineid erheben. Die Wiesbadener Kriminalpolizei konnte jedoch mit dem besten Willen keinen Mann finden, welcher mit dem Ludwig von Dachau identisch gewesen wäre. Damit ist aber gleichzeitig erwiesen, daß Ludwig einer der typischen fingierten Dachauer Berufsbelastungszeugen war, welche die Herren Staatsanwälte je nach Bedarf auffahren ließen, um unschuldige Menschen mit einem Zynismus ohnegleichen als Mörder verurteilen zu können.«

10 Die folgende dpd-Meldung über sein Schicksal erschien im Dezember 1948 in einigen Zeitungen:
*Demonstratives Begräbnis* dpd. Wuppertal, 17. Dezember
Weit über 1 000 Menschen nahmen in Wuppertal an der Beisetzung des kürzlich in Landsberg hingerichteten früheren Leutnants Erich Wentzel teil. Wentzel war im August 1946 von einem amerikanischen Militärgericht zum Tode verurteilt worden, weil er angeblich an der Ermordung amerikanischer Flieger auf Borkum im August 1944 beteiligt gewesen sein sollte. Wentzel ist nach Auffassung seiner Angehörigen und weiter Bevölkerungskreise unschuldig

hingerichtet worden. Er habe lediglich einem Unteroffizier, der die gefangenen amerikanischen Flieger abgeführt hatte, ohne Kenntnis der Umstände den Weg zur Luftwaffenbefehlsstelle gewiesen. Auf diesem Weg seien die Gefangenen von einem Gefreiten ermordet worden.

11 Irrtümlicherweise wurde in Deutschland allgemein angenommen, das bekannte Wort sei englischen Ursprungs. Es stammt indessen von dem amerikanischen Marineoffizier Stephen Decatur (1779–1820), an den man sich, mehr noch als wegen seiner Kriegstaten gegen die Piraten von Algier und Tripolis, eben wegen dieser zum geflügelten Wort gewordenen Äußerung erinnert. Der volle Satz, den er einmal bei einer Gelegenheit als Toast ausbrachte, lautete: »Our country! In her intercourse with foreign nations may she always be in the right – but our country, right or wrong!« (Zu deutsch: »Unser Land! Möge es im Verkehr mit anderen Nationen immer im Recht sein – aber unser Land, Recht oder Unrecht!«

12 Die beim Standesamt Dachau bei Besetzung des Lagers ausgewiesene Zahl betrug 29 438.

13 Zwanzig Jahre später vermachte mir ein älterer politischer Freund, der die Kriegs- und ersten Nachkriegsjahre in England verbracht hatte, seine damals angelegte Sammlung von Zeitungsausschnitten zum Thema Deutschland aus der englischen und amerikanischen Presse, und darunter befand sich auch die angeführte Meldung der »New York Herald Tribune«, säuberlich aufgeklebt und mit Quellenangabe versehen. Handschriftlich hatte er die hier zitierten Überschriftenzeilen noch mit einer weiteren versehen: »Auf der Suche nach Kanonenfutter«.

14 Eine fesselnde Übersetzung von Lao Tse aus dem chinesischen Urtext durch Erwin Rousselle ist unter dem Titel: Lau-Dse: Führung und Kraft aus der Ewigkeit, erschienen. (Insel-Bücherei Nr. 253)

15 Das Urteil von Nürnberg. Grundlage eines neuen Völkerrechts, Baden-Baden 1946, G. M. Z. F. O. – Autorisation n° 2334 – Direction de l'Information

16 Der tüchtige und genaue Jurist, Dr. Ernst Aschner, sollte später Landgerichtsdirektor in Frankfurt und schließlich Generalkonsul der Bundesrepublik in Australien werden.

17 Die 1. Strophe des Liedes, mit dem Präsident Roosevelt die amerikanischen Jungs in den Krieg schickte:
Onward, Christian Soldiers, marching as to war,
With the cross of Jesus going on before:
Christ the royal Master leads against the foe;
Forward into battle see His banners go.

18 Ernst Niekisch und sein »Widerstands-Kreis« standen schon damals unter Überwachung durch die Gestapo, und er wurde nicht viel später verhaftet, wegen Hochverrats verurteilt und bis zum Kriegsende 1945 im Zuchthaus gehalten.

19 Auf einige, bei weitem nicht vereinzelte, krasse Fälle von Ungerechtigkeiten sollte Prof. Otto Koellreutter, der Staatsrechtler, in einem Vortrag am 5. 9. 1954 in Landau/Pfalz hinweisen: »Zu den doppelten Nutznießern zählen viele Politiker und Beamte in höchsten Stellen und sehr viele Professoren. Sie alle haben die Entnazifizierung zu der großen Lüge gemacht, die bis heute die Atmosphäre gerade in intellektuellen Kreisen des Volkes vergiftet. ... als doppelte Nutznießer habe ich in meiner Kritik des Karlsruher Beamtenurteils in der ›Neuen deutschen Beamtenzeitung‹ vom März 1954 diejenigen Persönlichkeiten in Regierung, Beamtentum und Wissenschaft bezeichnet, die es verstanden haben, im Dritten Reich und der Demokratie nach 1945 gleichermaßen für sie nutzbringend zur Stelle zu sein. Ich könnte vor allem darauf hinweisen, daß man sehr oft die kleinen Parteigenossen verurteilte und die Großen laufen ließ. Der Scharfrichter, der die Geschwister Scholl hinrichtete, wurde von einer bayrischen Spruchkammer deswegen zu 10 Jahren Arbeitslager verurteilt. Der Staatsanwalt, auf dessen Anordnung der Scharfrichter handeln mußte, ist heute sehr hoher Beamter im Bundesjustizministerium. Der Amtsdiener der Universität München, der die Geschwister Scholl pflichtgemäß dem Syndikus der Universität zuführen mußte, als er sie bei dem grundsätzlich verbotenen Abwerfen von Flugblättern, deren Inhalt er gar nicht kannte, in der Universität überraschte, wurde deswegen als Hauptschuldiger verurteilt und ist wie der Scharfrichter als Sündenbock noch heute in der Klasse I und II. Dem Syndikus, der dann die Geschwister Scholl der Gestapo übergab, geschah gar nichts.«

20 Bevor Präsident Roosevelt ihn zum Marineminister machte, war James Vincent Forrestal

Präsident der Wall Street Investment Firma Dillon Read & Co. Wahnhaft besessen von der Vorstellung, daß die Vereinigten Staaten für einen drohenden Krieg mit der Sowjetunion nicht genügend gerüstet seien, stürzte er sich wenige Wochen nach dem hier geschilderten Ereignis in der Nacht vom 21. auf den 22. Mai 1949 in geistiger Umnachtung aus dem 16. Stock des Marine-Hospitals in Bethesda, Maryland, in den Tod.

21 In seinen Memoiren sollte er später über diesen Tag schreiben; »Als die Sitzung beendet war, stießen wir mit den Deutschen auf den Erfolg der neuen Regierung an. Nun war der Bau des westdeutschen Staates fertig geworden, bevor sich die vier Außenminister am 23. Mai in Paris trafen.«

22 Clay später darüber: »Mich beunruhigte ein Plan, der vorsah, daß sich alle Besatzungskräfte auf die deutschen Randgebiete zurückzuziehen hätten, damit das deutsche Volk allein eine Gesamtdeutsche Regierung bilden könne. Das hätte das Ende unserer Bemühungen um eine westdeutsche Regierung bedeutet.«

23 Der im Herbst gewählte 1. Bundestag sollte später zur Untersuchung dieser Vorwürfe seinen ersten Parlamentarischen Untersuchungsausschuß bilden.

24 In weiten Teilen der Presse wurde für das englische high commissioner die Bezeichnung »Hochkommissar« geprägt, und diese neudeutsche, für meine Begriffe blödsinnige Sprachschöpfung sollte sich bei der bestehenden, schon in die Hitlerjahre zurückreichenden Verschluderung von Sprache und Logik bald allgemein durchsetzen. Was war ein *Hoch*kommissar? Im Hochbau wurde hoch, im Tiefbau in die Tiefe gebaut. Wie einen Ober- und Unterinspektor, konnte man sich einen Ober- und Unterkommissar vorstellen, aber einen Hochinspektor und Tiefkommissar?

25 »China im Sturm« wurde im Jahre 1971, außer einer besseren Bildausstattung inhaltlich unverändert, aber unter einem anderen Titel neu aufgelegt. Der Titel lautet nun: »Mit China allein« und der Untertitel: »Entscheidende Jahre 1939–47«, Holsten Verlag, Hamburg.

26 Der Handel zwischen der Bundesrepublik und China sollte lange Zeit ohne offizielle Förderung bleiben, zeitweise in Befolgung amerikanischer Embargobestimmungen sogar schwer behindert werden. Amerikanische Mißbilligung fürchtend, wagte eine Bundesregierung erst 1971 diplomatische Beziehungen zur Volksrepublik China aufzunehmen.

27 Erschienen als Band 5 der Abhandlungen der Forschungsstelle für Völkerrecht und ausländisches Öffentliches Recht der Universität Hamburg 1953 im H. H. Nölke Verlag Hamburg unter dem Titel: Rußland, die Westmächte und Deutschland – Die sowjetische Deutschlandpolitik 1943–1953.

28 Die unglückselige Konfrontation sollte über zwei Jahrzehnte anhalten.

29 In dem vom Verlag Interpress herausgegebenen Was war wann/Das Archiv des Zeitgeschehens, Nr. 6/51, S. 133, war dann – wahrscheinlich aufgrund der dpa-Meldung – unter den Teilnehmern Frau Ilse Bubener ausdrücklich als »Abgesandte des Außenministers der DDR, Dr. Georg Dertinger« aufgeführt. Ich habe dieses Ereignis hier festgehalten, weil es bezeichnend dafür ist, womit sich deutsche Männer und Frauen, die für die Einheit und Freiheit des deutschen Volkes eintraten, in den 50er Jahren herumschlagen mußten, übelste Machenschaften, die, weil sie von den teildeutschen und alliierten Trägern der Macht ausgingen, vor der großen Öffentlichkeit verborgen gehalten wurden.
Auf das Andenken des verstorbenen Georg Dertinger, der später aus der DDR-Regierung entfernt wurde, soll hierdurch kein Schatten geworfen werden. Wie ich später von Ernst Lemmer erfuhr, soll er ein gesamtdeutsch denkender Mann gewesen sein.

30 Der Gelehrte beendet in dieser Zeit gerade in Gold Hill, Colorado, sein Werk »Der Friedensschluß« mit dem Untertitel »Geist und Technik einer verlorenen Kunst«, das die Deutsche Verlags-Anstalt in Stuttgart im Jahre 1952 herausbrachte. Das hervorragende Buch ist – leider – heute, 1988, noch so aktuell wie damals, weil keine der Lehren, die es enthielt, von den Politikern in West und Ost beherzigt worden ist und der optimistische Schlußsatz, mit dem der Verlag das Werk angepriesen hatte, heute fast wie Hohn klingt: »Es bedeutet zugleich den ersten Schritt auf dem Wege zu einer Wissenschaft des Friedensschließens.«

31 George F. Kennan: American Diplomacy 1900–1950, Chicago 1951.

32 Adenauer hat selbst auch in seinen späteren Memoiren noch vieles verheimlicht. Erst

nachdem über 30 Jahre nach den Ereignissen die britischen und amerikanischen diplomatischen Akten für die Forschung geöffnet wurden, konnte volles Licht auf die Rolle geworfen werden, die der damalige Bundeskanzler in dieser entscheidenden Phase spielte. Er hat nicht nur die Westmächte in ihrer an sich schon vorhandenen Abneigung bestärkt, sondern in bestimmten Phasen während des sechsmonatigen Notenaustausches, wenn sie einmal wankelmütig wurden und sich doch auf eine Prüfung der sowjetischen Vorschläge durch Verhandlungen einzulassen drohten, das ganze Gewicht seines Einflusses geltend gemacht, um sie davon abzuhalten. Siehe Rolf Steininger: Eine Chance zur Wiedervereinigung? – Die Stalin-Note vom 10. März 1952 – Darstellung und Dokumentation auf der Grundlage unveröffentlichter britischer und amerikanischer Akten, Bonn 1985.

33 Auf eine Initiative von Hermann Göring flog Dahlerus in den letzten zehn Tagen vor dem Kriegsausbruch siebenmal zwischen Berlin und London hin und her und versuchte, in Gesprächen mit Göring und Hitler auf der deutschen und Chamberlain und Lord Halifax auf der britischen Seite, in letzter Minute den Krieg zu verhindern. Seine in Stockholm 1945 zusammengefaßten Aufzeichnungen über diese selbstgewählte Mission erschienen 1948 in Deutschland in der Nymphenburger Verlagshandlung. Birger Dahlerus: Der letzte Versuch – London – Berlin Sommer 1939.

34 Entnommen, ohne Korrektur der falschen Interpunktion, dem amtlichen deutschen Text, herausgegeben vom Presse- und Informationsamt der Bundesregierung im Jahre 1952. Die oben zitierten Bestimmungen sind bis heute, Juli 1988, nicht aufgehoben worden! Der Verf.

35 In der Tat hat das Bundesverfassungsgericht eine Entscheidung jahrelang vor sich her geschoben, bis es schließlich 1956 (!) unsere Verfassungsbeschwerde abschlägig beschied. Es wäre m. E. heute eine vielleicht nicht ganz uninteressante Forschungsaufgabe für Juristen oder Historiker, sich mit dem Zustandekommen dieser Entscheidung zu befassen.

36 Den FDP-Abgeordneten Dr. Dehler, der einen Tag nach Berlin gekommen war, um sich nach dem Stand der Verhandlungen zu erkundigen, und von dem sie annahmen, daß er ihre und Dr. Adenauers Einstellung teilte, hatten sie, wie Dehler später Dr. Heinemann anvertraute, mit den Worten empfangen, daß er keine Angst zu haben brauche, hier käme nichts zustande.

37 Hier zeichnete sich schon der spätere verheerende Vietnamkrieg der USA des kommenden Jahrzehnts ab.

38 Diese alliierten Vorbehaltsrechte gelten noch heute, im Juli 1988!

39 für den vollen Text der Erklärung s. Rainer Dohse: Der Dritte Weg – Neutralitätsbestrebungen in Westdeutschland, Hamburg 1974 S. 324 ff.

40 Näheres in Bogislaw von Bonin: Opposition gegen Adenauers Sicherheitspolitik – Eine Dokumentation, zusammengestellt von Heinz Brill, Hamburg 1976 und »Das Problem einer wehrpolitischen Alternative für Deutschland«, Dissertation vorgelegt von Heinz Brill, Göttingen 1977.

41 Er hat dies so noch Jahre später in seinen Memoiren geschildert. s. Konrad Adenauer: Erinnerungen 1953–1955, 3. Auflage Stuttgart 1980, S. 448 und 451.

42 Als Adenauer nach 14 Jahren als Bundeskanzler 1963 aus dem Amt schied, hatte Rudolf Augstein seine Meinung über die Bonner Außenpolitik vor 1955 nicht geändert, sondern schrieb in einer Gedenkausgabe des »Spiegel« für Adenauer: »Freilich, im Europa von 1963 gäbe es keine Kriegsgefahr und keine Berliner Mauer, wenn es zwischen 1952 und 1955 gelungen wäre, um den Preis bewaffneter Neutralität alle vier Zonen mittels freier Wahlen zu vereinigen.«

Paul Sethe schrieb in einem Leserbrief in der gleichen Ausgabe: »Der Irrglaube der fünfziger Jahre, die Wiedervereinigung auf dem Wege über ein Militärbündnis zu erreichen, die Verachtung aller außenpolitischen Möglichkeiten zugunsten angeblicher militärischer Möglichkeiten, nicht zuletzt die vermessene Hybris gegenüber einer Weltmacht, das alles ist schlechtes Erbe aus einer nachbismarckschen Zeit.«

# REALPOLITIK

TAGESDIENST

H. H. NÖLKE GMBH. VERLAG HAMBURG 20 – HEGESTRASSE 40 – RUF: 52 44 38/39
REDAKTION: WOLF SCHENKE UND ARTHUR REISS
ANSCHRIFT DER REDAKTION: HAMBURG 13, OBERFELDERSTRASSE 7, RUF: 52 37 27

Nr. 295/50 20. Dezember 1950

INHALTSVERZEICHNIS



Sehr geehrte Redaktion!

Wir gestatten uns, Sie besonders auf den Artikel von Maurice Duverger hinzuweisen. Der bekannte Leitartikler von "Le Monde" bringt mit ausserordentlicher Klarheit die Gedanken zum Ausdruck, die die gegenwärtige französische Einstellung zur Remilitarisierung der Bundesrepublik, zur Verteidigung Westeuropas und zur bevorstehenden Viererkonferenz bestimmen. Der Artikel ist nicht nur ein aktueller Beitrag zur Brüsseler Konferenz, er ist auch wegen seiner Themenstellung gerade für die Weihnachtsausgaben der Zeitungen geeignet.

REALPOLITIK
Redaktion

Konten H. H. Nölke GmbH.: Postscheck Hamburg 106 89 und Hamburgische Landesbank – Girozentrale Hamburg – Konto-Nr. 6637
Erfüllungsort und Gerichtsstand ist Hamburg

Das Titelblatt von »Realpolitik-Tagesdienst« vom 20. 12. 1950, mit dem die Ausführungen von Prof. Duverger über Europa als dritte Kraft zwischen den USA und der Sowjetunion an 18 bundesdeutsche Zeitungen vermittelt wurden. (Siehe S. 256 und 299)

# 18. März 1951

Am 17. und 18. März 1951 vereinigten sich in Frankfurt/Main die Delegierten zahlreicher deutscher Organisationen und Einzelpersönlichkeiten zum „Deutschen Kongreß", der sich zu einer aktiven deutschen Neutralitätspolitik bekennt. Sie wählten eine zwölfköpfige Tagungsleitung, beschlossen, den Kongreß zur ständigen Einrichtung zu machen und gaben sich eine Organisationsgrundlage, auf welcher sich 17 Organisationen und zahlreiche Einzelmitglieder zu gemeinsamer Arbeit verbanden. Sie beschlossen, in spätestens drei Monaten den nächsten Kongreß abzuhalten. Mehrere Parteien richteten durch ihre Führer Begrüßungsschreiben an die Tagung. Aus dem Kongreß wurden 33 Persönlichkeiten in den Rat, „das oberste Organ des DEUTSCHEN KONGRESSES" gewählt. Jedes Ratsmitglied gab eine eidesstattliche Erklärung ab, daß es keinerlei Bindungen an den Osten oder Westen hat. In einer geheimen Wahl bestimmte der Rat am 19. 3. 1951 eine geschäftsführende Leitung (Präsidium), die für die Ausführung aller Beschlüsse des ersten DEUTSCHEN KONGRESSES verantwortlich ist.

Der Kongreß beschloß eine deutsche Erklärung an die Viermächte-Konferenz, die am 22. März 1951 außer den Regierungen der vier Großmächte auch den beiden deutschen Staatsoberhäuptern, den beiden deutschen Regierungen und dem Papst übergeben wurde.

Diese Erklärung lautet:

## ERKLÄRUNG DES DEUTSCHEN KONGRESSES AN DIE VIERMÄCHTE-KONFERENZ.

*Die am 18. März 1951 auf dem Kongreß in Frankfurt/M. versammelten Vertreter des DEUTSCHEN KONGRESSES, einer Vereinigung zahlreicher politisch und weltanschaulich unterschiedlicher Verbände und Gruppen, bitten — unter Berufung auf die in vielen Volksbefragungen ausgesprochene Haltung des deutschen Volkes — den amerikanischen, den britischen und den französischen Hohen Kommissar und die sowjetische Kontrollkommission, über ihre Regierungen der Außenministerkonferenz folgende Erklärung vorzulegen:*

*Wir sind einig in der Überzeugung, daß ein in Freiheit wiedervereinigtes Deutschland, das weder im Rahmen des westlichen noch des östlichen Paktsystems aufrüstet, ausgleichend zwischen den bewaffneten Weltgegensätzen wirken wird.*

*Das deutsche Volk hat sechs Jahre nach Eintritt der Waffenruhe einen Anspruch auf schnellen Friedensschluß, auf Regelung seiner internationalen Rechte und Pflichten, auf selbständige Gestaltung seiner staatlichen, wirtschaftlichen und sozialen Verhältnisse, und es wünscht:*

1. *Die Zulassung der freien, allgemeinen, gleichen, geheimen und direkten Wahlen zu einer verfassunggebenden Nationalversammlung im gesamten besetzten Deutschland.*

2. *Den Abbau von Maßnahmen wie zwei verschiedene Währungsreformen, Zonenschranken und Verkehrs- und Wirtschaftsbeschränkungen, durch die zwei deutsche Staatsgebilde mit stark unterschiedlicher, wirtschaftlicher, politischer und sozialer Struktur entstanden sind.*

3. *Das deutsche Volk erwartet von den vier Besatzungsmächten, daß sie den Weg freigeben zur Bildung einer freien, föderativen, wirtschaftlichen und politischen Einheit aller deutscher Länder, ohne welche die Ratifizierung eines Friedensvertrages mit Deutschland unmöglich bliebe.*

4. *Das deutsche Volk erwartet auf Grund wiederholter Zusagen und als sein natürliches Recht den schnellen Friedensschluß, weil allein dadurch eine sonst unausbleibliche soziale und wirtschaftliche Verelendung abzuwenden ist. Im wiedervereinigten, aber übervölkerten Deutschland ist ein ausgeglichenes, friedliches, politisches System auf die Dauer nur dann lebensfähig, wenn dem deutschen Volke für seine ausreichende Ernährung die volle Freiheit seiner Arbeitskraft und durch den Friedensvertrag die freie Verfügung über seine Bodenschätze und Rohstoffquellen sowie eine allseitige weltwirtschaftliche Verbundenheit Deutschlands mit der Umwelt gewährleistet wird.*

5. *Insbesondere erwartet das deutsche Volk, daß bei der Ausarbeitung des Friedensvertrages seine Vertreter hinzugezogen und gehört werden.*

Seite 1 der Erklärung des Deutschen Kongresses vom 18. März 1951. (Siehe Seiten 299–312)

UNITED STATES HIGH COMMISSIONER FOR GERMANY
(16) Frankfurt am Main
Headquarters Building

APR [illegible] 1951

My dear Mr. Schenke:

I am replying to your letter of March 22, 1951 to Mr. McCloy concerning the resolution adopted by the "German Congress" at Frankfurt on March 18.

The Government of the United States has already been fully informed of the meeting and actions of this Congress. You may be assured that the representatives of the United States at any future Four-Power conference of the Foreign Ministers to deal with German questions will be acquainted with the views of your organization, as well as of other German groups, concerning the problems to be resolved at such a conference.

Sincerely yours,

Eric G. Gration
Staff Secretary

Mr. Wolf Schenke,
Hamburg 20,
Gneisenaustrasse 6 III.

Reaktionen der Hohen Kommission der USA auf die Erklärung des Deutschen Kongresses. (Deutscher Text S. 312)

I n f o r m a t i o n s b r i e f   d e r   D r i t t e n   F r o n t

Herausgegeben von der DRITTEN FRONT, Hamburg 20, Gneisenaustr. 6, III.
Tel: 55 60 10

Nr.20./1951 -1- 1o. Juli 1951

<u>Offener Brief an Bundeskanzler Dr. Adenauer</u>

Hamburg, den 10. Juli 1951

Sehr geehrter Herr Bundeskanzler,

in Ihrer kuerzlich in Bad Reichenhall gehaltenen Rede, haben Sie diejenigen, die fuer eine Neutralisierung Deutschlands eintreten, als Dummkoepfe oder Verraeter bezeichnet. Ich selbst gehoere nicht zu denen, die eine Neutralisierung Deutschlands befuerworten, trete wohl aber dafuer ein, dass Deutschland - ob bewaffnet oder unbewaffnet - zusammen mit Europa und den vielen Laendern in Asien und anderen Teilen der Welt, die diese Haltung bereits einnehmen, eine neutrale Politik zwischen Ost und West betreibt. Denn allein darin, dass sich Deutschland aus einer militaerischen Koalition heraushaelt, sehe ich eine Moeglichkeit, das erste obligate Ziel jeder deutschen politischen Betaetigung, die Wiedervereinigung unseres Vaterlandes in Freiheit ohne Krieg zu erreichen.

Wenn ich mich also durch Ihre Reichenhaller Aeusserungen nicht angeredet fuehle, so halte ich es doch fuer meine Pflicht, Ihnen in Verteidigung derer, die Sie angreifen, und um der Wahrheit willen, die unser Volk wissen muss, zu sagen, dass Sie u.a. Maenner mit dem Schimpfwort Dummkoepfe belegt haben, die zum Teil auf eine betraechtlich intensivere aussenpolitische Erfahrung zurueckblicken, als Sie in zwei Jahren im Verkehr mit den drei Oberkommissaren zu sammeln Gelegenheit hatten. Es handelt sich um denkende Menschen, die nicht nur die naechsten ein oder zwei Jahre im Auge haben, sondern sich Sorgen um die weitere Zukunft unseres Volkes machen. Wenn Sie als Regierungschef heute Staatsbuergern gegenueber, die anderer Meinung sind als Sie, statt sich mit ihren Argumenten sachlich auseinanderzusetzen, solche Ausdruecke gebrauchen, so fragt man sich, wohin unsere politischen Umgangsformen schon wieder gekommen sind.

Das gilt nun aber noch mehr von dem auch von Ihnen angewandten Ausdruck "Verraeter". Wenn Sie wirklich der Meinung sind, dass es unter den Befuerwortern der Neutralisierung Verraeter gibt, waere es dann nicht Ihre Pflicht als Regierungschef, diese auch namhaft zu machen? Allerdings wuerde damit der Weg zu einer Klage der Betreffenden vor den ordentlichen Gerichten frei.

Woran, Herr Bundeskanzler, wird denn Ihrer Meinung nach Verrat geuebt? Es gibt in Deutschland eine grosse Zahl von Menschen, die die Grundsaetze der Demokratie so ernst nehmen, dass sie weder die Bundesrepublik, noch die DDR als d e n deutschen Staat ansehen, weil beide nicht als <u>allein</u> aus dem Willen des Volkes hervorgegangen legitimiert sind. Das deutsche Volk ist weder in der Bundesrepublik noch in der DDR gefragt worden, ob es die Errichtung deutscher Teilstaaten wollte.

-2-

Stellungnahme des Verfassers zu Bundeskanzler Adenauers Bemerkung über »Dummköpfe oder Verräter«.

Und es gibt ausserdem in Deutschland - mehr als Sie vielleicht ahnen - Vertreter einer unbedingten Rechtsauffassung, die rechtlich das Weiterbestehen des Weimarer Staates und seiner Verfassung als gegeben und ihre einseitige Abschaffung durch die Besatzungsmaechte als voelkerrechtlich uns Deutsche nicht bindend ansehen. Im Gegensatz zu Ihren Ausfuehrungen in Ihrer ersten Regierungserklaerung vor dem Bundestag vor zwei Jahren hat nach dieser von namhaften Voelkerrechtlern gestuetzten Auffassung naemlich am 8. Mai 1945 nicht der deutsche Staat, sondern lediglich das Oberkommando der Wehrmacht bedingungslos kapituliert, eine rein militaerische Abmachung, aus der sich keine fuer den Bestand des deutschen Staates rechtsverbindliche Folgen ableiten lassen. Wer dieser demokratischen und rechtlichen Ueberzeugung ist, muss sich in Bezug auf die nationalen Interessen unseres Volkes im tiefsten mehr als der Bundesrepublik oder der DDR dem deutschen Volk in seiner Gesamtheit verpflichtet fuehlen. Vielleicht ist Ihnen nicht bekannt geworden, wie stark diese Auffassung einer demokratischen Legitimitaet in unserem Volke verwurzelt ist, weil sie in Presse und Rundfunk bisher kaum zu Worte kam und weil den politischen Kreisen, die sich nach 1945 "auf den Boden der Tatsachen" stellten, derartige Aeusserungen eines unabhaengigen Geistes fremd sind. Die deutschen Maenner und Frauen, die in der Bundesrepublik und der DDR nur Provisorien sehen und nach einem von einem freien Volk legitimierten gesamtdeutschen Staat streben, sind zum grossen Teil tolerant genug, um anzuerkennen, dass auch das sich auf den Boden der Tatsachen stellen zu verteidigen ist, vorausgesetzt dass gewisse Grenzen eingehalten und stets die hoehere Verpflichtung gegenueber einem in Freiheit zu verwirklichendem deutschen Staat gefuehlt wird. Sie wollten doch wohl nicht sagen, dass nach einem durch den freien Willen des deutschen Volkes legitimierten Gesamtdeutschland zu streben, Verrat an der Bundesrepublik ist, die nicht in voller Freiheit vom Volke geschaffen wurde sondern unter massgeblichen Auflagen der Besatzungsmaechte entstand? Wo so gegensaetzliche Auffassungen sich gegenueberstehen, waere es wohl fuer beide Seiten ratsamer, das Wort "Verrat" gar nicht erst in den Mund zu nehmen. Erst wenn wieder in voller Freiheit das ganze deutsche Volk sich eine Nationalversammlung gewaehlt hat, wird eine Entscheidung ueber das Verhalten einzelner Deutscher waehrend der Besatzungszeit moeglich sein, die Anspruch auf Rechtsgueltigkeit erheben kann.

Indem ich hoffe, Herr Bundeskanzler, dass Sie die Dinge auch einmal von dieser Seite betrachten, bin ich

Ihr sehr ergebener

Wolf Schenke

* * *

17. Juni 1953

Weg mit Ulbricht und Adenauer !

Vorwärts zur Wiedervereinigung !

Bonn und Pankow sind die beiden Gegenstücke des deutschen Zustands unserer Tage. Bonn wäre ohne Pankow und Pankow ohne Bonn nicht denkbar. Fällt das eine Regime, muß auch das andere fallen zugunsten einer deutschen Regierung eines wiedervereinigten Deutschland in der Reichshauptstadt Berlin.

Daß Bonn und Pankow sich gegenseitig ergänzen, ja, in ihrem Gegeneinander ihre Existenzberechtigung finden, wurde schon durch die Berichte deutlich, die vor längerer Zeit bei den ersten russischen Tastversuchen, die Wiedervereinigung Deutschlands zur Sprache zu bringen, zu uns gelangten. Damals, bei dem sogenannten Grotewohl-Angebot und bei der ersten sowjetischen Note des vergangenen Jahres, bemächtigte sich schon der SED-Funktionäre eine Panik. "Nur Adenauer kann uns noch retten", hieß es damals allgemein in den Funktionärskreisen Ost-Berlins. Gemeint war die Ablehnung aller Gespräche über die Wiedervereinigung.

Wie richtig das ist und wie sehr die einfachen Menschen der sowjetischen Besatzungszone, die am 17.Juni gegen ihre Unterdrücker aufstanden, das wissen, zeigt folgender Bericht des "Spiegel" über eine Phase des Volksaufstandes in Magdeburg:

"Auf den Bahnsteigen wurden Transparente ausgespannt, auf denen es hieß:

' Räumt euren Mist in Bonn jetzt aus,
in Pankow säubern wir das Haus '

Den Westdeutschen Fernfahrern, die auf der Autobahn Magdeburg-Helmstedt heimwärts fuhren, präsentierten die Aufrührer an der Brücke bei Barleben ein improvisiertes Plakat, das Ulbricht und Adenauer am Galgen zeigte. Darunter der Text:

' Einheit macht stark '."

Wir glauben, daß nichts den Galgen für Adenauer rechtfertigt, aber die politische Grundhaltung, die unsere Brüder mit ihrer Zeichnung zum Ausdruck bringen wollten, ist die deutsche Grundhaltung schlechthin:

Weg mit beiden! Für ein freies und unabhängiges Deutschland!

Haltet Euch an das Grundgesetz, in dessen Präambel es heißt:
" Das gesamte deutsche Volk bleibt aufgefordert, in freier Selbstbestimmung die Einheit und Freiheit Deutschlands zu vollenden "!

Vorwärts zur Wiedervereinigung !

Die Dritte Front

Gebt dieses Blatt weiter! Macht die Haltung unserer Brüder jenseits der Zonengrenze in Westdeutschland bekannt!

---

Herausgegeben von der Dritten Front e.V., Hamburg-Fuhlsbüttel, Hermann-Löns-Weg 72 II. Verantwortlich: Wolf Schenke, Hmb.

Text eines Flugblattes der Dritten Front zum 17. Juni 1953

# Personenregister

# Weder Ost noch West

## Deutscher Kongreß" der „Dritten Front" in Frankfurt

**Hamburg**, 26. Febr. (Eig. Ber.) „Alle Befragungen der öffentlichen Meinung haben ergeben, daß das deutsche Volk die von der Bundesregierung und der sozialdemokratischen Parteiführung gewünschte Remilitarisierung unter Einbeziehung Westdeutschlands in ein militärisches Paktsystem entschieden ablehnt", heißt es in der Einladung zu einem „Deutschen Kongreß" in Frankfurt am 17./18. März, die der Vorstand der Dritten Front an eine Reihe von Organisationen ergehen ließ. Da die Gefal · bestehe, daß in dieser lebenswichtigen Frage weiter und Mißachtung des Volkswillens Politik gemacht werde, müßten alle Gruppen von rechts bis links, die eine einseitige Bindung Deutschlands an West oder Ost ablehnten — ungeachtet ihrer sonstigen innen- oder sozialpolitischen Gegensätze — zu gemeinsamem Handeln zusammengeführt werden.

Wie ein Sprecher der Dritten Front unserem Vertreter erklärte, lehnen die Veranstalter die Beteiligung von Kommunisten oder von ihnen beherrschten getarnten Friedenskomitees am Deutschen Kongreß und an der dort zu bildenden Aktionsgemeinschaft streng ab, da für die Kommunisten die Hauptvoraussetzung zur Teilnahme — die Vertretung einer unabhängigen d e u t s c h e n Politik — nicht zutreffe. Professor Noack und Landesminister a. D. Dr. Gereke sind unter vielen anderen auch zu dem Kongreß eingeladen worden.

## Die „Dritte Front"

**Hamburg**, 28. 2. (Eigenbericht) Hamburger Publizisten und andere Vertreter der „inoffiziellen Öffentlichkeit", die vor einiger Zeit die „Dritte Front" ins Leben riefen, veranstalten am 17. und 18. März in Frankfurt/Main einen „D e u t s c h e n K o n g r e ß", zu dem sämtliche west- und ostdeutschen Kreise geladen sind, die noch an die eigenständige Zukunft Deutschlands und Europas glauben. Eingeladen sind u. a. Prof. Noack, Dr. Gereke, der frühere schleswig-holsteinische Minister Arp und seine Freunde, v. Ostau, die pazifistischen und kirchlichen Vereinigungen, Pastor Niemöller, ehemalige Soldaten und HJ-Führer, kurzum sämtliche Gruppen, die eine unabhängige deutsche Politik verfolgen.

„Die Kommunisten und ihre ‚Friedenskomitees' wollen wir nicht sehen", hieß es gestern abend auf einer Pressebesprechung der Dritten Front, „sie vertreten keine wirklich unabhängige deutsche Politik". Der überwiegende Teil der um ihr Erscheinen Gebetenen habe bereit

Die „Dritte Front"
Hypothese aus, daß
deutsche Neutralität ei
politische Tatsache" wä
giert sinngemäß dies
Wenn Russen, Amerik
länder nach Hause g
SED, wie aus gewissen
hervorgehe, sich mit d
Minderheitenpartei im
schen Parlament begnü
Deutschland Vorbild fü
Osten sein, und die
werde es sich überlege
zu beginnen. Das k
zeige, wie man es mad

Die Dritte Front wird
furt als loser Verban
samer Spitze konstitui
Zusammenarbeit der
Gruppen soll grundsä
leistet werden.

## „Dritte Front" von links bis rechts

**Hamburg**, 28. Febr. (Eig. Ber.)

„Beim Deutschen Kongreß in Frankfurt a. M. werden Vertreter aller Richtungen von ganz links bis ganz rechts an einem gemeinsamen Tisch sitzen.', erklärte Wolf Schenke, Journalist und Vorstandsmitglied der „Dritten Front" in Hamburg vor Pressevertretern. Die Dritte Front hat zu diesem Kongreß, der am 17. und 18. März stattfinden soll, eingeladen, um „jenen vielen Gruppen zur Geltung zu verhelfen, die überall in Deutschland eine echte Aktivität entfaltet haben und sich gegen eine Wiederbewaffnung und für eine neutrale deutsche Politik einsetzen." Man
sowohl den ehemaligen Landwi
minister von Schleswig-Holste
wie auch v. Ostau sowie die
Friedensgesellschaft und ande
fistische Verbände. Kommunis
sogenannte „Friedenskomitees
jedoch ausgeschlossen.

Nach Ansicht der Dritten F
stärke die Teilnahme an einer
gung des Westens die Kriegsch
sei ein grundlegender Irrt
Westens, zu glauben, daß der K
mus durch Waffengewalt au
werden könne.

## Der Kongreß der Vermittler tagt

**Hannover**, 13. Februar

Der frühere niedersächsische Landwirtschaftsminister Gereke kündigte an, daß im März im Bundesgebiet ein Kongreß aller am Zustandekommen eines Ost-West-Gesprächs interessiertenKreise stattfinden wird. Gereke hat diesen Plan am letzten Wochenende in Hannover mit dem Vorsitzenden des Nauheimer Kreises, Prof. Noack, dem früheren sozialdemokratischen Landwirtschaftsminister von Schleswig-Holstein, Arp, und dem Vertreter der „Dritten Front", Schenke, besprochen.

# Ade

„

**Zur heißumstritten**
**lichen Remilitarisie**
**lands stellte Bundesk**
**am Sonntag in einer**
**er grundsätzlich geg**
**rüstung der Bundes**
**auch gegen die Erri**
**deutschen Wehrmach**

Der Bundeskanzler
gleichzeitig eine Me
nischen Zeitung „
(Cleveland/Ohio), wo
in einem Interview
deutsche Teilnahme a
Armee unter europ
mando und Aufstellu
deutschen Armeekor
soll.

In der Erklärung
heißt es wörtlich: „V
in den beiden Weltk
vergossen und jetzt
Menschen, um ein so
zuführen. Ich bin nac
fassung, daß die Sich
lands Sache der al
streitkräfte ist."

Selbst wenn die V
teilung der Bund
Sicherung Westeuropa